개정판

행정과 조직행태

김호섭 · 유홍림 · 김대건 · 심동철

도서출판 대영문화사

개정판 머리말

이 책은 행정학 분야에서 조직론을 강의하는 사람들이 모여 집필한 조직학 기본서이다. 기존 문헌에서 발견되는 두 가지 아쉬움이 집필의 동기가 되었다. 하나는 많은 문헌이 민간부문을 중심으로 발전한 일반이론(generic theories)을 소개하는 데 치중한다는 것이고, 다른 하나는 조직의 미시적 부분과 거시적 부분을 망라하는 방대한 양의 이론을 하나의 문헌에 소개함으로써 이론의 소개가 피상적으로 흐르거나 이론이 지닌 실천적 유용성을 직접 언급하는 사례가 적다는 점이다. 이런 아쉬움은 한마디로 강의 시 공공부문에 관한 적실성 있는 이론 및 사례가 부족하다는 아쉬움을 남겼다. 결과적으로 이 책은 민간부문과 공공부문의 사례나 연구결과를 균형 있게 제시하면서, 독자들에게 단순한 이론적 지식보다 조직관리에 필요한 조직의 행태와 성과에 관한 지식을 제공하는 데 초점을 두고 있다. 그리고 비록 '조직행태'란 제목을 지니고 있으나 내용면에서는 행태, 구조, 절차 등 모든 조직에 공통적인 세 가지 속성을 고루 다루고 있다.

이 책은 이미 출간된 『행정과 조직행태』(2011)의 수정・보완판이다. 하지만 일부 집필진의 변화와 함께 내용 및 구성에서 상당한 차이가 있다. 가장 큰 변화는 최근 행태론 분야에서 주된 관심사로 떠오르는 긍정조직행태(POB)를 하나의 장으로 추가한 것이다. 대신 14주라는 학기 체제에 맞춰, 조직변화와 개입기법을 하나의 장으로 통합하였다. 이 과정에서 조직변화를 위한 개입기법은 주로 행태 및 가치변화를 위한 개입기법에 한정했고, 구조 및 절차 변화를 위한 기법들은 조직이론이나 정부혁신 분야의 주제로 남겼다. 집필진의 변화로 성격, 지각, 학습 등 개인적 특성과 동기부여에 관한 기술이 크게 바뀌었고, 나머지 장에서는 내용의 갱신과 함께 새로운 사례들이 소개되고 있다.

공동으로 책을 집필하다 보니 여전히 문체나 강조점, 그리고 구성면에서 다소 일관성이 떨어지는 부분이 발견된다. 이러한 결함은 앞으로 지속적인 상호 토론과 환류를 통해 수정·보완해 나갈 예정이다. 독자들의 많은 질책과 조언을 기대한다.

끝으로 이 책이 출간되기까지 협조와 지원을 아끼지 않은 대영문화사 임춘환 사장님께 심심한 사의를 표한다.

2020년 1월
저자 일동

Organizational Behavior

차 례

제 2 편
개인적 특성과 행태

제3편 집단과정과 행태

제 4 편 조직의 구조와 절차

제 1 편

조직행태론의 이해

Organizational Behavior

제1장

조직행태론의 이론적 기초

조직행태론은 조직 내에서 일어나는 인간의 행동 및 태도를 체계적으로 이해하려는 학문적 노력이다. 이 장은 조직행태론의 의미와 내용을 이해하기 위한 예비단계로서 크게 세 가지 주제를 다룬다. 첫 번째는 조직행태론이 지닌 학문적 성격과 이에 관련된 기초 개념들이다. 조직행태론의 학문적 성격은 크게 성과지향적, 통합적, 학제적, 과학적, 그리고 상황접근적 성격 등으로 요약된다. 두 번째는 조직행태론의 분석 수준과 유형이다. 조직의 행태는 개인, 집단, 조직의 세 수준에서 나타나고, 각 수준별 성과가 일종의 상승작용을 통해 조직성과로 나타난다. 조직행태론은 이 가운데 개인의 행태를 이해하는 데 초점을 두는 미시행태론과 조직 및 보다 집합적 행태에 초점을 두는 거시적 행태론으로 나뉘어 발전했고, 최근에는 서로의 공통영역을 넓혀가고 있다. 이 장은 마지막으로 조직행태론의 내용과 이를 다루는 이 책의 장별 구성을 조직행태에 관한 분석틀에 비추어 소개한다.

제 1 절 조직행태론의 의의와 성격

1. 조직행태론의 의의

현대사회는 종종 조직사회라 일컬어진다. 조직이 없는 인간의 삶은 상상하기 어려울 정도로 조직과 인간은 밀접한 관계를 맺고 살아 나간다. 본래 조직은 하나의 수단으로 만들어진다. 특정 목적의 달성을 위해 존재하는 것이다. 조직이 추구하는 목표는 다양할 수 있으나, 인간의 복지를 추구하는 것이 궁극적 목적이라 할 수 있다. 그런데 오늘날 조직은 인간을 소외시키는 도구가 되기도 하고, 인간의 삶을 결정짓는 중요 변수가 되기도 한다. 조직이 건전하게 생존해야 인간의 기본적 삶과 번영이 보장될 정도로 조직의 영향력이 커진 것이다. 이에 많은 사람들이 조직의 성과를 높이는 데 관심을 갖고, 이를 위해 다양한 노력을 경주하고 있다. 조직의 규모를 줄이거나, 새롭게 모습을 바꾸거나, 전문 기술자를 우대하거나, 때로는 좀 더 자율적 팀을 만들어 업무를 추진하기도 한다.

이런 노력들은 조직의 성과가 다양한 상황 변수들에 의해 좌우됨을 시사한다. 조직의 성과는 구성원들의 행태, 구조, 절차, 기술 등 조직 내적 요인과 조직을 둘러싼 환경적 변수들에 의해 영향을 받는다. 그러나 시공을 초월해 조직의 성과를 결정짓는 가장 중요한 변수는 사람이다. 조직의 문제는 '사람의 문제(people problem)'란 말이 있듯이, 조직의 모든 기능적 활동이나 실질적 운영은 행동주체인 구성원들에 의해 좌우된다. 조직행태론이 실천적으로나 학문적으로 중요한 의의를 갖는 것도 바로 이런 맥락에서이다. 조직행태론은 조직 내 인간행태에 관한 이해를 바탕으로, 불확실하고 급변하는 환경에서 조직의 성과와 경쟁력을 제고하려는 학문적 노력인 것이다.

정부나 기업은 조직의 유형과 무관하게 크게 세 가지 기술을 필요로 한다. 하나는 인사, 조직, 재정, 회계, 계량적 방법 등 중요 관리부문에서 전문화된 업무지식이나 전문성을 응용하는 이른바 하드기술(hard skills)이다. 다른 하나는 남을 이해하고, 소통하고, 동기화시키는 '대인관계' 혹은 '상호작용' 기술(human or soft skills)이다. 마지막으로, 조직이 필요로 하는 기술은 복잡한 상황을 분석 · 진단하는 정신적 능력과 개념적 기술(conceptual skills)이다(Robbins & Judge, 2017; Kinick & Fugate, 2016). 1980년대까지만 해도, 대부분의 조직은 주로 하드기술에 치중했다. 하지만 오늘날 조직은 세 가지 기술을 모두 요구하게 되었고, 특히 관리자의 사회적 기술을 중시하게 되었다. 조직행태론은 이와 같은 현대 조직의 실천적 요구를 충족하려는 학문적 노력으로서, 조직의 성과를 높이고 구성원들의 일과 경력 추구에 도움이 될 때 그 가치를 인정받게 된다.

2. 조직행태론의 학문적 성격

흔히 OB(organization behavior)라 일컬어지는 조직행태론은 조직 내 인간행태를 체계적으로 이해하고, 이를 좀 더 효율적으로 관리해야 할 필요성 때문에 나타났다. 학문적으로는 1910년대의 산업심리학이나 1920~1930년대의 인간관계론에서 그 기원을 찾기도 한다. 그러나 조직행태에 관한 체계적 연구는 대략 1950년경에 시작되었고, 지식 축적을 통해 하나의 학문 분야로 체계를 갖춘 것은 1960~1970년대였다. 이런 일천한 역사로 인해 오늘날 조직행태론은 관심 분야의 연구를 위한 확고한 이론적 틀을 지닌 통상과학(discipline)이 아니라, 연구 분야의 원리나 개념, 그리고 절차를 통합하는 수준에 있는 학문 분야(field)로 존재한다. 그리고 이런 학문 분야로서의 위상은 앞으로도 크게 변할 것 같지 않다. 다루는 주제가 광범위하고 학제적인 성격이 매우 강하기 때문이다.

앞으로 우리가 이 책에서 보듯이, 조직행태론이 관심을 갖는 주된 요소들은 ① 조직구성원들이 보여 주는 태도와 행동, ② 이들이 조직 및 조직성과에 미치는 영향, ③ 집단과 조직이 구성원들 행태에 미치는 영향, 그리고 ④ 환경이 조직과 조직 내 인적 자원 및 목표에 미치는 영향 등이다. 이런 요소들에 대한 학문적 관심은 대개 다음과 같은 특징을 지닌다.

첫째, 성과지향적이고 실천적(practical)이다. 조직행태론은 조직의 성과가 낮은 이유를 규명하고 성과를 제고하기 위한 관리기술을 개발하려 한다. 특히, 조직운영 시 나타나는 행태, 구조, 절차상의 문제를 확인하고, 이를 해결하기 위한 대안을 탐색·적용하는 데 많은 관심을 갖는다.

둘째, 개인, 집단, 조직의 세 수준에서 나타나는 인간행태를 연구한다. 조직의 성과를 이런 세 수준에서 나타나는 인간행동의 결과로 보고, 각 수준별 분석을 서로 배타적이 아닌 보완적인 것으로 인식한다.

셋째, 학제적 성격이 강하다. 조직행태론은 다른 학문 분야에서 개발된 원리나 모형, 방법론 등을 조직적 상황에서 응용한다. 특히, 심리학, 문화인류학 등의 행태과학과 정치학, 경제학, 사회학 등의 사회과학에 의존한다.

넷째, 과학적 접근법을 중시한다. 인간의 행동을 주어진 것이 아니라 인과관계라는 관점에서 파악하고, 이를 경험적으로 검증하려 한다. 특히, 외부환경이 조직행태에 상당한 영향을 미친다고 본다.

다섯째, 상황접근법(situational approach)을 중시한다. 인간행동에 영향을 미치는 변수들을 확인하는 데 따르는 시간, 비용 및 방법론상의 한계를 극복하고, 조직행태와 관련된 핵심적 상황요인들을 파악하려 한다. 상황적 접근은 조직행태에 관한 개념이나 도구들이 최선안이 아니라 주어진 상황에 적합할 것을 요구한다. 사람을 다루는 데 최선안이 없고, 조직에서 최선이란 상황 의존적임을 강조하는 것이다. 현시점에서 잘 작동하는 원리가 내일도 잘 작동하리란 보장이 없고, 어느 한 조직에서 성과를 이룬 실무기법이 다른 조직에서도 성과를 거두리란 보장이 없음을 의미한다.

이상의 특징을 요약하면, 조직행태론은 조직 내 인간행태를 이해하고 예견(통제)하는 데 관심을 두고, 조직의 인적 자원을 좀더 효율적으로 관리하는 데 필요한 배경지식과 기술을 제공한다(Luthans, 1995). OB는 이런 과정에서 개인, 집단, 조직의 세 수준에서 나타나는 인간행태를 분석하고, 모든 수준을 교차하는 인간행동에 대한 지식을 통합하려 한다. 이런 지식은 심리학을 비롯한 행태과학과 정치학, 경제학, 사회학 등의 사회과학적 접근 방법을 통해 얻어질 수 있기에 조직행태론은 전형적으로 학제적 성격을 띠게 된다. 이하에서는 이런 조직행태론의 학문적 속성을 조직의 성과, 분석 수준, 그리고 이론적 유형이라는 차원에서 좀 더 상세히 검토한다.

3. 조직행태론과 조직의 성과

조직행태론이 조직 내 인간행태를 연구한다 해서 '모든' 조직행태를 연구하는 것은 아니다. 조직행태론이 관심을 갖는 행태는 주로 조직의 목표달성에 기여하는 행태들이다. 이런 행태들은 일반적으로 조직의 성과를 향상시키는 행태라 할 수 있는 데, 이는 조직의 성과가 종종 조직목표를 달성할 수 있는 체제적 능력임을 시사한다(Organ & Bateman, 1991).

그렇다면, 조직의 성과와 관련된 조직행태란 구체적으로 무엇을 지칭하는가? 보는 관점에 따라 다소 다를 수 있으나, 대체로 생산성, 결근율, 이직률, 직무만족 등이 거론된다. 이 가운데 생산성, 결근율, 이직률은 조직행동(behavior) 또는 행위(action)에 관한 것이고, 직무만족은 구성원들의 태도에 관한 것이다. 근래에 이르러 이런 변수들 외에 새로운 변수들이 — 예를 들면, 쇄신, 적응, 스트레스 등 — 제시되기도 하나, 아직까지는 상기한 네 요소들이 OB 분야에서 가장 보편화된 성과기준으로 남아 있다.

조직의 입장에서 보면, 생산성은 그 중요성을 새삼 거론할 필요가 없다. 생산성은 능률과 효과를 모두 포괄하는 조직규범으로서 조직운영상 거의 절대적 의미를 지닌다. 가장 적은 비용으로 동일한 양을 산출하거나, 동일 비용으로 좀 더 많은 것을 산출하는 능률은 경제적으로 한정된 자원 속에서 생존해야 할 조직의 입장에서 일종의 초가치(a meta-value)가 된다. 효과성도 유사한 의미를 지닌다. 전형적으로 목표달성도를 의미하는 효과성은 조직이 목표달성을 위한 수단이라는 점에서 그 당위성을 부인할 수 없다. 결근과 이직 같은 조직행동은 급격한 구조조정으로 인해 실업이 우려되거나 직업의 이동성이 적은 사회에서는 큰 문제가 되지 않을 수 있다. 하지만 이런 행동들은 구성원들의 성과와 부정적 관계를 수반하기에 중시되어야 한다. 결근이 잦으면 생산성이 떨어지고, 빈번한 이직은 신규채용에 따른 비용과 함께 비숙련자를 채용하여야 할 모험을 수반한다.

직무에 대한 구성원의 만족도는 이와는 정반대 이유로 중요성이 인식된다. 직무만족은 생산성과 정(正)의 관계를 지닐 수 있고, 결근 및 이직률과는 부(負)의 관계에 놓일 수 있다. 이를 좀 더 쉽게 표현하면, 직무만족이 높을수록 높은 수준의 생산성과 낮은 수준의 결근 및 이직이 기대된다는 것이다. 물론 이런 기대에 대해 의문이 제기되기도 한다. 특히, 구성원의 만족도와 생산성 간의 관계에 대한 의문이 제기되는데, 혹자는 구성원의 만족이 생산성을 제고하는 것이 아니라 생산성이 만족을 유발한다 하고, 혹자는 양자가 무관하다는 주장을 하기도 한다(cf. Greene, 1972). 어느 경우에건 직무만족은 이직이나 결근 같은 조직행동에 직접 영향을 미치고, 친절·희생·협조 같은 조직 내 시민 행동(citizenship behaviors)을 조장하며(Organ

& Konovsky, 1989), 조직구성원들에게 도전적이고도 내재적 보상을 제공해야 할 조직의 윤리적 책임을 반영한다는 점에서 그 중요성이 인정되어야 한다.[1)]

공공 분야에서 조직행태는 민간부문의 조직행태와 여러 면에서 다르다. 조직 내・외의 여건이 다르고, 공공봉사의 성격상 구성원들의 행동에 대한 기대나 역할 또한 다를 수밖에 없다. 조직의 성과목표도 마찬가지이다. 상기한 바와 같은 전통적 조직행태론이 관심을 가져 온 성과목표 외에 공공봉사가 지향하는 민주적・정치적 가치들도 조직목표로 추구될 수 있다. 일례로, 시민의 정치참여가 공공봉사를 향한 하나의 (수단적) 목표로 표방된다면, 이 또한 공공조직의 성과를 판단하는 지표가 될 수 있고, 때로는 생산성보다 더 우선시되는 (절차적) 목표가 될 수도 있다. 이런 점에서 공공조직의 구성원들은 민간기업을 주된 대상으로 발전해 온 조직행태론의 성과나 동기를 넘어서도록 노력해야 하고, 조직행태론의 주제 또한 늘 공공봉사나 공공가치에 대한 이해를 전제로 접근해야 할 것이다.

4. 조직행태론의 분석 수준

기술한 바와 같이, 조직행태론은 개인, 집단, 조직의 세 수준에서 나타나는 인간행태를 연구한다. 이는 조직의 성과가 어느 한 수준이 아니라 모든 수준에서 나타나는 행태에 의해 결정됨을 의미한다. 조직의 성과는 개인 수준, 집단 수준, 그리고 조직 수준의 성과가 일종의 상승작용(synergy)을 통해 나타나는 것이다. 이 가운데 개인 수준의 성과는 가장 기본적인 것으로서 주로 구성원 개개인의 '과제성과'를 의미한다. 이에 비해 집단성과는 단순한 개인성과의 합일 수 있으나, 때로는 개인성과들의 상승효과를 통해 나타난 합 이상의 성과일 수 있다. 조직의 성과 또한 같은 맥락에서 개인이나 집단성과의 단순한 합을 넘어서는 집합적 성과로 나타날 수 있다.

[그림 1-1]은 이와 같은 세 수준의 성과 및 이들 간 관계를 함축적으로 도식화한 것이다. 이 그림에서 화살표가 의미하는 바는 집단성과가 개인성과에 달려 있고, 조직성과가 개인과 집단성과에 의존적이라는 것이다. 이들 간의 정확한 관계는 조직의

1) 조직은 특정의 목적이나 산출에 이해관계를 지닌 다양한 사람(집단)들 간에 이루어지는 사회적 계약의 산물이다(Keely, 1988). 이에 따라 조직은 이런 이해관계를 충족시켜야 할 윤리적 의무를 지니게 되는데, 직무만족은 바로 이런 조직적 의무의 이행을 반영하는 척도로서 이른바 조직생활의 질을 대변하는 것이다(Organ & Bateman, 1991).

그림 1-1 조직성과의 세 차원

유형, 수행하는 업무, 사용되는 기술 등 조직 내부의 요인과 경제적 여건, 정부 정책, 국제적 사건 등 통제가 불가능한 환경적 요인에 따라 달라질 수 있다.

이처럼 조직의 성과가 각 수준별로 그 내용을 달리한다면, 조직의 성과전략 또한 각 수준별로 달라져야 한다. 그리고 이런 전략 마련을 위해서는 무엇보다 각 수준별 성과요인을 확인하고, 확인된 요인별 정보를 조직 전체 차원에서 통합하는 것이 필요하다. 비록 조직의 행동주체가 개인일지라도, 조직행태에 관한 성과전략은 상황에 대한 개인적 반응, 이들이 속한 집단의 특성, 그리고 이들이 근무하고 있는 조직에 대한 정보에 근거해야 하는 것이다. 일반적으로 조직행태론에서 다루어지고 있는 각 수준별 성과요인들은 다음과 같다.

- 개인적 수준: 태도, 지각, 학습, 성격, 동기, 지식, 능력, 기교, 스트레스, 이력
- 집단적 수준: 응집성, 리더십, 지위, 역할, 규범, 권력, 갈등, 집단발달 단계, 집단 간 역학관계
- 조직적 수준: 구조, 절차, 문화, 기술, 환경, 전략적 선택

5. 미시행태론과 거시행태론

전통적으로 조직행태론은 개인, 소집단, 리더십 등에 초점을 두었고, 조직이나 조직의 주요 하위체제에 대해서는 상대적으로 관심이 적었다. 이런 현상은 조직행태론이 1940년대 후반, 심리학이나 사회심리학자들이 주축이 된 연구팀에 의해 좀 더 새롭고 종합적 연구형태로 나타났음을 감안할 때 쉽게 이해가 가는 부분이다. 그러나 오늘날의 조직행태론은 크게, 즉 미시(micro) 조직행태론과 거시(macro) 조직행태론이라는 두 개 분야로 나뉘어 발전하는 양상을 띤다.

일반적으로 미시(혹은 전통적) 조직행태론(이하 '미시행태론'이라 한다)은 주로

표 1-1	조직행태론에 기여하는 학문 분야
분 야	관련 주제
심리학	
실험심리	학습, 동기, 지각, 스트레스
임상심리	인산의 적응 및 발달, 감성적 스트레스, 비정상적 행위
산업심리	구성원 선정, 성과·능력·직무 태도의 측정, 보상, 동기부여 프로그램 사회화, 집단 역할, 태도, 인상, 성격, 리더십
사회심리	구조, 사회화, 지위체계, 사회적 만족, 사회적 제도의 영향
사회학	상징, 비교 조직구조와 기능, 조직에 대한 문화의 영향
인류학	환경에 대한 조직의 적응
정치학	권력, 갈등, 권력, 협상, 전략적 기획, 통제, 이익집단
경제학	경쟁, 능률, 인력계획, 노동시장의 변화, 생산성 분석, 비용·편익분석

출처: Organ & Bateman(1991); Wagner Ⅲ & Hollenbeck(1992).

혼자서 일하거나 소집단에서 일하는 개인의 행태를 이해하는 데 초점을 둔다. 그리고 <표 1-1>에서 보는 바와 같이 주로 개인의 행태를 분석하는 심리학의 4개 하위 분야에서 이론적 지원을 받는다. 그 결과 미시행태론은 심리학적 성향이 강하고, 구성원들의 심리상태의 차이를 유발하는 요인, 개인적 특성이나 심리상태가 업무성과나 리더십에 미치는 영향, 개인의 동기를 유발하거나 스트레스를 초래하는 요인, 그리고 개인 및 집단성과를 향상시키는 요인 등을 밝히는 데 관심을 둔다.

이에 비해 거시 조직행태론(이하 '거시행태론'이라 한다)은 조직과 집단행태에 초점을 두고, 주로 사회학, 정치학, 경제학, 인류학 등으로부터 지적 도움을 얻는다(<표 1-1> 참조). 이 중에서 특히 사회학은 조직현상을 좀 더 체계적으로 연구할 수 있도록 유도하고, 인류학은 (특히, 문화를 주된 분석 단위로 하는 문화인류학) 개인과 환경 간의 관계를 좀 더 잘 이해할 수 있도록 도와준다.

미시행태론과 거시행태론은 종종 조직행태론(Organization Behavior: OB)과 조직이론(Organization Theory: OT)이란 차원에서 비교되기도 한다. 이런 비교는 OB와 OT가 분석단위와 종속변수라는 두 차원에서 대조를 이루기 때문이다. OB는 미시적 차원에서 조직 내의 개인 및 집단행동을 연구하고 이런 지식을 응용하는 데 비해, OT는 거시적 차원에서 조직의 구조, 절차, 그리고 산출 등을 연구한다는 것이다.

거시행태론과 미시행태론, 혹은 OB와 OT의 차이는 절대적이 아니라 상대적인 것이다. 어느 한쪽에 관심을 갖던 다른 영역에 대한 이해가 불가피하다. 예를 들면, 거시적 차원에서 조직의 정치현상이나 권력관계를 연구할 경우, 개인의 자질이나 능력을 간과할 수 없고, 반대로 미시적 차원에서 개인행동이나 대인관계를 연구할 때 조직의 구조, 문화, 그리고 기타 환경적 요인들이 이런 요소에 미치는 영향을 간과할 수 없다. 따라서 오늘날 대부분의 조직행태론(혹은 미시행태론)과 조직이론(혹은 거시행태론)은 서로 강조하는 바나 조사대상, 주된 응용영역이 다를지라도, 중복된 내용을 갖고 점차 서로 간의 공통영역을 넓혀가고 있다. 전통적 의미의 조직행태론은 개인적 특성이나 집단역학에 초점을 두되 조직, 환경, 그리고 조직과 환경 간의 상호작용을 검토하려 하고, 조직이론은 조직의 구조와 절차 등 조직의 하위체제와 기술, 조직 내 권력관계, 조직의 목표, 조직과 환경 간 관계 등 거시적 요소들을 중시하되 조직행태에 대한 보다 현실적 이해를 위해 집단역학이나 인간관 등 미시적 요소들을 이해하려 한다([그림 1-2] 참조).[2)]

그림 1-2 미시행태론과 거시행태론

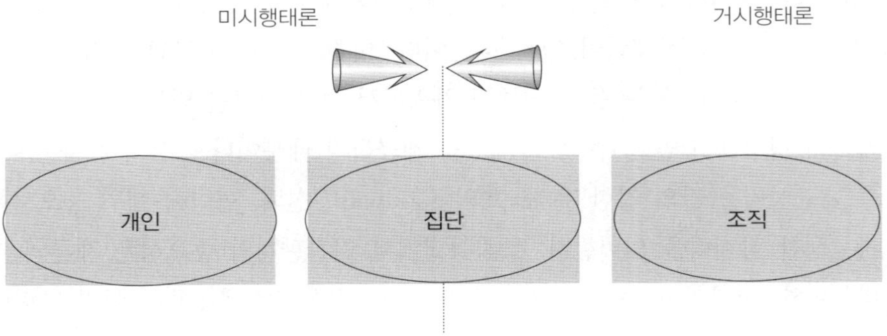

2) 미시행태론과 거시행태론의 상대적 차이는 다음과 같이 이해되기도 한다(cf. Miles, 1980). 첫째, 미시행태론은 직무설계나 역할관계에 초점을 두는 데 비해, 거시행태론은 과제, 기술, 그리고 이런 요소들이 복잡한 구조 및 조직 설계에서 차지하는 의미에 관심을 둔다. 둘째, 미시행태론은 조직 내·외의 사회적·기술적 영향에 적응하는 개인에 초점을 두는 데 비해, 거시행태론은 조직 전체나 조직의 주요 하위체제들이 변화하는 환경에 적응하는 과정에 초점을 둔다. 셋째, 미시행태론은 개인이나 집단행태 그 자체에 초점을 두는 데 비해, 거시행태론은 좀 더 큰 조직의 구조나 환경에 의해 영향을 받는 조직구성원들의 집합적 행태에 초점을 둔다. 따라서 동일한 행태를 이해할 때도 미시행태론은 전통적 심리학적 관점에서 바라보는 데 비해, 거시행태론은 좀 더 거시적인 사회학적 관점에서 바라본다.

6. 조직행태론의 새로운 이슈

OB는 지속적으로 발전하는 학문 분야이다. 학문 분야 내·외의 다양한 요소들, 특히 새로운 개념, 모형, 기술, 환경 등이 OB의 방향을 재설정하거나 새롭게 한다. 이런 변화는 특정 시대의 조직에 대한 사회적 기대를 적절히 반영하면서 나타난다. 근래 들어 이런 맥락에서 크게 네 가지 학문적 이슈가 — 즉, 인적·사회적 자본, 긍정적 OB, 뇌과학 및 인터넷 혁명의 영향 — 조직행태론의 주목을 끌고 있다(Kinicki & Kreitner, 2009; Kinicki & Fugate, 2016; Denhardt et al., 2016).

1) 인적·사회적 자본의 중시

조직행태론은 항상 조직 내 '인간적 요소(human factor)'의 중요성을 강조해 왔다. 인간적 요소들은 조직이 필요로 하는 두 가지 핵심 자본을 제공한다. 하나는 인적 자본이고, 다른 하나는 사회적 자본이다.

인적 자본(human capital)은 개인의 지식과 행동이 지니는 생산 잠재력(productive potential)이다. 주머니 속의 돈은 사람들이 배고플 때 매우 유용하다. 배고픔을 해소해 줄 음식을 구매할 잠재력이 있기 때문이다. 마찬가지로, 조직에서 적절한 지식, 기술, 동기 등을 지닌 구성원들은 실천적 차원에서 높은 평가를 받는다. 소속 조직이 타 조직과의 경쟁에서 앞설 수 있는 계기를 제공하기 때문이다.[3] 사회적 자본(social capital)은 구성원들 간의 강한 유대, 호의(goodwill), 신뢰, 협력적 행위 등으로부터 나타나는 생산 잠재력을 의미한다. 조직사회에서 인간관계의 중요성은 재론의 여지가 없다. 특히, 상관과의 좋은 관계가 중요하다. 최근 조직행태론은 이런 맥락에서 조직이 어떻게 인적·사회적 자본을 구축할 것인가에 관심을 갖고, 이에 대한 실천

---

3) 일반적으로 지적되고 있는 인적 자본의 산출은 크게 다섯 가지로 요약된다(Bassi & McMurrer, 2005). 첫째는 리더십과 이와 관련된 관리 실제이다. 효과적인 리더와 관리자는 의사소통, 성과 환류, 신뢰 구축, 조직의 핵심가치 표방 등을 통해 조직의 인적 자본을 극대화한다. 둘째는 노동력의 최적화이다. 재능(기술, 능력 등)을 개발하고 이를 업무에 활용토록 유도함으로써 노동력의 성과를 최적화할 수 있다. 셋째는 학습역량의 구축이다. 학습하고, 변하고, 지속적으로 개선하는 조직의 총체적 능력은 인적 자본의 효율적 활용을 통해 이루어질 수 있다. 넷째는 지식의 접근성 확대이다. 조직의 협력성과 지식·아이디어를 공유하는 노력 및 역량의 정도는 인적 자본의 구축 및 활용에 달려 있다. 다섯째는 재능의 활용이다. 조직(구성원)이 지닌 재능의 가치를 유지하고, 활용하고, 극대화하는 조직적 역량을 극대화할 수 있다.

적 해답을 찾고자 한다.

인적 자본을 형성하기 위한 실천적 노력은 주로 업무 관련 지식이나 기술습득에 초점을 둔다. 일례로, ① 현 직무에서 성과 향상을 이루는 데 필요한 지식과 기술을 습득케 하는 훈련, ② 직무교대, 현장실습, 교차기능팀 등을 통한 직무기반의 발전 및 기회 확대, ③ (외국어 능력 향상처럼) 현 직무 내・외서의 기회 증진을 위한 업무 밖 학습활동, 그리고 ④ 개인의 감정, 약점 등을 평가하고 현직 내・외에서 발견 가능한 고용기회를 모색하는 경력발전 기획(career planing) 등을 들 수 있다. 이에 비해 사회적 자본의 형성은 내적 방법과 외적 방법으로 나누어 접근할 수 있다. 이 중 전자의 예로 구성원들 간 관계를 모니터링하거나 업무 외적 관계를 확장하기 위해 조직 내 스포츠동아리에 가입토록 하는 것을 들 수 있다. 그리고 후자의 예로는 타 조직의 사람들을 만나거나 취업기회를 인지할 수 있는 컨퍼런스에 참여하거나, 신규 고객의 확인을 위해 지역의 특정 산업조직에 가입하는 것 등을 들 수 있다.

2) 긍정적 조직행태

지난 반세기 동안(20세기 후반), 심리학은 다분히 부정적이었다. 심리학적 연구나 이론은 인간의 정신적・행태적 병리현상에 초점을 두었고, 그 문제점을 진단하고 이를 개선하기 위한 대안을 찾고자 했다. 한 마디로, 인간에게 무슨 문제가 있는지를 확인코자 한 것이다. 21세기에 접어들면서, 이에 대한 대안적 관점이 나타나기 시작했다. 매슬로우(A. H. Maslow), 로저스(C. Rogers) 같은 학자들이 '긍정적 심리학'이라는 명칭 아래 정신적・행태적 문제를 방지하고 일반적 삶의 질을 개선하기 위해 인간이 지닌 (문제가 아니라) 장점과 잠재력을 찾게 되었다.[4] 그리고 개인적 수준에서 크게 세 가지 주관적 경험을 중시하게 되었는데, 이들은 각각 과거(웰빙과 만족), 현재(풍요와 행복), 미래(희망과 낙관주의)에 나타날 수 있는 인간의 긍정적 심리상태이다.

4) '긍정적 심리학'이란 용어는 1990년대 후반 미국심리학회 회장이었던 셀리그먼(M. Seligman)이 명명한 것으로 알려져 있다. 셀리그먼은 심리학 분야가 너무 오랫동안 병이나 병리현상에 초점을 두어 왔음을 지적하고, 이에 대한 대안으로서 긍정적 심리학을 제시한 것이다. 셀리그먼(Seligmen, 2002)이 제시한 긍정적 심리학은 사람들이 지닌 문제점(결함)보다 긍정적 경험(예: 행복, 만족, 즐거움 등)과 긍정적 환경을 만드는 제도 구축 능력에 초점을 둔다.

유사한 맥락에서 조직학자들이 긍정적 조직행태(positive organization behavior: POB)를 발전시키고 있다. 이 분야의 선도적 위치에 선 루턴스(F. Luthans)는 POB를 "성과 향상을 위해 측정, 개발, 효과적 관리가 가능한 긍정적 인적 자원의 강점과 심리적 역량을 연구하고 적용하는 것"이라 한다(Luthans, 2002: 698). 그리고 POB가 'CHOSE'란 약어로 표현되는 5개의 핵심 차원을 — 즉, 자신감, 희망, 낙관주의, 주관적 웰빙, 감성지능 — 지향한다고 한다.[5] 유사하게, 캐머런과 동료들(Cameron et al., 2003)도 POB가 인간의 강점, 쾌활, 활력, 감사, 협력, 자기실현, 풍요, 웰빙 등으로 특징지어지는 긍정적 환경을 창조하려 한다고 한다. 이들은 우선 "대부분의 조직들이 탐욕, 이기심, 조작, 비밀, 승리에만 초점"을 두고, 이로 인해 조직 내 불신과 불안이 팽배하는 가운데 사회적 관계가 긴장하고, 학문적 주제 또한 문제해결, 경쟁, 저항 등에 초점을 두게 된다고 한다. 그리고는 이에 대한 하나의 대안으로서 "감사, 협력, 도덕성, 활력, 유의성" 등이 편재하고, 풍요와 웰빙의 창조가 조직의 핵심지표가 되는 긍정적 상황을 제시한다(Cameron et al., 2003: 3). 최근의 진행된 연구들에 의하면, POB는 구성원의 참여, 조직몰입, 직무만족, 성과, 고객만족 등과 긍정적으로 연계되는 것으로 나타났다.

3) 뇌과학과 조직행태

심리학은 조직행태론에 많은 영향을 미쳤고, 그 중에서도 사회심리학과 행태심리학의 역할이 컸다. 유사한 맥락에서 최근에는 뇌과학(Brain Science)이 스트레스, 감정노동, 비합리적 의사결정 등 다양한 행태론적 주제에 영향을 주고 있다. 종종 신경과학(Neuroscience)이라 불리는 뇌과학은 뇌가 직접적으로 조직행태를 비롯한 인간 행동에 영향을 주는 방식에 대해 새로운 안식을 제공한다.

---

5) 구체적으로 CHOSE는 ① 특정 상황에서 주어진 과제를 성공적으로 수행할 수 있다고 믿는 자신감(confidence) 또는 자기효능, ② 목표설정자가 목표달성 방법을 가늠하고 목표달성을 위해 스스로 동기를 부여하는 역량(즉, 의지력과 추진력)을 지닌 희망(hope), ③ 긍정적으로 산출을 기대하고 긍정적으로 원인을 따지나, 여전히 감정을 중시하고 행복, 지속성, 성공 등과 연계시키려는 낙관주의(optimism), ④ 단순한 행복감을 넘어, 사람들이 자신들의 삶을 인식적으로(주관적으로) 진행시키고 평가하는 데 초점을 두는 주관적 웰빙(subjective well-being), 그리고 ⑤ 자각, 자기동기화, 사회적 기술의 소유 등 자신과 타인의 감정을 인정하고 통제할 수 있는 역량을 지닌 감성적 지능(emotional intelligence)을 지칭한다.

가장 많이 거론되는 뇌과학의 응용주제는 스트레스나 환경에 대한 적응능력 같은 심리학적 특성이다. 뇌과학은 스트레스가 모든 사람에게 영향을 줄지라도, 뇌의 구조 때문에 어떤 사람은 다른 사람들에 비해 스트레스를 덜(더) 받는다고 한다. 그래서 뇌과학은 앞으로 심리학적 관점에서 어떤 사람이 '튼튼한지', 그리고 왜 그런지를 밝혀 줄 것으로 기대된다. 더 나아가 뇌과학은 인간의 두뇌가 고도로 융통적·적응적인지를 보여 주고, 이를 통해 인간의 학습이 어린 시절뿐 아니라 온 생애에 걸쳐 나타날 수 있음을 보여 준다.

뇌과학이 관심을 갖는 또 하나의 주제는 인간행동의 합리성에 관한 것이다. 뇌과학은 인간이 결코 '순전히 합리적(pure rational)'일 수 없음을 지적한다. 오히려 모든 조직에서 나타나는 인간의 행동은 '감정(emotion)'에 의해 지배를 받는다고 한다. 이런 논리는 경험적으로도 타당성이 입증된다. 『사회적 동물(*The Social Animal*)』(2011)의 저자 브룩스(D. Brooks)는 뇌과학 이론을 응용해 인간이 의식이나 합리적 사고보다 무의식적 사고에 의해 행동함을 확인하고, 인간이 (합리적이 아닌) '사회적' 동물이란 결론을 내렸다.[6] 이런 결론은 신경과학의 최신 발전에 기초한 골먼(D. Goleman)의 저서 『사회적 지능(*Social Intelligence*)』(2006)에서도 확인된다. 골먼은 인간이 사교성(sociability)을 위해 고안되었고, 타인을 의식하고 민감한 성향을 갖고 있으며, 뇌와 뇌를 주변 사람들과 연결하는 '신경 발레(neural ballet)'에 끊임없이 참여한다고 주장한다. 그리고 인간은 감기에 걸리듯(catch cold) 타인의 감정에 걸릴 수(catch other people's emotions) 있고, 고립이나 끊임없는 사회적 스트레스로 인해 생명이 단축될 수 있다고 한다. 이런 논지들은 앞으로 뇌과학 이론이 조직행태론에 영향을 주고, 특히 비합리적 행동이나 감성(감정)에 기반한 조직행태를 설명할 때 많은 기여를 할 것으로 기대된다.

---

6) 브룩스는 인간의 깊은 내면의 감정이 경력 선택 같은 결정을 내리는 외적 사고방식을 확립하고, 인간의 두뇌가 깊고도 복잡한 뉴런 네트워크를 통해 실행되는 '스콧(scouts)'에 의존한다고 한다고 한다. 그는 인간을 외로움의 보편적 느낌과 귀속의 필요성을 뜻하는 '합병하려는 충동(urge to emerge)'에 의해 주도되는 것으로 묘사하고, 인간이 내부 고립, 참여, 그리고 다시 고립으로 이어지는 '외로움 고리(the loneliness loop)'를 경험하며, 이로 인해 사람들이 다른 사람들에 의해 지속적으로 이해되어야 할 필요성을 느낀다고 한다.

4) 인터넷과 전자정부 혁명

2001년, 영국 경제 전문지 『이코노미스트(*Economist*)』는 향후 5년 내 '전자정부(e-government)'가 공공서비스가 전달되는 방법뿐 아니라 정부와 시민 간의 근본적 관계를 변형시킬 것이라고 했다. 전자정부는 전자상거래(e-commerce)와 전자비즈니스(e-business) 후 나타난 차세대 인터넷 혁명으로서,[7] 다양한 정보기술을 활용해 행정업무와 공공서비스의 질적 개선을 도모하는 정부를 지칭한다.[8] 넓은 의미에서, 전자정부는 모든 유형의 정보와 의사전달 기술을 채택하는 것을 의미한다.[9]

전자정부의 정확한 파급효과는 예견하기 어렵지만, 이미 정보기술에 따른 주요 변화가 조직 내·외에 나타났고, 조직행태나 새로운 형태의 관리방식의 변화를 가속화시키고 있다. 무엇보다 인터넷을 작고 휴대 가능한 장치들(즉, 휴대폰이나 노트북 같은 개인 휴대용 정보 단말기)과 연계할 수 있게 되어 사람들은 로그인이 가능한 곳이라면 어느 곳에서나 — 즉, 집, 고객의 사무실, 이웃의 커피숍 등 — 일을 할 수 있게 되었다. 더 나아가 생생한 정보(vital information)에 빠르게 접근할 수 있게 하는 인터넷은 보다 신속하고도 우수한 의사결정을 가능케 했다. 그리고 정보기술이 책상 위의 개인 컴퓨터에 배분되고, 인트라넷과 인터넷 접속이 가능해 질 때 조직구조, 행태, 서비스에서 심각한 변화가 나타났다. 특히, 콜센터나 인터넷을 통한 솔기 없는 서비스의 원격제공이 가능케 되었고, 이로 인해 지방사무소의 필요성이 감소하게 되었다.

한마디로, 정보기술의 발달은 이메일(e-mail), 이러닝(e-learning), 전자정부(e-government), 이리더십(e-leadership), 가상팀(virtual teams), 가상조직 등을 통해 조직생활을 크게 변모시키고 있다. 이로 인해 앞으로 관료제는 존재할지라도

---

7) 전자상거래는 인터넷을 통해 물건을 매매하는 것이고, 전자비즈니스는 기업 운영의 '모든' 국면에서 인터넷을 활용하는 것을 의미한다.

8) 홈즈(Holmes, 2001)는 전자정부를 "훨씬 더 편리하고, 고객 지향적이고, 비용-효과적이고(cost-effective), 완전히 다르고 보다 나은 방법으로 공공서비스를 전달하기 위해 정보기술, 특히 인터넷을 활용하는 것"이라 했고, 우리나라는 전자정부를 "정보기술을 활용하여 행정기관의 사무를 전자화하여 행정기관 상호간 또는 국민에 대한 행정업무를 효율적으로 수행하는 정부"로 규정하고 있다(전자정부법 제2조).

9) 여기에서 기술은 화상회의(video conferencing), touch-tone data entry, CD-ROMs, Internet and Private Intranets뿐 아니라 쌍방향 TV(interactive television), 휴대전화, 개인의 디지털 도구를 통한 인터넷 접속 등 모든 기술을 포함한다.

전혀 다른 형태로 존재하게 될 것이고, 조직구성원들의 행태 또한 과거와는 전혀 다른 모습으로 나타나게 될 것이다. 조직행태론은 이런 변화에 주목하고, 정보화시대에 걸맞은 조직행태와 실제를 모색하고자 노력한다.

제 2 절 분석 모형과 책의 구성

1. 조직행태론의 분석 모형

[그림 1-3]은 지금까지 논의된 내용을 하나의 '분석틀'에 종합한 것이다. 이 모형은 조직행태론의 내용 및 구성 요소에 관한 전반적 이해를 돕기 위해 작성된 것으로, 조직행태론이 개인, 집단, 조직 등 세 수준의 인간행태를 모두 이해하려 하고, 각 수준별 행태가 서로 체계적으로 연계되어 있음을 보여 준다. 각 수준별 행태는 서로가 영향을 주고받고, 개인적 수준에서 조직적 수준으로 나아갈수록 조직행태에 대한 이해가 점차 향상된다. 더 나아가 이모형은 조직행태론이 단순한 조직 내부의 행태에만 관심을 갖는 것이 아니라 조직과 환경 간의 이루어지는 교호작용에 대해서도 관심을 가짐을 보여 준다. 환경적 요소가 조직구성원들의 행동 및 성과에 미치는 영향이 크다는 것을 전제하는 것이다.[10)]

이하에서는 [그림 1-3]의 분석 모형에 나타난 각 변수들의 내용과 특징을 간략히 살펴본다.

10) 조직의 환경은 조직이 탄생하고 생존하는 맥락적 변수이다. 따라서 환경과 조직 간의 관계는 매우 중요한 의미를 지니게 된다. 사회 내에 존재하는 많은 요소들이 조직에 영향을 주고, 조직은 이런 압력에 적절히 반응할 수 있어야 한다. 특히, 고객의 욕구, 법적·정치적 규제, 그리고 경제적·기술적 변화 등에 민감하게 부응해야 한다. 그렇지 않으면 조직은 쇠퇴와 몰락의 길을 걷게 된다. 조직이 이처럼 환경적 변화와 요구에 적절히 부응할 수 있느냐 하는 것은 종종 이론적 논쟁의 대상이 된다. 그러나 오늘날의 조직은 이런 수동적 차원의 적응을 넘어 좀 더 능동적으로 환경을 변화시키거나 환경에 대한 의존성을 줄이려는 전략적 노력을 경주하기도 한다.

그림 1-3 조직행태론의 분석틀

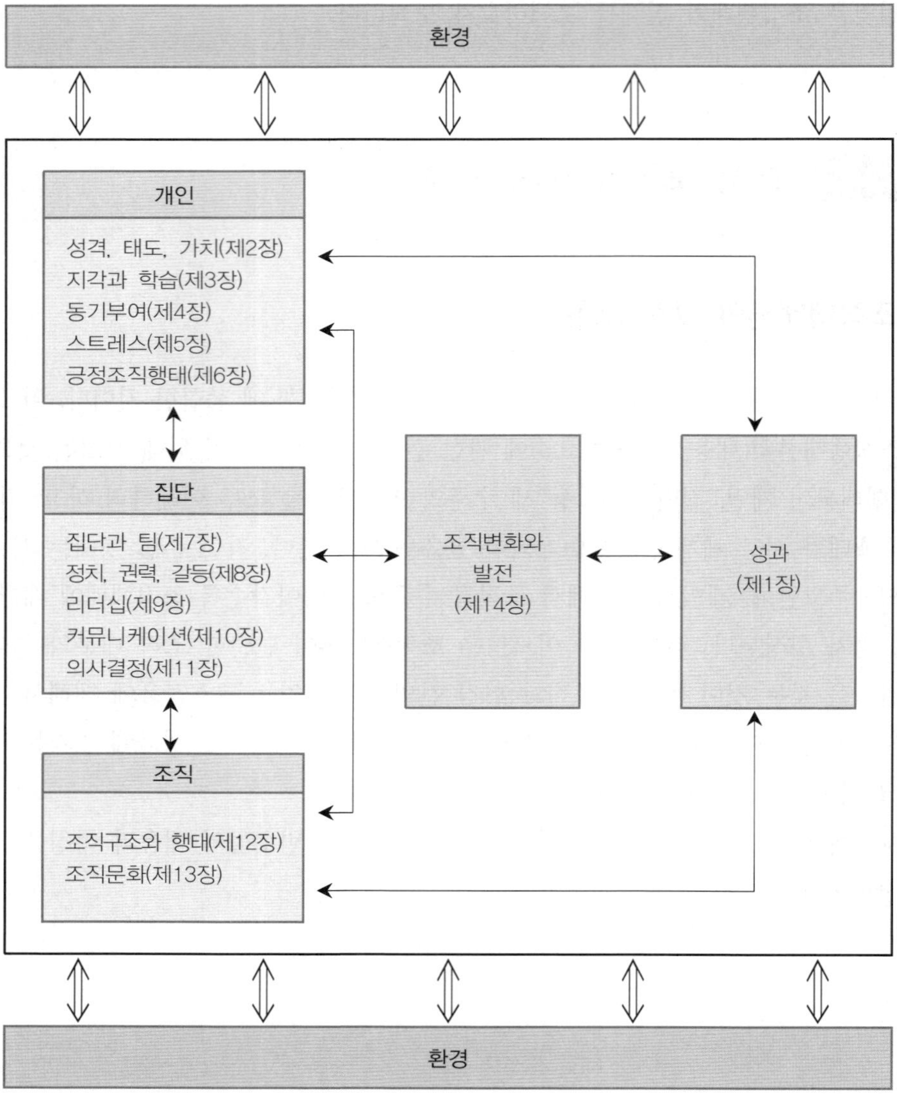

1) 개 인

개인의 행태는 조직성과의 가장 기본적 요소이다. 그래서 개인행태에 대한 이해는 곧 조직행태론의 필수 과제가 된다. 개인의 행태가 분석대상이 될 때 그 초점은 개인이 지닌 심리학적 특성이나 이런 특성과 업무성과 간의 관계에 주어진다. 어떤 개인적 속성들이 구성원의 업무행태 및 성과에 영향을 주고, 어떤 조직적 특성들이 개인의 태도, 지각, 동기와 같은 심리적 속성에 영향을 주는가를 검토한다.

조직행태론이 관심을 갖는 개인적 속성이란 성격, 지각, 학습, 동기, 능력 등이다. 이 가운데 학습은 비교적 장기간에 걸쳐 이루어지는 영속적 행동변화를 의미하고, 동기는 사람들의 행동을 유발하고 행동을 선택하는 데 영향을 미치는 심리적 기제를 지칭한다. 외부로부터 자극을 수용해 이에 의미를 부여하는 지각은 학습과 함께 행동변화와 지속성을 이해하는 데 도움을 주고, 성격은 이와 대조적으로 개인행동에 대한 정적 이해를 가능케 한다. 심리학자들은 대부분 이 가운데 동기와 학습을 가장 중요한 행태 결정요인으로 보고 있다. 그러나 상기한 심리적 속성들은 서로 분리하기 어려울 정도로 밀접한 관계를 지니고 있다.

개인의 심리적 속성을 반영하는 관리전략의 하나로 스트레스 관리를 들 수 있다. 스트레스는 조직구성원이 외부환경의 과도한 요구나 위협적 압력에 대응(대처)하거나 적응하려는 육체적 · 심리적 · 행동적 반응이다. 일부 긍정적 측면도 있지만 조직성과 및 행태에 부정적 영향을 미치는 경우가 많고, 특히 오늘날 대부분의 조직구성원들이 스트레스를 경험하고 있다는 점에서 그 중요성이 부각되고 있다. 개인적 차원의 마지막 주제인 긍정조직행태는 기술한 바와 같이 이와는 대조적 이유로 관심을 끌고 있다. 그리고 경험적으로도 긍정적 효과가 입증되고 있어 향후 발전이 기대되는 조직행태론의 한 주제이다.

2) 집 단

집단의 행동은 개인 및 조직성과에 실질적 영향을 미친다. 집단은 단순한 개인의 합이 아니라 구성원 개개인의 성격이나 특성을 초월하는 독특한 '행동특성' 혹은 '집단성격(syntality)'을 지닌다. 이로 인해 집단은 스스로 사고하고, 목표를 설정하며, 행동하기도 한다. 이는 곧 단순한 개인행동에 대한 이해를 넘어 집단에 대한 별도의 연구가 필요함을 의미한다.

조직성과에 영향을 미치는 집단행태는 집단역학(집단과 팀), 권력과 정치, 리더십, 커뮤니케이션, 그리고 의사결정 차원에서 연구가 가능하다. 집단역학은 주로 집단성과에 영향을 미치는 개인적·상황적 요인, 집단발달 단계, 그리고 지위, 규범, 응집성 등의 구조형성 요인 및 역할을 통해 이해가 가능하다. 그리고 팀이라는 새로운 집단유형을 통해 집단성과를 제고하기 위한 관리전략을 확인할 수 있다. 권력과 정치는 조직에서 나타나는 필수적 현상으로서, 권력의 효과적 행사, 권력의 획득 및 유지, 그리고 권력투쟁과 갈등관리라는 차원에서 분석을 요구한다. 리더십은 집단성과 및 조직목표달성에 가장 결정적인 영향을 줄 수 있는 변수의 하나로서 주로 성공적 리더의 자질, 행태, 그리고 리더를 둘러싼 상황적 요인 등이 주된 분석의 대상이 된다.

의사결정이나 커뮤니케이션 등 조직의 절차적 요소들은 조직구조에 생명을 불어넣는 활동들이다. 이런 활동들은 조직성과에 직접적인 영향을 줄 수 있다. 질적으로 우수한 의사결정은 조직의 성과를 위해 필수적이고, 특히 조직이 추구하는 목표와 이를 달성하는 데 필요한 수단에 관한 결정이 중요하다. 커뮤니케이션은 개인, 집단, 조직 등 사회적 주체들 간에 의미가 담긴 메시지나 정보가 제공되고 환류되는 동태적 과정으로서, 관리자의 업무 시간 중 약 80%가 회의주재, 결재, 지시, 민원인과 대화, 이메일(e-mail), 전화, 상담 등 의사소통에 사용된다는 점에서 매우 중요한 의미를 지닌다.

3) 조 직

조직은 기능, 규모, 형태에 관계없이 모두가 개인과 집단으로 구성된다. 그리고 조직은 집단과 마찬가지로 이런 구성 요소들과는 다른 독특한 속성을 지닌다. 조직행태론이 관심을 갖는 조직적 요소는 모든 조직에 공통된 구조와 문화이다.

조직의 구조는 조직구성원 또는 하부 단위들 간의 유형화된 상호관계나 활동을 의미한다. 조직의 구조는 대개 구성원들과 직무가 어떻게 집단화되느냐에 따라 그 양상이 달라진다. 주된 요소는 과제나 권한관계를 총체적으로 새롭게 짜는 조직설계이다. 구조를 형성하는 조직설계는 구성원들이 수행해야 할 업무가 무엇이고, 누구를 접촉해야 하며, 누구에게 보고를 해야 하는가 등을 결정함으로써 구성원들 행동에 상당한 영향을 미친다.

조직의 문화는 조직구성원이나 집단이 공유하는 사고, 신념, 가치 혹은 기본 가정의 틀이다. 문화는 구성원들에게 기대되는 적절한 행동이 무엇인지를 규정하고, 조직이 정보, 내부관계, 가치 등을 어떻게 처리해야 할지를 알려주는 지침이 된다. 조직문화에 순응치 못하는 사람은 구성원으로서 완전한 인정을 받지 못하고 조직활동에서 고립될 수 있기에, 조직문화가 조직행태에 미치는 영향은 거의 절대적이다. 조직문화는 구성원의 변화와 관계없이 장기간에 걸쳐 지속되는 만큼 오랫동안 안정적으로 조직행태를 지배하게 된다.

4) 조직의 변화와 발전

조직의 변화는 조직의 구조, 행태, 절차 등 모든 요소를 바꿈으로써 조직의 총체적 성과를 향상시키려는 의도적 노력이다. 조직의 변화는 거의 불가피한 현상으로서, 변화 없는 조직의 생존이나 성장은 기대하기가 어렵다. 성공적 변화는 좀 더 나은 집단 및 조직성과를 초래하는 것이 사실이다. 조직의 변화는 크게 변화를 위한 개입기법과 변화가 전개되는 과정에 따라 그 성과가 달라진다. 따라서 조직변화에 대한 행태론적 관심은 주로 적절한 개입기법을 개발·선정하고, 이의 적용을 포함한 동태적 변화과정을 적절히 관리하는 데 주어진다.

2. 이 책의 구성

이상과 같은 내용을 다루는 이 책은 총 14개의 장으로 구성된다([그림 1－3] 참조). 제1장은 조직행태론의 학문적 성격을 중심으로 조직행태론이 무엇인지를 개략적으로 소개한다. 그리고 기술한 바와 같이 이 책에서 다루어지는 다양한 주제들이 어떻게 연계되어 있는지를 보여 주는 분석 모형을 제시한다. 이 모형은 개인, 집단, 그리고 조직의 행태를 통합함으로써 조직의 성과가 제고되는 과정을 논리적으로 묘사한다.

제2장부터 제6장까지는 조직행태론의 '개인적' 차원의 주제를 다룬다. 조직 내의 개인의 행태와 성과에 관한 사실들을 다루게 된다. 제2장과 제3장은 개인행동의 근간을 이루는 핵심적 요소로서 지각, 학습, 성격, 그리고 다양성을 다룬다. 제4장은 동

기화이론을 다룬다. 동기화이론은 사람들의 행동에 영향을 주는 동기요인이 무엇인지를 규명하는 내용이론과 사람들이 특정의 행동을 선택하고 특정한 방향으로 행동하는 과정에 초점을 두는 과정이론으로 나뉜다. 개인적 차원의 마지막 두 주제는 스트레스의 원인, 결과 및 관리 등을 검토하는 스트레스(제5장)와 전통적 행태이론의 부정적 접근을 지양하는 긍정조직행태(제6장)이다.

제7장부터 제11장까지의 5개 장은 '집단' 차원의 행동 및 성과를 다룬다. 제7장은 집단의 기본적 속성과 집단이 조직성과에 미치는 영향, 그리고 근래 들어 가장 많은 관심을 끄는 유형인 팀을 검토한다. 제8장에서는 정치, 권력, 갈등에 초점을 두고 이런 요소들이 조직행태론에서 차지하는 이론적, 실천적 의미와 이들이 집단행동 및 성과에 긍정적으로 기여할 수 있도록 유도하는 관리전략들을 논의한다. 제9장에서는 리더십을 검토한다. 이 장은 리더십을 영향력 행사의 과정, 즉 관리자들이 동기부여를 통해 개인과 집단의 행동을 부서나 조직목표달성에 기여토록 이끌어 가는 과정으로 파악하고, 이런 과정의 유형과 효과성, 그리고 바람직한 모습 등을 조명한다. 제10장과 제11장은 종종 조직의 생혈(生血, lifeblood)이라 일컬어지는 절차적 활동에 초점을 둔다. 제10장은 커뮤니케이션의 의의, 유형, 장애요인, 그리고 효과적 커뮤니케이션을 위한 기법 등을 다루고, 제11장은 개인 의사결정에서 집단 의사결정에 이르기까지 다양한 유형의 의사결정 이론을 검토한다.

제12장부터 제14장까지는 '조직적' 차원에서의 행태와 성과를 검토한다. 제12장은 조직의 구조에 관한 다양한 이론 및 실제를 검토한다. 특히, 조직구조가 행태에 미치는 영향을 중시한다. 제13장은 조직적 차원의 행태에 관련된 마지막 주제인 조직문화를 다룬다. 주된 초점은 조직문화의 유형, 접근방법, 그리고 효과적 관리방법 등에 있다. 이 책의 마지막 장인 제14장은 조직의 생존 및 발전을 위한 변신 노력을 대변하는 '조직변화'를 다룬다. 이 장은 먼저 조직변화의 과정을 중심으로 다양한 변화 관련 활동을 검토하고, 조직변화를 위한 개입기법을 행태변화에 초점을 두는 OD 기법을 중심으로 논한다.

토론 과제

1. 현재 자신이 속하고 있는 조직(집단)을 열거하고, 이런 조직(집단)들이 자신의 삶에 어떠한 영향을 미치고 있는지를 생각해 보자.
2. "오늘날 우리 사회가 직면한 문제점들은 오직 조직에(예: 재벌조직의 구조 조정, 정부조직의 혁신, 금융기관의 구조 조정 등) 의해서만 해결될 수 있다"는 말이 있다. 이를 어떻게 생각하는가?
3. 자신이 전공하고 있는 분야가 조직행태론을 이해하는 데 어떤 도움을 줄 수 있는지를 생각해 보자.

제 2 편

개인적 특성과 행태

Organizational Behavior

제2장

성격, 태도, 가치

조직에서의 갈등은 "다르다"는 사실이 주는 불편함에서 시작한다. 같은 조직에서라도 개인의 성격이나 개인의 가치관에 따라 같은 조직의 현상을 서로 다르게 해석할 수 있으며, 또한 개인이 조직에서 처한 상황에 따라 우리는 서로 같은 것을 보고도 다르게 느끼고 배우며 조직생활을 한다. 또한 우리는 조직생활을 하면서 나의 가치관과 다른 조직원의 가치관이 다름을 발견하거나, 혹은 내 가치관과 조직의 가치관이 상충함을 느끼고 갈등하기도 한다. 이러한 조직생활에서 아마도 우리가 조직생활을 하면서 인정해야 하는 첫 번째는 우리는 다를 수밖에 없다는 다양성을 인정하는 것이다. 다양성에 관한 이해는 상대방의 입장에서 조직생활을 바라보는 출발점이 될 수 있으며, 갈등 해결에 실마리가 될 수 있다. 이 장에서 다루는 내용들은 성격, 가치 그리고 태도로 이는 개인의 다양성을 구성하는 요소들이다. 제1절에서 우리는 성격에 관해 살펴볼 것이고, 제2절에서는 개인의 다양한 태도에 대해 살펴볼 것이다. 그리고 제3절에서는 개인이 가지는 다양한 가치의 개념에 대해 살펴볼 것이며, 마지막 제4절에서는 다양성 관리에 관해 논의할 것이다.

제 1 절 성격의 정의 및 성격 관련 이론들

1. 성격의 정의 및 특성

성격은 한 개인의 생각, 감정의 표현, 그리고 행태를 설명할 수 있는 일관된 개인의 특징이라고 할 수 있다(Colquitt et al., 2015). 성격은 내적인 어떠한 요소이지만, 결국 외부에서 나타나는 여러 행동을 관찰함으로써 유추할 수 있는 점에서 외적인 요소로도 구성되어 있다고 할 수 있다. 성격의 본질이 무엇이고 어떻게 정의하는가는 학자마다 다소 차이가 있다. 어떤 학자들은 성격을 개인이 유전적으로 타고나는 특질로 가정하는 반면, 어떤 학자들은 성격을 개인이 사회적 구조와 문화적 가치 속에서 형성되는 것으로 가정하기도 한다(Kagan & Havemann, 1980). 만일 전자와 같이 성격을 정의한다면, 성격은 개인적인 특징이므로, 성격은 개인의 다양성과 특질을 이해하는 데 중요하다. 반면 우리가 후자와 같은 정의를 사용한다면, 개인의 성격은 환경의 영향에 따라 어느 정도 변할 수 있다는 것을 암시하며, 더 나아가 한 조직이나 사회에 사는 개인들은 어느 정도의 비슷한 성격을 공유할 가능성도 제시한다. 성격을 어느 쪽으로 정의하든 성격은 다음과 같은 특징이 있다고 할 수 있다.

- **개인의 다양성과 행태의 연관성**: 성격은 한 개인이 자신의 환경에 적응하면서 만들어지는 개인의 독특한 내적인 특성(trait)이므로 우리가 개인의 성격을 완벽히 관찰하는 것은 불가능하다. 때문에 우리는 개인이 어떤 일관된 행동 패턴을 통해 성격을 유추한다. 즉, 성격에 대한 이해와 개인의 행태는 밀접한 연관성이 있다.
- **항상성**: 성격의 가장 큰 특징 중의 하나는 한번 형성된 성격은 쉽게 변하지 않는다는 점이다. 보통 한번 관찰된 성격은 5년에서 10년이 지나도 어느 정도 그 특징이 유지된다고 알려져 있다.
- **적응성과 공유**: 그렇지만 성격이 전혀 변화하지 않는 것은 아니다, 성격도 개인이 환경에 적응하면서 형성되는 것이므로, 긴 시간을 놓고 보면 변화가 가능하다. 예를 들어, 내성적인 사람도, 나이가 들어가면 성격이 외향적이 되어가는

것을 관찰할 수 있고, 감정적으로 불안하던 사람이 나이가 들면서 보다 안정되고 만족한 모습을 보이는 것은 개인이 신체적 변화와 주변 환경의 변화에 따라 성격에 변화가 일어날 수 있기 때문이다. 더 나아가 우리가 비슷한 환경과 문화에 적응하며 산다고 한다면, 동시대에 살고 있는 우리들의 성격은 어느 정도 공유하는 부분이 존재한다는 것도 기대할 수 있다.

2. 카텔의 16가지 성격유형

우리가 보통 많은 다른 종류의 단어를 사용하여 다른 사람의 성격을 묘사하려고 노력하듯이, 심리학자들도 여러 단어들을 사용하여 성격특성을 묘사하려고 노력해왔다. 예를 들면, 카텔(R. B. Cattell)은 16가지 성격유형을 제시하였는데, 이 방법은 성격요인 검사 등에서 광범위하게 사용되고 있다(<표 2-1> 참조). 여기서 대비되는 각각의 단어들 중에 자신을 가장 잘 묘사하는 말을 찾아서 동그라미를 쳐보면

표 2-1 카텔의 16가지 성격특성

내성적인	개방적인
덜 지적인	더 지적인
감정적인	정서적으로 안정적인
복종적인	지배적인
신중한	경솔한
편의주의적인	양심적인
겁이 많은	모험적인
의지가 강한	감수성이 예민한
남을 잘 믿는	의심이 많은
실제적인	상상적인
솔직한	약삭빠른
자신감 있는	걱정이 많은
보수적인	실험적인
의존적인	자주적인
자율적인	통제되는
느긋한	긴장한

출처: Cattell(1973).

자신이 어떠한 성격적 특질을 가지고 있는지 알 수 있다. 친구와 함께 상대방의 성격과 자신의 성격을 묘사해 보고 이를 서로 살펴보면 서로 차이점과 공통점도 알아볼 수 있는데, 이는 상대방은 나의 성격을 나의 행동을 통해 유추하기 때문이다.

3. 성격의 5요인

조직행태 연구에서 가장 많이 주목을 받고 있는 성격이론은 "Big 5"라고 불리는 "성격 5요인(Big five personality)"이다. 이 다섯 가지 성격유형은 카텔의 성격특성처럼 하나의 성격이라기보다는 다양한 성격특질을 대표하는 다섯 가지 대표 요인이며, 각각의 요인에 다양한 성격적 특질들이 포함되어 있다(영어의 다섯 가지 앞 글자를 따서 기억하기 쉽게 'OCEAN'이나 'CANOE'라고 하기도 한다). 다섯 가지 요인을 아래에 정리하면 다음의 <표 2-2>와 같다.

- 성실성(Conscientiousness): 개인이 얼마나 목표지향적인 행동을 지속적으로 유지할 수 있는가를 나타내는 요인으로, 성실성이 강한 개인은 자신의 목표를 달성하기 위해 자기절제를 잘하며, 책임감 있는 행동을 보여주고 목표 성취를 위한 강한 동기부여를 보여 주는 경향이 있다.
- 우호성(Agreeableness): 개인이 대인관계에서 얼마나 우수한 능력을 보여 주는가에 관련된 요인으로, 우호성이 강한 사람은 동정심이나 관대함, 그리고 타인과의 인간관계에서 보다 솔직한 성향을 보인다.
- 신경증(Neuroticism): 변화에 대한 적응에 있어서 얼마나 정서적 불안정성을 보이는가에 관한 요인으로, 신경증적인 경향이 강한 사람은 상대적으로 높은 스트레스를 느끼는 경향이 있다.
- 개방성(Openness): 자신의 경험을 얼마나 주도적으로 추구하고 평가하는지에 대한 여부를 측정하는 것으로, 특히 낯선 것에 대한 인내와 탐색과 관련이 있으며 개인의 상상력과 창의성과 밀접한 관계가 있는 것으로 알려져 있다.
- 외향성(Extraversion): 개인이 다른 사람과 어울리는 것을 얼마나 선호하는가를 측정하는 요인이다. 외향적인 사람은 대인관계의 상호작용 수준이 높고, 낙관적이고 사교적인 특징을 가진다.

성격 5요인이 주목받는 가장 큰 이유는 다섯 가지 성격 요인이 개인의 조직행태나 성과와 유의미한 관계를 보이고 있기 때문이다. 그렇다면 어떠한 성격이 개인의 성과와 관련이 높을까? 일관적으로 개인의 성과와 가장 밀접한 관련이 있는 것으로 나타난 것은 성실성이고 가장 부정적인 영향을 미치는 것은 신경증인 것으로 나타났다(Hurtz & Donovan, 2000). 즉, 정서적으로 안정적이고 성실한 종업원이 그렇지 않은 종업원들보다 높은 수준의 성과를 나타내고 보다 더 일에 몰입한다는 것이다.

그렇다면 다른 성격들은 어떨까? 이에 대해서는 아직 더 연구가 있어야 하지만, 보통 각각 다른 직업군별로 다른 형태의 성격이 중요할 수 있을 것으로 예상할 수 있다. 예를 들면, 예술가들에게는 개방성이 매우 중요할 것으로 생각해 볼 수 있으며, 간호사나 사회복지사 등의 직업에는 상대방에 대한 배려나 동정심이 중요하므로 우호성이 중요한 요인이 될 수 있을 것이다. 그간 연구에서 또 하나 흥미로운 점은 외향적인 성격이 반드시 개인의 업무성과와 큰 관련이 없는 것으로 나타났다는 점이다(Colquitt et al., 2015). 또한 우리는 보통 조직의 지도자가 외향적인 성격이 강하다고 생각하지만, 기업의 CEO의 성격유형을 살펴보면 반드시 외향적인 성향의 사람들이 더 높은 지위를 가지는 것은 아닌 것으로 나타났다. 이는 많은 개인의 성격적 특성들은 조직의 문화나 업무의 특성과 서로 잘 조화가 될 때 더 높은 수준의 성과를 보일 수 있기 때문으로 생각해 볼 수 있다.

그렇다면, 개인의 성격 5요인은 각기 시간이 가면서 변화하는 것일까 아니면, 항상성을 계속 유지할까? 최근 연구에 의하면, 개인의 성격요인 중 어떤 요인들은 대체로 항상성을 유지하나 몇몇 요인들은 나이에 따라 중요한 차이를 보이는 것으로 나타났다(Roberts et al., 2006). 이 연구에 의하면, 개인이 외향적인가 내향적인가의 성향은 나이를 먹는다고 해서 크게 바뀌는 것이 아니지만, 신경증적인 성향은 나이를 먹음에 따라 그 정도가 낮아지고, 나이가 들수록 보다 정서적 안정성이 높아지는 것으로 조사되었다. 또한 타인에 대한 배려 등을 나타내는 우호성이나 성실성도 나이가 들어가면서 많이 향상되는 것으로 나타났다. 반면 개방성은 보통 40대에서 50대까지는 계속 발달하여 최고조에 이르지만 60대가 넘어가면서는 떨어지는 것으로 조사되었다. 또한 성격 5요인은 국가별로 차이가 있을 가능성도 제기되었다. 최근 한 연구에서는 프랑스인과 독일인의 성격에 차이가 있는가에 대한 연구를 진행했는데, 프랑스인의 경우 독일인보다 신경증적인 경향이 강하며 이러한 경향은 나이가 진행되어도 큰 차이가 없는 것으로 나타났다(Donnellan & Lucas, 2008). 또한 프랑스인은 독일인보다 개방성이 강한 것으로 나타났다. 이러한 특징들은 각 사회나 국가별로 어떠한 공통된 성격적 특질들이 공유될 수 있다는 점에서 흥미롭다.

표 2-2 성격 5요인

성실성 (Conscientiousness)	우호성 (Agreeableness)	신경증 (Neuroticism)	개방성 (Openness)	외향성 (Extraversion)
높은 점수				
믿음직한 근면한 일관적인 야심 있는 끈질긴	친절한 협동적 동정심 많은 도움이 되는 예의바른 따뜻한	걱정 우울 변덕 불안정 질투	호기심 상상력이 많은 창의적 복잡한 사고 세련된 관습에 얽매이지 않는	사교적 적극적 말하기를 좋아함 열정적 낙관적 사람 중심
낮은 점수				
믿을 수 없는 게으른 부주의한 비효율적 책임감 없는 대충하는	비판적 적대적 뻣뻣한 이기적 무례한 차가운	침착 이완 안정 강건함 만족	질문이 없음 전형적인 순응적인 간단한 사고 예술적이지 않음 보수적인	조용함 수줍음 조용함 활기가 없음 비관적 과업 중심

출처: Goldberg(1990); McCrae & Costa Jr.(1997).

4. 마이어스-브릭스 성격유형

조직행태론 연구에서 많이 사용되는 또 하나의 연구는 마이어스와 브릭스(Myers & Briggs)가 개발한 마이어스-브릭스 성격유형(Myers-Briggs Type Indicator: MBTI)이며, 이를 줄여서 보통 MBTI라고도 한다. MBTI는 네 가지 선호도의 조사를 통한 여덟 가지 성격의 조합으로[① 외향성(Extroversion, E) 대(對) 내향성(Introversion, I), ② 감각(Sensing, S) 대(對) 직관(Intuition, I), ③ 사고(thinking, T) 대(對) 감정(feeling, F), ④ 판단(Judgment, J) 대(對) 인식(perception, T)] 16가지 성격유형을 표현한다. 한국에서는 1990년대부터 소개되어 사용되기 시작했으며, 최근 행정학 연구에서도 MBTI를 이용한 공무원의 성격과 행태를 살펴보는 연구가 진행되었다.

<표 2-3>은 네 가지 지표와 16가지 성격유형을 정리한 것이다. 이 지표의 일관성과 타당성이 떨어진다는 비판도 있으나(Pittenger, 1993; Boyle, 1995), 직관적인 설명력 때문에 여전히 많은 연구가 이루어지고 있다. 특히, 조직원들이 손쉽게 자신과 다른 사람의 성격을 이해하고 조직에서의 건전한 상호작용이 이루어질 수 있도록

표 2-3 MBTI의 네 가지 성격유형

1. 나는 어떨 때 내적인 충전을 느끼는가? (외향성 vs. 내향성)	
외향성(E): - 나는 주변사람과 소통하면서 에너지를 얻는 편이며 - 빠르게 변화하는 환경이 좋고 - 관심의 중심이 되는 것을 즐기며 - 의사결정을 할 때 내 주장이 강한 편이다.	내향성(I): - 나는 혼자 조용한 것과 사생활을 중시하며, 혼자 있으면서 아이디어와 에너지를 얻는 편이며 - 신중한 의사결정을 위해 천천히 의사결정하기를 좋아하고 - 세상의 중심이 되기보다는 관찰하기를 좋아하고 - 내 주장을 하기보다는 사람과의 협상을 통해 의사결정을 한다.
2. 나는 어떻게 정보를 얻는 편인가? (감지 vs. 직관)	
감지(S): - 나는 명백하고 구체적인 자료나 사실을 중요시하며, - 구체적이고 사실적인 정보를 중시하며 - 현실적이고 실제적인 정보를 좋아하며 - 있는 그대로 되어 있는 묘사를 선호한다.	직관(N): - 나는 이론과 상상에 바탕을 두고 사건의 원인을 파악하려고 애쓰며 - 추상적이고 큰 그림을 이해하는 것을 좋아하며 - 미래에 일어날 일을 파악하려고 하며 - 시적이고 은유적인 표현을 좋아한다.
3. 나는 어떻게 의사결정을 하는가? (사고 vs. 감정)	
사고(T): - 나는 논리와 분석을 통해 의사결정을 하는 편이며 - 공정함을 중요하게 생각하며 - 다른 사람과 논쟁하는 것을 좋아하며 - 합리적이고 냉철하다는 소리를 듣는다.	감정(F): - 다른 사람과의 조화와 내 행동이 다른 사람에게 어떠한 영향을 미치는가를 이해하려고 노력하고 - 다른 사람의 의견이나 믿음을 존중하고 - 그들이 가지는 장점을 찾아내려고 애쓰며 - 따뜻하고 동정심이 많다는 소리를 듣는다.
4. 당신은 사회생활을 하는데 어떠한 방식을 선호하는가? (판단 vs. 인식)	
판단(J): - 나는 계획과 목표설정에 따라 내 임무를 수행하는 편이며 - 규칙과 데드라인은 지켜져야 한다고 생각하며 - 구체적이고 단계적인 매뉴얼이 있는 것을 좋아하고 - 조직적으로 계획해서 업무를 하는 것을 선호한다.	인식(P): - 나는 임무를 수행할 때 융통성과 즉흥성을 가지는 것을 선호하며 - 규칙과 데드라인은 협의가 가능한 것이라고 생각하고 - 상황에 따라 자연스럽게 달라질 수 있는 업무를 좋아하며 - 예측하지 못한 일들이 일어나는 것을 즐기는 편이다.

출처: Colquitt et al.(2015: 294)의 재구성.

유도할 수 있고, 이를 바탕으로 조직 내에서 효과적인 관계 개선을 도모할 수 있다는 점에서 MBTI는 분명한 강점이 있다. 실제로 <표 2-3>을 사용해서 자신의 성격을 판단해 보고 동료의 성격을 파악해 보면, MBTI가 어떤 실질적 매력이 있는가를 알 수 있다.

이제 다음으로 자신의 네 가지 유형의 성격의 조합으로 네 가지 알파벳 문자의 조합이 자신의 성격유형을 나타낸다. <표 2-4>는 16가지 성격유형을 설명하는 표이다.

지금까지 우리는 조직행태론에서 개인의 성격에 대한 주로 논의되어지는 성격 관련 연구들을 살펴보았다. 이 절을 읽은 혹자는 성격이 변화되기 힘든 것이라면, 관리자의 입장에서 성격을 연구하고 이해하는 것이 과연 어떠한 의미가 있는지에 의문을

표 2-4 MBTI의 16가지 유형의 성격

ISTJ (세상의 소금형)	ISFJ (권력형)	INFJ (예언자형)	INTJ (과학자형)
사실적인 철저한 체계적인 신뢰할 수 있는 확고부동한 실제적인	상세한 성실한 전통적인 충실한 참을성 있는 조직화된	헌신적인 충실한 자비로운 창의적인 열정적인 깊이 있는	독립적인 논리적인 비판적인 독창적인 체계적인 확고한
ISTP (백과사전형)	**ISFP (성인군자형)**	**INFP (잔다르크형)**	**INTP (아이디어 뱅크형)**
객관적인 편의적인 실제적인 현실적인 사실적인 응용적인	돌보는 부드러운 온화한 융통성 있는 민감한 예리한	자비로운 부드러운 고결한 융통성 있는 헌신적인 모험심 있는	논리적인 회의적인 인지적인 초연한 이론적인 정확한
ESTP (수완가형)	**ESFP (사교가형)**	**ENFP (스파크형)**	**ENTP (발명가형)**
행동지향적인 융통성 있는 재미를 좋아하는 재주가 많은 열정적인 낙천적인	열성적인 융통성 있는 쾌활한 우호적인 명랑한 사교적인	창의적인 호기심 있는 열성적인 재주가 많은 자발적인 표현적인	진취적인 독립적인 솔직한 전략적인 창의적인 융통성 있는

ESTJ (사업가형)	ESFJ (친선도모형)	ENFJ (언변능숙형)	ENTJ (지도자형)
논리적인 결정적인 체계적인 효율적인 객관적인 실제적인	성실한 충성스러운 사교적인 개인적인 책임질 수 있는 조화로운	충성스러운 이상적인 개인적인 언어적인 책임질 수 있는 표현적인	논리적인 결정적인 계획이 많은 강인한 전략적인 비판적인

출처: 한국심리검사연구소(1990).

제시할 수도 있다. 그러나 앞서 살펴보았듯이, 성격에 대한 연구들은 성격과 조직원의 성과뿐 아니라 개인의 조직으로부터 받는 스트레스 조절과 이직의도에도 중요한 영향이 있는 것을 확인해 왔다. 실제로 한국 행정조직행태 연구들은 한국 공무원의 성격유형을 분류하고, 다양한 성격유형이 어떻게 개인의 성과나 태도에 영향을 미치는지를 확인하였다.[1)] 이러한 연구들은 한국 공무원이 누구인가를 이해하고 이들에 대해 어떠한 인사관리전략을 개발하는 데 중요하다. 즉, 성격에 대한 이해는 조직의 성과 창출과 개인의 심리적 안녕에 있어서 모두 중요한 출발점이 된다고 할 수 있다.

또 관리자는 조직생활에 있어서 자신의 부하 직원에게 가장 바람직한 성격(예: 성실성론)을 강요하려 할 수도 있을 것이다. 그러나 이러한 접근에는 조금 더 신중할 필요가 있다. 다양한 성격은 각기 다른 조직환경에서 강점이 될 수도 있고 약점이 될 수도 있기 때문이다. 예를 들어, 조직이 창조성을 강조하는가 아니면 보수적인 가치를 강조하는가에 따라, 아니면 빠른 의사결정이 필요한 상황인가 정확한 분석이 필요한가에 따라 다른 성격의 조직원이 더 높은 성과를 보일 수 있다. 이 때문에 조직행태론의 연구에서는 조직의 목표나 특성과 개인의 성격 간의 합일(fit)을 중요하게 생각하고 있다.

예를 들어, 안광일(1994a; 1994b)은 한국의 중간간리자급 공무원들의 MBTI를 조사하여 한국 공무원은 ISTJ(세상의 소금형)의 공무원의 성격유형이 32%로 가장 많고, ESTJ(사업가형)이 11%, 그리고 ISTP(백과사전형)과 INTJ(과학자형) 성격유형이 10% 정도를 차지함을 발견하였다. 이와 같은 결과들은 공무원들이 원칙과 현재의 안

1) 일례로, 권경득 · 최경태(2010), 송윤석 · 김재윤(2002), 송운석 · 이민호(2011), 이영균 · 최인숙(2011), 임준태 · 권혜림(2010) 등의 연구가 있다.

정과 효율성을 강조하는 부분이 강하다는 우리의 일반적인 상식과 일치한다는 점에서 흥미롭다.

어쩌면 ISTJ나 ISTP 유형의 성격이 공무원에서 더 많이 발견되는 것은 이러한 성격이 관료제에 잘 맞기 때문일 수도 있다. 그러나 향후 정부에서 혁신과 협력이 정부조직이 갖추어야 할 중요한 역량이라고 할 때, ISTJ와 같은 성격은 미래의 공무원 조직에서는 오히려 약점이 될 수도 있을 것이다. 또한 송윤석과 김재현(2002)은 서울시 중·하위직 공무원을 대상으로 성실성과 개인의 성과와의 관계를 살펴보았는데, 한국 정부조직에서도 성실한 공무원들이 보다 높은 참여와 긍정적 성과행동을 보이는 것으로 나타났다. 그러나 성실한 공무원들이 어떠한 환경에서 더 열심히 일하는가에 대해서는 예상과는 다소 다른 결과가 나왔다. 보통 사기업을 중심으로 한 연구들에서는 조직의 분위기가 자유로운 경우 성실한 성격의 조직원들이 더 높은 성과를 내는 것으로 나타났지만, 중·하위 공무원들에게 있어서는 조직이 보다 엄격한 규율이 있다고 느낄 때, 성실한 공무원들은 더 높은 성과를 보이는 것으로 나타났다. 즉, 어떠한 환경에서 어떠한 성격의 조직원이 더 높은 성과를 보이는가 하는 것은 조직마다, 그리고 그 조직의 상황에 따라 다를 수 있으며, 더욱 중요한 것은 행정조직에서의 좋은 성과를 보이는 조직원의 성격은 기업에서의 높은 성과를 보이는 조직원과 다를 수도 있다.

제 2 절 태 도

1. 태도의 정의

태도를 한마디로 정의하자면 특정한 사물이나 개인, 사회, 조직, 의견이나 이슈들에 대한 지속적인 평가나 느낌으로 정의될 수 있다(Hellriegel & Slocum, 2011; Kreitner & Kincki, 2011). 이러한 태도는 성격과 비교되면 그 특징이 분명해진다. 첫째, 성격을 파악한다는 것은 나의 내적 특질에 대한 이해임에 반해, 태도는 나의 다른 대상에 대한 이해라는 점에서 차이가 있다. 즉, 태도는 대상이 없이 형성될 수 없다. 우리의 조직에 대한 태도, 상사에 대한 태도, 직업이나 직무에 대한 태도도 특정 대상에 대한 감정이나 믿음 또는 인지라는 점에서 분명한 대상과 방향성을 가지고 있다. 둘째, 성격은 상당한 수준의 항상성을 보이지만, 태도는 대상이나 상황에 따라 그 방향성이 자주 바뀐다. 예를 들어, 나의 현재의 내 직업에 대한 만족은 오늘 아침까지 좋았다가, 상사와의 마찰 혹은 내 월급과 내 동료와의 월급의 비교 등으로 인해 저녁에는 그 만족감이 떨어질 수 있다. 다시 말해, 조직의 관리자는 조직원의 성격을 바꾸기는 어려우나, 다양한 관리기법으로 조직원의 태도에는 보다 많은 영향을 미칠 수 있다. 셋째, 태도는 개인의 성과나 조직원의 행태에 보다 직접적인 영향을 미친다. 보통 조직행태의 연구들이 조직원의 성격 연구보다는 종업원의 긍정적 태도 변화의 방법을 찾아내는 데 더 많은 노력을 기울이는 것은, 종업원의 태도가 직접적으로 개인의 조직 내에서의 성과와 밀접한 관련이 있기 때문이다.

태도는 인지적 요소, 감정적 요소, 그리고 행위적 요소가 존재한다. 인지적 요소는 개인의 대상에 대한 평가나 의견을 의미한다. 감정적 요소는 개인의 대상에 대한 전반적인 느낌이나 감정을 의미한다. 태도의 감정적 요소와 인지적 요소는 매우 밀접한 관계를 맺고 형성된다. 즉, 개인인 일상의 단편적인 판단을 상황에 따라 수시로 하게 되는데, 이러한 인지적 평가의 총합이 개인의 대상에 대한 종합적인 감정을 나타내게 된다. 따라서 태도에 관한 연구들은 인지적 판단에 따라 자신들의 전반적인 감정적 요소가 형성됨을 기본 가정으로 삼고 있다(Kreitner & Kincki, 2011). 마지막으로 태도는 행동의 의도까지도 포함한다. 예를 들어, 조직에서 자신의 월급, 동료와의 관계, 그리고 직업안정성 등 개인은 자신의 직업이 별로 좋지 않다는 감정적인 불만족을 느끼게 된다면, 몇 달 안에 회사를 떠나겠다는 이직 의도에 대한 태도를 발전시킬 수 있을 것이다.

조직원들은 무엇을 대상으로 하는가에 따라 다른 형태의 태도들을 복합적으로 인지하고 느끼며 조직생활을 영위한다. 예를 들어, 개인은 여러 근무조건들을 고려해서 자신의 업무가 얼마나 만족스러운가를 결정하며(직무만족), 조직이 나를 얼마나 공정하게 대해주는가에 따라(조직공정성), 자신이 현재 근무하는 조직에 얼마나 머무를 것인가를 결정하며(조직몰입) 조직생활을 영위한다. 조직행태론에서 연구되는 모든 태도변수를 살펴보는 것은 불가능하지만 정부 공무원들을 대상으로 한 연구에서 가장 많이 다루어져 온 대표적 태도들(직무만족, 조직몰입, 신뢰와 조직공정성)을 살펴보도록 한다.

2. 직무만족

직무만족은 개인이 직무에 대한 평가나 경험을 통해 느끼게 되는 직업에 대한 긍정적 감정이라고 할 수 있다(Colquitt et al., 2013). 로크(Locke, 1976)는 조직원의 직무에 대한 만족은 개인이 중요하게 생각하는 조건이 얼마나 자신의 직무에서 충족되는가에 의해서 결정된다고 주장하였다. 즉, 직무만족은 하나의 경험이나 자신의 직무에 대한 평가로 형성되어지는 것이 아니라, 다양한 조직에서의 경험을 통해 개인이 종합적으로 판단한 결과라고 할 수 있다. 그렇다면, 우리는 내 업무가 좋다 나쁘다는 평가할 때, 어떠한 요인들을 고려하는가? 아마도 우리는 돈, 승진, 상사, 동료, 일 자체, 일의 의미, 지위 그리고 업무환경 등 다양한 요소를 고려하여 내 직무에 대한 전반적인 만족감을 결정한다. 어떤 개인의 경우 금전적 보상을 중요하게 생각할 것이고, 어떤 개인은 그보다는 내가 하는 일이 얼마나 중요한가를 중요시 생각할 것이며, 또 혹자는 내 직업이 얼마나 안정적일 수 있는가에 보다 초점을 맞출 수 있다.

어떤 요소들이 개인의 직무만족에 영향을 미치는가에 대해서는 학자들마다 다른 요인들을 지적하였다. 예를 들어, 스미스(Smith, 1969)는 직무기술지표(Job Descriptive Index: JDI)를 제안하고 업무자체, 임금, 승진, 동료관계, 감독의 다섯 가지 요인이 직무만족을 측정하였으며, 워니몬트(Wernimont, 1966) 직무요소들을 일 자체에 대한 즐거움 등이 강조되는 내재적인 직무만족(intrinsic job satisfaction)과 동료와의 관계나 금전적 보상 등의 외재적인 직무만족(extrinsic job satisfaction)으로 구분하였다. 핵맨과 올드햄(Hackman & Oldham, 1976)은 직무의 어떠한 특성들이 조직원의 내재적 직무만족을 향상시키는가를 직무특성이론(job characteristic theory)을 통해 제시하였다([그림 2-1] 참조). 핵맨과 올드햄은 개인이 내재적인 직무만족을 느끼기 위해서는 세 가지 형태의 심리적 상태가 조성되어야 한다고 지적하였다. 첫째로, 조직원은 내가 하고 있는 일의 의미를 발견할 수 있어야 하고, 둘째로, 자신이 하고 있는 일의 결과에 대한 온전한 책임감을 가질 수 있어야 하며, 셋째로, 자신의 성과에 대한 지식이 제공되어야 한다고 지적하였다. 이러한 세 가지 심리상태는 다섯 가지 직무특성(기술다양성, 과업정체성, 과업중요성, 자율성, 피드백)에 의해 형성된

그림 2-1 직무특성이론

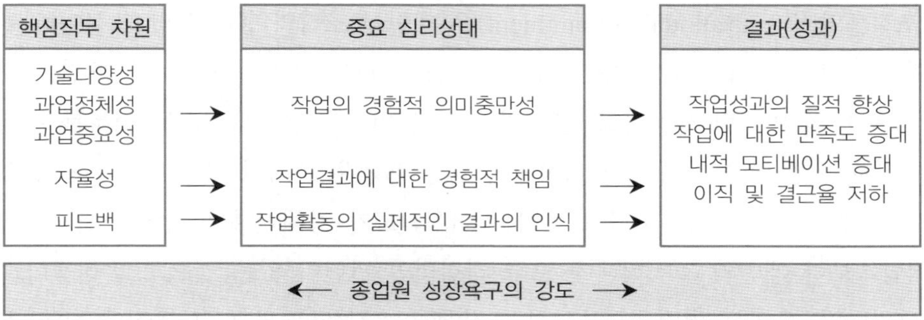

다고 지적하였다. 이러한 내재적인 직무만족은 특히 조직에서 성장욕구가 높은 경우, 그리고 지식과 기술을 많이 요하는 전문직에서 더 중요하게 나타나는 것으로 조사되었다.

그렇다면 직무만족은 조직원의 행태에 어떠한 영향을 미치는가? 초기 직무만족연구가 많이 이루어진 이유는 직무만족이 조직원의 성과를 결정하는 데 결정적인 역할을 할 것이라는 기대 때문이었다. 그러나 직무만족은 업무성과에는 높은 상관관계를 가지고 있지는 않은 것으로 나타났다. 다만, 직무만족은 조직원의 직무성과에 보다 직접적인 영향을 미치는 것으로 알려진 조직몰입 등의 다른 개인의 태도에 보다 높은 영향을 미치는 것으로 조사되었다.

그렇다면 직무만족은 반드시 직무 자체의 경험에만 영향을 받는가? 우리의 직무에 대한 만족은 직무 이외의 다른 요인들에 의해서도 영향을 받을 수 있다. 즉, 직무만족은 개인의 전반적인 상황(예: 가족 간의 관계 혹은 삶과 일의 밸런스)에 의해서도 영향을 받을 수 있다. 전통적으로 조직의 관리자는 조직원의 개인생활의 문제는 개인의 영역으로 분리해 취급하는 경향이 강했으나, 최근에는 개인의 생활에 대한 부분이 직무만족에 많은 영향을 미친다는 연구에 따라, 종업원의 조직생활에 대한 관심이 필요하다는 지적도 있다.

3. 조직몰입

조직몰입(organizational commitment)은 개인이 조직의 멤버로 남고 싶어하는 소망의 정도라고 정의할 수 있다(Meyer & Allen, 1997). 조직몰입이 높은 개인은 조직의 일을 나의 일처럼 생각하고, 조직의 가치를 받아들여 적극적으로 업무를 수행하려는 경향이 높으며, 반대로 조직몰입이 낮은 개인은 조직의 목표나 업무에 관심이 없고 궁극적으로 조직을 떠나고자 하는 이직의도가 강해진다는 점에서 조직몰입은 조직만족보다 개인의 조직행태에 보다 직접적인 관련이 있는 것으로 밝혀졌다.

그렇다면, 우리는 어떤 때 자신의 조직에 소속감을 느끼고 그 조직에 남고 싶어하는가? 알렌과 메이어(Allen & Meyer, 1997)는 개인이 조직에 일원이 되고 싶어하는 데에는 세 가지 다른 심리적 요소가 있을 수 있음을 제안하였다. 우선 정서적 몰입(affective commitment)은 개인이 조직에 감정적인 동일감을 느끼고 조직에 남고 싶어할 때 나타내게 되는 유형의 몰입이다. 정서적 몰입을 보이는 개인은 조직과 개인을 동일시하는 경향이 있어, 조직에 대해 부정적인 이야기를 한다면 마치 자신의 문제인 것처럼 기분이 상하고, 조직이 추구하는 가치가 매우 중요한 가치임을 동감하는 경향이 강하다. 따라서 조직에 높은 수준의 정서적인 몰입을 하고 있는 조직원은 조직에 대한 애착과 충성심이 강하고 높은 수준의 성과를 보이는 경향이 있다. 반면 지속적 몰입(continuance commitment)은 조직에 남아 있어야 할 이유를 계산해 조직에 남아 있고자 하는 상태를 말한다. 지속적 몰입이 높은 개인은 조직을 떠날 기회가 있을 때, 자신이 잃을 것이 무엇인가를 고려하여 조직에 남을 것인가 떠날 것인가를 결정한다. 개인이 "나는 조직이 좋지는 않지만, 할 수 없이 돈 때문에 아니면 연금 때문에" 조직을 못 떠나고 있다고 한다면, 그러한 개인은 지속적 몰입이 높은 개인이라고 할 수 있다. 지속적 몰입은 개인의 이직결정과 매우 깊은 관련이 있는 것으로 조사되어졌으나, 반면 개인이 조직 내 성과하고는 큰 연관이 없는 것으로 조사되었다. 규범적 몰입(normative commitment)은 조직에 남아야 한다는 강한 규범을 느끼는 경우에 나타나는 조직몰입이다. 어떤 개인이 조직을 떠나고 싶어도 조직을 떠나는 사람은 책임감이 없는 사람이라는 개인적 자책이나 조직문화가 있어 자신의 조직을 쉽게 떠나지 못하고 있다면, 이러한 개인은 높은 수준의 규범적 몰입을 가지고 있는 개인이라고 볼 수 있다. 조직몰입이 중요한 점은 앞서서 지적하였듯이 조직원의 이탈을 막고 개인들이 조직에 헌신하게 하는 구조를 제공할 수 있다는 점에서 중요하다.

그렇다면, 공무원들은 어떠한 형태의 조직몰입을 더 많이 필요로 할까? 공무원이 공공의 가치를 이해하고 내재화하기 위해서는 정서적 몰입이 중요하다고 할 수 있다. 다만, 높은 수준의 직업 안정성, 연금제도 등은 공무원들의 지속적 몰입을 높일 가능성도 있다. 공무원이 어떠한 몰입을 중시하는가는 공무원이 조직과 어떠한 관계를 맺으며 자신의 역할을 어떻게 정의하는가에 매우 중요한 영향을 미치므로 조직몰입에 대한 이해는 공공조직에서도 중요하다.

4. 신뢰와 조직공정성

최근 공공조직연구에서 주목하는 태도 중에 하나는 신뢰와 공정성에 대한 인식이다. 조직 내에서 개인이 다른 사람을 신뢰한다는 것은 위험을 감수하는 것과 밀접한 관계가 있다. 다른 사람을 신뢰하고 그에게 무엇을 맡긴다는 것은 어떤 의미에서는 조직에서 배신을 당할 수 있는 가능성을 높인다는 의미를 포함하기 때문이다. 그럼에도 불구하고 우리가 신뢰를 구축하면서 조직생활을 영위하고 싶어하는 이유는, 신뢰할 만한 사람을 찾고 그러한 사람들과 업무를 해나가는 것이 보다 능률적이고, 궁극적으로는 보다 높은 효과를 가지고 올 수 있다는 것을 경험적으로 알기 때문이다. 신뢰 구축은 단순히 개인과 개인 사이에서만 이루어지지는 않는다. 개인은 과연 내가 일하는 이 조직을 신뢰할 것인가를 결정하고, 이러한 신뢰의 정도에 따라, 자신의 조직에 대한 헌신 여부를 결정한다.

그렇다면, 우리는 어떠한 기준으로 신뢰의 정도를 결정하는가? 물론 어떤 개인의 신뢰 경향은 개인마다 차이가 있는 것이 사실이지만, 많은 경우 우리는 여러 번의 관계를 맺으며 그 사람과의 관계에서의 만족도에 따라 신뢰도를 높여가는 것이 보통이다. 이러한 과정에서 상대방의 신뢰성(trustworthiness)은 보통 세 가지 요소에 의해 결정된다(Mayer et al., 1995). 첫 번째 요소는 상대방의 능력(ability)이다. 예를 들어, 우리가 몸이 아파 어떤 병원이나 의사를 찾아가려고 할 때, 의사의 신뢰성은 의사가 가지고 있는 기술이나 지식에 많은 영향을 받는다. 이러한 기술이나 전문지식을 통한 신뢰를 능력에 대한 신뢰라고 할 수 있다. 두 번째 요소는 상대방이 가지고 있는 박애심(benevolence)이다. 예를 들어, 상대방이 자신과의 관계에서 본인의 이득만을 챙기려고 한다는 것을 발견하면 우리의 상대방에 대한 신뢰성은 낮아지게 된다. 마지막 신뢰를 결정하는 요소는 진실성(integrity)이다. 즉, 상대방이 자신이 추구하는 가치에 따라 충실히 행동하고 있고, 그러한 가치가 내가 받아들일 수 있는 것인지 여부가 신뢰에 큰 영향을 미치게 된다. 신뢰는 내가 상대방과 맺은 관계가 나의 입장에서 얼마나 공정한가에도 많은 영향을 많이 받는다. 이러한 면에서 조직 공정성은 조직신뢰를 형성하는 데 중요한 요소 중 하나라고 할 수 있다.

조직공정성은 조직원이 조직으로부터 얼마나 공정한 대우를 받고 있다고 느끼는가에 대한 개인의 평가이다(Greenberg, 1990). 조직공정성은 크게 네 가지 요소로 이루어져 있다(Colquitt, 2001). 조직에서는 조직마다 성과를 배분하는 방식이 있으며, 개인은 자신의 노력에 비해 자신에게 돌아온 성과가 정당한가를 판단하는데, 이러한 공정성의 개념을 분배공정성(distributive justice)이라고 한다. 절차공정성(procedural justice)은 분배에 대한 결정이 어떠한 과정을 통해 이루어졌는가에 대한 개인의 판단이다. 많은 경우 절차적 공정성은 개인이 분배가 불공정하게 이루어졌다고 판단될 때, 그러한 분배 절차가 공정한가를 보기위한 두 번째 판단 기준으로 사용된다. 이러한 분배공정성과 절차공정성을 조직에서 개인의 기여에 대한 보상을 결정하는 기준이라는 의미에서 구조적 공정성(structural justice)으로 분류하기도 한다(Ambrose et al., 2002).

구조적 공정성이 조직의 개인에 대한 공정성을 이야기한다면, 상호작용 공정성(interactional justice)은 개인이 상사로부터 느끼는 공정성이라는 점에서 구조적 공정성과 구분된다. 상호작용 공정성은 다시 조직에서 자신의 상사가 나를 충분히 존중하는지에 관한 대인공정성(interpersonal justice)과 상사가 조직의 상황에 대한 정보를 충분히 제공했는가에 관한 정보공정성(informational justice)으로 구분된다. 보통 조직행태론의 연구에서는 두 가지 다른 형태의 공정성(조직에 대해 느끼는 구조적 공정성과 상사로부터 느끼는 상호작용 공정성) 중 구조적 공정성이 조직원의 행태를 결정하는 데 더 중요한 요인으로 보고되어 왔다. 그러나 개인은 상사의 행동에 따라 조직의 공정성을 평가하는 경우가 많다는 점에서 상호작용 공정성의 중요성도 간과되어서는 안 될 것이다. 실제로 한 연구에서는 조직에서 임금삭감을 결정했을 때, 상사가 어떻게 그 정보를 제공했는가에 따라서 조직원의 일탈행동에 차이가 나타나는 것을 발견하였다(Greenberg, 1990). 또한 국내 연구에서도 상사가 제공하는 상호작용 공정성은 조직원의 상사에 대한 믿음에만 영향을 미치는 것이 아니라 조직에 대한 믿음을 결정하는데도 영향을 미치는 것으로 나타났다(송승연 외, 2013). 특히, 정부조직은 특성상 전반적으로 높은 수준의 구조적인 공정성을 유지하고 있을 것으로 판단된다. 하지만 만약 조직의 지도자가 부정적인 수준의 상호작용 공정성을 보여준다면, 개인들은 조직 전체의 구조적 공정성도 부정적으로 판단할 가능성이 있으므로, 상호작용 공정성의 역할이 중요하다고 할 수 있다.

제 3 절 가 치

1. 가치의 정의

가치란 어떠한 것이 바람직하고 어떠한 것이 바람직하지 않은가를 결정하는 판단 기준이라고 할 수 있다. 우리가 추구하는 가치가 도덕적 가치(moral value)처럼 절대적으로 옳은 가치인가 아니면 실용적 가치(utilitarian values)처럼 우리가 사회적 혹은 조직적 목표달성을 위해 상대적으로 옳다고 믿는 어떠한 가치인가는 조직행태론보다는 전체 도덕철학에서 더 많이 다루어져야 하는 부분이다. 다만, 조직행태론에서 개인이 어떠한 가치를 중요시하고 있는지를 이해하고자 하는 것은, 개인의 행동양식을 이해하는 데 있어 개인의 가치에 대한 이해가 많은 도움을 줄 수 있기 때문이다.

가치는 여러 가지 특징을 가지고 있다. 첫째, 가치는 조직원의 행태를 결정하는 중요한 요인이다. 개인은 단순히 자신의 이익을 위해서만 행동하지는 않는다. 개인은 자신이 사회적으로 바람직한 혹은 자신이 옳다고 생각하는 행동을 함으로써 보다 긍정적인 자아를 형성하려는 경향이 있으므로 끊임없이 어떠한 것이 바람직한 것인가에 대해 관심을 가지고 바람직한 행동을 하려고 노력하는 경향을 보인다. 둘째, 우선 개인의 가치는 그 사회나 조직이 가지고 있는 가치와 밀접한 관계를 가지고 있다. 개인은 어떠한 것이 바람직한 것인가 하는 판단 기준을 사회화를 통해 사회적 가치 혹은 국가 또는 조직의 가치를 습득함으로써 학습한다. 우리가 조직에서 혹은 사회에서 어떠한 가치체계를 공유하고 있는가에 큰 관심을 가지는 것은 이러한 이유 때문이다. 셋째, 우리의 가치체계는 위계체계를 가지고 있다. 사회적으로 용인된 가치라 하더라도 많은 가치들은 서로 상충되는 면이 있다. 이러한 갈등구조에서 우리가 어떠한 가치를 더 중요하게 생각하는가는, 가치갈등 상황에서 우리가 어떠한 가치관을 선택하는가를 살펴보면 알 수 있다. 예를 들어, 자신이 정부 관리자라면, 어떠한 정책이 지금 당장 국민들의 극명한 반대에 부딪히고 있다고 할 때, 궁극적으로 이것이 국민을 위해 중요하다고 생각하면 추진을 해야 할 것인지, 아니면 민주적 가치를 고려하여 포기를 해야 할지를 결정해야 한다고 하자. 여기서 내가 어떠한 선택을 하는가는 나의 가치체계를 보여주는 계기가 될 수 있다. 여기서는 개인의 가치체계의 대표적인 연구인 슈바르츠(S. H. Schwartz)의 연구를 소개한다.

2. 슈바르츠의 가치이론

슈바르츠(Schwartz, 1992; 1994)는 국가나 사회를 떠나서 보편적으로 인간이 공유하고 있는 가치가 무엇인가를 연구하였다. 그는 인간은 열 가지의 보편타당한 가치형(value type)을 가지고 있으며, 열 가지 형은 두 개의 상호 대립되는 상위 차원의 가치로 구분된다고 제안하였다. <표 2-5>는 두 가지 차원과 네 가지 가치를 구분한 것이다.

표 2-5 슈바르츠의 네 가지 상위 가치와 두 가지 차원

첫 번째 차원	
자기초월 다른 사람의 안녕과 이익에 대한 관심 (보편주의적 가치, 박애적 가치 포함)	**자기고양** 자신의 이익을 중시하고, 다른 사람과 비교해 상대적인 성공과 다른 사람들보다 잘되는 것을 추구함 (권력과 성취를 포함)
두 번째 차원	
변화에 대한 개방 독립적으로 생각하고 행동하며 변화에 대한 준비 강조 [자기주도, 자극추구, 쾌(快, hedonism) 추구 포함]	**보수주의** 질서와 자기절제, 전통적 가치를 중시하고 변화에 대한 저항이 높음 (동조, 전통, 안정)

첫 번째 차원은 개인이 타인에 대한 배려를 중시하는가 아니면 개인의 이익을 추구하는가에 따라 자기초월 가치와 자기고양 가치로 구분된다. 자기초월 가치 차원은 보편주의와 박애를 포함한다. 보편주의는 인류에 대한 관심 및 이해와 다른 사람의 이익에 대한 보호, 그리고 더 나아가 지혜, 윤리, 정의 등에 대한 보편타당한 가치를 중시한다. 박애적 가치는 친구나 가족 혹은 동료처럼 매일매일 만나는 사람들의 안녕과 발전에 대한 관심을 포함하며, 동정심, 충성심, 돕고자 하는 마음 등이 대표적인 가치이다. 반면, 자기고양은 자신의 이익과 성공을 중시하는 가치라는 점에서 자기초월적 가치와 상반되는 개념이며 권력과 정치가치가 포함된다. 권력가치는 사회적 지위나 권력에 대한 지배, 그리고 부를 중시하는 가치이다.

두 번째 차원은 개인이 변화에 어떠한 가치를 가지고 있는가에 따라 변화에 대한 개방과 보수주의로 구분된다. 변화에 대한 개방적인 가치를 가진 개인은 다른 사람의 의견이나 가치에 좌우되지 않고 독립적으로 판단하고 행동하는 경향이 강하며, 변화를 수용하는 정도가 높다(자기주도). 이러한 가치를 가지고 있는 사람들은 새로

그림 2-2 슈바르츠의 가치모형

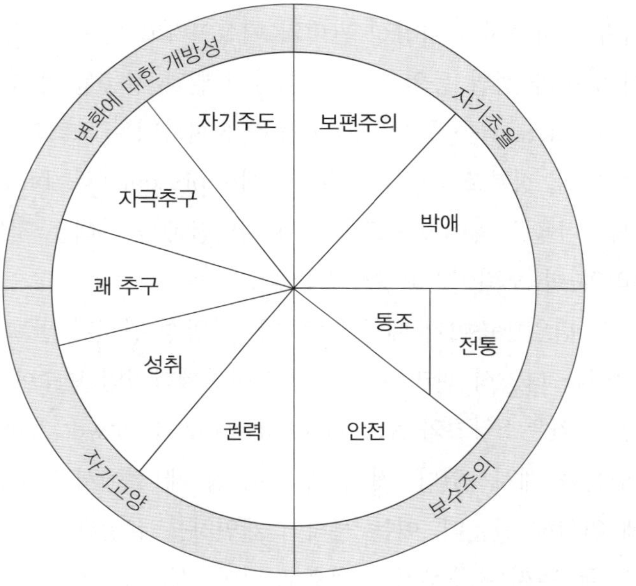

출처: Schwartz(2012).

운 것을 좋아하고, 변화에 의한 도전을 즐기며(자극추구), 삶을 즐길 줄 아는 여유(快, hedonism)를 중시한다. 반면 보수주의는 질서를 중시하고, 다른 사람을 해칠 행동을 하지 않으려 노력하고, 사회적으로 물의가 될 만한 행동을 삼가며(동조), 전통 문화와 종교적 가치를 중시하고, 사회에서의 내 역할에 순응하는 경향이 있다(전통), 또한 사회의 안정과 조화, 그리고 안전을 중시한다(안전). [그림 2-2]는 열 가지 가치를 그림으로 나타낸 것이다. 가치들이 서로 가까이 인접해 있는 경우는 서로 비슷한 가치를 가지고 있는 것이고, 반대의 위치에 있으면 서로 상반되는 가치를 의미한다.

제 4 절 다양성 관리

다양성 관리는 조직에서 인구통계학적 구성이나 역할, 기능이 다른 다양한 집단의 차이를 이용하여 조직의 효과성을 얻어내려는 노력이라고 할 수 있다. 즉, 조직원의 이질적인 요소를 효과적으로 융합 혹은 포용하기 위하여 조직의 절차나 문화를 어떻게 바꾸어가야 하는지가 다양성 관리의 핵심이라고 할 수 있다. 원래 다양성 관리는 미국에서 인종과 성별 등의 차이에 대한 차별과 갈등을 해결하기 위한 차별철폐조치(Affirmative action)를 통한 고용평등을 실현하려는 노력과 밀접한 관계가 있다. 또한 최근 한국 정부조직에서 대표관료제(representative bureaucracy)를 통해 여성의 공직진출 비율을 높이고 공직진출에 지역안배를 하려는 것도 정책적 차원에서 다양성 관리의 한 노력이라고 할 수 있다.

혹자는 한국은 단일민족이기 때문에 복잡한 다양성 관리가 필요하지 않다고 주장할 수 있다. 그러나 다양성 관리는 단순히 인구통계학적인 변수에서의 차이만을 의미하지는 않는다. 가든스와츠와 로우(Gardenswartz & Rowe, 2008)는 다양성에 네 가지 차원이 있음을 제시하였다. 첫 번째는 이 장 제1절에서 살펴보았던 성격은 다양성의 핵심에 위치해 있는데, 이는 성격이 개인차를 설명하는 가장 핵심적인 차원이기 때문이다. 두 번째는 내부적 차원으로 나이, 성, 성적지향, 신체적 능력, 민족, 인종 등이 여기에 포함된다. 내부적 차원 역시 잘 변화하지 않으면서 개인의 행태에 중요한 영향을 미치며, 더욱 중요한 것은 가장 눈에 잘 띄는 개인의 특징이므로 전통적으로 다양성을 인지하는 가장 표면적인 요소들이기도 하다. 세 번째는 외부적 차원으로 소득, 개인습관, 취미, 직업경험 등을 포함하고, 네 번째로 조직 차원은 직종, 부서, 근무지, 직급 등을 포함한다. 외부적 차원과 조직 차원의 다양성은 개인의 행태와 태도, 그리고 조직원과의 상호 교류의 형태의 차이가 쉽게 관찰되지 않다는 점이 특징이다. 또한 이들 변수들은 앞의 내적 차원이나 성격보다는 주로 개인이 통제할 수 있는 차원들이라는 특징이 있다.

다양성 관리는 우리가 사물을 지각하는 방식과도 밀접하게 연관되어 있다. 우리의 지각은 거의 매 순간 우리가 우리의 주변을 이해하고 해석하기 위해 끊임없이 일어나며, 우리가 타인을 판단하고 그들의 행동을 이해하기 위한 노력도 마찬가지로 매순간 일어나는 작용 중의 하나이다. 즉, 우리는 조직생활에서 끊임없이 부하 직원과 동료를 평가하고 그들의 행동에 담긴 의미를 해석하려 한다. 우리의 사회적 지각은 크게 세 가지에 의해 영향을 받는다. 하나는 지각하는 개인의 특징이며, 다른 하나는 지각하는 대상의 특징이며, 마지막은 상황적인 요인이다. 예를 들어, 지각하고 있는 개인은 자신의 목표와 욕구에 따라 지각하는 대상을 선택적으로 선택할 가능성이 많으며, 그 대상과의 예전 경험이나, 사회에서 혹은 조직에서 가지고 있는 대상이나 대상이 속한 집단에 대한 사전정보에 영향을 받으며 대상을 지각한다. 물론 지각하고 있는 대상의 특징(얼굴 표정, 신체적 특징, 생김새 등등)도 지각에 영향을 미치며, 상호작용이 일어나고 있는 상황이나 문화적 교감[예: 동향(同鄕)인가, 동문인가, 같은 성별인가 등]도 상대방에 대한 지각에 영향을 미친다. 문제는 이러한 지각이 공정하고 객관적으로 진행되어야 할 조직생활(예: 채용이나 평가)에서도 이러한 우리의 의사결정에 오류를 만들어 낼 수 있다는 점이다.

사회정체성(social identity) 이론은 우리의 지각이 우리가 어떠한 사회적 자아를 가지고 있는가에 따라 다르게 나타난다는 것을 지적하였다. 사회정체성 이론에 따르면, 두 사람이 똑같은 행동을 한다고 할지라도, 우리는 그 사람이 내 편(in－group)의 사람인가 아닌가에 따라 그 행동의 의미를 각기 다르게 지각하는 경향이 있다. 예를 들어, 남성의 경우, 자신의 두 상사가 비슷한 리더십 스타일을 사용한다고 하더라도, 그 리더십을 남자가 사용하는가 여자가 사용하는가에 따라 그 효과성에 대해 다른 판단을 할 수가 있다는 것이다. 즉, 우리의 지각작용은 우리가 자신을 어떻게 정

그림 2-3 가든스와츠와 로우의 다양성 모델

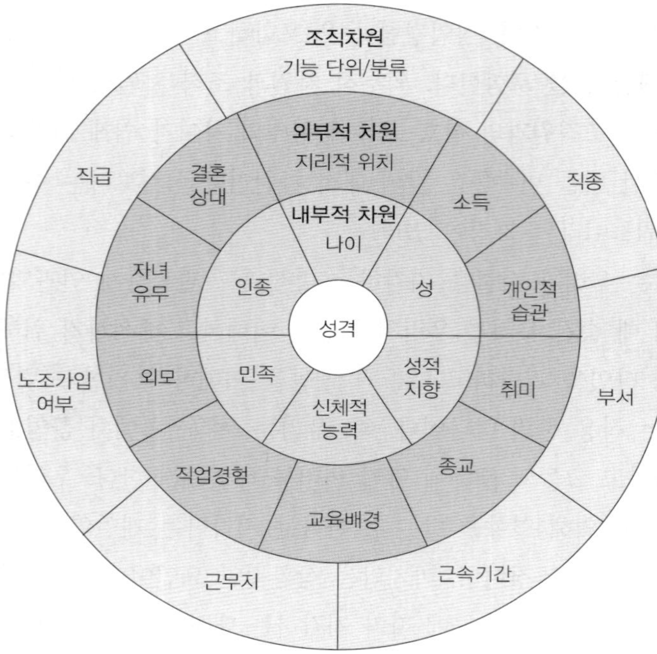

의하는가, 그리고 우리가 누구를 나의 편으로 생각하는가에 따라 그 지각이 왜곡되거나 달라질 수 있다. 우리가 보통 이야기하는 선입견도 이러한 사회적 자아에 바탕을 둔 특정 그룹에 속한 사람들에 대한 특징에 대한 믿음이라고 할 수 있다. 만일 우리가 "여자는 …" 혹은 "남자는 …", "요즘 애들은 …" 이라고 이야기를 한다면, 이는 다른 집단에 대한 선입견을 표현하고 있는 경우가 많다. 문제는 선입견이 상대방의 행태에 심각한 부정적인 영향을 미친다는 것이다. 한 심리학 연구에서는 실험집단의 여학생들에게 실험 전에 "본 시험의 목적은 여학생들이 남학생들보다 실제로 수학을 잘못한다는 가설을 증명하는 데 있다"고 실험 목적을 설명하였다(Spencer et al., 1999). 이러한 설명을 들은 실험집단의 여학생들은 그러한 설명을 듣지 않은 통제집단의 여학생들보다 시험 성적이 낮은 것으로 나타났다. 이러한 현상을 우리는 "선입견의 위협(stereotype threat)"이라고 한다. 이처럼 선입견은 개인 지각의 객관성을 저해할 뿐 아니라 지각 대상의 행동에 부정적 영향을 미칠 수 있다는 점에서 그 심각성이 있다. 즉, 우리가 우리의 다양성에 대한 태도나 지각을 바꾸지 않는다면, 다양성 관리라는 것은 표면적인 관리의 틀에서 벗어나지 못할 가능성이 크다.

사례 2-1 다양성과 갈등

"웰빙 보신" 공무원 선배에 질린 젊은 그들–세대 갈등 겪는 공무원 사회

의욕 잃는 후배세대 "손 놓고 구경하는 상사들 결국 우리가 일 다 해. 수백만 원 연금은 이들 몫"

섭섭한 선배 세대 "신입들 유능하다지만 일 시키면 귓등으로 흘려"

"시대 잘 타고 조직 커지던 때 쉽게 들어온 선배들이 '몸 바쳐 일하면 다 보상이 있는데 왜 요즘 애들은 끈기가 없느냐'고 해요. 쓸데없는 데이터만 생산하고 보고서 글씨체 수정을 일이라고 시키는데…. 차라리 일반기업 다닐 걸 그랬나 하는 생각마저 듭니다. 윗자리는 한정돼 있고 선배들은 줄 서 있고…. 공무원 시험 합격했을 때 사명감은 사라진 지 오래예요."

8급 공무원 A씨의 원색적인 하소연이다. 대학 3학년 때부터 꼬박 4년을 공부한 그는 300대 1 경쟁률을 뚫고 2014년 공무원 시험에 합격했다. A씨 동기 중 20%는 이른바 'SKY(서울대 · 고려대 · 연세대) 출신'이다.

동기들끼리 맥주 한잔 기울이는 날엔 "(선배들이) 우리 때면 들어오지도 못했을 거면서…" 따위 한탄이 쏟아진다고 한다. "과장이 하이픈(–) 입력을 못 하겠다며 도와달라고 한다", "본인은 야근 핑계대고 대학원 논문 쓰면서 정작 자기 일 떠안긴 나한텐 퇴근 갖고 뭐라고 한다", "아예 결재 아이디와 비밀번호를 알려주고 '알아서 하라'고 한다"….

공직 사회 내 세대 갈등이 날로 심해지고 있다. 공무원 시험 경쟁률이 날로 치솟고 젊은 세대에서 공직이 '신의 직장' 중 하나가 되면서 이들과 선배 세대의 온도 차가 갈수록 커진다. "공무원에 대한 선호도가 높지 않던 1980년대 들어온 선배들과 요즘 들어오는 고스펙 · 고학력 후배들의 업무 능력 격차 때문에 갑갑하다"고 호소하는 일부 신입 공무원들도 있었다. 지난 7월 있었던 서울시 9급 공무원 공채 경쟁률은 평균 82.5대 1이었다.

A씨는 "왜 나라고 처음부터 열정이 없었겠느냐"며 "나도 내 업무를 더 잘 하고 싶었고 잘못된 관행도 바로잡고 싶었다. 막상 일을 해보니 위에선 '저번에는 어떻게 했느냐. 그대로 하라'고 지시한다. 새로운 아이디어를 내도 들을 의지가 없다"고 단정했다. A씨는 "결국 정년 채우며 웰빙하는 게 답이라는 생각뿐"이라고 했다. 젊은 공무원들이 편한 보

직을 찾는 분위기도 뚜렷해지고 있다. 기획재정부에서 핵심 업무를 맡는 경제정책국은 공무원들 사이에서 지난해 선호도 5위에 그쳤다.

젊은 공무원들의 의욕 상실을 부추기는 또 다른 이유는 연금에 있다. 2015년 공무원 연금을 개혁하면서 현재 젊은 공무원들은 선배 세대만큼 연금을 받기 힘들 전망이다. 이를테면 2016년 임용된 7급 공무원은 개혁안 적용 후 연금 첫 수령액이 96만 원으로 예상되고 있다. 1996년 임용된 공무원 예상 수령액이 210만 원인 것과 대조된다. 게다가 2033년 이후 퇴직자는 연금을 받기 시작하는 나이도 65세로 늦춰진다. 이런 현실이 고스란히 박탈감이나 선배 세대에 대한 반감으로 이어진다는 것이다.

공기업·공공기관에서도 볼멘소리가 나온다. 서울 한 공공기관 5년차 직원 B씨는 "조직 내 보신주의·온정주의가 숨통을 조인다"고 했다. 그가 몸담은 기관은 공채 시험이 도입된 지 10년쯤 되었다. "공채 도입 전에 들어온 선배 중엔 인맥으로 들어오거나, 심지어 아르바이트하러 왔다가 정규직으로 전환된 사례도 있어요. 업무량 자체보다는 '한글 문서에 그림 파일을 넣어 달라' 같은 단순한 지시가 정신적 고통을 줍니다. 요즘 시대에 오피스 프로그램을 다루지 못해도 자리를 보전하는 데 무리가 없는 거죠. 만년 차장·과장은 모두 업무에 손 놓고 있고, 결국 팀장 하나와 대리 한두 명만 일하는 구조가 됩니다. 아무리 안정성을 바라보고 들어온 곳이지만 그 가치와 맞바꾸는 게 너무 크다는 생각이 들어요." B씨는 현재 사기업으로 이직을 준비 중이다.

젊은 공무원들과 함께 일하는 상사들에게도 고충은 있다. 50대 공무원 C씨는 "아무리 유능한 신입이 많다고 하지만 함께 일하는데 '자를 테면 잘라 보라'는 식으로 업무 지시를 귓등으로 흘리면 자존심 상할 때가 한 두 번이 아니다"며 "일단 조직에 처음 들어왔으면 공무원 조직문화의 특성을 이해하려고 노력하는 게 우선"이라고 말했다. 그는 "우리가 신입 공무원일 때는 민간기업보다 근무 여건이 열악했지만, 현재 신입들은 신의 직장에 다닌다는 자부심이 있지 않으냐"고 되물었다.

한 4년차 공무원에게 조직 내에서 닮고 싶은 선배나 존경하는 상사가 있는지 묻자 이렇게 답했다. "용감하게 사표 낸 선배요. 조직문화에 문제가 있는 걸 알아도 어차피 바꿀 수 없다는 데서 오는 무력감이 커요. 다들 나가지 못하는 이유는 이제껏 공부한 것도 아깝고 더 나은 일자리도 없는 것 같기 때문이죠. 월급 타며 내 생활 즐기며 살다가 10~15년 넘어가면 저도 선배들처럼 그럭저럭 적응하겠죠."

출처: 조선일보(2017.10.14)

사례 문제

1. 공무원 조직 내에서 세대 간 갈등이 일어나는 근본적인 이유는 무엇일까? 세대 간에는 어떠한 차이가 존재하는 것일까? 본인이 조직의 관리자라면, 세대 간 차이를 극복하기 위해 어떠한 노력을 할 수 있을지 토의해 보자.
2. 세대 간 차이 이외에도 우리는 조직이나 학교생활에서 서로 다른 자신과 상대방을 발견할 때가 있다. 그러한 경험을 서로 이야기해 보고 그럴 때 어떻게 대처하는지 토론해 보자.

토론 과제

1. 최근 인터넷에는 성격테스트를 위한 사이트들이 존재한다. Big 5 성격에 대한 사이트를 찾아서 자신의 성격 테스트를 실시하고 이를 친구나 동료와 공유해 보자. 나는 누구이며 어떠한 성격을 가지고 있는가?
2. 최근 기업 공채에서 성격테스트를 참고하여 인재를 선발하는 경향이 있다. 이러한 움직임에 대해 찬성하는가, 반대하는가? 찬성 또는 반대의 의견을 그 이유와 함께 구체적으로 설명하고 토론해 보자.
3. 개인의 조직에서의 태도(직무만족, 조직몰입 공정성)를 형성하는 데 영향을 미치는 요인이 무엇인지 생각해 보자. 직무만족, 조직몰입, 그리고 공정성을 하나의 요소로 놓고 이 각각의 태도를 보다 긍정적으로 바꾸기 위한 조직적인 요소들을 생각해 보자. 그리고 그 관계를 다이어그램으로 표현해 보자. 가능하다면 자신의 그림과 다른 동료의 그림을 비교해 보자. 이를 바탕으로 조직은 개인이 조직에서 보다 긍정적인 태도를 가지게 하기 위해서 무엇을 노력해야 하는지 정리해 보자.
4. 최근 정부는 대표관료제 등을 통해서 보다 다양한 사람들이 정부조직에 들어와서 일하도록 노력하고 있다. 본인이 생각하기에 이와 같은 정부조직의 다양성을 품으려는 노력이 중요하다고 생각하는지 아니면 바람직하지 않다고 생각하는지 토론해 보자.
5. 개인만 성격이 있는 것이 아니다. 조직도 조직 나름대로의 성격을 가지고 있다. 공공조직이 강조하는 가치와 성격을 바탕으로 행정기관의 성격(agency personality)에 대해 토론해 보자. 특히, 이러한 성격을 기업의 성격과 비교해 보자. 두 조직은 어떠한 면에서 성격적 차이가 있는가? 본인이 생각하기에 본인은 행정조직의 성격이 자신한테 더 잘 맞는지 기업의 성격이 더 잘 맞는지 생각해 보자.

Organizational Behavior

제3장

지각과 학습

조직에서 개인 차이가 나타나는 이유 가운데 하나는 개인의 지각과 학습능력의 차이이다. 이 장에서는 개인차 이해를 위해 다양한 지각과 학습이론에 관해 살펴본다. 우선 지각과 귀인의 개념에 대해 살펴보고, 여러 가지 지각의 오류를 살펴봄으로써 우리가 의사결정에서 나타날 수 있는 오류의 가능성을 이해한다. 또 이 장에서는 대표적 학습이론인 스키너의 강화이론과 반두라의 사회적 학습이론을 살펴볼 것이다. 같은 사물을 보더라도 개인은 주관적 인지작용을 통해 각기 조직에서의 현상을 다르게 인지할 수 있으며, 같은 환경에서도 개인에 따라 학습능력에도 큰 차이를 보일 수 있다. 공직에서는 나의 왜곡된 편견에 의한 의사결정이 시민에게 큰 상처가 될 수도 있기 때문에, 인식의 오류를 이해하고, 학습을 통한 교정을 해나가는 것이 중요하다. 따라서 이 장의 이해는 합리적이고 사려 깊은 의사결정자가 되기 위해서 무엇을 고려해야 하는가를 이해하는 출발점이 될 수 있다.

제1절 지 각

1. 감각과 지각

지각(perccption)은 흔히 감각(sensation)과 구별하여 설명하면 그 의미가 명확해진다. 감각은 지각 과정이 일어나도록 정보를 획득하여 전달하는 과정이며, 지각은 자신의 기본적인 감각(시각, 청각, 촉각, 후각, 미각)을 조직화하여 주변 환경에 의미를 부여하고 해석하는 과정(Robbin & Judge, 2013)이라 정의할 수 있다. 아무리 많은 연습을 한다고 해도 보통 감각은 더 발달하는 일이 드물다. 오히려 나이가 들면 감각은 떨어지게 마련이다. 또한 지각은 있는 그대로의 사물을 있는 그대로 받아들이는 것이 아니라는 관점에서 주관적 과정이고, 적극적으로 의미를 부여하고 해석한다는 점에서 능동적인 인지 과정이다. 즉, 지각에도 성격이나 가치 그리고 태도와 마찬가지로 개인차가 생기게 되며, 이는 의사결정에 차이를 나타내는 근본 원인이 될 수 있다. 또한 개인이 환경을 인지하는 능력에는 한계가 있으며, 선택적 지각을 하므로 우리의 지각에는 항상 오류의 가능성이 존재한다. 특히, 지각의 오류는 정책결정이나 시민이 정책에 대한 평가를 할 때에도 발생할 수 있다. 그렇다면, 우리는 어떠한 과정을 통해 지각을 하는가? 왜 우리의 환경이나 사물에 대한 해석에는 항상 차이가 발생하는 것일까? 이를 자세히 알아보기 위해서 우리는 지각의 과정과 지각 과정에 영향을 미치는 요인을 살펴볼 필요가 있다.

2. 지각의 과정

우리는 앞서 살펴보았듯이 있는 현상을 그대로 보고 듣는 것이 아니라 지각할 대상을 ① 선택(perceptual selection), ② 조직화(perceptual organization), ③ 해석(perceptual interpretation)하는 과정을 거쳐 인지한다. 이를 지각 메커니즘(perceptual mechanism)이라고 한다.

그림 3-1 지각 메커니즘

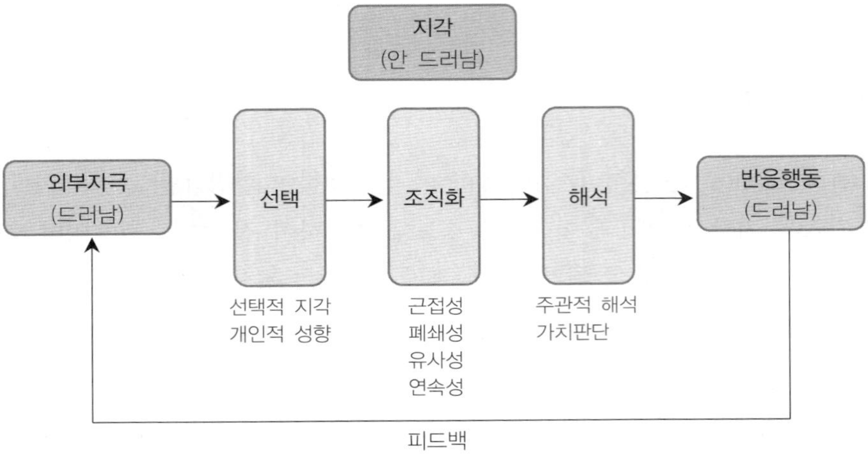

- **지각 선택 과정:** 개인은 모든 주변의 정보를 다 수용할 수는 없으므로 선택을 통한 지각을 하게 된다. 특히, 개인은 자신의 욕구나 상황에 필요한 정보만을 선택하여 지각하는 경향이 강한데, 이 과정에서 개인적인 성향이나 성격도 지각과정에 영향을 미친다. 예를 들어, 낙관적인 사람은 상사의 피드백 중에서도 긍정적인 부분만을 선택적으로 지각하는 경향이 있으며, 신경증적인 성향이 강한 사람은 부정적인 부분에만 초점을 맞추는 경향이 있다. 우리의 정치적 성향이나 믿음도 지각 선택에 영향을 미친다. 정치집단이 다양한 선거조사 결과가 있다 하더라도, 본인들에게 유리한 정보에 집중해 선거 결과를 낙관하는 것도 선택적 지각의 한 예이다.
- **지각 조직화 과정:** 지각 조직화 과정은 게슈탈트 지각 조직화 과정 법칙(gestalt laws of perceptual organization)이라고도 하며, 지각한 정보들을 하나의 의미 있는 형상으로 조직화하는 과정이다. 지각 조직화 과정에는 여러 가지 현상들이 나타나는데 [그림 3-2]는 이 중 일부의 예를 보여주고 있다. 근접성은 우리가 정보를 조직화할 때 근접한 정보끼리 조직화하는 것을 의미하며, 유사성은 정보를 조직화할 때 유사한 모양은 정보끼리 구조화하는 것을 말한다. [그림 3-2]의 첫 번째와 두 번째 그림이 근접성과 유사성의 예이다. 재미있는 것은

두 번째의 예에서도 근접성이 적용된다면 우리는 두 번째 세 번째 원을 조직화 해야 할 것이다. 폐쇄성은 우리가 조직화를 할 때 틈새에 부족한 정보를 보충하며 조직화 하는 것을 의미한다. [그림 3-2]의 세 번째 그림을 보면 중간이 비워 있음에도 우리는 두 도형을 사각형으로 인식하는 경향이 있는 것을 알 수 있다. 연속성은 연속성이 있는 방식으로 지각하는 것을 의미한다. 연속성의 첫 번째 그림의 경우 우리는 이들을 하나의 그룹으로 인식하는 경향이 강하지만 두 번째 그림의 경우 두 그룹으로 나누어 인식하게 된다. 이처럼 우리의 지각조직과정은 불완전한 정보를 채우기도 하고, 어떠한 정보를 삭제하기도 하는 능동적인 지각 과정을 통해 형성된다.

그림 3-2 **지각 조직화 과정**

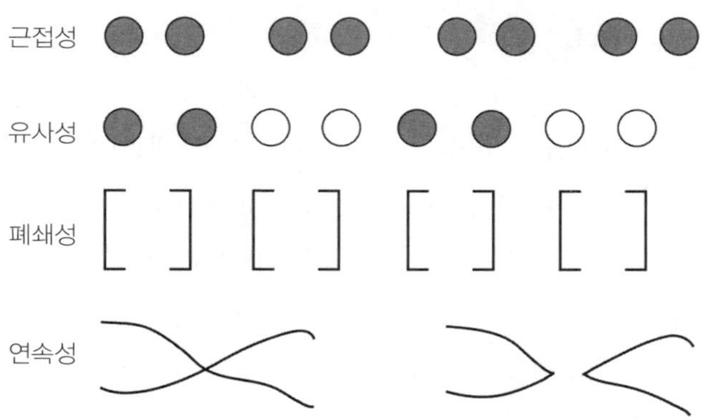

출처: https://www.techfak.uni-bielefeld.de/~posch/PG/grouping.html

- **지각 해석 과정:** 조직화된 지각은 자신의 준거체계에 바탕을 두고 해석되며 의미를 부여받게 된다. 보통 인간은 자신을 보호하고 유지할 수 있는 방향으로 해석하려는 경향이 강하므로, 지각 해석 과정은 주관적인 해석 과정이며 감정과 편견 등이 영향을 미칠 가능성이 높다. 지각 해석 과정에서 또 하나 중요한 점은 우리는 단순히 조직화한 지각을 받아들이기만 할 뿐만 아니라 여기에 의미를 부여한다는 것이다. 우리는 지각함과 동시에 어떠한 행동이 옳다/그르다, 아름답다/추하다 등의 평가를 하게 되는데, 그러한 가치판단을 통해 행동의 근거

를 마련한다. 따라서 이러한 주관적 지각 해석 과정은 다분히 왜곡될 수 있다. 특히, 자신의 자아나 이익이 공격당한다고 생각할 경우, 우리의 지각 해석 과정은 더 왜곡될 소지가 크다.

3. 귀 인

우리의 지각 해석 과정은 특히 사람에 대한 해석일 때 더욱 복잡해진다. 이는 우리가 사람의 행동에 대해 이해하고자 할 때보다 적극적으로 추론과 해석을 하려하기 때문이다. 우리는 그러한 추론의 과정을 귀인(attribution)이라고 정의한다. 또한 개인은 자신의 행동의 결과에 대한 원인을 찾으려 한다. 예를 들어, 자신이 조직에서 원하는 성과를 만들어내지 못했을 경우, 자신은 그 원인을 상사 탓이나 동료 탓으로 돌리는 반면, 동료나 상사는 자신의 탓으로 돌린다면, 두 그룹은 각기 다른 귀인을 하고 있다고 할 수 있다.

켈리(Kelly, 1967)에 의하면, 귀인에는 내부 귀인과 외부 귀인의 두 가지 귀인이 존재한다. 내부 귀인(internal attribution)이라는 것은 개인의 행동의 원인이 행위자의 책임하에 있다는 것이며, 외부 귀인(external attribution)이라는 것은 귀인의 원인이 환경적인 요인에 있다는 것이다. 우리가 '잘되면 내 탓 못되면 남 탓'이라고 할 때 '내 탓'이 내부 귀인이고, '남 탓'이 외부 귀인이라고 할 수 있다.

그렇다면, 우리는 어떠한 기준으로 타인의 행동의 원인을 판단하는가? 켈리에 의하면, 우리는 합의성(consensus), 일관성(consistency), 그리고 특이성(distinctiveness)의 세 가지 기준으로 원인을 내부 귀인을 할 것인가 외부 귀인을 할 것인가를 결정한다.

- **합의성**: 유사한 상황에 처한 여러 사람이 같은 방식으로 행동하는 정도를 말한다. 즉, 많은 사람들이 비슷한 행동을 한다면 우리는 외부 귀인을 하게 된다.
- **일관성**: 같은 사람이 비슷한 상황에서 비슷한 행동을 하는 정도를 의미한다. 일관성의 높은 경우 우리는 내부 귀인을 하게 된다.
- **특이성**: 한 개인의 행동이 다른 상황에서도 비슷한 행동을 하는가를 의미한다. 특이성이 높으면 내부 귀인을 한다.

예를 들어, 한 학생이 기말고사를 너무 망쳤다며 자신이 이번 시험을 망친 것은 시험문제가 너무 어려워 그런 것이라고 주장한다고 하자. 그 학생 말대로 시험 난이도나 외적인 문제였을까, 아니면 학생의 시험준비가 부족했던 탓일까? 우선 그 학생은 다른 학생들도 시험점수가 크게 낮아졌는지를 살펴보게 될 것이다. 만일 다른 학생들의 기말고사 성적은 중간고사와 별반 차이가 없다면(낮은 합의성), 그 학생은 아마도 자신이 이번 시험을 철저히 준비하지 못해 생긴 일이라고 내부 귀인을 할 것이다. 또한 그 학생은 자신의 중간고사 성적을 기준으로 기말고사 성적도 크게 다르지 않다면(높은 일관성), 그는 이 과목에서는 그렇게 높은 성적을 내지 못했다는 내부 귀인을 할 수 있다. 또한 이 학생은 자신의 다른 과목에서의 성적과 문제의 과목을 비교해서, 다른 과목과 비교해 유독 해당 과목만 성적이 낮았다면(높은 특이성), 학생은 시험문제 또는 과목의 어떤 특수성 때문에 자신이 고전하고 있는 것으로 외부 귀인을 할 수 있을 것이다.

그림 3-3 귀인 과정

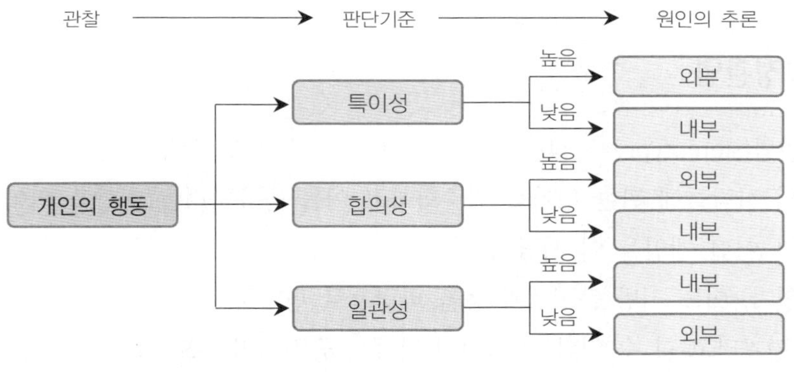

4. 지각의 오류

앞서 살펴보았듯이 지각 과정은 적극적인 정보의 해석 과정을 거치므로 그 과정에서 여러 가지 오류를 범할 가능성이 있다. 여기서는 의사결정자가 조직에서 범할 수 있는 오류들을 설명하고자 한다. 우리가 우리의 지각 과정에 오류가 있다는 자기

인식(self awareness)을 가지는 것은 중요한 출발점이라고 할 수 있다. 그리고 이러한 오류를 극복하기 위해서는 우리는 다양한 정보를 수집하고 의사결정 프로세스를 보다 합리적으로 만들고자 하는 노력을 해나가야 한다.

1) 선택적 지각

선택적 지각(selective perception)은 어떤 기준 또는 기준이 될 만한 것과 자기기준체계에 유리한 것만을 일관성 있게 수용하려고 하는 것이다. 우리는 어떠한 욕구가 있을 때 그것과 관련된 정보에 더 주의를 기울이게 된다. 내가 새 핸드폰 또는 새 차를 사고 싶을 때 이전에는 별로 관심이 없던 정보에 보다 더 관심이 많이 가는 것을 경험할 수가 있다. 이러한 선택적 지각을 지각적 경계(perceptual vigilance)라고 한다. 또는 우리는 자아에 불리한 정보나 자신의 믿음에 일치하지 않는 정보를 잘 받아들이려고 하지 않는 경향이 있다. 예를 들어, '담배는 당신의 건강을 해칠 수 있다'라고 쓰여 있는 문구는 비흡연자의 눈에는 잘 띄지만 흡연자의 눈에는 잘 인식되지 않는다. 이러한 선택적 지각을 지각적 방어(perceptual defense)라고 한다.

2) 고정관념

고정관념(stereotype)은 상동적 태도라고도 하며, 어떤 특정 집단의 사람들이 다른 집단의 사람들에 관한 평가를 범주화하고 이를 공유하려는 경향을 의미한다. 만약 우리가 어떤 개인을 이 사람이 남자인가 여자인가, 어느 대학을 나왔는가, 과는 무슨 과인가, 어느 지방 출신인가 등을 바탕으로 평가하려고 한다면, 이는 고정관념에 의한 평가라고 할 수 있다. 고정관념 자체는 긍정적인 것도 있으며 부정적인 것도 있을 수 있다. 예를 들어, '아시아인은 수학을 잘한다', '여자는 남자보다 다른 사람을 돌보는 것을 잘한다' 등은 긍정적인 고정관념이라고 할 수 있다. 반면 '난민은 위험하다', '여자는 남자보다 수학을 못한다' 등은 부정적인 고정관념이다. 그러나 부정적인지 긍정적인지는 어느 집단을 그룹으로 선택하는가의 문제이지, 두 경우 모두 고정관념의 오류를 피할 수는 없다. 고정관념의 또 하나의 고려요소는 강도이다. 만약 인사관리과 직원이 모든 인사 관련 의사결정을 그 사람의 인구통계학적 정보만 이용해서 내린다면, 고정관념이 의사결정에 미치는 영향은 매우 높다고 할 수 있다. 이러한 고정관념은 정보 프로세스를 빠르게 진행하게 하고, 그러한 고정관념을 공유할 수 있는 집단내 구성원들 간의 동질감을 높임으로써 내부 그룹의 결속력을 높일 수 있는 효과가 있다. 다만, 제2장에서 살펴보았듯이 편견이나 고정관념은 그 자체로 본인의 의사결정뿐 아니라 다른 사람의 행태에도 부정적 영향을 미칠 수 있으므로 주의해야 한다.

3) 대조효과, 후광효과, 뿔효과

대조효과(contrast effect)는 현재 일어나는 지각이 이전에 있었던 지각과 상호 대비되어 나타나면서 지각을 왜곡하는 것을 의미한다. [그림 3-4]의 가운데 원 세 개는 정확히 같은 크기이지만 그 주변과의 대비에 따라서 어떤 원은 조그맣게(그룹2), 어떤 원은 크게(그룹1) 보이는 것을 확인할 수 있을 것이다. 만일 내가 노래자랑대회에 나갔다고 하자. 만일 내 앞의 사람이 혹은 내 뒤에 사람이 가수 실력 이상으로 노래를 잘했다고 하자. 그러한 경우 내 노래 실력은 앞뒤의 다른 경연자들 때문에 평가절하될 수 있는데 이럴 때 나타나는 효과를 대조효과라고 한다.

후광효과(halo effect)는 어떤 개체의 부분적 특질로서 전체의 수준을 확대 해석하려는 현상을 말한다. 예를 들어, 조직구성원이 발표를 특별하게 잘하는 경우, 직장

그림 3-4 대조효과

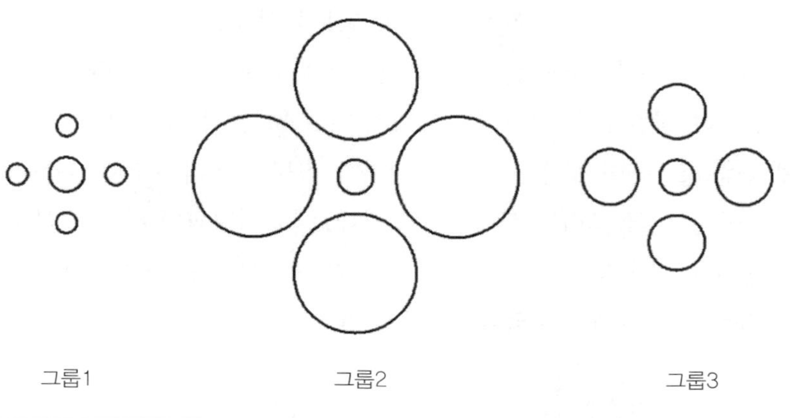

상사는 해당 직원의 발표능력뿐만 아니라 다른 업무능력 전반에 대해 긍정적으로 평가하게 된다면 이는 후광효과 때문이라 할 수 있다. 이에 반해 만일 하나의 단점을 바탕으로 그 사람을 전반적으로 부정적으로 평가하는 경우 이러한 것을 뿔효과(horn effect)라 한다. 예를 들어, 어떠한 사람이 인터뷰 때 넥타이를 하지 않고 단정하지 않은 복장으로 왔다고 하자. 만일 복장이 마음에 들지 않는다고 해서, 이를 바탕으로 피면접자의 성실성, 태도, 성격, 능력에 문제가 있다고 판단한다면 이는 뿔효과에 의한 지각오류라고 할 수 있다.

4) 주관적 투사

주관적 투사(subjective projection)는 자기방어 기제 중의 하나이다. 자신이 가지고 있는 부정적 감정이나 죄의식을 다른 사람에게 떠넘기고 그런 상황에서 벗어나려는 자기방어적 기제를 말한다. 예를 들어, 갈등으로 인해 어떤 사람을 해치려는 마음을 먹은 사람은 오히려 상대방이 자신을 해치려 하고 있다고 상대방을 비난하기 쉬운데, 이는 자신이 가지고 있는 공격적 성향을 다른 사람에게 투사하기 때문이다. 우리말에 "뭐 눈에 뭐만 보인다"라는 말은 주관적 투사현상을 대표하는 말이라고 할 수 있다.

5) 자기실현적 예언

자기실현적 예언(self-fulfilling bias)은 피그말리온 효과(Pygmalion effect)라고도 하는데 우리의 어떤 긍정적 혹은 부정적 기대가 상대방의 행동에 변화를 일으켜 궁극적으로는 그 행동이 나타나는 현상을 관찰하게 되는 것을 말한다. 예를 들어, 상사가 자신의 부하 직원에게 "너는 할 수 있어"라고 하는 경우와 "네가 그럴 줄 알았다"라는 반응을 끊임없이 보내는 경우, 두 부하 직원의 성과는 매우 다르게 나타날 수 있다는 것이다. 결국 우리는 상대방의 생각대로 그 사람과의 관계를 맺게 될 가능성이 크기 때문에, 긍정적 신호를 주는가, 부정적 신호를 주는가에 따라 상대방의 행동에 큰 차이를 가지고 올 수 있다.

6) 고착된 편견

고착된 편견(anchoring bias)은 처음 정보를 시발점으로 하여 다음에 들어오는 정보를 적절히 판단하지 못하는 것을 의미한다. 예를 들어, 백화점에서 어떤 상품에 대해 80% 세일 광고를 냈다고 하자, 이 광고에 이끌린 소비자가 80% 세일 상품이 아닌 정가의 다른 상품을 사면서도 상품의 가격이 싸다고 느끼게 되는 경우가 있는데, 이는 '이 백화점은 오늘 세일'이라는 고착된 편견이 이미 일어났기 때문에 생기는 효과이다.

7) 구조화 효과

구조화 효과(framing effect)는 표현방식에 따라 동일한 상황이나 사건을 다르게 인식하는 것을 의미한다. 이러한 현상은 우리가 정보를 적극적으로 해석하고 조직화함에 있어, 개인이 가지고 있는 지각의 틀이 작용하기 때문이다. 구조화 효과에 가장 많이 쓰이는 예는 물이 반이 들어있는 컵을 보고 한 사람은 '절반 밖에 남지 않았다'라고 하고 다른 사람은 '절반이나 남았다'라고 하는 경우가 있는데, 이는 두 사람이 사용하는 지각의 틀(framing)에는 큰 차이가 있음을 보여준다. 구조화 효과는 커뮤니케이션이나 정치학에서도 많이 쓰이는 용어이다. 우리는 새로운 정치적 이슈가 있을 때 그 정보나 사건을 자신의 상황에 맞는 틀에 넣어 해석을 하려고 하는 경향이 있다. 이는 어떠한 지각의 틀이 사용되는가에 따라, 같은 정보가 다르게 해석될 수도 있기 때문이다.

8) 관대화, 엄격화, 집중화 현상

이외에도 다양한 형태의 지각 오류의 유형이 존재한다. 예를 들어, 회사에서 인터뷰를 통해 신입사원을 채용한다고 가정해 보자. 만일 첫 번째 평가자는 다섯 명의 지원자에게 모두 '매우 좋음'의 평가를 했다면 첫 번째 평가자는 관대화(leniency)의 경향이 강하다고 할 수 있다. 다시 말해, 관대화 경향은 타인을 평가할 때 다소 관대하게 평가하는 경향을 말한다. 이에 반해 두 번째 평가자는 대부분의 지원자에게 '부적격' 평가를 내렸다면 이 평가자는 엄격화(strictness) 경향이 있다고 말할 수 있다. 마지막 평가자는 대부분 '보통'의 평가를 했다면 이는 집중화 현상(central tendency)이라고 한다. 평가자가 집중화 현상을 보일 때는 어느 극단적인 평가를 해 오류를 발생시키는 대신 적당한 평가로 오류를 줄이려는 의도가 있을 때 많이 나타난다.

앞서 살펴보았듯이, 우리는 객관적 사실을 정확히 지각하지는 못한다. 우리의 지각의 결과는 개인마다 다르며, 우리가 본 것에 바탕을 둔 의사결정은 항상 틀릴 가능성이 있다. 조직생활을 할 때 우리가 이러한 인지적 한계를 분명히 이해하는 것이 올바른 의사결정의 출발점이 될 수 있다. 그렇다면 지각 오류를 줄일 수 있는 방안은 어떠한 것이 있을까? 우선 다양한 측면에서 생각하고 사물과 사람을 이해하려는 노력이 필요할 것이다. 순간 들어오는 지각에 의존해 하나의 단면을 가지고 개인이나 조직의 정책을 판단하기보다는, 다른 사람들의 의견을 듣고 상대방의 주장을 경청할 필요가 있을 것이다. 또 하나 중요한 것은 과거의 지각이 현재에는 반드시 옳지 않을 수 있다는 것을 명심할 필요가 있다. 인간은 과거에 어떤 사람의 행동을 평가한 이후로는 그 평가를 바꾸지 않으려는 경향이 있다. 그러나 사람은 다른 상황에 다른 행동을 하는 경우가 많으므로 단순히 과거의 상대방에 대한 평가에 의존해 현재를 평가하는 것은 바람직하지 않다.

제 2 절 학 습

1. 학습의 정의

조직에서 학습(learning)의 출발은 지식의 습득이다. 우리가 조직의 맥락에서 말하는 지식에는 두 가지 지식이 있다고 한다. 우선 형식지(explicit knowledge)는 우리가 수업에서 배우는 지식과 같이 정기교육이나 책을 통해 습득할 수 있는 지식이다. 반면 암묵지(tactic knowledge)는 조직생활을 하면서 경험을 통해서만 습득을 할 수 있는 지식으로, 자신만이 가지고 있는 노하우(know－how) 등이 암묵지라고 할 수 있다. 여기서 조직에서의 학습은 암묵지를 통해서든 형식지를 통해서든 지식의 습득을 통한 행동의 변화라고 할 수 있다. 학습의 요소를 정리하면 다음과 같다(박내회, 1989; 이학종, 1997).

1) 행동변화

학습은 행동변화를 수반해야 한다. 여기서 행동변화는 조직에 바람직한 영향을 주는 긍정적인 행동변화를 가정하기도 하지만, 어떤 경우 개인은 학습을 통해 부정적인 행동을 보일 수도 있다. 예를 들어, 신입사원으로 입사 후 상사나 동료로부터 태업을 하는 법이나 고객에게 너무 친절하게 응대하지 말 것을 배웠다면 바람직한 행동변화는 아니지만 학습에 의한 효과라 할 수 있다.

2) 경험과 연습을 통한 영속적 변화

학습은 자연적 성장이나 본능 혹은 충동에 의한 행동의 변화가 아니라 실제로 경험과 연습(experience and practice)의 체화를 통해 일어나는 행동의 변화에만 초점을 맞춘다. 따라서 학습에 의한 행동변화는 일시적으로 일어나는 변화가 아니라 각인을 통한 행동의 영속적 변화가 있어야 한다.

3) 강화작용

개인의 학습 과정은 외부로부터의 강화가 필수적이라고 할 수 있다. 우리가 조직에서 어떠한 행동이 바람직한지 아닌지를 알게 되는 이유는 어떠한 행동은 조직에서 긍정적 피드백을 받고 어떠한 행동에 대해서는 부정적인 피드백을 받기 때문이다. 학습은 이러한 강화작용(reinforcement)을 통해 일어난다.

조직에서 학습의 중요성은 학습을 통해 조직원의 행동변화를 유도할 수 있기 때문이다. 신입사원은 사회화를 통해 조직의 규범, 조직목표, 보상체계를 학습하고 그에 따라 조직에서 바람직하게 인식되는 행동을 하려고 노력한다. 조직에서 개인은 조직 내에서 자신의 동료나 리더의 행동을 모방하면서 행동의 패턴을 익히기도 하고, 그들이 가지고 있는 가치를 받아들이기도 한다.

2. 학습과 행동 수정

그렇다면, 우리는 어떻게 학습을 하는가? 학습 과정에 대한 연구는 서로 다른 두 가지 관점에서 진행되어 왔다. 그 중 하나는 행태이론(behavioral theory)에 바탕을 둔 접근법이고, 다른 하나는 인지적 학습이론(cognitive learning theory)이다. 행태이론에 근거한 접근법에서는 인간은 어떤 행동을 할 때 그에 대한 결과를 상벌을 통해 학습하게 되고, 자신의 행동에 대한 미래 결과를 이러한 경험적 데이터에 의거해 예측하고 수정하는 것을 학습이라고 정의한다. 이러한 가정에 따른 학습이론을 자극-반응이론(stimulus-response theory)라도 한다. 반면 인지적 학습이론(cognitive learning theory)은 개인의 정신적인 내부 변화를 중시하고 어떻게 개인이 외부 정보를 어떻게 해석하는가에 초점을 맞춘다는 점에서 정보처리이론(information process theory)이라고도 한다. 이 글에서는 대표적 행태이론적 접근법인 스키너(B. F. Skinner)의 강화이론과 인지적 학습이론의 핵심이라고 할 수 있는 반두라(A. Badura)의 사회적 학습이론을 중심으로 학습이론을 살펴볼 것이다.

1) 강화이론

행태주의적 이론의 핵심은 개인은 외부의 자극에 반응하면서 학습한다는 것이다. 행태주의적인 접근에는 고전적 조건화와 작동적 조건화의 두 가지가 있다. 고전적 조건화 이론을 보여주는 대표적인 실험은 우리가 잘 알고 있는 파블로프의 조건화(Pavlovian conditioning)이다. 파블로프(I. P. Pavlov)의 실험은 학습이 외적 강화에 의해 일어날 수 있다는 것을 증명하였다. 즉, 파블로프는 개는 음식이라는 외부 강화에 대해 생리적 반응을 학습할 수 있고, 그러한 외부 자극이 줄어들거나 사라지게 되면(소거: extinction), 반응도 사라지게 된다는 것을 보여줌으로써 강화와 반응과의 관계를 보여주었다. 또한 파블로프는 소거 이후 일정 시간이 지난 다음에도 조건자극을 제시하면 조건반응이 일시적으로 나타나는 것을 관찰하였고(자발적 회복), 조건화된 자극은 비슷한 다른 조건에도 반응하게 되며(자극의 일반화), 일반화된 자극은 점점 분화되어 다른 자극에는 다른 반응을 하게 되는 과정을 보여주었다(자극 변별화). 그러나 파블로프의 조건화는 어떤 적극적 행동의 변화를 수반하는 것이 아닌 조건에 대한 반응을 보이는 정도에 머무른 것이 한계라고 할 수 있다.

손다이크(E. L. Thorndkie)와 스키너(B. F. Skinner)의 이론은 작동적 조건화(operant conditioning)로 요약되는데, 이들은 외부자극이 개인의 적극적 행동변화를 이끌 수 있다는 것을 보여주었다는 점에서 의의가 있다. 손다이크는 배고픈 고양이를 상자 안쪽에 넣어놓고, 빗장을 걸어놓으면, 고양이는 우연한 기회에 빗장을 벗기는 경험을 하게 되고, 빗장을 벗기면 음식을 먹을 수 있다는 것을 학습한 고양이는 배가 고플 때마다 빗장을 벗기는 행동을 반복해서 보여주는 것을 확인하였다. 스키너도 비슷한 실험을 하였는데, 그는 상자 안에 쥐를 넣어놓고 쥐들이 지렛대를 올릴 때마다 혹은 단추를 누를 때마다 음식이 나오도록 상자를 만들어놓으면, 쥐들은 지렛대를 올리는 행동을 계속해서 반복하는 것을 확인하였다.

이처럼 작동적 조건화가 고전적 조건화와 다른 점은 유기체는 보상이나 벌과 같은 조건화에 매우 자발적이고 능동적으로 반응한다는 것을 보여주었다는 점이다. 즉, 개인은 긍정적 강화를 받게 되면 자신의 행동을 계속 반복하게 되고, 자신의 행동이 보상을 받지 못하거나 처벌을 받게 되면, 그러한 행동을 더 이상 반복하지 않는다. 이러한 반복적 행동 수정을 통해 개인은 학습을 하게 되고, 학습을 통해 바람직한 태도는 고착화되게 된다. 조직에서 행동 수정은 조직원의 바람직한 행동을 장려하고 바람직하지 못한 행동을 교정한다는 의미에서 조직에서는 매우 큰 의미를 가진다. 최근 행정조직에서 많이 거론되고 있는 성과관리도 조직원의 생산성을 향상시키기 위해 조직원의 행동양식을 변화시키려 한다는 점에서 작동적 조건화 이론과 그 맥을 같이 한다고 할 수 있다.

그렇다면, 어떻게 개인의 행동을 수정할 수 있는가? 작동적 조건화 이론에 의하면, 행동 수정에는 두 가지 전략이 있을 수 있다. 첫 번째 전략은 조직원들의 바람직한 행동을 장려하는 전략이며 이를 강화(reinforcement)라고 한다. 반면 바람직하지 않은 결과가 나타났을 때 그러한 행동을 줄이는 전략을 처벌(punishment)이라고 한다. [그림 3-5]는 강화를 부여하는가, 하지 않는가, 혹은 처벌을 부여하는가, 부여하지 않는가, 제공하지 않는가에 따라 네 가지 다른 형태의 행동 수정 전략을 소개하고 있다.

그림 3-5 스키너의 행동 수정 방법

	부여	제거
원하는 결과	긍정적 강화 (positive reinforcement) 바람직한 행동의 증가	소거 혹은 부정적 벌 (extinction, negative punishment) 바람직하지 않은 행동의 감소
원하지 않는 결과	벌 혹은 긍정적 벌 (punishment, positive punishment) 바람직하지 않은 행동의 감소	부정적 강화 (negative reinforcement) 바람직한 행동의 증가

2) 강화의 종류

(1) 긍정적 강화

긍정적 강화(positive reinforcement)는 개인이 바람직한 행동을 보였을 때 그 개인이 원하는 결과(보상)를 제공하여 다음에 바람직한 행동이 나타날 가능성을 높이는 방법이다. 행위자는 자신이 행한 행동에 대해 긍정적인 보상을 받게 되면, 이 행동이 조직에서 원하는 행동임을 이해하게 되고, 긍정적인 결과에 대한 기대를 가지고 행동을 반복하게 된다. 스키너는 보상에 두 가지 요건을 제시하였다. 첫째는 보상은 성과와 반드시 결부되어야 한다는 것이며, 둘째는 그 보상은 직무수행자가 원하는 것이어야 한다는 것이다. 이러한 맥락에서, 우리는 조직원이 어떠한 보상에 더 관심을 가지는가를 이해할 필요가 있다. 이를 이해하기 위해 그간 학자들은 강화를 1차적 강화요인, 2차적 강화요인으로 구분하기도 하였다. 1차적 강화요인(primary reinforcement)은 음식, 물과 같이 우리의 생리적인 욕구를 충족시켜주는 강화요인이다. 반면 2차적 강화요인(secondary reinforcement)은 우리가 사회에서 의미를 부여한 강화요인들로 돈, 명예, 지위 등이 여기에 해당된다. 우리는 사회에서 어떠한 보상에 보다 큰 사회적 의미를 부여하게 되며, 그러한 사회적으로 인정된 보상을 받았을 때 더 적극적인 행동변화를 보일 가능성이 클 것이다. 또한 강화요인이 직무 자체에서 오는가 아니면 외적인 요인에서 오는가에 따라 내재적 강화요인(intrinsic reinforcer)과 외재적 강화요인(extrinsic reinforcer)으로 구분하기도 한다. 예를 들어, 내재적 강화에는 내가 업무를 행함으로써 얻을 수 있는 내적 직무만족이나 소비자나 서비스 수혜자의 만족을 보는 기쁨, 내가 내적으로 성장했다는 느낌이나 뿌듯함 등이 포함될 수 있다. 반면 외재적 강화는 보너스, 승진 등 조직에서 물질적으로 받을 수 있는 보상을 들 수 있다. 만일 내가 공무원이라면, 나에게 중요한 보상은 어떠한 것일까? 나에게는 내가 한 서비스에 만족한 시민이 내게 웃음을 짓는다거나 그들이 행복을 느낄 수 있는 내재적 강화가 중요할 것인가? 아니면 나에게는 공무원으로서 종합적으로 내가 인정받았다는 것을 증명할 수 있는 승진이 중요할 것인가? 아니면 나에게는 금전적 보상이 중요할 것인가? 긍정적 강화는 이러한 개인별, 집단별 보상에 대한 선호를 이해할 때 더 효과적일 수 있음을 강조한다.

(2) 부정적 강화

부정적 강화(negative reinforcement)는 바람직한 행동을 보였을 때 기존에 행위자에 부가되었던 불쾌한 결과나 벌을 제거해 주는 방법이다. 행위자는 현재의 불쾌한 벌을 제거하기 위해서 조직이나 평가자가 원하는 긍정적인 행동을 보인다. 예를 들어, 교도소에 있는 수감자가 모범수가 되기 위해서 노력하는 것이나, 소비자와의 불미스런 일로 인해 감봉처분을 받았던 종업원이 다음 달 높은 근무태도를 보여 감봉처분을 감면받는 경우가 부정적 강화의 예라고 할 수 있다. 부정적 강화가 효과적이기 위해서는 벌의 제거와 강화하고자 하는 행위와의 연관관계가 분명해야 하며, 이미 행위자에게 어떤 종류의 불쾌한 결과가 사전에 있어야 한다.

(3) 소거 혹은 소극적 처벌

소거(extinction)는 행위자가 바람직하지 않은 행동을 한 경우, 기존에 받았던 긍정적 강화요인을 제거하는 것을 의미한다. 예를 들어, 영업사원이 최근 높은 세일즈 기록을 달성하여 연봉인상을 약속받았으나, 그 이후 계속해서 부진한 판매실적을 기록하여 그 연봉인상이 취소되었다면, 이는 영업사원이 원하던 결과(연봉인상)가 철회된 것이므로 소거 혹은 소극적 처벌(negative punishment)이라고 할 수 있다.

(4) 처벌 혹은 적극적 처벌

처벌(punishment) 혹은 적극적 처벌(positive punishment)은 바람직하지 않은 행동을 억제하기 위해서 사용되며, 바람직하지 않은 행동을 억제하기 위해 행위자에게 원하지 않는 제재를 가하는 것을 말한다. 가장 대표적인 예는 공직자윤리법, 부정부패법 등을 들 수 있다. 여기서 규율은 조직원들이 그러한 규율을 익힘으로써 사전에, 조직원의 바람직하지 못한 행위를 통제할 수 있는 효과가 있다.

3) 강화계획

또한 작동적 조건화 학자들은 효과적인 학습을 위해 언제 강화를 제공하여야 하는가에 대해서도 많은 연구를 진행하였다. 즉, 어떤 시점에서 보상을 제공하여야 조직이 바라는 행동을 유발할 수 있을 것인가를 정하는 것을 강화계획(reinforcement schedule)이라고 한다. 강화계획은 <표 3-1>에 요약되어 있다(Ferter & Skinner, 1957). 강화계획에서 중요시하는 것은 크게 두 가지로 요약된다. 우선 효과적인 강화계획은 행위자의 빠른 학습을 유도하고 학습된 행동을 지속적으로 유지할 수 있는 계획이다. 각기 다른 강화계획은 각기 다른 장단점을 가지고 있으므로 각기 다른 학습목표에 따라 다른 강화계획을 세울 필요가 있다.

(1) 연속 강화

연속 강화는 말 그대로 바람직한 행동을 보일 때마다 즉각적인 강화를 해주는 방법이다. 이러한 방법은 행위자가 조직에서 바람직한 행동이 무엇인가를 학습하는 데 가장 좋은 방법으로, 특히 바라는 행동이 자주 나타날 수 없는 경우에 사용하는 것이 바람직하다. 예를 들어, 행정조직에서 획기적인 아이디어로 조직생산성을 크게 향상시켰을 경우 곧바로 보상을 해주는 방법이다. 다만, 연속 강화는 만일 목표가 달성되기 너무 쉽거나 자주 나타나는 행동일 때는 현실적으로 사용이 어렵다는 단점이 있다. 너무 자주, 그리고 너무 많은 강화는 결국 행위자가 강화의 포만 상태에 이르게 되어 그 효과가 떨어질 가능성이 높기 때문이다. 또한 연속 강화를 제공할 경우, 바람직한 행동을 습득하는 데에는 높은 효과가 있으나, 강화가 없어질 경우 행위자도 그 행동을 바로 멈춰버리는 경향이 강해서 행동의 영속성을 유지하기 어렵다는 단점이 있다.

(2) 고정 간격법

바람직한 행동이 나타난 횟수에 상관없이 일정한 시간 간격을 두고 강화요인을 제공하는 방법이다. 가장 대표적인 예는 임금의 지급이며, 보통 재정적 보상이 가장 선호되는 방법의 하나이다. 다만, 이러한 방법은 바람직한 행동을 강화하는 데에는 가장 효과성이 낮은 방법으로 알려져 있다. 그럼에도 불구하고 고정 간격법이 임금 시스템에서 가장 많이 쓰이는 이유는 임금을 단순한 행동 교정 방법으로 사용하고자 하는 것이 아닌, 행위자에 대한 기본적인 생활을 보장하는 데 목표가 있기 때문이다.

(3) 변동 간격법

변동 간격법은 고정적 시간 간격이 아니라 전체 평균적 시간 간격을 정해 놓고 불규칙적으로 보상을 하는 방법을 말한다. 변동 간격볍에서 조직구성원은 언제 자신이 평가되고 보상받을지 알 수 없다. 변동 간격법은 기업에서 상여금을 지급하는 데 사용될 수 있으며, 개인은 언제 평가받고 보상받을지 예상을 할 수가 없으므로 바람직한 성과를 꾸준하게 유지하는 경향이 있다는 장점이 있다. 반면 변동 간격법에 적용받는 조직구성원들은 불규칙적으로 강화를 받으므로 정확히 어떠한 행동 때문에 긍정적 평가를 받는지를 이해하기 어렵다는 단점이 있다.

(4) 고정 비율법

고정 비율법은 일정 횟수의 바람직한 행동이 나타난 후에 보상을 제공해주는 강화방법이다. 여기서는 구체적인 생산성 달성 정도에 기반을 두어 보상을 제공하는 것이 특징이다. 예를 들어, 판매사원의 경우 물품을 몇 개를 팔았을 때 그에 상응하는 성과급을 받는다든지, 연구원의 경우 연구결과물이나 특허를 몇 개 내었을 때 그에 기반해 성과급을 받는다든지 하는 것이 대표적인 예이다. 이 방법은 연속 강화와 같이 바람직한 행동에 대한 기준이 명확하여 행동을 습득하는 데 있어서는 매우 효과적일 수 있다. 다만, 그러한 보상이 없어지게 되면 연속 강화만큼은 아니지만 비교적 빠른 속도로 행동의 소거를 보여주는 단점이 있다.

(5) 변동 비율법

평균으로는 비슷한 수이지만 각기 다른 횟수의 바람직한 행동이 일어난 이후에 보상이 주어지는 방법이다. 변동 비율법의 극단적인 예는 슬롯머신이다. 도박을 하는 개인이 도박에서 손을 끊을 수가 없는 것은, 얼마만큼의 바람직한 행동이 나온 후에 보상이 나오는지 모르는 상태에서 행위자는 끊임없이 같은 종류의 행동을 유지하기 때문이다. 이처럼 변동 비율법은 보상이 없어진 이후에도 행동을 유지하는 데 상대적으로 고정 간격이나 고정 비율법보다는 습득한 행동을 유지하기에 더 우수한 방법으로 알려져 있다. 다만 변동 비율법을 사용할 경우, 행위자가 어떠한 행동이 바람직한 행동인지 정확히 인지하지 못하는 문제가 발생할 수 있어 학습을 획득하는 데 있어서 더 많은 시간을 필요한 단점이 있다.

표 3-1 강화계획

유 형		내 용
연속적 강화법 (continuous reinforcement schedule)		바람직한 행동이 나올 때마다 보상을 제공한다.
단속적 강화법 (intermittent reinforcement schedule)	고정 간격법 (fixed interval)	일정한 시간적 간격을 두고 강화요인을 제공한다.
	변동 간격법 (variable interval)	'불규칙한 시간 간격'에 따라 강화요인을 제공한다.
	고정 비율법 (fixed ratio)	일정한 빈도(수)의 바람직한 행동이 나타났을 때 강화요인을 제공한다.
	변동 비율법 (variable ratio)	불규칙한 횟수의 바람직한 행동이 나타난 후에 강화요인을 제공한다.

출처: Ferster & Skinner(1957).

3. 사회적 학습

사회적 학습이론은 반두라(A. Bandura)에 의해 집대성된 이론으로 개인은 먼저 다른 사람의 행동과 그에 따른 결과를 관찰하여 학습한다는 것이 핵심이다. 즉, 사회적 학습이론은 개인의 학습은 개인과 사회의 상호작용 과정에서 일어난다는 점을 강조한다. 사회적 학습이론이 강화이론과 크게 다른 점은 개인은 직접적인 보상이나 벌을 경험하지 않는다고 하더라도, 조직에서 다른 사람의 행동의 결과를 관찰하거나 결과를 예상하면서 학습을 할 수 있다는 것을 제시한 점이다. 즉, 사회적 학습이론에서는 학습이란 개인의 자극에 대한 반응이라기보다는 개인의 인지적 과정이며, 이러한 학습은 자기주도적인 관찰과 모방을 통해 이루어진다고 보았다. 따라서 사회적 학습이론은 개인의 내적인 인지작용을 강조한다는 점에서 대표적 인지학습이론(정보처리과정이론)의 하나로 구분될 수 있다. 사회적 학습이론에 의하면, 학습은 다음의 과정을 통해 일어난다([그림 3-6] 참조).

1) 학습의 과정

(1) 주의집중 과정(attentional process)

사회적 학습이론에 의하면, 학습은 모방을 통해서 일어나게 되는데, 행위자는 특정한 사안이나 특정한 역할모델(role model)을 통한 학습을 진행한다. 예를 들어, 개인은 자신에게 중요하고, 주변에서 자신이 접근 가능하고 자신과 무언가 공통점이 있으면서도 중요한 사람을 역할모델로 삼는 경우가 많다. 어린 아이의 부모는 자식에게는 대표적인 역할모델이다. 부모는 접근 가능하면서도 자신에게 가장 중요한 사람이며, 유전적으로도 자신과 공통점이 가장 많은 사람이기 때문이다.

(2) 기억 과정

우리는 즉각적인 모방이나 학습을 통해 행동변화를 일으킬 뿐 아니라, 행동을 기억하고 이를 반복적으로 기억하여 학습을 할 수 있다. 예를 들어, 우리는 역할모델이 지금 옆에서 영향을 미치지 않는다 하더라도, 그 행동 양식을 오랫동안 기억하고 그 역할모델을 따르려 노력하는 경향이 있는데, 이는 학습에 기억 과정(retention process)이 존재하기 때문이다.

(3) 재생 과정

재생 과정(reproduction process)은 역할모델을 보며 기억한 행동을 실행으로 옮기는 과정이다.

(4) 강화 과정

강화 과정(reinforcement process)은 자신이 한 행동이 어떤 보상이나 벌을 받는가에 따라, 행위자는 그 행위를 미래에 다시 하거나 하지 않을 것을 결정한다. 이 과정은 강화이론과 일맥상통하는 면이 있다.

이처럼 사회적 학습이론은 복잡한 학습프로세스를 사회적 모방과 강화, 그리고 인지 프로세스를 종합하여 설명한다는 점에서 기존의 다른 이론들과 구분된다. 특히, 반두라는 사회적 학습이 일어나는 데 있어서 중요한 다섯 가지 내적 과정을 중시하였다.

그림 3-6 사회적 학습 과정

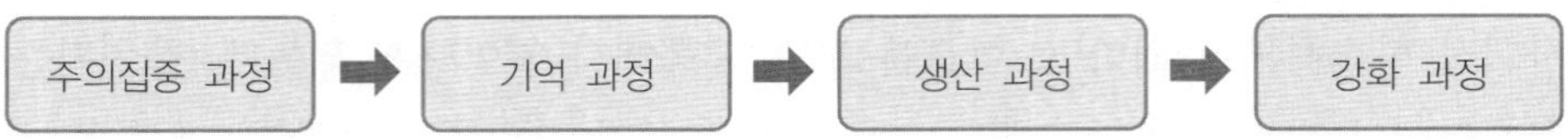

2) 학습의 내적 과정

(1) 상징화

인간은 자신이 모방하고자 하는 대상(부모, 아이돌, 친구 등등)과 동일시하기 위해 심리적인 이미지를 만들어내는 경향이 있는데 이를 상징화(symbolizing)라고 한다. 최근 뉴런(neuron) 연구에서는 어린 아이들의 뉴런에는 모방 뉴런이 있다는 연구결과를 발표하였는데, 이러한 신경구조는 기억한 모방이 대상이 사라진 이후에도 계속될 수 있도록 도와주는 것으로 알려져 있다.

(2) 사전 고려

기존 강화이론은 학습을 행동에 대한 결과를 통해 사후적으로 일어나는 것으로 여겼다. 이에 반해 사회적 학습이론은 개인은 자신에게 어떠한 바람직한 일이 일어날지 상상하고 그를 달성하기 위해 자신의 행동 목표를 결정하고 행동하는 경향이 있다는 점을 지적하였다. 예를 들어, 자신이 고시에 합격했을 때 느끼게 될 희열감과 밝은 미래를 기대하며 공부를 한다면 이는 사전 고려(forethought) 과정을 통한 학습이라고 할 수 있다.

(3) 대리학습

우리는 굳이 본인이 어떠한 행동을 하지 않더라도, 다른 사람의 행동의 결과를 관찰함으로써 어떠한 행동이 어떠한 결과를 가지고 올 것이라는 것을 학습하는 경향이 있는데, 이를 대리학습(vicarious learning)이라고 한다. 회사에서 내 동료가 어떠한 행동을 통해 징계를 받았다면, 개인은 그러한 행동을 하지 않도록 조심을 하게 되는 것이 그 예이다.

(4) 자기통제(self-control)

사회적 학습이론은 인간은 반드시 외적 강화 혹은 처벌에 의한 통제가 반드시 필요한 것은 아니라는 점을 지적하였다. 즉, 개인은 스스로 자기 행동을 규제함으로써 자신의 목표를 달성하고자 하는 성향이 강하기 때문에, 외적 통제의 필요성이 강화이론에서 지적한 만큼 높지 않다는 점을 제시하였다.

(5) 자기효능감

자기효능감(self efficacy)은 주어진 과제나 행동변화를 해낼 수 있다는 행위자의 신념으로 자신에 대한 자아상이 얼마나 긍정적인가를 의미한다. 반두라(A. Bandura)가 제시한 자기효능감은 현대 심리학에서 가장 중요한 개념 중 하나라고 할 수 있는데, 그 이유는 효능감이 개인의 행동선택과 학습뿐 아니라 성과에도 매우 큰 영향을 미치는 것으로 알려졌기 때문이다. 자기효능감이 낮은 사람은 학습을 통해 새로운 과제를 수행하고자 할 때 쉽게 좌절하거나 포기하는 경향이 있으며, 좌절을 두려워해 낮은 수준의 목표를 설정하거나, 실패할 것을 생각해 노력의 강도도 낮추는 경향이 있다.

그렇다면, 어떻게 하면 자기효능감을 높일 수 있는가? 반두라는 사회적 학습이론을 바탕으로 여러 가지 방안을 제안하였다.

첫째, 수행 성취이다. 반두라는 개인은 자그마한 성취를 연속해서 경험함으로써 자신이 할 수 있다는 자신감을 조금씩 쌓아갈 수 있다는 것을 발견하고, 원대하고 목표를 세우는 것도 중요하지만, 그 목표를 이루기 위한 여러 단계의 과정 목표를 만들어 성취해 나가는 것이 중요하다는 것을 강조하였다. 즉, 자신이 자기효능감이 낮다고 생각한다면, 매일매일 실천할 수 있는 목표를 만들어 성취해 나아가는 경험을 하는 것이 중요하다.

둘째, 앞서 언급한 대리 경험이다. 우리는 주변의 다른 사람의 성공을 볼 때 '나도 할 수 있다'고 고무되는 경향이 있다. 우리가 선배나 주변의 친구의 성공을 보고 보다 높은 동기부여가 되는 것은 이를 통해 효능감을 높일 수 있기 때문이다.

셋째, 언어적 설득이 중요하다. 우리의 효능감은 고무공과 같은 탄성이 있는데, 누군가 계속해서 옆에서 본인을 믿어주고 격려해주는 존재가 있다면 그렇지 못한 경우보다 높은 수준의 효능감을 유지하는 것으로 나타났다.

넷째, 개인의 긍정적인 정서적 각성이다. 우리의 감정은 우리의 복잡한 인지작용의 복합체인데, 우리가 느끼는 매일매일의 어려움이나 스트레스는 긍정적인 정서적 각성을 떨어뜨린다. 따라서 우리는 긍정적인 정서적 각성을 지니기 위해 노력할 필요가 있다. 최근 몇몇 기업에서 업무 전에 조직원들에게 20분 간의 명상을 통해 긍정적인 정서적 각성을 가지고 업무를 시작하도록 유도하는 경우들이 있는데, 이러한 노력은 실제로 자기효능감을 높이는 데 매우 중요한 역할을 할 수 있다.

사례 3-1 사회적 편견

1. 반바지 출근, 남자는 안 되나요?

서울 최고기온이 36.8도까지 올라갔던 24일 낮 12시. 점심시간을 맞아 서울시청 1층 로비로 남자 직원들이 쏟아져 나왔다. 상의는 반팔 티셔츠를 입은 직원이 많았지만 바지만큼은 정장바지, 면바지, 청바지 모두 긴바지 일색이었다. 반바지 차림의 직원은 한 명도 없었다. 이따금 발목을 살짝 드러낸 9부 바지 정도가 눈에 띄는 노출이었다. 서울시 공무원 A씨(43)는 "아무도 반바지를 안 입으니 나도 안 입는 것뿐"이라며 "상사들이 반바지 차림으로 출근하면 따라 입을 생각은 있다"고 말했다.

…(중략)… 서울시는 2005년부터 업무효율을 높이고 에너지를 줄이자는 차원에서 노타이 차림에 이어 반바지와 샌들을 허용하는 '시원 차림'을 권장하고 있다. 삼성전자와 SK하이닉스 등 대기업도 임직원의 반바지 착용을 자율화했다. 서울시는 박원순 시장이 직접 반바지를 입고 패션쇼에 오르는 등 슈퍼 쿨비즈를 정착시키기 위해 애를 썼지만 별 효과가 없었다고 한다. 서울시 관계자는 "시에서 나름대로 노력을 하는데 남자 직원들이 반바지만큼은 정말 잘 안 입는다"고 말했다. 다른 관공서와 기업에서도 남자 직원들은 '긴바지옥(긴바지 + 지옥)'에서 벗어나지 못하고 있다. '반바지를 입으면 예의에 어긋나고

격이 떨어진다'는 고정관념에 갇혀 아무리 더워도 긴바지를 고수하는 것이다. 여성 직원들이 짧은 반바지나 민소매 원피스를 입고 샌들을 신는 것과 대비된다.

반바지 차림을 허용하는 슈퍼 쿨비즈가 정착하지 못하는 건 반바지에 대한 세대별 인식차가 극심한 탓이 크다. 실용을 중시하는 젊은 세대는 '반바지 입고 일 잘하면 되는 것 아니냐'고 생각하는 반면, 권위와 격식을 중시하는 기성세대는 반바지가 예절에 어긋난다고 여긴다. 이렇다 보니 반바지를 입고 싶어도 눈치를 보다 포기하기 십상이다. 이모 씨(30)가 근무하는 한 중견회사는 '여름철 간편한 복장을 권장한다'는 내부 공고를 올렸다. 이 씨는 "혹시 반바지를 입어도 되느냐"고 상사에게 물었다. 상사는 "긴가민가할 땐 안 하면 된다"고 답했다. 이 씨는 "회사에서 찍힐 바엔 땀 좀 흘리는 게 낫다"며 한숨을 쉬었다.

2030세대는 불만이 많다. 서울 강남의 한 대기업에서 일하는 4년 차 직원 이모 씨(30)는 "밖에 잠깐만 나가도 다리에 땀이 흐른다"며 "외근도 없는데 한여름에 긴바지를 입는 건 비효율"이라고 지적했다.

출처: 동아닷컴(2018.7.30)

2. 용기 내 상담 왔는데… "미혼모라고요?" 소리친 공무원

예비 미혼모 A씨는 복지 지원을 문의하러 서울의 한 동주민센터를 찾았다가 마음만 상하고 말았다. 담당 공무원이 주위 사람들에게 다 들리도록 "미혼모라고요?"라고 되물었기 때문이다.

또다른 예비 미혼모 B씨는 동주민센터 상담원에게 "아직 애도 안 낳았는데 어떻게 돕느냐, 애를 낳고 오라"는 얘기를 들었다. "아직 어린데"라며 부정적인 편견을 내비치는 사례도 있었다.

사회적 약자가 가장 먼저 접근하는 동주민센터에서도 미혼모에 대한 인권보호 체계가 미흡한 것으로 조사되었다. 특히, 예비 미혼모·부가 공개된 장소에서 상담을 받으며 부정적인 응대나 편견을 드러내는 발언을 듣는 경우가 많아 별도 상담공간을 운용해야 한다는 지적이 나왔다.

서울시 인권위원회는 이와 같은 실태를 확인하고 지난 5일 박원순 서울시장에게 미혼모·부 인권보호를 위해 적극 협력할 것을 권고했다. 권고사항은 ▲동주민센터 내 미혼모·부를 비롯한 사회적 약자와 소수자의 사생활이 보장되는 상담공간 재정비, ▲미혼모·부 관련 안내서 정비 및 구비, ▲공무원 인권 감수성 향상을 위한 정기 교육 실시 등이다.

위원회는 지난해부터 올해까지 미혼모·부 지원기관을 찾아 당사자와 간담회를 열고

전문가·해당기관 공무원 등이 참석한 연석회의를 진행해 문제를 살펴왔다.

위원회는 "미혼모·부의 인권보호와 증진을 위해 미혼모·부가 공적 영역에서 처음으로 겪는 어려움부터 개선할 필요가 있다"며 "공개적인 장소에서 자신의 신상을 얘기해야 하는 상황은 미혼모·부 외에 경제적 곤란이나 장애로 도움을 청하러 온 약자와 소수자들에게도 문제될 수 있다"고 설명했다. 이어 "인권위원들이 일부 서울시 동주민센터를 확인해본 결과 상담실이 없거나 있더라도 다른 용도로 쓰여 상담실 기능을 못하는 경우가 있었다"고 설명했다.

또 서울시 산하 한부모가족지원센터 지원정책이 담긴 안내서가 비치되어 있지 않았고 이마저 청소년이 아닌 예비 미혼모·부의 임신과 출산 지원책은 빠진 점도 지적했다. 지원 안내서를 눈에 띄는 곳에 둬 출산양육 지원책의 인지도를 높여야 한다는 게 위원회의 의견이다.

위원회는 "공무원들이 사회적 편견과 부족한 정보로 소수자나 약자 주민들을 대하게 되면 마음의 상처를 남기고 활동을 위축시켜 현실에서 큰 불이익을 겪게 할 수 있다"며 "일선 공무원들에게는 소수자 인권교육과 더불어 미혼모 지원 정보를 숙지시키는 직무훈련이 필요하다"고 권고했다.

출처: 국민일보(2017.12.6)

사례 문제

1. 직장 복장 코드에 대해 토론해 보자. 어떠한 옷을 입는가가 업무에 영향을 준다고 생각하는가? 만일 본인이 지금 공무원으로 재직 중인 남자라면, 회사에 반바지를 입고 갈 것인가 아니면 남들의 복장 코드를 따라 할 것인가? 그 이유에 대해 토론해 보자.
2. 공무원이 가질 수 있는 편견이나 인식 부족으로 인해 불편을 겪어 화가 난 경험이 있는가? 공무원이 가지고 있는 사회적 편견이 주민이나 시민에게 주는 피해가 크다면, 공무원의 의식과 주민 응대 행태를 교정하기 위해 어떠한 교육이 필요할지 토론해 보자.
3. 조직 내에 존재하는 다른 편견은 없을까? 예가 있다면 함께 공유해 보도록 하자.

토론 과제

1. 교과서에서 배운 두 가지 학습이론을 검토해 보고 어떠한 이론이 더 공무원의 학습을 증진하는 데 효과적일 수 있는지 토론해 보자.
2. 우리가 생활하는 조직에서는 여전히 많은 편견이 존재하고 이로 인한 갈등이 야기되곤 한다. 본인이 경험했던 편견이나 지각의 오류의 예를 다른 동료들과 공유해 보자. 편견이나 지

각의 오류가 의사결정 과정에 영향을 미치지 않게 하려면 어떠한 노력이 필요할지 토론해 보자.

3. 최근 정부에서는 성과관리제도를 도입하여 공무원의 성과 등급에 따라 연말에 차별화된 보상을 제공함으로써 공무원의 업무 열의를 높이려고 노력하고 있다. 강화이론의 입장에서 설명하자면 성과관리는 어떠한 방법에 속하는가? 본인이 생각하기에 성과관리제도가 공공조직에서 실행하는 것이 바람직하다고 생각하는가? 본인의 생각을 학습이론을 토대로 정리해서 발표해 보자.
4. 다음은 자존감을 측정할 수 있는 도구이다. 자신에게 솔직하게 답해봄으로써 자신의 자존감을 테스트해 보자. 나는 자존감이 높은 편인가 그렇지 않은 편인가? 만일 내 자존감이 매우 높은 편이라면 나의 어떠한 경험들이 나를 자존감 높게 만들었는지 생각해 보자. 내 자존감이 낮은 편이라면, 그 원인을 생각해 보고 이를 극복하기 위한 방법도 생각해 보자.

(내용: 전혀 그렇지 않다 = 1; 대체로 그렇지 않다 = 2; 보통이다 = 3; 대체로 그렇다 = 4; 매우 그렇다 = 5)

1) 나는 계획대로 일을 수행할 수 있다. ( )
2) 나는 일을 해야 할 때 바로 일을 시작하지 못하는 문제점이 있다. ( )
3) 어떤 일을 첫 번에 잘못했더라도 나는 될 때까지 해본다. ( )
4) 나는 중요한 목표를 설정하면 성취할 수 있다. ( )
5) 나는 어떤 일을 끝마치기도 전에 포기한다. ( )
6) 나는 어려운 일에 부딪히는 것을 피한다. ( )
7) 나는 어떤 일이 너무 복잡해 보이면 해볼 시도조차 안 한다. ( )
8) 유쾌하지 않은 어떤 일을 할 때도 그것을 끝마칠 때까지 반드시 한다. ( )
9) 나는 뭔가 할 일이 있을 때 바로 그 일을 시작한다. ( )
10) 새로운 어떤 일을 배우려고 시도할 때 처음에 성공할 것 같지 않으면 바로 포기한다. ( )
11) 예기치 못한 문제가 일어나면 잘 대처할 수 없다. ( )
12) 나는 어떤 새로운 일이 너무 어려우면 배우려고 하지 않는다. ( )
13) 실패는 나로 하여금 더 열심히 노력하도록 만들 뿐이다. ( )
14) 어떤 일을 할 수 있는 내 능력에 불안함을 느낄 때가 있다. ( )
15) 자신감이 있다. ( )
16) 나는 무슨 일을 쉽게 포기한다. ( )
17) 인생에 부딪히는 거의 모든 문제들을 다룰 능력이 없는 것 같다. ( )
18) 새 친구를 사귀는 일은 내게 너무 어려운 일이다. ( )
19) 친구가 보고 싶으면 와 주기를 기다리는 대신 내가 먼저 간다. ( )
20) 내가 관심을 가지는 어떤 사람이 사귀기가 어려운 사람이라면 나는 사귀는 것을 금방 포기한다. ( )
21) 첫눈에 호감이 가지 않는 사람이라 해도 나는 그 사람과 사귀는 것을 쉽게 그만두지 않는다. ( )

22) 나는 사회적(사교적) 모임에서 내 자신을 어찌해야 좋을지 모르겠다. ( )
23) 지금의 내 친구들을 나의 사교성 덕분에 사귀었다. ( )

(23~46점: 매우 낮은 자존감, 47~69점: 낮은 자존감, 70~92점: 대체로 양호한 자존감, 93~115점: 매우 높은 자존감)

Organizational Behavior

제4장

동기부여

조직에서 개인의 성과는 개인의 능력과 일하고자 하는 동기의 함수라고 한다. 제2장에서 다루었던 성격이론이나 제3장에서 다룬 학습이론은 기본적으로 개인의 능력과 관련된 함수 부분을 설명하기 위한 것이었다면, 이 장에서는 우리가 어떻게 하면 업무에 보다 높은 동기부여를 가지고 임하게 할 수 있는가에 관한 이론들을 살펴본다. 전통적으로 동기부여이론은 인간의 공통된 욕구를 이해하고 이를 충족시켜 줌으로써 동기부여를 꾀하고자 하는 내용이론(content theory)과 동기부여를 결정하는 개인의 인지적 과정을 이해하는 데 초점을 맞추는 과정이론(process theory)으로 나눌 수 있다. 여기에 최근 행정학에서는 공공조직 종사자들의 공직가치와 동기부여는 어떻게 이루어지는가에 대한 관심이 커졌는데, 이러한 관심에 바탕을 두고 발전된 대표적인 이론이 공직가치와 공공봉사동기이론(public service motivation theory)이다. 이 장에서는 내용이론과 과정이론, 그리고 공직가치와 공공봉사동기이론을 소개한다.

제 1 절 동기부여의 정의와 동기부여이론의 종류

1. 동기부여의 정의

동기부여(motivation)란 조직원이 어떤 의도하는 목표를 이루기 위해 필요한 에너지라고 정의할 수 있다. 개인의 동기부여 수준은 크게 세 가지 요소로 결정된다. 첫째는 방향성(direction)으로 개인이 어떠한 목표를 달성하고자 하는가에 관한 것이다. 두 번째는 강렬함(intensity)으로 얼마나 강하게 그 목표를 달성하고자 하는가에 관한 부분이다. 마지막 요소는 지속성(persistency)으로 얼마나 오랫동안 그 일을 하고자 하는가에 관한 부분이다. 즉, 방향성이 명확하고 그것을 이루어 내고자 하는 의지가 강렬하고, 그러한 어떠한 경우에도 그 의지가 흔들리지 않을 때, 우리는 그 사람이 강하게 동기부여가 되었다고 말한다. 동기부여는 행위자 스스로 할 수도 있는 것이고, 관리자 등의 노력으로 유도될 수도 있다. 여기서 스스로 동기부여가 된 것을 내적 동기부여라 하고, 돈, 명예 혹은 리더의 명령 등 외적인 이유로 동기부여가 되었다면 외적 동기부여라고 한다. 궁극적으로 조직 맥락에서의 동기부여는 조직목표를 달성하기 위한 내적인 변화를 이끌어 내려고 한다는 측면에서는 다분히 관리자 중심의 사고와 편향이 들어가 있다고도 할 수 있다.

그렇다면, 조직에서 개인은 어떠한 경우에 동기부여가 일어나게 되는가? 전통적인 동기부여이론들은 기본적으로 개인은 조직생활을 함에 있어서 자신의 만족을 찾고, 가능한 고통을 피하려는 동기를 가지고 있다고 가정한다. 즉, 인간의 욕구가 충분히 충족되지 않은 상태에서 어떠한 행동이 그 욕구를 충족시키는지를 경험적으로 습득했으면, 개인은 자신의 욕구를 충족시키기 위해 그 행동을 할 동기가 생긴다는 것이다.

2. 동기부여이론의 종류

동기부여이론은 산업심리학에서 발달되어 왔으나 행정조직에서도 인적 자원을 유지하기 위한 근간이 되는 이론들로 사용되어 왔다. 다만, 각각의 이론들은 하나의 일관된 이론이라기보다는 조직에서 인간을 어떻게 정의하는가, 그리고 어떠한 맥락에 초점을 맞추는가에 따라 각기 다양한 이론으로 발달되어 왔다. 따라서 이 장에서는 각각의 핵심적 사항을 정리하는 방식으로 각각의 동기부여이론들을 설명하도록 한다.

동기부여이론은 크게 내용이론과 과정이론의 두 가지로 나뉜다. 내용이론은 인간의 기본적인 욕구가 무엇인지 이해함으로써 개인을 동기부여할 동인을 찾으려고 하며, 과정이론은 개인이 동기부여되는 인지적 과정을 이해하고 그 과정에 개입하여 동기부여를 하려한다는 점에서 내용이론과 구분된다.

내용이론은 무엇이 사람의 기본적 욕구(needs)인지를 이해하는 데에서 출발한다. 내용이론은 우리가 가지고 있는 공통된 욕구에 관해 이야기하고 있으므로, 직관적으로 이해가 가능한 것이 장점이다. 다만 이러한 이론들은 개인의 항상적인 욕구를 가정하고 있고, 경험적인 연구에서 많은 증명을 받지 못했다는 비판이 있기도 하다. 이 장에서는 매슬로우(A. H. Maslow)의 욕구단계론, 앨더퍼(C. R. Alderfer)의 ERG 이론, 허즈버그(F. Herzberg)의 2요인이론, 맥클리랜드(D. C. McClelland)의 성취동기이론을 설명한다. 그리고 최근에 논의가 많이 되고 있는 데시와 라이언(Deci & Ryan)의 자기결정이론(self-determination theory)을 설명하도록 한다.

과정이론은 "어떻게" 인식요인들이 작용하여 개인이 직무에 열의를 가지게 되는 결정을 하게 되는가에 대해 묻는다는 점에서 내용이론과 구분된다. 과정이론에서 동기부여는 개인의 욕구 충족보다는 개인의 이성적 인식작용에 초점을 맞추며, 어떻게 개인이 자신의 만족이나 이익을 최대화하기 위해 의사결정을 하는가를 이해하는 데 초점을 맞춘다. 이 장에서는 대표적인 과정이론인 브룸(V. H. Vroom)의 기대이론, 로크와 레이덤(Locke & Latham)의 목표설정이론, 애덤스(J. S. Adams)의 공정성이론, 그리고 데시와 라이언의 자기결정이론을 살펴보도록 한다.

제 2 절 내용이론

1. 매슬로우의 욕구단계이론

매슬로우(Maslow, 1943)는 인간은 기본적으로 다섯 가지 기본욕구를 보편적으로 가지고 있다고 제안하였으며, 그 다섯 가지 욕구는 ① 생리적 욕구(psysiological needs), ② 안전 욕구(safety needs), ③ 사회적 욕구(belongings and love needs), ④ 존경과 인정의 욕구(esteem needs), ⑤ 자아실현의 욕구(needs for self－actualization)이다. 매슬로우(Abraham H. Maslow)의 다섯 가지 욕구는 다시 두 가지로 크게 구분될 수 있다. 우선 생리적 욕구, 안전의 욕구, 그리고 사회적 욕구는 결핍의 욕구(deficiency needs)로 분류될 수 있으며, 이러한 욕구들이 결핍되면 기본적인 삶이 어렵다는 점에서 기본적 욕구라고 정의한다. 그 다음으로 존경과 인정의 욕구와 자아실현의 욕구는 성장의 욕구(growth needs)로서 자신의 보다 큰 발전과 성취에 관련된 욕구이다. 매슬로우의 이론이 욕구단계론이라고 불리는 이유는 이들 욕구 간에 계층이 있음을 지적하였기 때문이다. 즉, 매슬로우는 하위 단계의 욕구들이 어느 정도 충족되어야 다음 단계의 차상위 계층의 욕구가 부상하며, 충족된 낮은 단계의 욕구는 행동의 주요한 동인이 되지 못한다는 점을 강조하였다. 매슬로우는 개인이 어떠한 단계에서 어떠한 욕구를 충족하고자 하는 데에는 인간의 생리적 항상성이 큰 역할을 한다고 보았다. 여기서 항상성(homostatisis)이란 신체 내부의 체온과 화학적 성분 등이 평형을 유지하도록 조절하는 일을 말한다. 욕구도 충족이 되는가 되지 않는가에 따라 신체 내부에 다른 높낮이가 생기고 그러한 높낮이에 생리적 항상성을 유지하고자 하는 과정에 따라 인간은 다른 종류의 욕구를 충족하려 한다는 것이다.

매슬로우의 연구는 조직맥락에서 종업원의 욕구를 설명하려 한 것은 아니었지만 조직관리자에게도 많은 시사점을 가져다주는 이론이다. 예를 들어, 욕구단계론은 조직원이 보다 높은 수준의 업무에 몰입하려고 하면 우선 낮은 수준의 욕구가 어느 정도 보장되어야 한다는 것을 암시한다. 많은 조직에서 월급과 사회보장, 그리고 조직 내 동아리 활동 등 결핍의 욕구를 충족시켜주는 데 많은 노력을 기울이는 것은 이러한 맥락에서 이해가 될 수 있다. 다만, 어느 정도의 욕구가 충족이 되어야 보다 상위

그림 4-1 매슬로우의 욕구 5단계 이론

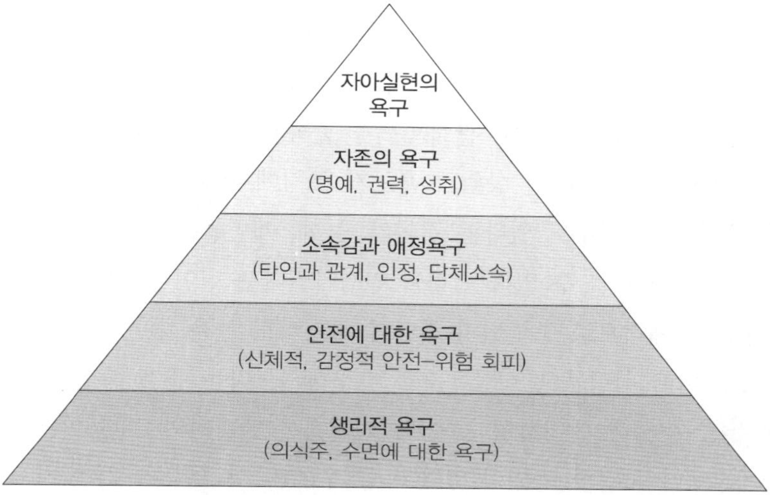

수준의 목표 성취에 집중을 하게 되는지에 관한 보다 정확한 제시가 부족하고, 어떤 개인차이나 문화적 차이를 설명하는데 한계가 있다.

2. 앨더퍼의 ERG 이론

앨더퍼(Alderfer, 1969)는 실증연구를 통해 매슬로우의 욕구단계이론을 보다 발전시켰다. 실증연구를 바탕으로 앨더퍼(C. P. Alderfer)는 매슬로우가 제안한 다섯 가지 욕구를 존재욕구(existence need), 관계욕구(relatedness need), 성장욕구(growth need)로 단순화한 이론을 제안하였으며, 세 가지 주요 욕구의 이니셜을 사용하여 자신의 이론을 ERG 이론이라 명명하였다. 우선 존재욕구는 생리적 욕구와 물리적 안전욕구를 포함하며, 관계욕구는 대인관계에서의 안전, 애정욕구, 그리고 남으로부터 존중받고자 하는 욕구가 포함된다. 그리고 마지막으로, 성장욕구는 자아실현의 욕구와 자신에 대한 자긍심 등 자기존중 욕구가 포함된 욕구이다.

앨더퍼의 ERG 이론과 매슬로우의 욕구단계이론은 기본적으로 개인의 보편적 욕구를 구분했다는 공통점을 가지고 있으나, 몇몇 관점에서 차이점을 보인다. 첫째, 매슬로우의 욕구단계이론은 낮은 단계의 욕구가 충족되어야 높은 단계의 욕구가 충족되는 욕구 충족 과정(satisfaction progression)에 초점을 맞추었다면, 앨더퍼의 ERG 이론은 높은 단계로의 욕구가 좌절되어 낮은 요구로의 회귀 과정(frustration-regression)에도 초점을 맞추었다. 예를 들어, 한 개인이 조직에서 지나치게 관계 욕구에만 집중한다면, 이들은 단순히 관계욕구가 충족되지 않기 때문에 그러한 행동을 나타내는 것이 아니라, 어쩌면 상위의 욕구가 조직에서 충족되지 않기 때문에 그러한 행태를 보이는 것 일수도 있다는 것이다. 둘째, 개인들은 각기 다른 욕구에 보다 더 집중하는 경향을 보일 수 있다는 점을 인정하였다는 점이다. 예를 들어, 예술가는 하위의 욕구가 상대적으로 충족되지 않았다 하더라도 높은 수준의 성장욕구를 추구할 수도 있고, 어떤 사람들은 성장욕구를 추구하기보다는 관계 중심적인 경향을 보일 수 있다는 가능성을 인정하였다. 이러한 면에서 앨더퍼의 ERG 이론은 매슬로우의 욕구단계론보다 복잡한 측면이 있다고 할 수 있다. [그림 4-2]는 ERG 이론에서의 욕구 충족과 좌절을 묘사한 것이다. 앞서 살펴보았듯이 ERG 이론은 욕구 충족 과정뿐만 아니라 회귀 과정을 통한 욕구의 변화를 설명하고 있다는 점에서 의미가 있다.

그림 4-2 ERG 이론에서 욕구 충족과 욕구 좌절

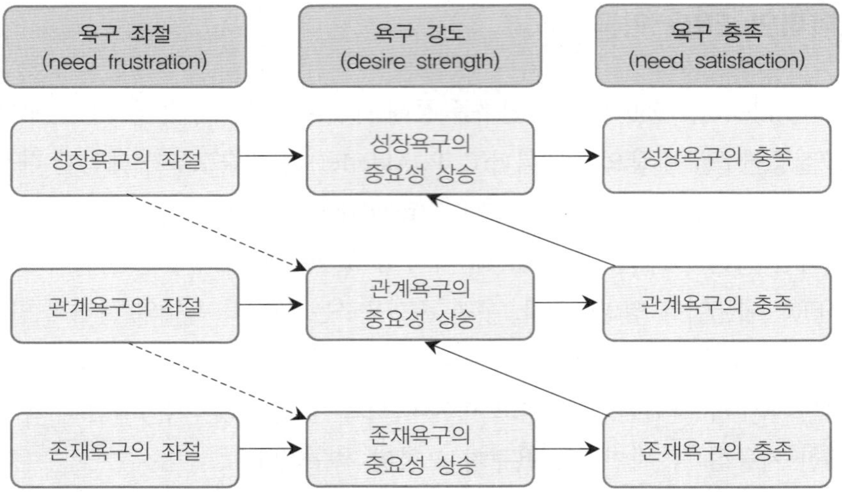

출처: Szilagy & Wallace(1987: 103).

3. 허즈버그의 2요인이론

우리는 조직생활을 할 때 보통 만족요인과 불만족요인을 서로 반대되는 개념으로 놓고 생각하는 경향이 강하다. 즉, 관리자는 적은 보수는 우리를 불만족하게 하는 요인이며, 반대로 높은 보수는 우리를 만족하게 하는 요인이라고 가정한다. 또한 직원들이 보수가 낮으면 불만족하여 조직을 떠날 것이며, 보수가 충분하면 동기부여가 되어 조직을 위해 열심히 일할 것이라고 가정한다. 허즈버그(F. Herzberg)의 주된 주장은 반드시 그렇지는 않다는 데 있다. 허즈버그는 산업체 근무자들을 대상으로 실시한 실증연구를 통해, 개인들에게는 조직에서 직무를 수행하는 데 중요한 만족요인들과 불만족요인이 각기 독립적으로 존재한다는 것을 제시하였다. 즉, 허즈버그에 의하면, 불만족과 만족이 하나의 연장선상의 양극에 존재하는 것이 아니라 두 가지의 평행선처럼 이원적 구조를 가지고 있다는 것이다.

허즈버그는 조직원을 직무에 만족하게 하는 요인은 동기요인(motivating factor)으로 정의하고 조직에 불만족이 생기게 할 수 있는 요인을 위생요인(hygiene factor)으로 정의하였다. <표 4－1>은 위생요인과 동기요인을 정리한 것이다. 우선 위생요인은 불만족요인이라고 부르기도 하며, 일 그 자체보다는 업무환경에 관련된 요소라고 할 수 있다. 즉, 개인은 조직의 환경적 요인(예: 조직의 인사정책, 관리감독, 업무량, 보수, 대인관계)의 위생요인이 충족되지 못하면 조직 내에서 불만이 가중되고, 조직을 떠나는 선택을 할 수 있다. 그러나 허즈버그는 위생요인의 충족은 조직원이 업무 동기와 성과를 높이는 것을 반드시 담보로 하고 있지 않다는 것을 강조하였다. 예를 들어, 우리 주변에 "돈을 많이 줘도, 부하 직원들이 일을 열심히 하지는 않는다"라고 불평하는 관리자가 있다고 하자. 그러한 관리자의 주장은 허즈버그의 이론적 측면에서는 사실일 가능성이 있는데, 왜냐하면 월급에 대한 불만족의 해소가 조직원의 업무에 대한 동기부여를 부여하지는 않기 때문이다.

반면 동기요인은 만족요인이라고 부르기도 하며, 이러한 요인은 조직원의 직무에 대한 동기부여와 밀접한 관계가 있는 요인들로 조직에서의 성취, 인정, 보람, 책임, 그리고 성장과 발전 등이 이에 해당된다. 동기요인은 보통 업무 자체에서 오는 경우가 많다. 어떤 공무원들이 행정조직에서 일하는 것이 남을 도움으로써 보다 보람된 일을 한다는 내적 만족을 가질 수 있다는 점에서 좋다고 말한다면, 그 공무원은 공직에서 일할 동기요인을 찾은 것이라고 말할 수 있다. 반면, 허즈버그의 이론에 의하면, 동기요인이 높다고 해서 그 공무원의 불만족이 해소되는 것은 아니라는 것에 주목할 필요가 있다. 예를 들어, 사회복지사나 소방공무원, 그리고 경찰공무원들이 자신의 일에 내적인 만족을 가지면서도 조직을 떠나는 선택을 한다면, 이는 업무량이나 조직의 방침 등 위생요인에 대한 불만족이 너무 높았기 때문이라고 할 수 있다.

허즈버그의 이론이 내용이론에 포함되는 이유는 허즈버그가 제시한 위생요인과 동기요인의 하부요인들은 매슬로우가 제안한 욕구들과 어느 정도 일맥상통하기 때문이다. 즉, 매슬로우의 생리욕구, 안전욕구, 사회적 욕구는 허즈버그의 위생요인과 깊은 관련이 있으며, 자아실현의 욕구와 인정욕구는 동기요인으로 분류될 수 있다. 다만, 허즈버그는 이들 욕구 간의 위계를 보여주려고 하기보다는 두 가지 서로 독립된 요소들이 어떻게 조직원의 행태에 영향을 미치는지를 보여주었다는 점에서 차이점이 있다. 그러나 허즈버그 제안은 후대에 실시된 실증연구에서는 많은 지지를 받지는 못하였다. 이에 연구를 위한 설문지가 두 요인이 나타날 수밖에 없는 형태를 가진 것 때문이 아니냐는 비판[1]도 있다. 또한 산업이나 사회문화에 따라 다른 종류의 위생이론과 동기요인이 존재할 수도 있다는 가능성도 배재할 수 없다.

표 4-1 허즈버그의 2요인이론: 위생요인과 동기요인

위생요인	동기요인
조직의 정책, 방침, 행정제도	직무상의 성취도(성취감) 등
관리감독, 지시량 등	직무수행에 있어 상사와 동료들의 인정 등
보수, 신분 지위	보람있는 직무(직무내용 그 자체)
대인관계(상사, 동료, 부하 등)	승진과 책임의 증대 등
작업조건, 직무안전도, 개인생활 등	성장과 발전의 기회 등

출처: Herzberg(1968: 58).

4. 맥클리랜드의 성취동기이론

맥클리랜드(D. McCelland)는 성취동기 또는 학습에 의한 동기이론을 제안하였다.

1) 허즈버그는 그의 연구에서 두 가지 다른 질문을 구성하였는데, 한 가지는 "직무를 수행하는데 당신이 매우 기분 좋은 때를 말해 보시오"였으며, 다른 하나는 "직무를 수행하는데 당신이 매우 기분 나쁜 상황을 말해 보시오"라는 질문이었다(Herzberg et al., 1969: 14).

맥클리랜드는 개인은 사회에서 학습된 세 가지 종류의 욕구들을 가지게 되는데, ① 성취욕구, ② 소속욕구, 그리고 ③ 권력욕구가 그것이다. 맥클리랜드는 TAT(Thematic Appreciation Test) 방법을 이용하여 피실험자들이 30여 가지의 불명확하게 그려진 그림을 보고 그림에서 어떠한 일이 일어나고 있는지 해석하는 방식이 그들이 가지고 있는 욕구에 따라 각기 다르며, 개인들은 자신들이 가지고 있는 욕구에 따라 다른 행동패턴을 보인다는 것을 제안하였다.

세 가지 욕구 중에서 가장 주목을 받은 것은 성취욕구(need for achievement)로 자신의 능력을 발휘하여 자신에게 주어진 환경에서 성공하고자 하는 욕구를 말한다. 맥클리랜드는 실험을 통해 성취욕구가 높은 사람들은 다른 사람들과 다른 행동양식을 보이는 것을 확인하였다. 첫째, 성취욕구가 높은 사람들은 달성 가능하면서도 도전적인 목표를 설정한다. 성취욕구가 높은 사람들은 실패에 대한 더 많은 두려움을 가지는 경향이 있기 때문에 터무니없는 목표보다는 달성 가능한 목표를 더 선호하는 경향이 있다. 둘째, 성취동기가 높은 개인은 자신의 결과에 대한 피드백을 더 빨리 원하는 경향이 있으며, 성공까지 너무 오래 걸리는 과제는 회피하는 경향이 있는 것으로 나타났다. 셋째, 성취동기가 높은 개인은 환류를 통해 자신을 끊임없이 개선하려는 노력을 더 많이 하는 것으로 나타났다. 넷째, 성취동기가 높은 개인은 인간관계에 있어서도 성취동기가 높은 사람들과 어울리기를 바라는 경향이 있는 것으로 나타났다. 보통 전문직에 종사하는 경우나 경영인이나 관리자들의 경우 성취욕구가 더 높은 것으로 나타났다.

권력욕구(need for power)는 타인이나 사회에서 영향력을 행사하려는 욕구를 말한다. 맥클리랜드는 권력욕구에는 두 가지 다른 종류가 있음을 지적하였다. 하나는 개인화된 권력(personalized power)으로 타인과의 관계에서 상대방을 제압하고 본인의 이익을 관철시키려는 경향이 강한 욕구를 의미한다. 다른 하나는 사회화된 권력(socialized power)으로 집단의 목표를 중시하고 타인에게 영향을 줌으로써 조직의 목적을 달성하려는 욕구를 말한다. 어떤 종류의 권력욕구이든 권력욕구가 강한 사람은 타인에게 영향력을 행사하고 타인의 행동을 변화시키기 위해 노력하며, 이를 달성하기 위해서 권력과 지위를 얻기를 원하는 경향이 강하다는 점에서는 공통점을 가진다. 정치인이나 사회 활동가들이 권력욕구가 강한 경우가 더 많은 것으로 보고 되고 있다.

소속욕구(need for affiliation)는 친화적 관계를 유지하고자 하는 욕구로서, 이 욕구가 강한 사람은 다른 사람과의 정서적 교류를 중요시하고, 집단으로부터 소외되는 상황을 만드는 것을 회피하는 경향이 강하다. 따라서 소속욕구가 강한 사람들은 다른 사람과의 관계를 유지하는 데 많은 시간을 보내며, 비공식적인 관계를 잘 유지함으로써 조직 내에서 소통을 이루는 데 많은 도움을 줄 수 있다. 반면 대결과 갈등을 피하는 경향이 강하고 현재의 관계를 유지하고자 하는 욕구가 강해 소속욕구가 강한 개인은 경영자로서는 부적합하다는 지적도 있다.

맥클리랜드는 한 국가나 조직에 어떤 욕구를 가진 사람이 많은가에 따라 그 조직이나 국가의 발전이 다를 수 있는 가능성도 제안하였다. 특히, 맥클리랜드는 국가나 조직의 발전을 위해서는 성취동기가 높은 사람이 많아야 함을 제안하였는데, 이러한 주장대로라면, 조직은 개인이 성취동기를 높일 수 있는 프로그램을 의도적으로 개발하여 제공하여야 한다는 것을 암시한다. <표 4-2>는 앞서 살펴본 내용이론들을 정리한 것이다. 각각의 이론들은 어떻게 동기들이 서로 연계되어 있는가에 대해 각각 다른 가정을 하고 있지만, 이들 연구들은 개인의 공통된 욕구를 발견하고 이를 충족시키는 것이 동기부여라고 정의를 하고 있다는 점에서 공통점을 가진다.

표 4-2 내용이론 정리

욕구단계이론	ERG 이론	2요인이론	성취동기이론
자아실현의 욕구	성장욕구	동기요인	성취욕구
존경과 인정의 욕구			권력욕구
사회적 욕구	관계욕구	위생요인	관계욕구
안전욕구	존재욕구		
생리적 욕구			

제 3 절 과정이론

1. 브룸의 기대이론

브룸(Vroom, 1964)의 기대이론은 개인은 여러 가지 행동대안 들 중 바람직한 결과가 일어날 가능성을 평가하고, 이 중 가장 바람직한 결과를 가지고 올 가능성이 높은 행동을 한다고 제안하였다. 이러한 제안은 개인이 합리적인 의사결정 과정을 통해 자신의 동기부여 여부를 결정한다고 가정한다는 점에서 기존의 내용이론과 차별된다. 브룸(V. H. Vroom)은 개인은 동기부여 여부를 결정하는 데에 있어 크게 세 가지 요소를 고려한다고 제안하였다([그림 4-3] 참조).

그림 4-3 브룸의 기대이론

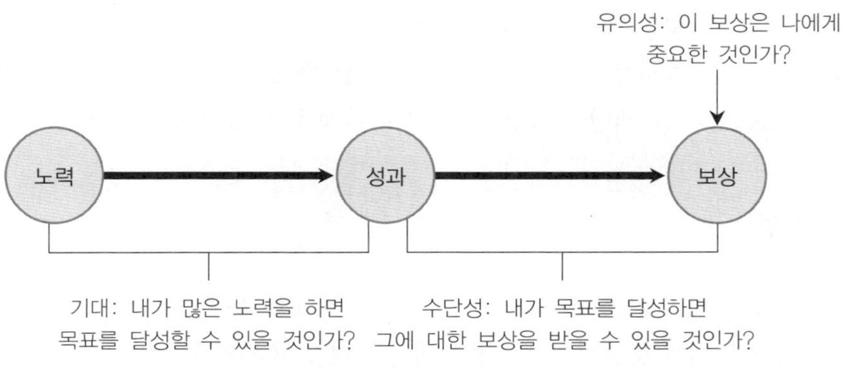

출처: Colquitt et al.(2011).

1) 기대감

기대감(expectancy)이란 개인이 어떤 목표를 향해 노력했을 때, 자신이 그 목표를 달성할 수 있을 것인가에 대한 개인의 기대감이다. 예를 들어, 조직에서 영업사원이 영업목표를 부여받았을 때, 내가 그 목표를 과연 달성할 수 있을 것인가에 대한 평가가 기대감이라고 할 수 있다. 여기서 기대감은 내가 할 수 있다는 자존감과 큰 연관관계를 가진다. 특히, 내가 기존에 노력을 했을 때 성공했던 기억이 많은 경우, 그리고 주변에서 성공한 사람들을 많이 본 경우에 더 높은 수준의 기대감을 가질 가능성이 있다. 또한 내가 목표를 달성하고자 할 때 조직에서 나를 얼마나 지원해줄 것인가도 기대감과 관련된 중요한 질문일 수 있다.

2) 수단성

수단성(instrumentality)은 개인이 지각하는 1차적인 목표달성이 조직에서의 2차적 보상을 보장하는가에 대한 믿음이다. 예를 들어, 영업사원이 영업목표를 달성하였을 때, 조직에서 나에게 그에 상응하는 금전적 보상이나 승진 등을 보장해 줄 것이라고 믿는가에 대한 질문이 수단성에 관한 질문이다. 따라서 수단성은 조직이 얼마나 투명하게 성과에 대한 보상을 제공할 수 있는지가 중요할 수 있다. 즉, 조직에서의 공정성의 확보가 수단성 확보에 중요하며, 공정성을 확보하기 위해서는 조직은 보상시스템이 어떻게 구성이 되어 있는지 자세하게 조직원에게 알려줄 필요가 있다. 또한 실질적으로 보상이 가능한 시스템인가 하는 것도 중요한 문제가 될 수 있다. 예를 들어, "우리 조직에서는 지금 규정상 혹은 예산 때문에 성과에 대한 금전적 보상이 어렵다"라고 한다면 개인은 낮은 수준의 수단성을 가질 수밖에는 없을 것이다.

3) 유의성

유의성(valance)은 제공되는 보상이 개인에게 의미가 있는 것인가에 관한 질문이다. 조직관리 차원에서 중요한 것은 각기 개인은 다른 종류의 보상에 더 관심을 보일 수 있기 때문이다. 여기서 유의성은 개인이 가지고 있는 욕구수준과도 관련이 있을 수 있다. 만일 높은 수준의 자아실현이 중요한 경우는 승진이 중요할 수 있고, 생리적 요구가 중요한 경우는 임금 인상이 더 중요할 수도 있다. 예를 들어, 조직에서 성과에 대한 보상으로 보너스를 지급했는데 개인은 보너스보다는 승진을 원했다면, 이 경우 보상의 유의성은 낮다고 할 수 있다. 조직이 유의성을 높이는 방법은 개인이 원하는 다양한 형태의 보상을 마련해 놓고 개인이 원하는 보상을 맞춤형으로 제공하는 것일 것이다. 그러나 조직이 형평성이나 조직의 경직성으로 인해 다양한 보상시스템을 마련하지 못한 경우에 개인은 낮은 상태의 유의성을 보일 수도 있다.

브룸은 기대이론을 제안하는데 있어 기대와 수단성, 그리고 유의성의 곱이 [(기대: 노력 → 성과)]×Σ[(수단성(성과 → 보상)×유의성] 개인의 기대수준을 나타내며, 개인은 이러한 계산을 통해서 자신의 동기부여 수준을 결정한다고 제안하였다. 기대수준의 결정이 기대와 수단성, 그리고 유의성의 곱으로 이루어진다는 사실은, 이 중 어느 하나도 그 값이 0에 가까우면 동기부여는 되지 않는다는 것을 의미한다. 예를 들어, 개인은 노력하면 좋은 성과가 나올 것이라는 기대가 높고, 조직에서 제공하는 보상에 높은 관심을 가지고 있다 하더라도(높은 수준의 유의성), 조직의 정치적 문제로 인해 보상은 절대 이루어지지 않을 것이라고 생각한다면(매우 낮은 수단성), 그 개인은 높은 수준의 동기부여를 가질 수 없다는 것이다.

2. 로크와 레이덤의 목표설정이론

로크와 레이덤(Locke & Latham, 2002)은 조직에서 개인을 동기부여하는 가장 중요한 요소는 명확한 목표의 설정이라고 단언한다. 로크(E. A. Locke)와 레이덤(G. P. Latham)은 여러 실험을 통해 조직에서 개인이 그저 "열심히 최선을 다하라"는 목표를 설정하는 것보다, 구체적인 목표를 받았을 때보다 높은 수준의 성과를 보인다는 것을 보여주었다. 그들은 또한 쉬운 목표를 설정하는 것보다 어렵지만 실현 가능한 목표를 설정할 때 더 높은 수준의 동기부여가 일어남을 확인하였다. 즉, 로크와 레이덤은 "분명하고 어려운 목표"가 개인의 동기부여에 중요함을 제안하였다. [그림 4-4]는 목표설정이론을 정리한 그림이다.

그렇다면, 왜 분명하고 어려운 목표는 개인에게 동기부여를 일으키는 것일까? 첫째, 목표의 설정은 개인의 주위를 환기시킨다. 내가 달성해야 할 목표를 명확히 알게 되면 개인들은 자기행동의 방향성이 생기게 되며, 자신이 무엇을 해야 하는가에 대한 보다 정확한 행동지침을 만들 수 있다. 특히, 그 목표가 달성하기 어려운 것이라면, 개인은 그 목표를 달성하기 위해 보다 많은 노력을 기울이게 된다. 또한 개인은 그 목표를 달성할 때까지 계속 노력을 기울이기 때문에 동기부여의 지속성이 높아질 수 있다. 둘째, 만일 목표가 현재의 방법으로는 달성할 수 없는 목표라고 한다면, 조직원은 목표를 달성하기 위해 보다 혁신적인 방법을 찾으려 노력할 것이다.

그림 4-4 목표설정이론

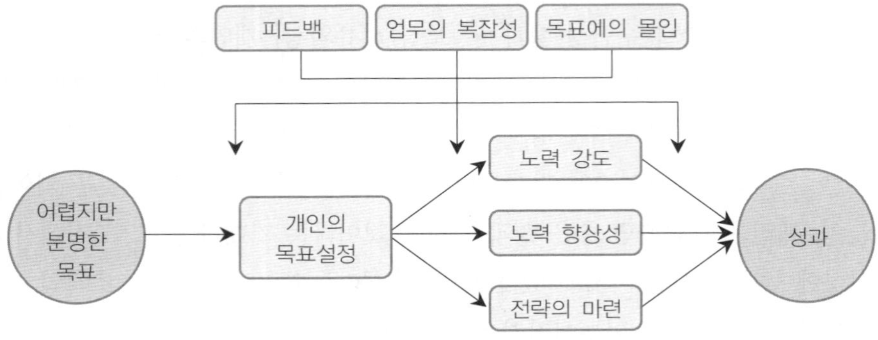

출처: Colquitt et al.(2011).

그러나 이러한 목표설정이 성공적이기 위해서는 조직원이 목표를 받아들이는 수용성과 목표에 대한 몰입이 필수적이다. 로크와 레이덤은 조직원이 목표에 몰입하기 위해서는 조직관리자는 왜 조직의 목표가 중요한지, 그리고 그 목표가 어떻게 달성 가능한지를 설득할 수 있어야 함을 지적하였다. 또한 조직원들이 스스로 조직의 목표 달성을 하기 위한 전략과 전술 마련을 마련하도록 함으로써, 조직목표에 대한 수용성을 더 높일 수 있다.

또한 로크와 레이덤은 환류(feedback)의 중요성을 강조하였다. 즉, 목표달성을 위해 개인이 올바른 방향으로 가고 있는지에 관한 건설적인 피드백은 개인이 자신의 과거 성과로부터 학습하고 목표를 달성하기 위한 더 나은 전략을 수립하도록 도와준다. 마지막으로, 성과관리에 중요한 것은 업무의 복잡성이다. 개인의 업무가 너무 복잡한 경우, 즉 단순한 목표설정이 어려운 작업의 경우는 목표설정이 어려울 수 있고, 잘못된 목표의 설정은 개인이 목표에 집중하게 하기보다는 피로를 높여 그 효과성을 낮출 수도 있다.

3. 애덤스의 공정성이론

애덤스(Adams, 1963; 1965)의 공정성이론(equity theory)은 개인의 동기부여가 사회적 비교를 통해 일어난다는 것을 강조하였다. 예를 들어, 회사에 입사한지 10년

차인 조직원 A는 회사에서 많은 어려운 업무를 처리하고 있다고 하자. A는 나름대로 조직에서 인정받는다고 생각하며 회사생활을 하고 있었는데, 알고 보니 조직에 3년 후임인 후배 B가 자신보다 더 많은 업무를 처리하는 것도 아닌데 비슷한 수준의 급여를 받는다는 것을 알게 되었다고 가정해 보자. 공정성이론에 의하면, 인지된 불공정성은 A의 심리적 긴장을 가지고 오고 개인은 이를 해결할 동인을 가지게 된다. 여기서 A의 문제해결의 방법에는 두 가지가 있을 수 있다. 하나는 불공정을 해결하기 위해 자신도 같은 수준의, 아니면 그보다 높은 수준의 성과급을 요구하는 것이며, 만일 이것이 불가능하다고 판단될 때 A는 자신의 업무에서 자신의 노력의 수준이나 몰입의 정도를 줄이게 될 것이다. 우리는 조직에서 끊임없이 이러한 의사결정을 하는데 공정성이론은 이러한 사회 비교를 통한 개인의 동기부여 과정을 설명하려 하고 있다.

좀 더 구체적으로 말하면, 애덤스(J. S. Adams)는 개인은 자신의 투입(예: 노력, 시간, 지식, 훈련, 경험) 대비 산출(예: 보수, 상여금, 인정, 승진 등)과 다른 사람의 투입과 산출을 비교하여 자신의 동기부여 정도를 결정한다고 제안하였다([그림 4-5] 참조). 앞서 예에서 살펴보았듯이 인지된 불공성성의 해결을 위해 개인은 결과의 변경, 투입의 변경, 혹은 자신의 인지의 왜곡 등 다양한 전략을 사용할 수 있다.

첫째, 개인은 준거인물과의 비교를 통해 자신의 투입 대비 산출이 준거 인물의 투입 대비 산출 비율보다 큰 경우, 즉 내가 더 많은 보상을 받았다고 하는 경우는 자신의 노력을 증가시켜 그 비율을 맞추려고 노력할 수 있다. 이러한 경우 개인이 쓸 수 있는 또 다른 방법은 자신의 투입비율에 대한 인지를 왜곡하는 방법이 있다. 예를 들어, "생각해 보니 나는 이러이러한 일을 더 했다"라든지, "내가 더 경험이나 교육수준이 높으니 더 받을 만하다"라든지, 아니면 "내가 더 중요한 일을 하고 있다"라는 방식으로 현재 분배방식에 정당성을 부여하는 것은 인지적 왜곡을 통한 균형을 맞추는 예라고 할 수 있다.

둘째, 준거집단과의 비교를 통해 자신의 투입대비 산출이 준거인물의 투입 대비 산출 비율보다 적다고 느끼는 경우, 즉 내가 더 적은 보상을 받았다는 인지를 하는 경우에도 개인은 두 가지 방식을 통해 균형을 맞추려고 노력하게 된다. 첫 번째 방법은 자신의 산출, 즉 보상의 수준을 높이기 위한 노력을 하는 방법이다. 그러나 많은 조직에서 그러한 방법이 가능하지 않다면, 개인은 자신의 투입을 조절함으로써 심

그림 4-5 애덤스의 공정성이론

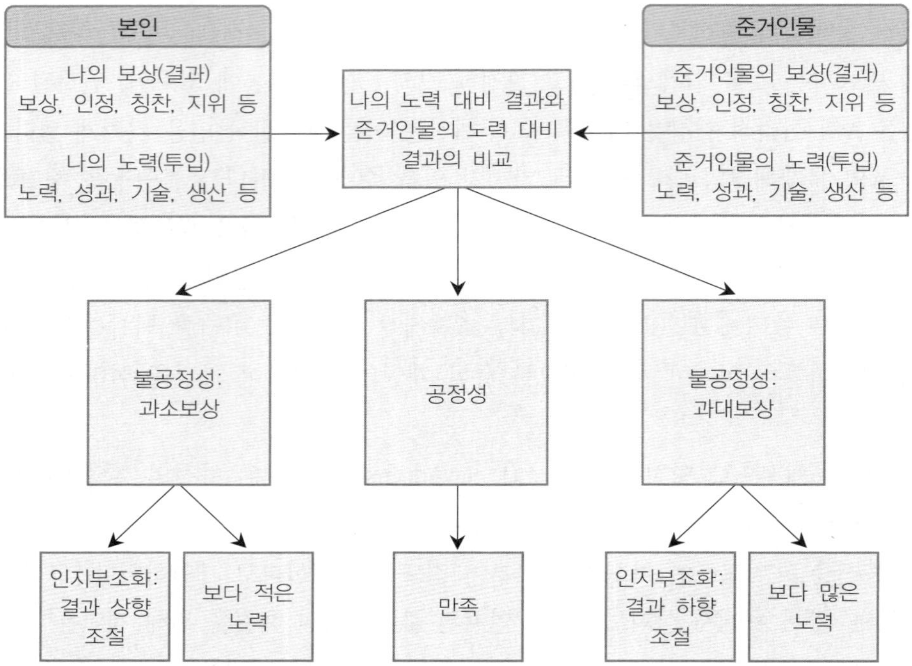

리적 불균형을 해결하려 할 것이다. 즉, 보다 적은 일을 함으로써 균형을 맞추려 한다는 것이다.

공정성이론이 중요한 것은 개인의 동기부여가 사회적 맥락이나 구조에 의해 심각한 영향을 받는다는 것을 보여주는 데 있다. 앞서 두 이론들은 개인의 동기부여는 내가 목표를 달성하고 그에 상응하는 보상을 받을 것인가(기대이론)에 대한 평가나, 조직에서 설정한 목표의 질에 따라 동기부여가 된다는 가정에 비해 공정성이론은 사회비교가 직접적으로 동기부여에 영향을 미친다는 것을 보여준다는 점에서 중요하다. 다만, 공정성이론의 복잡성은 개인이 과연 누구를 준거집단으로 하는가를 알기 어렵다는 데 있다. 예를 들어, 공무원은 자신의 동료 공무원을 준거개인으로 삶을 수 있지만, 기업에 다니는 친구를 준거집단으로 삼아 보상의 적절성을 비교할 수 있다. 또한 개인들은 인지왜곡으로 인해 자신의 비율이 항상 더 낮다고 평가할 수도 있을 것이다. 따라서 관리자는 조직 내 보상의 공정성뿐만 아니라, 조직원들이 합리적인 비교가 가능하도록 조직원을 돕는 노력이 필요할 것이다.

4. 데시와 라이언의 자기결정이론

데시와 라이언(Deci & Ryan, 2000a; 2000b)은 개인이 어떠한 이유로 일을 하고 있는가가 개인의 동기부여 수준을 결정하는 가장 중요한 요소임을 지적하였다. 이들은 자신들의 연구를 자기결정이론(self-determination theory)으로 집대성하였다. 자기결정이론의 핵심은 안정적인 직장, 보수 등의 이유를 외재적 동기(extrinsic motivation)라고 하고, 직업의 의미나 중요성, 일 자체를 좋아하는 마음 등을 내재적 동기(intrinsic motivation)라고 정의한다. 데시와 라이언은 많은 실증연구를 통해 우리가 외재적 동기나 처벌 등을 피하기 위해서 과제를 수행할 때보다는 그 일 자체의 의미를 알고 내재적으로 동기화되어서 과제를 수행할 때, 과제의 질이나 학생들의 참여도가 훨씬 더 높다는 것을 발견하였다. 즉, 자기결정이론은 우리가 왜 무엇을 하는지에 대한 의미 부여가 무엇을 하는지가 매우 중요하다는 것을 강조한다. 예를 들어, 두 명의 공무원이 있다고 하자. 한 명은 "난 공무원이 되어서 어려운 사람들을 돕고, 의미 있는 사회정책을 만드는 데 이바지하는 일이 의미 있다고 생각해서 공무원이 되었다"고 하고, 다른 공무원은 "공무원은 가장 안정적인 직장이라서" 공무원이 되었다고 한다면, 두 공무원이 공직에서 일하는 동기는 크게 다를 수 있다는 것이다.

데시(E. Deci)와 라이언(R. Ryan)은 개인이 자신에게 긍적적인 내적 변화를 가지고 올 가능성이 많을 때 내적 동기부여가 일어날 가능성이 높다고 제안하고, 이러한 내적인 변화는 인간의 기본적인 세 가지 욕구인 자율성(autonomy), 유능성(competence), 관계성(relatedness)이 충족될 때 더 높아진다고 제안하였다. 자율성은 무엇을 해야만 한다고 강요를 받는 상황보다는 무엇인가를 자유롭게 선택할 수 있는 욕구를 의미한다. 유능성은 개인은 과제를 수행하면서 자신이 능력이 있다는 것을 느끼고 싶어하는 욕구이며, 관계성은 또래나 상사 등 주변사람들과 의미 있는 관계를 맺고자 하는 욕구로 높은 소속감을 가질 때 가능하다. 즉, 자기결정이론은 어떤 공공조직의 관리자는 개인의 독특한 관점을 인지하고 최대한 이들에게 자율성과 선택권을 부여하고, 명확한 피드백을 통해 유능성을 높여주며 부하 직원과의 좋은 관계를 가질 수 있는 환경을 제공하는 것이 중요하다는 것을 암시한다.

그림 4-6 데시와 라이언의 자기결정이론

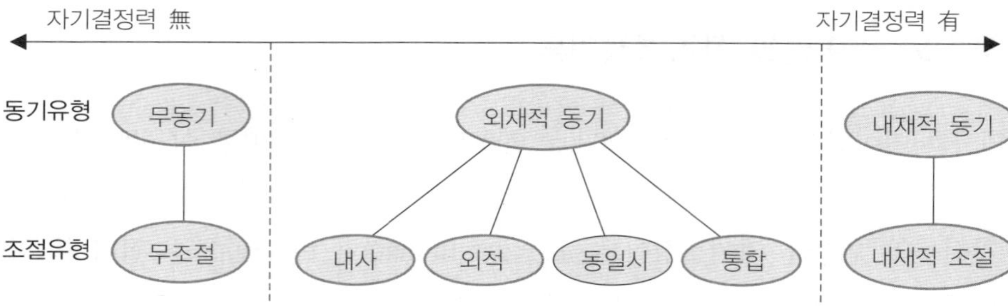

출처: 이민희·정태연(2007).

또한 데시와 라이언은 외재적 동기를 조직에서 외적으로 주어진 가치가 얼마나 내재화되었는가에 따라, 외적조절(external regulation), 내사된 조절(introjected regulation), 동일시(identified regulation), 통합(integrated regulation)의 네 가지 형태로 구분하였다([그림 4-6] 참조). 외적조절 단계에서 개인은 조직이 제공하는 인센티브와 과벌을 피하기 위해 동기화되며, 이러한 경우는 그러한 상이나 벌이 없어지면 개인의 동기부여는 사라지게 된다. 내사는 조직의 일원으로 남기 위해 타인이나 조직의 가치를 받아들이는 단계로, 가치를 완전히 내재화하지는 않았으나, 조직의 일원이 되기 위해 조직의 행동규범을 받아들여 행동하는 단계이다. 동일시는 조직에서 몇몇 중요한 가치를 내재화한 단계이다. 예를 들어, 공무원으로서 공직가치를 자신의 중요한 가치로 인식하고 자신의 가치판단의 기준으로 받아들였다면 이러한 가치는 내재화된 가치라고 할 수 있다. 마지막으로, 통합은 개인이 자신의 행동에 대한 이유와 조직의 가치를 완전히 조직의 가치와 동일시한 경우로, 이 경우 개인은 조직에서 특별한 다른 보상이 없어도 조직의 가치를 자신의 가치로 완전히 받아들여 행동하는 경향이 강하다. 이는 외적 동기이기는 하지만 내재적 동기와 같이 내적인 규제에 따라 행동한다는 점에서 내적 동기와 유사하다고 할 수 있다. 자기결정이론은 최근 행정학에서도 많은 주목을 받고 있다. 이는 우리가 공공조직에서 공직가치나 공직의 중요성을 강조하고 공직자가 그러한 가치를 받아들일 때 개인은 공공조직에서 일하는 의미를 찾고 보다 적극적으로 공직생활을 영위할 가능성을 찾는 데 자기결정이론이 도움이 될 수 있다고 믿기 때문이다. 그러나 자기결정이론에 대한 비판자들은 과연 내적 동기부여가 조직 맥락의 동기부여에서 얼마나 가능한 것인가에 대해 비판한다. 대부분의 조직에서 일하는 사람들이 정말로 자신의 일이 좋아서 일을 하게 되는 경우는 얼마나 될 것인가, 혹은 조직의 모든 통제권을 없앴을 때 조직원들이 과연 가장 이상적으로 동기화될 것인가 등을 의심하기도 한다.

사례 4-1 '철밥통은 그리 행복하지 않다'

공무원들은 정년이 보장되고 안정적이라는 이유에서 속칭 '철밥통'으로 불린다. 그러나 공직사회 밖에서 바라본 공무원에 대한 인식과는 달리 정작 공무원 10명 중 4명 이상은 자신이 행복하지 않다고 생각하고 있는 것으로 나타났다. 12일 한국행정연구원이 국가 및 지방직 공무원을 대상으로 공직생활에 대한 인식조사를 한 결과에 따르면 공무원 신분에 대한 만족도는 56.8%에 머물렀다. 특히, 삶의 질에 관한 만족도는 45.2%에 불과했다. '공무원 인식조사'는 2011년부터 매년 2,000여 명의 공무원을 대상으로 이루어지는데, 세월호 참사가 있었던 2014년의 신분 만족도는 41.3%로 최저 수준을 기록했다. 지난 5년 간 조사에서 공무원 신분에 대한 만족도는 50%대여서 공무원이 되려는 '공시생(공무원 시험 준비생)'들은 증가하고 있지만, 실제 공무원들의 만족도는 높지 않음을 보여준다. …(중략)…

한국행정연구원의 '공직생활에 대한 인식조사'는 지난해 8월부터 석 달 동안 42개 중앙부처 및 17개 광역자치단체에 소속된 국가공무원 1,340명과 지방공무원 730명을 대상으로 면접 및 우편조사를 통해 이루어졌다. 인사혁신처에서 5년마다 하는 공무원 총조사가 학력, 연령 등 사실 중심의 실태조사라면, 매년 시행하는 공직생활 인식조사는 장기적으로 공무원의 실질적인 삶을 분석할 수 있는 조사다.

46% "주위 다른 사람들과 비교할 때 행복하다"

설문조사 결과 '현재 삶에 만족한다'는 답은 45.2%, '주위 다른 사람들과 비교할 때 행복하다'는 응답은 46.0%로 공무원 스스로 평가하는 삶의 질은 낮은 편으로 나타났다. 일-가정 양립정책, 육아휴직제도, 직장 내 보육시설, 유연근무·탄력근무제도 등 삶의 질에 영향을 끼치는 가족친화적 근무제도에 대한 만족도도 20~30%대에 불과했다. 공무원의 삶에 대한 만족도 점수는 5점 만점에 3.36점으로 보통 수준이었다. 특히, 지방직

(3.38점)의 현재 삶에 대한 만족 수준이 국가직(3.35점)보다 조금 높았다. 하지만 지방으로 이전한 공무원의 삶의 만족도와 행복수준은 각 3.33점으로 그렇지 않은 공무원보다 상대적으로 낮았다. …(중략)…

근무시간과 업무량에 대해 '많은 수준'이라고 응답한 공무원은 각각 49.7%, 50.8%로 나타났다. 직급별로는 국가직은 주무관인 6급, 지방직은 서기관인 4급이 업무량이 많다는 인식이 상대적으로 강했다. 인사혁신처 관계자는 "국가직 6급은 초임 관리자인 5급 사무관 바로 아래서 실무를 맡아 일이 많고, 지방직 4급은 서울시에서는 과장급인데 국장 승진경쟁과 과다한 업무부담으로 가장 힘든 자리"라고 설명했다. …(중략)…

"정부세종청사의 불이 가장 늦게 꺼진다"

칼퇴근을 하는 공무원은 국가직 7.1%, 지방직 3.6%에 불과했다. 4대 청사별로 정시 퇴근을 하는 비율은 과천청사가 11.4%, 대전청사가 10.8%, 세종청사가 8.0%, 서울청사가 3.2% 수준이었다. 일주일 동안 시간 외 근무시간은 6~10시간이 가장 많았으며, 대기 근무가 잦은 지방공무원의 시간 외 근무시간이 더 많았다.

정부청사별 근무시간은 세종청사의 퇴근이 가장 늦었다. 주당 시간 외 근무시간이 11 시간이란 응답이 33.6%였고, 6시간 이상도 68.7%였다.

공무원의 업무량이 많은 이유로는 39.3%가 인력 부족을 들었고, 과도한 업무량 33.9%, 다른 부서나 기관과의 과다한 업무협의도 11.8%나 되었다. 스스로의 업무수행 역량과 전문성에 대한 평가는 후한 편이었다. '내가 수행하는 업무는 높은 전문성이 요구된다'는 항목에 50.9%가 '그렇다'고 답했다. '소속 기관 직원들의 업무수행 역량은 민간기업보다 우수하다'는 48.2%가 '그렇다'고 자평했다.

"승진의 최고 덕목은 충성도"

공무원 채용과 관련해서 현재의 공개채용제도 등에 대해서는 긍정적으로 평가했지만 개방형 직위제도, 양성평등 채용목표제, 지역인재 채용제도에 대해서는 부정적이었다. …(중략)… 공무원 스스로 꼽은 승진 비결은 상관에 대한 충성도가 71.9%로 최고였다. 이어 상관·동료·부하의 평판, 기관장의 재량적 판단, 업무수행 태도, 현 기관장의 주요 정책에 대한 공감·협력 수준, 업무수행 실적 순이었다. 정치적 연줄이나 학연 및 지연과 같은 정실요인은 비교적 하위권이었다.

공무원의 최대 관심사인 승진은 '누구나 만족하는 인사란 없다'란 말처럼 긍정적 인식이 높지 않았다. 승진 절차의 적절성에 대해서는 28.7%만이 '적절하다'고 생각했고, 근무성적평정의 공정성에 대해서는 27.1%가 '그렇다'고 답했다. 하지만 '우리 기관에서 여성이 고위직으로 승진하는 데 어려움이 있다'는 데는 34.4%가 '그렇지 않다'고 생각해 관가의 유리천장이 별로 두껍지 않다는 인식을 보였다.

54.4% "보수, 대기업과 비교해 적정하지 않다"

근무환경에 대한 만족도는 새로 지어진 세종청사 공무원이 가장 높았다. 1인당 사무면적, 사무집기, 조명, 냉·난방 수준 등 근무환경에 대한 만족도는 국가공무원은 보통 이하, 지방공무원은 보통 이상이었다. 사무환경 만족도는 세종청사가 최고, 대전청사가 최저였으며 휴식공간 만족도는 대전청사가 최고, 과천청사가 최저였다.

보수와 보상에 대해서는 부정적 인식이 압도적이었다. 대기업과 비교하면 보수가 적정하지 않다는 의견이 54.4%로 과반수가 넘었으며, 보수의 적정성이나 공정성에 대해서도 긍정적 평가는 10%대에 머물렀다.

조직에 대한 충성도는 높았다. 질서 유지를 위해 비공식적 규칙을 준수하는지에 대해 전체 응답자의 과반수가 넘는 61.4%가 '그렇다'고 답했다. 공직생활 인석조사를 맡은 한국행정연구원 조일형 박사는 "조직을 위해 비공식적 규칙도 준수할 수 있다는 건 어느 조직이나 마찬가지일 것"이라며, "공무원을 포함해 모든 조직원은 보이지 않는 문화적 요소에 영향을 받게 마련"이라고 밝혔다.

출처: 서울신문(2017.2.12)

사례 문제

1. 공무원들이 높은 직업안정성이나 전반적으로 만족스러운 근무환경임에도 직무만족도나 동기부여가 떨어지는 원인은 무엇일지 생각해 보자.
2. 그렇다면, 공무원의 동기부여를 위해서는 어떠한 제도나 노력이 더 필요할지 고민하고 공무원의 동기부여를 위한 새로운 아이디어를 제안해 보자.

제 4 절 공직가치와 공공봉사동기이론

1. 공직가치

최근 행정학 연구들은 공직을 수행하는 데 있어서 중요한 핵심 가치들은 어떠한 것이 있는지를 연구해 오고 있다. 반 와트(V. Wart, 1998)는 다섯 가지 핵심 공직가치로 개인적 가치, 조직적 가치, 법적 가치, 전문직업적 가치, 공익적 가치를 제안하였다. 개인적 가치는 공무원이 시민으로서 가져야 할 기본적인 가치로 정직함, 상호존중, 배려, 합법성 등이 포함된다. 조직적 가치는 공공조직이 공공서비스를 효과적으로 제공하고 조직의 발전을 도모하기 위해 필요한 가치로 고객 중심, 혁신, 분권화, 경쟁, 조직구성원의 만족 등이 포함된다. 법적 가치는 법령, 사법부, 입법부의 결정을 존중하고 이에 근거한 행정행위를 하는 가치를 의미한다. 전문직업적 가치는 공공서비스를 효과적으로 제공하기 위해서 필요한 전문지식과 역량에 관련된 가치를 의미한다. 공익적 가치는 정부가 공익을 추구하기 위해서 필요한 가치로 공리주의, 권력분립, 대의민주주의, 종교의 자유, 체제동의 등이 소개되었다. 커나한(Kernaghan, 2003)은 핵심 공직가치를 윤리적 가치, 민주적 가치, 전문직업적 가치, 그리고 인본주의적 가치로 차원을 정리하였다. 윤리적 가치에는 청렴성, 공정성, 책임성, 충성심이 포함된다. 민주적 가치는 법의 지배, 중립성, 책임성, 개방성을 포함한다. 전문직업적 가치에는 효율성, 효과성, 서비스 지향성, 리더십 등이 포함되고 인본주의적 가치에는 공정성, 관용성, 예의, 동정심 등이 포함된다.

국내에서도 최근 한국 공무원이 가져야 할 공직가치에 대한 연구가 활발히 진행되어 되어 왔다. 예를 들어, 한국행정연구원(2015)에서도 한국 공무원이 가져야 할

표 4-3 커나한의 공직가치 분류

윤리적 가치	민주적 가치	전문직업적 가치	인본주의적 가치
청렴성 공정성 책임성 충성심	법의 지배 중립성 책임성 개방성	효율성 효과성 서비스 지향성 리더십	공정성 관용성 예의 동정심

공직가치로 국가관, 공직관, 윤리관의 세 가지 큰 틀을 제시하고, 한국인들은 어떤 가치들을 중시하는가에 대한 연구를 진행하였다. 특히, 한국행정연구원에서는 현재 공무원에게 중요한 공직가치와 향후 미래에 공직을 수행하기 위해서 공무원이 가져야 할 공직가치를 함께 조사하였다. 이 연구에 의하면, 현재 시점에는 현재, 미래 모두 공무원은 투명성, 공정성, 청렴성 도덕성이 중요한 것으로 조사되었으며, 현재 공직에서는 사명감, 애국심, 책임감 등이 더 강조되는 반면, 미래의 공직에는 개방성, 다양성, 민주성, 전문성이 더 요구되어질 것으로 예상하는 것으로 나타났다.

표 4-4 국민과 공무원으로부터 공통적인 지지를 받은 공직가치

	현재 관점의 공통적 지지	미래 관점의 공통적 지지
국가관	사명감, 애국심	개방성, 다양성, 민주성
공직관	책임감, 투명성, 공정성	투명성, 공정성, 전문성
윤리관	청렴성, 도덕성	청렴성, 도덕성, 공익성

출처: 한국행정연구원(2017).

이러한 공무원의 공직가치는 개인의 행태와 성과에도 영향을 주는 것으로 나타났다. 예를 들어, 김상묵(2017)은 중앙공무원을 대상으로 공직가치를 조사하였는데, 공무원의 개인적 특성에 따라 중요하게 인식하는 공직가치의 유형이 다르며, 가치의 딜레마 상황에서 어떠한 공직가치를 중요시하는가에 따라 다른 의사결정을 내리는 것을 확인하였다. 또한 심동철(2017)은 지방공무원들이 어떠한 공직가치를 중요시하는가에 따라 전통행정가, 윤리적 민주주의자, 소극적 공공혁신가, 그리고 복지부동형 등 네 가지 유형의 공무원으로 구분이 가능함을 제안하였으며, 그들의 공직가치 유형에 따라서 각기 다른 업무 태도와 윤리적 행동을 보이는 것을 확인하였다. 이러한 연구들은 공직가치는 단순히 정부에서 강조하는 것이 아니라 공무원에게 내재된 가치이며, 이러한 가치를 이해하는 것은 공무원의 행태와 의사결정방식을 이해하는 데 중요하다는 것을 보여준다.

다만, 공직가치의 연구가 공무원의 행태를 설명할 수 있는 이론이 발전하기 위해서는 다음의 세 가지에 대한 연구가 좀 더 진행되어야 할 것이다. 첫째, 공직가치를 분류하는 기준들에 대한 이론적인 검증들이 이루어져야 한다. 한국에서 공직가치에 대한 구분은 다분히 정부에 의해 이루어지고 있는 부분들이 있었으며, 그러한 구분들이 다소 동어 반복적이거나 중복되는 모호하게 구분되어있는 부분들이 많았던 것이 사실이다(김호섭, 2019). 둘째, 다양한 공직가치들은 서로 중첩되는 부분도 있으나, 서로 상반되는 가치가 상존하는 상황에서 어떤 공직가치가 어떤 상황에서 발현되어 공직자의 행태를 결정하는가에 대한 보다 면밀한 연구가 필요하다. 셋째, 어떻게 공직가치가 개인의 내재화된 가치로 발전할 수 있는가에 대한 연구가 필요할 것이다. 앞서 데시와 라이언(Deci & Ryan)의 자기결정이론에서는 가치가 동일시나 통합, 그리고 내재된 동기로 발전되었을 때 개인의 강한 동기로 작용할 수 있음을 암시하였다. 공직가치가 정부에서 공무원들이 내재하기를 바라는 공통가치라고 한다면, 어떤 관리적 노력을 통해서 공직가치를 내재화할 수 있을 것인가에 대한 연구가 보다 필요하다고 하겠다.

2. 공공봉사동기

공공봉사동기(public service motivation: PSM)에 대한 정의는 다양하나, 다른 사람을 위하여 선행을 하거나, 공공성을 높이고 사회 안녕에 기여하려는 동기로 정의될 수 있다(Perry & Hondeghem, 2008). 공공봉사동기이론을 집대성한 학자인 페리(Perry, 2000)는 기존의 동기부여이론들이 개인은 자신의 욕구를 충족시키기 위한 최적의 방법을 찾기 위해 행동한다는 가정에 바탕을 두고 있으나, 이러한 쾌락주의에 바탕을 둔 동기부여이론은 공무원의 이타적 동기를 설명하는 데 한계가 있음을 지적하였다.

새로운 공공조직에서 적용될 수 있는 동기이론에 대한 탐구는 행정의 역사와 그 맥을 같이한다고 할 수 있다. 최근 정부에 대한 불신이 증가하고, 이러한 신뢰를 회복하고 보다 효율적인 정부를 추진하기 위해 제언된 성과급제도에 대한 불만이 제기되면서, 기존의 합리적 선택이론에 바탕을 둔 동기이론이 과연 행정조직에서 적용가능한 것인가에 대한 질문이 생기기 시작하였다. 또한 공공서비스 제공을 위해 공무원이 내재화해야 할 윤리적 기반이 어떠한 것인가에 관심을 가지면서, 공공봉사동기에 대한 연구가 행정학 연구에서 활발히 진행되고 있다.

공공봉사동기학자들은 공공봉사동기에는 합리적(rational), 규범적(normative), 그리고 감성적(affective) 세 가지 모티브가 있을 수 있음을 제안하였다(Perry & Wise, 1990). 합리적 모티브(rational motive)는 개인의 이익과 사회의 이익이 떨어질 수 없는 것임을 인식하고, 공익을 추구함으로써 자신의 이익도 극대화하려는 동기를 말한다. 이러한 모티브를 가지고 있는 경우, 개인은 자신의 이익과 결부되는 특정한 정책 형성 과정에 참여하는 데 큰 관심을 보이는 경향이 있으며, 특정 이익집단에서 강한 목소리를 내는 경향이 많다. 규범적 모티브(normative motive)는 개인이 공공의 이익과 국가에 충성하고 사회 정의를 달성하고자 하는 모티브를 말한다. 감성적 모티브(affective motive)는 다른 사람을 돕고자 하는 이타성에 관련된 모티브로 주로 다른 사람과 상호작용을 통해 자신을 희생하고 남을 돕고자 하는 의지와 연결된다.

공공봉사동기를 제안한 페리(J. Perry)는 세 가지 모티브를 측정하기 위해 네 가지 차원으로 공공봉사동기를 구체화하였다. 첫째, '공공 정책수립에 대한 호감(attraction to public policy making)'은 공공성을 수행하는 데 있어서 정책수립의 중요성을 인지하고, 정책형성 과정에 참여하거나 특정 이해집단을 옹호하는 활동 등이 정당한 정책결정 과정에서 중요하다는 것을 인지하는 것으로 이는 이성적 모티브와 연결된다. 둘째, '공익과 시민 의무에 대한 헌신(commitment to public interest and civic duty)'은 사회와 공익이 개인의 이익보다 중요함을 이해하고, 공익을 실현하기 위한 공공서비스와 시민정신의 중요성을 강조하는 것으로, 규범적 모티브가 이와 밀접한 관계를 가지고 있다. 동정심(compassion)은 다른 사람의 고통이나 어려움을 공감할 줄 알고, 어려운 사람을 위한 사회 프로그램에 관심을 가지는 경향을 의미한다. 셋째, 자기희생(self-sacrifice)은 더 큰 공익을 추구하기 위해 개인의 이익을 기꺼이 희생하고자 하는 동기로 정의할 수 있다. 여기서 동정심과 자기희생은 감성적 모티브에 바탕을 두고 있다.

그간의 공공봉사동기에 대한 연구는 실증 연구를 통해 크게 세 가지를 확인하였다. 첫째, 공공조직에서는 공공서비스동기가 개인의 성과나 직무만족에 중요한 영향을 미치는 것으로 나타났다.[2] 즉, 공공봉사동기가 높은 공무원은 조직에서 업무의 의미를 찾고 보다 몰입하여 업무를 처리하며, 혁신적인 아이디어를 내기 위해 다른 사람보다 한걸음 더 나아가는 경향이 있다는 것이다. 둘째, 공공봉사동기가 높은 공

2) 이에 관한 실증적 연구로 김태호·노종호(2010), 류종용·이창원(2016), 오화선·박성민(2014), 최낙범·전대성(2016) 등이 있다.

무원들은 조직 내에서 의미를 찾고자 하며, 외적 보상보다는 내적 보상을 좀 더 중요하게 생각할 것이라는 점이다. 이러한 관점은 앞서서 논의되었던 자기결정이론과 일맥상통하는 부분으로, 공공봉사동기가 내적 규제를 중시하는 내재적 동기나 통합된 동기에 가깝다면, 단순한 금전적 인센티브보다는 조직에서의 성장, 인정, 자율성, 그리고 공직의 의미 등을 더 중요시 생각할 수도 있다는 것을 암시한다. 셋째, 개인의

표 4-5 예: 공공봉사동기 측정 설문지

	전혀 그렇지 않다	별로 그렇지 않다	그저 그렇다	대체로 그렇다	매우 그렇다
1. 나는 지역사회에 도움이 되는 활동에 참여하는 사람들을 존경한다.	□	□	□	□	□
2. 시민에게 동등한 기회를 제공하는 것이 매우 중요하다.	□	□	□	□	□
3. 나 자신보다 시민으로서의 의무를 우선시해야 한다.	□	□	□	□	□
4. 어려움에 직면한 사람들을 보면 안타까운 마음이 든다.	□	□	□	□	□
5. 공공정책을 만들 때에는 미래 세대의 이익도 고려하는 게 중요하다.	□	□	□	□	□
6. 사회를 위해 나 자신의 희생을 감수할 준비가 되어 있다.	□	□	□	□	□
7. 윤리적으로 행동하는 것은 공무원에게 필수적이다.	□	□	□	□	□
8. 내가 공공선(公共善)을 위해 기여하는 것은 중요하다.	□	□	□	□	□
9. 사회적 약자의 어려운 처지를 보면 동정심을 느낀다.	□	□	□	□	□
10. 나는 사회를 위해 개인적인 손실도 기꺼이 수용할 수 있다.	□	□	□	□	□
11. 사회문제를 해결하려는 활동에 동참하는 것이 중요하다.	□	□	□	□	□
12. 의미 있는 공공봉사는 나에게 매우 중요하다.	□	□	□	□	□
13. 시민들이 지속적으로 행정서비스를 제공받는 것이 중요하다.	□	□	□	□	□
14. 부당하게 대우받는 사람들을 보면 매우 화가 난다.	□	□	□	□	□
15. 다른 사람들의 복지를 고려하는 것이 매우 중요하다.	□	□	□	□	□
16. 비록 내가 비용을 지불하게 되더라도, 가난한 사람들을 돕기 위한 좋은 계획에 찬성한다.	□	□	□	□	□

출처: Kim et al.(2012).

공공서비스 동기는 공공조직의 구성원이 되고자 하는 의도에 큰 영향을 미친다는 것이다. 다만, 공공조직에서 일하는 것이 상대적으로 더 어렵고 직업의 안정성 등 다른 여러 요인으로 인해 공직에 대한 인기가 높은 한국적 상황에서도, 미국적 상황에서 발견된 입직의도와 공공봉사동기 간의 관계가 증명될 수 있는지는 좀 더 연구가 필요하다. 즉, 한국적 상황에서는 개인이 공공봉사동기가 높아서 입직하기를 기대하기보다는 입직한 공무원에게 어떻게 공공성 및 공공봉사동기를 함양할 방법을 제공할 것인가를 좀 더 고민할 필요가 있을 것이다. <표 4–5>는 공공봉사동기를 측정하는 주요 항목들이다. 자신들의 공공봉사동기를 측정해 보는 것은 자신이 공직에 얼마나 내재화된 동기를 가지고 있는가를 살펴보는 데 도움이 될 수 있다.

토론 과제

1. 동기부여이론을 내용이론과 과정이론으로 나누었을 때 그 특징들을 비교 정리해 보자. 본인은 어떠한 이론이 가장 좋았는지, 그리고 그 이유가 무엇인지 토론해 보자.
2. 수업시간에 팀 프로젝트를 너무 하기 싫어하는 동료가 있다고 하자. 어떻게 하면 이러한 학생들이 함께 팀 프로젝트에 참가하도록 유도할 것인가? 여러 제안을 동기이론의 차원에서 해보자.
3. 여러 동기이론들 중 공무원의 동기부여를 위해 가장 적절한 이론은 어느 것이라고 생각하는가? 기존의 동기부여이론을 응용하여 어떠한 인사정책을 통해 공무원을 동기부여할 것인지 생각해 보자.
4. 공무원 성과급제도의 효과성을 동기이론 중 하나 이상을 사용하여 평가해 보자. 앞으로 공무원 성과급제도를 개선하려면 무엇을 개선해야 하겠는지 이론적 바탕 위에서 기술해 보자.
5. 공공봉사동기와 기존의 공직가치이론의 차이점을 생각해 보고, 공공봉사동기와 공직가치이론이 어떻게 공무원의 동기부여를 이해하는 데 어떻게 기여할 수 있는지 평가해 보자.
6. 공공봉사동기이론의 관점에서 기존의 동기부여 과정이론을 비판해 보자. 혹은 반대로 기존의 동기이론의 관점에서 공공봉사동기를 비판해 보자.

제5장

스트레스

스트레스는 모든 조직구성원들이 경험하는 공통적 현상이다. 현대 조직에서 스트레스는 적극적으로 관심을 갖고 관리해야 할 주제로 인식되고 있다. 특히, 스트레스로 인해 파생되는 문제들을 해결하는 것은 조직구성원의 만족과 몰입을 증대시키고, 조직성과를 관리하는 데 중요한 의의가 있다. 이러한 스트레스에 대해 이 장에서는 스트레스의 학문적 배경과 관련 사례에 대한 논의를 시작으로 스트레스의 개념, 원인, 과정과 증상 등의 이론적 논의를 한다. 이어서 공공조직 사례를 중심으로 스트레스의 기능, 관리 필요성 및 관리전략 등을 살펴본다. 또한 최근 학문적 관심이 높아진 복원력과 스트레스 극복에 대한 자료를 통해 적극적인 스트레스 관리방법에 대해 논의한다.

제 1 절 스트레스에 대한 학문적 배경

현대인에 있어 스트레스는 보편적 현상이 되었다. 실제 누구나 고등학생 시절에는 입시 스트레스에, 대학 시절에는 진로나 취업에 관한 스트레스에 시달렸을 것이다. 일반 주부일지라도 파트타임 직장이라도 다니면서 생활비 내지는 자녀 교육비를 보태려는 심리적 압력을 받을 것이고, 심지어 노인들도 자신의 용돈 마련 등을 위해 일자리 걱정을 해야 하는 것이 현실이다.

이렇듯 보편적 현상이 되어 버린 스트레스에 관한 학문적 연구는 생리학자인 셀레(H. Selye)에 의해 3단계 '일반적 적응 증후군(General Adaptation Syndrome: GAS)' 이란 개념이 발표된 1920년을 전후로 해 시작되었다(Hamilton, 1979: 12).[1] 그 무렵의 초기 연구들은 주로 의학 및 정신건강 분야에서 이루어졌으며, 이들 대부분은 당시 확산 과정에 있던 산업사회로 인한 병리현상을 연구주제로 삼고 있었다.

이러한 스트레스 연구는 심리학 분야로, 보다 구체적으로 언급한다면 사회심리학 분야에 이어 조직심리학 분야로, 확산되어 갔다. 먼저 사회심리학 분야에서의 연구들은 그린커(R. R. Grinker)와 스피겔(J. P. Spiegel)의 『*Men under Stress*』(1945)와 스토퍼(S. A. Stouffer)의 『*The American Soldier*』(1950) 출간 무렵부터 본격화되었으며, 이들은 주로 산업조직에서의 소외현상을 다루고 있었다. 나아가 조직심리학 분야에서의 연구는 1960년대 경부터 시작되었는데, 칸(R. L. Kahn)을 위시로 한 미시간대학 사회연구소(Institute of Social Research) 소속 학자들에 의해 주도되었다. 이들은 조직 내에서 스트레스를 유발시키는 요인들과 이러한 요인들이 구성원들의 정신적・육체적 건강에 부정적 영향을 미치는 과정 등을 밝혀냄은 물론 조직 스트레

1) 스트레스에 대한 생리적 반응을 '일반적 적응 증후군'이라고 명명한 셀레는 상태의 진전에 따라 경계(alarm), 저항(resistance), 탈진(exhaustion)의 3단계(stage)로 나누었는데, 이들 각각에 대한 개념은 다음과 같다: ① 외부의 자극을 받게 되면, 신체 내부에서는 호르몬이 분비되고, 심장박동수와 혈압이 상승하는 등 많은 심리적・화학적 반응이 나타나게 된다(경계 단계). ② 이러한 자극이 지속・발달된다면, 신체의 내부 기관들은 이 자극에 의한 충격에 집중 대처함으로써 신체의 항상성을 유지하려는 단계로 진입하게 된다(저항 단계). ③ 그럼에도 불구하고, 스트레스가 장기적으로 지속하게 되면 점차 저항 능력이 상실되어 원상회복이 어려운 상태, 즉 소진(burnout) 상태로 진입하게 된다(탈진 단계). 참고적으로 셀레는 스트레스를 "신체에 가해진 특정 외부적 자극에 대하여 신체가 보이는 일반적인 반응"이라고 정의한 바 있다.

스(organizational stress) 또는 직무 스트레스(job stress)라는 개념의 형성 · 정립에 커다란 기여를 하였다. 이에 힘입어 스트레스 연구는 조직구성원과 직무와의 관계를 집중적으로 연구하는 '조직행태론' 또는 '조직행동론'으로까지 그 영역을 넓혀 나가더니, 1970년 무렵부터는 경영학 분야에서도 다루어지기 시작하였다. 이러한 연구 추세로 인하여 조직 내에서 스트레스를 유발시키는 요인들이 구성원들의 신체적 측면에 미치는 영향보다는 구성원들의 직무수행 행태나 직무성과와의 관계에 초점이 맞춰지기 시작하였다.

이 같은 확산 · 발전의 과정을 거쳐 현재에는 스트레스는 조직적 맥락에 있어서 관심을 가져야 할 주제이며, 그로 인해 파생된 문제들은 반드시 해결되어야 할 중요한 문제 중의 하나라는 인식이 뚜렷이 자리를 잡고 있다. 나아가 관리자는 물론 거의 모든 구성원들은 조직성과를 증대시킬 수 있는 효과적인 조직 및 인사관리전략을 수립 · 추진하기 위해서는 다양한 측면에서 직무 스트레스의 원인과 결과적 징후들에 대한 규명 필요성을 절실히 느끼고 있다(옥원호 · 김석용, 2001).

제 2 절 스트레스의 개념

스트레스(stress)의 어원은 '바짝 잡아당기다'라는 의미의 라틴어 'stringer'에서 유래됐다. 스트레스라는 용어로 정착된 시기는 14세기경이지만, 19세기에 이르러서야 오늘날의 의미처럼 사용되기 시작했는데, 그 이전까지는 고난, 억압, 역경 등 다양한 의미로 사용되어 왔다.

스트레스에 대한 개념은 공학, 물리학, 생물학, 심리학, 경영학 등을 위시로 한 많은 학문 분야에서 사용되고 있기에, 그 정의는 실로 다양할 수밖에 없다. 그러나 스트레스를 보는 견해 또는 시각에 따라 크게 세 그룹으로 나누어질 수 있는데, 그 개념 정의의 발전 과정까지 감안하여 기술한다면 아래와 같다.

첫째, 특정 자극(stress as a stimulus)으로 보는 견해이다. 연구 초기에는 스트레스를 개인에게 영향을 주는 외부의 특정 자극이라는 점에 초점을 맞추어 스트레스란 "개인의 육체적 · 심리적 안정성을 해치는 부정적 환경 특성들"이라고 정의하였다.

그리고 이러한 환경적 특성들에는 업무 과다, 역할갈등, 역할 모호성, 그리고 비우호적인 작업조건 등을 포함시키고 있었다(Magolis & Kross, 1974; Beehr & Newman, 1978).

둘째, 특정 요구나 자극에 대한 반응(stress as a response)으로 보는 견해이다. 이 같은 견해를 취하고 있는 학자들은 스트레스를 "개인에게 위협적으로 여겨지는 또는 역기능을 제공하는 환경의 여러 특성들에 대한 개인의 육체적 · 심리적 반응"이라고 정의한다(Parker & Decotiis, 1983; Selye, 1950, 1984; Hellriegel & Slocumm, 1986). 나아가 그들은 이 같은 육체적 · 심리적 긴장이나 반응은 자신의 정체성(identity) 내지는 항상성(homeostasis)을 유지하기 위함이라고 설명하고 있다.

셋째, 유기체(조직구성원)와 환경간의 상호작용(stress as an organism-environment transaction)에 대한 지각으로 보는 견해이다. 스트레스를 광의적으로 해석하고 있는 입장으로서 오늘날 대부분의 학자들이 이 같은 견해를 취하고 있다(김흥규, 1994; 조은숙, 1994; Blau, 1981; French et al., 1980; Schuller, 1980; McGrath, 1976 등). 이들은 '환경과 개인 간의 관계가 부적합할 때', '개인의 요구(또는 욕구)가 환경적 제약에 부닥쳤을 때', '환경의 요구(예: 직무상의 요구)가 특정 개인의 능력이나 자원의 한계를 초과할 때', 또는 '위협적 환경에 직면하였을 때' 발생되는 반응이라는 내용을 공통적으로 포함하고 있다.

이상과 같이 (직무)스트레스의 정의는 무척이나 다양하므로, 하나의 명확한 정의로 규정하는 것은 불가능에 가깝다. 하지만 이 장에서의 주된 관심은 조직구성원들이 직무 관련 환경 속에서 경험하는 스트레스와 그 원인 및 결과적 행태 등에 있으므로, 조직심리학 내지는 조직행태론 분야에 있어 가장 보편적으로 사용되는 특정 학자의 정의를 기초로 하되, 그와 유사한 주장을 하는 학자들의 정의를 적절히 결합시켜 소개한 뒤, 이들을 종합하여 개념 정의를 시도해 보고자 한다.

첫째, 스트레스란 환경변화(또는 자극)에 대한 반작용으로 인해 발생하는 조직구성원(들)의 생리적 변화(혈압, 심박동수, 호흡 횟수의 증대 등) · 심리적 변화(불안과 초조, 긴장, 걱정 및 경계심의 증대 등)를 가리킨다(Cannon, 1929: 339-430; Luthans, 1995: 297).

둘째, 스트레스란 특정 구성원에게 과도한 심리적 · 물리적 압력이나 요구를 가하는 외부환경적 자극(상황 또는 사건 등)으로 인해 발생된 결과를 의미한다(Ivancevich & Matteson, 1987: 6-9).

셋째, 스트레스란 특정 구성원의 능력이나 자원의 한계를 벗어나는 위협적인 환경적 요구에 직면할 때 경험하게 되는 긴장상태이다(Berkman & Neider, 1987: 343).

넷째, 직무스트레스는 "한 개인의 능력이 직무상 필요로 하는 요건에 부적합하거나 조직이 제공한 직무환경과 개인의 욕구가 부적합한 상태"로 정의된다(French, Rogers, & Cobb, 1974).

다섯째, 조직구성원들은 자신에게 제시된 특정 요구를 이행할 수 없거나 이행이 어렵게 되어 육체적 · 심리적 안정이 위태롭다는 판단이 들 때 스트레스를 경험하게 된다고 주장하였다(Kyriacous & Sutcliffe, 1978).

여섯째, 미국 노동부 산하의 국립직업안전 및 건강연구소(NIOSH)에서는 직무 스트레스를 "조직구성원에게 요구되는 직무요건들이 그들의 능력, 필요, 개인적 자원 등과 일치되지 않는 경우에 발생하는 조직구성원의 육체적 및 감정적 반응"이라고 정의하고 있다.[2]

이상에서 언급된 개념들을 종합해 볼 때, 스트레스란 조직구성원이 외부환경의 (과도한) 요구나 (위협적인) 압력에 대해 대처 또는 적응하려는 육체적 · 심리적 · 행동적 반응이라고 정의할 수 있다.

그러나 이 같은 반응의 내용과 방향, 그리고 정도 등은 개인 차원의 특성(individual differences)과 심리적 과정 등에 의해 달라질 수 있다는 사실은 중요한 함축적인 의미를 지니고 있으므로 기억해 두어야 한다. 다시 말해, 동일한 상황이나 환경에 처해 있더라도 조직구성원들의 개인적 지적 수준이나 성격(예: 정서적 안정성, 자존심의 강도, 대담성), 경험의 존재나 사회적 지원의 여부 등 다양한 요인들로 인해 그 상황을 다르게 해석되고 지각되므로 대처하는 방식이 다를 수 있으며, 이로 인해 스트레스를 받는 정도의 차이가 있다는 것이다(Steers & Black, 1994; 옥원호 · 김석용, 2001). 간단한 예로, 동일한 자극에 대해 어떤 사람은 위기라고 여기는 나머지 강한 스트레스를 받는가 하면, 다른 어떤 사람은 기회라고 여겨 긍정적이고 유연하게 대처하는 경우를 들 수 있다.

---

2) 이 밖에 몇몇 대표적 학자들의 정의를 소개하면 다음과 같다. 그린(Green, 1976): 개인들이 변화들에 적응을 하고자 하는 과정에서 균형적 · 정상적 적응이 찾아지지 않거나 찾지 못할 때 생기는 상태; 라자러스(Lazarus, 1978): 개인의 생리현상 · 정서 상태에 이상을 가져오는 외부환경이나 정신적 · 정서적 · 물리적 긴장을 가져오는 상황 혹은 요인.

사례 5-1 공무원의 직무 스트레스

모든 사회와 집단에서 직무 스트레스는 직업군, 성별, 연령 등의 개인적 특성과 관계없이 중요한 논의의 대상이다. 특히, 행정학에서는 최근 공무원을 대상으로 직무 스트레스를 유발하는 원인과 관리방안에 대한 다양한 연구가 활발하게 이루어지고 있다. 과거의 권위주의적 행정으로부터 탈피하여 시민 중심의 행정으로 공직사회의 가치가 전환되기 시작하면서 공무원들의 직무 스트레스의 강도가 계속해서 높아지고 있다. 이러한 공무원 집단의 직무 스트레스에 대한 사항을 특징적인 사례를 통해 살펴보자.

사례 5-1-1 법원판결을 통해 바라본 공무원의 직무 스트레스에 따른 극단적 사례

업무상 실수로 소송에 휘말린 법원공무원이 극심한 스트레스를 이기지 못해 자살한 경우 업무상 재해로 볼 수 있다는 판결

[사례 개요]

법원공무원인 A씨가 채권배당업무를 수행하던 중 가압류채권자에 대한 배당을 누락한 채 배당표를 작성하는 바람에 그 채권자가 국가를 상대로 손해배상 청구소송을 제기하였다. 국가의 패소가 확정되어 A씨에 대한 구상권 행사 절차가 진행되었다. 또한 A씨가 지역의 저명 사찰소유 토지에 관한 소유권이전등기 업무를 처리하였으나 해당 토지의 매각대금을 주지가 횡령하는 바람에 사회적으로 큰 문제가 되는 등의 사건이 있었다. 이로 인해 A씨는 극단적인 직무 스트레스에 노출되었고 결국 자살에 이르게 되었다.

[법원의 판결]

- 공무원이 자살행위로 사망한 경우, 공무로 질병이 발생하거나 공무상 과로나 스트레스가 그 질병의 주된 발생 원인에 겹쳐서 질병이 유발 또는 악화될 수 있다. 이러한 질병으로 심신상실이나 정신착란의 상태 또는 정상적인 인식 능력이나 행위 선택 능력, 정신적 억제력이 현저히 저하된 정신장애 상태에 빠져 자살에 이르게 된 것이라고 추단할 수 있는 때에는 공무와 사망 사이에 상당인과관계가 있다고 할 수 있다.
- 위 사건에서 국가배상소송에서 패소할 경우 국가가 배상하여야 할 금액은 2억 원 상당에 이르러 배당업무를 직접 처리한 A씨에게는 그 자체로 큰 부담이 되었다. A씨는 해당 소송에서 소송수행자로 지정되어 약 5년에 걸쳐 소송을 직접 진행하였

고, 본인의 업무 외에 답변서 및 준비서면 작성, 수차례의 변론기일 출석, 소송 진행경과 보고 등 위 소송 관련 업무를 직접 처리하는 등 그로 말미암은 스트레스가 상당하였을 것으로 추정된다.

- A씨는 사망 당시 가족으로 만 32세의 처와 만 8세, 6세의 두 아들이 있었으며, 가정에 특별한 문제가 없었다. A씨가 업무상 이유 외에 가족을 남겨두고 자살이라는 극단적인 선택을 할 만한 특별한 이유나 동기를 발견할 수 없었다. 이를 고려하면 A씨는 직무상 과로와 스트레스가 심하게 누적되었고, 그 때문에 발생한 극단적인 두려움 내지 괴로움으로 가족의 미래를 고려할 수 없을 정도로 정상적인 인식 능력이나 행위선택 능력, 정신적 억제력이 현저히 저하된 정신장애 상태에서 자살에 이르게 된 것이라 추단할 수 있다. 따라서 A씨의 사망과 직무 사이에는 상당한 인과관계가 인정된다.

출처: 서울행정법원, 2013.10.24. 선고, 2013구합54878 판결

사례 5-1-2 일선 공무원의 고객관련 사회적 스트레스 유발 원인

민원인들과의 접촉이 많은 일선 공무원들이 서비스 노동자로서 감정노동에 종사하면서 경험하게 되는 직무 스트레스가 행정서비스의 질을 결정하는 중요한 원인이라는 연구

[연구 개요]

김서용과 박천희(2017)는 1,500여 명의 경기도 소속 소방공무원, 행정공무원(동사무소 근무자, 민원업무 담당자), 간호사, 경찰공무원 등의 네 집단에 대한 직무 스트레스 발생 원인에 대한 연구를 하였다. 특히, 일선 공무원들의 다양한 직무 스트레스 중에서도 고객관련 사회적 스트레스 유발요인(Customer-Related Social Stressor: CSS)을 찾기 위한 연구를 수행하였다.

연구자들은 현실적인 측면에서 볼 때 서비스 노동자로서 일선 공무원에 대한 사회적 관심이 매우 높아지고 있으며, 서비스 노동의 특징은 업무의 양이 많을 뿐만 아니라 질적인 측면에서 노동의 강도가 매우 높다는 점을 연구의 필요성으로 제시하였다. 특히, 한국 사회에서 서비스 노동을 대표하는 일선 공무원은 사회복지공무원들로서 양적인 측면에서 많은 노동량뿐만 아니라 질적인 측면에서 매우 높은 노동 강도에 시달리고 있다고 보았다. 실제 사회복지공무원들은 정책에 대한 정부 대표로서 서비스 대상자인 사회적 취약 계층에 속한 이들이 표출하는 사회적 불만을 처리해야 하며, 이로 인해 정신적인

스트레스에 시달리고 있다. 일선 공무원들이 강도 높은 서비스 노동과 직무 스트레스에 직면하게 되는 이유를 일선 공무원와 서비스 대상자인 시민들의 사회적 위상 변화를 통해 설명하였다. 즉, 고객과 공무원 간 관계가 공무원 우위의 비대칭적 관계에서 대칭적 관계로 변화하거나 고객 우위의 관계로 전환되고 있기 때문이라고 설명하고 있다.

[연구결과]

실증 분석 결과 일선 공무원들의 역할 모호성과 업무과부하가 직무 스트레스에 증가시키는 원인으로 작용하는 것으로 나타났다. 반면 일선 공무원들이 느끼는 자기효능감, 업무자율성, 사회적 지지 등은 직무 스트레스를 완화시키는 것으로 나타났다. 이 연구에서 측정된 공무원 직렬 유형에 따른 직무 스트레스 수준(5점 만점)의 차이를 보면, 간호직(3.53점), 일반직(동사무소 근무자, 민원업무 담당자)(3.24점), 경찰직(3.10점), 소방직(3.07점)의 순으로 나타났다.

연구결과로서 연구자들은 일선 공무원들의 직무 스트레스를 관리하기 위한 방안으로 역할 모호성과 업무과부하의 해소, 자기효능감과 자율성의 강화를 제시하였다.

구체적으로 역할 모호성을 줄이기 위해서 일선 관료들이 재량적 상황에서 사용할 수 있는 가이드라인, 참조기준의 개발과 제공이 필요하며, 업무과부하를 줄이기 위해서는 인적 자원에 대한 투자, 업무방식의 변화가 필요하다고 설명하였다. 또한 자기효능감의 제고를 위해서는 수행하는 업무에 대한 환류의 강화, 고객의 긍정적 평가 내용의 전달, 자신감을 제고할 수 있는 역량 강화 등이 필요하며, 사회적 지지를 강화하기 위해서는 인간적인 교류 활성화, 팀빌딩, 인간관계 코칭 등이 필요하다는 결과를 제시하였다.

이 연구에서 직무 스트레스와 관련된 핵심적 발견점은 일선 공무원들이 외부 고객들의 반응에 영향을 받고 있는 만큼 고객들로부터 오는 스트레스를 사전적으로 방지하고, 사후적으로 해소할 수 있는 방법론의 개발이 필요하다는 점이다. 특히, 업무 절차에서 고객 불만을 유발하는 요소의 진단 및 해소, 고객들이 준수해야 할 행동 가이드라인 마련, 일선 관료의 고객대응 역량의 제고 등이 필요하다.

출처: 김서용 · 박천희(2017)

제 3 절 스트레스의 기능 및 관리 필요성

1. 스트레스의 기능

오늘날 거의 모든 조직구성원들은 직무 관련 스트레스를 겪고 있다고 해도 과언이 아니다. 한 연구결과에 따르면(Ivancevich et al., 1985: 60－72), 조직구성원의 33%는 '강한' 직무상 스트레스를, 나머지 62%는 '어느 정도'의 직무상 스트레스를 받고 있다고 한다. 또한 미국 노동부 산하의 국립직업안전 및 건강연구소(The National Institute for Occupational Safety and Health: NIOSH)의 보고서에 의하면, 스트레스로 인한 여러 증상(질병, 결근, 이직, 부실 작업, 공격적 행동 등)들 때문에 1년에 1인당 약 1만 달러의 비용이 소요되고 있으며, 높은 수준의 스트레스를 경험한 구성원들은 그렇지 않은 구성원들에 비해 1.5배 이상의 의료비용을 지출한 것으로 조사되었다(http://www.cdc.gov/niosh 참조). 이처럼 현대인에게 있어서 스트레스는 일상적인 것이 되었으며, 이의 해결을 위해 많은 비용이 소요되고 있는 현실이므로 조직 차원에서의 직무 스트레스 관리의 중요성은 매우 크다고 하겠다.

이미 앞에서도 언급하였듯이, 조직구성원들은 일정 수준 이상의 직무 관련 스트레스에 직면하게 되면, 자신의 감정 상태, 건강, 판단 능력은 물론 고객 응대의 '질'이나 환경(변화)에의 대처 능력 등에 손상을 입게 되어, 결과적으로 구성원 개인은 물론 조직의 성과에 부정적인 영향을 미치게 된다(McGrath, 1976). 보다 구체적으로 언급한다면, 조직적 상황에서 스트레스에 과도하게 노출된 구성원들은 질병 유발, 직무불만족 증대, 조직몰입 저하, 결근, 이직 등을 경험하게 되고, 결국 생산성 감소를 비롯해 조직의 비용을 높이는 결과를 초래하게 된다. 심지어 스트레스에 과다 노출된 구성원은 그렇지 않은 다른 구성원들이나 외부 고객(예: 일반 시민)들에게까지도 간과할 수 없는 부정적 영향을 미치기도 한다.

이처럼 사람들은 '스트레스'를 연상하면 부정적 측면을 떠올리는 것이 일반적이나, 조직구성원들은 스트레스로 인해 부정적인 측면뿐만 아니라, 직무동기를 부여받는 등의 긍정적 측면도 경험하는 것이 사실이다(Selye, 1950; 1984; Yerkes & Dodson, 1968). 셀레(Selye, 1984)에 의하면, 스트레스는 인체가 자극에 직면할 때 발생하는 일반적이고 불특정한 에너지의 동원상태이며, 개인이 스트레스를 경험한다는 것은 그 개인의 인체 내에서 일반적인 에너지가 동원되고 있다는 것을 반영한다. 실제로 조직구성원들은 과도 또는 과소한 수준이 아닌 적정 수준의 스트레스(optimum stress)가 있어야 성과가 높아진다는 연구결과들도 많이 존재한다. 특히, 창의적 활동이나 새로운 기술 습득 등의 경우에는 더욱 그러하다고 한다(Yerkes & Dodson, 1968; 이종목, 1985; 옥원호 · 김석용, 2001). 하지만 현대사회나 조직인사관리 측면에 있어 주된 관심사는 스트레스의 부정적 기능에 있다고 하겠다.

그런데 스트레스의 긍정적 또는 부정적 기능 중 어떠한 기능을 경험하느냐는 특정 개인이 직면한 스트레스의 종류와 강도, 지속 기간, 그리고 개인의 성격이나 태도, 능력, 경험 등에 따라 달라진다고 하겠다. 스트레스의 강도를 예로 들어보자. 스트레스의 강도가 관리 가능한 범주 내에 있을 경우에는 직무상의 노력을 강조하고 창조성을 자극하며 근무의욕을 제고시킬 수 있어 개인이나 조직에 순기능적으로 작용할 것이다. 반면에, 스트레스의 강도가 아주 낮거나 과도하게 높아 적절히 대처할 수 없을 때에는 개인에게 게으름을 조장하거나 또는 육체적 · 정신적 부담을 주어, 질병을 발생시키거나, 결근 · 이직 · 과실 · 사고 · 불만족 등으로 이어져 조직의 성과를 감소시키게 될 것이다.

이처럼 스트레스에 대한 반응 효과는 긍정적 기능과 부정적 기능으로 나누어지는데, 그 각각의 기능들은 별도의 이름으로 불려진다. 즉, 개인의 성장, 조직의 성과 증진, 외부 자극에의 적응력 제고, 융통성 향상 등을 가져오는 긍정적 기능을 하는 스트레스를 순기능(eustress 또는 positive stress)라고 하는 반면, 결근율 · 이직률 상승, 조직성과의 저하, 서비스 품질 하락 등과 같은 부정적 기능을 하는 스트레스를 역기능(distress 또는 negative stress)라고 부른다. 이와 함께 과도한 스트레스는 hyper-stress, 과소한 스트레스는 hypo-stress라 구분하기도 한다.

2. 스트레스 관리 필요성

지금까지의 논의를 통해 우리는 조직구성원들이라면 예외 없이 스트레스에 노출되고 있으며, 그로 인해 무척이나 다양한 영향들을 받고 있으며, 그 파급효과는 개인은 물론 조직, 나아가 사회적 차원에까지 미치게 된다는 사실과 함께 스트레스에는 부정적 기능은 물론 긍정적 기능도 동시에 지니고 있음을 알게 되었다.

그럼에도 불구하고 스트레스의 부정적 기능들이 현저하게 작용한 나머지 생산성이 감소되고, 구성원의 사기가 저하되는 등 여러 측면에서 막대한 비용들이 초래된다면, 이는 구성원 개인이나 관리자들이 조직 차원의 스트레스를 잘못 관리한 결과라고 할 수 있을 것이다. 이런 맥락에서 볼 때, 개인은 물론 조직 차원에서 스트레스에 대한 관리 및 연구의 필요성이 존재한다고 하겠다.

또한 우리는 앞에서 스트레스는 그 원인의 수나 종류, 존속 기간 및 강도,[3] 스트레스에 대한 개인의 저항 및 회복 능력 등에 따라 스트레스의 지속 기간이나 그로 인한 증상(결과)의 내용과 수준 등에서 차이가 난다는 사실도 언급한 바 있다. 이러한 사실들을 염두에 두고 개인적·집단적·조직적, 그리고 환경적 차원에서 적절하고도 다양한 조치들을 마련해 시행한다면, 구성원들은 흔히 직면하게 되는 스트레스의 종류나 강도, 빈도, 그리고 노출 후 증상 등을 어느 정도 통제할 수 있으며, 스트레스에 대한 저항 및 회복 능력 등도 제고시켜 주고, 나아가 개인적·조직적·사회적 차원의 비용을 크게 줄일 수 있을 것이다.

요약하면, 개별 구성원은 물론 관리자들은 긍정적 기능은 최대로 제고하고, 부정적 기능은 최대한 억제되도록 관리하여야 할 것이다. 이를 위해 스트레스를 완전히 제거 또는 차단하려고 노력하기보다는 통제 가능한 수준 내에서 스트레스를 유지·관리하고, 그에 대응하는 구성원들의 능력을 제고시키려는 시도가 있어야 하겠다.

자료 5-1 복원력과 스트레스 극복

복원력(resilience)은 긍정심리학 분야에서 활발하게 연구되기 시작하였으며, 이후 조직행태적 차원에서 긍정조직행태 연구에서 논의되고 있다.[4] 복원력은 "역경, 불확실성, 갈등, 실패뿐만 아니라 긍정적 변화, 진보 및 책임감의 증가 등으로부터 되돌아 올 수 있

---

3) 만약 스트레스가 만성적이고 강할수록 그에 대항하는 구성원의 심리적·육체적 능력은 쉽게 약화되어 결국 소진 또는 탈진(burnout) 상태에 이른다. 예를 들면, 각종 문제를 지닌 사람들과 지속적으로 상호작용을 해야 하는 경찰관, 교사, 사회복지사, 간호사 등이 이런 부류에 속한다고 하겠다. 이러한 소진상태에 빠진 사람일수록 대인관계가 원만하지 못하며, 자신의 부진한 성과에 대해 다른 사람들을 탓하며, 쉽게 화를 내는 경향이 있다. 또한 결근율, 이직률, 산재율 등도 높은 편이다.

는 또는 회복할 수 있는 긍정적 심리 역량"으로 정의된다. 최근 이러한 복원력에 대해 심리학 연구에서는 개인의 삶에서 직면하는 갈등이나 스트레스에 대응하는 것에 대한 연구가 활발히 이루어지고 있다. 또한 조직행태론에서는 조직에서 개인과 조직성과에 영향을 미치는 직무 스트레스를 관리하는 방안으로 복원력에 대한 연구가 이루어지고 있다.

복원력의 핵심은 위기로부터 회복하고 변화에 대해 긍정적으로 대응하고 적응하는 것으로, 복원력은 역경과 위기상황에서 긍정적 적응 패턴이 특징인 현상이다. 또한 스트레스와 역경 등과 같은 부정적인 것에 대한 것뿐만 아니라 극단적으로 긍정적인 사건에 대한 대응을 포함한다. 복원력이 강한 사람은 역경과 어려움을 통해 성장할 수 있다. 즉, 복원력에서 의미하는 회복이란 단지 이전 상태로의 복귀가 아닌 보다 높은 수준의 성과로 나아가고, 삶의 과정 속에서 의미와 가치를 발견하는 것을 의미한다.

최근 조직학 분야에서는 긍정조직행태(positive organizational behavior)를 중심으로 긍정심리학의 복원력에 대한 연구를 행태 분야 연구에 적용하였다. 긍정조직행태에서 논의하는 복원력은 역경과 위기의 다양성, 빈도 및 강도 등에 관련된 산출물이 아닌 복원력을 가진 조직구성원이 위기에 효과적으로 대응하고 이를 통해 발전하는 등 일련의 프로세스로 인식된다. 최근 연구결과를 보면, 복원력은 직무성과와 구성원의 만족, 행복 및 몰입 등과 명확한 긍정적 관계가 있으며, 복원력이 높은 조직구성원들은 극단적 조직변화와 같은 매우 도전적인 상황에서 긍정적으로 적응하고 성장하는 능력을 갖는다. 또한 리더와 조직구성원의 복원력은 효과성과 성과 개선에 긍정적인 영향을 미치며, 자발적 결근을 줄여주는 등의 효과가 있다.

전통적으로 복원력은 매우 특출한 개인들에게서 나타나는 비범한 능력으로 개념화되었으나, 최근 여러 학문 분야에서 복원력은 가장 평범한 사람들에게서 개발될 수 있는 학습 가능한 역량으로 인식된다. 특히, 조직적 개입을 통한 복원력의 개발은 위험과 스트레스 요인들을 감소시키는 데 초점을 둔 위기중심전략(risk-focused strategies), 긍정적 산출물에 대한 개연성을 높일 수 있는 자원에 대한 강조와 확대에 초점을 둔 자원중심전략(asset-focused strategies) 및 새로운 사건에 대한 유연하고 신속한 대응을 위하여 전략적 계획의 수립과 조직 학습 등에 초점을 두는 프로세스 중심전략(process-focused strategies) 등에 의해서 이루어질 수 있다.

출처: 김동철·김대건(2012)

---

4) 복원력(resilience)은 연구자나 학문 분야의 관점에 따라 회복력, 회복탄력성, 극복력, 자아탄력성, 적응유연성 등 다양한 학문적 개념으로 소개되고 있으며, 기본적인 개념과 논의의 핵심은 매우 유사하다.

제 4 절 스트레스의 원인

조직구성원들에게 스트레스를 유발시키는 원인들을 스트레스의 원천(source) 또는 영향요인이라고 부른다. 구성원들은 워낙 다양한 원인들로부터 스트레스를 느끼며, 그 스트레스 원인들은 때론 단독으로, 때론 복합적으로 작용하여 구성원들로 하여금 스트레스를 경험하게 만들기 때문에, 스트레스 원인들을 체계적이면서 배타적으로 분류하는 것은 쉽지 않다. 이러한 이유로 스트레스 원인에 대한 분류방법은 학자 수만큼이나 다양한 편이다.[5] 그러나 일반적으론 조직 외적(환경적) 요인, 조직 내적 요인, 집단적 요인, 그리고 개인적 요인으로 분류하는데, 일부 학자는 집단적 요인을 조직 내적 요인에 합쳐서 분류하기도 한다.

1. 조직 외적 원인

조직은 환경과 상호작용을 해야만 존재할 수 있다. 이처럼 조직의 생존 여부에게 중대한 영향을 미치는 조직외적, 즉 환경적 요인에는 국내·외적 정치·경제적 상황, 사회·기술적 변화 등이 포함된다. 그러나 조직 또는 조직구성원들에게 실질적으로 영향을 미치는 것은 그 요인들 자체보다는 그 요인들로 인해 초래된 불확실성이라고 하겠다.

---

5) 주요 학자들과 그들이 제시하고 있는 스트레스 원인들을 제시하면 다음과 같다. 이반세비치와 매트슨(Ivancevich & Matteson, 1980): ① 조직의 물리적·환경적 특성, ② 개인의 역할 특성, ③ 조직 내 인간관계, ④ 조직구조적 특성; 미국 노동부 산하의 국립직업안전 및 건강연구소(NIOSH): ① 조직구성원의 업무구조(예: 업무량, 휴식시간, 업무시간 등), ② 조직관리기법(의사소통 및 의사결정에의 참여 여부 및 방식 등), ③ 조직 내 인간관계, ④ 역할 특성(예: 역할의 모호성), ⑤ 인사관리 측면(예: 직업의 안정성, 경력개발, 승진 등), ⑥ 물리적·환경적 조건(근무여건, 소음 등); 송계충·정범구(2004: 225): ① 직무 요인(일, 부담, 시간 압력, 물리적 요구), ② 조직 역할(역할갈등, 역할 모호성, 경영자 책임, 의사결정 책임), ③ 경력 요인(고용안정, 승진, 야망에 대한 장애, 경력 불확실), ④ 조직구조(행위의 제약, 조직정치, 조직변화, 의사소통 원인), ⑤ 개인간 관계(상사와의 관계, 부하와의 관계, 동료와의 관계, 고객과의 관계), ⑥ 조직 외부 요인(가족의 기대, 경제적 요인, 개인적 요인, 가정의 문제). 이처럼 많은 학자들이 다양한 직무 스트레스 관련 변수들을 제시하고 있지만, 이들 모두를 종합적으로 고려한 실증적 연구는 찾기 어려우며, 더구나 소수의 변수들일지라도 그들 간의 영향력의 크기나 방향 등을 밝히고 있는 연구는 존재하지 않는 실정이다.

2. 조직 내적 원인

조직마다 서로 다른 목표, 전략, 정책, 조직구조를 비롯해 의사결정 방식, 취급하는 업무나 대상의 특성,[6] 업무처리 도구와 절차, 과업요구 수준, 관리・감독(리더십)의 유형, 그리고 문화 등을 가지고 있으며, 심지어 작업장의 물리적 조건(온도, 소음, 공간적 여유, 오염 정도, 출퇴근 거리, 출장 빈도, 불필요한 메일 등)들마저도 차이가 난다. 이외에 승진이나 배치, 포상 등 인사관리에 있어서의 불공정성도 주요한 조직 내적 요인으로 작용하는 것으로 알려져 있다. 다양한 인사 관련 조치들이 능력이나 실적 또는 노력의 정도에 상응하지 않았다고 판단해 불공정성을 인식한 구성원들은 자존심에 손상을 입으며, 좌절감과 심리적 탈진 등을 경험하는 등 심각한 스트레스 증상을 보이게 된다고 한다. 이 같은 불공정성으로 인한 스트레스는 (실제적 또는 심리적으로) 혜택을 받는 구성원뿐만 아니라 피해를 본 당사자 모두에게 영향을 미치는 것으로 알려져 있다(Valster et al., 1978).

3. 집단적 원인

스트레스를 야기하는 집단적 차원의 원인들은 다음 세 가지로 분류할 수 있다.

1) 집단 응집력의 결여

구성원들의 집단에 대한 응집력 내지 소속감은 다양한 조직현상에 중대한 영향을 미치며, 그 같은 응집력 또는 소속감의 수준은 직무설계의 내용이나 직속 상관이나 동료와의 갈등 등 다양한 원인에 의해 영향을 받는 것으로 알려져 있다. 낮은 소속감 내지 응집력은 구성원들에게는 스트레스의 원인으로 작용하게 되는데(Luthans, 1989: 200), 하위 계층의 구성원일수록 더 큰 영향을 받는 경향이 있다.

---

6) 업무의 특성이란 조직구성원에게 주어진 업무가 능력의 범위를 벗어나 해결하기 어렵거나 주어진 시간 내에 완수하기 힘들 정도의 많은 작업량 등을 말한다.

2) 사회적 지원의 결여

사회적 지원(social support)이란 집단 동료나 상관 등이 특정 구성원에게 제공하는 업무 차원의 지원 및 지지는 물론 개인적 관심이나 배려 등을 의미한다. 이는 정서적 지원(emotional support), 정보적 지원(informational support), 물질적 지원(tangible support), 자존심 지원(self-esteem support) 등으로 세분될 수 있다. 이러한 사회적 지원이 적정 수준으로 존재할 때에는 심각한 스트레스에 직면해 있더라도, 혼자가 아니라는 느낌을 갖게 해주어 해당 스트레스에의 적절한 대처에 도움을 주는 반면, 사회적 지원이 결여 또는 부족할 경우에는 스트레스로부터의 충격을 그대로 받게 된다.

3) 집단 간 · 구성원 간 갈등

조직구성원들에게는 업무수행 과정에서 직 · 간접적으로 접촉해야 하는 다른 구성원이나 타 집단들과 맺고 있는 관계의 내용도 스트레스의 주요 원인이다. 집단구성원들 간에 목표나 욕구, 가치, 선호 또는 기준 등이 상이하다거나 상사와 부하 또는 동료 간에 일정 수준 이상의 지원과 협조가 확보되지 못할 경우 구성원들은 여러 유형의 스트레스(직무 압력, 관계의 불안정성, 과도한 경쟁 등)를 경험하게 된다.

4. 개인적 원인

개인적 차원의 스트레스 원인 역시 무척이나 다양하지만, 크게 다음 세 가지로 분류할 수 있다. 첫째, 역할갈등, 역할 모호성, 그리고 역할의 과다(과중) 또는 과소 등과 같이 역할에 관련된 원인들, 둘째, A형 퍼스낼리티와 통제의 소재(locus of control)와 같은 개인적 특성에 관한 원인들, 셋째, 생활(가족 및 경제적 문제 등)과 경력의 변화 등에 관한 원인들 등이다.

1) 역할 관련 원인들

역할(role)이란 특정 직위(position)를 담당하고 있는 개인의 행동에 대한 타인들,

즉 역할 전달자의 기대(expectation)들의 집합이라고 정의된다. 여기에서 역할 전달자란 특정 직위를 맡은 개인이 자신의 역할을 수행하는 과정에서 직·간접적으로 상호작용을 하게 되는 사람들을 말한다. 이러한 역할 전달자들이 특정 역할 담당자에 대해 실제 기대하는 내용과 특정 개인이 인식하고 있는 내용이 서로 다른 경우가 많다.

(1) 역할갈등

구성원들은 다음과 같은 경우에 흔히 역할갈등(role conflict)에 직면하게 된다. ① 상사로부터 구성원 개인의 가치관에 부합되지 않는 업무를 지시받을 경우, ② 조직 내 역할과 조직 외부의 역할로부터의 요구가 상충되는 경우, ③ 서로 다른 복수의 상사로부터 업무의 내용을 다르게 지시를 받는 경우, 또는 ④ 동일한 상급자가 서로 다른 요구를 하는 경우 등이다. 이럴 경우, 구성원은 어느 하나의 역할을 성공적으로 수행하려면 다른 역할의 완벽한 수행을 포기해야만 하는 상황에 부딪치게 되는데, 이때 경험하는 것이 바로 역할갈등이다. 이 같은 이유들로 생겨난 역할갈등은 구성원들에게는 스트레스로 작용하여, 직무만족이나 직무성과에 부정적인 영향을 미치는 경우가 많다. 이러한 역할갈등은 시간적 여유가 부족하고, 체력적 한계나 재정적 부담에 직면했을 경우에 특히 심하게 나타난다.

(2) 역할 모호성

역할 모호성(role ambiguity)이란 역할 담당자가 자신에 대한 역할 전달자의 기대를 이해하고 실행하는 데 필요한 정보나 지식을 충분히 갖고 있지 못할 때에 생겨나는데, 이는 구성원들에게 스트레스로 작용하게 된다. 그로 인해 구성원들은 업무수행 과정에서 보인 긴장감으로 인해 심리적 탈진을 경험하게 되고, 나아가 자신에 대한 무력감을 느끼게 하는 동시에 직무몰입도나 직무만족도를 저하시킴으로써, 결국 생산성을 떨어뜨리게 된다. 이러한 역할 모호성은 역할 모델의 부재, 교육훈련의 부족, 의사소통의 결여, 동료나 상관에 의한 정보의 의도적 왜곡 등으로 야기되며, 주로 환경이나 기술의 급격한 변화 시기에 나타난다. 따라서 역할 모호성에서 기인한 직무 스트레스는 업무의 공식화 및 규정의 명백화 등으로 완화시켜 줄 수 있을 것이다. 참고적으로 역할 모호성으로 인해 생겨난 스트레스는 역할갈등을 원인으로 하는 스트레스에 비해 단기적으로 존재하며, 하위 계층에 비해 중상위 계층에게서 자주 나타난다고 한다.

(3) 역할 과중 또는 과소

역할 과중(role overload)은 주어진 시간 내에서 업무의 질을 적정 수준으로 유지하면서 완수하지 못할 정도로 업무량이 많거나, 자신의 지식 · 기술 · 경험에서 벗어나는 업무들이 부여되었을 때 생겨난다. 반면에, 개인이 보유하고 있는 능력이나 기술의 일부만을 사용할 수밖에 없는 역할 과소(role scarcity)의 상황에서도 스트레스가 유발되기는 마찬가지이다. 이러한 경우, 구성원들은 업무를 수행하는 과정에서 흥미나 성취감은커녕 자신에 대한 무력감을 느끼며, 심지어는 갖가지 건강상의 부정적 증후들도 경험하게 된다.

2) 개인적 특성(차이) 관련 원인들

개인적 차이 또는 특성은 스트레스의 원인과 그로 인한 결과 간의 조절변수로서 작용하는데, 이에는 퍼스낼리티의 유형(예: A형, B형), 통제의 위치(locus of control)에 대한 신념을 비롯해 직무 경험의 유무 · 과소, 지각의 수준, 적대적 감정의 수위 등을 들 수 있다.

(1) A형, B형 퍼스낼리티

일반적으로 사람들은 A형 퍼스낼리티와 B형 퍼스낼리티로 나누어진다. 먼저 A형 퍼스낼리티를 지닌 사람들에게서 공통적으로 발견되는 행동이나 감정적 특징들을 나열하면 다음과 같다(Friedman & Rosenman, 1974). ① (가급적 짧은 시간 내에 보다 많은 것을 쟁취하기 위하여) 자신을 항상 시간적 압박 하에 놓이게 한다. ② 대체적으로 냉소적이며, 경쟁적이고 공격적인 성향을 지니고 있다. ③ (심지어 여행이나 휴식 중에도) 여러 가지 일들을 동시에 그것도 빨리 끝내려는 성향을 가지고 있다. ④ 성취욕구가 높은 나머지 목표달성에 장애가 되는 것들에 참질 못한다 등이다. 이처럼 A형 퍼스낼리티는 성취지향성, 성급함, 완벽 추구 등의 성향을 가지고 있기 때문에 스트레스에 쉽게 노출되며, 그로 인해 정신적 · 육체적 건강상의 부작용을 경험할 가능성이 높다(Schermerhorn et al., 1985: 658－659).

이에 반해 B형 퍼스낼리티를 지닌 사람들은 보다 여유를 가지고 매사를 쉽게 생각하며, 남의 말을 잘 들어주는 등의 성향을 가지고 있다. 또한 그들은 주어진 상황과 경쟁하기보다는 그 상황을 수용하고 그 범위 안에서 업무를 수행하므로 상대적으로 스트레스를 적게 받게 된다(<표 5-1> 참조). 이러한 특성들을 감안할 때, 중·하위직 시절에는 A형 퍼스낼리티가 인정받겠지만, 상위직으로 올라갈수록 B형 퍼스낼리티가 경쟁력을 갖게 될 가능성이 크다고 하겠다.

표 5-1 퍼스낼리티 테스트

① 약속에 대해 무관심하다.	1 2 3 4 5 6 7 8	① 약속에 결코 늦은 적이 없다.
② 경쟁적이지 않다.	1 2 3 4 5 6 7 8	② 매우 경쟁적이다.
③ 압박 하에서도 결코 성급함을 느끼지 않는다.	1 2 3 4 5 6 7 8	③ 압박 하에서는 성급함을 느낀다.
④ 한 번에 하나씩 일을 처리한다.	1 2 3 4 5 6 7 8	④ 여러 가지 일을 즉시 처리하려 한다.
⑤ 식사나 걸음이 느리다.	1 2 3 4 5 6 7 8	⑤ 식사나 걸음이 빠르다.
⑥ 감정을 표출한다.	1 2 3 4 5 6 7 8	⑥ 감정을 표출하지 않는다.
⑦ 외부 일에 많은 흥미를 갖는다.	1 2 3 4 5 6 7 8	⑦ 외부 일에 흥미를 갖지 않는다.

출처: Luthans(1985: 137).

참고적으로 퍼스낼리티 테스트 도구 7개 문항에 체크한 점수들을 합산해 3배한 숫자가 90점 이하일 때 B유형, 90~99점일 때 B+유형, 100~105점일 때 A-유형, 106~119점일 때 A유형, 120점 이상일 때, A+유형에 해당한다.

(2) 통제 위치에 대한 신념

구성원들이 지니고 있는 통제 위치(locus of control)에 대한 신념은 크게 내재적 또는 외재적으로 나눌 수 있는데, 어떤 결과에 대해 자신의 행동이 아닌 행운이나 우연 또는 영향력이 있는 인물 등과 같이 외적 환경에 의한 것이라고 믿는 사람들을 외적 통제자(또는 외재론자)라고 한다. 반면에, 특정 결과를 자신의 행동 여하에 달려 있다거나 자신의 능력이나 특성에 따른 것이라고 믿는 사람들은 내재적 통제자(내재론자)라고 한다. 따라서 동일한 상황에 있어서도 내재적 통제자들은 외재적 통제론자들에 비해 스트레스를 덜 느끼고 직무에 보다 큰 만족감을 느낄 가능성이 높다(Gemmill & Heisler, 1972: 241-250).

3) 생활과 경력상 변화 관련 원인들

개인이 새롭게 적응(readjustment)해야 하는 생활과 경력상의 변화(사건) 역시 스트레스의 주요 원인이 된다. 생활상의 변화에는 결혼 · 이혼 · 배우자나 가족의 죽음 · 임신 · 이사 · 진학 등이, 경력 상의 변화에는 해고, 전직이나 전보 등이 포함될 것이다. 이 같은 변화들은 개인의 건강은 물론 업무의 성과에도 간과할 수 없는 영향을 미친다. 홀렘스(T. H. Holemes)와 라헤(R. H. Rahe)는 각종 생활이나 경력상의 변화(사건) 42가지를 대상으로 개인이 경험하는 스트레스 강도를 상대적으로 비교하여 점수를 부여한 뒤, 지난 1년 동안에 겪은 사건들에 해당하는 점수들을 합산한 결과를 토대로 다음 해에 겪게 될 질병이나 사고 등을 예측하는 점수 척도를 개발한 바 있다(Holemes & Rahe, 1967: 213－218).[7)]

그러나 국민성이나 가치관 등 문화적 배경에 따라 각 사건들에 대해 개인이 느끼는 스트레스의 강도는 상이할 것이다. 예를 들어, 문화권에 따라 배우자의 죽음보다 부모의 죽음이나 자식의 죽음에 더 큰 스트레스를 느끼는 국민들도 있을 것이다. 물론 동일한 국가의 국민일지라도 개인의 종교, 가치관 등에 따라 느끼는 스트레스의 정도는 차이가 날 수 있을 것이다.

지금까지의 논의에서처럼, 수많은 스트레스 원인들을 조직을 기준으로 분류하는 방법이 일반적이지만, 슐러(R. S. Schuyler) 등의 학자들은 스트레스는 요구, 기회 및 제약으로부터 유발된다는 주장하기도 한다. 그들의 주장처럼, 구성원들은 요구(demands)와 제약(constraints)으로부터 스트레스를 받는다. 전자에는 수입 증대 요구, 창의성 제고 요구, 유연성 발휘 요구 등을 들 수 있으며, 후자에는 법 또는 협약으로부터의 제약, 재원이나 물질의 부족으로부터의 제약 등을 들 수 있을 것이다. 요즈음처럼 불확실성이 증대되는 상황에서는 각종 요구나 제약이 더욱 가중되게 마련인데, 이들은 구성원들의 바람이나 계획의 달성을 어렵게 하며, 나아가 직무 스트레스를 겪게 만든다. 기회(opportunities) 또한 직무 스트레스를 유발시킬 수 있는데, 그 이

---

7) 참고적으로 이들은 배우자의 죽음이 가장 많은 스트레스를 준다고 여기어 100점, 이혼은 73점, 해고는 47점, 은퇴는 45점 등으로 점수를 부여한 뒤, 한 해 동안 겪은 사건들의 총 점수가 150점 미만이면 다음 해에 비교적 건강하게 생활할 것이지만, 200점 이상이면 다음 해에 건강문제가 발생될 가능성이 50%가 넘을 것이라고 주장한 바 있다.

유는 다음과 같다. 외국 또는 다른 지역에서의 근무 제안이나 유망 사업에 대한 참여 기회 제공 등은 매력적이기는 하지만, 그러한 기회에는 항상 불확실성이 뒤따르게 마련이고, 그로 인해 스트레스를 느끼게 되기 때문이다.

이상의 논의처럼, 스트레스 요인들은 다양한 원천에서 생성·존재하지만, 이러한 요소들로부터 경험하게 되는 스트레스의 종류, 크기, 강도, 지속 기간 등이 조직마다 차이가 나는 것은 물론 같은 조직의 구성원들일지라도 지위, 지식, 경험, 담당 업무의 종류, 연령, 성격 등에 따라서도 서로 다른 것이 일반적이다. 예를 들면, 조직 내에서 많은 책임(responsibility)을 지고 있는 관리직 또는 감독직 구성원들은 하위직 일반 구성원들에 비해 많은 스트레스를 겪고 있으며, 그로 인해 고혈압, 위궤양 등 각종 질병에 노출될 가능성이 높다고 하겠다.

또한 계층에 따라 스트레스를 느끼게 하는 주된 원인들도 달라지는 것이 일반적이다. 즉, 중간관리자의 경우는 수익 창출의 압력, 적대적 경쟁자의 출현 등이, 일선 감독자의 경우에게는 상품이나 서비스의 질, 고객에 대한 서비스, 잦은 회의나 감독 책임들이, 그리고 하위 구성원들에게는 낮은 지위, 자원의 부족, 실적 제고 압력 등이 주된 스트레스 원인으로 작용할 것이다.

제 5 절 스트레스의 과정과 증상

1. 스트레스의 과정

거의 모든 구성원들은 스트레스를 유발시킬 수도 있는 하나 이상의 원인들에 노출되어 있다. 그러한 스트레스 원인들에 직면해 있는 구성원들이 그 원인들에 대해 일정 기간 내에 효과적으로 대처(극복, 제거, 회피 등)하지 못한다면 스트레스가 발생하게 될 것이다. 나아가 발생된 스트레스의 일부 또는 전부가 일정 수준 이상으로 누적된다면, 그 구성원에게는 생리적/신체적·심리적/정신적·행동적 차원에서 여러 가지 긍정적 또는 부정적 변화들이 나타나게 되며, 그로 인해 조직적 측면에도 영향을 미치게 될 것이다.

물론 모든 구성원들에게 스트레스 유발요인들이 동일한 것은 아니며, 동일하더라도 그 요인들에 의한 영향이 같은 유형이나 동일한 수준으로 나타나는 것은 아니다. 다시 말해, 개인의 차이 또는 특성에 따라 스트레스를 느끼는 요인들도 다르며, 동일한 스트레스 요인에 대해 느끼는 스트레스 강도도 다를 것이고, 그에 대한 증상도 다르게 나타날 것이다([그림 5-1] 참조).

그림 5-1 스트레스의 과정

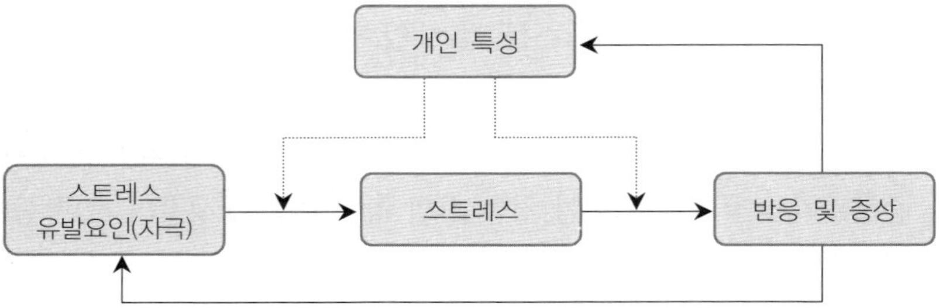

2. 스트레스의 증상

앞에서 제시된 다양한 차원의 수많은 스트레스 요인에 대해 극복, 제거 또는 회피하려는 등의 시도에도 불구하고, 여전히 남아 누적되어 있는 스트레스들로 인해 나타나는 증상들을 개인적·조직적 차원에서 나누어 설명을 하면 다음과 같다.

1) 개인적 증상

일정 수준 이상의 과도한 또는 만성적인 스트레스에 노출되어 있는 구성원들에게서 나타나는 일반적 증후들은 생리적/신체적·심리적/정신적/감정적·행위적/행동적 차원으로 나누어 살펴볼 수 있다. 생리적 변화로는 신진대사상의 변화, 혈압이나 심장박동 수의 상승, 긴장·두통 등의 증가, 그리고 호흡 횟수나 한숨 쉬는 횟수의 증가 등을 들 수 있다. 심리적 변화 역시 다양한데, 불만 고조, 사소한 일에 분노 표출, 신경쇠약, 우울증, 초조, 심리적 무기력(자괴심), 기억력 감퇴, 자기 비하 등을 비롯해 심지어는 뇌기능 저하까지 포함된다. 마지막으로, 높은 수준의 스트레스로 인한 습관이나 행위상의 변화로는 거식증 또는 폭식증, 불면증, 흡연이나 음주 습관의 변화, 약물 남용을 비롯해 의상이나 헤어 스타일의 급작스런 변화 등이 포함된다. 이 같은 생리적 · 심리적 · 행위적 변화들은 결국 구성원 개개인의 육체적 · 정신적 건강에 심각한 결과로 이어지고, 나아가 조직 차원의 건강(예: 저조한 성과)에도 영향을 미치는 경우가 많다.

이상의 세 가지 유형의 세부 증상들 가운데 어떤 증상이 두드러져 나타날지는 개인의 특성이나 상황에 따라 다르며, 현재 직면하고 있는 스트레스의 양과 질, 그리고 과거의 경험 등에 따라서도 달라질 것이다. 또한 스트레스의 원인에 노출된 후, 그로 인한 증상이 나타나기까지 걸리는 소요 시간 역시 개인적 특성에 따라 차이가 날 것이다. 이러한 증상들은 대개 스트레스의 지속 기간이 증가함에 따라 가벼운 상태에서 심각한 상태로 악화되어 간다. 예를 들면, 스트레스에 노출되기 시작한 초기에는 두통, 고혈압, 혈중 콜레스테롤의 농도 등을 증가시키는 데 그치지만, 그 스트레스가 장기화될수록 위궤양이나 협심증, 심장마비 등으로 전이되는 경우가 많다는 의미이다.

2) 조직 관련 증상: 직무만족, 직무몰입, 조직몰입 등

스트레스로 인한 직 · 간접적인 영향으로 정신적 · 육체적 건강이 손상된 구성원들은 결근이 잦아지고, 이직이 증가하는 것을 비롯해 감독자 및 직무에 대한 불만 고조, 의사결정 및 판단 능력의 저하, 집중력 상실 및 그로 인한 산재 등을 발생시킨다. 다시 말해, 높은 수준의 스트레스에 장기적으로 노출되어 있는 구성원들은 능률 저하, 생산성 감소, 제품과 서비스의 질 하락은 물론 치료비 및 보상금 등의 비용을 상승시켜 개인은 물론 조직의 성장과 수익성에 부정적인 영향을 미치게 된다(Porter & Steers, 1973: 151－176).

이 같은 스트레스로 인한 조직관련 증상들을 직무 스트레스와 직무만족, 직무몰입, 그리고 조직몰입[8] 등과의 관계를 통해 보다 구체적으로 살펴보자. 먼저 직무 스

8) 조직몰입이란 구성원이 조직에 대하여 얼마나 애착을 가지고 헌신하려는 의지를 지니고 있는가를 나타내는 지표로서 조직에 대한 동일시(identification), 관여(involvement), 충성심(loyalty) 등의 수준을 포괄하는 개념이라고 할 수 있다.

트레스와 직무만족과의 관계에 대한 연구들 대부분은 높은 스트레스가 직무만족도의 저하를 초래한다는 주장을 하고 있으며, 이러한 관계에 영향을 미치는 주된 스트레스 원인들로는 역할 과다, 대인관계, 역할 모호성 등을 제시하고 있다(박희서 외, 2001; 옥원호 · 김석용, 2001). 이어서 직무 스트레스와 직무몰입 간의 관계에 관한 연구들은 일반적으로 직무 스트레스는 직무몰입에 부정적인 영향을 미치며, 이러한 관계에는 역할 모호성, 역할갈등, 업무 과다를 비롯해 공정성 등이 직 · 간접적인 영향을 미친다고 분석하고 있다(Parker & DeCotiis, 1983; Bhaget et al., 1985; 김병섭, 1994). 마지막으로, 스트레스와 조직몰입에 관한 연구들 역시, 직무 스트레스는 직접적으로 또는 직무만족을 거쳐 조직몰입에 대해 부정적 영향을 미치며, 이때 주로 작용하는 스트레스 원인으로는 조직구조 및 관리의 경직성 정도, 조직에 대한 국민이나 고객들의 평판 내용, 상위욕구의 충족 가능성, 직무 관련 규정들의 명확성 수준 및 조직 내 인간관계 등을 제시하고 있다.

이제부터는 스트레스와 조직성과 간의 관계를 집중적으로 연구한 결과들을 요약 · 정리하도록 하자. 관리(통제) 가능한 적정 수준의 스트레스는 구성원들의 근무의욕을 자극하거나 개인의 대응능력을 증대시켜 줌으로써, 스트레스가 전혀 또는 거의 없는 상태에 비해 특정 과업을 보다 잘, 보다 집중적으로, 그리고 보다 빨리 수행한다고 한다.

그러나 스트레스가 적정 수준을 넘어 과도한 수준으로 넘어가거나, 스트레스가

그림 5-2 **스트레스 강도와 직무성과**

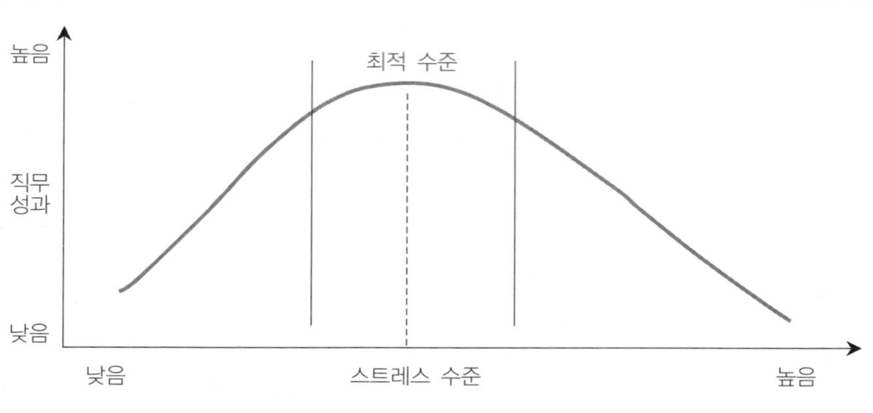

장기적으로 누적되어 간다면 지금까지 보여 주었던 성과에 대한 스트레스의 긍정적 효과는 순식간에 사라지게 될 것이다. 이는 스트레스 대응에 소요되는 구성원 개인의 에너지 자원을 급격히 고갈시키기 때문이며, 스트레스를 야기하는 상황의 압력이 개별 구성원의 능력(경험, 지식, 기술 등)만으로는 효과적으로 대처할 수 있는 범주를 벗어났기 때문이다([그림 5-2] 참조).

이상의 논의를 통해 볼 때, 조직의 성과를 유지·향상시키려 한다면 관리자들은 개별 구성원별로 최적 수준의 스트레스 지점을 찾아내어야 할 것이다(Behling & Darrow, 1984: 14-16). 그러나 이 작업은 결코 쉽지 않다. 왜냐하면 개인의 업무처리 능력 및 스트레스에 대한 개인의 감수성의 정도, 그리고 과업의 난이도 등을 정확히 파악해낸 뒤, 이들을 종합적으로 고려하지 않는 한, 조직성과에 대한 스트레스의 영향이 부정적으로 나타날지 아니면 긍정적으로 나타날지에 대한 예측은 물론 최적

그림 5-3 스트레스 원인과 결과

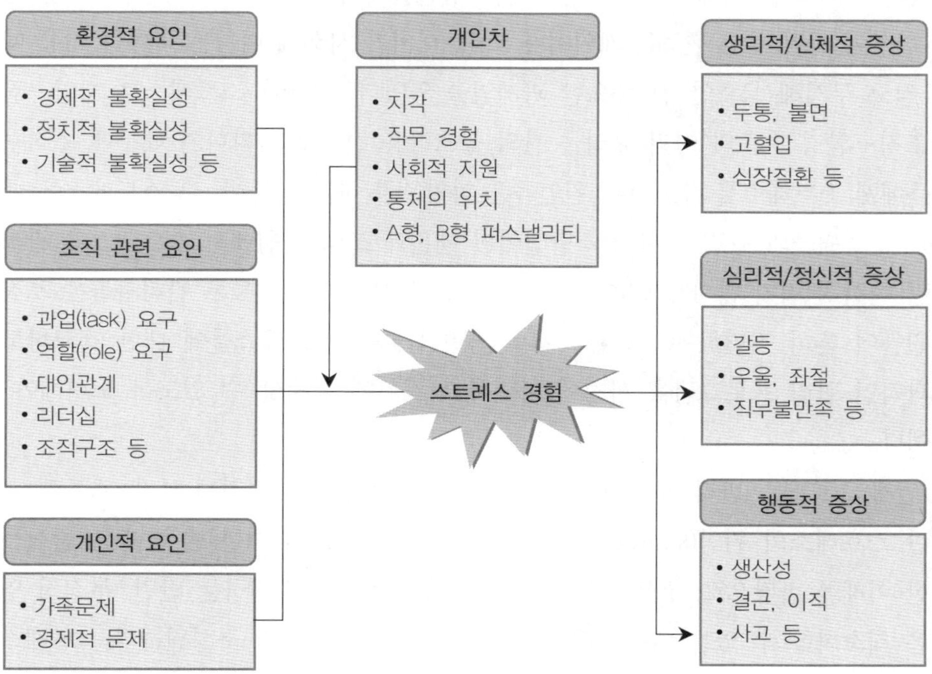

출처: Parker & DeCotiis(1993: 166).

수준의 스트레스 지점을 찾아내는 것은 불가능에 가깝기 때문이다. 특히, 스트레스의 부정적 효과가 나타나기 직전까지 특정 구성원들이 견디어낼 수 있는 스트레스 한계점(stress threshold)을 의미하는 '스트레스에 대한 개인의 감수성 정도' 역시 구성원 개인마다 지니고 있는 특성이나 처해 있는 상황에 따라 달라지기 때문에 최적 수준의 스트레스 지점을 찾아내는 어려움을 가중시키고 있다.

지금까지 언급한 스트레스의 원인과 개인적 · 조직적 차원의 증상들, 그리고 이 양자들 간의 관계를 조절하는 개인적 차이에 대한 논의 내용들을 종합하여 하나의 그림으로 표현하면 [그림 5-3]과 같다.

제 6 절 스트레스 관리전략

앞에서 우리는 현대사회의 모든 조직구성원들에게 스트레스는 피할 수 없는 일상적 현상이 되었으며, 구성원 개인이나 조직, 나아가 사회에 미치는 막대한 비용 때문에 결코 무시해서는 안 될 중요한 과제임을 알았다. 그러나 스트레스는 개인-집단-조직-환경 수준의 여러 요인들 간의 상호작용 결과로 나타나기 때문에 조직구성원들에게 스트레스를 유발하는 원인들은 파악조차 하기 힘들며, 그 스트레스에 대응하는 구성원들의 능력 역시 천차만별이기 때문에 조직 차원에서 스트레스를 관리하기란 여간 어렵지 않다. 그럼에도 불구하고, 구성원 개인은 물론 관리자들은 조직구성원들이 흔히 직면하는, 그리고 향후 직면하게 될 스트레스들에 대한 정교하고도 효과적인 관리 프로그램을 사전에 마련하고 적기에 실시할 수 있도록 노력해야 할 것이다.

먼저 스트레스 관리(stress management)라는 개념부터 정리해 보자. 스트레스 관리란 스트레스의 원인(source)들을 파악하고, 스트레스에 대한 반응 또는 증상들에 대한 이해를 바탕으로, 스트레스로 인한 긍정적 영향은 장려하는 반면, 부정적 영향들은 최소화할 수 있는 대응 전략을 마련하여 시행함으로써 구성원들의 스트레스가 적정 수준에 머무르게 하려는 시도를 의미한다.

이어서 조직 차원에서의 스트레스 관리 프로그램 설계 · 운영에 앞서, 조직관리자가 지녀야 할 최소한의 인식들부터 살펴보자. 첫째, 관리자는 구성원은 조직의 기본 자산이며, 구성원 개인의 건강은 조직의 건강에 직결된다는 인식 하에 구성원 개인의 정신적·육체적 건강에 관심을 가져야 한다. 둘째, 스트레스 유발 원인들(예: 과업의 특성이나 역할, 물질적 제약, 구성원 개인적 요구사항 등)은 관리자의 관심 여하에 따라 개선·변경시킬 수 있다(Cooper & Roy, 1978: 175-205). 셋째, 이미 유발된 스트레스를 제거 또는 약화시키려는 노력보다는 스트레스가 발생되지 않도록 사전에 예방하는 것이 효과적이다. 넷째, 경우에 따라선 스트레스의 긍정적 기능을 활용하기 위해서는 스트레스를 의도적으로 부가하려는 시도도 필요하다.

이제 본격적으로 스트레스에 대처하고, 그 결과를 통제할 수 있는 전략들을 개인적 차원과 조직적 차원으로 분류해 기술해 보기로 하자.

1. 개인적 관리전략

개인적 차원의 스트레스 관리전략은 구성원의 개인 및 조직생활에 영향을 미치는 스트레스 원인들이 무엇인지 파악하는 것으로부터 시작하여, 그 원인들과 그 원인들로 인한 결과(증상)들에 대한 대응능력을 어떤 방법으로 증진시킬 것인지를 결정하는 순서로 마련되어야 할 것이다. 어떤 스트레스 원인에 어떤 기법을 사용하여 대응하느냐, 그리고 그 스트레스에 대한 개인적 대응능력이 어느 수준이냐에 따라 스트레스로 인한 증상의 유형과 정도가 달라질 것이다.

구체적인 대응 기법들을 소개하기 전에 개별 구성원들이 일상 및 직무 관련 스트레스를 관리할 수 있는 가장 기초적이고 일반적인 방안들 몇 가지만 간략히 소개하면 다음과 같다. ① 계획을 미리 세우고 시간을 철저히 관리하라. ② 일과 개인적 삶과의 균형을 유지하라. ③ 건전한 가치관과 긍정적 태도를 가져라. ④ 적당한 운동과 휴식을 취하고, 균형 잡힌 식사를 하라. ⑤ 취미활동을 할 수 있는 여유 시간을 갖고, 기분전환 기법들을 익혀둔다 등이다.

1) 운 동

조깅, 수영, 등산, 자전거 타기 등의 운동을 규칙적으로 하게 되면, 육체적·정신적 긴장이 완화되고, 나아가 스트레스의 부정적 효과들을 예방 또는 감소시킬 수 있게 된다. 또한 운동을 통해 육체적 · 정신적 건강이 강화되면 스트레스에 대한 수용 능력도 증진될 것이다.

2) 긴장이완훈련

직면한 스트레스에 적절히 대응하지 못하면, 긴장이나 불안 등을 느끼기 시작하여 점차 심각한 증상으로 발전해 나갈 가능성이 높은데, 이에 대비하여 긴장이완(relaxation)훈련이 필요하다. 긴장이완기법으로는 명상(meditation),[9] 복식호흡, 최면(hypnosis), 요가(yoga), 바이오 피드백(bio feedback)[10] 등이 있는데, 이 기법들을 반복적으로 훈련하고 규칙적으로 시행하게 되면 스트레스 상황의 제거 또는 완화에 효과적이다.

3) 행태적 자기조절

행태적 자기조절이란 상황이 자신을 지배하도록 내버려 두는 것이 아니라, 상황에 대한 자신의 통제 능력을 제고하려는 노력을 말한다. 상황을 통제하기 위해서는 먼저 자신의 한계를 정확히 파악한 가운데 현실적인 목표를 설정하고, 이를 달성하기 위한 실천 가능하면서도 융통성이 있는 계획을 마련한 뒤, 이를 토대로 업무들을 시행 · 관리하여야 한다. 이에는 구성원 자신의 수용 능력을 넘는 스트레스를 유발시키는 요구나 기회의 거절을 비롯해 일시적으로나마 과도한 스트레스를 유발시키는 직무나 인간관계에 일정한 거리를 두는 방법 등도 포함될 수 있을 것이다. 이 밖에 단순하고 건전한 인생관의 확립 등도 스트레스의 부정적 결과를 예방하고 경감시키

---

9) 명상은 하루 2~3차례, 1회에 약 20~30분 정도 눈을 감고 편안하게 앉아서 특정 주제에 대해 생각을 하거나, 특정의 (종교적) 주문을 반복적으로 암송을 하는 방법이다. 이러한 명상법은 심전도를 낮춰 주고, 산소 소모량을 줄여 주며, 혈압을 안정시켜줌으로써 긴장 이완 효과를 가져다 준다.

10) 바이오 피드백이란 사람들이 놀라거나 불안하고 화가 나면 신체적 · 생리적 변화를 일으키는데, 이러한 변화들을 컴퓨터 장치를 이용하여 관찰하고, 나아가 개인의 신체적 · 생리적 상태를 변화시키는 방법이다. 이러한 관찰 대상에는 혈압, 콜레스테롤 농도, 심전도, 폐활량 등이 있다. 이러한 지표 자료들과 함께 육체운동량, 건강상태, 흡연 및 음주량, 식사 습관 등의 정보를 종합적으로 검토하면 각 개인의 스트레스 수용 수준을 비교적 정확하게 파악할 수 있다고 한다.

는 데 효과적일 것이다.

4) 인지치료기법

최근 임상 심리학자들은 인지치료기법을 통해 정신적 불안이나 걱정을 감소시키려 하고 있다. 인지적 기법(cognitive technique)이란 스트레스 요인에 대한 개인적 반응을 인지적 사고 과정을 통해 조절되도록 하는 것을 말한다. 이러한 기법을 체계적으로 시행하다 보면, 구성원들은 자신의 능력 한계를 인지하고, 스트레스를 야기할 가능성이 있는 문제들의 징후들을 사전에 포착하게 되며, 언제 어떠한 방법으로 직무에 접근하고 후퇴하여야 하며 상사나 동료 또는 외부 인사의 도움을 요청할지 등에 대해 효과적으로 파악할 수 있다고 한다. 구체적인 인지치료기법에는 엘리스(Ellis, 1962)의 합리－정서 모형(rational emotive model)과 마이헨바움(Meichenbaum, 1972: 370－378)의 인지적 행태 수정 방법 등이 있다.

5) 사회적 지원 시스템 구축

사회적 지원(social support) 시스템 구축이란 직장 동료나 상급자로부터 감정적 지원과 중요한 정보의 제공 등을 받음으로써 구성원의 개인적 문제, 직무 관련 위협 요인, 좌절과 불안 원인 등을 제거 또는 완화시키려는 방법이다. 이 방법 역시 자신의 직무에서 발생하는 스트레스에 대한 대응능력 제고는 물론 스트레스로 인한 부정적 영향을 제거 또는 감소시켜줌으로써 건강한 조직생활을 영위하는 데에 커다란 도움을 줄 것이다.

6) 기타 방법들: 약물이나 식품 등의 이용

신경안정제나 항우울제 같은 약물을 사용하여 불안감이나 우울증을 해소하거나, 담배나 커피 또는 당분이 많은 식품 등을 복용함으로써 스트레스에 대한 민감성 정도를 낮출 수도 있다. 이 같은 방법들은 많은 사람들에 의해 자주, 그리고 손쉽게 사용되고 있지만, 그 효과는 일시적이며, 스트레스 상황을 근본적으로 처리해 주지는 못한다. 오히려 술, 담배, 약물들에 대한 의존도만을 높이게 되어 중독 상태에 이르게 할 것이고, 결국 정신적・육체적 건강을 더욱 악화시킬 따름이다.

이상의 기법들을 개인적 차원의 관리전략으로 분류하여 설명하였지만, 조직구성원들을 대상으로 이 같은 기법들에 대한 훈련이나 시행을 조직 차원에서 장려・실시한다면 그 기법들은 조직 차원의 관리전략으로도 분류될 수 있을 것이다. 한마디로 특정 전략들이라도 그 전략의 마련・시행에 어느 주체(개인 또는 조직)가 보다 주도적이었느냐에 따라 분류를 달리할 수도 있다는 것이다. 예를 들어, 조직 차원에서 구성원들의 건강 상태 및 스트레스 수준에 대해 정기적으로 점검하고, 목표달성의 좌절 등으로 스트레스를 심각하게 받고 있는 구성원들을 위한 카운슬링 제도를 마련・운영한다거나, 긴장 이완 훈련프로그램을 후원하고, 체력 단련을 위한 시간과 시설 등을 제공함으로써 각종 직무 관련 스트레스에 대한 구성원 개인의 적응 수준을 제고시키려는 경우들이 이에 해당한다고 하겠다. 또한 관리자가 스트레스에 노출되어 있는 모든 구성원들에 대해 사회적 지원자들을 선정・배정해 줄 수는 없지만, 사회적 지원 시스템의 구축까지 감안하여 조직구조 개편이나 직무재설계를 시도한다면, 이 기법 역시 조직적 차원의 관리전략에 속한다고 하겠다.

2. 조직 차원의 관리전략

앞에서도 언급했듯이, 대부분의 조직들은 구성원들이 겪고 있는 직무 관련 스트레스의 원인들을 제거・통제하고 구성원들의 스트레스 대응능력을 향상시키기 위하여 나름대로의 스트레스 관리전략을 마련하여 실시하고 있다. 현재까지 유용성을 인정받고 있는 대표적인 프로그램이나 전략들은 아래와 같다. 이러한 전략들은 대개 다음 세 가지 목표들을 공통적으로 가지고 있다. ① 업무와 관련된 스트레스 요인들을 찾아내 제거 또는 완화시킨다. ② 스트레스나 스트레스 요인에 대한 구성원들의 인식을 변화시킨다. ③ 구성원들로 하여금 스트레스로 인한 증후들에 대해 보다 효과적으로 대응할 수 있도록 지원한다.

1) 직무분석을 토대로 한 직무재설계

직무재설계란 스트레스를 유발시키고 있는 기존의 직무 내용과 업무처리 절차 등을 조직구성원의 업무처리 능력, 스트레스 감수 능력 등 개인적 상황까지 감안하여 변경을 시도하는 것을 말한다. 한마디로, 직무수행에 요구되는 기능들과 구성원 개인이 보유하고 있는 능력을 가급적 일치시키자는 것이다. 이 같은 작업에 소요되는 노력과 비용을 줄이려면 가장 먼저 해당 업무 능력을 갖춘 구성원의 공정한 선발과 합리적 배치, 그리고 실효성 있는 훈련(기술훈련 및 인간관계 개선을 위한 훈련 등)을 통해서 구성원과 직무 간의 부적합 관계를 원천적으로 제거하거나 최소화하여야 할 것이다. 직무재설계에 관한 구체적인 방안으로는 직무확대(job enlargement), 직무충실화(job enrichment), 그리고 신축적인 시간관리 등이 있는데, 이 방안들을 활용함으로써 직무의 불확실성을 감소시키고, 구성원들의 직무만족도를 향상시키는 동시에 스트레스는 경감시킬 수 있다(Brief et al., 1980).

이 같은 직무재설계를 시도하려면 사전에 직무분석이 이루어져야 하는데, 이 과정을 통해 스트레스를 유발시키는 주요 원인들인 직무의 모호성이나 역할의 과중 또는 과소, 위험한 작업조건 등을 찾아낼 수 있다. 이러한 분석 결과를 바탕으로 명백한 의사전달, 구체적인 직무 요구, 합리적 분업, 근무환경 개선 등이 이루어진다면 직무 관련 스트레스를 원천적으로 제거하거나 현저하게 축소시킬 수 있을 것이다(Ivancevich & Matteson, 1987: 19).

2) 목표설정 프로그램

여기서 목표설정(goal setting)이란 구성원 개인의 직무에 관련된 특정 목표의 설정을 의미한다. 일반적으로 설정된 목표는 구성원의 행위와 행동에 방향을 제시하고, 통합시키며, 그 목표를 달성하고자 하는 동기를 부여하는 등의 기능을 수행한다. 이러한 목표를 상사와 부하 구성원이 함께 설정한다면, 개인의 직무와 작업환경에 대한 상호간의 이해가 증진될 것이며, 자신에게 할당된 목표에 대한 수용성이 높아져 스트레스는 적게 받으면서 성과는 제고시킬 수 있을 것이다. 더구나 목표설정 프로그램 내에 당연히 포함되어 있을 개별 구성원의 성과에 대한 피드백이 효과적으로 이루어진다면 구성원들이 겪는 스트레스는 크게 줄어들 것이다.

3) 의사결정에의 참여 기회 증진

일반적으로 조직구성원들이 의사결정에의 참여 기회가 많아지면, 보다 많은 정보의 공유 등을 통해 업무에 대한 높아진 통제력을 느끼게 될 것이고, 비록 제한된 범위 내에서라도, 보다 큰 자율성과 융통성을 향유할 수 있게 될 것이다. 또한 이러한 의사결정에의 참여 기회는 역할갈등, 역할 모호성 등으로부터 야기되는 스트레스의 배출 통로로도 기능함으로써 직무 스트레스를 간접적으로 감소시킬 수 있을 것이다.

4) 조직 역할의 명확화

만약 관리자들이 조직구조 및 직무설계 시 특정 구성원과 다른 구성원들 간의 다양한 역할 관계를 적절히 고려하고, 역할 관련 스트레스에 취약한 구성원들로부터 고충을 광범위하게 수렴하는 등 그들에게 특별한 관심과 함께 보다 구체적인 처리 지침을 제공한다면, 역할에 관련된 스트레스를 제거하거나 통제 가능한 범위 내에서 관리할 수 있을 것이다.

5) 지원적 조직문화 조성

오늘날 대부분의 조직들은 대규모적이어서 경직적이고 비인간적이며, 고도로 공식화되어 있다. 이로 인해 조직구성원들은 상당 수준의 직무 관련 스트레스를 겪고 있다. 이에 대한 조직 차원의 대응전략으로는 상향적 의사소통의 장려를 비롯해 각종 의사결정에의 참여 증진과 분권적이고 유기적인 조직구조의 설계 등을 통해 지원적 조직문화를 조성함으로써 구성원들의 스트레스를 경감시켜 줄 수 있을 것이다.

6) 기타 방법들

조직 차원에서 스트레스를 예방 또는 저감할 수 있는 직·간접적인 방안들을 추가적으로 제시한다면 다음과 같다. 첫째, 적절한 분권화 내지는 업무의 위임 또는 위양을 통해 구성원들에게 자율성을 부여해 준다. 둘째, 객관적인 성과평가와 공정한 보상체계를 확립·실시함으로써 구성원들의 근무 의욕을 제고시켜 준다. 셋째, 구성원들에게 직무 관련 정보들을 공유할 수 있는 장치나 절차를 마련해 주고, 커뮤니케이션 채널을 활성화시켜야 한다.

자료 5-2 지방공무원의 직무에 따른 트라우마 관리

지방공무원은 업무수행 과정(구제역, AI, 산불, 악성민원 대응)에서 PTSD(외상후 스트레스 장애, Post Traumatic Stress Disorder), 트라우마 등은 누구든지 발생할 수 있는 직무 스트레스의 한 형태로 이해하고 적극적인 관리를 하도록 해야 한다. 실제 구제역, AI, 산불, 악성민원 등 각종 사건·사고 등에 직접적으로 대응해야 하는 환경이 빈번한 지방공무원에게 트라우마는 일상화될 수 있고, 이들에게 연간 1~2회 정도 스트레스 해소를 위한 상담이 이루어지거나 주변에 눈치가 보여 아예 상담의 기회가 제공되지 못하고 있는 현실은 스트레스 해소와 관리를 기대하기 어려운 실정이다.

조직관리자는 대민지원 또는 재난업무 담당 직원들의 스트레스 해소를 위한 '직장교육' 등을 통해 스트레스 해소를 위한 인식전환교육이 필요하며, 적극적으로 예방과 관리를 위한 여건 조성이 관리자의 역할이라는 것을 인식할 필요가 있다. 트라우마 증상이 나타나지 않고 여유가 있는 공무원은 어려움을 겪는 동료에게 적극적인 관리가 이루어지도록 지지하고 격려하는 분위기를 형성해야 한다. 또한 구제역, AI, 민원인과 갈등 등으로 트라우마 증상이 생기면 가정에서 표출될 수 있으므로 가족들, 특히 자녀들에게 전이되기 쉽다. 부모가 힘든 마음에 시달리고 있으면 아이들에게 그 느낌이 전달된다. 말 안 한다고 모르는 게 아니다. 공무원 가족들에게도 매년 정기적인 교육과 해소 프로그램이 필요하며, 가족이 여유가 있어야 서로에게 지지를 보낼 수 있도록 지원해야 한다.

출처: 행정자치부 지방행정연수원(2014)

자료 5-3 한국인 직무스트레스 측정도구(Korean Occupational Stress Scale: KOSS)

① 측정문항

구분	내 용	전혀 그렇지 않다	그렇지 않다	그렇다	매우 그렇다
물리 환경	1. 근무 장소가 깨끗하고 쾌적하다.	4	3	2	1
	2. 내 일은 위험하며 사고를 당할 가능성이 있다.	1	2	3	4
	3. 내 업무는 불편한 자세로 오랫동안 일을 해야 한다.	1	2	3	4

직무요구	4. 나는 일이 많아 항상 시간에 쫓기며 일한다.	1	2	3	4
	5. 현재 하던 일을 끝내기 전에 다른 일을 하도록 지시 받는다.	1	2	3	4
	6. 업무량이 현저하게 증가하였다.	1	2	3	4
	7. 나는 동료나 부하 직원을 돌보고 책임져야 할 부담을 안고 있다.	1	2	3	4
	8. 내 업무는 장시간 동안 집중력이 요구된다.	1	2	3	4
	9. 업무수행 중에 충분한 휴식(짬)이 주어진다.	4	3	2	1
	10. 일이 많아서 직장과 가정에 다 잘하기가 힘들다.	1	2	3	4
	11. 여러 가지 일을 동시에 해야 한다.	1	2	3	4
직무자율	12. 내 업무는 창의력을 필요로 한다.	4	3	2	1
	13. 업무 관련 사항(업무의 일정, 업무량, 회의시간 등)이 예고 없이 갑작스럽게 정해지거나 바뀐다.	1	2	3	4
	14. 내 업무를 수행하기 위해서는 높은 수준의 기술이나 지식이 필요하다.	4	3	2	1
	15. 작업시간, 업무수행 과정에서 나에게 결정할 권한이 주어지며 영향력을 행사할 수 있다.	4	3	2	1
	16. 나의 업무량과 작업 스케줄을 스스로 조절할 수 있다.	4	3	2	1
관계갈등	17. 나의 상사는 업무를 완료하는 데 도움을 준다.	4	3	2	1
	18. 나의 동료는 업무를 완료하는 데 도움을 준다.	4	3	2	1
	19. 직장에서 내가 힘들 때 내가 힘들다는 것을 알아주고 이해해 주는 사람이 있다.	4	3	2	1
	20. 직장생활의 고충을 함께 나눌 동료가 있다.	4	3	2	1
직무불안정	21. 지금의 직장을 옮겨도 나에게 적합한 새로운 일을 쉽게 찾을 수 있다.	4	3	2	1
	22. 현재의 직장을 그만두더라도 현재 수준만큼의 직업(직장)을 쉽게 구할 수 있다.	4	3	2	1
	23. 직장 사정이 불안하여 미래가 불확실하다.	1	2	3	4
	24. 나의 직업은 실직하거나 해고당할 염려가 없다.	4	3	2	1
	25. 앞으로 2년 동안 현재의 내 직업을 잃을 가능성이 있다.	1	2	3	4
	26. 나의 근무조건이나 상황에 바람직하지 못한 변화(예: 구조조정)가 있었거나 있을 것으로 예상된다.	1	2	3	4
조직체계	27. 우리 직장은 근무평가, 인사제도(승진, 부서배치 등)가 공정하고 합리적이다.	4	3	2	1
	28. 업무수행에 필요한 인원, 공간, 시설, 장비, 훈련 등의 지원이 잘 이루어지고 있다.	4	3	2	1
	29. 우리 부서와 타 부서 간에는 마찰이 없고 업무협조가 잘 이루어진다.	4	3	2	1
	30. 근로자, 간부, 경영주 모두가 직장을 위해 한마음으로 일을 한다.	4	3	2	1
	31. 일에 대한 나의 생각을 반영할 수 있는 기회와 통로가 있다.	4	3	2	1
	32. 나의 경력개발과 승진은 무난히 잘될 것으로 예상한다.	4	3	2	1
	33. 내 현재 직위는 나의 교육 및 경력에 비추어볼 때 적절하다.	4	3	2	1
보상부적절	34. 나의 직업은 내가 평소 기대했던 것에 미치지 못한다.	1	2	3	4
	35. 나의 모든 노력과 업적을 고려할 때 내 봉급/수입은 적절하다.	4	3	2	1
	36. 나의 모든 노력과 업적을 고려할 때, 나는 직장에서 제대로 존중과 신임을 받고 있다.	4	3	2	1
	37. 나는 지금 하는 일에 흥미를 느낀다.	4	3	2	1
	38. 내 사정이 앞으로 더 좋아질 것을 생각하면 힘든 줄 모르고 일하게 된다.	4	3	2	1
	39. 나의 능력을 개발하고 발휘할 수 있는 기회가 주어진다.	4	3	2	1

직장문화	40. 회식자리가 불편하다.	1	2	3	4
	41. 나는 기준이나 일관성이 없는 상태로 업무 지시를 받는다.	1	2	3	4
	42. 직장의 분위기가 권위적이고 수직적이다.	1	2	3	4
	43. 남성, 여성이라는 성적인 차이 때문에 불이익을 받는다.	1	2	3	4

② 점수의 산출

- 각 영역별 환산점수 = (실제점수 − 문항 수)×100/(예상 가능한 최고점수 − 문항 수)
- 직무 스트레스 총 점수 = (각 8개 영역의 환산점수의 총합)/8

③ 직무 스트레스 수준 비교

항 목	참고치				점수의 의미
	하위 25%	하위 50%	상위 50%	상위 25%	
남성	42.4 이하	42.5~48.4	48.5~54.7	54.8 이상	점수가 높을수록 직무 스트레스가 상대적으로 높다
여성	49.5 이하	49.6~51.1	51.2~56.6	56.7 이상	점수가 높을수록 직무 스트레스가 상대적으로 높다

출처: 장세진 · 고상백(2005)

토론 과제

1. 일반적으로 스트레스는 부정적 개념으로 인식되고 있다. 스트레스가 조직구성원에게 긍정적인 영향을 미칠 수 있을까? 있다면 어떠한 영향을 미치는가?
2. "스트레스는 축적될 수 있다"는 주장에 담긴 의미는 무엇인가? 이 주장이 관리자에게 시사하는 바는 무엇인가?
3. 스트레스 대응에 유용한 기법, 접근법, 역량에는 무엇이 있으며, 그들 가운데 당신이 주로 활용하는 것은 무엇이며, 그 이유는?
4. 스트레스의 원인(source)에 따라 스트레스에 대한 대응방법도 달라지는 것이 일반적이다. 여러분이 최근 경험한 또는 현재 경험하고 있는 스트레스를 발생 원인에 따라 정리한 다음, 각각의 스트레스에 대한 여러분의 대응방법을 제시 · 분석해 보자.
5. 스트레스에 직면했을 때, 당신이 지각할 수 있는 당신 내부의 변화로는 어떤 것들이 있으며, 이에 어떻게 대응하는가?
6. 당신이 스트레스를 경험했던 개인적인 작업환경을 개략적으로 설명한 뒤, 스트레스를 유발하는 요인을 파악 · 제시하고 그들이 어떠한 영향을 미쳤는지를 설명해 보자.
7. 당신이 겪었던 직무 관련 스트레스들을 나열해 본 뒤, 그 중 어떤 스트레스가 가장 다루기 힘들었으며, 그 이유는 무엇인지 설명해 보자.

8. 연령, 성별, 과거의 경험, 성격 등과 같은 개인 차이가 당신의 스트레스에 어떻게 영향을 미치는가?
9. 스트레스에 대해 당신이 대응(극복하려고 노력, 회피 등) 했던 사례를 들어 보자. 그리고 당시의 상황 조건들을 고려했을 때, 그것은 효과적이었는가? 비효과적이었는가?
10. 스트레스와 업무성과가 역 U자형 관계를 보였던 실제 경험이 있었는가? 있었다면 그 상황에 대해 설명해 보자.
11. 당신이 직접 혹은 간접적으로 경험했던 직무 탈진(burnout)의 실제 사례를 제시해 보고, 그것은 무엇 때문에 일어난 것인가 설명해 보자.

Organizational Behavior

제6장

긍정조직행태

긍정조직행태(positive organizational behavior: POB)의 연구는 긍정심리학(positive psychology)에 토대를 두고 있다. 전통적 조직행태 연구는 개인행태에 초점을 둔 미시적 행태뿐만 아니라 조직행태 수준의 거시적 행태의 부정적인 면이나 역기능 등을 어떻게 제거하고 개선시킬 것인가에 치중하였다. 또한 전통적 조직행태 연구는 조직의 우수한 성과를 지속적으로 유지하고 나아가 탁월한 성과를 낼 수 있는 대안을 충분히 제시하지 못하고 있다는 비판을 받아 왔다. 이 장에서는 진성 리더십, 심리적 자본 및 심리적 주인의식 등 긍정조직행태 주요 요인을 검토한다. 또한 전통적 조직행태 연구에 대한 문제를 제기하고, 그 보완 및 대안으로 조직행태 연구 이원모형을 분석한다. 그리고 조직 내에서 긍정행태를 어떻게 개발할 것인지, 긍정조직행태에 대한 연구가 공공조직의 조직행태 연구와 조직관리에 어떤 유용성과 시사점을 주는지 논한다.

제 1 절 긍정조직행태 연구의 의의

1. 전통적 조직행태 연구의 반성

긍정조직행태 연구는 조직의 긍정적 요인들을 강조하고, 조직구성원의 의식을 긍정적인 방향으로 변화시키고자 하는 조직긍정성의 관점에 기초한 연구이다(김대건, 2011). 전통적 조직행태 연구는 병리학적 관점과 질병모델(disease model)을 기초로 하여 개인 및 조직 그 자체의 역기능과 부정적 행태를 제거하여 조직성과를 높이고자 하는 데 많은 관심을 두었다.[1] 하지만 조직의 부정적 요인을 없애는 것은 단지 부정적 요인이 없는 상태로만 변화될 뿐, 조직성과로 이어지지 않았다(Luthans & Avolio, 2009).

그러므로 전통적 조직행태 연구에 대해 두 가지 문제를 제기할 수 있다. 첫째, '조직의 부정적 행태제거와 해소에 초점을 둔 전통적 조직행태 연구는 탁월한 조직성과 창출과 그것을 지속가능하게 유지할 수 있는 조직의 긍정적 행태(Luthans & Avolio, 2009)를 볼 수 있는 관점을 제공하고 있는가?' 둘째, '병리학적 관점에 기초한 부정적 행태의 제거가 긍정적 조직행태의 발현으로 이어지는가?'이다. 이는 조직의 부정적 행태제거가 조직의 긍정적 행태의 발현으로 이어질 수 있는 확실한 논거를 제시하지 못한 것에 대한 질문이다.

2. 조직긍정성

조직긍정성은 2000년대 초반 부정적 관점에 편향된 전통적 조직행태 연구의 문제점을 지적하고, 조직구성원의 긍정적 강점의 개발을 통하여 조직성과를 높이기 위해 등장한 개념이다. 자기효능감, 희망, 낙관주의, 주관적 안녕(subjective well－being), 진성 리더십, 심리적 자본, 복원력(또는 회복탄력성), 심리적 주인의식, 조직건강성 및

1) 이와 같은 전통적 연구의 특징은 Luthans(2002a, 2002b), Luthans & Youssef(2007). Seligman & Csikszentmihalyi(2000), Macik－Frey, Quick, & Nelson(2007), Wright & Quick(2009a, 2009b), Bakker & Schaufeli(2008), Caza & Caza(2008), Ambrose & Kulik(1999), Steers(2002), Stajkovic(2006), 이지영 · 김명언(2008), 최용득(2009) 등의 연구에서 공통적으로 지적되었다.

행복 등이 조직긍정성과 관련이 있다.

3. 긍정조직행태의 의의

긍정조직행태 연구는 조직의 성과향상을 위해 측정 · 개발 · 관리될 수 있는 인적 자원의 긍정적인 강점들과 심리적 역량들에 대한 응용 연구로 정의할 수 있다. 긍정조직행태는 긍정심리학(positive psychology)에 토대를 두고 있다(이동섭 외, 2009; 이지영 · 김명언, 2008).[2] 긍정심리학은 인간의 삶의 질을 향상시키고 삶이 황폐하거나 무의미할 때 일어날 수 있는 병리들을 예방하는 긍정적인 주관적 경험, 긍정적 개인의 특질(기질), 긍정적 제도들에 대한 과학적 연구이다(Seligman & Csikszentmihalyi, 2000; Luthans, 2002a; 2002b; Nelson & Cooper, 2007). 긍정조직행태는 긍정심리학의 접근법을 조직행태적 차원으로 확대시킨 것이다.

긍정조직행태 연구는 조직구성원의 행태 개선과 탁월한 성과에 영향을 미치는 조직의 긍정적 요인의 효과적 관리와 개발(Luthans, 2002a; 2002b) 및 조직성과와 효과성에 긍정적 영향을 미치면서 모든 조직에서 공통적으로 발견되는 보편적 긍정성을 전제로 한다(Cameron, 2003; Park & Peterson, 2003; Pratt & Ashforth, 2003). 또한 긍정조직행태 연구는 조직구성원의 긍정적 강점에 자기효능감, 복원력, 희망, 낙관, 몰입 등의 개발을 통해 일하고자 하는 동기를 부여하고, 나아가 조직의 목표달성과 연계시키기 위한 조직긍정성 개발 전략을 연구하는 데 있다.

2) 긍정심리학은 질병모델과 병리학적 관점에 근거하여 심리적 문제를 초래하는 실체나 결함, 인간의 약점(weakness)과 취약점(vulnerability) 등을 개선 · 제거하기 위한 전통적인 심리학의 주요 접근 방법의 한계점을 지적하고, 강점(strengths), 복원력(resilience), 안녕(well-being), 번영(prosperity) 등을 개발 · 확대시키고자 하는 긍정적 접근방법을 강조한다(Diner, 2000; Peterson, 2000; Snyder, 2000; Luthans, 2002a). 긍정심리학의 주요 연구주제는 ① 행복감, 안락감, 만족감, 사랑, 친밀감 등과 같은 긍정적 정서, ② 자신과 미래에 대한 낙관적 생각과 희망, 열정, 활기, 확신 등을 의미하는 긍정상태(positive states), ③ 일시적인 심리상태가 아닌 지속적으로 나타나는 긍정적 행동양식, ④ 탁월한 성품과 덕목을 의미하는 긍정특질(positive traits), ⑤ 구성원의 행복과 자기실현을 지원하는 행복하고 건강한 가족, 학교, 직장 및 지역사회를 중심으로 한 긍정제도(positive institutes) 등이다(권석만, 2008).

4. 긍정조직행태 연구의 특성

긍정조직행태 연구의 특성으로는 루탄스와 아볼리오(Luthans & Avolio, 2009)가 제시한 전체론적 접근방법의 강조, 변화 및 개발 가능한 유사상태(state-like)의 강조, 개인의 긍정적 자기개발도 탁월하고 높은 조직성과로 이어져야 한다는 성과 중심의 관점 강조를 들 수 있다.

첫째, 긍정조직행태는 전체론적 접근방법을 강조한다. 이는 부정적 행태에 초점을 둔 전통적 조직행태 연구가 잘못되었다고 주장하지 않으면서, 지나치게 부정적 관점에 편향되어 있는 연구경향에서 벗어나 전체론적 관점에서 균형잡힌 조직행태 연구가 필요하다는 것을 강조하기 위한 것이다(Luthans, 2002a).

둘째, 긍정조직행태는 비교적 잘 변하며 개발될 수 있는 상태(state-like)[3]라 할 수 있는 효능감(efficacy), 희망(hope), 복원력(resilience) 및 낙관주의(optimism)와 지혜(wisdom), 감사(gratitude), 용서(forgiveness) 및 용기(courage) 등과 같은 긍정적 요소들을 연구한다(Luthans et al., 2007a).

셋째, 긍정조직행태는 조직의 성과향상과 관련된 연구에 초점을 둔다. 이는 개인의 발전, 행복과 안녕 등과 관련된 긍정적 자기개발과 관련된 것도 조직의 성과에 직·간접적으로 어떤 영향을 미치는지 등을 연구하는 데 초점을 둔다는 의미이다.

5. 긍정조직행태의 연구주제

긍정조직행태의 연구주제는 개인, 집단, 조직 등 조직의 모든 수준에서 나타나고 있다.[4]

---

3) 유사상태(state-like)는 심리학이나 기존 조직행태 연구에서 논의되던 고정적이고 변화가 어려운 개인의 기질(trait)이 아닌, 교육·훈련 등을 통해 개발이 가능한 비교적 잘 변화하는 것을 의미한다. 그러므로 유사상태란 잘 변하지 않는 유사기질(trait-like)에 비해서는 변화와 개발 가능성이 높은 상태를 의미한다.

4) 아래에서 거론되는 각 수준별 연구주제에 대한 연구들은 김대건(2011), 김대건·김동철(2014)의 연구에서 상세히 소개되고 있다.

1) 개인 수준

개인 수준의 연구주제는 개인의 자기효능감, 희망, 복원력, 낙관주의 등을 중심으로 한 심리적 자본(psychological capital)과 심리적 자본의 개발(psychological capital intervention: PCI) 등이 있다.

또한 진성 리더십(authentic leadership)과 심리적 주인의식(psychological ownership)과 같은 연구도 중요한 주제이다. 변혁적 리더십과 심리적 자본, 혁신성향, 직무만족, 조직시민행동과의 관계도 개인 수준에서의 긍정조직행태의 주요 연구주제이다. 이외에 친절, 창의성 및 너그러움 등과 같은 개인의 긍정적 특성, 긍정적 감정, 심리적 안녕 및 몰입 등도 개인 수준의 연구주제이다.

2) 집단 수준

집단 수준의 연구는 개인 수준의 연구에 비해 활발하지 못하나 최근 집단 효능감, 집단 복원력 및 집단 낙관주의 등을 중심으로 한 집단 심리적 자본과 집단 심리적 주인의식 등과 같은 주제가 다루어지고 있다. 또한 긍정적 사고를 강조하는 긍정적 팀과 집단 심리적 안녕 등과 같은 주제도 집단 수준의 연구주제이다.

3) 조직 수준

조직 수준의 연구주제는 조직구성원들의 긍정적 행태를 촉진할 수 있는 긍정적 조직문화와 조직의 지지적 분위기 등과 조직효능감, 긍정적 비전과 미션, 긍정적 조직 및 정서적으로 건강한 조직 등이 있다.

6. 공공조직과 긍정조직행태 연구

긍정조직행태의 연구는 공공조직에도 적용될 수 있다. 공공조직은 조직구성원의 헌신과 봉사를 이끌어 내어 조직환경 변화에 적극적으로 대응하기 위해 수많은 노력을 해왔으나 여전히 낮은 성과, 조직갈등, 조직실패 등의 문제를 극복하지 못하고 있다. 그 이유는 다음과 같다.

표 6-1 긍정조직행태(POB) 연구주제

개인(Individual)	집단(Group)	조직(Organization)
• 심리적 자본(자기효능감, 희망, 복원력, 낙관주의) • 진(정)성 리더십(투명성, 도덕성, 균형된 프로세스, 자기의식) • 심리적 주인의식(자기효능감, 책임감, 소속감, 자아정체성) • 긍정적 특성, 긍정적 감정 • 심리적 안녕 • 몰입	• 집단 심리적 자본(집단효능감, 집단복원력, 집단낙관주의) • 긍정적 팀(공유된 정신, 리더에 대한 모방) • 집단 심리적 주인의식 • 집단 심리적 안녕	• 조직효능감 • 긍정적 조직(조직에서의 철학과 관리적 가치) • 긍정적 비전과 미션 • 긍정적 조직문화 • 정서적으로 건강한 조직

출처: Yamamarino et al.(2008); 김대건(2011); 김대건 · 김동철(2014).

첫째, 신공공관리기법 등을 비롯하여 다양한 혁신적 공공조직 관리방안이나 기법들을 도입하여 적용하였으나 구성원의 행복과 자기실현을 지원하는 긍정제도(positive institutes) 및 긍정적 조직문화 등 조직건강성의 측면을 소홀히 하였다.

둘째, 공공조직은 법적 권위에 바탕을 둔 경직적인 관료제적 특성을 지닌다. 이로 인해 법적 테두리에서 주어진 업무를 수행하는 공공조직 구성원 개개인의 창의적이고 도전적인 행태를 기대하기 어려운 측면이 있다. 이런 이유로 공공조직의 개개인은 자기효능감 또는 자신감, 낙관적 행태, 희망, 문제를 극복할 수 있는 조직구성원의 긍정적 형태 측면을 소홀히 하였다.

셋째, 공공조직은 민간조직과 달리 채용 시 직무적성평가와 같은 개인의 행태적 특성이나 기질에 대한 평가가 이루어지지 않고, 개인의 성과평가에 따른 인사관리가 용이하지 않으며, 안정적인 신분보장 등으로 인해 심리적 주인의식을 갖게 하는 데 어려움이 있다. 이런 이유로 공공조직 구성원의 권태, 사기저하, 무기력, 주인개념의 모호성에서 발생하는 대리인 문제, 주인의식 결여 등과 관련된 부정적 조직행태를 해소하는 데 미흡하였다.

따라서 <표 6-1>에서 제시한 연구주제를 중심으로, 공공조직에서도 개인 · 집단 · 조직 수준의 다양한 긍정행태 연구를 통하여 공공조직의 행태를 개선하고 탁월한 성과가 도출되도록 하여야 한다.

제 2 절 새로운 조직행태 연구 모형

이 절에서는 제1절에서 제기한 문제, ① '조직의 부정적 행태제거와 해소에 초점을 둔 전통적 조직행태 연구는 탁월한 조직성과 창출과 그것을 지속가능하게 유지할 수 있는 조직의 긍정적 행태를 볼 수 있는 관점을 제공하고 있는가?', ② '병리학적 관점에 기초한 부정적 행태의 제거가 긍정적 조직행태의 발현으로 이어지는가?'를 해결하기 위하여 새로운 조직행태 연구 모형으로서 '이원모형'을 논한다.

1. 전통적 조직행태 연구 모형: 일원모형

전통적 조직행태 연구는 [그림 6-1]과 같이 일원모형에 기초하고 있다. 왜냐하면 전통적 조직행태 연구는 조직의 부정적 행태제거가 바로 조직의 긍정적 행태로 이어지는 것을 전제로, 조직의 부정적 행태를 적절히 처방하면 조직의 긍정적 행태로 변환된다고 보기 때문이다. 그러나 [그림 6-1]의 일원모형의 치명적인 한계는 조직의 부정적 행태의 제거가 어떻게 긍정적 행태로 변화되는지에 대한 치밀한 논의가 없다는 점이다.

그림 6-1 전통적 조직행태 모형(일원모형)

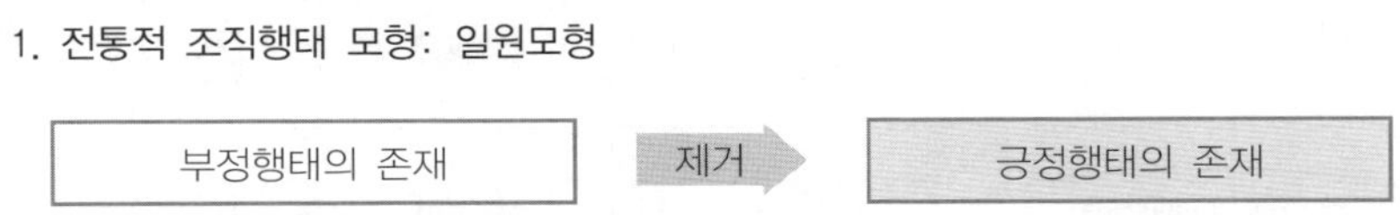

출처: 김대건(2011); 김대건 · 김동철(2014).

2. 새로운 조직행태 연구 모형: 이원모형

조직행태의 이원모형([그림 6-2] 참조)은 일원모형과는 달리 '부정적 행태의 존재'를 제거한다고 해서 '긍정적 행태의 존재'로 이어진다고 보지 않는다.[5] 다시 말하면, 부정적 행태의 제거는 부정적 행태의 부재 상태에 머무는 것일 뿐 높은 수준의 조직성과와 효과성을 낼 수 있는 긍정적 행태의 존재와 긍정적 행태로의 질적 변화로 바로 이어지지 않는다고 보는 것이다. 부정적 행태들이 없거나 부정적 행태가 더 이상 확대되지 않는 것만으로는 자동적으로 조직의 긍정적 행태로 이어지지 않는다.

[그림 6-2]의 이원모형은 부정행태제거모형과 긍정행태개발모형을 결합한 모형이다. 부정적 행태의 제거는 개인, 집단 및 조직 수준에서 조직의 성과와 효과성을 저해할 수 있는 부정적 행태에 대한 진단과 조직적 개입을 통해 해당 행태를 제거함으로써 '부정의 부재(the absence of the negative)'상태를 만드는 것이다. 부정행태제거모형은 병리학적 관점을 바탕으로 조직의 병리적 문제해결을 강조하는 질병모델(disease model)에 초점을 두고 조직의 낮은 성과 상태를 벗어나려고 하는 소극적 관점을 강조하는 모형이다. 이는 낮은 성과, 낮은 동기, 조직구성원의 불안, 직무이탈 등과 같은 부정적 행태를 연구하여 낮은 성과, 낮은 동기, 심리적 스트레스, 직무불만족 등 조직행태의 역기능 해소에 초점을 둔다.

한편, 긍정행태개발모형은 개인, 집단 및 조직의 긍정적 행태를 개발하여 '긍정행태의 존재(the presence of the positive)'상태를 만드는 것을 강조하는 모형이다. 즉, 긍정적 행태의 개발을 통해 조직의 높은 성과와 효과성을 창출해 내려고 하는 적극

그림 6-2 새로운 조직행태 연구 모형: 이원모형

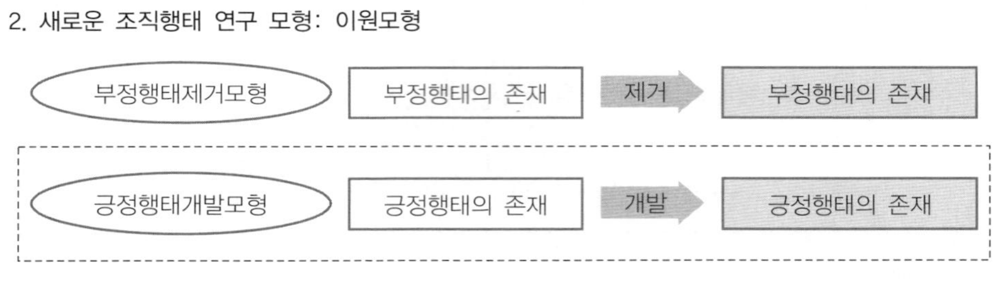

출처: 김대건(2011); 김대건 · 김동철(2014).

5) 이원모형은 전통적 조직행태 연구의 관점을 극복하기 위해 새롭게 제시되는 모형이다. 전통적 조직행태 연구 모형을 '일원모형'으로 칭하고, 긍정조직행태 연구의 관점을 지닌 조직행태 연구의 새로운 모형을 '이원모형'으로 명명한다. 새로운 조직행태 연구 모형이 이원모형이라는 것은 전술한 전통적 조직행태 연구 모형을 일원모형으로 명명하였기 때문에, 두 개의 모형을 구분하기 위한 것이다.

적 관점을 강조하는 모형이다. 하지만 이원모형은 부정행태제거모형과 긍정행태개발 모형을 단절적인 것으로 보지 않는다. 부정행태의 제거와 긍정행태의 개발은 동시에 이루어진다. 다만 이원모형은 부정행태제거와 긍정행태개발을 개념적으로 구분하지 않아 발생하는 문제점을 지적하고 조직성공을 위한 조직긍정성 관점에서의 조직연구와 조직관리를 강조하는 동시에 조직행태 연구에서 부정적 행태 및 긍정적 행태를 균형있게 바라볼 수 있는 전체론적 관점을 제공하기 위한 것이다.

[그림 6-2]의 이원모형에서 논의되는 부정행태제거와 긍정행태개발에 대한 내용을 정리하면 <표 6-2>와 같다.

표 6-2 이원모형의 부정행태제거와 긍정행태개발 내용 비교

구 분	부정행태제거	긍정행태개발
목표	• 부정의 부재(the absence of the negative)	• 긍정의 존재(the presence of the positive)
학문적 토대	• 심리학, 병리학	• 긍정심리학, 조직건강성, 조직긍정성
접근법	• 질병모형, D접근법	• 개발모형, 긍정적 강화모형
주요 요인	• 불만족, 역기능, 갈등, 이직, 소진, 목표모호성, 불확실성, 스트레스, 부정적 정서	• 심리적 자본, 진성 리더십, 심리적 주인의식, 심리적 안녕, 긍정적 조직문화, 신뢰, 조직공정성, 조직시민행동, 조직지원인식

출처: 김대건(2011); 김대건 · 김동철(2014).

제 3 절 긍정조직행태의 주요 요인

1. 진성 리더십

진성 리더십(authentic leadership)은 조직구성원의 자기인식, 내재화된 도덕적 관점, 균형된 프로세스, 관계적 투명성 등을 보다 발전시켜 조직의 긍정적 · 도덕적 분위기를 만들어내고 증진하는 리더의 행동 양식이라 할 수 있다(Walumbwa et al., 2008; Avolio & Gardner, 2005). 그리고 진성 리더란 자신이 어떻게 행동하고 생각하는지 충분히 지각하며, 자신감 있고 희망적이며, 낙관적이고 복원력이 높으며, 높은 도덕적 특성을 지닌 리더이다.

진성 리더십의 개념은 진정성(authenticity)의 개념에 기초하여 정의할 수 있다. 진정성은 한 개인이 자기 스스로를 알고, 자기 내면의 생각과 감정 및 가치관 등에 일치되도록 행동하는 것을 의미한다. 그러므로 진성 리더십은 리더의 신념, 가치 및 긍정적 역량을 바탕으로 조직구성원에 대한 긍정적 영향을 중시하고, 리더의 깊은 자아인식에 초점을 두며, 리더가 보여주는 원칙, 가치 및 도덕적 윤리 등의 행태를 통해서 조직구성원들을 변화시키는 것을 강조한다.

진성 리더십은 미국 네브라스카-링컨 대학 갤럽 리더십 연구소(Gallup Leadership Institute)에서 변혁적 리더십과 윤리적 리더십을 바탕으로 사회와 조직구성원으로부터 존경과 신뢰를 받을 수 있는 리더십 개발에 대한 연구에서 시작되었다. 진성 리더십은 긍정심리학, 긍정조직행태(POB), 변혁적 리더십(transformational leadership), 전범위 리더십(full-range leadership), 윤리적·도덕적 관점수용(ethical/moral perspective-taking) 등과 같은 이론적 논의들을 통합하려는 노력을 통해 발전되었다. 진성 리더십은 긍정조직행태 연구의 중요한 요소로서 심리적 자본과 같은 조직의 긍정적 측면을 강조한 각종 변수들과 함께 연구되었다.

진성 리더십의 구성요인은 자기인식, 투명성, 도덕성, 균형된 프로세스 등이다. 가장 핵심적 요인인 자기인식(self-awareness)은 리더가 조직구성원들이 그들의 리더십을 어떻게 인식하는가에 더하여 그들의 강점, 약점 및 동기에 대해 이해하는 것을 의미한다. 리더의 자기인식은 진성 리더십에 있어 가장 핵심적 요소이다. 자기인식은 리더가 자신을 둘러싸고 있는 상황 속에서 자신의 존재를 인식할 때 발생하며, 리더 자신의 독특한 재능, 강점, 목적의식, 핵심 가치, 지식, 경험, 역량, 신념 및 욕구 등을 지속적으로 이해하고자 하는 행태이다(Silvia & Duval, 2001; Ilies et al., 2005).

도덕성은 리더가 동료, 조직 및 사회적 압력 등과 같은 외부적 압력에 근거하기보다는 내적인 도덕적 기준과 가치 등에 따라 행동하는 것을 의미한다. 또한 진성 리더가 도덕적 이슈들에 대해서 고심하고 진실하고 지속적인 도덕적 행동을 취하기 위해 윤리적 역량, 효능감, 용기 및 복원력 등을 개발하고 이들을 활용하는 윤리적인 행태를 의미한다(Ryan & Deci, 2003; May et al., 2003; Avolio & Gardner, 2005).

투명성(transparency)은 조직구성원과 정보를 공유하고, 리더의 실제 생각과 감정의 표현을 통해 신뢰를 증진시키는 것을 의미한다. 또한 단순히 다른 조직구성원들을 기쁘게 하거나, 보상의 획득 또는 처벌의 회피를 위한 행동이 아니라 리더의 가치 및 선호에 따른 필요한 행동을 나타내는 것을 의미한다(Kernis, 2003; Avolio et al., 2004).

균형된 프로세스(balanced processing)는 리더가 의사결정을 하기 전에 적절한 모든 자료들을 객관적으로 분석하고, 조직구성원들로부터 의견을 구하며(Gardner et al., 2005), 리더 자신의 입장과 반대되는 의견을 수렴하고 주요 의사결정과 관련된 자료와 다양한 의견을 충분히 검토하는 것을 의미한다. 이러한 균형된 프로세스는 긍정적 모델링(positive modeling)을 통해 조직구성원의 행태에 긍정적 영향을 미친다.

2. 심리적 자본

긍정조직행태의 가장 핵심적인 주제인 심리적 자본(psychological capital)은 경제적 자본, 인적 자본(지적 자본), 사회적 자본 등과 같은 자본의 개념을 넘어 확장하려는 시도로 시작되었다(이병철 · 이채익, 2009). 자기효능감, 희망, 복원력, 낙관주의 등과 같은 개인의 심리적 강점을 바탕으로 조직의 목표를 달성하고 성과를 향상시킬 수 있는 긍정적 심리 상태를 자본으로 개념화한 것이다. 심리적 자본은 '긍정적 개발에 의해 변화될 수 있는 유사상태(state-like)'에 관심을 둔다(Luthans, 2002a; 2002b).

심리적 자본은 조직 자본의 문제, 경로의존성, 일탈에 대한 통제, 실패와 성공의 왜곡 등과 같은 공공조직의 문제를 긍정적으로 탐색하고(Luthans & Luthans, 2004; Luthans et al., 2006; Avey et al., 2008), 조직구성원이 현재 주어진 직무에 자신감과 도전정신을 갖고 쉽게 좌절하지 않으며 낙관적으로 상황을 전망하고 문제해결을 위한 다양한 대안을 탐색하도록 도와준다(Luthans et al., 2008).

심리적 자본은 다음과 같은 강점을 갖는다. 첫째, 양의 지배를 받는 경제적 자본과 달리 심리적 자본은 양적인 한계가 존재하지 않는다. 긍정적 심리 상태에 기반을 둔 심리적 자본은 지속적으로 확대될 수 있다. 둘째, 경제적 자본과 사회적 자본 등의 자본들에서 나타날 수 있는 배타성으로 인한 경쟁 또는 불평등의 문제가 발생하지 않는다. 심리적 자본이 강조하는 긍정적 요소들은 개인, 집단 또는 조직 간의 경쟁이나 불평등을 야기하지 않는다. 오히려 집단 및 조직수준에서 심리적 자본이 강조되고 개발될 경우 구성원들 간의 시너지 효과로 인해 심리적 자본은 더욱 커질 수 있다. 셋째, 개발에 있어 많은 비용과 시간이 소요되며 즉각적인 성과로의 전환이 어려운 인적 자본과 달리, 심리적 자본은 비교적 잘 변하며 개발될 수 있는 상태(state－like)의 특성을 가지고 있기 때문에 교육과 훈련에 따른 개발이 용이하다.

심리적 자본의 구성요인은 ① 도전적인 업무를 성공시킬 수 있다는 자기효능감(self－efficacy), ② 현재와 미래의 성공에 대한 긍정적 귀인을 하는 낙관주의(optimism), ③ 목표를 향해 인내하고, 필요한 경우 성공을 위하여 다른 방법을 선택하는 희망(hope), ④ 문제와 역경으로 인하여 고통받을 때 목표를 달성하기 위하여 지탱하고 회복하거나 극복하는 능력인 복원력(resilience) 등과 같은 조직구성원의 긍정적 심리상태 등이다(Luthans et al., 2007a; 2007b; Luthans & Avolio, 2009).

표 6-3 자본개념의 확장

경제적 자본		인적 자본		사회적 자본		심리적 자본
What you have		What you know		Who you know		Who you are
– 재정(finances) – 유형자산 (tangible asset)	⇨	– 경험(experience) – 교육(education) – 기술(skills) – 지식(knowledge) – 아이디어(idea)	⇨	– 관계(relationships) – 접촉의 네트워크 (network of contact) – 친구(friends)	⇨	– 자기효능감 (self–efficacy) – 희망(hope) – 복원력(resilience) – 낙관주의(optimism)

1) 자기효능감

자기효능감(self－efficacy)은 주어진 상황에서 특정 목표를 성공적으로 수행하는 데 필요한 동기부여, 인지적 자원의 동원, 행동 등을 할 수 있는 자신의 능력에 대한 확신이나 믿음이다(Bandura, 1997; Stajkovic & Luthans, 1998b).

자기효능감은 개인이 가진 능력에 대한 긍정적 평가, 긍정적 선택, 동기부여 노력, 인내 등을 이끌어내며, 긍정적 효능감과 높은 자신감은 긍정적 사고 패턴과 스트레스에 대한 저항능력에 직접적으로 영향을 준다. 또한 자기효능감은 개인성과, 조직몰입, 이직의도 및 조직효과성 등에 긍정적 영향을 미치지만(Stajkovic & Luthans,

1998a; Luthans & Youssef, 2004), 목표달성을 위한 선택과 노력 이전 단계에서도 긍정적 영향을 미친다(Luthans, 2002a). 자기효능감을 경험하게 되면, 이전에 경험한 유사한 일이 일어나거나 닥칠 경우 적극적으로 한번 해 보겠다는 의지가 발생하게 된다.

자기효능감 개발은 직접적 경험(mastery experience), 성과달성(performance attain-ments), 긍정적 간접경험(vicarious positive experience), 대리학습(vicarious learning), 모델링(modeling), 사회적 설득(social persuasion) 및 생리적·심리적 자극 등과 같은 다양한 방법 등에 의해 개발된다.

2) 희 망

희망(hope)은 목표를 직접 추구하고자 하는 의지(will-power)이며, 목표가 달성될 수 있다는 믿음이 긍정적으로 동기부여 된 상태로 정의될 수 있다(Snyder, 2002; Avey et al., 2008). 일반적으로 희망 수준이 높은 사람은 목표에 대한 신념이 강하고 도전적이고 진취적이며, 타인과의 상호작용을 즐기고, 쉽게 새로운 것을 받아들이며, 동료들과 협력적 관계를 유지하며, 스트레스 상황에 강하며, 환경변화에 보다 더 수용적이다. 또한 목표달성을 위한 다양한 방법을 모색하고, 장애물을 예측하고 만일의 사태에 대비한 계획을 준비할 수 있게 한다(Snyder & Lopez, 2000; Avey et al., 2006).

희망의 개발은 도전적인 목표를 설정하는 목표설정훈련(stretch-goal), 목표를 세분화한 후 단계적 기법(stepping method)을 통해 목표를 하나씩 달성해 나가는 훈련, 참여와 개입을 통한 몰입의 확보, 만일의 사태에 대비한 계획(contingency pl-aining), 난관에 직면했을 때 비현실적인 희망과 같은 헛된 고집을 인식하고 목표를 재설정하는 기술(skill of re-goaling), 중요한 사안에 대한 정신적 리허설(mental rehearsals)의 실행 등에 의해서 이루어진다. 또한 재정적 자원뿐만 아니라 권한, 권한위임, 정보, 커뮤니케이션 채널, 신뢰 등을 통해서도 희망은 강화된다.

3) 복원력

복원력(resilience)이란 역경, 불확실성, 갈등, 실패로 부터 되돌아 올 수 있는 또는 회복할 수 있는 긍정적 심리 역량이다(Luthans, 2002b). 복원력은 회복탄력성(resilience)이라고도 한다. 회복탄력성 개념은 1970년대 생태학 분야에서 논의되었다(경기개발연구원, 2013). 이후 조직학에서도 회복탄력성 또는 복원력을 중요하게 다루고 있는데, 이는 조직구성원이 자신이나 조직의 어려움을 극복하고 더 나은 상태로 회복할 수 있는 심리적 역량을 가져야 한다는 관점에서 다루어지고 있다. 복원력을 가진 조직구성원은 예상하지 못한 조직환경과 다양한 도전에 적극적으로 대응한다. 또한 복원력이 강한 개인은 역경과 어려움을 극복하고 성장할 수 있다.

복원력의 핵심은 위기로부터 회복하고 변화에 대해 긍정적으로 대응하고 적응하는 것이며(Masten & Reed, 2002), 복원력에서 의미하는 회복이란 단지 이전 상태로의 복귀가 아닌 보다 높은 수준의 성과로 나아가고, 삶의 과정 속에서 의미와 가치를 발견하는 것을 의미한다(Luthans & Youssef, 2004).

복원력의 개발은 위험과 스트레스 요인들을 감소시키는 데 초점을 둔 위기중심전략(risk－focused strategies), 긍정적 산출물에 대한 개연성을 높일 수 있는 자원에 대한 강조와 확대에 초점을 둔 자원중심전략(asset－focused strategies), 새로운 사건에 대한 유연하고 신속한 대응을 위해 전략적 계획의 수립과 조직학습 등에 초점을 두는 프로세스 중심전략(process－focused strategies) 등에 의해서 이루어진다.

4) 낙관주의

낙관주의란 목표달성이 긍정적으로 이루어질 것이라고 믿는 것으로, 목표달성 실패와 같은 부정적인 것은 일시적이며 특수한 것으로 귀인(attribution)하는 것을 말한다. 낙관주의는 목표추구에 대해 동기를 부여하고 미래에 대해 대응하는 긍정적 기대를 형성한다(Carver & Scheier, 2002; Luthans & Youssef, 2007). 이러한 낙관주의는 개인성과, 직무만족, 행복, 경력개발 등에 긍정적 영향을 미친다(Higgins et al., 2010). 낙관주의자는 보다 열심히 일하는 동기가 쉽게 부여된다. 또한 높은 수준의 열망을 갖고 목표를 설정하며, 난관과 장애에 직면했을 때 인내하며, 실패를 극복하고 바로 회복한다. 따라서 낙관적인 조직구성원들은 과거의 문제나 실패와 상관없이 긍정적 기대를 바탕으로 지속적으로 발전할 수 있다.

낙관주의는 과거에 대한 관용, 현재에 대한 감사, 미래 기회에 대한 탐색, 현실적이고 유연한 시각 등에 의해서 개발된다. 개발되어진 낙관주의는 자신의 통제 범위 밖에 있는 비우호적인 상황 조건을 탓하거나 자신의 상황을 누군가의 탓으로 돌리는 비관주의를 현실적이고 건강한 긍정주의로 전환하는 데 도움을 준다(김주환, 2011).

그러나 낙관주의와 비현실적 낙관주의는 혼동하지 말아야 한다. 비현실적 낙관주의는 긍정의 오류를 낳게 할 수 있다. 비현실 낙관주의의 예로는 흡연을 하면서 '난 괜찮을거야'라고 생각하며 건강관리를 안 하는 것을 들 수 있다. 긍정의 오류를 낳게 하는 비현실적 낙관주의가 아닌 건강한 긍정주의가 필요하다. 현실을 굉장히 객관적으로 파악하면서도 희망을 잃지 않은 것이 건강한 긍정주의이다(김주환, 2011).

3. 심리적 주인의식

심리적 주인의식(psychological ownership)은 조직구성원의 조직에 대한 소유감 또는 조직의 일부가 자신의 것이라고 느끼는 감정, 의식, 사고 및 신념을 의미한다(Pierce et al., 2003). 또한 조직구성원이 갖게 되는 공식적·물리적 소유가 아닌, 조직에 대해 오랜 관심과 책임감을 가짐으로써 느끼게 되는 것을 의미한다(O'Reilly, 2002; Avey et al., 2009).

심리적 주인의식의 구성요인은 책임감, 소속감, 자기정체성 등이다. 심리적 주인의식은 조직구성원이 자발적으로 희생하거나 위험을 수용하게 하며(Pierce et al., 2003), 조직변화에 대한 긍정적 태도를 취하도록 만들어 준다(이봉세, 2005).

심리적 주인의식에 대한 연구는 경제적 보상에 근거한 조직성과 개선의 한계를 극복하고, 조직구성원이 자신이 속한 조직을 자신의 것처럼 느끼는 상태를 통해 조직성과를 향상시킬 수 있다는 관점에서 시작되었다.

4. 조직건강성

국제보건기구는 건강을 질병이 없는 것뿐만 아니라 신체적, 정신적, 사회적인 안녕(well-being) 상태로 정의한다. 이러한 건강의 개념을 조직으로 확대하면 조직건강성(organizational health)은 역기능적 조직행태의 결여뿐만 아니라 조직구성원의 신체적, 정신적, 조직의 안녕의 상태와 조직구성원의 성장과 개선에 대한 잠재성으로 정의할 수 있다(Ryff & Singer, 1998; Quick & Quick, 2004; Wright & Quick, 2009b).

조직이 건강하다고 하는 것은 단순히 조직의 문제만 해결하고, 문제가 없거나 문제가 없는 상태 또는 조직의 병리현상(pathology), 역기능(dysfunction) 혹은 조직의 질병(disease 혹은 sickness)이 없는 상태를 넘어 조직구성원의 긍정적인 주관적 경험, 긍정 조직의 특질, 조직시민행동이 발휘될 수 있는 좋은 제도가 갖추어져야 한다는 의미이다. 조직이 건강해지기 위해서는 질병모델에 기초하여 조직체의 부정성을 제거하는 접근하는 것에서부터 조직체의 강점, 복원력, 안녕(well-being), 번영 등 조직체의 긍정성을 개발하고 확대시키고자 하는 관점을 가지는 것이 중요하다.

사례 6-1 조직건강성이 필요한 이유는?

1) 건강한 조직문화 조성 선포

○○○○○연구원은 지난 11일 임직원이 참석한 가운데 '인권경영 및 갑질근절 선포식'을 개최했다. 이번 선포식에서 연구원은 '사람을 먼저 생각하는 인권경영' 의지가 담긴 '인권경영헌장'을 선포하는 한편, 불공정 갑질 근절, 청렴한 조직문화 조성에 대한 임직원의 의식을 환기하는 기회를 가졌다.

'인권경영헌장'에는 인권규범 준수, 노동원칙 준수 등 8개 선언이 포함되었다. 연구원은 지난 9월부터 매월 11일을 '상호존중의 날'로 지정하는 등 서로 배려하는 건강한 조직문화 조성을 위해 힘쓰고 있다. (이하 생략).

출처: 파이낸셜 뉴스(2019.11.20)

2) 건강한 조직문화 위해 … 임직원 건강부터 챙겨요

○○○○○가 올해 2월부터 진행하고 있는 '조직건강(OH) 프로젝트'를 소개하고 싶습니다. ○○○○○ 임직원들은 건강한 조직을 조직운영방식을 개선하고 직원들을 위한 명확한 방향을 설정하며 책임감과 기술·능력을 개발할 수 있는 환경, 당면한 도전과제에 대응하고 향상시키는 곳으로 의견을 모았습니다. 이렇게 함께 정한 건강한 조직에 대한 정의를 바탕으로 ○○○○○ 임직원들은 ▲명확하고 설득력 있는 방향 설정, ▲실행 엔진

수립, ▲엑설런스 강화, ▲변화와 혁신 개선이라는 대주제를 두고 건강한 조직문화를 만들어가고 있습니다. ○○○○○ 임직원들은 매월 본부별로 조직건강 미팅을 진행합니다. 이후 각 본부 대표자들이 모인 OH TF에서 주요 의견과 아이디어를 공유하고 각 본부 의견을 자유롭게 나누며 필요한 경우 구체적이고 현실적인 방안을 회사에 전달해 실천합니다. (이하 생략).

출처: 원자력신문(2019.11.15)

3) '잠 못 드는 CEO들'… 한국 기업, 조직건강도 '적신호'

요즘 주위의 모든 것들의 변화가 참 빠르다. 흐름의 방향성과 속도는 각각 느끼기 나름이겠지만 변화하지 않으면 더 힘들어지거나 망할 것이라는 범용적인 예측에는 모두 공감하는 분위기다.

…(중략)… 대한상공회의소와 맥킨지가 2018년 실시한 '기업의 조직건강도 조사'를 보면 국내 기업 중 무려 77%에 달하는 기업의 조직건강도가 글로벌 평균 대비 많이 저조한 것으로 나타났다. 기업의 지속 성장과 비즈니스의 성과를 달성하기 위한 조직의 건강 수준이 이런 상태라면 매우 심각한 수준인 것은 틀림없다. 따라서 선제적으로 대책을 세워 나가는 것이 시급하다. 조직건강도와 관련된 조사를 좀 더 자세히 살펴보면 대상과 이슈의 관점에서 몇 가지 핵심을 발견할 수 있다. '사람'이 중심이 되어 문제들을 해결해야 한다는 것이다. 바로 기업의 임원과 리더들이 '총대'를 메고 조직을 이끌어야 하고 조직의 건강을 되찾기 위해 소명의식과 책임감을 가지고 리더십을 발휘해야 한다는 얘기다. 하지만 해당 조사가 실시된 2018년보다 현재 상황은 더욱 나빠졌다. 기업의 임원과 리더들은 더 많이 힘들어하고 있다. 만나는 모든 기업의 리더들마다 공통적으로 '아프고 어렵다'는 푸념을 늘어놓는다.

…(중략)… 조직의 관리자나 리더들이 정신적으로 혹은 물리적으로 아파 병원을 찾는 사례가 눈에 띄게 많아졌다는 것이다. 실제로 기업에서도 오죽하면 '명상'과 같은 '마음 관리' 프로그램이나 강의들을 준비하고 듣고 있겠는가. 이쯤 되니 마음 관리라는 단어가 조금은 서글프게 느껴지기도 하는 것은 필자만의 유치한 감성일까.

…(중략)… 그 중심에 요즘 유난히 아파하는 리더들이 있다. 이 리더들의 건강을 챙겨야 할 때다. 건강한 임원과 건강한 리더들이 있어야 승산이 있다. 물론 건강한 CEO는 두말할 필요도 없을 것이다.

출처: 한국경제매거진(2019.10.9)

사례 문제

1. 위의 사례 3개의 공통점은 무엇인지 찾아보고, 긍정조직행태의 어느 측면을 언급하는 것인지 논의해 보자.
2. 사례에서 보는 바와 같이 조직건강을 강조하는 이유는 무엇인지를 제4장 '동기부여'와 제5장 '스트레스'에서 다룬 내용을 접목하여 논의해 보자.
3. 제13장 '조직문화'를 학습하고 난 뒤 사례에서 강조하는 건강한 조직문화와 조직건강성의 관계를 논의해 보자.
4. 위의 사례를 기초로 조직구성원들의 심리적 자본—자기효능감, 희망, 복원력(회복탄력성), 낙관주의—의 중요성에 대해 논의해 보자.

토론 과제

1. 긍정조직행태론이 등장한 이유에 대해 토론해 보자.
2. 긍정조직행태 연구의 특성을 토론해 보자.
3. 긍정조직행태 연구주제를 개인, 집단, 조직의 수준으로 구분하여 토론해 보자.
4. 전통적 조직행태 연구 모형(일원모형)과 새로운 조직행태 연구 모형(이원모형)의 차이점을 토론해 보자.
5. 다양한 조직의 행태를 연구하고자 할 때 긍정조직행태의 이원모형은 어떤 연구 관점을 제시해 주는지, 그리고 그 모형의 유용성은 무엇인지 토론해 보자.
6. 조직긍정성과 조직건강성을 회복해야 하는 이유에 대해 토론해 보자.
7. 본인 또는 내가 속해 있는 조직의 심리적 자본은 어느 정도인지 토론해 보자.

제 3 편

집단과정과 행태

Organizational Behavior

제7장

집단과 팀

지금까지 우리는 개인적 차원에서 조직행태에 영향을 줄 수 있는 다양한 요소들을 학습했다. 이 장은 학문적 관심을 집단수준으로 옮겨 조직구성원들 간의 관계와 행태를 학습한다. 집단은 실천적으로나 학문적으로 유용성이 두드러진다. 조직목표달성을 위한 대부분의 조직 활동이 집단을 통해 이루어지고, 학자들 또한 규모의 유용성으로 인해 집단연구를 선호한다.

이 장은 먼저 집단의 형성 이유와 의미, 유형 등 집단을 이해하는 데 필요한 기초지식을 학습한다. 이어서 집단성과에 영향을 주는 핵심변수들을 집단구성원들의 개인적 특성, 집단발달 단계, 집단의 구조 및 행태적 특성, 그리고 집단을 둘러 싼 상황적 요인 등 네 가지 차원에서 검토한다. 마지막으로, 이 장은 집단의 유형 가운데 가장 많은 주목을 받고 있는 팀을 보다 자세히 검토한다. 팀이 유행하는 이유와 팀의 전형적 유형을 살펴보고, 적절한 팀을 형성하고 효율적으로 운영하는 데 필요한 조건들을 확인하며, 팀을 정부조직에 적용할 때 주의할 점과 문제점 등을 논한다.

제 1 절 집단의 이해: 의미와 유형

집단은 조직활동의 근간을 이룬다. 조직 내 일상적 활동이 대부분 집단을 통해 이루어지고, 조직의 목표달성을 위한 구성원들의 활동 또한 집단에 의해 많은 영향을 받는다. 더 나아가 집단은 모든 사회에 편재하면서 개인과 사회를 연계하는 매개기능을 수행한다.

이처럼 집단이 지닌 편재성과 조직성과에 미치는 영향에도 불구하고, 집단에 대한 보편적 정의는 기대하기 어렵다. 학자들마다 연구 목적에 따라 강조하는 부분이나 접근방식이 조금씩 다르기 때문이다. 그럼에도 불구하고 학자들의 정의 속에는 몇 가지 공통된 속성이 발견된다. 동료 구성원들에 대한 인지, 구성원들 간의 상호작용, 존속의 영속성, 그리고 역할, 규범, 목표 같은 조직적 특성들이 그것이다. 이런 요소들을 종합하면, 집단은 복수의 구성원들이 상호작용을 통해 공동의 목표를 추구해 나가는 결사체라 할 수 있다.[1)]

집단은 '형성 목적'에 따라 공식집단(formal group)과 비공식집단(informal group)으로 나뉜다([그림 7-1] 참조). 공식집단은 '조직'이 추구하는 목표를 달성하기 위해 만들어지는 집단이다. 구성원들이 담당해야 할 역할이나 준수해야 한 규범을 공식적으로 표방하고, 이런 요구조건에 순응토록 강제하는 제재수단을 지닌다. 그리고 실무적으로 직무집단, 팀, 위원회, 과제집단 등으로 불리나, 이론적으로는 명령집단(command group), 과제집단(task force), 그리고 팀 등으로 유형화된다.

명령집단은 종종 기능집단(functional group)이라 일컬어진다. 동일한 상관에게 보고를 하고 명령에 따르는 부하들로 구성된 계층집단이다. 이와 같은 상하 간 계층관계는 조직도표에서 잘 나타난다. 과제집단은 종종 프로젝트집단(project group)이라 일컬어진다. 명칭이 시사하듯 특정의 과제를 수행하기 위해 공식적으로 만들어진

---

1) 이런 정의는 우선 집단이 일반 군중처럼 단순한 사람들의 집합체와 다름을 보여 준다. 집단에서는 구성원들이 서로를 인지하고 상호작용을 하는 데 비해, 군중 속의 개인들은 이런 상호작용을 하지 않고, 집단을 구성하려는 의지도 없다. 그리고 군중은 영속성이 없고, 일정한 공동 목표가 달성되면 즉시 해체되는 것이 일반적이다. 더 나아가 상기한 정의는 집단이 보다 큰 규모의 조직과도 구분됨을 보여준다. 조직의 구성원들은 '우리(we)'라는 인식은 해도 모든 사람이 상호작용을 하지 않으며, 규모로 인해 다른 구성원들을 모두 알지도 못한다.

다. 집단이 수행하는 과제는 단기적 또는 장기적 일수 있다. 과제가 단기적일 경우, 집단은 과제 달성에 매진하고 과제가 완료되면 해체된다. 반면에, 과제가 장기적일 경우 과제나 문제에 대한 새로운 시각(관점)을 부여하기 위해 구성원들을 주기적으로 교체한다. 일례로, 특정문제 해결을 위해 만들어지는 상설위원회(standing committee)를 들 수 있다.

팀은 외형상 과제집단과 유사하다. 다만, 후술하는 바와 같이 팀이 여러 유형으로 존속하기에 획일적 비교는 불가능하다. 여기서는 일단 이해를 돕기 위해 팀과 과제집단의 차이를 보여 주는 두 가지 사례만 소개한다. 하나는 팀과 과제집단의 차이를 멤버십과 존속기간에서 찾는 사례이다(cf. Szilagyi & Wallace, 1990). 과제집단은 대개 단기적 과제를 다루는 데 비해, 팀은 비교적 장기적 과제를 다룬다는 것이다. 이런 관점에서 보면, 단기적 과제를 수행하기 위해 과제집단에 배치된 구성원들은 본연의 임무를 떠나 특정과제에 몰두하고, 과제가 해결되면 본연의 임무로 복귀하게 된다. 이에 비해 장기과제를 다루는 팀의 구성원들은 과제의 성격상 과제집단의 업무와 본연의 업무라는 두 가지 임무를 동시에 수행한다. 팀과 과제집단을 구분하는 또 하나의 사례는 구성원들 간 상호작용의 정도나 집단에 대한 헌신도로 구분하는 것이다(cf. George & Jones, 2005). 팀의 구성원들은 일반집단의 구성원들과 달리 상호작용을 빈번히 하고, 공동의 목표달성을 위해 긴밀히 협조하며 일한다는 것이다. 한마디로, 집중적 상호작용과 강한 헌신이 팀과 과제집단을 구분짓는 잣대인 것이다.

비공식집단은 조직목표를 추구하는 공식집단과 달리 구성원들의 사회적 욕구를 충족하기 위해 만들어진다. 본질적으로 자발적 · 감정적 · 주관적으로 형성되나, 때로

그림 7-1 집단의 유형

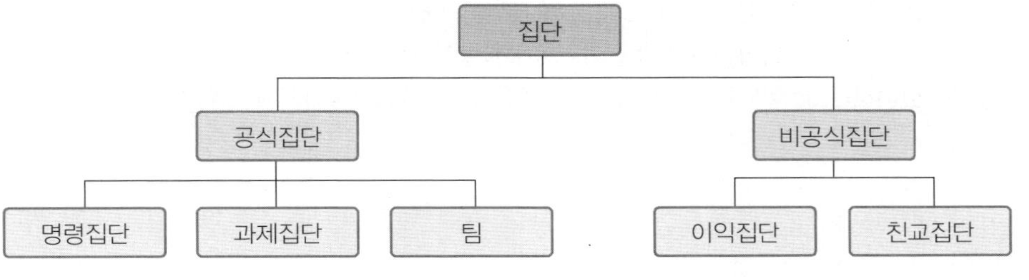

는 집단의 운영 및 유지를 위해 공식적 구조를 지닐 수 있다.

비공식집단에는 이익집단(interest group)과 친교집단(friendship group)이라는 두 가지 유형이 있다. 이익집단은 조직 내 다른 부서(집단)에서 근무하는 구성원들이 (조직목표와는 무관하게) 조직과 관련된 공통의 이익이나 관심사를 추구하기 위해 공동의 노력을 경주한다. 예컨대, 구성원들이 조직으로부터 자신들의 복지를 (즉, 휴가 일수의 확대, 업무 조건의 개선 등) 위해 무언가를 얻기 위해 공동으로 압력을 행사하는 것이다. 이익집단은 구성원들이 스스로 목소리를 내도록 도와주고, 때로는 공식집단(조직)의 변화를 위한 중요 계기를 제공할 수 있다. 친교집단은 동문회, 등산회, 낚시회 등 연령, 정치적 신념, 사회적 배경, 관심사 등에서 공통점을 지닌 사람들이 우정을 나누기 위해 만드는 집단이다. 이런 집단은 구성원들로 하여금 사회적 상호작용 대한 욕구를 충족하고, 때로는 직무만족을 제고하는 데 기여할 수 있다.

사례 7-1 공식집단과 비공식집단의 멤버십 중복

공식집단과 비공식집단은 종종 멤버십이 중복되는 경우가 있다. 예컨대, 조직 내 공식부서인 인사부서의 장이 일과 후에 비공식집단인 사내 골프 동호회의 리더로서 활동할 수 있다. 이런 현상이 과연 바람직한지에 대해 논란이 제기된다. 혹자는 공식 부서장의 사적(비공식적) 관계가 공적 업무를 보다 생산적으로 이끌 수 있는 원동력이 될 수 있다고 보는가 하면, 혹자는 이런 모임이 조직의 생산성을 저해하는 요인이 될 것이라 주장한다.

사례 문제

1. 우리나라 정부조직의 경우, 위와 같은 사례가 어떤 결과를 초래할 것이라고 보는가? 공무원들로 하여금 공사의 구분을 흐리게 하고 정실에 치우지게 할 가능성은 없는가?
2. 우리나라 공무원들은 유난히도 많은 비공식집단에 참여하고 있는 것으로 알려져 있다. 왜 이런 현상이 나타난다고 보는가? 공무원들이 자신들의 사회적 욕구를 충족하기 위해 참여하는가, 아니면 조직생활이나 생존에 필수적 활동이기에 참여하는가?

제 2 절 집단성과의 모형과 요인

1. 모 형

집단 중에는 비교적 성공적 집단이 있는가 하면 그렇지 못한 집단이 있다. 다양한 요인들이 이런 차이를 만드는 데 기여한다. 경험적으로, 이런 요인들은 크게 네 가지 변수로 — 즉, 구성원의 개인적 특성, 집단발달 단계, 상황적 요인, 그리고 집단의 구조 및 행태적 요인 — 나뉘어 논의될 수 있다. [그림 7-2]는 이런 변수들 간의 관계 및 집단성과와의 관계를 보여주는 성과 모형이다. 이 그림에서 각 변수들은 전반적으로 상호의존적 관계, 즉 서로 영향을 주고받는 모습으로 묘사되어 있다. 이하에서는 각 변수들의 내용을 이들이 집단행태 및 성과에 미치는 영향을 중심으로 검토한다.

그림 7-2 집단성과 모형

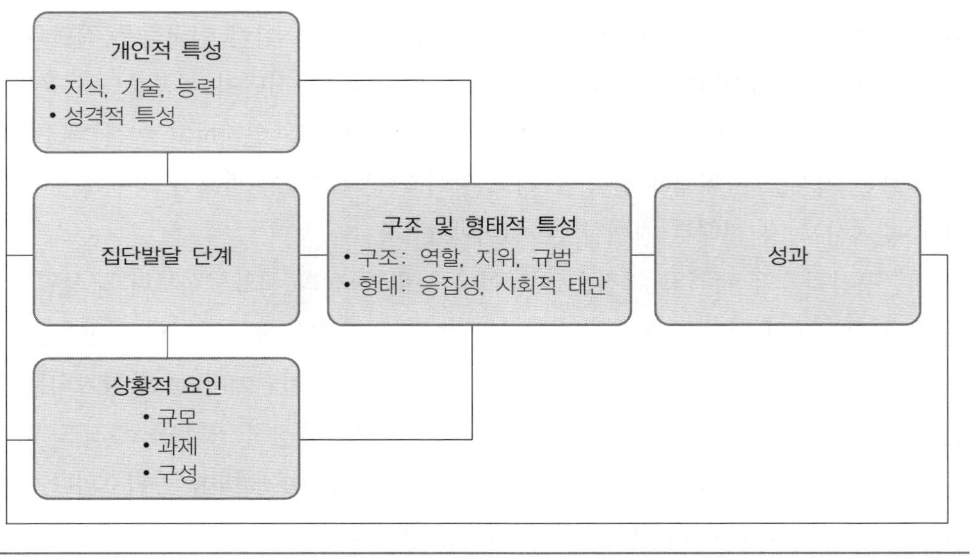

2. 개인적 특성

집단의 성과는 행동주체인 구성원들에게 달려 있다. 조직이나 환경적 변수들이 집단성과에 기여하나, 사람만큼 영향력이 큰 변수는 없다. 그래서 집단성과에 영향을 주는 개인적 변수는 늘 주된 관심의 대상이 된다. 집단성과에 영향을 주는 개인적 변수는 크게 지식(기술)·능력과 성격적 특성으로 요약된다.

집단구성원들이 과제수행과 관련된 구체적 지식이나 능력을 소유할 때 자연스레 긍정적 성과가 기대된다. 경험적으로도 과제 관련 전문지식과 능력을 소유한 사람이 그렇지 않은 사람에 비해 집단활동에 더 능동적이고, 집단성과에 보다 많은 기여를 한다(Crutchfield, 1955). 그리고 집단의 리더가 되는 경향이 있고, 자신의 행동에 대한 만족도가 높다. 다만, 과제수행과 관련된 전문적 역량이 총체적 집단성과를 유도하는 데는 한계가 있다. 상황에 따라 역량보다 과제나 리더십이 오히려 더 중요하게 작용할 수 있기 때문이다. 아무리 역량이 뛰어나도, 이를 충분히 발휘할 기회가 주어지지 않거나, 적절히 활용할 줄 아는 리더가 없으면 역량은 빛을 발할 수 없다.

구성원들이 소유한 기술 중 특별히 관심을 끄는 것이 있다. 갈등관리, 의사소통, 협동적 문제해결 같은 이른바 대인관계 기술이 그것이다. 이런 기술들은 집단의 높은 성과를 위해 필수적이다(Stevens & Campion, 1994). 집단이 성공적으로 운영되려면, 구성원들이 집단이 직면하는 갈등의 유형과 원인을 인지하고 이를 해소하는 데 필요한 기제를 이해해야 한다. 그리고 참여적 문제해결이 필요한 경우에는, 적절한 수준에서 적정 형태로 참여할 수 있어야 한다.

집단구성원들의 성격적 특질은 지능이나 능력과 달리 목표달성보다 구성원들의 '상호작용'에 주된 영향을 준다. 즉, 집단과정이나 상호작용에는 상당한 영향을 주나, '집단성과'에는 최소한의 영향만 미친다. 그리고 특정 문화권에서 높이 평가되는 개인적 특성이 종종 집단의 성과, 개방성, 응집성 등에 '긍정적' 영향을 주기도 한다. 사회성, 개방성, 창도성, 융통성 등이 대표적인 예이다. 이에 비해 권위주의나 지배성, 이단성(unconventionality) 같은 특질들은 대체로 부정적 기능을 수행하는 것으로 나타나고 있다(Kinlaw, 1991).

3. 집단의 발달 단계

집단은 형성된 후, 일정 기간에 걸쳐 자체의 역량과 내적 특성을 발전시킨다. 이런 발전은 대개 몇 개의 단계를 거치는 데, 이에 대한 이해는 두 가지 점에서 중요한 의미를 지닌다. 하나는 집단구성원들이 어떤 단계에 있느냐에 따라 직면하는 '도전'이 다르다는 것이고, 다른 하나는 집단이 성공적으로 운영되려면 바로 이런 도전들이 효과적으로 관리되어야 한다는 것이다. 이하에서는 과제집단을 중심으로 집단발달의 단계별 특징을 검토한다.

집단발달 단계와 관련하여 가장 잘 알려진 모형은 터크맨(B. W. Tuckman)의 5단계 모형이다. 이 모형은 인위적인 집단치료 수업에서 개발되었지만, 이해가 쉽고 상식적 수준의 용어와 내용을 지니고 있어 널리 응용되고 있다. 단계별로 소요되는 시간이나 집중도는 달라도 대부분의 집단들은 유사한 단계를 거쳐 발전한다.

그림 7-3 집단발달 단계

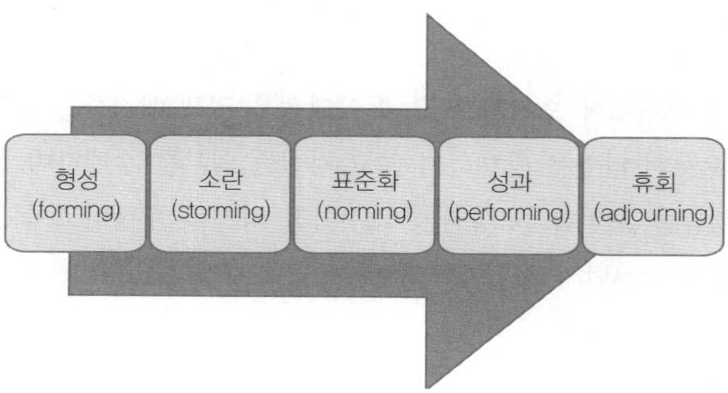

1) 형성 단계

구성원들이 처음 모여 서로를 알고 공동의 이익을 확인하는 단계이다. 일종의 적응 단계로서 구성원들이 집단구성원임을 느끼고 서로를 인정하나, 집단의 목표, 규범, 리더십 등을 놓고 갈등을 경험한다. 이로 인해 구성원들 간 상호 신뢰가 낮고, 구성원으로서의 역할을 명확히 이해하지 못한다.

2) 소란 단계

일종의 시험단계로서 집단 내부의 다양한 갈등이 표출되는 단계이다. 구성원들이 집단적 통제에 저항하고, 리더십이나 권력구조에 대해 이의를 제기하기도 한다. 이 단계는 이런 저항 및 이의 제기가 끝나면 종료된다. 이런 상황은 대개 구성원들이 목표달성을 위해 함께 일하는 것이 자신들을 위해 최선임을 느낄 때 나타날 가능성이 크다.

3) 표준화 단계

소란 단계에서 나타난 권력(권한)관계에 대한 의문이 해소되고, 구성원들이 친밀감, 동료애를 느끼면서 집단목표를 공유하는 단계이다. 구성원들의 역할이 적절히 인지되고 집단규범에 대한 구성원들의 합의가 형성되며, 구성원들 간 응집성이 하나의 부산물로 나타난다.

4) 성과 단계

구성원들이 문제해결에 초점을 두고, 목표달성을 위해 매진하는 단계이다. 성숙한 집단의 구성원으로서 타인을 방해하지 않고 자신들 임무를 수행하며, 개방적 의사소통과 협력적 행동을 보인다. 구성원들이 주어진 과제를 수행하고 목표달성을 향해 나아가는 데 대략 2~3년이 걸리기도 한다.

5) 휴회 단계

집단이 표방한 목표가 달성되는 단계이다. 지속적으로 존속하는 집단은 이 단계를 거치지 않고, 계속 성과 단계에 머무른다. 반면에, 특정 목표를 달성한 단기과제 집단은 해체될 가능성이 크다. 업무나 목표의 달성은 많은 구성원들에게 상실감을 줄 수 있다. 이 때문에 과제나 프로젝트 종료 시, 파티나 졸업 같은 종말과 새로운 것을 향한 의식을 치르고, 특히 리더들이 앞장서 집단활동에서 배운 학습을 강조하고 새로운 집단과 팀 노력을 준비하도록 독려할 필요가 있다.

이상을 요약하면, 집단은 잠재적 구성원들이 모여 스스로의 역할, 과제, 노력, 기대 등을 검토하고, 집단, 규범, 리더십, 자원 등에 대한 합의를 하며, 합의 과정에서 나타나는 갈등을 해소하고, 성과를 위해 매진하는 단계로 발전한다. 모든 집단이 상기한 단계를 모두 거치는 것은 아니다. 그리고 한 단계씩 차례로 밟는 것도 아니다. 때로는 발달 단계가 중복적일 수 있고, 집단별로 서로 다른 시간이 소요될 수도 있다([자료 7-1] 참조). 어떤 집단은 상당한 정도의 집단갈등을 경험할 수 있고, 목표달성 여부에 따라 발달 단계를 달리할 수도 있다. 더 나아가 집단발달 단계는 집단의 구조나 과정의 변화로 인해 바뀔 수 있다. 예를 들면, 집단의 리더십, 구성원, 물리적 위치, 또는 업무에서의 변화가 집단을 성과 단계에서 형성 단계로 되돌리고, 해결되지 않은 대인 간 갈등이 성과 단계에서 내부문제 해결에 초점을 두는 소란 단계로 돌아가게 할 수 있다.

자료 7-1 집단발달 단계의 가속화

집단의 단계별 발달속도는 집단별로 다양한 데, 이를 가속화하려면 다음과 같은 전략적 방안들을 활용해 볼 수 있다(Wagner & Hooleneck, 2010).

① 기술의 제공: 기술적 지원을 통해 발달 단계를 앞당긴다. 예컨대, IBM의 '혁신포털(Innovation Portal)' 같이 집단 내 의사소통을 활성화하고 창의적 아이디어를 교환할 수 있도록 통로를 마련해 주는 것이다.
② 시간적 주기의 통제: 집단이 수행하는 과제나 업무의 주기(cycles)를 짧게 하여 보다 많은 주기를 거치도록 한다. 보다 많은 주기를 거칠수록 집단은 보다 빨리 발전할 수 있다.
③ 권력의 균형화: 구성원들 간의 권력을 균형화시킨다. 이런 방법은 구성원들이 정보를 공유할 수 있는 상황을 조성하는 데 기여한다. 전제적 리더는 집단발달에 필수적인 정보공유의 분위기를 저해한다.
④ 집단 중심의 보상: 집단성과를 놓고 모든 구성원이 동일한 보상을 받을 수 있도록 한다. 이럴 때 구성원들은 보다 능동적으로 팀 활동에 참여하게 된다.
⑤ 스트레스 감소: 스트레스는 개인주의적 성향과 개인주의 의사결정을 유발한다. 팀이 스트레스로부터 자유로울 때 보다 빠른 발전이 가능해진다.

4. 집단의 구조적 특성

집단의 구조(structure)는 구성원들 간의 '관계의 유형' 혹은 '유형화된 상호작용'을 뜻한다. 건축물의 구조처럼 물리적 혹은 공간적 특성이 아니라, 집단 내 구성원들 간의 관계를 보여 주는 틀(framework)인 것이다. 구조는 집단 내 과제가 어떻게 분화 · 집단화 · 조정되는가를 규정하고, 구성원들 간의 지속적 상호작용을 가능케 한다. 이는 구조를 구성하는 기본 요소가 인간행동이고, 구조는 인간의 행동을 지속시키는 (또는 유형화하는) 몇 가지 요인들에 의해 특징지어짐을 의미한다. 일반적으로 구조형성에 기여하는 요인들은 역할, 지위, 권력(또는 권위), 그리고 규범이다. 역할은 행동 유형화의 기초이고, 지위는 역할에 가치가 부여된 것으로서 역할 간 관계를 규정하며, 권력(권위)은 역할과 지위에 효력을 부여하고, 규범은 상기 세 요인의 실체와 상호관계를 당위적으로 규정한다. 집단의 구조는 집단의 유형처럼 공식적인 것과 비공식적인 것이 있을 수 있다. 이하에서는 공식구조를 중심으로 각 요인별 특징을 검토한다.

1) 역 할

집단 내 구성원들은 누구나 특정 직위를 점할 때 일정 역할(role)을 수행하게 된다. 관리자는 관리자로서의 역할을, 그리고 부하는 부하로서의 역할을 수행한다. 이런 점에서 역할은 특정 직위를 점하는 사람이 담당해야 할 구실(행위), 또는 이들에게 기대되는 행동이라 할 수 있다. 이처럼 조직이나 다른 구성원들이 특정 개인에게 기대하는 역할(expected role)은 집단 내 '직무명칭'이나 '직무기술서' 등에 어느 정도 나타나 있다.

역할은 기대되는 것 외에 실제 구성원이 '인지'하고 '수행'하는 차원에서도 이해가 필요하다. 인지된 역할(perceived role)은 당사자가 스스로 인지하는 역할로서 대개 기대역할과 일치하고, 수행된 역할(enacted role)은 개인이 실제 수행하는 역할로서 인지된 역할에 의존한다. 만약 이런 역할들 간에 괴리가 발생하면, 개인은 '역할불명'이나 '역할갈등' 같은 부정적 현상을 경험하고, 결과적으로 기대되는 역할을 적절히 수행할 수 없게 된다([그림 7-4] 참조).

그림 7-4 역할의 유형과 괴리

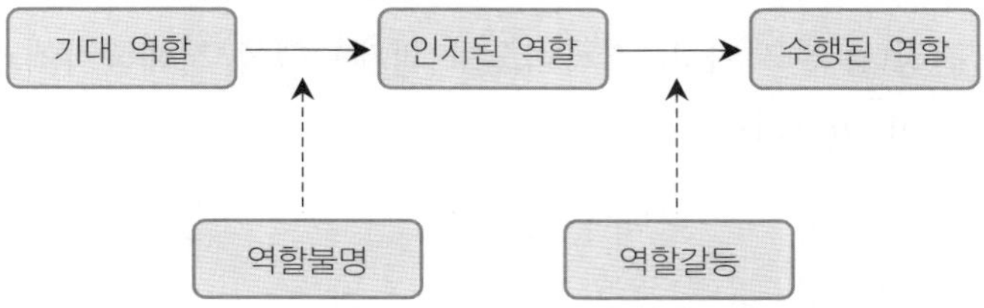

역할불명(role ambiguity)은 상기한 세 가지 역할 중 기대역할과 인지된 역할 간의 괴리가 존재하는 상황이다. 개인이 수행해야 할 역할이 명확치 않고 모호할 때 발생할 가능성이 크다. 대개 직위의 '업무 내용'이 명확히 기술되지 않을 때 발생하는데, 계층수준이나 개인적 특성에 따라 달라지기도 한다. 대체로 상위직으로 갈수록 복잡하고 관리직 성격의 업무를 담당하게 되고, 따라서 역할이 보다 모호해진다. 그리고 개인적으로는 개인의 직무수행에 대한 태도에 따라 달라질 수 있다. 자신감 있는 사람은 그렇지 못한 사람에 비해 자신의 역할을 보다 분명히 지각하고, 해야 할 일을 보다 빨리 이해하는 경향이 있다. 어느 경우에건 역할불명은 집단 내 불확실한 분위기를 조성하고, 구성원들의 불만을 야기함으로써 집단적 과제수행을 저해한다.

역할갈등(role conflict)은 인지된 역할과 수행된 역할 간의 괴리가 발생하는 경우이다. 전형적으로 고전적 의미의 명령통일의 원리가 작동하지 않는 사례로서, 한 개인이 복수의 지시(요구)를 받거나 복수의 역할을 담당할 때 발생한다. 이런 역할갈등은 '하나'의 역할을 담당하는 구성원이 동시에 여러 개의 상충된 지시(요구)를 받고 경험하는 '역할 내' 갈등(intra-role conflict)과 한 개인이 (서로 상충된 기대를 나타내는) '복수'의 역할을 부여받았을 때 발생하는 '역할 간' 갈등(inter-role conflict)이 있다.[2)]

역할갈등에 대한 개인적 반응은 다양하다. 현상을 유지하거나 현상에 적응하려는

2) 기업의 경우, 전자의 전형적 예로서 생산부장(보다 많은 생산), 판매부장(양보다 질적으로 우수한 상품 생산), 영선부장(생산시설 가동의 적정성 유지) 등 상위직 관리자들과 부하들로부터 상충하는 요구를 (예: 보다 적은 조업시간과 보다 많은 휴식시간) 받고 업무를 수행하는 일선감독자의 갈등을 들 수 있고, 후자의 사례는 연구, 개발, 홍보 등 주어진 업무와 관련하여 다양한 역할을 수행하는 나타내는 연구개발(R&D) 부서의 장이 직면하는 갈등을 들 수 있다.

행태로부터 개인에 대한 요구를 수정하려는 노력, 그리고 복수의 요구를 선택, 절충, 회피하려는 행동도 나타날 수 있다. 어느 경우에건 역할갈등은 역할불명과 마찬가지로 구성원들을 긴장(흥분)시키고, 결과적으로 과제수행을 저해하기에 집단 차원에서 적절한 해소 노력이 필요하다.

2) 지 위

지위(status)는 집단 내에서 개인이 점하는 역할이나 직위의 상대적(비교적) 가치이다. 일종의 집단 내 사회적 등급으로서, 직위나 역할 외에 개인적 특성에 따라 결정되기도 한다. 지위는 집단(조직)뿐 아니라 일반 사회에서도 발견되는 보편적 현상이다. 인류학자들은 지위를 얻으려는 인간의 열망이 조상인 영장류에서 전수되었다고 한다. 전통적으로 사회적 지위는 위치, 직위, 부(富), 인종, 계급 등 귀속적 기준에 의해 제도화된 가치에 따라 부여되었다.

지위는 일국의 문화와도 밀접한 관계가 있다. 유난히 지위를 중시하는 나라가 있는가 하면(예: 프랑스) 그렇지 않은 나라가 있고, 지위를 부여할 때 강조하는 기준도 나라마다 조금씩 다르다. 아시아나 남미 국가에서는 지위가 중시되는 데 비해, 미국이나 호주에서는 개인적 성취가 더 높이 평가된다. 조직의 경우는 지위가 개인의 직위(직함), 임금 수준, 직무계획, 선임순, 타인과의 상호작용 역량 등 여러 요인에 기초해 부여되는 데, 이 중 가장 영향력 있는 것은 직위(함)이다.

지위체계는 집단운영에 긍정적 또는 부정적 영향을 준다. 긍정적으로는 권한과 책임의 한계를 설정함으로써 구성원들 간 관계를 명확히 해 준다. 이에 비해 지위에 대한 지나친 강조는 구성원들 간 상호작용이나 의사소통을 감소시켜 집단운영에 부정적 영향을 준다. 더 나아가 지위체계는 '지위일치(status congruence)'라는 현상을 통해 집단성과에도 직접 영향을 준다. 지위일치란 개개인의 지위를 놓고 구성원들 간 의견이 일치되는 것을 의미한다. 완전한 지위일치는 집단의 주요 활동이 집단목표 달성에 매진할 수 있는 여건을 조성해 준다. 반면에, 지위에 대한 이견(불일치)은 집단활동이 목표달성으로부터 이탈하고, 구성원들이 이런 이견(갈등) 해소에 매달리도록 한다.

3) 규 범

규범(norms)은 집단활동에 질서를 유지하기 위해 집단구성원들이 설정한 행위기준 또는 규칙이다. 집단에서 규범은 여러 가지 방식을 통해 형성되고 공유된다. 규범은 ① 감독자나 동료들의 명확한 진술에 의해 형성되기도 하고(예: 집단 리더가 점심시간에 술을 먹지 말라는 규범을 공식적으로 천명하는 것), ② 집단 역사상 결정적 사건들이 특정 규범을 수용토록 교훈을 주기도 하며(예: 집단의 성공 사례가 정보공유의 규범을 강화), ③ 집단이 추구하는 수월성이 규범화되기도 하고, ④ 과거 특정 상황에서 당위성이 인정된 행위들이 일종의 파급효과로 규범화되기도 한다(Kinich & Kreitner, 2009).

규범은 대부분의 집단구성원들에게 순응과 함께 획일적 행동을 강요한다. 이로 인해 규범은 종종 개인의 창의성을 억제한다는 비판을 받는다. 그럼에도 불구하고 규범이 강조되는 이유는 구성원들의 행동을 통제하는 데 유용하기 때문이다. 규범은 구성원들에게 기대되는 행동이 무엇인지를 명확히 해주고, 개인으로 하여금 당황스런 상황을 피하도록 도와주며, 집단(조직)의 핵심 가치나 정체성이 무엇인지를 명확히 알려 준다. 사실, 집단에서 규범이 없으면 구성원들은 제멋대로 행동하기가 쉽다. 이럴 경우 집단 내 좌절, 갈망, 긴장, 갈등이 증가해서 구성원들의 사기나 성과가 떨어질 것이다. 따라서 규범은 비록 개인의 창의성 개발에는 치명적일지라도, 집단성과 및 업무수행의 지속성을 위해 불가피한 요소로 인식된다.

집단의 규범에는 여러 가지 유형이 있다(cf. Robbins, 2001). 성과에 관한 규범, 품위에 관한 규범, 사회적 관계에 관한 규범, 그리고 자원 할당에 관한 규범 등이 있다. 이 가운데 가장 보편적인 것은 성과규범이다. 성과규범은 집단구성원들이 얼마나 열심히 일을 해야 하는지, 어떻게 일을 해야 하는지, 그리고 얼마나 많은 산출을 해야 하는지 등을 규정한다. 품위에 관한 규범은 어떤 복장을 갖추어야 하는지, 얼마나 직무집단이나 조직에 충성해야 하는지, 어떤 상황에서 바쁘게 움직여야 하는지, 그리고 언제 게으름을 펴야 하는지 등에 관한 지침을 제공한다. 사회적 관계에 관한 규범은 주로 비공식집단에서 파생하고, 구성원들 간의 상호작용을 규율한다. 즉, 누구와 식사를 해야 하는지, 직장 내·외에서 누가 동료가 되어야 하는지, 누구와 사회적 게임을 해야 하는지 등에 관한 지침을 제공한다. 마지막으로, 자원배분 규범은 집단이나 조직에서 파생하고, 봉급, 업무배치, 새로운 장비나 도구의 배정 등에 관한 의사결정에 영향을 미친다.[3)]

집단구성원은 규범에 순응하고, 특히 생산규범을 준수할 것이 요구된다. 그렇다고 해서 '모든' 구성원들이 '항상' 규범을 따르는 것은 아니다. 구성원들은 규범을 각기 달리 간주할 수 있고, 집단 내 '직위'에 따라 적용규범이 달라질 수 있다. 비록 대부분의 구성원들이 규범을 따를지라도, 소수의 구성원들은 종종 별다른 처벌 없이 이런 규범으로부터의 일탈이 허용된다. 이런 특권은 대개 과거에 집단에 많은 기여를 한 사람들에게 주어지는 데, 이처럼 다른 구성원들보다 많은 기여를 한 상위층에게 특이성 영예(idiosyncray credit)를 부여하는 것은 조직사회의 일반적 관행이다.[4)]

집단은 구성원들의 행위가 규범을 일탈할 때 크게 다음과 같은 세 가지 방법으로 대응하게 된다(George & Jones, 2005). 첫째, 일탈자로 하여금 행동을 바꾸도록 하는 것이다. 일탈자에게 규범이 왜 중요한지를 설명하거나, 집단 내에서 그가 규범을 위반한 유일한 자임을 지적하고, 규범을 일탈한 데 대한 처벌을 가할 수도 있다. 둘째, 일탈자를 집단에서 추방하는 것이다. 셋째, 집단이 일탈자의 행동과 관련하여 의문시되는 규범을 바꾸는 것이다. 이는 집단의 규범이 부적절할 때, 일탈자가 집단 내부에 필요한 변화를 촉발할 수 있음을 시사한다. 상기한 세 가지 사례 중 마지막 사례는 집단 내에서 규범에 대한 무조건적 순응을 강조하기보다 순응과 일탈 간 균형이 바람직함을 시사한다. 기술하였듯이, 규범에 대한 순응이 구성원들로 하여금 과제 달성을 유도한다면, 규범으로부터 일탈은 집단구성원으로 하여금 규범의 적실성을 재고토록 하는 촉매가 될 수 있다.

---

3) 집단은 모든 상황에 필요한 규범을 만들고 이의 구속력을 확보하는 것은 아니다. 집단이 집행코자 하는 규범들은 대개 '중요한' 규범들이다. 이런 규범들은 ① 집단의 생존에 영향을 주거나, ② 집단구성원들의 행동을 예견하거나, ③ 구성원 들 간의 나타날 수 있는 대인관계 문제를 줄이는 데 기여하거나, 혹은 ④ 구성원들에게 집단의 핵심 가치를 표방하거나 집단의 정체성을 보여 줄 만한 규범 등이 이에 속한다.

4) 규범에 대한 순응이나 동조는 직위 외에 다른 여러 가지 요인에 의해서도 영향을 받는다(Szilagyi, 1991: 234). 우선 개인적 성향(성격)에 따라 규범에 순응하는 정도가 다를 수 있다. 예컨대, 지성인과 권위주의적인 사람은 그렇지 않은 사람에 비해 규범에 덜 순응하는 경향이 있다. 집단의 규모, 구조, 집단 상호작용의 사회적 맥락 같은 상황적 요인들도 규범동조에 영향을 미친다. 예컨대, 일정 한도까지는 규모가 커질수록 규범에 대한 순응도가 떨어진다.

5. 집단의 행태적 특성

1) 응집성

응집성(cohesiveness)은 집단 내의 친밀감(closeness) 또는 공동체 의식(분위기)을 보여 주는 행태적 특성이다. 응집성이 있으면, 구성원들은 계속 집단에 머물려 하고 생산활동에 보다 적극적으로 임하게 된다.

응집성은 다양한 요인에 의해 증가될 수 있다. 우선 응집성은 구성원들이 집단목표에 대해 합의를 할 때 증가한다. 그리고 구성원들 간 상호작용이 많거나, 구성원들이 서로에 대해 매력을 느낄 때 증가한다. 더 나아가 집단의 응집성은 집단이 외부로부터 좋은 평가를 받거나 사회적 지위가 높을 때, 혹은 (조직 내외의) 다른 집단과 경쟁관계에 놓일 때도 높아지는 경향이 있다.[5] 이상의 요인들이 역으로 작용하면, 집단의 응집성이 감소한다. 구성원들이 목표에 대해 합의를 보지 못할 때(목표불일치), 규모가 커서 구성원들 간 상호작용이 감소할 때, 구성원들이 집단 내부에서 불쾌한 경험을 할 때, 구성원들 간의 갈등 · 암투 · 분열을 유발하는 '집단 내' 경쟁이 심할 때, 그리고 한두 사람이 집단을 지배할 때 응집성이 약화된다.

일반적으로 응집성이 높으면 목표달성이 잘 될 것이라 생각하기 쉽다. 그러나 이는 적절한 가정이 아니다. 집단의 성과는 '단순한' 응집성뿐 아니라 '성과에 긍정적인' 응집성을 요구하기 때문이다. 일반적으로 응집성이 높으면 집단구성원들이 집단규범에 보다 순응하게 된다. 이는 집단의 성과가 응집성뿐 아니라, 집단규범에 의해서도 영향을 받음을 시사한다. 이를 달리 표현하면, 응집성이 높아도 생산규범이 낮게 설정되면 성과가 오를 수 없다는 것이다. [그림 7-5]는 이와 같은 응집성, 규범, 직무성과 간의 관계를 도식화한 것이다. 이 그림에서 보듯이, 응집성이 높은 집단에서는 성과규범이 높게 설정되면 높은 성과를 기대할 수 있다. 그러나 이와 반대로 성과규범이 낮게 설정된 집단에서는 응집성이 높을 때 오히려 응집성이 낮은 집단보다도 낮은 성과를 초래할 수 있다.[6] 이처럼 집단이 저성과 상황에 처하게 되면, 사실상

---

5) 조지와 존스(George & Jones, 2005)는 응집성에 기여하는 요인으로서 집단의 규모, 집단구성원의 동질성, 집단 간 경쟁, 집단의 성공 경험, 그리고 배타성 등을 들고 있다.

6) 집단의 응집성을 제고하여 성공적으로 목표를 달성하려면 몇 가지 관리전략을 활용할 필요가 있다(Szilagyi, 1991; Robbins, 2001). 첫째, 구성원들에게 과제 수행을 강조한다. 즉, 구성원들의 관심을 개인적 이슈(인간관계)가 아닌 과제 달성 쪽으로 돌려야 한다. 둘째, 참여적 관리를 지향한

그림 7-5 응집성, 규범, 성과의 관계

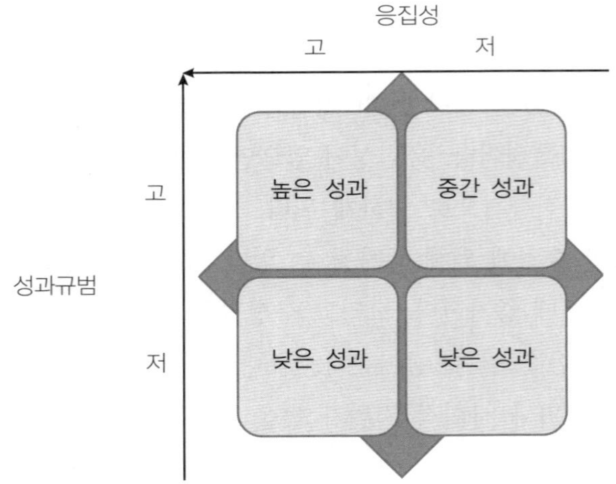

집단을 해체하는 것이 바람직하다.

2) 사회적 태만

개인은 홀로 일할 때와 집단으로 일할 때 다른 모습을 보일 수 있다. 일반적으로 전자보다 후자의 경우 노력을 덜 경주하는 경향이 있다. 학자들은 이런 현상을 사회적 태만(social loafing)이라 한다. 사회적 태만은 일종의 동기문제로서, 크게 두 가지 생각 때문에 발생한다. 하나는 집단에서는 개인적 성과가 쉽게 확인(평가)되기 어려워 어떤 성과를 이루어도 별문제가 없을 것이라는 생각이고, 다른 하나는 당사자 개인의 노력이 그다지 중요치 않거나 혹은 정말 필요치 않다는 생각이다. 어느 경우에건 사회적 태만은 개인으로 하여금 집단성과를 낮추는 '과정상 손실'을 초래하고, 다른 사람으로 하여금 유사한 행동을 하도록 유인하는 '흡입(관) 효과(sucker effect)'를

다. 구성원들을 목표와 규범 설정 과정에 참여시켜 목표에 대한 합의를 장려해야 한다. 셋째, 집단 간 경쟁을 유발한다. 승리를 위한 결속은 과제 달성에 보다 적극적인 행태를 유발한다. 넷째, 높은 응집성을 지닌 집단이 역기능으로 작용할 때 집단을 해체한다. 이 밖에 집단의 규모를 줄이거나, 개인보다 집단을 보상하거나, 구성원들이 서로 함께하는 시간을 늘리거나, 집단의 지위를 높이는 것도 응집성 제고에 도움을 줄 수 있다.

초래한다.[7)]

구성원들의 사회적 태만은 집단의 규모와 밀접한 관계에 있다. 규모가 커지면 사회적 태만이 증가하는 경향이 있다. 이는 말할 것도 없이 대규모 집단이 개인의 성과를 확인 · 평가하는 데 어려움이 주기 때문이다. 이런 맥락에서 집단에 부정적 영향을 주는 사회적 태만을 줄이려면 무엇보다 개인의 성과수준을 가시화해야 한다. 그리고 개인으로 하여금 자신이 집단에 중요한 인물이라는 느낌 혹은 자신이 집단에 가치 있는 공헌을 하고 있다는 느낌을 갖게 해주어야 한다. 이를 위한 가장 전형적 방법이 집단의 규모를 가능한 한 작게 만들어 구성원들 간의 상호가시성을 제고하는 것이다. 그러나 이처럼 규모를 조정하는 처방 속에는 일종의 서구식 편향성이 게재될 수 있다. 미국이나 캐나다처럼 사익이 지배하는 '개인주의' 문화에서는 타당할 수 있으나, 구성원들이 집단 내 목표에 의해 동기화되는 '집단주의' 사회에서는 부적절할 수 있는 것이다. 실제 경험적 연구에 의하면, 중국이나 이스라엘처럼 집단의식이 강한 나라에서는 집단구성원들의 사회적 태만이 다른 나라에 비해 상대적으로 적은 것으로 나타났다(Earley, 1989; 1993).

6. 상황적 요인

집단은 보다 큰 조직을 구성하는 하위체제이다. 따라서 집단은 운영이나 행태면에서 조직의 전략, 구조, 자원, 성과체제, 문화 등 다양한 맥락적 요인에 의해 영향을 받는다. 일반적으로 이런 요인들은 집단의 입장에서 볼 때 외적인 상황요인이 된다. 더 나아가 집단은 그 자체가 지닌 내적 (상황)요인에 의해서도 영향을 받는다. 집단의 크기, 과제의 유형, 집단의 구성 등 이른바 집단이 작동(기능)하는 조건을 설정하는 요인들이다. 이하에서는 이런 내적 요인들을 중심으로 상황적 요인과 집단행태(성과) 간의 관계를 검토한다.

---

7) 흡입관 효과란 평소(본래) 사회적 태만과 거리가 멀던 구성원이 다른 구성원의 태만한 행동을 보고 노력의 강도를 낮추는 현상을 지칭한다. 이론적으로 이런 현상은 동료들이 열심히 일하지 않는다고 느낄 때 형평성 유지(긴장 완화)를 위해 스스로의 노력을 줄이려 한다는 동기의 '형평이론'과 맥락을 같이한다.

1) 집단의 규모

일반적으로 집단의 규모는 공동의 목적을 달성하기 위해 근무하는 전일제(full-time) 직원 수를 지칭한다. 현대 조직학 문헌에서 집단이나 조직의 규모를 측정하는 지표(기준)는 다양하나, 가장 핵심적인 것은 구성원의 수이다.

집단의 규모는 무엇보다 전문화를 통해 조직관리상의 변화를 초래한다. 예컨대, 대규모 집단은 분업과 기술수준의 고도화에 따른 이점을 기대할 수 있는 반면, 의사소통과 조정의 문제, 그리고 노력의 중복을 경험할 수 있다. 더 나아가 집단의 규모는 집단 내 갈등이나 만족도에 영향을 준다(Shaw, 1981; Robbins, 2001). 예컨대, 집단이 작을수록(2~4명) 긴장과 동의(의견)에 대한 요구가 증가하고, 집단이 클수록 긴장의 감소와 정보제공이 많아진다. 그리고 큰 집단의 구성원은 작은 집단의 구성원에 비해 만족도가 낮다.

이런 행태상 변이에도 불구하고, 대체로 집단의 크기는 집단성과에 잠재적 영향을 주는 것으로 인식된다. 그리고 이런 잠재적 효과는 업무의 성질에 따라 달라질 수 있고, 특히 집단이 커질수록 결근 및 이직률이 증가하는 경향이 있다. 이는 집단이 클수록, 업무가 전문화되고 의사소통이 어려워져 높은 수준의 욕구를 달성하기 어렵기 때문이다.

2) 과제(업무)의 유형

집단성과에 영향을 주는 과제유형은 집단이 해결해야 할 과제의 '종류'와 '난이도'를 통칭한다. 어떤 종류의 과제를 수행하고, 얼마나 어려운 과제들을 수행하느냐에 따라 집단행태 및 성과가 달라질 수 있다.

집단은 수행 과제의 목표에 따라 크게 세 가지 유형으로 — 즉, 생산집단, 토론집단, 문제해결집단 — 구분될 수 있다(Szilagyi & Wallace, 1990). 생산집단은 구성원들로 하여금 개인적 투입을 하고, 이를 완성된 단위로 통합할 것을 요구하는 집단이다(예: 자동차 조립 집단). 이에 비해 토론집단은 구성원들로 하여금 문제를 검토하고 해결방안을 요약해서 상관에게 '보고'할 것으로 요구하는 집단이다. 마지막으로, 문제해결집단은 구성원으로 하여금 문제의 검토와 대안탐색 뿐 아니라 최선안을 '선택'하도록 요구하는 집단이다. 이처럼 집단의 과제 목표가 다르면 구성원들에게 요구되는 집단행태 또한 다르다. 생산집단의 구성원들에게는 주어진 시간 내 최소한의 결함으로 업무를 완수할 것이 요구되고, 토론집단의 구성원들에게는 높은 문제의식을 갖고 자신들의 입지를 명확히 설명·방어할 것이 강조된다. 그리고 문제해결집단에게는 행동지향적이고, 상기 두 집단의 구성원들에게 요구되는 조건들을 모두 갖출 것을 주문하게 된다.

집단과제의 난이도에 따라서도 집단행태 및 성과가 달라질 수 있다. 과제수행이 어려울수록 문제해결에 소요되는 시간이 길어지고, 해결방안이 구성원들에게 수용될 확률이 적어진다. 그리고 난이도를 유발하는 주된 요인이 '정보처리 요구'일 경우, 집단의 의사결정을 위한 정보의 양과 복잡성이 증가할수록, 의사결정의 오류도 커진다. 이런 맥락에서, 집단이 수행하는 업무가 상대적으로 쉬울 때는 책임을 분산하는 '분업'이 유리하고, 어려울 때는 책임을 공유하는 '공업(shared labor)'이 적절하다는 주장이 제기된다(Shilflett, 1972). 업무가 어려워질수록, '조정'에 대한 요구가 커지기 때문이다.8)

3) 집단의 구성

집단은 업무수행을 위해 다양한 지식과 기술을 요한다. 이는 집단이 어떤 특성을 지닌 사람들로 구성되느냐에 따라 집단행태 및 성과가 달라짐을 의미한다. 집단에 관한 연구들은 이런 특성을 크게 두 가지 차원에서 접근한다. 하나는 구성원들이 지닌 욕구, 동기, 지향성, 성격 등 심리학적 특질이고, 다른 하나는 연령, 성(sex), 인종, 교육수준, 직무경험 등 집단구성원들의 인구학적 특성이다.

전자의 경우, 집단은 동질적 집단과 이질적 집단으로 구분된다. 동질적 집단은 구성원들이 대체로 유사한 동기, 요구, 성격 등을 지닌 사람들로 구성된 집단으로서,

---

8) 전자(분업)의 예로서 병원의 혈청검사를 들 수 있고, 후자(공업)의 예로는 우주선의 작동을 점검하고 의사전달을 하는 행위를 들 수 있다. 병원에서 혈청검사를 하는 간호사들은 혈액의 샘플을 분류한 후 백혈구와 적혈구의 수를 세고 콜레스트롤 수치 등을 측정한 후 그 결과를 의사에게 보고하게 되는 데, 이런 과제들은 비교적 쉬운 몇 가지 업무로 나눠주면 쉽게 완료될 수 있다. 즉, 한 명에게는 백혈구와 적혈구의 수를 세도록 하고, 다른 한 명은 콜레스트롤 수치를 분석토록 하며, 마지막 한 명에게는 현미경 분석을 한 후 그 결과를 종합하여 의사에게 보고토록 하면 되는 것이다. 이에 비해 공업의 적절한 사례로 우주선의 '의사전달'과 '작동'을 점검하는 집단을 들 수 있다. 이들은 과제수행을 위해 지속적으로 상호작용을 해야 하고, 이런 상호작용을 효과적으로 조정하려면 책임의 분산이 아닌 공유의 형태가 필요하게 된다(Szilagyi & Wallace, 1990).

구성원들 간에 협력이나 의사소통이 잘 이루어지고 갈등의 잠재력이 적다. 하지만 동질적 집단은 구성원들 간의 지나친 동조성을 창출하여 비생산적 행동을 유발하기도 한다. 이와는 대조적으로 동기, 요구, 성격 등이 다른 사람들로 구성된 이질적 집단은 정반대의 조직행태를 보인다. 구성원들의 지적 능력을 자극하여 높은 수준의 문제해결 능력과 성과를 초래하나, 집단성과를 저하시킬 수 있는 갈등의 잠재력이 크다. 두 집단 간의 대조적 차이에도 불구하고, 집단의 구성과 성과 간의 관계는 획일적으로 규정하기 어렵다. 양자 간의 관계가 '업무 내용'에 따라 달라질 수 있기 때문이다. 업무가 반복적이고 단조로우면 동질적 집단이 효과적이고, 업무가 복잡하고 창의성을 요구하면 이질적 집단이 보다 유리할 수 있다.

인구학적 특성이 유사한 사람들로 구성된 집단 중 가장 대표적인 것이 코호트(cohort)이다. 같은 시대에 태어나 유사한 경험을 하며 자란 세대들을 지칭한다. 코호트는 집단구성원들이 경험상 차이를 지닐 경우 이직(turnover) 같은 부정적 집단행태를 부추길 수 있음을 시사한다. 구성원들의 경험이 이질적일 경우, 구성원들 간 의사소통이 잘 이루어지지 않아 갈등이나 권력투쟁이 증가하고, 결과적으로 집단 멤버십에 대한 관심을 떨어트림과 동시에 권력투쟁의 패자를 산출해 집단 내 이직을 부추긴다(Milliken & Martins, 1996; Lawrence, 1997). 이런 결과는 집단의 구성이 노동력 이동의 중요한 독립변수임을 시사하고, 코호트를 통해 나타난 인구학적 특성의 잠재적 효과가 사회적 배경, 성(性), 교육수준의 차이 등 다른 인구학적 특성에서도 나타날 가능성이 있음을 시사한다. 예컨대, 10명으로 구성된 집단에서 1명이 남성이고 나머지 9명이 여성이라면 조만간 남자 구성원이 집단을 떠날 것이고, 반대로 조직의 상위 직급의 대부분을 남성이 차지하고 여성 관리자가 극소수라면 조만간 여성 상위자가 조직을 떠날 가능성이 커진다(Robbins, 2001).

제 3 절 팀

1. 왜 팀인가?

지금으로부터 약 30~40년 전 조직에서 팀을 활용하는 것은 하나의 뉴스거리였다. 팀은 조직변화를 위한 '혁신적' 처방으로서 활용하는 사례가 거의 없었다. 그런데 오늘날에는 조직이 팀을 활용하지 않으면 뉴스거리가 될 정도로 조직 내에 팀이 편재하고 있다.

이처럼 팀이 유행하는 이유는 무엇일까? 여러가지 이유가 있을 수 있으나, 무엇보다 다양한 기술, 판단, 경험을 요하는 업무(과제)를 수행할 때 팀이 개인보다 압도적으로 우수할 것이라는 기대가 있기 때문이다. 보다 많은 정보와 아이디어를 얻을 수 있어 보다 합리적·효과적 문제해결이 가능하고(Maier, 1967), 구성원의 재능을 보다 잘 활용할 수 있으며, 구성원들을 신속히 소집, 배치 및 해체할 수 있다는 것이다. 정부조직의 경우, 팀은 참여를 통해 문제해결이나 의사결정에 개입한 사람들의 이해를 구하고 해결안의 수용성을 제고하는 데 유리하다. 그리고 구성원들 스스로 서로를 강요하는 사회적 조장(social facilitation) 효과를 통해 보다 높은 수준의 동기와 성과를 유발하고, 의사결정 시 개인이 간과할 수 있는 편향적 시각이나 맹점을 상쇄시킬 수 있다. 더 나아가 팀은 정부조직에서 찾아보기 어려운 모험적 대안이나 쇄신적 행동의 채택을 조장할 가능성이 크다(Denhardt et al., 2016).

이런 장점에도 불구하고, 팀이 '모든' 조직적 상황에 적합한 것은 아니다. 팀을 통한 업무수행은 보다 많은 시간을 요하고, 의사소통 요구나 구성원들 간의 갈등을 증폭시킬 수 있다. 따라서 팀을 활용하려면 먼저 업무의 성격, 목표, 그리고 집단의 구조적 특성 등을 면밀히 검토해야 한다. ① 업무가 단순해서 개인이 수행하는 것이 보다 효과적인지, ② 업무의 목표가 집단이 공동으로 추구할 만한 것인지, 그리고 ③ 집단구성원들이 상호 독립적 관계에 있는지 등을 검토한 후, 개인과 팀의 상대적 효율성을 가늠해야 한다.

2. 팀의 의미

팀(team)에 대한 개념적 인식은 다양하다.[9] 학자들은 경험적 관찰이나 이론적 접근방법에 따라 나름대로 정의를 내리고, 실무가는 실무가대로 조직적 여건에 비추어 다양한 유형의 팀을 운영한다. 카첸바흐와 스미스(Katzenbach & Smith, 1993)는 이런 점에서 비교적 명확히 팀을 규정한 학자들이라 할 수 있다. 이들은 팀을 규정하기 전에 먼저 '팀'과 '팀이 아닌 것'을 명확히 구분할 것을 주문한다.[10] 사람들이 스스로 팀이라 부른다 해서 팀이 되는 것이 아님을 분명히 하는 것으로, 조직의 규모나 복잡성에 비추어 볼 때 전혀 팀이 아닌 집단도 상투적으로 팀이라 부르는 사례를 꼬집는 것이다. 카젠바흐와 스미스(Katzenbach & Smith, 1992: 5)는 팀을 "공동의 목적, 업무수행 목표, 그리고 접근방법"에 대해 상호 책임을 질 뿐 아니라 목표달성을 위해 전념하는 "상호보완적 기술을 지닌 소수의 사람들"로 규정한다.[11]

팀은 '전통적 조직'은 물론 일반적 '작업집단(working group)'과도 상당한 대조를 이룬다. 팀은 전통적 계층조직에 비해 수평적 구조를 지니고, 팀원들이 정보를 개방적으로 공유하며, 팀 전체가 계획, 통제, 개선 등의 업무를 수행한다. 그리고 팀에서는 관리자의 역할이 지휘와 통제로부터 촉진자의 역할로 변하고, 평가 및 보상도 개인 위주에서 팀 위주로 변하게 된다(Wellins et al., 1991).

---

9) 팀은 하나의 기술인 동시에 업무처리 방식이다. 때로는 하나의 구조로서 인식되기도 한다. 이로 인해 팀은 가치 및 행동변화를 위한 OD 기법의 하나로 이해되기도 하고, 전형적인 절차중심의 변화기법으로 이해되기도 한다.

10) 이들은 팀이 단순히 함께 일하는 사람들의 공동체가 아니고, 위원회, 심의회, 과제집단 등 흔히 팀의 한 유형으로 분류되는 집단들도 반드시 팀이 되는 것은 아니라고 한다.

11) 이런 정의는 다음과 같은 요소를 팀의 중요한 구성 요소로 삼고 있다(Katzenbach & Smith, 1992: 6-12). 첫째, 소수의 인원이다. 경험적으로 볼 때 효율적인 팀은 2명 내지 25명의 구성원으로 구성된다. 팀의 규모는 팀의 목적, 접근방법, 기술, 책임 등에 따라 달라질 수 있으나, 이처럼 작은 수의 구성원은 적어도 팀의 운영을 위한 하나의 실천적 지침으로 이해될 수 있다. 둘째, 상호보완적 기술의 활용이다. 팀은 임무를 수행하기 위해 자율적으로 적절한 기술들을 혼합, 사용할 수 있어야 한다. 이런 기술들은 크게 기술적 혹은 기능적 전문성, 문제해결과 의사결정 기술, 그리고 대인관계 기술 등을 포함한다. 셋째, 공동의 목적 및 업무수행 목표에 대한 전념이다. 팀의 구성원들은 항상 조화를 이루면서 팀의 목적과 업무수행 목표에 전념할 수 있어야 한다. 최상의 팀은 이처럼 공유할 수 있는 목표들을 설정하는 데 많은 시간을 할애한다. 넷째, 공동의 작업을 위한 접근방법에 대한 전념이다. 팀은 구성원들이 공동 목표의 달성을 위해 어떻게 일할 것인가에 대한 공통된 접근방법을 개발한다. 다섯째, 상호 책임이다. 집단이 진정한 의미의 팀이 되려면 구성원 개인이 아니라 팀 전체로서(as a team) 책임을 질 수 있어야 한다.

팀과 작업집단의 차이는 다소 상대적이다. 팀을 어떻게 규정하느냐에 따라 양자 간 차이가 달라질 수 있다. 하지만 카젠바흐와 스미스가 규정한 팀이나 일반적으로 팀의 전형인 자율팀(self-managed team)을 기준으로 할 경우 양자 간의 차이는 분명해진다(<표 7-1> 참조).

작업집단은 전통적 계층조직과 달리 공동의 리더를 지니고, 구성원들 간의 정보 공유와 공동 의사결정을 장려한다. 그러나 작업집단의 구성원들은 공동의 노력보다 개인적 노력을 경주하고, 그 결과에 대해서도 개인적으로 책임을 진다. 이에 비해 팀의 구성원들은 공동의 목표달성을 위해 개인의 성과와 공동의 성과를 동시에 강조하고, 업무 결과의 대해서도 공동책임을 진다. 그리고 의사결정의 경우, 작업집단은 종종 개인적 이익을 추구하는 사람들이 주도하여 승자와 패자를 산출하는 반면, 팀은 비록 구성원들이 개인적 의견을 개진한다 해도 모든 구성원들이 성공하는 이른바 윈-윈(win-win)의 의사결정을 추구한다(Koehler & Pankowski, 1996).

표 7-1 작업집단과 팀의 차이

작업집단	요 소	팀
강하고 분명한 개인적 리더십	리더십	리더 역할의 공유
개인 책임	책임	개인 책임과 공동 책임
조직목표에 일치한 집단의 목표	목표/목적	팀 스스로가 설정한 구체적 목적
개인 작업성과	작업성과	공동 작업성과
효율적인 회의 운영	회의	개방적 토의와 문제해결을 위한 적극적 회의 장려
집단의 영향력에 비추어 간접적으로 집단의 효율성 측정	성과의 측정	공동의 작업성과를 가지고 직접적으로 성과 측정
토의, 결정, 위임	기타	토의, 결정, 실제 업무의 공동 수행

출처: Katzenbach & Smith(1993).

3. 팀의 유형과 팀조직

팀과 유사 집단과의 차이는 팀의 유형을 살펴볼 때 보다 분명해진다. 카젠바흐와 스미스(Katzenbach & Smith, 1992)는 팀을 조직의 '효과성'과 '업무성과'에 따라 작업집단(working group), 사이비팀(pseudo team), 잠재팀(potential team), 실재팀

(real team), 그리고 고도성과팀(high performance team)으로 구분하고, 작업집단에서 고도성과팀으로 나아갈수록 보다 높은 수준의 성과를 기대할 수 있다고 한다.12)

그렇다면, 이처럼 여러 유형의 팀은 조직에서 어떤 모습으로 존재할까? 조직과 팀과의 구조적 관계는 아마도 상기한 팀의 유형만큼이나 다양할 것이다. 그러나 여기서는 이런 모든 가능성을 고려하기보다 팀의 구조적 특성을 이해하는 데 도움을 주는 가장 기본적 유형 두 가지와 최근에 많은 관심을 끌고 있는 '가상팀'을 검토한다.

팀의 기본적 두 유형은 '사업조직' 내 팀과 '기능조직' 내 팀이다(cf. Mohrman et al., 1995). 이들은 모두가 조직 도표에서 공식부서로 나타나고, 공식조직에서 팀이 어떻게 형성되고 운영되는가를 간명하게 보여 준다. [그림 7-6]은 조직이 사업팀(project team)에 의해 운영되는 사업조직을 묘사하는 것이다. 이 조직에서 각 팀의 구성원들은 서로 다른 기능을 대표하고 있으나, 공통적으로 한 명의 관리자(PM)에게

그림 7-6 사업조직과 팀

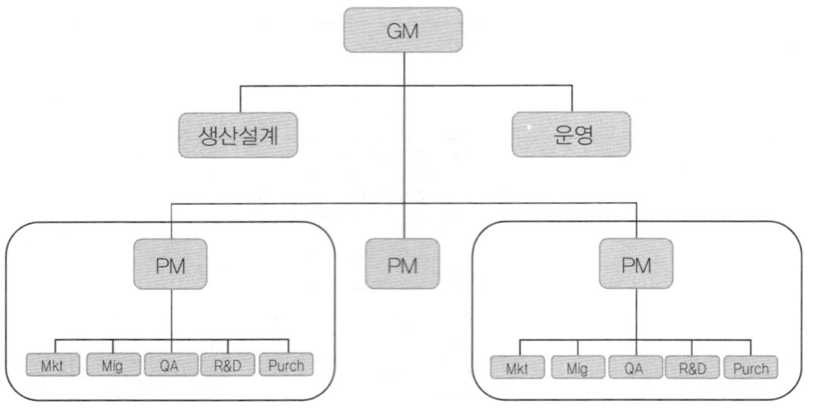

* GM: general manager, PM: program or project manager.
출처: Mohraman et al.(1995: 44).

12) 이 밖에 팀은 팀의 존속 기간에 따라 영속적 팀과 일시적 팀으로 구분되기도 하고, 공식화나 제도화의 정도, 그리고 업무수준이나 권한 위임의 정도에 따라 분류되기도 한다. 특히, 쾰러와 펜카우스키(Koehler & Pankowski, 1996)는 정부조직을 대상으로 팀이 수행하는 '목적 및 기능'에 따라 고위관리팀(top management team), 프로젝트팀(project team), 교차기능팀(cross function team), 절차개선팀(process improvement team), 그리고 자율작업팀(self-managed work team)으로 구분하기도 한다.

그림 7-7 기능조직과 팀

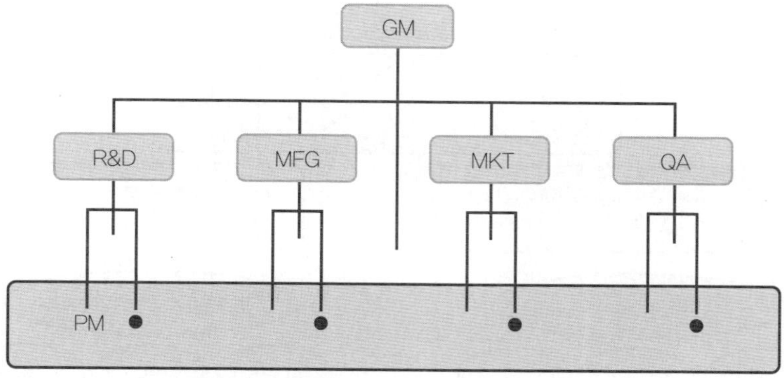

* GM: general manager, PM: program or project manager.
출처: Mohraman et al.(1995: 45).

보고를 한다. 이런 구조에서, 팀은 전통적 의미의 계선부서가 아니라 조직의 기능적 능력을 제고하는 참모부서들이고, 비교적 영속적으로 운영된다. 이에 비해, [그림 7-7]은 전통적 기능조직의 팀 구조를 묘사한다. 팀은 다양한 기능부서로부터 차출된 사람들로 구성되고, 구조적으로 공식조직을 가로지르는 모양을 하고 있으며, 팀원들은 각각 자기가 속한 기능부서의 장에게 보고를 한다. 이처럼 기능을 교차하는 팀은 대개 특정 업무의 수행을 위해 일시적으로 구성되고, 업무가 완성되면 해체되는 것이 일반적이다.

이상과 같은 두 가지 유형의 팀은 각각 구성 및 운영에서 분명한 차이를 보인다. 그러나 이들은 모두가 조직의 일부로서 운영된다는 점에서 동일하다. 조직 전체가 팀으로 구성·운영되는 것이 아니라 조직의 일부만 팀으로 운영되는 것이다. 이에 비해 이른바 이상적 유형의 팀제(team system) 또는 팀조직(team-based organization)은 조직 전체 혹은 조직의 상당 부분이 유기적으로 연계된 팀에 의해 운영되는 조직을 지칭한다. [그림 7-8]은 바로 이런 이상적 유형의 팀조직을 보여 준다. 이런 조직은 무엇보다 계층질서를 중시하는 전통적·관료제적 모형과 달리 팀들이 조직의 업무수행 단위로 존재하고, 명령 및 보고계통이 아니라 체제라는 차원에서 의사결정 권한의 범위와 영역을 결정한다.

그림 7-8 **팀조직**

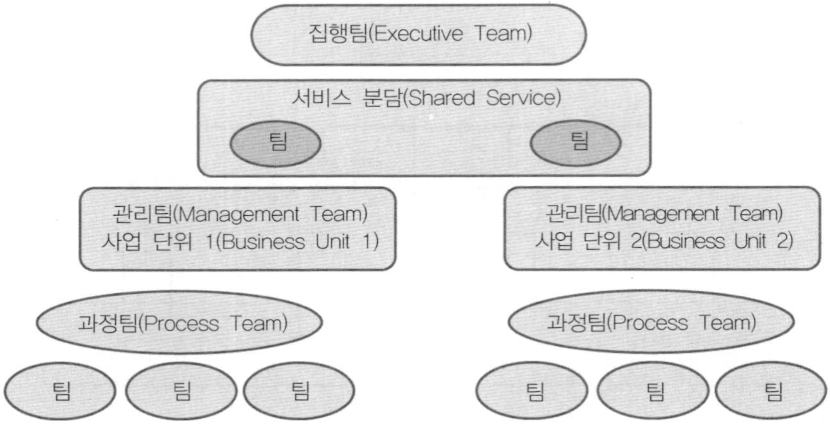

출처: Mohraman et al.(1995: 49).

가상팀(virtual team)은 가상공간에서 팀의 업무(정보 교환, 의사결정, 과제 완수 등)를 수행하는 집단이다. 조직 내부는 물론 조직 외부의 구성원들을 연계해 팀을 만드는 것이 가능하고, 많은 양의 의사소통과 상호작용이 컴퓨터 하드웨어와 소프트웨어를 사용하는 정보기술에 의해 이루어진다. 가상팀은 여러 면에서 일반적 팀과 차이를 보인다(Robbins, 2001).

첫째, 의사소통 과정에서 억양, 음성의 크기 같은 언어를 초월하는(paraverbal) 신호나 눈 동작, 얼굴 표현, 손동작, 기타 몸짓 언어 등 비언어적(nonverbal) 신호가 존재하지 않는다. 이런 요소들은 의사소통 시 메시지 전달자의 의미를 풍부히 하고 내용을 명확히 하는 데 도움을 주나, 가상팀에서는 이런 장점을 기대할 수 없다.

둘째, 제한된 사회적 맥락에서 팀이 작동한다. 가상팀의 구성원들은 대면식 의사소통에서처럼 정상적으로 주고받는 행위를 반복할 수 없고, 개인적으로 만날 수가 없어 집단 상호작용에 대한 만족도가 낮다. 그리고 사회적 친화나 직접적 상호작용이 부족한 데 따른 어려움을 경험하면서 과제지향적으로 변하게 된다.

셋째, 시간적·공간적 제약을 극복할 수 있다. 가상팀의 구성원들은 공간적 거리나 시간적 차이를 극복하고 일을 할 수 있고, 함께 일하기 어려운 사람들과 함께 일할 수 있는 기회를 제공한다.

4. 팀의 형성 및 운영

1) 팀의 형성

팀을 효율적으로 구축·운용하려면 치밀한 계획과 준비, 그리고 상당한 협동적 노력이 필요하다. 전통적 방식으로 운영되던 부서나 작업집단을 자율팀으로 전환하는 것은 결코 쉬운 일이 아니다. 구성원들은 전혀 '다른 방식으로' 동료들과 '함께' 일을 해야 하고, 기존에 관심을 두지 않았던 쟁점들을 다루어야 하며, 스스로가 팀의 관리를 유지해 나가야 한다. 팀의 형성 및 관리는 다분히 도전적 업무로서, 다음과 같은 몇 가지 주요 단계를 거치게 된다(Chang & Curtin, 1997).

① 계획: 계획은 기존의 조직이나 작업집단을 팀으로 전환하기 위한 준비 단계이다. 이 단계에서는 먼저 팀을 도입해야 할 이유를 분명히 하고, 팀의 목적, 임무, 가치 등을 규명한 후, 팀의 운영이 개인은 물론 조직 전반에 걸쳐 어떤 영향을 미칠지를 구성원들에게 알린다.

② 분석: 자율팀으로 전환하기 위한 준비 실태를 점검하는 단계이다. 팀원의 관리 책임과 역할을 명확히 하고, 업무수행에 필요한 교차훈련의 수요를 파악한다. 그리고 모든 팀원들이 성공에 대한 확신을 갖고 있는지를 점검하고, 자율팀 도입으로 인해 변경이 필요한 업무방침이나 절차를 명확히 한다.

③ 설계: 팀을 설계하는 단계이다. 구성원들에게 팀의 관리 및 행정에 관한 책임을 할당하고, 업무 흐름도(flow chart) 등을 활용해 팀 업무의 흐름을 설계한다. 팀원 간 또는 팀원과 외부 사람들 간의 의사소통 및 상호 작용을 어떻게 할 것인지를 결정하고, 고객의 주문에서부터 상품이나 서비스 전달까지 전 과정에서 요구되는 주요 업무과제의 흐름을 파악한다.

④ 실행: 팀 도입에 관한 계획을 실행에 옮기는 단계로서, 실질적으로 팀이 운영되는 단계이다. 실행 단계는 사업 추진을 위한 구체적 행동계획을 수립하고, 업무과제를 수행하며, 예상되는 문제점을 파악하고, 예상치 못한 문제 발생 시 대응하기 위한 상황별 대응계획(contingency plan)도 수립한다.

⑤ 평가: 팀의 업무가 어떻게 진행되었는지를 실질적으로 확인하고 평가하는 단계이다. 평가는 팀원 상호간의 자율적 피드백을 통해 이루어질 수 있고, 팀으로부터

서비스를 제공받는 내부고객이나 조직 외부의 고객, 혹은 팀에 필요한 자원을 공급하는 내부고객으로부터 피드백을 받을 수도 있다. 이 단계에서는 평가를 통해 나타난 팀의 성취를 보상하고, 이를 통해 팀원의 사기를 높이거나 팀워크를 강화하기도 한다.

자료 7–2 고성과(高成果) 팀의 특징

팀을 경험한 실무자들을 대상으로, 언제 가장 좋은 성과를 낼 수 있었는지를 물어 본 결과 다음과 같은 8개의 속성들이 고성과 팀의 특징인 것으로 지적되었다(Buchold & Roth, 1987).

① 참여적 리더십: 권한이양, 개방(규제 완화), 타인에 대한 봉사 등을 통해 독립성 구축
② 책임의 공유: 관리자들처럼 모든 구성원들이 책임의식을 갖는 환경 조성
③ 공동의 목표를 중심으로 단합: 팀이 왜 존재하고 어떤 기능을 수행해야 하는지에 대한 공동의 목적 공유
④ 고도의 의사소통: 신뢰, 개방성, 정직한 의사소통의 분위기 조성
⑤ 미래에 초점: 변화를 성장의 기회로 바라 보는 시각
⑥ 과제에 초점: 결과에 초점을 둔 회의 진행
⑦ 창조적 재능(talent): 개인적 재능과 창의성 활용
⑧ 신속한 반응: 기회의 포착 및 이에 따른 신속한 행동

2) 팀의 효과성 제고

팀이 상기와 같은 단계를 거쳐 형성 · 운영된다 해도, 모든 팀이 성공적 결과를 낳는 것은 아니다. 팀이 성공적으로 운영되려면 기술, 실천, 관리상의 헌신 등 다양한 부문에서 실천적 노력이 따라야 한다. 모든 조직이 유사한 노력을 필요로 하겠지만, 정부조직의 경우는 특히 다음과 같은 활동들이 강조되어야 한다(U.S. Department of Labor, 1996).

첫째, 팀의 목표를 명확히 한다. 팀의 임무에 대해 구성원들의 동의를 구하고, 임무가 수행할 만한 것인지를 판단한 후 명확한 비전을 갖고 꾸준히 목표를 향해 나아

간다. 이 과정에서 보다 큰 사업목표와 이의 달성을 위한 개개의 절차, 회의, 토론, 의사결정 등의 목적을 명확히 한다.

둘째, 개선계획(improvement plan)을 마련한다. 업무계획을 짜고, 팀원들이 밟을 절차를 묘사하는 업무흐름도나 유사 서류를 마련한다. 다음 행동이 무엇인지를 선택할 때 이 문서를 활용하고, 개인의 활동을 위해 어떤 자원이나 훈련이 필요한지를 인지토록 한다.

셋째, 역할을 명확히 규정한다. 공식적으로 지정된 역할이 무엇인지를 규명함으로써, 각 팀원들이 자신들에게 기대되는 것이 무엇인지를 알게 한다. 팀원들이 역할을 공유할 때, 이런 역할들이 어떻게 할당되고 활용될 것인지를 명확히 규정한다. 각 구성원들의 재능을 활용하고, 어느 누구도 팀 활동에서 소외된다거나, 남을 위해 이용된다거나, 혹은 충분히 활용되지 못한다는 느낌을 갖지 않도록 한다.

넷째, 의사소통을 명확히 한다. 팀 구성원들은 명확하게, 그리고 직접적으로 말할 수 있어야 한다. 말은 장황한 사설이나 사례를 피하고 간결해야 한다. 논쟁이 아닌 경청을 통해, 팀원들의 아이디어를 적극적으로 구하고, 타인이 말할 때 끼어들거나 방해하지 않도록 하며, 의사소통 시 모든 정보를 공유토록 한다.

다섯째, 팀원으로서 유용한 행동이 무엇인지를 명심하도록 한다. 토론을 주창하고, 정보나 의견을 구하고, 목표에 도달하기 위한 절차를 제안하고, 아이디어를 명확히 하거나 정교화하고, 동의를 구하기 위해 요약하거나 검증하는 행동 등이 늘 필요하다. 한두 명의 팀원은 '문지기' 혹은 대화를 조정하는 역할(conversational traffic cops)을 담당해야 한다. 이들은 동시발언이나 독주적 발언을 막고, 예약된 발언자를 위한 여지를 남기며, 토론이 주제를 벗어나지 않도록 통제한다. 더 나아가 이들은 집단 내 긴장을 완화하고, 공정하게 타인을 평가하며, 칭찬과 건설적 비판을 모두 허용해야 한다. 끝으로, 팀은 구성원들에게 타협을 허락하고, 차이점을 해결하는 데 필요한 창조적 기준을 모색해야 한다.

자료 7-3 팀의 효과성 측정

미국 플로리다(Florida) 카운티의 교정부서(Division of Corrections)는 소속 팀의 성과를 측정하기 위해 다음과 같은 8개의 문항을 사용한다. 이런 문항에 담겨 있는 내용들은 팀 성과에 필수적일 것으로 기대된다.

① 구성원들로 하여금 모험을 감수토록 하는가?
② 구성원들이 서로 동등하게 상호작용을 하고 리더십을 공유하는가?
③ 언어적, 비언어적 청취 기술을 활용하는가?
④ 부서의 미션, 비전, 가치에 헌신하는가?
⑤ 팀 빌딩(team building) 또는 팀의 발전 과정에 개입(참여)하는가?
⑥ 공식적 의사결정과 합의 형성을 활용하는가?
⑦ 문제해결을 위해 공식적 갈등 해소 방안을 활용하는가?
⑧ 팀 구성원들의 책임을 확보하는가?

5. 정부조직과 팀

팀이 정부조직에 적용될 때, 관료조직이나 비영리조직에 고유한 정치적 문제가 야기될 수 있다. 따라서 보다 실천적 차원에서 팀제 도입에 따른 문제점을 분석하고, 이의 효율화를 위한 방안을 모색해야 한다. 무엇보다 새로운 방식의 업무수행으로 인해 기득권이나 자리를 박탈당한 상위층 관료들의 저항과 사기저하가 나타날 수 있고, 간부들의 권한 상실로 인한 조직 내의 위계질서 파괴나 기강 해이가 일어날 수도 있다. 팀제를 도입할 때보다 중요한 것은 구성원들이 왜 그래야 하고, 새로운 조직과 그 안에서 이들에게 기대되는 역할이 무엇인지를 분명히 주지시키는 일이다. 그리고 무엇보다 다음과 같은 비합리적 행동을 삼가해야 한다.

- 팀의 도입을 상명하달식으로 일방적으로 추진하는 것
- 부문별 특수성을 고려하지 않은 채 획일적으로 팀을 도입하는 것
- 계층을 타파하지 않은 채 기존의 피라미드 조직(부서)의 명칭만 팀으로 바꾸고 운영하는 것
- 적절한 평가체제를 갖추지도 않은 채 팀의 성과를 평가하는 것
- 팀장을 길러낼 만한 시간적 여유나 장치도 없이 갑작스레 팀제를 도입하는 것
- 팀을 운영하면서도 실질적 권한은 주지 않는 것

더 나아가 정부는 팀과 같은 새로운 절차를 도입코자 할 때 이에 따른 변화가 국민에게 봉사한다는 정부조직의 궁극적 목적에 어떤 영향을 미치는지를 고려해야 한다. 공공조직을 팀제화하여 구성원들의 의사결정과 절차에 관한 권한이 증가할 경우, 과연 공공서비스 전달에서 어떤 파급효과가 나타날 것인가? 관료들이 여전히 국민의 봉사자로서 남게 될 것인가, 아니면 자신들의 이익을 위해 국민의 이익을 저버리는 행동을 하게 될 것인가? 이런 의문들은 정부조직에서 나타나는 절차상의 변화가 행정윤리상의 근본적인 문제를 야기할 수 있음을 시사한다.

공공조직에 팀제 도입 목적이 명확하고, 이것이 공공봉사라는 행정의 본질에 적합하다면, 다음에 고려해야 할 사항은 구체적으로 어떤 '분야'에 또는 '부처(부서)'에 도입할지를 고민해야 한다. 과거 우리나라 정부처럼 표준화된 매뉴얼에 기초해서 유사한 팀들을 모든 공공조직에 획일적으로 확대하려는 노력은 지양해야 한다. 동일 조직에서도 어떤 부서는 팀제 적용이 적절하고, 어떤 부서는 개인적 업무나 전통적 집단체제로 운영되는 것이 유리할 수 있다.[13] 그리고 부서별로 팀의 임무나 구성원들의 성향 등을 파악해 '어떤' 유형의 팀이 적합한지도 구상해야 한다. 공공조직의 문화적 특성을 감안해, 프로젝트팀이나 과제집단 같이 비교적 단기과제 수행을 위한 협력체제를 구축해 문제해결 중심으로 조직을 운영하다, 점진적으로 계층적 조직문화 타파를 위한 팀제 확산 노력을 경주하는 것도 하나의 전략이 될 수 있다.

마지막으로, 팀제 도입 대상 부서나 기관이 결정되면, 효율적 팀제 운영을 위한 제반요건을 갖추도록 해야 한다. 여러 요건 중, 가장 중요한 것은 리더십의 적극적 지원과 팀 내 리더십의 공유다. 그리고 팀원들이 적극적으로 팀제 운영에 필요한 활동을 할 수 있도록 동기를 부여하는 일도 공공조직의 경우는 특히 중요하다. 조직 운영 성과에 따라 개인적 이해관계나 보상이 달라질 수 있는 기업과 달리 공공조직에서는 팀 활동에 대한 동기화가 매우 어렵기 때문이다.

---

13) 요컨대, 팀이 항상 답이 되는 것이 아니다. 직무의 성격상 전통적 직무집단보다 팀이 유리할 때 팀을 도입해야 하는데, 이런 경우는 기술한 바와 같이 주로 혼자 일하는 것보다 여럿이 함께하는 것이 나을 때이다. 직무가 복잡하고 다양한 관점을 필요로 하거나, 구성원들 개인목표의 단순한 합이 아니라 공동의 목표를 창출하거나(예: 기업의 경우, 고객서비스 직원, 기계공, 부품전문가, 판매사원 등으로 구성된 신차 딜러팀), 구성원들이 상호의존적일 때(예: 축구팀) 등을 들 수 있다 (Robbins & Judge, 2016). 특히, 수행하는 과제나 직무가 상호의존적이 아니거나 상호의존성에서 얻는 것이 없다면 개인이 일하도록 맡기는 것이 낫다.

사례 7-2 우리나라 정부조직과 팀의 활용 가능성

미국 제44대 대통령 오바마(B. Obama)는 당선 후, 바이든(J. Biden), 클린턴(H. Cliton), 게이츠(R. Gates) 등 서로 다른 이념과 생각을 지닌 사람들을 핵심참모로 하는 팀을 구성했다. 당시 이런 모습을 보고 혹자는 소박하다거나 혹은 매우 위험한 시도라고 평가한 적이 있다. 그럼에도 불구하고, 오바마는 이들이 이념보다는 실천적으로 일할 것이라고 보았다. 주어진 임무를 수행하는 데 초점을 둘 것이라고 판단한 것이다. 오바마의 이런 시도는 정부 내에서 당파를 초월하는 새로운 시대를 창조하려 한 것으로서, 상기한 바와 같은 팀을 구성하게 된 동기가 이념이나 충성보다 융통성과 효과성에 있었다고 밝힌 데서 잘 나타난다(Wagner & Hoolenbeck, 2010).

사례 문제

1. 과연 우리나라 정부에서 오바마가 시도한 것처럼 서로 다른 이념적 성향을 지닌 사람들이 팀을 이루어 일을 해 나갈 수 있을까? 특히, 대통령을 보좌하는 청와대 내에 이런 팀이 만들어질 수 있을까?
2. 그렇지 못하다면, 왜 만들어질 수 없는 것인가?
3. 만일 만들어진다면, 어떤 효과가 나타날 것으로 예상되는가?

사례 7-3 정부조직에 팀이 보편화될 수 있는가?

참여정부 시절, 중앙행정기관과 지방자치단체가 모두 팀제를 활용한 바 있다. 중앙행정기관의 경우, 팀제는 2005년 행정자치부에 처음 도입되었고, 2007년에 부처 내 모든 부서로 확대되었다. 당시 정부조직 평가지표의 하나로 팀제가 채택되었고, 정부조직 평가의 책임을 진 부처로서 일종의 수범을 보인 것이다. 기존 1차관보 · 1실 · 1본부 · 7국 · 4관 · 1센터 · 45과 · 4팀 체제를 5본부 · 8관 · 1단 · 1아카데미 · 48팀제로 개편하고, 의사결정의 신속성을 제고한다는 논리로 5단계의 계층구조(부서장 → 국장 → 과장 → 계장→ 직원)를 3단계(본부장 → 팀장 → 팀원)로 줄였다. 그리고 팀제를 도입하는 과정에서 나름대로 팀제에 대한 이해를 돕기 위한 학습프로그램도 운영했고, 급속한 환경 변화에 대응이 필요하다는 논리로 지방자치단체들의 팀제 활용을 독려했다. 그 결과 광역시인 부산시가 한시적으로 일부 부서에 팀제를 도입했고, 기초자치단체에서는 전라남도 강진군이 전국 최초로 팀제를 도입했다.

기대와는 달리, 우리나라 정부의 팀제는 의도한 바의 성과를 거두지 못하고 실패로

끝났다. 상기한 바와 같은 팀제 도입 시 주의해야 할 '비합리적' 행동을 거의 그대로 답습했기 때문이다. 팀제 도입의 필요성에 대한 공감대를 형성하지 못했고, 준비도 제대로 하지 못한 채 기존 관행을 그대로 유지하면서 조직의 무늬만 팀으로 바꾸었다. 팀제가 활성화되기 어려운 권위적이고도 경직적 문화 속에서, 조직의 리더나 상위직 관료들이 팀제 도입에 소극적이었고, 정권이 바뀌면서 정부혁신에 대한 개혁의지나 추진동력이 거의 소멸되었다. 그 결과 팀제 도입을 비롯해 역대 어느 정부보다도 강하게 정부혁신을 추진했던 참여정부가 물러나자, 공무원들이 변화된 정부조직을 유지하기보다 기존 모습으로 되돌리려 했고, 특히 팀제 같이 수평적 조직개편에 불만이 컸던 상위직 관료들이 신속히 기존의 계층구조로 회귀시켰다. 결국, 자율적이고 유연한 조직을 만들어 급속한 환경변화에 적절히 대응한다는 본래의 취지는 망각한 채, 형식적 팀제 운영을 통해 "대외적 혁신 이미지 제고, 부처의 자율성 획득, 기관장의 부처장악력 강화" 같은 부수적 목표들만 추구한 꼴이 되고 말았다(오시영 · 김병섭, 2009: 152).

이렇듯, 공직사회에서 팀제 도입은 논리적 장점이나 기대만으로 이루어지는 것이 아니다. 그리고 팀제 운영의 어려움은 단지 정부조직에만 국한된 것도 아니다. 미국의 경우, 대부분(95%)의 기업인들이 팀제의 순기능을 인정하면서도, 막상 팀원으로 일하고자 하는 사람은 소수(25%)에 지나지 않은 것으로 조사되었다(www.prnewswire, June 9, 2013). 이런 현상을 보고 일부 미국 학자들은 미국 사회의 개인주의적 문화가 팀제 활성화를 어렵게 한다 하고, 집단주의 조직문화를 지닌 동양에서는 팀제가 잘 운영될 것이라는 논리를 펴기도 했다. 하지만 이들은 동양에는 개인주의 대신 팀제 운영에 또 하나의 걸림돌인 계층질서나 권위주의적 문화가 강하다는 것은 간과하고 있다.

사례 문제

1. 상기한 사례가 팀제의 장점을 희석하거나 팀제 도입을 거부하는 정당화 논리의 근거가 될 수 있는가?
2. 우리나라 정부 조직 중 어떤 부처, 부서에 팀제 도입이 가능할지를 탐색해 보자.

토론 과제

1. 작업집단과 팀의 차이는 무엇이고, '고성과 팀'의 특징은 무엇인가?
2. 터크맨(B. W. Tuckman)의 집단발달 단계에서, 각 단계별로 어떤 조직행동이 나타나는가? 각 단계별로 리더가 해야 할 행동이 무엇이라 생각하는가?
3. 집단생활에서 역할의 명확성이 왜 중요한가?
4. 지위일치가 집단행태에 미치는 영향은 무엇인가?
5. 생산규범이 왜 중요하고, 그 적정성을 어떻게 판단할 수 있을까?
6. 정부조직에서 팀이 지니는 유용성과 문제점은 무엇인가?
7. 정부조직에서 팀제를 도입할 때 가장 주의해야 할 점은 무엇이고, 효과적 팀을 만들기 위해 어떤 실천적 노력이 필요한가?

Organizational Behavior

제8장

정치, 권력, 갈등

조직의 정치, 권력 및 갈등에 관한 논의는 조직 그 자체뿐만 아니라 가장 포괄적이고 거시적인 조직집단 또는 조직 간 관계 및 행태에 대한 것이라 할 수 있다. 조직의 정치, 권력, 갈등은 조직이 만들어지는 순간부터 발생하다. 이들은 조직의 목표를 달성하기 위한 동력이며, 조직 내의 개인과 집단, 그리고 타 조직 간의 관계에서 중요한 역할을 하는 동시에 결과물이기도 하다.

따라서 조직 내에 존재하는 조직의 정치적 실체와 현상, 조직과 조직구성원들을 움직이게 하는 조직권력과 그 속성 및 권력의 관리방안, 조직정치와 권력작용에 의해 필연적으로 나타나는 갈등의 속성, 원인 및 그 관리방안 등은 조직을 이해하는 데 중요한 부분이라 할 수 있다.

이 장에서는 정치적 행위 주체로서의 조직, 조직정치모형, 정치적 행태의 관리 등을 살펴보고, 조직의 권력과 관련해서는 조직권력의 정의와 원천, 권력의 어두운 면인 부패와 관련된 조직행태 등을 논의한다. 마지막으로, 조직갈등 측면에서는 갈등의 개념과 갈등에 대한 관점, 갈등의 유형과 수준, 개인적 갈등관리 유형과 갈등관리 접근법 등에 대해 논의한다.

제 1 절 조직정치

조직 내에서 발생하는 조직정치(organizational politics)는 긍정적이고 생산적인 이미지보다는 부정적이고 비생산적인 이미지가 먼저 떠오른다. 왜냐하면 조직정치는 온갖 권모술수와 자기 이익의 극대화 등과 같은 모습들이 연상되기 때문이다.

조직이 활용하고 획득할 수 있는 자원은 늘 한정적이기 때문에 주어진 조직의 하위 목표를 추구하는 개인 간 또는 집단 간 갈등이 발생하게 되지만, 때로는 권력에 의해 해소되기도 한다. 갈등과 권력은 조직정치를 이해하는 중요한 요인이다. 조직 내에 항상 존재하고 있는 갈등을 파악하면 조직의 이해관계가 어떻게 형성되어 있는 것을 알 수 있고, 권력을 누가, 무엇을, 언제, 그리고 어떻게 행사하는가를 분석하면 조직 내의 권력의 원천과 역동성을 이해할 수 있다.

조직정치를 희소한 자원을 배분하고 이해관계를 조정하는 조직 내에 존재하는 현실적 실체라고 본다면, 조직정치의 이해는 조직의 의사결정의 핵심(Bolman & Deal, 2003)뿐만 아니라 조직의 역동적 행태(dynamics)를 이해하는 것으로 볼 수 있다.

그러므로 조직 내에서의 정치를 부정적이고 편협한 측면만을 부각시켜 등한시 할 것이 아니라 역동적이고 긍정적인 측면을 동시에 고려하여 논의할 필요가 있다.

1. 정치적 행위 주체로서의 조직

조직은 공동의 목표를 달성하기 위하여 2인 이상의 사람들로 구성된 사회적 집합체이기 때문에 조직 내에 다양한 개인과 집단이 존재하기 마련이다. 그러므로 조직정치적 관점에서 보면 조직은 개인과 집단의 이해관계가 복잡하게 얽혀 있는 시끄러운 정치판이고, 조직의 모든 프로세스는 정치적 성격을 띤다고 할 수 있다. 정치적 행위 주체로서의 조직과 관련된 명제는 다음과 같이 다섯 가지로 요약된다(Bolman & Deal, 2003).

① 조직은 다양한 개인과 이익집단으로 구성된 담합집단(coalition)이다.

② 담합집단의 성원들은 가치관, 신념, 정보, 관심사, 현실인식에 있어 이해 대립이 상존한다.

③ 조직에서 이루어지는 대부분의 주요 의사결정은 희소자원의 배분, 즉 누가 무엇을 얻을지에 대한 결정을 포함하고 있다.

④ 희소자원과 이해 대립의 상존(enduring differences)으로 인해 갈등은 조직역학의 중심이 되며, 갈등을 조정하는 데 있어 권력이 가장 중요한 요인으로서 강조된다.

⑤ 조직의 목표와 의사결정은 서로 경쟁하는 이해관계자 간의 협상, 교섭, 그리고 유리한 고지를 선점하기 위한 경쟁 등을 통해 이루어진다.

위와 같이 조직정치적 관점은 조직 연구의 전통적인 조직구조적 관점과 다르다. 조직정치적 관점은 조직의 역동적인 과정, 조직 내의 의사결정 과정에서의 개인과 집단 간의 역학관계, 조직권력, 조직의 자원배분과 관련된 조직갈등 등의 측면을 설명할 수 있다.

2. 조직정치모형: 정치모형 vs. 합리모형

조직의 목표, 권력구조, 구조와 통제, 정보 및 조직 프로세스 등을 기준으로 합리모형과 정치모형의 기본 가정을 살펴보면 다음과 같다.

합리모형은 조직 내의 모든 집단들은 조직목표를 명확히 알고 있기 때문에 집단 간의 일치된 목표를 가지고 있고, 조직의 권력은 모든 조직구성원들이 알 수 있는 합법적인 것에 기초하고 있으며, 조직의 구조와 통제는 권력의 상층부에 집중화되어 있고, 정보는 조직구성원들 간 폭넓게 공유하고 있다고 가정한다. 그리고 조직 프로세스는 잘 정의되어 있고, 논리적이고 합리적인 것으로 가정한다.

반면 정치모형은 조직의 목표는 불명확하고 빈번하게 재정의(再定義)되고, 조직의 상층부가 아닌 조직의 개인이나 집단 간 협상과 담합을 통하여 결정된다고 가정한다. 그리고 조직의 권력은 항상 유동적이며 역동적으로 변화하며, 조직의 구조와 통제는 분권적이고 역동적이며 유동적으로 간주하며, 집단 간 연합과 담합에 의해 통제된다고 가정한다. 또한 조직자원을 얼마나 많이 획득하느냐, 획득할 수 있는 정보원(情報原) 또는 네트워크를 얼마나 많이 가지고 있느냐에 따라 조직권력의 차이가 발생한다고 가정한다. 그리고 조직 프로세스는 모호하면서도 역동적으로 변화할

표 8-1 정치모형과 합리모형의 비교

조직 특성	정치모형	합리모형
목표	불명확하고 종종 재정의되고, 하부집단에 근거함	명확하고 모든 집단과 일치함
권력기초	유동적이며 역동적임	합법적이며 잘 알려짐
구조와 통제	분권적, 역동적, 유동적임	집중화와 집권적임
정보	모호하고, 권력의 원천으로 작용됨	정확하며 필요한 구성원들에게 폭넓게 공유됨
조직 프로세스	모호하고 역동적이며, 상황과 협력에 따라 상황적응적임	잘 정의되어 있고, 논리적이며 합리적임

출처: Nahavandi & Malekzadh(1998).

수 있으며 상황과 협력에 따라 상황적응적인 것으로 가정한다.

요약하면, <표 8-1>에서 보는 바와 같이 정치모형은 조직 내 권력의 원천은 다양하며, 조직 내의 개인 및 집단은 다양한 목표와 이해를 가지고, 조직관리자들은 조직 내의 다양한 협상과 담합 등의 행태에 기초해 의사결정을 하고, 조직의 문제와 그 대안은 합리적이고 체계적인 과정보다는 역동적인 체계(system)와 과정에 의해 제시될 수 있다.

그러므로 조직의 행태를 합리모형에 근거해 진단·분석하고 이해할 수 있지만, 같은 조직의 행태라 할지라도 정치모형에 근거하면 전혀 다르게 진단·분석하고 이해할 수 있다.

3. 조직정치의 촉진요인

1) 불확실성과 불확실한 자원배분

조직 불확실성이 증가하면, 합리모형의 유용성은 점점 약해진다. 조직 불확실성의 증가는 조직 정보의 불충분한 확보 상태, 조직 목표의 빈번한 변화, 조직목표 갈등 등을 유발하게 된다. 이로 인해 조직자원배분의 불확실성도 커지게 되고, 조직정치적 활동은 증가하게 된다.

2) 조정과 통합의 변화

조직은 조직의 외부환경, 기술, 전략의 역동적 변화에 적극적으로 상응하기 위하여 급격한 조직활동의 조정과 통합의 변화를 겪게 된다. 그 때의 조직활동의 조정과 통합은 조직정치를 촉진하는 요인이 된다.

3) 리더십의 변화

조직 불확실성과 그에 따른 조정과 통합의 변화가 요구되면 조직은 새로운 조직 리더십을 요구하게 된다. 그러나 역설적이게도 새로운 조직 리더십으로 전환될 때 조직은 불확실성에 처하게 되고 조정과 통합의 행태가 바뀜에 따라 조직정치가 촉발된다. 또한 새로운 조직 리더십이 정착되지 못한다면 조직의 정치적 과정과 정치적 행태들은 더욱더 크게 증가될 수 있다.

4. 조직정치와 도덕

"조직의 의사결정은 정치적 과정이다" 또는 볼맨과 딜(Bolman & Deal, 2003)이 말한 경기 게임 규칙과 게임 참가자 간 게임을 통해 가져갈 보상을 결정하는 곳을 의미하는 경기장으로서의 조직(organizations as arenas)이라는 명제는 조직정치의 단면을 보여준다. 조직정치에 대한 부정적 측면을 강조하는 입장은 경기장에 있는 게임 참가자가 게임의 규칙을 위반하거나 부정적인 방법을 통하여 보상을 가져간다고 보는 반면, 긍정적인 측면을 강조하는 입장은 게임 참가자가 게임의 규칙을 준수하고 그 게임의 규칙을 통하여 정당하게 보상을 가져간다고 본다.

긍정적 조직정치의 개념이 정착되기 위해서는 조직 내부의 합의와 신뢰의 토대가 마련되어야 한다. 긍정적 조직정치는 조직의 생산성을 증대시킬 수 있다. 최근의 연구주제인 조직시민성(organizational citizenship)은 조직신뢰에 바탕을 둔 조직구성원들의 자율적 참여 등이 조직생산성을 높이는 것으로 보고 있다. 번즈(Burns, 1978)는 높은 수준의 동기와 도덕적 판단에 의거한 행동을 선택할 때 긍정적 조직정치가 형성된다고 보았다. [그림 8-1]은 조직의 표준화와 공식적인 과정을 벗어나는 행태들에 대해 점검해 볼 수 있는 기준을 제시하고 있다(Nahavandi & Malekzadeh, 1998).

그림 8-1 조직정치적 행태의 합법성

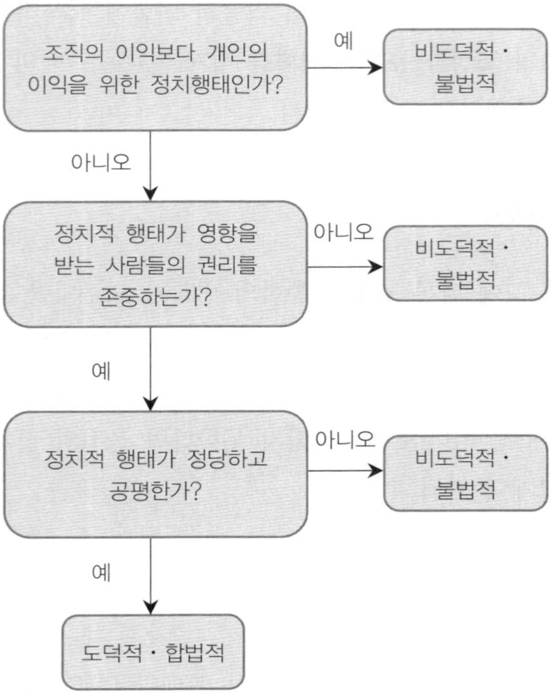

출처: Nahavandi & Malekzadeh(1988).

5. 조직정치적 행태의 관리

조직정치적 행태의 관리는 조직 내부에서의 건설적인 관계 형성, 협상과 타협을 유지하고 장려하면서 동시에 부정적이고 자기이익 중심적, 그리고 파괴적인 행태를 줄이는 데 있다. 관리방안은 ① 빈번한 상호작용과 커뮤니케이션을 촉진하는 개방적이고 지원적인 분위기 창조와 문화 조성, ② 정보공유를 통한 불확실성의 감소, ③ 일관성 있고 명확하고 개방적인 공정한 프로세스와 절차, 그에 따른 보상의 개발과 활용, ④ 협력의 장려와 불필요한 경쟁의 억제, ⑤ 건설적 행태에 대한 모델화 등이다(Nahavandi & Malekzadeh, 1998).

제 2 절 조직권력

1. 권력의 정의와 원천

권력의 정의는 매우 다양하다. 페퍼(Pfeffer, 1992: 30)는 “어떤 행동이 발생되도록 하고, 사건의 진행방향을 변화시키며, 저항을 이겨내고, 타인으로 하여금 무언가를 하도록 영향을 줄 수 있는 잠재 능력(potential ability)”이라고 정의하고 있다. 러스(Russ, 1994: 38)는 “한 개인의 의사가 우월해지도록 하고 그 개인의 목적이 달성되도록 할 수 있는 능력”이라고 정의하여 한층 더 강력한 의미를 부여하고 있다.

그러면 권력은 어디에서 나오는 것일까? 많은 사회과학자들(Balridge, 1971; French & Raven, 1959; Pfeffer, 1981, 1992)이 설명한 권력 원천을 제시하면 다음과 같다(Bolman & Deal, 2003).

1) 직 위

개인에게 주어진 직위(position)는 권력의 원천이 된다. 직위권력은 조직 내의 직위 그 자체로부터 생성된다. 예를 들면, 평가를 하고 학점을 부여하는 교수는 교수라는 직위에 의해 일정한 직위권력을 가질 수 있다. 이러한 직위권력은 타인과의 관계에서 좀 더 유리한 위치에 있을 수 있도록 해준다. 또한 원하는 과업을 하는 데 도움을 준다(Pfeffer, 1992).

2) 정보와 전문성

중요한 문제를 해결할 수 있는 정보와 전문성은 권력의 원천이 된다. 정보와 전문성을 갖춘 사람은 전문적 권력과 준거적 권력 등을 가질 수 있다. 예컨대, 마케팅 산업에서는 마케팅과 관련된 정보를 가지고 있는 마케팅 전문가, 대학에서는 지식과 전문성을 갖춘 교수, 심포니 오케스트라의 경우에는 총 지휘자가 가진 정보와 전문성에 의해서 생성되는 권력을 가질 수 있다.

3) 보 상

일자리와 돈, 정치적 후원 및 여타의 보상을 제공할 수 있는 보상의 통제(control of rewards) 능력은 권력의 원천이 될 수 있다. 이러한 것들에 의해서 보상적 권력이 생성된다.

4) 강 제

제한, 봉쇄, 개입, 혹은 처벌 등 타자를 강제할 수 있는 것도 권력의 원천이 된다. 이러한 것들에 의해 강제적(또는 강압적) 권력이 생성된다. 예를 들면, 파업이나 농성행위, 군대의 진압 등이 강제를 통한 권력을 행사하는 실례이다.

5) 지원세력과 대인관계망

조직 내의 일이란 개인과 집단 간에 형성된 복잡한 망(alliance and network)을 통해 처리되기 때문에 인맥이 많을수록 더욱 수월하게 일을 수행할 수 있다. 코터(Kotter, 1982)는 고위 관리자 가운데 성공한 사람들은 그렇지 못한 사람들에 비해 인맥관계의 구축과 강화에 좀 더 많은 관심을 쏟았다는 사실을 밝힌 바 있다. 폭넓은 대인관계망을 가지고 있는 관리자는 그렇지 못한 관리자보다 과업수행에 필요한 훨씬 많은 권력을 가질 수 있다.

6) 의제의 접근과 통제

의사결정과 관련된 의제의 접근과 통제(access and control of agendas)는 권력의 원천이 된다. 어떤 특정 집단이 조직의제의 접근과 통제를 선점하거나 독점하고 있다면 그 집단은 권력을 가지고 있다고 할 수 있다. 그리고 의제의 접근과 통제를 할 수 있는 집단에 의해 의사결정이 이루어질 경우, 그 집단의 이해관계는 잘 반영되는 데 반해, 배제된 집단의 관심사와 이해관계는 왜곡되거나 무시되기 쉽다(Lukes, 1974; Brown, 1986). 또한 조직환경의 불확실성을 관리하는 사람들이나 조직성과에 영향을 미치는 핵심적인 정보와 자원에 대한 접근과 통제를 할 수 있는 사람들이 조직권력을 가지게 된다.

7) 재구성: 의미와 상징의 통제

조직의 의제를 검토하거나 결정하는 데 적용될 기준(framework)을 형성하고 그것에 의미를 부여하고 상징을 통제할 수 있는 주도적 역할을 할 경우에는 강력한 권력을 갖게 된다(Pfeffer, 1992). 예를 들면, 조직 내의 엘리트집단과 여론 주도자들이 조직의 정체성이나 신념 및 가치관을 확립하는 데 필요한 의미와 상징을 형성하거나 통제하고, 비전을 제시하거나 재구성할 때 실질적인 권력을 가질 수 있다.

8) 개 인

카리스마, 에너지와 열정, 정치적 기술, 언어구사 능력, 비전제시 능력을 가진 개인(person)은 여타의 원천과는 별개로 독자적인 권력을 가질 수 있다.

2. 권력의 유형

권력의 유형은 위에서 설명한 권력 원천으로부터 생성되는 합법적 권력, 보상적 권력, 강제적 권력, 전문적 권력, 준거적 권력으로 나눌 수 있다(French & Raven, 1959). [그림 8-2]와 같이 권력에 대한 반응을 보면, 합법적 권력은 순응의 정도가 강한 반면, 강제적 권력으로 갈수록 저항이 심하며, 준거적 권력으로 갈수록 몰입의 정도가 강하다.

1) 합법적 권력

합법적 권력은 상사가 보유하고 있는 직위에 기반을 둔 권력인데, 일반적으로 지위가 높으면 높을수록 합법적 권력은 더욱 커지는 경향이 있다. 즉, 합법적 권력은 조직 내의 직위에 의하여 결정된다.

그림 8-2 권력에 대한 반응

출처: Nahavandi & Malekzadeh(1998).

2) 보상적 권력

보상적 권력은 다른 사람들에게 보상을 제공할 수 있는 능력에 기반을 둔다. 조직이 제공하는 보상으로는 봉급, 승진, 직위 부여 등이 있다.

3) 강제적 권력

강제적 권력은 인간의 공포에 기반을 둔 권력으로, 어떤 사람이 다른 사람을 처벌할 수 있는 능력을 가지거나, 육체적 또는 심리적으로 다른 사람에게 위해(危害)를 가할 수 있는 능력을 가진 경우에 발생하게 된다.

4) 전문적 권력

전문적 권력은 다른 사람이 필요로 하는 전문적인 기술이나 지식을 어떤 사람이 갖고 있을 때 발생하는 권력으로, 정보가 중요하면 중요할수록 또한 상대방이 정보를 얻을 수 있는 대안이 적으면 적을수록 전문적 권력은 강화된다. 이러한 전문적 권력은 직위와 직무를 초월하여 조직 내 구성원 누구나 가질 수 있다. 합법적 권력, 보상적 권력, 강제적 권력 등이 항상 조직 내 공식적 직위와 일치하는 것은 아니지만,

대부분의 경우 이러한 권력은 공식적 직위와 관련이 깊다. 그러나 전문적 권력은 공식적 직위와 일치하지 않을 수 있다.

5) 준거적 권력

준거적 권력은 어떤 사람이 자신보다 뛰어나다고 생각하는 사람을 닮고자 할 때 발생한다. 일반적으로 준거적 권력을 갖고 있는 상사는 부하들로부터 호감과 존경을 받는다. 전문적 권력이 조직 내의 공식적 직위와 항상 일치하는 것은 아니듯이, 준거적 권력도 공식적 직위와 항상 일치하지는 않는다. 준거적 권력은 카리스마의 개념과 유사하다.

3. 권력의 어두운 면: 부패

권력의 부패는 개인의 이익을 위해 권력을 남용하거나, 권력에 대한 상호 견제가 없는 상태에서 발생하게 된다. 또한 권력을 가진 사람들이 조직의 규칙을 무시하거나 조직자원과 조직 내부의 이슈에 대한 조직구성원의 접근을 차단할 때에도 발생하게 된다. 권력에 대한 적절한 통제가 작동되지 않는다면 절대권력이 발생하게 되고, 절대권력은 절대부패로 이어진다.

[그림 8-3]에서 보는 바와 같이, 권력의 부패는 자원에 접근 권력과 무책임성-구성원들과의 거리-과장된 관점-구성원들의 반응-(권력부패에 의한) 결과가 상호 단절적인 것이 아니고 순환고리와 같이 서로 연계되어 있다.

이러한 권력의 부패를 관리하는 방안으로는, ① 관리자와 구성원들 간의 접촉의 증가, ② 구성원들의 관리자에 대한 의존의 감소, ③ 객관적인 성과 측정 및 정보에 대한 접근과 직접적인 피드백 제공, ④ 모니터링 활성화, ⑤ 조직의 임파워먼트(권한위임) 등이 있다. 특히, 임파워먼트는 조직의 구성원들이 보다 독립적이고 자율적인 의사결정을 할 수 있게 하며, 환경적 요구에 유연하고 빠르게 대응할 수 있게 한다. 임파워먼트의 요소로는 창의성의 장려, 공평한 보상과 정책, 분권화된 구조, 관료제적 장애물의 제거, 적합한 인력 선발, 구성원의 능력에 대한 신뢰의 표시, 성과기준 마련, 긍정적 조직문화 육성 등이라 할 수 있다. 이러한 임파워먼트를 통하여 권력의

그림 8-3 권력부패의 순환고리

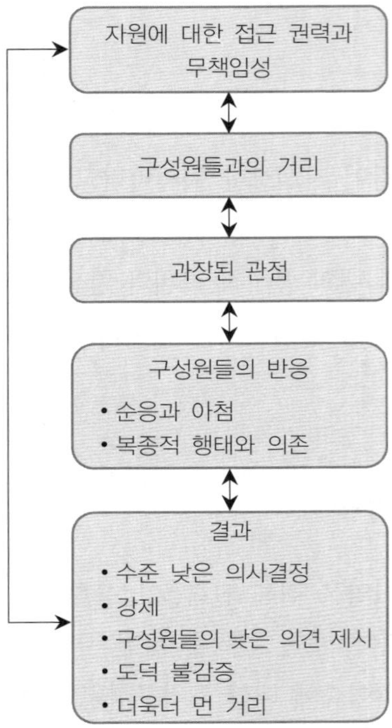

출처: Nahavandi & Malekzadeh(1998).

부패가 일정 부분 방지될 수 있다.

제 3 절 조직갈등

1. 갈등의 개념

갈등의 개념은 심리학적 관점, 사회학적 관점, 경제학적 관점, 조직행태학적 관점 등 학문 분야에 따라 다양하게 정의되고 있다. 여기에서는 조직행태학적 관점에서 조직 내 집단 간의 갈등에 초점을 둔다.

토마스(Thomas, 1976)는 갈등을 어떤 행동 주체가 목표를 달성하고 이익을 신장시키려는 행동을 할 때 다른 행동 주체를 의도적으로 좌절시키려고 힘쓰는 과정, 또는 어떤 하부 집단(또는 조직)이 다른 집단(또는 조직)에 의해 관심사가 좌절되었거나 좌절된 것을 지각할 때 발생하는 과정(문태훈, 2001; Robbins, 1986; Thomas, 1976)으로 정의한다. 프루이트와 루빈(Pruitt & Rubin, 1986)은 일반적으로 둘 이상의 사람이나 집단이 특정 사항에 대하여 서로 상이한 이해관계를 가지고 있으며, 그것을 부정적으로 평가될 때 발생하는 것으로 정의하고 있다(유홍림 · 조경호, 2001). 백완기(1995)는 갈등을 양립할 수 없는 목표의 추구로, 박호숙(1996)은 공익을 탐색하는 정책결정 과정에서 정책결정 과정에 관여된 행위 주체들이 정책대안을 선택하는 데 있어 제약을 받고 있는 상황으로, 임성옥(2005)은 조직 내의 자원이나 업무 배분의 비합리와 목표, 가치, 인지 등의 차이 등이 존재할 때 행동 주체 간에 일어나는 대립적 내지 적대적 상호작용으로 정의하고 있다. 박연호(2000)와 스투너(Stooner, 1978)는 희소자원이나 작업활동을 배분하게 될 때 또는 목표 · 가치 · 인지 등의 차이가 존재할 때 조직 내에서 일어나는 집단 간 대립적 작용(disagreement)으로 정의하고 있다.

2. 갈등의 유형과 수준

갈등의 유형을 분류하는 기준은 다양하다. 행동의 주체, 갈등의 진행 단계, 표면화된 대립적 행동, 갈등 상황 등으로 분류할 수 있고(오석홍, 1990), 개인 · 집단 · 조직의 수준으로도 분류할 수 있다.

개인적 수준에서는 개인(내면) 갈등(intrapersonal conflict)과 개인 간 갈등(interpersonal conflict), 집단적 수준에서는 집단 내 갈등(intragroup conflict)과 집단 간 갈등(intergroup conflict), 조직적 수준(organizational level)에서는 수평적 갈등(horizontal conflict, 또는 통합갈등)과 수직적 갈등(vertical conflict, 또는 의사결정 갈등)으로 나눌 수 있다.

1) 개인(내면) 갈등

개인(내면) 갈등은 목표와 가치, 역할 등의 충돌로 인해서 발생하는 개인의 내적 갈등으로, 개인이 둘 또는 그 이상의 양립할 수 없는 행동에 의해 발생하는 개인의 내적 갈등이다. 일반적으로 좌절에 의한 갈등, 목표갈등, 역할갈등 등으로 구분할 수 있다.

(1) 좌절에 의한 갈등

인간이 어떠한 욕구를 갖게 되면 일정한 방향으로 행동을 하게 하는 동인(動因)이 발생되는데, 그 동인이 차단되는 경우 사람들은 좌절을 느끼게 되고 내면적으로는 갈등을 겪게 된다. 좌절에 의한 갈등은 어떤 동인이 목표달성 이전에 차단됨으로써 발생하게 된다.

좌절에 의한 갈등의 방어기제로는 좌절을 일으키게 하는 장애물을 적극적으로 제거하려고 하는 '공격', 욕구를 포기해버리는 '철회', 욕구에 대한 미련을 버리지 못하는 '집착', 원래의 욕구 대신 다른 욕구를 성취하는 '타협' 등이 있다.

(2) 목표갈등

목표갈등은 두 가지 이상의 상호 양립 불가능한 목표 중에서 어느 것을 선택해야 할지 쉽게 결정을 내릴 수 없을 때 발생한다. 일반적으로 목표갈등은 목표 자체의 긍정적인 속성과 부정적인 속성을 기준으로 접근-접근 갈등, 접근-회피 갈등, 회피-회피 갈등으로 분류할 수 있다.

접근-접근 갈등(approach-approach conflict)은 두 가지 이상의 목표가 모두 개인에게 긍정적인 결과를 가져다 주지만, 각각의 목표가 상호배타적일 때 주로 발생한다. 접근-회피 갈등(approach-avoidance conflict)은 특정의 목표가 긍정적인 속성과 부정적인 속성 모두를 갖고 있을 때 주로 발생한다. 즉, 어떠한 목표로부터 얻어지는 결과에 끌리기도 하지만 이를 회피하고자 하는 동기가 동시에 작용할 때 발생한다. 회피-회피 갈등(avoidance-avoidance conflict)은 두 가지 이상의 목표가 모두 부정적인 결과를 가져다주지만, 이 중 어느 한 가지 목표를 선택해야 할 때 주로 발생한다.

(3) 역할갈등

역할갈등은 역할에 관한 요구나 메시지가 상호 모순되는 경우에 발생한다. 역할갈등은 역할 내 갈등(intrarole conflict)과 역할 간 갈등(interrole conflict)으로 나눌 수 있다. 역할 내 갈등은 동일 역할에 대해 서로 상충되는 메시지를 듣게 될 때 발생하는 갈등이며, 역할 간 갈등은 두 가지 이상의 역할을 동시에 수행할 때 발생하는 갈등이다.

2) 개인 간 갈등

서로 상호작용을 해야 하는 두 사람 또는 그 이상의 사람들 사이에서 추구하는 목표, 추구하는 가치와 가치관, 신념체계, 사고방식, 태도 및 스타일의 차이 때문에 발생하는 갈등을 말한다. 개인 간 갈등을 관리하는 방안으로는 통합, 복종, 지배, 회피, 타협 등이 있다. 자세한 내용은 갈등관리 유형에서 다룬다.

3) 집단 내 갈등

집단의 내적 갈등이라 할 수 있다. 이 갈등은 집단의 목표와 업무 절차 등에 의해 발생할 수 있고, 집단의 목표나 활동, 프로세스에 대한 의견 불일치에 의해 발생할 수 있다.

4) 집단 간 갈등

조직 내·외의 서로 다른 집단들이 다양한 이슈에 대해서 의견일치에 도달하지 못할 때 발생할 수 있고, 업무, 자원 및 정보 등에 대한 의견이 일치하지 못할 때 발생할 수 있다. 젠(Jehn, 1995)은 집단 간 갈등을 관계갈등과 업무갈등으로 구분한다. 관계갈등은 집단 내 구성원들 간의 긴장, 나쁜 감정과 불편함 등을 포함한 양립할 수 없는 관계 속에서 발생하며, 업무갈등은 관점, 생각과 의견의 차이를 포함한 조직구성원들 간의 업무 불일치에 의해 발생한다. 집단 간 갈등의 관리방안은 경쟁, 협력, 타협, 순응, 회피 등이 있다. 자세한 내용은 갈등관리 유형에서 다룬다.

5) 수평적 갈등(통합갈등)

조직에서 같은 수준에 있는 부서 또는 집단 사이에서 발생하는 갈등이다. 조직 목표를 서로 다르게 해석하거나(목표불일치), 보상의 체계에 의해 서로 간의 지나친 경쟁(보상체계에 의한 지나친 경쟁), 부서 간의 상호의존성의 불균형(상호의존성의 불균형 또는 지나친 상호의존성), 각 집단이나 부서가 처해 있는 환경의 불확실성과 자원의 부족(불확실성과 자원의 부족) 등에 의해 발생할 수 있다.

6) 수직적 갈등(의사결정 갈등)

조직에서 서로 다른 계층에 있는 집단들 사이 또는 상위 부서와 하위 부서에서 발생하는 갈등이다. 일반적으로 조직의 상·하위 계층 간 권력의 차이나 통제에 의해 발생한다.

3. 갈등의 관점 변화와 유용성

전통적으로 갈등은 회피해야 하는 것으로서 조직적 또는 개인적 문제에 의해 야기되는 악의적이고 파괴적인 성질로 인식되었다. 그러나 최근에 와서는 갈등을 개인·집단·조직에서 불가피하게 발생하는 것으로 간주하고, 상호간에 건전한 경쟁관계와 의사교환의 활성화, 동기부여, 다양한 이슈와 대안에 대한 토론을 활발히 할 수 있는 요인이 될 수 있고, 외부와의 갈등 상황에서는 집단 내의 강한 응집력을 일으킬 수 있는 기제로 인식하고 있다.

갈등의 정도(degree of conflict)와 조직행태의 관계를 보면 갈등에 대한 관점의 변화가 일어난 이유를 알 수 있다. 갈등의 정도가 낮을 경우에는 조직의 행태는 환경변화에 둔감하고 적응력이 떨어지며, 긴장이 유발되지 않기 때문에 무사안일과 의욕상실 등으로 인해 조직이 침체되는 경우가 많다. 반대로 갈등의 정도가 너무 높을 경우에는 조직의 혼란과 분열이 발생하고, 상호간의 의견 조정이 쉽지 않으며, 조직의 목표가 왜곡되거나 상실될 가능성이 많다. 한편 갈등의 정도가 적정 수준일 경우에는 조직환경에 민감하게 반응하여 적응력을 키울 수 있고, 조직의 창의성을 촉진시키며, 응집력과 이슈에 대한 대안적 방안을 위한 토론의 활성화, 문제해결 지향적인 행동의 증가, 변화 지향적인 자세 등이 유발될 수 있다.

4. 갈등관리의 필요성과 유형

갈등은 항상 조직의 존재와 함께 공존하는 것이며, 갈등에 대한 적절한 관리에 따라 조직에 도움이 될 수도 있는 특성을 가지고 있다. 갈등의 제거 또는 예방이 아닌 관리의 대상으로 강조될 때, 갈등의 기능에 대한 새로운 인식을 할 수 있다(Rahim, 2002; Callanan et al., 2006; 270).

갈등을 해소하고 나아가 조직에 유익하게 활용될 수 있도록 하는 일련의 과정을 갈등관리라고 한다. 갈등관리의 주된 관심은 갈등의 제거, 방지, 통제에 있기보다는 갈등으로부터 나타나는 가치와 이득을 증대시키고 비용과 불만족을 감소시키는 데 있다(이창원 · 전주상, 2003).

갈등관리 유형은 회피형(avoidance), 분배형(distributive)과 통합형(integrative) 등 세 가지로 분류할 수 있다(Kuhn & Poole, 2000). 갈등관리의 유형들에 대한 여러 학자들의 논의 중 폴렛(Follet, 1940)의 연구, 블레이크와 모튼(Blake & Mouton, 1971)의 갈등관리의 2차원 모형, 토마스(Thomas, 1976)의 2차원모형, 라힘(Rahim, 1983; 1986)의 연구, 프루이트와 루빈(Pruitt & Rubin, 1986)의 연구 등이 대표적인 연구이다.

폴렛(Follet, 1940)은 갈등의 유형으로 지배(domination), 타협(compromise), 통합(integration), 그리고 기타 유형으로 회피(avoidance)와 억압(suppression)을 제시하였다(이창원 · 전주상, 2003). 토마스(Thomas, 1976)는 자신의 이익을 만족시키려는 정도와 상대방의 이익을 만족시키려는 정도를 서로 결합시켜 회피(avoiding), 경쟁(competition), 순응(accommodating), 협동(collaborating)과 타협(compromising)을 제시하였다(이창원 · 최창현, 2003; Thomas, 1976). 라힘(Rahim, 1983; 1986)은 자신에 대한 관심과 남에 대한 관심 두 가지 차원을 결합시켜 기존의 다른 연구들(Blake & Mouton, 1964; Thomas, 1976)과 유사한 통합(integrating), 양보(obliging), 타협(compromising), 지배(domination)와 회피(avoiding) 등의 다섯 가지 갈등관리 전략을 제시했다(Weider-Hatfield & Hatfield, 1995; 688-689). 프루이트와 루빈(Pruitt & Rubin, 1986)은 갈등상태에 있는 당사자들이 상대방에 대해서 갖는 관심의

그림 8-4 개인 간 갈등관리 유형

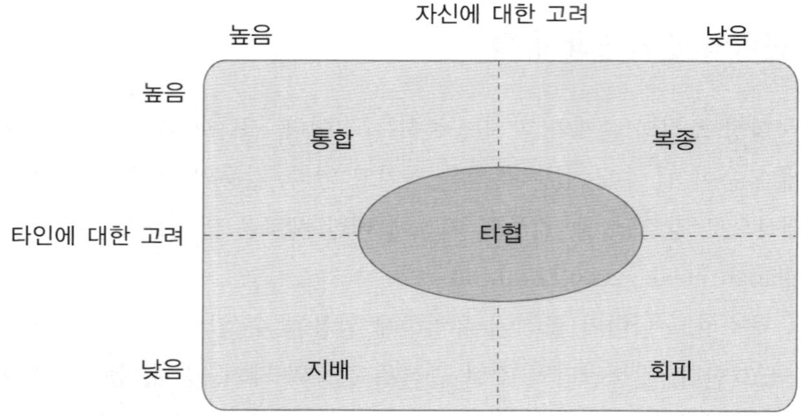

출처: Nahavandi & Malekzadh(1998).

정도와 자기 자신에 대한 관심의 정도에 따라 양보(yielding), 문제해결(problem solving), 타협(compromising), 회피(avoiding), 강압(forcing)을 제시하였다(송석휘, 2005).

위의 갈등관리 유형들을 종합하여 보면 대체로 [그림 8－4], [그림 8－5]와 같이 두 가지로 정리할 수 있다. 우선 [그림 8－4]와 같이 개인적 차원에서는 자신에 대한 고려와 타인에 대한 고려를 중심으로 하여 다섯 가지의 유형으로 나누어 볼 수 있다.

한편, 집단적(또는 조직적) 차원에서는 해당 집단(또는 조직)의 이익추구와 상대 집단(또는 조직)과의 관계를 고려하여 [그림 8－5]와 같이 다섯 가지의 갈등관리 유형으로 나누어 볼 수 있다.

첫째, 협력형(collaborating)은 상대 집단과의 관계를 좋은 상태로 유지하면서 상호간의 이익을 추구하는 상생(win－win) 갈등관리 유형이다. 이 유형은 갈등관리에 있어 가장 이상적인 전략이다. 개인 간 갈등관리 유형 중 통합형에 해당된다.

둘째, 타협형(compromising)은 서로 추구하는 목표에서 조금씩 손해를 보면서 설득과 주장 등 협상을 통하여 각 집단이 원하는 것을 완전하게 획득하지 못하지만 양 집단이 만족할 만한 선에서 갈등을 해소함으로써 상대 집단과의 관계를 유지하는 갈등관리 유형이다. 개인 간 갈등관리 유형에서도 타협형에 해당된다.

그림 8-5 집단(조직) 간 갈등관리 유형

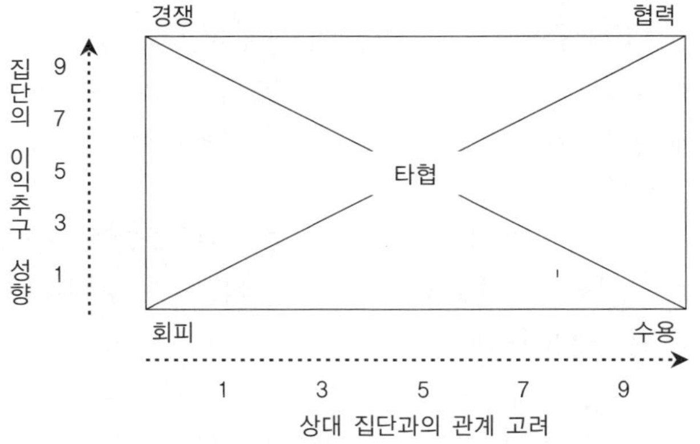

출처: Van de Vliert & Kabanoff(1990) 수정.

셋째, 수용형(accommodating)은 자기 집단의 이익추구보다는 상대 집단과의 관계를 더 많이 고려하는 갈등관리 유형이다. 이러한 수용형은 집단의 특성에 의한 것일 수도 있지만, 주어진 환경이나 처한 상황을 고려하여 선택하게 된다. 개인 간 갈등관리 유형 중 복종형에 해당된다.

넷째, 경쟁형(competing)은 상대 집단과의 관계를 전혀 고려하지 않고 자기 집단의 이익을 우선적으로 추구하는 갈등관리 유형이다. 경쟁형은 상대 집단에 비해 우위를 점하고 있거나, 판단에 확고한 신념이 있거나 또는 단순하게 경쟁에 집착할 때 나타나게 된다. 개인 간 갈등관리 유형 중 지배형에 해당된다.

다섯째, 회피형은 어떻게 해서든지 갈등을 피하고자 하는 갈등관리 유형이다. 현 상황에 무관심하거나, 적극적으로 대응할 시간이 없거나, 문제해결 가능성이 보이지 않을 때 나타나게 된다. 개인 간 갈등관리 유형 중 회피형에 해당된다.

사례 8-1 권력의 원천과 부패의 관계는?

구청 공무원 A씨(49, 6급)는 평소 친분이 있던 업자로부터 단속을 무마해주고 형사고발이 진행되지 않도록 힘써달라는 부탁과 함께 70만 원을 받은 혐의로 기소되었다.

…(중략)… 6급 공무원 B씨(47)는 구청이 추진하는 사업에 관해 편의를 제공해 달라

는 취지에서 뇌물을 주는 것을 알면서도 업자로부터 시가 450만 원 상당의 승용차를 받은 혐의로 기소되었다.

…(중략)… ○○시청 6급 공무원 C씨(50)와 전직 공무원 D씨(46)는 아파트 건설 시행과 관련해 업자로부터 도시계획위원회와 건축위원회 심의를 통과할 수 있도록 살펴달라는 청탁과 함께 현금을 수수한 혐의로 기소되어 1심에서 실형을 선고받고 법정구속되었다.

…(중략)… ○○시 3급 공무원이 업체로부터 수천만원에 달하는 금품을 수수한 혐의로 직위 해제되었고, 전직 ○○개발공사 한 간부도 뇌물수수 등 무려 13가지 혐의로 기소돼 현재 1심이 진행 중이다. (이하 생략)

출처: 디트 News 24(2019.11.21)

사례 문제

1. 프렌치(J. French)와 레이븐(B. Raven)이 제시한 권력의 유형을 기준으로 하여 사례에 나타난 공직자들이 갖고 있는 권력의 원천을 분석해 보자.
2. 위의 사례에서 볼 수 있는 공직자의 권력의 원천을 직위적 권력과 개인적 권력의 차원에서 분석해 보자.
3. 공작자의 비리와 부패는 권력의 어두운 면이다. 이러한 권력부패의 순환고리에 대해 논의해 보자.
4. 위의 사례에서 나타난 권력의 부패를 관리하기 위한 방안에 대해 논의해 보자.

토론 과제

1. 권력과 권한의 차이는 무엇인가? 공식적인 권한은 있으나 실질적인 권력이 없을 수가 있는지에 대해 토론해 보자.
2. 어느 A대학교의 공과대학의 경우, 정부에서 받은 연구기금이 나머지 전 대학들의 기금 합계의 3배가 된다. 또한 자금이 풍부하고 연구 수행에 적합한 교수도 확보하고 있다. 그리고 공과대학은 이미 외부 연구자금을 충분히 가지고 있음에도 불구하고, A대학교 내의 연구기금을 할당할 때도 많은 몫을 받게 된다. 이런 일이 발생하게 되는 이유를 토론해 보자.
3. 급격히 변화하는 조직에서의 의사결정은 합리적인 모형에 따르는지, 정치적인 모형에 따르는지에 대해 토론해 보자.
4. 업무 특성이나 개인적인 배경 및 교육수준 등의 차이가 집단 간의 갈등을 어떻게 유발시키는지에 대해 논의해 보자. 또한 업무의 상호의존성은 어떻게 집단 간 갈등을 유발시키는지에 대해 토론해 보자.

Organizational Behavior

제9장

리더십

오랜 연구의 역사를 지닌 리더십은 요즈음에도 정치학 · 사회심리학 · 경영학 · 미래학 등 다양한 분야에서 활발히 연구되고 있지만, 이 장에서는 주로 행정학적 시각에 입각하여 다룬다. 먼저, 아직도 모호한 가운데 무척이나 다양하게 제시되고 있는 리더십에 대한 정의를 소개하고, 리더십의 핵심적인 기능 몇 가지를 소개한다. 이어서 리더십 이론의 시대적 변천에 따라 주요 이론들과 그들의 특징 및 한계를 지적한 후, 주요 리더십의 유형과 각 유형과 조직의 효과성과의 상관관계를 살펴본다. 또한 21세기 한국에서 요구되는 리더십의 지향점으로서 갈등관리를 통한 사회통합을 위한 리더십, 적실성 있는 인사 능력을 가진 리더십, 개혁(혁신) 지향적 리더십, 민주 지향적 리더십, 여성 리더십 등에 대하여 논의한다.

제 1 절 리더십의 정의와 기능

리더십(leadership)은 오랜 역사를 거쳐 현재에도 정치학, 사회심리학, 경영학 심지어는 미래학 등을 포함하여 행정학 분야에서도 끊임없이 연구되고 있으나, 아직까지 공통된 이론과 합의된 결론에는 이르지 못했다. 행정학에서의 리더십 연구는 1930년대 인간관계론의 등장과 함께 시작되었다고 볼 수 있는데, 그 이전의 과학적 관리론과 원리주의 이론들은 "모든 조직구성원들은 상관의 명령에 따라 합리적 · 이성적으로 행동한다"는 가정에 입각해 있었기에 리더십에 대한 연구의 필요성은커녕 관심조차도 느끼지 못했을 것이다. 그 이후 '인간 합리성'에 대한 가정에 의문을 제기한 행정행태론이 등장하면서 리더십에 대한 경험적 연구들이 시작되었고, 1960년대 발전행정론이 대두되면서 결정적인 발전의 계기를 맞게 되었다. 왜냐하면 이 이론의 등장으로 한 국가가 발전하려면 그 무엇보다 인간적 요소(human factor)가 중요하며, 국가(특히, 신생독립국) 지도자의 가치관이나 역할이 해당 국가의 발전 속도와 방향 그리고 내용까지 결정한다는 전제를 갖고 있었기 때문이다. 또한 1970년대 조직발달(개발)론이 유행하면서 "리더는 조직성공을 위한 하나의 필수적 자원이다"라는 인식과 함께 그 조직의 존재와 흥망 여부는 상당 부분 리더에게 달려 있다고 믿게 되었다. 더욱이 현대 행정환경의 특징은 불확실성, 애매모호성, 복잡성, 그리고 변화의 급속성 등으로 규정되는 동시에 점점 거세지는 조직 내의 민주화 요구로 리더십에 대한 연구의 필요성은 더욱 커지고 있다고 하겠다.

이러한 맥락에서, 시대적 환경변화에 따라 요청되는 리더십의 유형과 기능은 달라지겠지만, 리더십은 각종 기술, 지원 및 장비 등의 획득과 활용 시에 결정적인 영향을 미침으로써 조직 내적 · 외적 환경의 불확실성과 갈등현상을 완화시킬 수 있으며, 집단 및 조직구성원들의 의지와 노력을 조정 · 통합하여 조직의 목표달성 및 성장에 결정적인 영향을 미친다고 하겠다(Fiedler, 1989: 1－3).[1)]

1) 참고적으로 피들러(F. E. Fiedler)는 리더십이란 리더가 그의 집단구성원들에게 일을 지시하고 조정하는 과정에 개입하는 특정한 행위라고 정의하였다.

1. 리더십의 정의

1) 리더십의 개념

오랜 연구의 역사를 지니고 있음에도, 리더십 개념은 아직도 모호한 채 매우 다양하게 쓰이고 있다(Stogdill, 1974: 259). 따라서 많은 학자들의 정의를 일일이 소개하기보다는 각 정의들이 내포하고 있는 주요 요소들을 종합적으로 고려하여 가급적 평이한 정의를 내려 보면 다음과 같다. 리더란 다른 사람이나 집단에 영향을 미쳐 자신(또는 조직)이 바라는 방향으로 유도할 수 있는 능력을 가진 사람이며, 리더십이란 각종 조직활동(목표의 설정 및 달성 등)에 영향을 미치는 행위라고 할 수 있다. 다시 말하면, 리더십이란 주어진 상황 하에서 조직구성원에게 여러 유인(誘因, incentives)들의 제공을 통하여 동기부여(motivation)시킴으로써 조직목표를 달성하는 기능이라고 할 수 있다.[2] 이러한 리더십은 지도자, 리더십의 행사대상인 집단(group), 특정한 태도와 욕구를 지닌 추종자(follower), 집단활동에 제약을 미치는 물리적 조건 등을 포함하는 상황(situation), 그리고 구성원들의 공식적 활동인 과업(task) 성격 등과 같은 요소들의 상호작용 속에서 발휘된다(Gibb, 1974: 91－93).

이러한 리더십은 다음과 같은 특징을 갖는다. 첫째, 리더십은 조직 또는 집단현상 속에서 이해된다. 쉽게 설명하면 “부하 없는 리더는 없다”라는 문구로 표현할 수 있다. 특히, 리더는 단순히 다른 사람에게 영향력을 행사하는 존재가 아닌 조직이라는 범위에서 논의가 이루어지며, 이로 인해 (비록 계층제가 수평적이더라도) 계층제의 최상층에 있다고 설명된다. 둘째, 리더는 항상 개인적 상호작용과 관련이 있다. 리더는 특정한 행동의 방향을 통해 또는 특정 목표의 달성을 위해 집단에 영향력을 행사한다는 점에서 영향력과 설득을 필요로 한다. 셋째, 리더십은 목표지향적인 가치를 중시한다. 즉, 리더는 조직에서 구성원 개인이나 집단에 조직목표를 달성할 수 있도록 영향력을 행사한다. 또한 영향력 이전에 조직의 목표와 발전 방향을 설정한다.

---

2) 이와 유사한 입장을 취한 유클(Yukl, 1989: 5)에 의하면, “리더십이란 집단이나 조직의 목표를 결정하고, 이 목표를 추구하는 과업행동(task behavior)을 유발하며 집단을 유지하고 그 문화에 영향력을 행사하는 과정이다”라고 정의하였다.

2) 리더십과 헤드십 비교

리더십의 개념을 명백히 정의하기 위해서 리더십과 헤드십(headship), 그리고 '관리'와의 구별을 시도하려고 한다. 왜냐하면 리더십 과정에서 가장 중요한 것은 바로 조직구성원들로 하여금 조직목표달성에 자발적으로 협조하도록 동기부여하는 쇄신적 · 창의적 능력이라고 보는 동시에 리더십은 반드시 최고관리자만의 전유물은 아니라고 믿기 때문이다.

표 9-1 리더십과 헤드십의 비교

리더십(leadership)	헤드십(headship, order)
상호작용적 · 자발적 · 비일상적 발동	일방적 · 계속적 · 규칙적 발동
법적 구속력 부재	법적 구속력 존재
공통감정을 강조하는 인간적 차원의 유인 (계층적 직위에 무관)	권한의 공식적 행사 (계층적 지위에 의존)
공식적 · 법적 지위, 전문적 능력, 인간적 자질과 특성에서 유래	공식적 · 법적 지위에서 유래
쌍방향식 의사소통 (Two way Communication)	일방통행식 의사소통 (One way Communication)
상관과의 심리적 유대감에 의해 추종	강제력 전제/강압적 분위기 (부하들의 만족 여부에는 둔감)
신뢰와 인정(recognition) 중시	물질적 보상과 처벌에 의존

만약 조직현상에서 이상과 같은 헤드십만이 존재한다면(<표 9-1> 참조), 조직구성원들 사이에는 공유되는 목표 의식이나 행동 방향을 찾을 수 없을 것이며, 자발적 참여와 헌신적인 능력 발휘가 제대로 이루어지지 않아 종국적으로는 효과적인 목표 달성이 불가능할 것이다. 이 같은 구분 이외에, '단순한 상관'과 '훌륭한 리더'와의 차이점(<표 9-2> 참조)과 함께 리더십과 관리의 차이점(<표 9-3> 참조), 미국공군장교수첩에 나와 있는 리더의 신조를 소개함으로써 리더십에 대한 충실한 이해를 도모하여 보겠다.

표 9-2 '단순한' 상관과 '훌륭한' 리더의 차이

상 관	리 더
현상 유지적 관리에 치중	혁신에 관심
복사본(모방)에 해당	원본에 해당
체제와 구조에 초점	사람에 초점
통제에 의존	신뢰를 유발
단기적 견해	장기적 관점
방법과 시기까지 지시	내용과 이유를 제시
현상 수용	현상 도전
규정에 따르는 역할 수행	주체성을 가지고 자주적으로
올바르게 수행	옳은 일을 수행

출처: Nanus(1992: Ch.1).

표 9-3 리더십과 관리의 차이

리더십	관 리
○ 조직이 추구해야 할 방향 설정: - 조직의 비전을 개발하고, 이의 실현에 필요한 전략을 개발 ○ 유대와 결속: - 구성원들 간에 비전 공유를 통해 협조 유발 - 비전의 내면화를 위한 커뮤니케이션 활성화 - 비전과 전략의 이해·수용은 물론 실행을 위한 변화의 전도사 그룹 형성 ○ 동기부여와 활력 제공: - 극적 변화를 유도해 낼 수 있는 잠재력 자극 - 기존의 정치적·관료적 장애 및 자원 부족으로 생긴 문제들을 극복하려는 용기 부여	○ 기획 및 예산관리: - 설정된 목표달성을 위한 세부 계획 마련과 이의 집행에 필요한 자원배분 ○ 조직화와 인적 자원의 관리: - 효율적 목표달성을 위한 조직구조 설계 및 적절한 인력 배치 - 효율적 집행에 필요한 권한의 위임과 책임 부여 - 계획집행 상황을 감독하기 위한 시스템 구축 ○ 통제와 문제해결: - 결과를 평가하고 부진한 원인을 밝혀, 시정 조치를 마련 - 다양한 이해관계자(소비자, 고객 등)에게 안정적이고 예측 가능한 결과를 제공할 수 있는 잠재력 조성

출처: Kotter(1996).

자료 9-1 미국 공군 장교(리더)의 신조

1. 상관은 공포심을 심어주고, 리더는 신념을 심어 준다.
2. 상관은 '내가'라고 말하고, 리더는 '우리들'이라고 말한다.
3. 상관은 방법을 혼자 알려고 하지만, 리더는 방법을 가르쳐 준다
4. 상관은 원망을 낳게 하고, 리더는 근무의욕을 자극시킨다.
5. 상관은 잘못을 찾아내 꾸짖기만 하고, 리더는 잘못을 고쳐 준다
6. 상관은 권위에 의존하고, 리더는 협동(팀워크)에 의존한다.
7. 상관은 부하에게 지시로 일관하지만, 리더는 솔선수범한다.
8. 상관은 일을 고통스럽게 만들고, 리더는 재미있게 만든다.
9. 상관은 무조건적 복종을 요구하나, 리더는 존경심을 고취시킨다.
10. 상관은 부하의 실수나 결점 지적에, 리더는 장점의 발견·격려에 역점을 둔다.

2. 리더십의 기능

1) 일반적 기능

리더십의 여러 기능들 가운데 조직관리에 핵심적인 것만을 소개하면 다음과 같다(Katz & Kahn, 1978: 530).

첫째, 리더십은 목표달성을 전제로 발휘되므로, 조직의 목표설정과 이의 구체화가 일차적인 기능이다. 이때 구성원의 입장과 상황까지도 고려해야 하며, 설정된 목표는 구성원들에게 내재화시켜야 한다.

둘째, 리더십은 목표달성에 필요한 인적·물적 자원의 동원 및 조작(manipulation) 기능을 수행한다. 특히, 구성원들로 하여금 목표달성을 위하여 자발적·헌신적인 참여를 하도록 동기부여하는 것이 중요하다.

셋째, 리더십은 조직의 안정성과 통일성을 유지시키는 기능을 수행한다. 이를 위해 외부환경과 긴밀한 관계를 맺어야 하며, 부서 간·구성원 간의 각종 갈등들을 적정 수준에서 관리함으로써 조직의 성장에 기여하여야 한다.

넷째, 리더십은 일상적 경우를 상정하여 만든 공식적인 구조나 절차가 예기치 못한 상황 변동에 직면했을 경우, 이에 대응·적응하는 데 필요한 정보나 전략을 제시

할 수 있어야 한다.

2) 계층별 기능

리더십이란 조직의 최고 계층만의 전유물이 아닌 만큼 어떠한 계층의 그 누구에 의해서도 발휘될 수 있지만, 그 영향력의 범위나 정도, 그리고 성공 가능성 등을 감안할 때는 최고관리층 내지는 중간관리층의 리더십에 관심이 집중될 수밖에 없다. 이러한 사실과 함께, 상황에 따라 요청되는 리더십의 유형과 리더의 특성이 달라야 하듯이, 직위에 따라 요구되는 기능과 이를 수행하는 데 필요한 자질들도 달라질 것이다. 일반적으로 중간관리자에게는 직무에 대한 전문적인 기술과 지식과 함께 부하들과의 관계 개선 능력, 구성원으로부터의 협동적 노력의 확보 능력, 안정적 분위기의 유지 능력 등이 중요시되지만, 상위직으로 갈수록 문제의 개념 파악 및 상황 판단 능력 등이 더욱 중시될 것이다. 이에 관해 보다 구체적으로 살펴보면 아래와 같다.

(1) 최고관리층

셀즈닉(Selznick, 1957)은 최고관리층이 수행하여야 할 기능으로 다음 네 가지를 제시하였다. ① 장기적 안목을 바탕으로 명백한 목표의 설정과 조직관리상의 이데올로기 확립, ② 유능한 인재의 발굴 · 육성과 변화 대응능력의 유지, ③ 위기관리적 의사결정 능력, ④ 외부환경과의 관계형성 · 조정 등이다. 그에 따르면, 첫 번째 기능이 가장 중요하며, 여기에서 이데올로기란 '조직 전체를 직관할 수 있는 개념'이란 의미로 사용되었으며, 이러한 이데올로기가 구성원들에게 내재화되어야 조직의 일체감(sense of identity)과 안정성이 증대된다고 하였다.

이 밖에 데이와 로드(Day & Lord, 1988: 453－464)에 따르면, 최고관리자는 내 · 외부환경에 영향을 미침은 물론 전략 형성과 같은 직접적 방법과 상징 조작과 같은 간접적 방법을 통하여 조직성과에 중대한 영향을 미친다고 주장하였다.

(2) 중간관리층

중간관리층들이 행사하여야 할 기능은 다음과 같이 제시될 수 있다. ① 구성원들의 의견이나 요구가 조직목표에 반영될 수 있도록 갖은 노력을 하는 일, ② 구성원들로 하여금 설정된 집단목표달성에 기여하도록 지도·지원·통제하는 일, ③ 구성원들을 상호 협조시키는 일, ④ 구성원들을 집단에 적응시키고, 나아가 자신보다 조직을 우선시하게 만드는 일, ⑤ 구성원들과 인간적인 정을 나누는 일(Laird & Laird, 1958) 등이다. 특히, 두 번째 기능을 수행하기 위해선 최고관리층에 의해 결정된 정책이나 규칙들의 정확한 내용을 구성원들에게 주지시키고, 그들로 하여금 그것들을 충실히 집행하겠다는 의욕을 갖도록 동기를 부여시켜야 하며, 또한 집행 상황을 수시로 점검·분석하고, 문제점을 파악·시정시킬 수 있어야 한다. 이러한 기능들을 요약한다면, 중간관리층은 전문지식과 경험을 바탕으로 최고관리층에게 각종 정보와 자료를 제공함으로써 정책형성에 기여하여야 하며, 또한 이들은 조직의 모든 상호작용 과정이나 의사소통 통로의 중심부에 위치하고 있으므로, 조정·통제 기능을 원활히 수행하여야 한다.

3. 리더십 발휘의 제약요인과 극복방안

리더십이 효과적으로 발휘되려면 여러 제약요인들을 극복할 수 있어야 한다. 권력욕, 정서 불안정, 강박 관념, 열등감, 자기정당화 등과 같은 리더의 개인적인 요인이나, 리더에게 공식적으로 부여된 권한의 수준(authority level)은 물론 리더가 담당하고 있는 단위조직의 기능 종류·크기·업무특성 등이 제약요인들로 작용할 수 있다. 예를 들어, 업무수행 과정에서 관계를 맺어야 할 내·외부 조직의 수와 종류가 많을수록 리더십에 조정 부담을 가중시켜, 결국 단위조직의 자율성과 안정성을 해치게 된다. 또한 부하들의 능력과 업무성취도는 리더십 발휘를 제약하는 중요한 요인으로 작용한다. 만약 부하의 지식과 경험이 적고, 업무수행 성과가 낮을 경우, 리더는 일방적인 결정과 지시, 엄격한 감독, 처벌 위주의 행태 등을 보일 것이다. 이 밖에 이미 수행되었거나 진행되고 있는 정책상의 제약, 가용한 인적·물적 자원의 한계, 그리고 조직의 전통 등에 의해서도 제약을 받는다. 이처럼 리더십을 어느 정도 효과적으로 발휘하느냐는 리더 자신과 상황이 내포하고 있는 제약요인에 따라 차이가 날 것이다.

이러한 제약요인들을 극복하여 리더십의 효과성을 높이려면 끊임없는 교육훈련이 요구된다. 이를 통해 지도자 스스로의 자질 향상에 힘써야 할 것이며, 양심과 규범에 따라 자신의 권위를 행사하는 법을 익혀야 하며, 상황에 대한 적절한 고려와 함께 부하들의 의견과 요구를 경청하는 자세 등을 갖추어야 할 것이다.

자료 9-2 리더십(leadership) vs. 팔로워십(followership)

리더십의 역할과 기능이 조직의 발전에 결정적인 영향을 미치는 것은 사실이다. 그러나 실제 현실에서는 완벽한 리더는 거의 없으며, 대부분의 사람들은 '팔로워'거나 '리더이면서 팔로워'의 역할을 하기에 리더십 못지않게 팔로워십은 중요하다고 하겠다. 학문적으로도 리더가 조직의 발전에 기여하는 정도는 평균 10~20%에 그치며, 그 나머지 80~90%는 리더를 따르며 보좌하는 팔로워(follower)의 역량에 좌우된다는 주장도 있다.

팔로워란 리더(상사)에 비해 상대적으로 작은 권력, 권한, 또는 영향력을 가진 부하직원 또는 일반 조직구성원들을 의미하며, 팔로워십이란 부하들이 조직의 권위와 규범을 준수하면서 주어진 과업과 임무를 충실히 수행하는 활동 전반을 가리킨다. 다시 말해, 팔로워십이란 조직의 목적에 부합하는 리더의 아이디어나 행동을 지지하고 수행하는 등 부하로서 리더와 맺은 바람직한 관계나 행동규범을 가리킨다.

이러한 주장을 감안할 때, 팔로워십은 조직 나아가 사회를 지탱하는 하부구조(infrastructure)이자 사회적 자본(social capital)이라는 표현이 어색하지 않을 것이다. 이처럼 팔로워십(followership)은 리더십 못지않게 중요함에도 불구하고, 이에 대한 체계적인 연구는커녕 관심조차 없었다고 하겠다. 그러나 리더의 영향력과 권위가 급속히 줄어들고 있는 반면, 각종의 위기와 갈등들은 끊임없이 닥쳐오고 급격한 변화가 요구되는 요즈음 같은 시기에는 리더십과 함께 팔로워십에 대한 연구의 필요성이 절실해지고 있다. 다행히도 최근 팔로워십 분야를 중점적으로 연구하는 학자도 생겨났다. 로버트 켈리(Robert Kelly) 카네기멜론 대학 교수는 팔로워십은 생산적 대안과 창조적 비판력을 토대로 리더십을 완성시켜야 한다며, (조직이나 사회에 대한) 공헌도와 비판력을 양 축으로 하여 네 가지 집단 유형(파괴자, 도피자, 종속자, 협동자)[3]을 포함하는 팔로워십 모형을 제시한 바 있다.

일반적으로 팔로워십은 리더의 지휘 방식이나 내용에 대해 부하들이 지니고 있는 심

---

3) 각 집단 유형에 대한 간단한 설명과 대표적 예를 들면 다음과 같다. ① 파괴자: 비판력은 높고 사회에 대한 공헌도가 없는 집단(예: 강성 노조, 대안 없이 과격한 논리만 주장하는 시민단체 등); ② 도피자: 공헌력과 비판력도 없는 집단(예: 대다수의 일반 국민); ③ 종속자: 공헌력이 높지만 비판력이 낮은 집단(예: 대부분의 정부 관료); ④ 협동자: 비판력과 공헌력이 동시에 높은 집단.

리적 상태를 말하며, 이에는 자발적 참여 및 헌신 의지, 그리고 적극성 등이 포함되고 있다고 하겠다. 이 같은 팔로워십을 이끌어내기 위해서는 리더와 부하(추종자) 간의 원활한 의사소통과 신뢰가 전제되어야 한다. 특히, 리더가 구성원들로부터 신뢰를 확보하기 위해선 구성원에 대한 인간적 존중을 바탕으로 그들의 잠재력을 계발시켜 주고 발휘할 수 있도록 도와주고 이끌어 주어야 할 것이다.

흔히 팔로워십은 리더십과 대칭되는 개념으로 이해되고 있는데, 이들 간의 관계는 수레의 양 바퀴에 비유될 수 있으며, 독립적 관계가 아닌 상호보완적 관계에 있다는 것이 보다 정확한 표현일 것이다. 다시 말해, 리더십이 효과적으로 발휘되려면 그에 걸맞은 팔로워십이 뒷받침되어야 한다는 것이다. 그래야만 조직이 통합되고 구성원들의 에너지들을 결집시킬 수 있을 것이다.

제 2 절 리더십 이론의 발전과 접근방법

여기서는 오랜 세월을 거쳐 많은 학자들에 의해 다양한 시각에서 이루어진 리더십에 관한 연구들을 시대적 변천을 중심으로 주요 이론들과 그들의 핵심적 특징만을 살펴보고자 한다.

1. 자질(특성)론

1) 주요 내용

1950년대 이전까지는 리더십 발휘의 정도는 지도자 개인의 특성이나 자질에 달려 있다고 여기는 자질론 또는 특성론(trait approach)이 유행했었다. 이 이론은 (역사적) 지도자로 인정을 받고 있는 인물들은 다른 일반 사람들과는 지능적 · 성격적 · 육체적 측면 등에서 확연히 구별되는 공통적인 특성과 자질을 가지고 있으며, 나아가 세심한 관찰을 한다면 이러한 공통적인 특성과 자질을 가진 장래의 지도자도 발견할 수 있다고 주장하였다. 이처럼 자질론은 특정한 특성이나 자질을 선천적으로 가지고 태어나는 자만이 지도자가 될 수 있다는 입장을 취하였다. 여기에 속한 학자들은 '지도자가 지녀야 할 특성'들을 지능, 판단력, 지식, 박력, 자제력, 자신감, 독립성, 독창력, 책임감, 사교성, 관리능력 등으로 무척이나 다양하게 제시하였다.[4]

2) 주요 비판

이러한 자질론이 지니고 있는 대표적인 문제점만을 지적하면 다음과 같다.

첫째, 제시한 특성들 간에는 공통 분모가 적고, 동일한 의미의 특성을 서로 다른 용어로 표현하고 있으며, 때론 서로 상반된 특성들을 요구하기도 한다.

둘째, 특성들 간에 상대적 중요성을 부여하기가 불가능하다.

셋째, 추종자들의 특성이나 상황 변화에 따라 리더에게 요구되는 특성이 달라질 수 있다는 점을 고려하지 않았다.

넷째, 동일한 학자에 의해 제시한 특성들일지라도, 그 같은 우수한 자질 모두를 동시에 가지고 태어난 사람이 과연 있겠는가라는 문제도 대두된다.

다섯째, 설사 그러한 자질과 특성을 가지고 태어났더라도 그것들을 제대로 발휘할 수 있겠는가 하는 의문과[5] 함께 지도자의 특성만이 조직목표 달성에 결정적인 영향을 미친다는 주장은 수용하기 어렵다.

여섯째, 리더에게 요구된다는 자질 대부분은 추종자(follower)에게도 요구되며, 동시에 그들에게도 발견되는 경우가 많다.

일곱째, 후천적 학습에 의한 리더십의 체득 가능성을 전적으로 무시하였다.

자질이론이 이 같은 한계점에 부딪치자, 효과성(effectiveness)이라는 새로운 척도

---

4) 주요 학자들과 그들이 주장하는 '지도자가 지녀야 할 특성'만을 간략히 살펴보자. ① 버나드(C. I. Barnard): 정력과 인내력(Vitality & Endurance), 결단력(Decisiveness), 설득력(Persuasiveness), 책임성(Responsibility), 지적·기술적 능력(Intellectual & Technical Capacity), ② 캐츠(R. L. Katz): 전문지식, 분석 능력을 의미하는 기술적 능력(technical skill), 인간관계 개선 능력, 협동적 노력의 확보 능력, 분위기 안정의 능력을 포함하는 인간적 능력(human skill), 그리고 조직 전체를 직관할 수 있는 개념적 능력(conceptual skill), ③ 베버(M. Weber): 신념, 결과에 대한 책임, 현실적 판단력, ④ 메리엄(C. Merriam): 상징의 조작력 및 조직화 능력, ⑤ 레이번(S. W. Reyburn): 건강, 성실, 지능, 근면, 경력, 분석력, 판단력, 열의, 관찰력.

5) 리더에게 요구되는 자질과 특성을 갖춘 자라도, 지도자로서의 위치를 확보하지 못했거나 권력욕 때문에 양심과 규범에 따라 행동하지 않는다면, 그리고 각종 성격상 장애요인들을 극복하지 못한다면 리더십을 제대로 발휘할 수 없을 것이다.

를 도입하여, 조직목표를 성취하는 리더의 행위 유형에 관심을 갖는 행태론적 접근 방법이 등장하게 되었다. 그렇다고 특성이론의 유용성을 전적으로 부정하는 것은 곤란하다. 왜냐하면 지도자가 어떠한 특정 자질을 소유하고 있느냐에 따라, 조직(특히, 직접적 · 친밀한 접촉이 일어나는 소집단의 경우)의 효과성은 크게 달라지기 때문이다.

3) 현재 자질(특성)론에 대한 관점

자질(특성)론에 대한 다양한 문제제기와 비판에도 불구하고, 이에 대한 현재의 관점은 다음과 같다. 과거의 연구결과에도 불구하고 지속적인 특성에 대한 연구가 진행되고 있다. 또한 특성만으로 리더십을 구성하거나 모두 설명할 수는 없지만, 특성이 효과적인 리더십의 전제조건이 된다는 제안들이 있다. 특히, 비즈니스 분야의 리더들은 매우 활동적이며, 청렴하고, 자신감을 가지고 있으며, 지도를 위해 지적이며 동기부여가 되어 있으며, 관련 분야에 대해 지식을 가지고 있다는 연구결과들이 여전히 보고되고 있다.

사례 9-1 **정계에 진출하는 사촌에게**

안녕한가 사촌. 나는 자네가 마침내 정계에 뛰어들었다는 소식을 접해 기쁘네. …(중략)…

나는 공인들이 실천해야 할 품위에 관해 얘기하고 싶네. 이는 법률과 도덕을 존중해야 한다는 차원뿐만 아니라 선출된 자로서 명예롭게 행동해야 한다는 문제이기도 하지. 그들은 보통사람과는 다른 섬세함과 신중함이 필요하며, 매사에 모범을 보여야 한다네.

자네는 시장으로 있으면서 시 직원에게 자네 집 정원을 가꾸게 한 일도 없었고, 관급공사를 맡은 건설업자가 자네 집을 보수한 적도 없었네. 자네 친인척 중 어느 누구도 시와 관련된 자리에 있지 않으며, 그들을 위해 시의 토지이용 계획을 변경한 적도 없었지. 자네는 부동산 개발업자와 같은 인사와의 접촉을 피했으며, 관급공사는 당적에 관계없이 가장 좋은 조건을 제시한 업자를 선택했네. 정말 잘했네. 의회에 가서도, 장관이 돼서도 그대로 하게. 자네와 갑자기 친하려는 사람들은 피하게. 그들은 거짓말꾼이고 자네에게 청탁만을 할 자들이지.

선거가 끝나거든 변호사일을 바로 그만두게. 한 나라의 입법권을 쥐고 있으면서 고용될 수 있겠는가. 또 국회의원이 변호사직을 유지하면서 특정 회사의 고문을 맡아 회계나 특허, 자본 증식에 관계된 일을 할 수 있는가 말일세. 자네 부인도 마찬가지일세. (국회의원이 되든 각료가 되든) 공증인을 세워서 자네 재산을 정확히 밝혀 놓고 그에게 재산관리를 맡기게. 나는 자네가 아직도 장인 제화회사에서 중역으로 있다는 것을 알고 있네. 그 회사가 자네에게 직·간접으로 도움을 청하기 전에, 그 자리도 당장 그만두게. 자네 부인이 소유한 주식도 팔아버리는 것이 좋을 걸세.

선거비용에 관해서도 법률이 정하는 이상으로 정확하고 상세한 선거비용 내역과 그의 증빙 서류들을 간직하고 있게나. 만약 자네가 장관이 된다면 사용한 돈의 전체 금액과 용처 등은 반드시 제3자에 의해 명세서를 작성하도록 하게. 그리고 정부에 일단 입각하더라도 절대로 생활방식(휴가지, 교통수단 등)을 바꾸지 말게. 또한 은행에서 돈을 빌릴 경우가 생기더라도 평범한 사람들과 같은 방법으로 빌리게. 이런 의무를 다하다 보면 자네 생활이 예전보다 빡빡해지고 돈도 모을 수 없겠지. 이것을 어긴다면 아무도 자네를 용서해 주지 않을 걸세. …(후략)…

[이 글은 프랑스의 유력 주간지인 <렉스프레스(*L'Express*)> 1993년 3월 18일자(81만 8천 3백부 인쇄) 권두 논설로서 같은 해 3월 20일자 조선일보에 번역 소개되었다. 이 글은 장 클로드 카자노바 수석 논설위원에 의해 사촌에게 보내는 편지형식으로 작성된 것인데, 여기에는 당시 총선을 앞두고 의회나 공직에 진출할 사람들의 재산관리 및 도덕적 기준에 관해 구체적인 충고를 담고 있다.]

사례 문제

1. 효과적 리더십의 발휘를 위해서는 어떤 요소들이 포함되어야 하는가를 살펴본 뒤, 윤리성이 배제된 리더십은 어떠한 결과를 초래할지 논해 보자.
2. 공직자 윤리규정에 포함이 되어야 할 기본적인 내용을 작성해 보자.
3. 자신이 알고 있는 도덕적이고 윤리적인 지도자의 일화를 서로 이야기해 보자.
4. 도덕적이고 윤리적인 지도자를 양성하기 위해서는 어떠한 교육 및 훈련과정이 있어야 하는가 생각해 보자.

2. 행태이론

1) 주요 이론과 핵심적 내용

1950년대와 1960년대에 걸쳐 활발하게 연구·발표되었던 리더십에 대한 행태론적 접근방법(behavioral approach)은 조직의 목표달성이나 집단의 유지를 위해 구성원들의 자발적인 참여를 유도해 내는 지도자의 행태적 능력을 집중적으로 강조하는 이론이다. 이 이론은 '효과적인 지도자'란 높은 생산성을 올리며 구성원들에게는 높은 만족감을 주는 지도자라고 전제하면서, 이러한 효과적인 지도자와 그렇지 못한 지도자나 일반 구성원 사이에는 뚜렷한 행태적 차이점이 있으며, 지도자에게 요구되는 특정한 행태는 훈련을 통해 갖출 수 있다고 주장하고 있기에 실용적이라고 할 수 있다. 이 이론에 기여한 대표적 연구들은 다음과 같다.

하버드대학교의 베일스(R. F. Bales)는 효과적인 리더십을 발휘하려면 창조적 아이디어와 높은 업무수행 능력, 그리고 구성원으로부터 좋은 평판을 받아야 한다(Scott & Mitchell, 1976: 288)는 점을 제시한데 이어, 헴필(J. K. Hemphill)을 위시로 한 오하이오주립대학교의 연구팀은 리더의 행동유형과 조직성과, 그리고 구성원들의 만족도 간의 관계를 밝힘으로써 효과적인 리더십 행태를 결정짓는 요인들을 찾으려 하였다(Fleishman, Harris, & Burtt, 1955). 이 연구팀은 리더의 행동을 구성원들에게 명확한 기준에 따라 역할을 배정하고 업무를 지시하며, 명백한 절차를 거쳐 목표 기간 내에 업무를 효과적으로 수행토록 하는 '구조화(initiating structure) 능력'과 리더와 구성원들과의 원활한 의사소통 등을 통하여 신뢰감을 구축하고 그들의 이해·생각·감정 등을 존중하고 대변해 주는 '사려 깊음(consideration) 능력'의 두 가지로 나누었다. 이러한 두 차원을 각각 높고 낮음의 두 수준으로 나누어 결국 네 가지 리더십 행동유형(2×2)으로 분류한 뒤, 낮은 '사려 깊음'과 높은 '구조화'를 취하는 리더십의 유형이 구성원들의 불만을 가장 높게 야기할 것이며, 높은 '사려 깊음'과 높은 '구조화'를 취하는 리더십의 유형이 다른 유형들보다 효과적이라고 주장하였다.

또한 리커트를 중심으로 한 미시간대학교의 연구팀(Likert, 1961)은 조직효과성을 높일 수 있는 리더의 유형을 찾아내기 위하여 성과 수준이 서로 다른 여러 조직의 리더와 구성원들을 면접한 뒤, 리더의 행동을 구성원 중심적(employee-centered) 행동과 생산(작업) 중심적 행동(production-or job-centered)의 두 유형으로 나누었고, 나아가 효과적인 리더와 비효과적인 리더 간의 행동 차이점을 도출하여 정리하였다. 생산 중심적 행동이란 생산기술이나 절차 등을 중시하고 구성원을 생산 도구라 여긴 나머지 공식적 권한만을 가지고 구성원을 관리하는 행위를 말하며, 구성원 중심적 행동이란 부하와의 인간관계를 중시하여 부하의 인격을 존중하며 그들

그림 9-1 오하이오주립대학교의 리더십 행동 유형

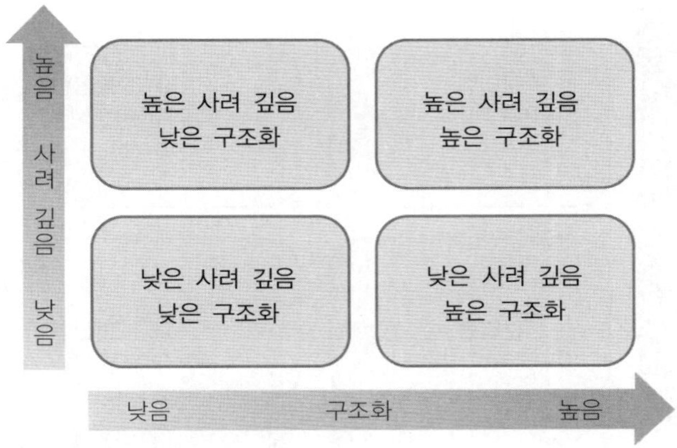

의 욕구 충족이나 직무만족 등에 관심을 갖는 행위를 의미한다. 반복적 실험을 거친 이들은 일반적으로 생산 중심적인 리더보다는 구성원 중심적인 리더가 생산성을 높이며, 구성원들의 만족감도 높일 수 있다고 주장하였다.

행태이론을 취한 대부분의 학자들은 조직 내지 집단은 목표달성과 자체의 유지·강화를 주된 목적으로 여기어, 리더십을 집단목표달성형(과업 지향형)과 집단 유지 및 강화형(관계 지향형)으로 구분하였다. 또한 그들은 '과업 지향'의 정도를 X축에, '인간관계지향' 정도를 Y축에 놓은 2차원의 그리드(grid)형을 제시한 뒤, 중간적 형태의 리더십이 가장 효과적이라고 주장하였다. 그러나 리더십의 어떤 측면이 인간관계 지향적이며, 어떤 측면이 과업 지향적인가 하는 기준이 불명확한 동시에, 그런 가장 효과적인 중간 지점을 어떻게 찾을 것이며, 설사 찾는다 하더라도 어떻게 실제 관리에 적용해야 하느냐에 대한 해답은 제시하지 못하고 있다. 이러한 점을 간파한 레딘(W. J. Reddin)은 상기의 2차원의 그리드형을 기본으로 한 뒤 '효과성'이란 요소를 도입하여 주어진 상황에의 적합 정도에 따라 여덟 가지 유형으로 나누었다.

① 인화형: 구성원 간의 인화와 개인과 조직 간의 조화에 관심을 두는 리더십
② 개발형: 신뢰성이 있고, 구성원의 개발에 치중하는 리더십
③ 타협형: 전반적으로 무능하고, 근시안적 문제에 집중하는 리더십

그림 9-2 2차원적 리더십 분류(그리드형)

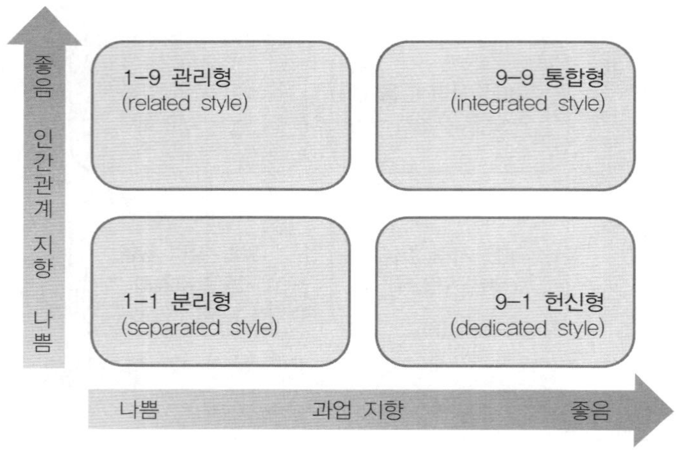

그림 9-3 레딘의 리더십 유형

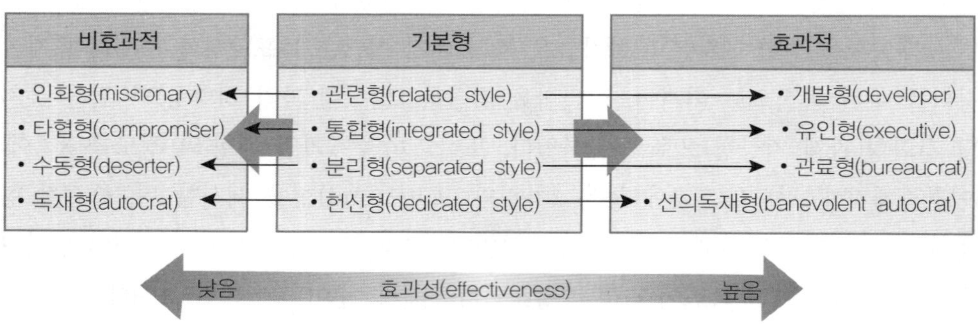

④ 유인형: 구성원들의 능력과 노력을 인정하여 동기유발을 시키며, 팀워크를 강조
⑤ 수동형: 모든 결정과 판단에 수동적이고 소극적으로 일관하는 리더십
⑥ 관료형: 조직의 규칙과 절차만을 중시하는 리더십
⑦ 독재형: 신뢰성이 없고 목전의 과업에만 관심을 갖는 리더십
⑧ 선의독재형: 구성원의 반감을 사지 않으면서 업무를 추진하는 리더십

2) 공통적 비판

첫째, 연구팀마다 서로 다른 견해와 관점을 가지고 지도자의 행태를 분석하였다. 예를 들면, 하버드대학교 연구팀은 관찰자의 입장을, 오하이오주립대학교 연구팀은 지도자의 입장을, 그리고 미시간대학교 연구팀은 조직구성원의 입장에 서 있었다.

둘째, 효과적인 지도자 유형에 대한 일관성 있는 결론에 도달하지 못했다.

셋째, 리더의 행동을 신뢰성 있게 구분·측정할 수 있는 도구를 개발하지 못했다.

넷째, 행태론적 접근방법을 취한 대부분의 연구들은 리더의 행동을 너무 단순하고 추상적으로 분류한 나머지 '2×2' 도표를 제시하는 데 그쳤다.

다섯째, 구성원의 업무수행 능력이나 훈련 정도 등 상황적 요소들을 고려하지 않은 채, 구성원 중심적 행동이 항상 효과적이라는 주장은 문제가 있다.

여섯째, 리더의 행동이 구성원들을 어떻게 변화시키고, 그러한 변화가 조직 효과성에 어떻게 연결되는가에 대해서는 밝히지 못했다.

이처럼 지도자의 역할을 동질적(homogeneous)으로 여기고, 조직의 효과성을 '리더와 부하와의 관계'나 '과제의 성격'을 포함한 상황으로부터 독립적인 것으로 취급한 상기 이론들은 "리더십의 효과성은 상황에 따라 달라진다"고 주장을 하는 상황이론에 부딪치게 되었다. 즉, 상황이론은 지도자들이 몇 가지 자질을 갖추었거나 바람직한 행태적 특성을 지녔다고 해서 조직의 효과성이 증대되는 것은 아니라고 주장하는 것이다.

3. 상황이론

1) 주요 이론과 핵심적 내용

1970년대를 전후로 하여 학자들은 지도자 자신보다는 지도자를 둘러싸고 있는 당시의 상황에 분석의 초점을 두면서, 주어진 상황에 따라서 지도자의 능력이나 가치가 달리 평가되는 동시에 요구되는 지도자의 자질과 행태도 달라진다는 상황이론(situational theory)을 주장하기 시작했다. 예를 들면, 급격한 변혁이 필요한 시기에는 독재적·권위적 리더십의 자질과 행태를 지닌 자가 지도자가 되는 경우가 많다는 것이다. 여기에서 상황이란 그가 속해 있는 조직의 목표와 성격, 규모, 역사, 유형, 발전의 정도, 그리고 구성원들의 자질과 행동, 기대와 욕구 등의 산물을 의미한다.[6] 대표적 학자와 이론으로 피들러(Fiedler, 1967)의 상황적합적 이론(contingency theory)과 하우스(House, 1971: 321-328)의 경로-목표모형(path-goal theory)을 들 수 있다.

(1) 상황적합적 이론

피들러는 조직에 대한 리더의 영향력은 세 가지 상황적 변수에 의해 결정된다고 하였다. ① 지도자가 구성원들로부터 받는 존경과 신뢰의 정도를 의미하는 리더와 부하의 관계(leader-member relations), ② 과업의 할당 및 평가방식의 구조화 정도를 가리키는 과업구조(task structure), ③ 리더에게 부여된 공식적·합법적인 권력으로서 구성원들을 평가하고, 각종 인사문제에 영향을 미치는 정도를 나타내는 직위권력(position power) 등이다. 이어서 그는 리더십 스타일을 과업 지향적 리더십과 관계 지향적 리더십으로 분류한 뒤, 이 세 가지 변수와 두 가지 리더십 유형의 결합방식이 어느 정도 상황에 적합한가에 따라 리더십의 효과성이 달라질 것이라는 가정을 가지고 경험적 연구를 하여, 다음의 결론을 얻었다. 즉, 지도자와 구성원 간에 우호적인 관계가 형성되어 있고, 작업의 구조가 명확하게 제시되어 있으며, 또한 지도자에게 충분한 권한이 부여되어 있는 상황이거나, 정반대의 상황에는 과업 지향적 리더십이 효과적이다. 그러나 중간적 상황에서는 관계 지향적 리더십이 효과적이다.

비록 피들러의 이론이 리더십 유형을 '과업 지향형'과 '관계 지향형'으로 분류하였지만 여전히 단선적이며, 리더의 행태변화는 전혀 고려하지 않았지만, 조직의 상황이 리더십의 효과성을 결정짓는다는 새로운 연구방향을 제시한 점은 나름 의미가 있다고 하겠다.

(2) 경로-목표모형

하우스(R. J. House)는 오하이오주립대학교 연구팀의 모델을 기본으로 하여 동기부여에 관한 기대이론(expectancy model of motivation)을 결합시킨 경로-목표모

6) 카트라이터와 잰더(Cartwright & Zander, 1968: 304)는 상황을 집단목표의 특성, 집단구조, 구성원의 태도와 욕구, 외부의 집단에 대한 기대 등이라고 하였다.

형을 제시하였다. 이 모형은 경로의 명확화, 욕구 충족, 목표달성을 주요 변수로 하고 있으며, 상황에 따라 효과적인 리더십의 패턴이 달라진다는 전제를 가지고 있다. 따라서 이 모형은 리더는 부하로 하여금 조직목표를 달성시킬 수 있다고 기대하는 행동경로를 명확히 밝혀 주고, 원하는 보상을 더 쉽게 많이 받을 수 있다고 믿게 하여야만, 동기부여가 되어 성과를 높일 수 있다는 것을 밝히고 있다. 여기서 상황이란 부하의 능력, 성격 및 동기와 작업집단의 특성, 작업의 구조화 정도, 그리고 조직 내의 규칙과 절차 등을 포함시키고 있으며, 리더의 행동을 지시적(directive) 리더십, 지원적(supportive) 리더십, 성취 지향적(achievement-oriented) 리더십, 그리고 참여적(participative) 리더십으로 분류하였다. 이러한 내용을 알기 쉽게 표현하면 [그림 9-4]와 같다(House, 1971).

이어서 하우스는 어떤 리더십 유형이 어떤 특정 상황에서 더욱 효과적인가를 밝히려 노력하여 다음과 같은 결과를 얻었다(House & Mitchell, 1974: 81-97).

첫째, 과업의 구조화 정도가 낮아 업무수행의 절차나 방법이 공식화되어 있지 않거나, 부하들의 지식과 경험이 부족할 때에는 부하들의 활동을 세부적으로 분담시키

그림 9-4 하우스의 경로-목표모형

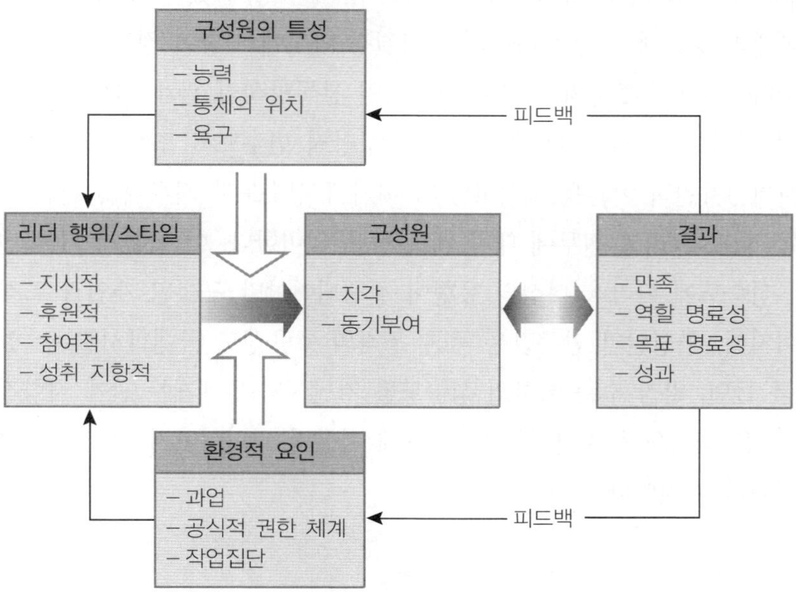

고, 적극적으로 통제 · 조정할 수 있는 지시적 리더십이 효과적이다.

둘째, 업무가 단조롭거나, 너무 어려워서 자신감을 상실하고 있는 경우에는 작업 환경의 부정적인 측면을 최소화시킬 수 있고, 불안감을 감소시킬 수 있는 지원적 리더십이 효과적이다.

셋째, 과업이 구조화되어 있지 않을 땐, 부하에게 목표를 설정하여 주고, 이를 달성할 수 있다는 신뢰감을 갖게 하는 성취 지향적 리더십이 효과적이다.

넷째, 구조화되지 않은 과업의 목표, 절차, 방법 등의 결정 과정에 부하를 참여시켜 명백한 역할 기대를 제공하여 목표 성취에 대한 기대를 높이려 할 때에는 참여적 리더십이 효과적이다.

이 이론의 장점은 제시된 리더십 유형들이 상호 배타적이지 않다는 점이다. 즉, 동일한 지도자라도 상황에 따라 서로 다른 유형의 리더십을 발휘할 수 있으며, 이를 통해 조직구성원들에게 동기부여하고, 만족도를 높여 조직목표 달성을 효과적으로 할 수 있다는 것이다. 그러나 실제로 리더들이 상황에 따라 자신의 리더십 행태를 바꿀 수 있겠느냐 하는 의문과 함께 이 모형은 많은 변수들을 포함하고 있기 때문에 쉽게 검증할 수 없다는 한계를 가지고 있다.

이 밖에 상황이론의 대표적 이론으로는 브룸과 야고(Vroom & Jago, 1988)의 이론과 허쉬와 브랜차드(Hersey & Blanchard)의 이론 등이 있다. 전자에 의하면, 상황요소인 과제의 성격에 따라 부하들의 의사결정 과정에의 참여 정도를 결정하여야 한다고 하였다. 그리고 후자의 이론은 보편적인 분류방식인 관계 지향적 리더십과 과업 지향적 리더십 분류를 기본으로 한 후, 상황적 변수로서 조직구성원들의 성숙도를 첨가시켜 3차원적 이론을 제시하였다. 여기서 성숙도란 직무에 관련된 지식과 기술의 습득 정도, 그리고 직무에 대한 태도 등을 의미한다. 이 이론의 기본 전제는 구성원들의 성숙도에 따라 리더십의 유형이 결정되어야만 구성원 개인과 조직의 결합이 이루어지며, 구성원의 만족감은 물론 조직의 효율성도 극대화시킬 수 있다는 것이다. 예를 들면, 일정 수준 이하의 성숙도를 지닌 구성원에게는 관계 지향적 리더십을, 매우 높은 성숙도를 지닌 경우에는 관계 지향적 리더십마저 최소로 행사하는 것이 효과적이라는 것이다.

2) 공통적 비판

이미 앞에서 각 상황이론에 대한 내용과 함께 한계점들을 밝혀 보았으므로, 여기에서는 공통적 문제점만을 제시해 보겠다.

첫째, 상황이 리더십의 결정요인이라면 시대적 상황이 달라졌음에도 불구하고 오랜 세월에 걸쳐 지도자의 역할을 하는 사람들에 대해선 어떻게 설명할 것인가? 지도자 자신의 자질 또는 리더십 유형을 시대적 요청에 맞추어 변화시켜 나가는 것은 결코 쉬운 일이 아니기 때문이다.

둘째, 리더십의 효과성이 상황적 요인에 달려 있다고는 하지만, 이러한 상황적 변수 및 집단구성원 관련 변수, 그리고 그들 변수들과 리더십과의 상관관계를 구체적으로 밝히기는 쉽지 않다.

셋째, 각 이론들은 편의에 따라 1~2가지 변수만을 선택적으로 사용하여 실증적 연구를 수행했다.

자료 9-3 리더십 관계연결 이론

1. 개 요

우리 사회는 매우 강한 집단주의 문화를 국가, 지역사회, 조직 등 모든 수준에서 갖고 있다. 이러한 집단주의에 대한 강한 선호로 인해 리더십 연구에서 수직적-쌍방향 관계 연결이론이라는 논의가 우리에게는 매우 중요한 의의를 줄 수 있다.

수직적-쌍방향 관계 연결이론은 "리더가 모든 부하들에게 동일한 행동을 하지 않는다"를 전제한다. 즉, 리더와 부하의 관계는 계층제 하에서 상하로 이루어진 수직적 관계로 이루어지며, 이는 다시 리더와 각각의 부하가 쌍(pair)을 이루는 쌍방 관계라고 할 수 있다. 또한 이러한 리더와 부하 간의 관계는 항상 동일하지 않으며, 부하가 누구인가에 따라 서로 다를 수 있다는 것을 강조한다. 특히, 리더는 조직 내에서 관계의 질에 따라 내집단과 외집단을 구분함으로써 자신의 영향력을 강화하고, 조직성과를 관리하고자 노력한다.

2. 내집단과 외집단

① 내집단: 리더와 질 높은 관계를 가지고 있는 부하 직원들
- 질 높은 관계: 상호 신뢰, 연계, 존중을 바탕으로 함

– 리더는 내집단에게 도전적이고 유익한 평가를 제공
– 내집단 구성원의 실패는 외부 귀인됨
– 내집단의 구성원들은 열심히 일하며, 높은 충성도를 보이며 리더를 지지함
– 구성원들의 높은 성과와 높은 만족을 특징으로 함

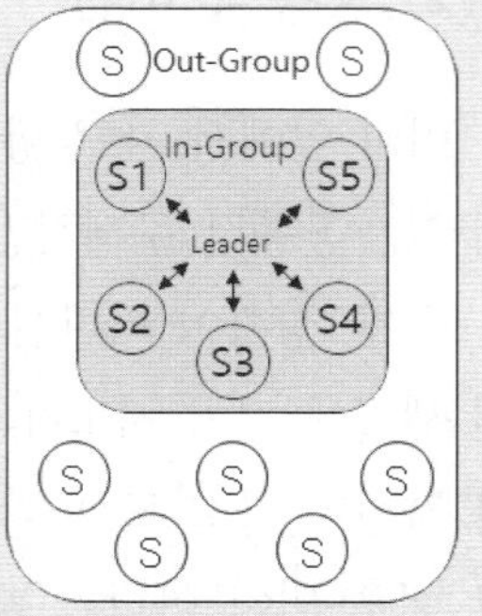

② 외집단: 리더와 질 높은 관계를 가지고 있지 못한 부하 직원들
– 리더는 외집단에 속한 부하들에게 낮은 동기부여, 낮은 기회제공, 적은 상호작용을 제공함
– 구성원들의 역할은 직무기술서에 제한되어 있음
– 리더는 외집단에 속한 부하의 높은 성과, 몰입 및 충성도를 기대하지 않음

3. 현실적 적용

수직적–쌍방향 관계 연결이론에서 리더는 역량과 조직에 대한 공헌에 기초한 내집단 구성원의 선발하고, 내외집단 구성원들에 대한 정기적 평가를 통해 입출입이 가능한 유연한 집단 유지한다고 설명한다. 나아가 내・외집단 고려 없이 구성원들의 기술에 의한 직무평가기준을 통해 객관성을 유지하고, 적극적인 성과관리를 한다고 주장한다.

4. 변혁적 이론

1) 주요 이론과 핵심적 내용

비교적 최근에 관심을 끌고 있는 변혁적 리더십(transformation leadership)은 조직성공에 결정적 영향을 미치고 있는 특정 개인의 뛰어난 자질 또는 카리스마(charisma)에 초점을 맞추고 있기 때문에 카리스마적 리더십의 한 유형(Kouzes & Posner, 1990; Howell & Frost, 1989: 243–269)[7] 또는 특성(자질)이론의 재등장이라고도 일

7) 변혁적 리더십 개념의 근원을 멀리는 베버(M. Weber)의 권위의 유형에 따른 리더십 모형에서, 가까이는 하우스의 카리스마적 리더십 이론에서 찾을 수 있다. 베버에 의하면, 카리스마적 권위는 규칙, 직위 또는 전통이 아니라 리더의 초자연적인 또는 초인간적인 자질에서 획득된다고 하였다. 이와는 달리 하우스(1977: 189–207)는 카리스마적 권위의 정당성은 리더의 초자연적인 특성보다는 카리스마적 리더의 특성이나 행태, 그리고 카리스마적 리더십이 발휘되는 상황적 조건에서 찾으려고 하였다.

컬어지고 있다.

변혁적 리더십의 등장 배경부터 살펴보자. 첫째, 1980년대를 전후하여, 극심한 불황에 허덕이던 미국 기업들은 생존을 위해 전면적인 변혁을 시행하여야 했는데, 그러한 변혁을 성공적으로 달성하려면 변혁적 리더(transformational leader)가 필요하게 되었다. 둘째, 리더십 이론이 발달해 오면서 리더 개인에 대한 관심과 조직 효과성에서 리더가 미치는 영향의 비중은 점점 낮아지고 있었던 반면, 각종 매체나 기업들은 미국 크라이슬러의 아이아코카(L. Iacocca) 회장을 위시로 하여, 제너럴 일렉트릭사(General Electics: GE)의 웰치(J. Welch) 회장, 유럽 ABB사의 퍼시 바네빅(P. Barnevik) 회장, 그리고 한국계 3세인 일본 소프트뱅크사의 손정의(孫正義) 회장 등을 21세기의 최고경영자로 꼽으면서, 이들을 벤치마킹하여야 한다고 캠페인을 벌이고 있었다. 이러한 추세는 공공부문에서도 이어져 영국의 대처(M. Thatcher) 수상을 비롯하여 개혁 선진국이라고 불리는 뉴질랜드, 미국 등의 전·현직 국가 지도자들에 대한 리더십 연구가 유행을 이루고 있다. 이러한 사실은 기존의 리더십 이론으로는 현실에서 두각을 나타내고 있는 몇몇 민간기업 및 국가 지도자들의 개인적 특성들을 제대로 설명할 수 없음을 간접적으로 시사해 주는 것이다.

변혁적 리더십이란 용어를 처음 사용한 학자는 번스(J. M. Burns)였으며, 이를 체계적으로 발전시킨 사람은 배스(B. M. Bass)라고 할 수 있다. 이들에 의하면, 리더의 기능은 크게 '안정 지향 기능'과 '변화 지향 기능'으로 나눌 수 있는데, 전자를 강조하면 거래적 리더십(transactional or exchange leadership), 후자에 치중하면 변혁적 리더십이라고 명명하였다. 보다 구체적으로 설명하면, 거래적 리더십이란 사전에 정해진 기준이나 규칙에 의거하여 조직목표를 달성하기 위해 필요한 작업들을 선정·할당하는 것과 같은 반복적이고 일상적인 기능에 중점을 두는 동시에 할당된 업무를 효과적으로 수행할 수 있도록 부하들에게 동기부여를 하며, 그 결과에 대한 적절한 평가와 보상을 하는 등 리더와 구성원 간의 상호작용을 강조하는 리더십이라고 할 수 있다.

한편 변혁적 리더십이란 조직변화의 필요성을 감지하고, 그러한 변화를 이끌어 낼 수 있는 새로운 비전을 제시할 수 있는 능력을 말한다. 이러한 변화를 효과적으로 유도하려면 지도자는 조직구성원들로 하여금 리더에 대해 신뢰를 갖게 하는 카리스마를 지니고 있어야 하며, 구성원들에게 할당해 준 업무(과제)의 가치와 이를 달성해야 할 당위성을 밝혀 주는 동시에 성공에 대한 기대를 제공해 줄 수 있어야 한다. 또한 변혁적 리더는 구성원 전체가 공유하여야 할 비전과 가치들을 내면화시켜 그들에게 자긍심과 함께 동기를 부여시키고, 또한 자기 이익보다는 조직의 이익을 중히 여기게 만들어야 하며, 또한 부하에게 권한을 부여하여 구성원들로 하여금 높은 참여와 성과를 이끌게 할 수 있는 각종 장치들을 개발할 수 있는 능력을 지녀야 한다.

표 9-4 변혁적 리더십이 가져야 할 속성

카리스마	구성원에게 비전과 사명감을 부여하고, 자긍심을 고양하며, 구성원들로부터 존경과 신뢰를 획득한다.
영 감	높은 기대를 전달하고, 탁월한 노력을 촉진시키기 위한 상징을 활용하며, 중요한 목적을 간단명료하게 제공한다.
지적 자극	문제를 새로운 시각에서 분석할 수 있도록 창의성, 합리성, 신중성 등을 제고시킨다.
개인적 배려	구성원들의 성취 또는 성장의 욕구는 물론 개인적 문제에도 관심을 갖는 등 개별적으로 코치·충고한다.

이러한 기본 개념을 바탕으로 배스는 변혁적 리더십과 거래적 리더십을 별도로 "다인 리더십 설문지(Multifactor Leadership Questionnaire: MLQ)"를 개발하여, 리더가 변혁적 또는 거래적 리더십을 행사하는 정도, 부하들의 리더에 대한 만족 정도, 리더의 효과성 등을 평가하였다. 이 조사 결과를 근거로 하여 배스는 혁신과 변동의 요구에 직면하고 있는 조직에서는, 비록 정치적·경제적·사회적 긴장과 갈등을 유발시킬 우려는 있지만, 거래적 리더십보다는 변혁적 리더십이 조직의 높은 성과와 구성원의 복지 등을 가져올 가능성이 높다고 주장하였다(Bass, 1990: 19−33).[8] 달리 표현하면, 변혁적 리더십은 다른 조직과의 합병, 신규 사업 부서의 창설, 또는 새로운 조직문화의 창출 등 해당 조직에 전혀 새로운 결정을 내리는 등 중요한 변화를 유도·관리하는 데에는 더욱 효과적이라는 것이다.

마지막으로, 정리하는 의미에서 변혁적 리더십이 보다 효과적으로 적용될 수 있

8) 이러한 분류는 번스(Burns, 1978)와 커너트와 루이스(Kuhnert & Lewis, 1987: 648−657)의 입장을 전적으로 따른 것으로 보인다. 그들은 이미 정치적 리더십을 거래적 리더십과 변혁적 리더십으로 구분하고 있었으며, 전통적인 거래적 리더십은 리더와 추종자(follower) 간의 교환관계에 중점을 두는 반면, 변혁적 리더십은 추종자의 가치, 신념, 욕구 등의 변화에 큰 관심을 두었다고 여겨진다.

는 조직의 조건들을 보다 구체적으로 정리해 보면 다음과 같다. 변혁적 리더십은 ① 능률 지향보다는 적응 지향이 강조되는 조직, 창의적 모험이 지지되는 조직에 적합하다. ② 각종의 투입물들이 기술에 의존되는 기술구조보다는 환경과의 연계활동이 활발히 이루어지는 경계작용적 구조에 적합하다. ③ 기계적 · 전문적 · 할거적 구조보다는 단순구조나 임시체제에 더욱 적합하다. ④ 구성원들의 동기부여를 위해 관료적 통제나 시장적 교환관계에 의존하기보다는 구성원 개인적 이익과 조직의 이익을 통합시킴으로써 조직의 목표를 달성하려는 통합관리전략을 채택하고 있는 조직에 적합하다.

2) 평 가

이상과 같은 배스의 변혁적 리더십은 많은 사람들에 의해 지지를 받고 있다. 특히, 리더의 개인적 입장만을 강조했던 과거의 자질(특성)이론과는 달리, 구성원들의 리더에 대한 만족 정도, 그의 리더십에 대한 반응 정도나 양식 등을 비중 있게 다루고 있는 점과 조직의 효과성은 부하들의 욕구나 이해에 대한 리더의 관심 정도, 조직 구성원들의 리더에 대한 신뢰 정도, 리더에 의한 구성원들의 동기부여 수준 등에 달려 있다는 주장은 높이 평가를 받아야 할 것이다. 또한 변혁적 리더십 이론은 카리스마적 리더, 구성원, 그리고 상황들에 관한 단순한 특성만을 나열하는 데에 그치지 않고, 경험적으로 검증 가능한 가설들을 제시하고 있다는 것이 또 다른 장점일 것이다. 그러나 거래적 리더십과 변혁적 리더십을 독립적인 것으로 취급했다는 점은 다소 문제가 있어 보인다. 필자가 보기에는, 변혁적 리더십을 성공적으로 발휘하려면 당연히 지도자는 거래적 리더십의 상당 요소들을 보유 · 발휘하여야 할 것이며, 이들 간의 상호작용 정도에 따라 구성원들의 만족도, 나아가 조직의 효과성도 좌우된다고 믿기 때문이다.

5. 현대적 리더십 이론들

지금까지 살펴보았듯이 1980년대 이전까지의 리더십 이론은 특성이론을 시작으로 행동이론을 거쳐 상황이론으로 발전되어 왔다. 1980년대 전후로 해서는 기존의 전통적 리더십 이론들이 지닌 여러 한계들(예: 현실에 대한 설명력 또는 적용력 부족 등)을 극복하기 위해 변혁적 리더십(transformational leadership) 이론 또는 (새로운) 카리스마적 리더십(charismatic leadership) 이론 등이 개발되었다. 이어서 슈퍼 리더십(super leadership), 셀프 리더십(self leadership), 섬김의 리더십(servant leadership), 원칙 중심의 리더십(principle-centered leadership) 등을 비롯해 부하 육성 리더십, 비전적 리더십(visionary leadership), 학습 중심 리더십, 문화적 리더십(cultural leadership) 등 많은 이론들이 속속 등장하였다. 굳이 이 같은 현대적 리더십 이론들의 공통점을 찾는다면 특정 상황에 대한 효과적인 리더십 발견에 초점을 두고 있다는 점일 것이다. 또한 1980년대 이후의 리더십 이론들을 크게 분류한다면 변혁적 리더십과 카리스마 리더십은 리더를 중심으로 하는 이론들이며, 나머지 이론들은 부하를 중심으로 하는 자율적 리더십이라고 할 수 있다. 이러한 현대적 리더십 이론들 가운데 학술적으로 의미가 크고 실제적으로도 효용성이 높다고 여겨지는 다음 세 가지만을 소개하고자 한다.

1) 슈퍼 리더십

산업사회에서는 기계·설비 등 가시적인 물리적 자원들이 조직의 가치 증대에 중추적 역할을 담당했으나, 현대사회에서는 정보나 구성원의 역량과 같은 비가시적 자원들이 결정적 차이를 가져오고 있다. 더구나 조직의 규모가 커지고, 환경의 변화 속도가 빨라지면서 리더 혼자서 모든 것을 지시·통제하는 것은 불가능해졌으므로, 부하 직원들에게 상당 수준의 권한을 위임하지 않으면 아니 되는 시대가 되었다. 그러나 역량이 구비되지 않은 상태에서는 제아무리 많은 권한을 위임해줘도 아무런 소용이 없을 것이다. 이 같은 시대에서는 조직구성원 개개인이 충분한 역량을 가지고 각자 자기 역할들을 충실히 수행해 줄 때 비로소 그 조직은 성장할 수 있을 것이다. 한마디로 이러한 시대에서는 리더가 앞에서 '나를 따르라'는 식으로 구성원들을 끌고 가기보다는 구성원들 스스로 문제를 파악·해결할 수 있는 능력을 갖추도록 해주는 역할, 즉 슈퍼 리더십이 필요하다.

이런 맥락에서, 슈퍼 리더(super leader)란 조직의 가치 창출에 크게 기여할 수 있도록 구성원들의 역량을 키워주는 리더를 말한다. 또한 부하 직원들로 하여금 자신의 잠재적 능력을 최대한 발휘할 수 있도록 자극을 주고 스스로 모범을 보임으로써 궁극적으로는 관리가 필요 없는 수준까지 조직의 역량을 키울 수 있는 능력을 가진 리더를 말한다. 즉, 슈퍼 리더란 자신의 부하를 셀프 리더(self-leader)로 키우는 리더를 의미한다. 참고적으로 셀프 리더 또는 자율적 리더란 부하 스스로의 규제와 통제에 의해 자신을 이끌어 나갈 수 있는 능력을 갖춘 자를 의미한다.

이처럼 부하들을 셀프 리더로 만들 수 있는 슈퍼리더가 되려면, 최소 다음 조건들을 갖추어야 한다.

첫째, 자신이 먼저 셀프 리더가 되어야 한다. 스스로 문제를 찾지 못하거나, 찾더라도 그 문제를 해결하지 못하면서 부하에게만 강요하는 상관은 부하의 신뢰를 얻을 수 없다. 그러므로 리더는 끊임없는 자기계발을 통해 부하 직원들을 가르칠 수 있는 능력을 배양하여야 한다.

둘째, 리더는 부하 직원들에게 셀프 리더십을 행동으로 보여주는 것이 필요하다. 다시 말해, 상관은 부하들에게 문제해결에 적극적이고 솔선수범하는 자세를 보이는 등 역할 모델(role model)을 제공해 주어야 한다. 왜냐하면 조직구성원들은 상급자의 행위에 많은 영향을 받게 마련이며, 상황이 불확실한 경우에는 더욱 그러하기 때문이다.

셋째, 리더는 현재의 조직을 학습조직으로 변모시켜 나가야 할 것이다. 그것을 통해 부하들로 하여금 현재 맡고 있는 업무의 충실한 수행은 물론 미래의 성공적 관리

표 9-5 슈퍼 리더의 특성

초 점	스스로 리드함(self-leadership)
권력의 유형	공유 가치
지혜와 방향 설정의 원천	대부분 부하, 그리고 리더
부하의 반응	주인의식(ownership)에 의거한 몰입
전형적인 리더의 행동	• 부하에게 자기 스스로의 목표설정, 자기 스스로의 보상 등의 행동을 보임: 역할 모형(role model)의 역할 • 긍정적 사고패턴의 창출 • 보상/건설적 징계를 통한 self-leadership 개발 • self-directed team 조성 • self-leadership 문화의 촉진

출처: Manz & Sims Jr.(1991).

자가 되기 위한 능력을 갖추게 해주는 것이 필요하다.

요약하면, 슈퍼 리더십이란 리더가 구성원들을 스스로 판단하고 행동에 옮기며 그 결과를 책임질 수 있는 셀프 리더로 만드는 리더십을 말하며, 그러한 노력을 통해 부하들로 하여금 조직이 자율적으로 운영되게 만드는 것이 슈퍼 리더십의 본질이다.

2) 서번트 리더십

서번트 리더십(servant leadership)이란 개념은 1977년 로버트 그린리프(R. K. Greenleaf)의 저서 『서번트 리더십(*Servant Leadership*)』에서 처음 소개되었고, 그 이후 1996년 경영 관련 서적 전문출판사인 Jossey-Bass사의 『서번트 리더 되기(*On Becoming a Servant-Leader*)』의 출간을 계기로 본격적인 관심을 받아 왔다. 그린리프에 따르면, 서번트 리더십이란 타인을 위한 봉사에 초점을 두며, 종업원 · 고객 및 공동체를 우선으로 여기며, 그들의 욕구를 충족시키기 위해 헌신하는 리더십이라고 정의하면서, 이러한 기본적인 개념은 헤르만 헤세(H. Hesse)의 『동방순례(*Die Morgenlandfart*)』 또는 『동방으로의 여행(*Journey to the East*)』에 나오는 서번트 레오(Leo) 이야기에서 찾았다고 밝힌 바 있다. 레오는 순례자들이 필요로 할 만한 것들을 미리미리 챙겨주며, 그들의 허드렛일이나 식사 준비를 돕거나, 때론 지친 그들을 위해 악기를 연주해 줌으로써 순례자들이 정신적 · 육체적으로 지치지 않도록 배려하는 시종이었다. 그러던 어느 날 갑자기 레오가 사라지자, 순례자들은 당황하기 시작했고, 피곤에 지친 나머지 다툼도 잦아졌다. 그때서야 비로소 순례자들은 레오의 소중함을 깨닫고, 그가 진정 자신들의 리더였음을 깨닫게 된다는 이야기였다.

이런 맥락에서 볼 때, 서번트 리더십이란 다른 구성원들이 공동의 목표를 달성해 나가는 데 있어, 정신적 · 육체적으로 지치지 않도록 환경을 조성해 줌으로써 잠재적 능력까지도 발휘할 수 있도록 지원해 주는 리더십을 말한다. 이러한 개념을 조직 차원에서 다시 정의해 본다면, 서번트 리더십이란 구성원들이 업무를 자율적으로 수행할 수 있도록 권한과 책임을 위임하되, 그들이 업무를 원활히 수행할 수 있도록 지원하는 리더십을 가리킨다. 한마디로 서번트 리더십은 종(servant)과 리더(leader)가 합쳐진 개념으로 섬김과 지도가 유기적으로 이어지는 리더십이라고 하겠다.

이러한 개념의 서번트 리더십은 요즘처럼 고객과 시장에 보다 유연하게 대처하여야 하는 급변하는 환경에서 절실히 요구되고 있다. 또한 다양한 과업들이 상호 연결되고 통합되는 과정에서 중간관리자의 역할이 줄어들어, 수직적이고 복잡한 고층(tall) 조직이 수평적이고 단순한 저층(flat) 조직으로 전환되는 요즘과 같은 시기에 요청된다고 하겠다. 피터 드러커(P. Drucker) 역시 그의 저서 『미래경영(*Managing for Future*)』에서, 지식사회에서는 조직 내에서 상사와 부하의 구분이 없어지며, 지시와 감독의 기능이 점차 약화될 것이라고 예언한 바 있다.

앞서 살펴본 개념 정의와 시대적 요청을 감안한다면, 서번트 리더는 최소한 다음과 같은 능력과 역할이 요구된다고 하겠다.[9] 첫째, 일반 구성원들이 알아채지 못하는 미래를 예측하면서 조직의 비전을 제시해 주는 능력을 지니고 있어야 한다(방향 제시자). 둘째, 구성원들의 능력과 역할이 목표달성에 적합한지 확인하고, 원활한 의사소통을 통해 구성원들 간의 의견이 합의에 도달할 수 있도록 조율하는 능력이 있어야 한다(파트너). 이러한 능력은 재능 있는 음악가들로 이루어진 오케스트라의 지휘자에 비유될 수 있을 것이다. 셋째, 구성원들로 하여금 맡은 업무를 원활히 수행할 수 있도록 지원하는 동시에 개인적인 삶이 업무와 균형(Work & Life Balance)을 이루도록 배려하는 능력도 요구된다(지원자). 이러한 역할을 수행하기 위해선 리더는 수시로 구성원들과 접촉하면서, 그들이 겪고 있는 업무상 어려움은 물론 개인적 애로사항들에 대해 살필 수 있어야 한다.

이러한 서번트 리더십은 전통적 리더십 패러다임인 지휘와 통솔에 반하는 러더십 유형으로 리더가 구성원을 존중하고 기회를 제공하며, 그들의 능력과 창의성을 이끌어 냄으로써 조직성과를 창출하는 것을 핵심으로 한다. 또한 조직구성원들에 대한 배려, 봉사와 희생을 통해 신뢰를 확보하고, 구성원들이 목표 지향적 행동을 하도록 유도하고, 구성원들의 성장욕구, 자기표현 욕구, 성숙욕구를 자극함으로써 조직성과에 긍정적 영향을 미친다. 나아가 서번트 리더십에 대한 논의는 개별 조직의 직무특성과 조직특성을 고려한 접근이 요구되며, 조직구성원에 대한 임파워먼트와 주인의

9) 서번트 리더로서 갖추어야 할 특성과 그 의미는 다음과 같다. ① 경청(listening): 구성원들에 대한 존중과 수용적인 태도, ② 공감(empathy): 구성원들의 감정에 대한 수준 높은 이해, ③ 치유(healing): 구성원들의 문제들을 세심하게 보살핌, ④ 청지기(stewardship): 구성원들을 위한 자원 관리, ⑤ 부하들의 성장을 위한 헌신(commitment to the growth of people): 부하들의 능력이나 정신적 성장을 위한 기회 제공 및 자원 지원, ⑥ 공동체 형성(building community): 구성원들 간의 존경 및 봉사가 이루어지게 함.

표 9-6 전통적 · 위계적 · 전제적 리더십 vs. 섬기는 리더십

구 분	전통적 리더십	서번트 리더십
관심 영역	• 일의 결과/추진 과정 및 방법 • 최종 결과 중심의 평가/재무적 성과 중시	• 일 추진 과정의 장애요소/지원과 코칭 • 노력에 대한 평가/일 성공과 개인 성장 중시
가치관	• 자기 중심적 가치관/지시와 감독	• 타인을 믿고 수용하는 개방적 가치관
인간관	• 여러 자원 중의 하나 • 업무가 우선 • 지시와 통제를 통해 결과를 만들어 내는 대상	• 가장 중요한 자원 • 사람이 우선 • 도와주어야 할 성공과 성장의 대상
리더-부하 관계	• 복종 • 심판의 입장에서 갈등과 분쟁을 해결	• 존중, 관심 • 구성원 간 커뮤니케이션을 촉진하고 자율적 갈등해결을 지원
경쟁에 대한 인식	• 내부 경쟁 조장	• 모두 잘할 수 있다는 신념 • 구성원의 성공전략을 모색
생산성	• 계량적 척도 • 결과 중심적 사고	• 구성원들의 자발적 노력과 기여 • 과정 중심적 사고

식에 대한 관리와 함께 병행될 때 긍정적 성과를 도출할 수 있다.

3) 원칙 중심의 리더십

최근 정보기술의 발달로 정보화 · 세계화 사회로의 이행이 빠르게 진행되고 있으며, 그로 인해 복잡성은 날로 증가되고 있다. 이렇듯 환경이 급변할지라도 조직이 지속적으로 생존 · 성장하려면 지금까지 인류 문명사회의 형성 · 유지에 근간이 되어왔던 불변의 원칙들(공정성, 형평성, 정의, 정직, 신뢰, 일관성 등)에 대한 철저한 이해와 충실한 실행은 중요하다. 그래야만 일시적인 비판과 유혹에 흔들리지 않고 자신의 사명을 발견하고, 역할을 구명하며 스스로 자신의 인생 행로와 목표를 정립할 수 있도록 해주고, 자신의 실수를 교훈삼아 지속적인 자기 혁신을 가능하게 해주며 타인과의 관계를 긍정적인 방향으로 이끌 수 있게 된다.

이 같은 주장을 조직적 맥락에서 적용해 본다면, 인간의 가치와 존엄성이 지켜지는 가운데, 구성원 개개인의 삶은 물론 조직 및 다른 구성원들과의 약속이나 계약, 그리고 인간관계에서도 상기의 기본 원칙들이 적용되어야 하며, 그래야만 개인 및 대인관계 혹은 조직을 근본적으로 변혁시킬 수 있다는 것이다. 다시 말해, 이러한 원칙이 지속적으로 적용되어 습관화되어야만 심리적 안정감을 유지한 채, 개인－가정－조직(직장) 간에 조화를 이룰 수 있으며, 의사소통이 원활하게 되고 신뢰성이 제고된다는 것이다. 이러한 토대 위에서 리더는 구성원들로 하여금 조직에 대한 강한 일체감과 적극적 참여의식을 유발시켜야 할 것이다. 이러한 요구에 부응하는 이론이 바로 최근에 부각되고 있는 원칙 중심의 리더십 이론(principle－centered leadership: PCL)이다(Covey, 1992: 18).

원칙 중심적 리더들이 일반 리더들에 비해 자신이 지니고 있는 고유한 가치를 중시 여기며, 낙관적이고 긍정적이며 높은 이상을 지니고 있다는 특징과 함께 다음과 같은 자세를 지녀야 한다. 첫째, PCL 리더는 심판자가 아닌 안내자가 되려고 하며, 비판 자체에 그치는 대신 역할 모델을 보이려 노력한다. 둘째, 일상적 경험 속에서도 끊임없이 배우려는 자세를 견지하고, 각종 교육훈련 기회에 참여하여 긴장을 늦추지 않으려 노력한다. 셋째, 신체적 · 정신적 · 감정적 차원을 부단히 단련시켜 강한 자제력과 투철한 희생정신을 유지해 나간다. 넷째, 부하들의 부정적 행동이나 비판, 그리고 인간적 약점 등에 과잉반응을 보이지 않는다. 이 같은 원칙 중심적 리더십 이론은 구성원들을 단지 자원이나 자산으로 여겨 경제적 · 사회적 · 심리적 존재로만 취급하는 기존의 리더십 이론과는 달리, 구성원들을 영적(spiritual) 존재임을 인정하고 있다는 점이 가장 근본적인 차이점이라고 하겠다. 다시 말해, 원칙 중심적 리더십 이론은 인간은 신체적 · 경제적 욕구, 사회적 · 감정적 욕구, 정신적 · 자아실현 욕구 차원을 넘어 영적 욕구도 충족하려는 경향이 있다고 주장한다.

그러나 원칙 중심의 리더십은 인간(구성원)은 영적 욕구도 추구하는 존재임을 주장함으로써 분석가능성의 문제에 봉착할 수 있으며, 적용가능성 또는 적용 범위의 문제로 요구되는 완벽성과 현실과의 조화 속에 만족스러운 결과가 발생하지 아니할 수도 있다는 한계를 지니고 있다. 또한 개인적 차원의 삶에 있어서도 자신의 가치 시스템과 습관, 말과 행동 등이 일치되지 않는 이중적 행태가 자주 발생되는데, 다양한 가치관을 가진 많은 사람들로 구성되는 조직의 경우에는 더욱 복잡한 행태가 나타날 것이 자명하다. 그리고 (기업) 조직의 경우, 원초적으로 가지고 있는 이윤 동기를 어떻게 억제할 것인가라는 문제도 대두될 것이다. 마지막으로, 인간이나 구성원들이 지켜야 할 원칙에 대한 종류나 수준 등에 대한 합의 도출은 거의 불가능에 가까울 것이다.

4) 윤리적 리더십

리더십 연구에서 리더의 윤리의식과 윤리적 행동에 대한 논의는 매우 오래 동안 이루어졌다. 그러나 이러한 리더십에서 윤리성에 대한 문제는 사회가 ICT 기술 발달, 민주화, 시민성숙, 조직 내 정보 유통의 활성화 등으로 인해 더욱 중요한 이슈로 부각되고, 개별 조직에서의 리더십의 윤리적 문제가 사회문제로 전환되면서 중요해졌다. 이러한 관점에서 윤리적 리더십(ethical leadership)에 대한 논의가 지속적으로 활발해지고 있는 실정이다.

윤리적 리더십의 개념은 학자나 연구되는 조직에 따라 다양하게 정의된다. 다양한 개념들을 종합하면 “리더의 행동과 대인관계를 통하여 규범적으로 적합한 행동의 모범을 보이며, 의사소통을 강화하고, 의사결정을 통하여 구성원으로 하여금 적합한 행동을 하도록 촉진하는 리더십 유형”으로 정의할 수 있다. 또한 브라운 등(Brown et al., 2005)은 보편적 개념 정의와 달리 윤리적 리더십을 도덕적 관리자와 도덕적 인간으로 구분하여 개념을 설명한다(김호정, 2013). 도덕적 관리자(moral manager)란 의사소통, 강화, 역할모델을 중심으로 한 관리자의 역할을 강조하는 개념이다. 이와 달리 도덕적 인간(moral person)이란 정직, 배려, 신뢰, 공정을 특징으로 하는 리더의 자질 측면을 설명하는 것이다. 윤리적 리더십을 발휘하는 리더는 정직성, 공정성, 배려와 같은 윤리적 행동을 몸소 실천하고, 이러한 행동들이 조직구성원들에게 모델링된다는 점에서 중요한 의의가 있다. 이러한 윤리적 리더십의 조직에서의 의사

표 9-7 윤리적 리더에게 요구되는 행동

- 구성원들과 조직에 봉사함
- 이해관계자들과 균형을 맞추고 통합하는 것을 시도함
- 구성원들의 요구, 가치, 아이디어가 반영된 것에 기초한 비전을 개발함
- 지지하는 가치에 부합하는 일관성 있는 행동
- 개인적 위험을 감수하고 필요한 결정을 함
- 사건, 문제, 행동에 대한 정보를 완전하고 시의 적절하게 공개함
- 더 좋은 해결책을 찾지 위해 비판적인 평가를 독려함
- 구성원들을 개발하기 위해 코칭, 멘토링, 훈련을 적용함

결정 측면에서 과정과 내용 모두에서 요구받는다. 윤리적 리더십의 주요 구성 요소는 신의성실, 윤리적 인식, 공동체 및 인간 중시, 동기부여, 권한위임, 윤리적 기준 제시, 윤리경영 등이 있다.

5) 진성 리더십

진성 리더십(authentic leadership)에 대한 연구는 변혁적 리더십과 윤리적 리더십을 바탕으로 사회와 조직구성원으로부터 존경과 신뢰를 받을 수 있는 리더십의 제시와 개발에 대한 연구에서 시작되었다(Luthans & Avolio, 2003). 진성 리더십은 "리더와 조직구성원들의 긍정적인 자기개발 촉진 측면에서 자기인식, 내재화된 도덕적 관점, 정보의 균형된 프로세스(처리) 및 관계적 투명성 등을 보다 발전시키기 위하여 긍정적 심리 역량과 긍정적 · 도덕적 분위기를 만들어내고 증진하는 리더의 행동 양식"으로 정의된다(Walumbwa et al., 2008). 즉, 진성 리더란 자신이 어떻게 행동하고 생각하는지 충분히 지각하며, 그들과 다른 사람들의 가치 · 도덕적 관점, 지식 및 강점을 알고 있는 다른 사람들에 의해 인식되는 사람들로서, 그들이 행동하는 맥락을 알고 있으며, 자신감 있고, 희망적이며, 낙관적이고, 복원력이 높으며, 높은 도덕적 특성을 지닌 리더를 의미한다.

부하에 대한 적극적 영향과 변화를 강조하는 리더십 이론들과 달리 진성 리더십은 리더의 신념, 가치 및 긍정적 역량을 바탕으로 조직구성원에 대한 긍정적 영향을 중시한다(Avolio & Gardner, 2005). 또한 이는 중요한 이슈, 가치 및 신념 등에 대한 리더의 깊은 자아인식에 초점을 두며, 말이 아닌 리더가 보여주는 원칙, 가치 및 윤리 등의 행태를 통해서 조직구성원들을 변화시킨다. 이러한 진성 리더십은 조직구성원들의 성과 및 몰입, 직무만족 등과 같은 조직효과성에 긍정적 영향을 주고, 긍정적 조직성공을 추구하는 리더십 유형이라는 점에서 의미가 있다(Walumbwa et al., 2010).

진성 리더십의 구성요인은 자기인식, 투명성, 도덕성, 균형된 프로세스 등이다. 이들 구성요인의 공통점은 적절한 리더십의 구현을 통해 조직구성원의 심리적 역량과 긍정적 정서를 발전시킬 수 있다는 점이다(Gardner et al., 2005; Walumbwa et al., 2008; Walumbwa et al., 2010).

첫째, 진성 리더십의 가장 핵심적 요인인 자기인식(self-awareness)은 "리더가 조직구성원들이 그의 리더십을 어떻게 인식하는가"뿐만 아니라 그들의 강점, 약점 및 동기에 대해 이해하는 것이다(Kernis, 2003). 이는 리더가 자신을 둘러싸고 있는 상황 속에서 자신의 존재를 인식할 때 발생한다. 또한 리더의 자기인식은 최종적인 목표가 아닌 리더 자신의 독특한 재능, 강점, 목적의식, 핵심 가치, 신념 및 욕구 등을 지속적으로 이해하고자 하는 일련의 과정이다(Silvia & Duval, 2001).

둘째, 도덕성은 리더가 동료, 조직 및 사회적 압력 등과 같은 외부적 압력에 근거하기보다는 내적인 도덕적 기준과 가치에 따라 행동하는 것이다(Ryan & Deci, 2003). 이는 리더가 도덕적 이슈들에 대해서 고심하며, 진실하고 지속적인 도덕적 행동을 취하기 위하여 윤리적 역량, 효능감, 용기 및 복원력 등을 개발하고 이들을 활용해 투명한 의사결정을 하는 것을 의미한다(May et al., 2003; Avolio & Gardner, 2005).

셋째, 투명성(transparency)은 리더가 정보를 공유하고, 그들의 부적절한 감정을 나타내는 것을 최소화하려고 노력하며, 실제 생각과 감정에 대한 표현을 통해 신뢰를 증진시키고자 하는 리더의 행태와 관련되어 있다(Kernis, 2003). 이는 리더가 자신의 의견과 감정을 명확하게 표현하고 실수를 인정할 때 나타난다(Avolio et al., 2007).

넷째, 균형된 프로세스(balanced processing)는 리더가 의사결정을 하기 전에 모든 적절한 자료들을 객관적으로 분석하는 것을 의미하며, 그들의 현재 직위에 도전하는 조직구성원들로부터 의견을 구하려는 행태와 관련된다(Gardner et al., 2005). 이는 리더가 자신의 입장과 반대되는 의견을 수렴하고 주요 의사결정과 관련된 자료와 다양한 의견을 충분히 검토할 때 형성된다.

그림 9-5 진성 리더십 개발 모형

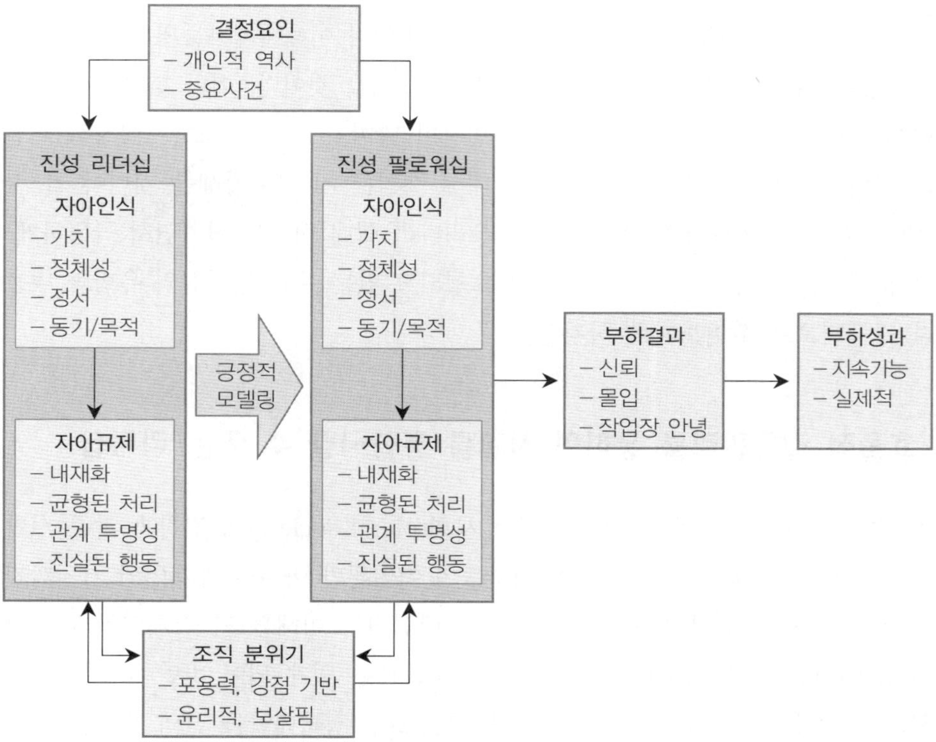

제 4 절 한국에서 요구되는 리더십: 정치 · 행정적 리더십을 중심으로

문명사적 대변혁이라고 일컬어지는 21세기를 맞이한 우리나라는 만성적인 고비용 · 저효율로 인하여 침체에 빠진 경제에 활력을 불어넣고, 급변하는 국제 정치 · 경제 질서의 재편기에 능동적으로 대응하여야 하는 한편 남북한 통일시대에도 대비해야 하는 상황에 놓여 있다. 이러한 상황에 효과적으로 대처하려면 우리나라 국가 지도자는 최소한 다음과 같은 리더십을 지녀야 할 것이다. 먼저 국가경제 · 안보 및 민족 통일 등 국가적 핵심 과제에 대한 기본적 지식과 경험을 갖추고 있어야 함은 물론 확고한 민주주의적 신념과 정치철학을 바탕으로 미래를 예견할 수 있는 날카로운 통찰력과 정확한 판단력, 그리고 강한 추진력을 지녀야 할 것이다. 또한 국가 지도자는 정책결정의 전 과정을 거치는 동안 일반 국민이나 이해관계자들의 적극적인 지지와 협력을 구할 수 있는 설득력을 갖추고 있어야 할 것이다. 이와 더불어 다양하고 변덕이 심한 국민들의 반응에 지나치게 민감한 나머지 자신의 정치·행정적 소신을 잃지 말아야 하며, 발생한 모든 결과에 대해 책임을 지려는 자세를 지녀야 할 것이다. 이 같은 핵심적 내용을 토대로 하여 우리나라 역대 정권을 거치면서 극명하게 나타난 문제점들을 치유하는 데에 절실히 요청되고 있는 주요 리더십의 유형과 내용을 보다 구체적으로 살펴보기로 하자.

1. 효율적 갈등관리를 통하여 사회를 통합시킬 수 있는 리더십

다양한 이해관계에 바탕을 둔 다원적 사회(plural society)의 정착과 각종 선거의 빈번한 실시로, 각국의 정부는 개별 집단들의 이익뿐만 아니라 개개인의 가치까지도 무시할 수 없게 되었기에 공공부문은 마치 대립되는 이해들 간의 치열한 격전장이 되었다. 이처럼 각종 이해관계들을 조정·통합할 수 없게 되어 버린 정부는 국가적 차원의 장기적 목표조차 정립할 수 없게 되었으며, 정책대안들 간의 우선순위 결정 기준마저 마련할 수 없게 되어, 결국 정치·행정지도자들의 실질적인 의사결정 능력이 저하되고 있다. 이러한 세계 공통적인 추세 이외에도 우리나라는 오래전부터 지역(특히, 동서)·계층·노사·이념 간의 갈등이 있어 왔고, 최근에 와서는 세대 간의 갈등 현상마저 표출되기 시작하는 동시에 과거 정권의 개발독재 정책의 부작용으로 인한 인간 소외 현상, 가치관의 혼란과 규범 부재의 위기 현상이 치유되지 않고 있는 실정이다.

따라서 우리 정치·행정 지도자에게 필수적으로 요구되는 것은 통찰력과 정확한 정보를 바탕으로 국가나 조직의 공통 목표로 상정한 뒤, 이의 달성을 위해 국민적 또는 조직적 저력을 효과적으로 통합시킬 수 있는 갈등관리 능력이라고 할 수 있다. 지도자는 다양한 이해관계를 폭넓고 명확하게 이해·수용하려는 노력과 병행하여 잘못된 여론과 편협적인 이해가 대립되는 세력들을 논리적 설득을 통해 조정을 시도하되, 때로는 많은 반대를 무릅쓰고 통치철학에 기반을 둔 신념과 용기를 가지고 취사 선택함으로써 이해당사자는 물론 일반 국민들의 동의와 지지를 도출해 내는 탁월한 갈등조정 능력을 지녀야 한다. 이러한 갈등조정 능력이 제대로 발휘되려면 지도자의 개인적 능력 이외에도 지도자의 도덕성 및 정권의 정당성이 전제되어 있어야 한다. 왜냐하면 민주주의 체제 하에서는 권위만을 가지고 국민을 강압적으로 끌고 나갈 수 없으며, 만약 국민의 자발적인 동의와 적극적인 참여가 없이는 그 어떠한 정책이라도 실효성을 걷을 수 없기 때문이다.

2. 적실성 있는 인사 능력을 가진 리더십

흔히들 '인사(人事)는 만사(萬事)'라 할 정도로 사람에 대한 정확한 판단과 그에 따른 적재적소에의 배치는 쉽지 않은 일이다. 특히, 정치 · 행정 지도자에게 인사 능력은 통치 그 자체라 할 수 있을 정도로 적실성 높은 인사는 정권의 국정 수행 능력의 신장은 물론 인사권자의 지도력에 대한 신뢰와 권위를 인정받게 하는 주요 변수이다. 과거 정권에서 보았듯이, 능력이나 업적보다는 혈연 · 학연 · 지연과 같은 일차적 관계를 중심으로 개인적 충성심이 강한 인물을 선발하게 되면, 잦은 개각으로 이어져, 정책의 일관성 · 투명성 결여, 정부정책의 시행착오와 부작용 등이 야기되고, 그 결과 국가경제의 위축, 정부에 대한 국민 신뢰 저하는 물론 국민통합을 저해하게 된다.

따라서 능력과 업적을 중시하는 동시에 지역주의 및 측근 인사의 중용을 지양하는 풍토의 조성이 우선되어야 하겠지만, 국가정책을 담당할 인사라면 면밀하고 체계적인 검증 과정을 거쳐 최소한 다음의 조건을 갖춘 자가 임용되어야 할 것이다. ① 권력을 치부의 수단으로 여기지 않는 민주적 권력관을 가진 자, ② 임용권자의 눈치만을 살피고, 아부와 무사안일로 일관하면서 자리 보전에 연연하지 않는 자, ③ 전문지식과 경험을 바탕으로 한 대화와 설득을 통해 자기 소신을 국가정책에 반영시키고, 그 결과에 대한 책임을 질 줄 아는 자 등이다.

3. 개혁(혁신) 지향적 리더십

'변혁의 시대'라고 일컬어지는 현대에서는 급격한 환경변화에 효율적으로 적응해야 하므로 창조적 능력을 가진 강력하고 현명한 지도자에 의해 수시로 닥치는 각종 의 위기에 대처해 나가야 할 것이다. 이런 의미에서 현대에서는 지배자(ruler)가 아닌 지도자(leader)를 필요로 한다고 하겠다. 앞서도 언급하였지만, 우리의 지도자는 민주주의의 기본 틀을 견고화하는 동시에 경제위기의 극복이라는 시대적 사명을 완수하여야 하므로 민주주의와 경제 발전을 유기적으로 양립시킬 수 있는 다원적 능력을 갖춘 리더십을 발휘해야 한다. 이를 위해서는 권위주의적 정치 유산과 성장 위주의 경제정책이 초래한 사회·경제적 모순들을 타파하고, 사회의 각 부문에 걸쳐 민주성과 자율성을 제고할 수 있는 각종 변화와 개혁을 추진하려는 쇄신적이며 기업가적인 창조적 리더십을 발휘하여야 할 것이다. 이 같은 논리와 주장은 조직관리적 측면에서도 그대로 적용되어야 할 것이다. 왜냐하면 조직규모의 거대성, 상의하달(top-down)식의 구조, 그리고 규칙과 규정에 의해 역할과 임무가 명백하고도 고정적으로 정해진 관료적 조직으로는 변화 대응에 일정한 한계를 있기 때문이다.

4. 민주 지향적 리더십

전통적으로 권위적·전제적 리더십이 지배해 온 우리나라에서 실질적인 민주주의 제도가 정착되기 위해서는 지도자의 리더십은 당연히 민주 지향성을 띠어야 할 것이다. 따라서 지도자는 무엇보다도 국민과의 관계를 지배·피지배의 관계가 아닌 기능상의 분업관계로 여겨야 하며, 정책결정과 집행 시에 국민 여론을 폭넓게 수렴하고 그들의 정서와 욕구를 대변하려는 자세를 갖추어야 할 것이다. 그러나 국민에의 반응 정도가 지나쳐 정책의 결정 또는 집행 시기를 놓치게 되거나, 원칙이나 철학이 결여되어서는 곤란하다. 조직 차원에서도 비민주적인 정책결정 및 조직운영의 과정과 방식을 민주적으로 전환시켜야 한다. 조직의 민주화란 개방체제를 전제로 하는 것이므로 구성원들의 적극적 참여를 허용·권장함은 물론 고객(소비자)들의 반응도 수용하면서 조직을 폐쇄적·정태적·하향적에서 개방적·동태적·상향적으로 만들어가야 한다. 이같이 조직이 민주성을 지향해야 비로소 능률성과 효과성도 제고될 수 있을 것이다.

5. 여성 리더십

인류 역사의 전 과정은 아니더라도, 최근의 산업경제시대만 보더라도 여성들은 남성에게 종속적 · 주변적인 삶을 살아왔으며, 그나마 사회에 진출한 소수의 여성들은 최하위 임금군에 속해 있었다. 이 같은 원인은 여성이 남성보다 정신적 · 감정적 능력이 열등하기 때문이 아니라, 신체적으로 약한 조건과 임신 · 출산이라는 생물학적 특성, 그리고 전통적인 사회화 과정을 통하여 내면화된 성 역할(sex role)에 대한 그릇된 선입견이나 고정관념 등에서 찾을 수 있다. 이러한 요인들에 의해 여성들은 어렸을 적부터 남성과는 달리 리더십을 발휘하려는 욕구를 지니지 못했으며, 설사 지녔더라도 발휘할 기회도 적었으며, 또한 정당한 평가도 받지 못하며 살아 왔다.

그러나 많은 학자들은 눈앞에 펼쳐지고 있는 21세기는 여성의 사회 참여가 급격히 늘어나 사회 발전에 크게 기여할 수 있는 '여성의 세기'라고 예측하고 있는데, 그 근거로는 나날이 발전하고 있는 정보기술을 주요 동인으로 한 세계화 · 지방화 · 고령화 시대가 다가오고 있다는 사실에 기반을 두고 있다. 우선적으로, 지방화 시대가 열리면서, 그동안 주로 여성들이 관심을 가져왔던 환경문제, 육아 및 교육 문제, 자원봉사 등이 주요 정치적 · 사회적 문제들로 전면에 부각되고 있다. 그리고 인구의 감소로 산업인력의 부족 시대가 다가오고 있는 동시에, 의학 및 건강 관련 산업의 발달로 고령화 사회가 심화되면서 상대적으로 남을 배려하고 돌보는 데에 익숙한 여성인력의 중요성이 새롭게 인식되기 시작하였다. 또한 우리나라와 같이 천연자원이 절대적으로 부족한 국가가 무한경쟁 시대를 맞이해 선진 국가들과의 경쟁에서 생존 · 발전하기 위해서는 잠재되어 있는 우수한 여성인력에 대한 관심이 커지고 있다.

이어서 정보 시대의 도래와 여성 리더십에 관해 살펴보자. 나이스빗(J. Naisbitt)을 비롯한 많은 미래학자들은 정보사회의 근간을 이루고 있는 각종 원리들이 성차별적 현실을 극복해 주어 새로운 (기회)평등의 시대로 접어들게 할 것이며, 나아가 여성적 가치가 위기에 처한 인류 문명을 구원해 줄 것이라고 예언하고 있다. 이러한 주장의 대표적 근거들은 다음과 같다.

첫째, 정보가 권력이며 자산인 정보화 사회에서는 사회적 역할 구분이 성적 차이나 빈부의 차이가 아닌 정보와 지식의 격차에서 비롯되므로, 이를 바탕으로 새로운 정보 엘리트층이 형성될 것이다. 따라서 여성들에게 정보화 사회는 그간의 차별과 불평등을 극복하여 주고 남성들과 동등한 주체적 인간으로 자아실현을 할 수 있는 가능성을 열어 준다. 둘째, 여러 연구결과들을 종합해 보면, 여성은 남성보다 훨씬 강한 환경 지향성을 지니고 있다. 즉, 여성은 생리적으로 우호적인 관계를 빨리 형성할 뿐만 아니라 쾌적한 환경과 자유롭고 유연한 생활을 좋아한다는 것이다. 따라서 전혀 새로운 그리고 끊임없이 변해 가는 정보화 사회의 환경에 남성보다 여성이 더 효과적이면서 즉각적으로 적응해 갈 가능성이 많다. 셋째, 원활한 의사소통과 창의성이 중시되는 정보화 사회의 조직은 명령 통제 위주의 피라미드식 조직이 아닌 수평적이고 유연성이 있는 네트워크 형태를 띠게 될 것이다. 네트워크 조직구조에서는 각 지점의 독립성은 최대로 유지된 채, 한 지점의 변화가 연결망에 따라 다른 지점들로 동시에 전파·반영되므로 어떠한 변화에도 민감하게 대처할 수 있는 장점을 가지고 있다. 따라서 여성들도 리더십의 체득·발휘가 용이해지며, 성 평등 의식도 빠르게 전파될 수 있을 것이다. 넷째, 정보의 홍수 속에서 급변하는 현대 조직환경에서는 명령·통제방식에 길들여진 남성들보다는 섬세하고 치밀함, 부드러움, 창조적인 아이디어와 상상력 등과 같은 품성을 지닌 여성들이 긍정적으로 활약하게 될 것이다.

또한 여성 리더십의 필요성은 다음과 같은 사실에서도 발견되어진다. 새로이 조직에 진입하고 있는 세대들은 소위 X세대 또는 디지털 세대들이다. 이들은 기성세대와는 전혀 다른 의식, 가치, 생활양식, 그리고 소비 성향 등을 가지고 있으며, 이들은 어떠한 권위도 인정하지 않으려 하기 때문에 육아의 경험이 거의 없는 기성세대의 남성 리더들은 새로운 인력의 특성들에 대한 이해 정도가 낮을 것이다. 그러나 여성들은 지금껏 아이들을 돌보며 그들의 변화를 지켜보았고, 그때그때 거기에 맞는 교육적 해답을 찾기 위해 고심을 해 왔기에, 이들에 대한 이해와 예측의 수준이 상대적으로 높을 것이다.

이상과 같은 이유들로 여성 리더십에 대한 체계적 연구가 요청된다. 기존의 리더십 이론은 남성 조직사회를 대상으로 하였기에 여성 지도자가 처하게 될 특수 상황에 대한 이해를 결여하고 있는 현실에서, 어떠한 여성 리더십을 어떻게 개발할 것인가? 그리고 이를 위한 가정, 학교교육, 사회교육과 정당 및 단체 활동은 어떠해야 하는가? 등을 고찰하여야 할 것이다.

자료 9-4 진성 리더십 측정도구

구 분	문 항
투명성	나의 상사는 자신이 말하고자 하는 바를 정확하게 표현한다.
	나의 상사는 실수를 했을 때 이를 솔직하게 인정한다.
	나의 상사는 다른 사람들이 그들의 생각을 솔직히 드러내도록 격려한다.
	나의 상사는 어렵더라도 진실을 밝힐 수 있다.
	나의 상사는 감정을 느끼는 대로 정확히 표현한다.
도덕성	나의 상사는 자신의 행동과 일치하는 신념을 지니고 있음을 보여준다.
	나의 상사는 자신의 핵심가치에 기반하여 결정을 내린다.
	나의 상사는 내가 나의 핵심가치와 일치하는 입장을 취할 것을 요구한다.
	나의 상사는 의사결정에 어려움이 있더라도 높은 수준의 윤리규범을 따른다.
균형된 프로세스	나의 상사는 자신이 견지하고 있는 입장에 반대하는 의견을 듣고자 한다.
	나의 상사는 결정을 내리기 전에 관련 자료를 분석한다.
	나의 상사는 결론을 내리기 전에 다양한 의견에 귀를 기울인다.
자기인식	나의 상사는 다른 사람과의 상호 관계를 향상시키기 위하여 피드백을 요청한다.
	나의 상사는 다른 사람이 자신의 능력을 어떻게 생각하는지 정확히 안다.
	나의 상사는 중요한 쟁점에 대한 자신의 입장을 재고하여야 할 시점이 언제인지를 알고 있다.
	나의 상사는 자신의 특정한 행동이 다른 사람에게 어떤 영향을 주는지 잘 이해하고 있는 것으로 보인다.

출처: 김동철 · 김대건(2012).

토론 과제

1. 리더십은 왜 중요한가?
2. 사람들은 왜 리더십에 의존하는가?
3. 조직활동에서 리더와 리더십은 무엇이며, 어떠한 의미를 갖는가?
4. 리더십 이론의 역사적 발달 과정과 각 단계별로 등장 배경, 주요 내용, 문제점들을 살펴본 뒤, 가까운 장래에 등장이 예상되는 리더십 이론을 제시해 보자.
5. 동서고금을 막론하여 자신이 가장 이상적이라고 생각하는 지도자를 밝히고, 그 지도자가 어떠한 업적을 남겼으며, 그 이유는 무엇인가에 대해 생각해 보자.
6. 당신이 어떤 집단(조직)의 리더가 되었을 때 그 집단의 특성, 환경 등을 어떻게 파악할 것이며, 그 환경에서 어떤 리더십을 발휘하여야 할 것인지에 대하여 연구해 보자.
7. 한국적 상황에 적합한 리더십 스타일을 각자 연구해 보자.
8. 어떠한 이유로 여성의 리더십이 관심을 받고 있는지 알아보자.

제10장

커뮤니케이션

인간은 각종 상징(symbol)들을 만들어 사용하면서 자신의 생각이나 경험, 그리고 감정 등을 타인에게 전달할 수 있는 능력을 가지고 태어났다. 이러한 능력을 바탕으로 인간들은 다른 사람들과 수많은 상호작용을 끊임없이 하면서 살아가고 있는데, 이러한 상호작용의 대부분이 커뮤니케이션에 해당된다고 하겠다. 조직 차원에서도 구성원들 간의 커뮤니케이션을 바탕으로 의사결정을 비롯한 거의 모든 조직적 과정(organizational process)들이 이루어지고 있다. 이러한 커뮤니케이션의 내용은 물론 방식 및 수단들은 조직의 활동 범위와 구조는 물론 구성원의 각종 행태에 영향을 미쳐 결국에는 조직의 효과성을 좌우하게 된다. 그러므로 효과적 커뮤니케이션 능력은 조직관리자가 지녀야 할 가장 핵심적 역량 중의 하나라고 하겠다. 이러한 의미와 맥락에서, 이 장에서는 커뮤니케이션의 의의와 과정을 살펴본 뒤, 조직 커뮤니케이션의 유형과 효율화, 조직 커뮤니케이션 네트워크 등을 논의하고, 마지막으로 정보사회의 커뮤니케이션을 살펴본다.

제 1 절 커뮤니케이션의 의의

1. 커뮤니케이션의 중요성

대부분의 조직들은 환경으로부터 획득한 인적·물적 자원을 비롯해 각종 자료와 정보들을 효과적으로 배분·활용함으로써 각기 고유한 재화와 용역을 산출해 내면서 존재하고 있다. 이런 점에서 조직의 생성·유지·발전에 가장 핵심적인 과정은 자원의 배분을 결정하는 의사결정과 자료와 정보의 전달 및 배분이 이루어지는 커뮤니케이션이라고 하겠다. 그 중 커뮤니케이션은 조직의 각종 단위와 단위, 기능과 기능들을 연계시켜 주고, 의사결정의 내용을 조직 전체로 전파시켜 줌으로써 수많은 요소들로 구성되어 있는 조직이 하나의 단일체로 작동시켜 준다.

이러한 기능을 수행하고 있는 커뮤니케이션이 조직관리에 있어서 왜 필요한지? 어떠한 측면에서 중요한지 등에 대해 보다 상세히 살펴보자.

첫째, 오늘날의 환경은 변화의 속도가 빠를 뿐 아니라 개방성, 유연성, 신속성 등이 요구되고 있다. 이러한 환경에의 적응 및 대응에 필요한 정책들을 마련·제시하려면 원활한 커뮤니케이션이 전제되어야 한다(Guetzkow, 1965: 534).

둘째, 조직은 수많은 요소들이 구조적으로 얽혀 있기에 조직관리 자체가 매우 복잡하기 때문에 필요하다.

셋째, 조직의 목표를 달성하려면 구성원들을 협력시키고, 조직 전체적 관점에서 개별 구성원들의 활동들을 조화시켜 나가야 하기 때문이다. 특히, 조직의 규모가 클수록, 개개 구성원들은 조직 전체의 목표를 상실하기 쉽고, 위임된 권한에 따라 수행되는 부분적 업무 활동들 간에 부조화가 발생될 우려가 커지기 때문이다.

넷째, 원활한 커뮤니케이션은 조직구성원들 간의 인간관계를 원만하게 함으로써 갈등의 예방은 물론 조직의 관료제화를 방지하는 역할을 해준다. 달리 표현한다면, 커뮤니케이션이 활성화되면 구성원들 간에 유기적인 상호작용이 이루어지고, 나아가 신뢰가 형성되며, 참여가 증대되는 등의 효과를 기대할 수 있게 된다.

다섯째, 요즈음의 구성원들은 커뮤니케이션에 대한 높은 요구와 기대 수준을 가지고 있다. 또한 그들은 알고 싶은 욕구를 권리로 인식하고 있으며, 정보의 중요성과

그림 10-1 **커뮤니케이션의 중요성과 필요성**

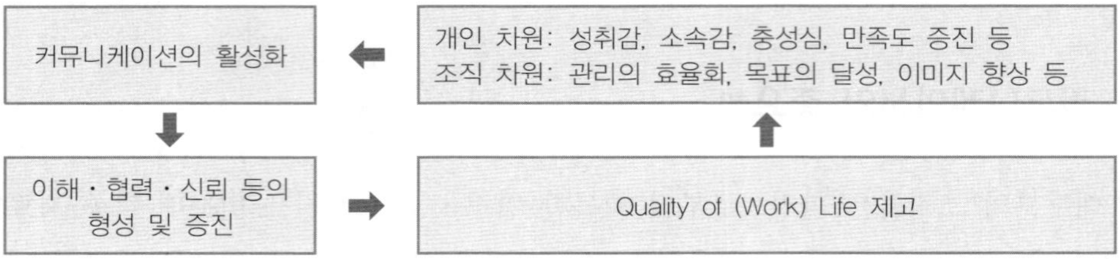

가치를 인식하고 있기에 정보의 양과 질에 문제가 있거나, 정보의 유통이 늦거나 단절되면 심한 소외감과 상실감을 느끼기 때문이다.

이처럼 커뮤니케이션이란 정책결정을 포함한 모든 계획의 수립 및 의사결정에 있어서 그 결정의 내용과 방법에 중대한 영향을 미치는 등 조직의 목표달성에 필수적인 기능으로 인정받고 있다(Luftman, 2004: 329). 그러나 커뮤니케이션이 학문적(특히, 조직론 또는 행정학 분야에 있어) · 실무적으로 주목을 받기 시작한 시기는 비교적 최근의 일이라 하겠다. 즉, 전통적 조직론에서는 커뮤니케이션의 중요성을 간과한 채, 커뮤니케이션의 극히 일부 기능인 명령 · 보고만을 계층제의 구조적 원리로서 인식하고 있었을 뿐이다. 물론 그러한 분위기 속에서도 페이욜(H. Fayol), 버나드(C. I. Barnard), 사이먼(H. A. Simon)과 같은 몇몇 학자들은, 피상적이고 단편적인 수준이기는 하나, 커뮤니케이션의 개념을 정의한 뒤, 그 중요성을 나름대로 인식 · 피력하기도 했다.[1)]

---

1) 페이욜은 커뮤니케이션의 중요성을 인식한 가운데 공식적 · 수직적 커뮤니케이션은 시간적 낭비 · 비능률성을 초래한다며, 의사전달자 쌍방 간의 직접적 통로에 의한 수평적 커뮤니케이션을 대안으로 제시한 바 있다(Fayol, 1949: 35). 이어서 버나드는 커뮤니케이션이란 "조직이라는 협동체계를 동적(dynamic)으로 만들고 조직의 목적 달성에 구성원의 참여를 연결시키는 기능"이라고 정의한 뒤, 커뮤니케이션은 조직의 객관적 권위 수립 · 유지에 필수적이라며, 이를 위해선 다음 요건들을 갖추어야 한다고 주장하였다. ① 커뮤니케이션의 통로는 누구나 알 수 있도록 명확해야 한다. ② 조직구성원 누구나 이용할 수 있는 공식적인 커뮤니케이션 통로가 있어야 한다. ③ 커뮤니케이션의 공식적 통로는 가능한 한 직접적이고 짧아야 하며, 완벽하게, 그리고 정상적으로 이용되어야 한다. ④ 커뮤니케이션 업무에 종사하고 있는 사람들은 유능해야 한다. ⑤ 커뮤니케이션의 통로가 조직활동에 의해 방해받지 말아야 한다. ⑥ 커뮤니케이션의 내용은 모두 진실해야 한다(Barnard, 1938: 90). 마지막으로, 사이먼은 행정을 '의사결정의 연속체', 다시 말해 한 구성원이 다른 구성원에게 의사결정의 전제들을 전달하는 과정이라고 정의하면서 커뮤니케이션은 조

2. 커뮤니케이션의 개념

통상적으로 커뮤니케이션(communication)이란 '전달자(송신자)와 피전달자(수신자) 간의 정보교환', 또는 '정보나 의사의 전달 및 감정과 정서의 교류' 등으로 이해되고 있다. 또한 조직 차원에 있어 커뮤니케이션이란 "한 구성원이 지닌 생각이나 경험, 노하우 등의 정보를 다른 구성원에게 전달하고 설득하는 일체의 행위" 또는 "개인, 집단, 조직과 같은 사회적 주체들 간에 특정 의미가 담긴 메시지나 정보를 상호 교환하여 공유하는 동태적 과정"이라고 정의되고 있다. 이제부터는 주요 학자들의 정의를 중심으로 보다 학술적 차원에서 커뮤니케이션의 의미와 속성 등을 살펴본 뒤, 이들을 토대로 종합적인 정의를 내려 보자.

먼저 버나드(Barnard, 1938: 8)는 공통의 목표(common goal), 구성원의 협력 의지(willingness to cooperation), 커뮤니케이션을 조직의 3대 요소라고 전제하면서, "커뮤니케이션이란 조직의 공통 목표의 달성을 위하여 구성원들의 협력 의지를 이끌어내는 것"이라고 정의하였다. 캐츠와 칸(Katz & Kahn, 1966: 224)은 "커뮤니케이션은 특정 집단, 조직 또는 사회의 기능에 가장 광범위한 관련을 맺고 있는 사회적 과정"이라고 정의한 바 있다. 또한 쉬크람(Schramm, 1971: 17)은 "커뮤니케이션이란 인간과 인간, 개인과 집단 또는 집단 간에 의사결정의 전제가 되는 사실과 의견들이 전달·교환되는 것"이라고 하였다. 이처럼 커뮤니케이션에 있어서의 인간적 과정(human process)을 강조한 학자들이 있는가 하면, 커뮤니케이션의 결과인 행태적 변화 측면을 강조한 학자들도 적지 않다. 대표적인 예로, 피셔(Fisher, 1974: 23)는 "커뮤니케이션이란 다른 사람에게 영향을 미칠 수 있는 행태(행동)들의 교환"이라면서 어느 누구나 특정 의미의 의사를 전달받게 되면, 그 이전과는 다른 결정과 행동을 하게 된다고 주장하였다. 물론 이 양 입장을 균형적으로 종합한 학자들도 있다. 바더만과 할터만(Vardaman & Halterman, 1968: 3-4)의 경우, 커뮤니케이션을 조직의 여러 부분이나 구성원들 간의 물자, 정보, 인지 및 이해의 흐름이라고 폭넓게 이해한 다음, "커뮤니케이션이란 구성원들 간에 의견, 정보, 감정 등의 교환을 통해서 공통적 이해를 이룩하고, 이를 바탕으로 수신자 측의 의식과 태도, 행동 등에 변화를 일

직의 존재를 가능하게 하며, 그 방식에 따라 의사결정 기능을 조직 내에 어떻게 분배할 것인가가 정해진다고 하였다(Simon, 1957).

으키려는 일련의 행동"이라고 정의하였다.

이상의 논의들을 토대로 커뮤니케이션의 정의를 종합해 본다면 "커뮤니케이션이란 복수의 주체들 간에 의견 · 정보 · 감정 등의 교환을 통해 공통적 이해를 도모하고 피전달자의 의식 · 태도 · 행동 등에 (의도된) 변화를 일으키려는 일련의 행동"이라고 할 수 있다(박연호, 2000: 265). 즉 커뮤니케이션은 의미의 전달에 그치는 것이 아니라 그 의미에 대한 이해와 이를 토대로 한 태도의 변화까지도 포함한 개념이라고 하겠다. 이러한 개념 정의 시도가 무리가 아니라는 것은 의사전달 또는 의사소통이라고 번역되는 communication이 '공통성'을 의미하는 라틴어 communis를 어원으로 하고 있다는 사실에서도 찾을 수 있다. 다시 말해, 커뮤니케이션은 일방적이 아닌 상호작용적 의사전달, 더 나아가 의사소통의 의미까지도 포함하고 있다고 보아야 한다.

3. 커뮤니케이션의 기능

앞에서도 언급했듯이, 조직의 목표를 효과적으로 달성하기 위해서는 합리적인 커뮤니케이션이 필수적이다. 이러한 커뮤니케이션이 조직 내에서 수행(해야)하는 주요 기능들은 다음과 같이 정리할 수 있다(Scott & Mitchell, 1976).

첫째, 커뮤니케이션은 조정(coordination)과 통제를 위한 수단이다. 커뮤니케이션을 통해 구성원들이 준수해야 할 각종의 조직 규범들을 구성원들에게 전달함으로써 구성원들의 조직 내 행동에 통일성을 기하고, 질서를 확보 · 유지하는 등의 조정 · 통제 기능을 수행한다.

둘째, 커뮤니케이션은 합리적이고 효율적인 의사결정을 위한 수단이다. 이를 위해선 커뮤니케이션의 내용이 정확, 신속, 적절해야 하며, 그 전달의 질 역시 우수해야 할 것이다. 커뮤니케이션은 이 같은 정보전달 기능 외에 정보의 채집, 심사분석 및 보관 기능 등을 수행함으로써 의사결정이 합리적이면서도 효율적으로 이루어지도록 기여한다.

셋째, 커뮤니케이션은 구성원들에게 동기를 부여하는 수단이다. 여기서 동기부여란 구성원들에게 구체적인 목표를 설정해 주고, 이의 달성을 위해 전체 또는 개별 구성원들이 해야 할 일이 무엇인지를 알려 주고, 각 행위 주체(단위)별 작업 수준과 개선의 내용 및 방법 등을 환류(feedback)시켜 줌으로써 성과 제고는 물론 사기를 앙

양시켜 주는 과정이라고 할 수 있다.

넷째, 커뮤니케이션은 사회적 욕구를 충족시켜주는 기능도 수행한다. 조직의 구성원들은 커뮤니케이션을 통해 자신의 견해나 감정을 형성 또는 표출하거나, 다른 사람과의 교류를 넓혀 나감으로써 사회적 욕구를 충족시키고 있다.

다섯째, 커뮤니케이션은 조직체의 유지 기능을 수행한다. 원래 조직은 조직의 구성원이나 조직 내 여러 단위 집단들 간의 상호작용과 협동을 통해 유지되는데, 이를 위해서는 구성원들이나 단위 집단들 간에 의사 및 정보 전달이 원활하게 이루어져야 할 것이다.

여섯째, 커뮤니케이션은 리더십을 효과적으로 발휘시켜주는 기능을 수행한다. 효과적 리더십은 적절한 권위의 보유와 행사가 전제되어야 하며, 이는 부하들의 수용 여부에 달려 있다. 이러한 부하들의 수용 여부나 수준은 커뮤니케이션의 내용이나 수단, 기법 등에 따라 크게 달라질 것이다.

제 2 절 커뮤니케이션의 기초 이론

1. 커뮤니케이션의 기본 과정과 모형

커뮤니케이션의 기본적 과정은 ① 전달하고자 하는 메시지 내용의 명백화, ② 커뮤니케이션에의 참여, ③ 메시지의 전달, ④ 메시지 수용을 촉진하기 위한 동기부여, ⑤ 전 과정에 대한 평가 단계로 이루어져 있다고 하겠는데, 이에 대해 간략히 설명해 보자.

먼저, 본격적인 커뮤니케이션이 이루어지기 전에 전달자는 수신자에게 전달하고자 하는 메시지의 내용과 함께 커뮤니케이션의 목적 등에 대하여 명백히 이해하고 파악해 두어야 한다. 이어서 수신자와 접촉하여 그 내용을 전달해야 한다. 그러나 메시지를 피전달자에게 전했다고 해서, 그 내용이 제대로 전달된다거나, 전달의 의도나 목적이 저절로 달성되는 것은 아니다. 따라서 수신자들에게 전달된 메시지를 보다 적극적으로 이해하고 수용하여 의도된 변화가 일어날 수 있도록 갖가지 방법들을 동원해 수신자들을 동기부여시켜야 한다. 마지막으로, 메시지가 제대로 전달되었는지, 전달 의도가 제대로 실현되었는지, 보다 효과적으로 전달할 수는 없었는지 등에 대한 종합적인 평가를 거친 뒤, 그 결과를 환류시켜야 할 것이다.

그러나 인간의 커뮤니케이션 과정은 정보의 전달 및 수신이라는 선형적 · 정태적 관점에서 단순하게 이해하는 대신, 그 과정을 구성하고 있는 요소들 간에 상호작용을 하면서 영향을 주고받는다는 동태적 개념으로 이해하여야 하며, 이를 위해서는 환류(feedback) 요소도 포함되어야 한다. 이러한 내용을 도식화하면 [그림 10－2]와 같으며, 그 모형을 구성하고 있는 핵심 요소들에 대한 간략한 설명은 아래와 같다.

그림 10-2 과정모형

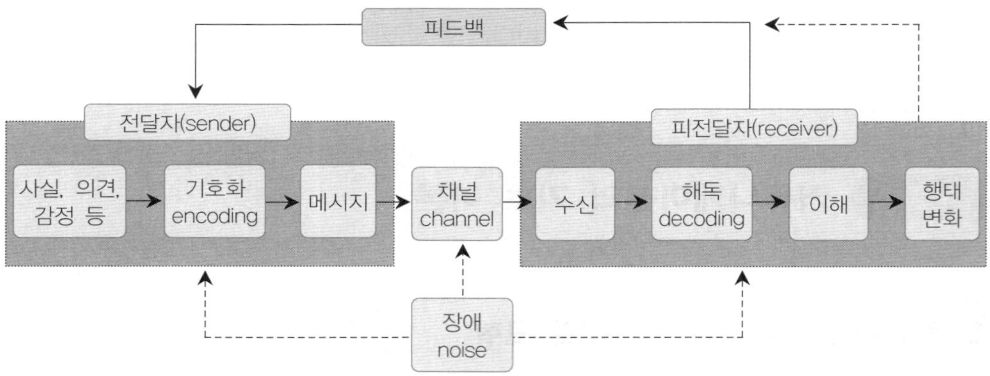

1) 전달자

전달자 또는 송신자(sender)란 전달하고자 하는 내용(자료, 정보, 의견, 감정 등)과 아울러 전달하려는 특정 의도(목적)를 가지고 있는 주체를 말한다.[2] 커뮤니케이션은 정보를 보유하고 있는 전달자의 의도에서 시작되며, 전달하고자 하는 내용을 송신에 적합한 메시지 형태로 변환시키는 상징화 또는 기호화(encoding)의 과정을 거치게 된다. 여기서 메시지란 전달자가 수신자에게 송신하는 일종의 자극으로서 특정 의미를 가지고 있고 구체적인 형태를 지닌 상징(symbol)들로 구성된다.

2) 전달자는 단수 또는 복수의 사람일 수 있으며, 조직이나 제도일 수도 있다.

2) 채널과 매체

채널(channel)이란 메시지가 전달자에게서 수신자에게로 물리적으로 전송되는 통로를 말한다. 통로에는 직접적 통로와 간접적 통로, 공식적 통로와 비공식적 통로 등으로 분류될 수 있으며, 조직에 있어 공식적 채널은 조직의 구조가 된다. 이러한 의미에서 조직의 구조를 재정의해 본다면, 누가 누구와 의사전달을 해야 하는지를 구체화시켜 놓은 것이라 할 수 있다.

이러한 통로를 거치는 수단을 매체(media)라고 하는데, 이에는 면대면 대화, 메모, 공문, 보고서, 전화, 팩스, 문자메시지, 이메일(e-mail), (집합 또는 원격) 회의, 회보, 게시판, 방송 등이 망라적으로 포함된다.

이 같은 채널의 선택과 매체의 선정을 위해서는 메시지의 내용, 전달자의 의도 등은 물론 수신자의 (교육, 흥미 등의) 수준, 전달되는 상황 등도 종합적으로 고려되어야 한다.

3) 수신자 또는 피전달자

수신자(receiver)란 상징 형태로 자신에게 도달한 발신자의 메시지를 해독화(decoding)의 과정을 거쳐 원래 형태의 메시지로 전환시킨 뒤, 그 내용을 해석하고 거기에 의미를 부여하는 주체를 가리킨다. 송신자의 의도를 수신자가 정확하게 이해하려면 전달자와 수신자 모두가 일정 수준 이상의 공통 경험을 통해 해당 메시지에 대해 동일 내지는 유사한 의미를 부여할 수 있어야 한다. 왜냐하면 사람들은 자신들이 보유하고 있는 지식, 경험, 태도 등에 의해 동일한 메시지에 대해서도 서로 다른 의미로 받아들일 수 있기 때문이다.

4) 행태변화

커뮤니케이션의 효과란 메시지의 수신 결과로 수신자의 지식, 태도, 행동 등에서 생겨난 변화를 말한다. 변화라는 변수는 좁은 의미의 커뮤니케이션 과정에는 포함시키지 않을 수 있겠으나, 커뮤니케이션의 궁극적 목적은 행태적 변화 유도이기 때문에 커뮤니케이션의 개념을 광의로 해석할 경우에는 당연히 포함시켜야 할 것이다.

5) 환 류

환류(feedback)는 전달자의 메시지에 대한 수신자의 반응 상태나 수준을 의미하는 것으로서 커뮤니케이션의 효과성을 평가할 수 있는 기본적 요소이다. 여기서 효과성이란 커뮤니케이션 과정을 거치면서 메시지의 내용이 왜곡되지 않았는가, 송신자의 의도는 제대로 성취되었는지 등을 의미한다. 이러한 내용을 파악함으로써 메시지의 내용 변경 필요 및 재발송 필요 여부, 기호화 수단의 교체, 채널 또는 매체의 변경 여부 등에 대한 판단을 하게 된다. 그러므로 환류는 커뮤니케이션의 과정을 역동적이면서도 쌍방향적 특성을 지니게 만든다.

2. 주요 이론적 모형들

커뮤니케이션이 이루어지는 과정(단계)을 이론적 모형으로 제시한 학자들이 적지 않지만, 여기에는 주요 학자들의 모형만을 중심으로 살펴보기로 하자.

먼저 수학자이자 정보이론의 선구자인 샤논(C. Shannon)과 전자공학자인 위버(W. Weaver)의 수학적 모형부터 소개해 보자. 이 모형은 커뮤니케이션 과정을 ① 정보원(information source), ② 송신기(transmitter), ③ 잡음(noise), ④ 수신기(receiver), ⑤ 목적지(destination)의 다섯 가지 요소로 나누어 설명하고 있다(Shannon & Weaver, 1949). 여기서 정보원이란 전달될 메시지가 생성된 곳을 말하며, 송신기는 생성된 메시지를 전달 통로인 채널에 적합한 신호로 전환시키는 것을 말한다. 그리고 잡음이란 전달된 메시지를 올바르게 수용되지 못하도록 방해하는 것(편견이나 선입견도 포함) 모두를 가리킨다. 이어서 수신기는 전달받은 신호를 메시지로 다시 환원시키는 역할을 하는 것을 말하며, 마지막으로 목적지는 수신된 메시지가 최종적으로 도달되는 곳을 의미한다.

샤논과 위버의 수학적 모형은 최초로 개발된 커뮤니케이션 모형이며, 후속 연구에 지대한 영향을 미쳐왔다는 사실과 함께 역기능적 요소인 잡음이란 개념을 처음으로 고안・소개하고 있다는 점에서 긍정적 평가를 받고 있다. 그러나 커뮤니케이션을 선형적(linear)이며 일방향(one-way)적인 과정으로 이해하고 있다는 점에서는 비판을 받고 있다.

그림 10-3 샤논과 위버의 수학적 모형

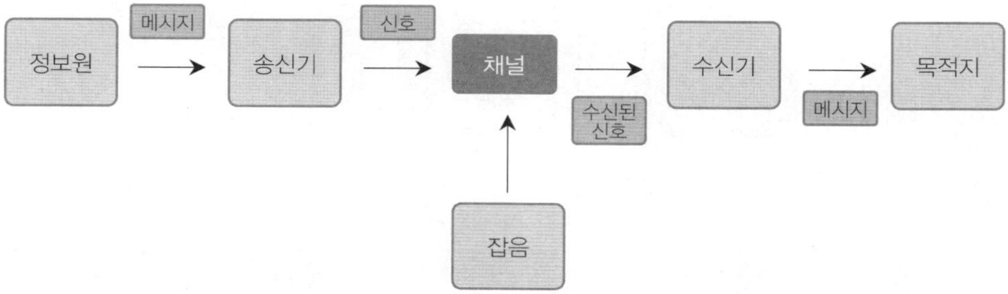

두 번째로 오스굿(E. E. Osgood)과 쉬람(W. Schramm)의 순환모형을 살펴보기로 하자. 이 모형은 오스굿이 개발한 모형을 1954년 쉬람에 의해 수정·보완된 모형으로서 샤논과 위버의 모형과는 달리 순환적이라는 특징을 가지고 있으며, 커뮤니케이션 행위자들의 송수신 행동을 설명하는 데 역점을 두고 있다. 즉, 양측의 행위자들은 송신자와 수신자의 역할을 동시에 수행할 수 있으며, 이들은 동등한 수준에서 기호화(encoding), 해독화(decoding), 해석이라는 동일 기능을 수행한다고 설명한다.

이어서 라스웰(H. D. Lasswell)은 커뮤니케이션의 주요 요소를 ① 누가, ② 무엇에 관해, ③ 어떠한 채널을 통해, ④ 누구에게, ⑤ 어떤 효과를 획득했는가?라는 질

그림 10-4 오스굿과 쉬람의 순환적 모형

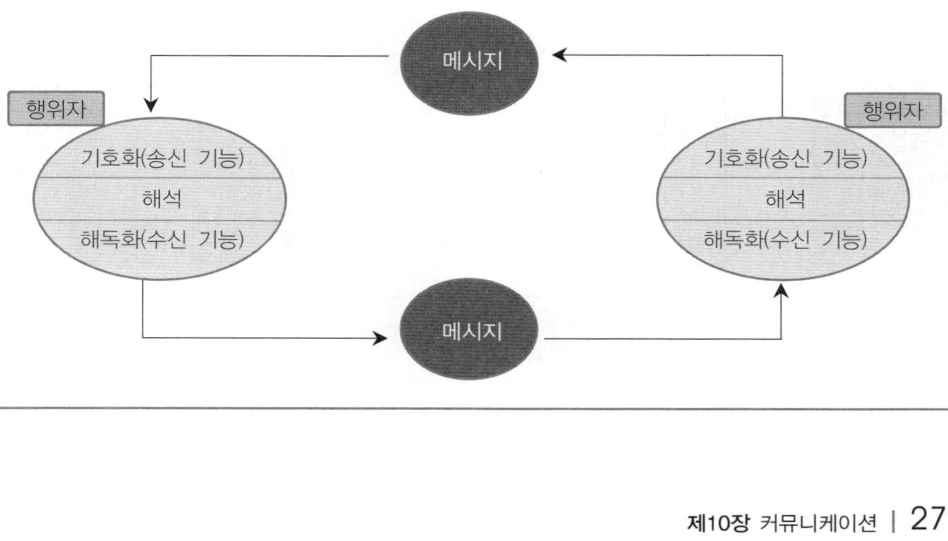

그림 10-5 라스웰의 커뮤니케이션 행위 공식

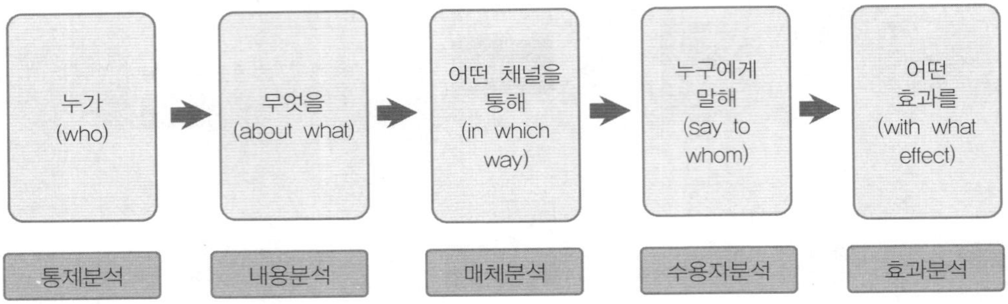

문 형식으로 제시한 뒤, 커뮤니케이션 요소들을 단계별로 기술한 모형(formula)과 함께 각 단계별 요소에 대한 분석방법을 제시한 바 있다(Lasswell, 1956).

또한 벌로(D. K. Berlo)는 커뮤니케이션 과정은 송신자(Sender or Source), 전달 내용(Message), 통신 수단(Channel), 수신자(Receiver)라는 네 가지 요소로 구성되어 있다며 S－M－C－R 모형을 제시한 바 있다. 다시 말해, 송신자(전달자)로부터 전달 내용이 통신 수단인 채널을 통해서 수신자에게 전달된다는 것이다. 그렇다고 송신자로부터 수신자에게로의 일방적 방식이 아니라 송신자와 수신자 간의 쌍방향적인 방식을 취한다고 하였다(Berlo, 1960).

그림 10-6 벌로의 S-M-C-R 모형

3. 효율적 커뮤니케이션의 단계별 요건 및 일반 원칙

1) 단계별 요건

효율적 커뮤니케이션을 위해서는 최소한 다음의 기본 요건부터 충족시켜야 할 것이다. 이러한 기본 요건이라도 충족시키게 되면 커뮤니케이션상에 나타나게 되는 장애의 상당 부분을 자연스럽게 예방 또는 극복할 수 있을 것이다.

첫째, 전달할 메시지 내용의 명확화와 함께 커뮤니케이션의 목적을 명확히 하는 것이 중요하다. 커뮤니케이션의 목적은 대개 정보 획득, 행동 (실시) 요구, 또는 태도 변경 등으로 나누어질 수 있다.

둘째, 메시지를 전할 대상이 누구인가를 분명히 파악하고 있어야 한다. 이때 메시지 수용자는 물론 그로 인해 직·간접적인 영향을 받게 될 대상들에 대한 식별과 함께 그들이 보일 것으로 예상되는 반응들에 대해서도 체계적인 파악이 이루어져야 한다.

셋째, 커뮤니케이션의 목적이 분명해졌고, 피전달자의 식별 및 그들의 반응 등이 파악되었다면, 그것들을 감안하여 전달하고자 하는 메시지의 내용과 방향은 물론 분량 등이 정해져야 하며, 커뮤니케이션의 (전달) 방식이나 채널, 매체 등에 대한 선택도 이루어져야 한다. 특히, 커뮤니케이션의 전달 방식을 결정할 때, 기억해야 할 몇 가지 사실들을 제시하면 다음과 같다. ① 공개적이고 자유스러운 정보의 흐름, 즉 개방적 커뮤니케이션이 제한된 커뮤니케이션보다 신뢰 형성이 용이하고, 높은 수준의 상호 이해와 관계를 형성할 수 있다. 따라서 진실성과 공개성이 보장될 수 있는 분위기의 조성과 효과적인 피드백 실시가 그 무엇보다 중요하다. ② 커뮤니케이션 참여자들 간의 협동정신, 신뢰, 감정이입, 사회심리적 거리감 등의 수준에 대해서도 고려하여 선택해야 한다. ③ 가급적 피전달자의 관심을 유발시킬 수 있는 전달 매체를 선택하고, 전달 방식으로는 실제 사례를 활용한 스토리텔링 기법을 적극 활용한다.

2) 일반 원칙

레드필드(C. E. Redfield)가 제시한 일반 원칙을 토대로 하여 효과적인 커뮤니케이션이 되기 위해서 취해야 할 주요 원칙들을 소개하면 다음과 같다(Redfield, 1958).

(1) 명료성(clarity)의 원칙

커뮤니케이션의 효과성 여부는 전달자의 의도를 피전달자가 어느 정도 정확하게 파악하느냐에 달려 있다. 따라서 성공적인 커뮤니케이션을 위해서는 수용자가 이해하기 쉽도록 간결한 문장과 평이한 용어를 사용함은 물론 메시지의 내용이 일정한 구조를 갖추고 있어야 하며, 과도한 권위적 용어나 정확성을 결여한 어구의 사용 등은 자제하여야 한다. 또한 모호함으로 인한 왜곡 등의 장애를 피하기 위해서는 질문과 전달(주장)의 조화로운 사용을 기해야 한다.

(2) 일관성(consistency)의 원칙

최초의 전달 내용과 그 이후의 전달 내용이 서로 모순되어서는 곤란하다. 또한 상위 차원의 내용과 하위 차원의 내용도 논리적으로 부합되어야 하는데, 이는 상위 목표와 하위 목표 간에는 일관성이 있어야 하는 것과 같은 이치이다. 이와 함께 평소 언행을 일치시켜 신뢰성과 책임감을 바탕으로 한 일관성 있는 커뮤니케이션이 이루어져야 한다는 내용도 여기에 포함시켜도 무방하다. 다시 말해, 한 번 전달된 메시지 내용에 대해서는 반드시 후속적인 조치나 실제적 행동이 뒤따라야 한다는 의미이다.

(3) 적기적시성(timing and timeliness)의 원칙

커뮤니케이션은 그 전달 내용이나 대상, 방식 또는 상황 등에 따라 행해져야 할 적합한 시기가 달라진다. 예를 들어, 공개적으로 이루어져야 할 내용인지 아니면 사적으로 이루어져야 할 내용인지에 따라 커뮤니케이션의 적합한 시기가 달라지며, 이때 당시의 조직 분위기나 구성원 개인의 기분 상태 등도 함께 감안되어야 한다.

(4) 분포성(distribution)의 원칙

메시지를 전달받아야 할 대상이 누구인지를 정확히 파악한 뒤, 이들 전부에게 빠짐없이 전달되어야 한다. 이처럼 피전달자가 파악·확정되어야만 그에 적합한 전달 매체도 선택할 수가 있다.

(5) 적당성(adequacy)의 원칙

커뮤니케이션에서는 피전달자의 수용 또는 이해 능력이나 상황 등을 고려된 적당량이 전달되어야 하는데, 그 양이 과도하거나 과소하다면 효과적인 커뮤니케이션이 이루어질 수가 없다.

(6) 적응성(adaptability)과 통일성(uniformity)의 원칙

적응성이란 커뮤니케이션의 융통성, 개별성, 현실 합치성 등을 말하며, 통일성이란 전달 대상자 모두에게 동일한 내용이 전달되어야 함을 말한다.

(7) 관심(interest)과 수용(acceptance)의 원칙

피전달자는 자신의 관심에 부합하는 메시지에만 반응을 보이며, 그 내용을 수용할 의지가 있을 때 비로소 커뮤니케이션의 효과는 발휘되기 시작한다. 따라서 전달자는 평소 피전달자의 관심과 의견을 파악해 두려는 관심을 가져야 하며, 그래야만 공감 및 경청, 참여를 통한 관심(caring)어린 관계를 형성할 수 있다.

사례 10-1 조직 내 비공식 커뮤니케이션 수단으로서 카카오톡의 업무성과에 대한 영향

인간은 각종 상징(symbol)들을 만들어 사용하면서 자신의 생각이나 경험, 그리고 감정 등을 타인에게 전달할 수 있는 능력을 가지고 태어났다. 이러한 능력을 바탕으로 인간들은 다른 사람들과 수많은 상호작용을 끊임없이 하면서 살아가고 있는데, 이러한 상호작용의 대부분이 커뮤니케이션에 해당된다. 조직 차원에서도 구성원들 간의 커뮤니케이션을 바탕으로 의사결정을 비롯한 거의 모든 조직적 과정(organizational process)들이 이루어지고 있다. 이러한 커뮤니케이션의 내용은 물론 방식 및 수단들은 조직의 활동 범위와 구조는 물론 구성원의 각종 행태에 영향을 미치고는 조직의 효과성을 좌우하는 중요한 요소이다. 이러한 커뮤니케이션에 대해 다음 사례를 통해 살펴보자.

개인 간 온라인 커뮤니케이션을 위해 개발된 카카오톡은 많은 사람들이 만족스럽게 사용하는 우리나라를 대표하는 커뮤니케이션 앱으로 알려져 있다. 또한 카카오톡은 일상생활에서 뿐만 아니라 업무를 위해 조직구성원들 간의 커뮤니케이션 매체로서도 많이 활용되고 있다. 이와 같이 일상생활과 업무에서 인기있는 카카오톡에 대해 이종만(2013)은 카카오톡이라는 비공식 온라인 커뮤니케이션 수단이 업무성과에 어떤 영향을 미치는가에 대해서 연구하였다. 연구의 대상은 서울, 경기, 충청 등 중부지방에 위치한 직장을 다니고 있는 카카오톡을 사용하는 직장인들이었으며, 보다 구체적인 효과를 분석하기 위해 응답자의 성별, 업무의 상호의존도, 커뮤니케이션 대상(조직 내부인과의 카카오톡/조직 외부인과의 카카오톡) 등을 구분하여 검증을 하였다. 또한 온라인 수단인 카카오톡과의 비교를 위해 오프라인 커뮤니케이션인 직원들 간의 티타임(휴식시간)이 업무성과에 미치는 영향을 함께 분석하였다.

주요 분석 결과를 보면, 전체 응답자를 기준으로 하였을 때 조직 내부인과의 카카오톡 사용은 업무성과에 긍정적 영향을 미치는 것으로 나타났다. 반면 조직 외부인과의 카카오톡 사용은 오히려 업무성과를 저하시키는 것으로 나타났다. 성별에 따른 차이를 보면 남성의 경우 조직 내부인과의 카카오톡 사용은 업무성과를 높이고, 조직 외부인과의 카카오톡 사용은 성과를 낮추는 것으로 분석되었다. 이와 달리 여성의 경우 조직 내부인과의 카카오톡 사용은 업무성과에 아무런 영향을 주지 않았으며, 조직 외부인과의 카카오톡 사용은 부정적 영향을 주는 것으로 나타났다. 업무의 상호의존도에 따른 차이를 보면, 상호의존도가 높은 업무의 경우 조직 내부인과의 카카오톡 사용이 업무성과에 도움이 되지 못하며, 조직 외부인과의 카카오톡 사용은 업무성과를 떨어뜨리는 것으로 나타났다. 반면 상호의존도가 낮은 업무의 경우에는 조직 내부인과의 카카오톡 사용은 업무성과에 긍정적 영향을 미치며, 조직 외부인과의 카카오톡 사용은 매우 부정적인 영향을 미치는 것으로 분석되었다. 반면 오프라인 채널인 휴식시간 또는 티타임을 활용한 커뮤니케이션은 업무성과를 증대시키는 것으로 나타났으나, 여성 응답자와 상호의존도가 낮은 업무에서는 유의한 영향을 주지 못하는 것으로 분석되었다.

출처: 이종만(2013)

사례 10-2 퇴근 후 업무 커뮤니케이션, 그 끝은 보람 파괴와 업무 집중도 하락

기업 코칭·컨설팅 전문회사 마우이 마스터마인드(Maui Mastermind)의 최고경영자(CEO)인 데이비드 핀켈(D. Finckel)은 분명하게 “사장이나 팀장은 퇴근한 직원들에게 이메일·메시지 등을 보내지 말라”고 강조한다. 그는 지난 1일 경영전문 매거진 『*Inc.*』에 ‘Here’s Why You Shouldn’t Email Your Employees Tonight’란 기고문을 통해 퇴근 이후나 휴일에 상사가 보내는 이메일·메시지만큼 직원들의 보람과 업무 집중력을 떨어뜨리는 행위는 없다고 경고했다. 그에 따르면, 경영진과 직원 모두 사무실 조명을 강제로 소등한 뒤에도 여전히 이메일과 문자 등 메시징 수단을 쓸 수 있었다. 이런 문화는 사람들로 하여금 매주 평일 야간의 3~5시간 가량을 이메일과 카카오톡 메시지를 보내는 일에 낭비하도록 만들어서 비효율적일 뿐만 아니라 높은 이직률, 번아웃, 근무 이탈 등 더 많은 문제를 야기한다. 부작용은 직원 주변에도 전파된다. 직원의 가족들은 직원에게 "가족에게 더 많은 시간을 투자하라"며 분노를 쏟아내게 된다. 직원들은 항상 일에 매달린 상황에서 그들의 거래처 사람들에게 윗사람들에 대한 욕을 서슴지 않을 것이다. 그 어떤 경영자나 팀장도 이를 원하진 않을 것이다.

핀켈은 "대부분의 경영자들이 처음부터 '24시간 비상 대기'(항상 켜두기) 기업문화를 만들려던 것은 아니었다. 그저 어느 순간 발생한 것"이라고 말했다. 핀켈은 10년 전 여성 CEO가 이끄는 회사와 자신의 회사를 합병한 사례를 소개한다. 그는 "내 동업자는 유능하고 추진력도 있었지만 스스로에 대한 불안감으로 기업문화에 악영향을 미쳤다"며 "그녀는 꼭두새벽까지도 이메일을 1~2번은 꼭 보내 함께 일하던 직원들이 답장을 보내오게 만들었다"고 지적했다. 이는 핀켈이 파견한 직원에게도 영향을 미쳐 핀켈 자신의 팀마저도 같은 함정에 빠져들게 된다. 회사의 공식 정책이 바뀐 적은 없지만 기업문화가 어느 순간 바뀌었다. 핀켈의 고객 중 한 명인 안드레아는 미국 서부 지역의 3분의 1에 달하는 영역 내 소매점 매출을 관리하는 사람이다. 그녀는 핀켈에게 "결정적으로 중요한 그 무언가를 놓칠까봐 두려운 마음에 밤늦게 이메일을 주고받게 된다"고 말한다. 핀켈이 그녀에게 수신한 이메일 중 몇 개가 업무상 필수적인 메일에 속하는지 묻자 그녀는 "5,000개 중 한 개꼴"이라고 답했다. 이는 전체 이메일의 0.0002%에 해당하는 수치다. 해당 수치를 보자 안드레아는 지금까지 자신이 항상 이메일을 밤낮으로 쓴 이유가 단지 5,000개 중 한 개의 이메일에 답하기 위해서라는 것을 깨달았다. 마침내 그녀는 스스로 변화가 필요하다는 사실을 깨달았다.

출처: 매일경제(2018.2.5)

제 3 절 조직 커뮤니케이션의 유형

조직 커뮤니케이션과 개인 차원의 커뮤니케이션은 기본 과정이나 (효율화) 원칙에 있어서는 다를 바 없으나, 다만 전자의 경우 조직구조라는 사전에 정해진 커뮤니케이션 통로가 있다는 점에서 차이가 난다. 이러한 조직 커뮤니케이션은 전달 경로 및 방향, 전달 대상 및 목적, 수단(매체) 등의 기준에 따라 다양하게 유형화시킬 수 있겠으나, 통상적으로는 경로를 기준으로 공식적 및 비공식적 커뮤니케이션으로 나

눈 뒤, 공식적 커뮤니케이션은 방향성을 기준으로 하여 하향적, 상향적, 그리고 수평적 커뮤니케이션으로 세분하고 있다.

1. 공식적 커뮤니케이션

공식적 커뮤니케이션이란 조직 내부의 공식적 권한의 연쇄(chain), 즉 공식적 계층제를 통해 공식적으로 인정된 수단을 가지고 정보가 유통되는 것을 말한다. 여기서 공식적으로 인정되었다 함은 조직마다 제도적으로 마련되어 있는 특정한 요건이나 양식을 갖추고 있다는 것을 의미한다.

1) 하향적 커뮤니케이션

하향적(downward) 커뮤니케이션이란 조직의 계층구조를 따라 상관이 부하에게 명령이나 지시, 각종 방침이나 기준 등을 전달하는 것을 말하며, 다른 커뮤니케이션 유형보다 가장 빈번하게 사용되고 있다.

명령이란 특정 문제에 대해 상급자가 하급자에게 작위(doing), 부작위(undoing)를 요구하는 모든 행위를 말하며, 이 같은 명령은 크게 문서명령과 구두명령으로 나눌 수 있으며, 각각 사용에 적합한 경우와 기대효과가 다르다. 일반적으로 문서명령은 다음의 경우에 사용하는 것이 보다 효과적이다. ① 수령자 이외의 여러 사람들에게 전달할 필요가 있을 때, ② 내용이 이해하기 어렵거나 또는 쉽게 잊어버릴 우려가 있을 때, ③ 복잡한 세목 또는 정밀한 숫자가 담겨 있을 때, ④ 일의 진척 상태를 통제하고자 할 때, ⑤ 책임을 명백히 하고자 할 때 등이다.

반면에, 구두명령은 다음의 경우에 사용하는 것이 보다 효과적이다. ① 간단한 지시나 조언을 할 때, ② 긴급을 요할 때, ③ 문서로 행해졌던 명령을 다시 반복할 필요가 있을 때, ④ 수령자가 그 내용을 잘 알고 있을 때, ⑤ 수령자가 충분한 지식, 숙련된 기능을 지니고 있을 때 등이다.[3]

하향적 커뮤니케이션은 위와 같은 명령 외에 조직구성원 전원에게 각종 사실을

---

3) 명령은 아래와 같은 유형으로도 분류할 수 있는데, 각 유형별로 보다 사용하기 적합한 경우나 대상을 소개하면 다음과 같다.

주지시키거나, 그들의 인식이나 지각을 제고시킬 목적으로 여러 방법들을 사용한다. 예를 들면, 비교적 안정성을 지닌 조직의 각종 규정이나 절차 등을 담은 편람(manual)이나 핸드북(handbook)을 제작·배포한다거나, 일시적 또는 긴급한 정보를 제공하기 위하여 게시판, 구내방송, 또는 사내 기관지 등을 활용하기도 한다. 이러한 방법들 역시 각각 활용에 적합한 경우가 다르며, 각 수단의 효과성을 보장하기 위한 전제 조건들도 차이가 난다.

2) 상향적 커뮤니케이션

상향적(upward) 커뮤니케이션이란 하급자가 상급자에게 의사를 전달하는 것으로, 이에는 보고를 위시로 하여 결재(또는 품의) 제도 등이 포함된다. 먼저 보고는 내용(사업보고, 인사보고, 경리보고 등), 목적(실적보고, 계획보고, 정보보고 등), 수단(구두보고, 문서보고 등), 기간(일보, 주보, 구보, 월보, 연보 등)과 같은 다양한 기준들로 분류되는데, 이러한 보고 없이는 상사의 의사결정이나 명령 또는 조직활동에 필요한 제반 조치들이 적절하게 이루어질 수 없다. 이어서 결재제도란 기본적으론 집권적 형태의 의사결정 방식을 택하고 있으면서, 업무를 분산·실행할 때 채택하는 제도를 말한다. 또한 결재의 한 유형인 품의제도란 하위자가 상위자에게 또는 하부기관이 상부기관에게 문서를 통해 그 의향을 묻고 사안의 처리에 관한 허가를 얻어내는 절차를 말한다. 이 밖에 개인적 고충이나 인사 관련 상담, 이미 마련되어 있는 절차에 따른 제안이나 건의를 비롯한 각종의 여론조사 등도 인간관계의 관리를 목적으로 한 상향적 커뮤니케이션에 속한다고 할 수 있다.

	적합한 경우	적합한 대상
지휘형	긴급을 요하는 경우	태만한 부하 규칙·절차를 무시하는 부하
의뢰형	협력이 필요할 경우 더 많은 성과를 올리고자 할 경우	신경질적이거나 그 일에 흥미를 가진 부하 나이가 많은 부하나 동료, 또는 신임자
암시형	창의성을 유도하고자 할 경우	책임감이 강하거나, 그 일에 숙달한 부하
자원유발형	재해나 위험의 염려가 있는 일 담당 업무와 관련이 없는 일 흥미가 없는 일 등을 시킬 때 부하들 중에 숙련자가 없을 경우	희생의식이 강한 자 도전적인 성향을 지닌 자 등

이 같은 커뮤니케이션은 조직에서 상하급자 간에 쌍방적 커뮤니케이션을 가능하게 하고, 상의하달의 오류를 시정하는 장점이 있는 반면, 상급자로부터의 질책을 우려하거나 그들의 감정을 과도하게 의식한 나머지 일부 긍정적인 정보들은 확대되고, 부정적 정보들의 상당량은 걸러지는, 일명 여과 효과(filtering effect)에 의해 그 객관성이 훼손될 가능성이 크다는 단점이 있다(Thompson, 1967: 125). 특히, 품의제도는 하급자에게로의 책임전가 내지는 그들에 대한 통제 수단으로 사용될 우려도 있다. 따라서 이러한 방식의 커뮤니케이션이 계층제적 구조 하에서 효과적으로 작동하려면 제안제도 및 상담제도가 이상적으로 마련되어 있어야 함은 물론 고충처리제도, 옴부즈맨제도 등도 도입·운영되어야 하며, 구성원들에게 각종 의사결정에의 참여 기회가 허용되어 있어야 한다.

3) 수평적 커뮤니케이션

수평적(lateral or cross) 커뮤니케이션이란 동일한 수준에 있는 개인 또는 집단 간에 이루어지는 상호작용적 의사전달 방식[4]을 말하며, 이에는 사전협조제도, 사후통지제도, 그리고 회의제도 등이 있다. 먼저 사전협조제도란 특정 관리자가 협조전 등을 통해 어떤 문제의 처리 이전에 그 문제와 관련된 다른 관리자들의 의견을 확인하고 필요한 정보를 수집하는 것을 말한다. 이어서 사후통지제도란 특정 결정이나 실행이 이루어진 뒤 관계자들에게 통지하고 주지시키려는 통보 또는 회람제도를 말한다. 마지막으로, 회의제도란 관계자들이 한곳에 모여 의견을 직접 구두로 전달 또는 교환하는 것을 말한다. 특히, 어떤 문제가 조직의 여러 부서와 관련되어 있는 경우, 실무자들이 별도의 조직(예: TF 팀, 위원회)을 구성하여 공동으로 논의한다면 수평적 커뮤니케이션을 더욱 촉진시킬 수 있다.

이상의 측면들을 고려할 때, 권위적 성향을 띠고 있을 가능성이 높은 하향적 커뮤니케이션에 있어서의 메시지에 비해, 수평적 커뮤니케이션에서 주로 사용되는 메시

4) 일부 학자들은 수평적 커뮤니케이션과 상호작용적(interactive) 커뮤니케이션을 개념적으로 구분해 사용하기도 한다. 다시 말해, 수평적 커뮤니케이션은 특정 조직이나 집단 내에서 벌어지는 동일 수준 구성원들 간의 커뮤니케이션이며, 상호작용적 커뮤니케이션은 조직(집단)과 조직(집단)이 대등한 관계에서 행하는 커뮤니케이션이라고 한정한다는 것이다. 이 두 가지 커뮤니케이션 유형 모두가 수직적 커뮤니케이션의 한계점을 보완해 주지만, (전체) 조직의 규모가 크고 복잡하며 변동이 극심할 경우일수록 상호작용적 커뮤니케이션이 더욱 효과적이라고 하겠다.

지는 협력적인 성향을 띄는 동시에 왜곡의 가능성은 크게 낮다는 특성을 지닌다.

이 같은 수평적 커뮤니케이션의 중요성은 최근에 오면서 더욱 부각되고 있는데, 그 이유는 개인 또는 집단들 간의 갈등을 완화하고, 과업의 수행이나 문제해결에 협력을 해야만 조직의 목표달성도 가능함은 물론 사회적 지지(social support)도 확보할 수 있다는 인식이 높아졌기 때문이다. 그럼에도 불구하고 대규모의 조직일수록, 구성원 개인들 간에 경쟁의식이 높게 형성되어 있고, 부서들 간에는 부서이기주의 또는 할거주의가 팽배해 있을 가능성이 크므로 수평적 커뮤니케이션이 원활하게 이루어지기 위한 다각적인 노력이 필요하다.

그림 10-7 공식적 커뮤니케이션의 유형

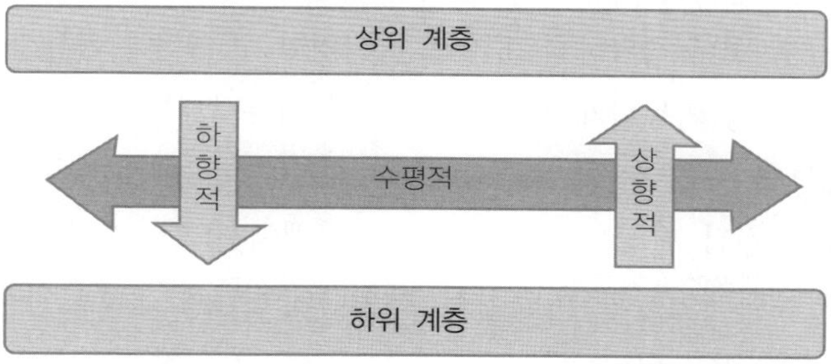

2. 비공식적 커뮤니케이션

커뮤니케이션이란 인간의 가장 기본적 욕구 중에 하나이므로, 조직에서 공식적으로 정해진 통로나 방법만으로 이루어지지 않는다. 다시 말해, 구성원들은 조직에서 공식적으로 부여한 역할과 임무에서 벗어나, 지연·혈연·학연을 위시로 한 각종의 인연이나 신뢰의 수준 등에 따라 형성된 자생적 통로에 의해 커뮤니케이션이 이루어지는데, 이를 비공식적 커뮤니케이션이라고 일컫는다. 한마디로 조직 내 비공식 커뮤니케이션 통로를 따라 확인되지 않은 소문(또는 풍문)이 퍼져 나가는 현상을 의미한다.

이 같은 유형의 커뮤니케이션은 전달 과정에 있어 왜곡 가능성이 높다는 등의 부정적인 측면 때문에 관련 학자들이나 실무자들로부터 외면을 받아 왔었다. 그러나 소문이나 풍문과 같은 비공식적 커뮤니케이션은 조직사회에 있어서도 필연적이며 자연스러운 현상이라는 사실과 함께 다음과 같은 점들을 인식해야 한다. 첫째, 비공식적 커뮤니케이션은 공식적 커뮤니케이션, 특히 하향적 커뮤니케이션에 문제가 있을 때 생겨난다. 즉, 조직이 구성원들에게 필요한 정보를 적시에 제공하지 않거나, 조직의 분위기가 강압적인 경우에는 소문이나 풍문이 생겨날 가능성이 커진다는 것이다. 둘째, 비공식적 커뮤니케이션은 공식적 커뮤니케이션을 방해하기도 하지만, 종종 보완하는 기능도 수행한다(Downs, 1967: 113－114). 따라서 조직관리자는 비공식적 커뮤니케이션의 역기능을 최대한 억제하는 반면, 비공식적 커뮤니케이션이 지니고 있는 (잠재적) 장점들을 살려 나갈 수 있는 효과적 관리방안을 마련해야 할 것이다. 비공식적 커뮤니케이션은 공식적 커뮤니케이션보다 높은 신속성과 융통성을 지니고 때로는 정확성마저 지닐 수도 있다는 장점과 함께 구성원들의 다양한 감정이나 심리적인 욕구를 보다 정확하게 표현 또는 반영할 수 있다는 가능성을 지니고 있다.

참고적으로 공식적 커뮤니케이션과 비공식적 커뮤니케이션의 상대적 장단점들을 간략히 정리해 보면 <표 10－1>과 같다. <표 10－1>에서 알 수 있듯이, 공식적 커뮤니케이션의 장점과 단점은 비공식적 커뮤니케이션의 단점과 장점이 된다는 점에서 공식적 커뮤니케이션과 비공식적 커뮤니케이션은 상호보완적 관계에 있음

표 10-1 공식적 · 비공식적 커뮤니케이션의 상대적 장단점

공식적 커뮤니케이션	장점	상관의 권위를 유지 · 향상시키는 데 도움 의사전달이 확실하고 편리함 객관적인 의사전달이 가능 … 피전달자에게 정확성과 기대감 제공 전달자와 피전달자가 명확하기 때문에 책임 소재가 분명 정보를 사전에 확보하여 의사결정에의 활용이 용이
	단점	융통성이 없고 형식적으로 흐리기 쉬움 … 설득력이 낮음 배경에 대한 설명이 곤란 복잡하고 다양한 인간의 의사를 너무 단순하게 표현하는 경향 의사전달이 느리기 때문에 새로운 환경변화에 즉각적 대처가 어려움
비공식적 커뮤니케이션	장점	부하 직원들의 동태 파악 용이 부하 직원의 정서적 긴장 해소 딱딱한 명령이나 지시를 인간적이고 부드럽게 전환 가능 공식적 커뮤니케이션 체계가 제공하지 못한 유익한 정보 전달
	단점	왜곡된 사실들의 유포 가능성 … 구성원들의 불만 또는 불안 자극 책임 소재 불분명

이 다시 확인된다.

제 4 절 커뮤니케이션의 장애요인과 극복방안

1. 장애의 의미와 유형

송신자의 메시지가 채널을 통해 수신자에게로 전달되는 과정에는 여러 가지 원인으로 다양한 유형의 장애(noise, 때론 잡음 또는 소음)가 발생된다. 커뮤니케이션상에서 발생되는 장애란 전달자의 메시지가 피전달자에 전달되는 과정을 거치면서 메시지의 내용은 물론 전달자의 의도 등이 온전히 전달되지 못하는 경우, 즉 커뮤니케이션의 효과성이나 정확성이 떨어지는 경유를 의미한다.

이 같은 장애에는 왜곡(distortion),[5] 생략(omission), 과부하(overload) 등이 있다. 먼저 왜곡이란 전달받은 메시지의 의미와 내용을 변화시키는 것으로서 레벨링(leveling), 샤프닝(sharpening), 동화(assimilation) 등으로 세분할 수 있다. 레벨링이란 메시지에 포함된 몇 가지 뚜렷한 쟁점들을 흐려놓는 것을 의미하며, 샤프닝이란 메시지의 내용 중 특정 부분만을 부각시키는 것을 말하고, 마지막으로 동화란 메시지의 내용에 자기의 생각을 가급적 많이 반영시켜 표현하려는 경향을 말한다(이종화, 1987: 203). 이어서 생략 또는 누락이란 전달되어야 하는 메시지의 일부 내용이 고의적으로, 구조적으로, 또는 단순 실수에 의하여 생략된 채, 나머지 내용들만 수신자에게 전달되는 현상을 말한다. 마지막으로, 과부하란 메시지 처리 용량의 한계를 넘어선 많은 메시지들이 유입되는 상황을 말하는데, 그 결과 처리해야 할 중요한 문제들을 놓치거나, 처리 시기의 지연 등의 문제를 일으켜 의사결정을 합리적으로 할 수 없게 되는 경우를 말한다.

---

5) 이를 피하기 위해 반복(repetition)을 하거나 수신 상태를 확인하는 등의 조치를 취한다. 여기에서 반복이란 메시지의 형태를 달리하거나, 시차를 두고, 또는 통로를 달리하여 재차 전달함으로써 생략과 왜곡의 가능성을 축소하려는 노력을 말한다. 또한 수신자의 과부하(overload)를 일으켜 소기의 목적을 달성하지 못할 우려가 있는 경우에도 반복은 효과적이라고 하겠다.

2. 장애요인

장애의 원인은 커뮤니케이션의 구성 요소인 전달자, 피전달자(수용자), 수단(매체), 전달 경로, 상황 등에서 찾을 수 있는데, 이들 요인들은 때론 단독으로, 때론 복합적으로 작용하여 장애를 일으키곤 한다. 이제부터 다양한 장애요인들을 전달자와 피전달자에 관련된 요인, 전달 통로 및 수단(매체)에 의한 요인, 그리고 상황에 의한 요인으로 나누어 유형화한 뒤, 각각에 대해 보다 구체적으로 살펴보기로 하자.

1) 전달자와 피전달자에 관련된 요인

전달자와 피전달자와 관련된 요인들은 무척이나 다양하나, 그 가운데 대표적인 것들을 중심으로 살펴보자.

첫째, 오랜 세월을 거치면서 서로 다른 환경과 경험을 통해 형성되어온 커뮤니케이션 참여자들의 가치관이나 태도, 성격 등의 차이는 정상적 커뮤니케이션을 저해하는 주요 원인들이다. 일반적으로 사람들은 자신의 기존 생각 · 신념 · 가치관에 부합되는 메시지만을 받아들이려는 성향을 보인다(Roberts, 1971: 368－371).[6] 또한 전달자에 의해 동일한 내용이 전달되더라도, 피전달자의 당시의 심정 상태 등에 따라 다르게 수용되기도 한다. 이런 점에서, 커뮤니케이션에 있어서 참여자의 가치체계나 감정 상태는 메시지의 논리 이상으로 중요하다.

둘째, 커뮤니케이션에 참여하는 사람들은 자신의 이해관계 여하에 따라 관심과 주의력 등에서 많은 차이를 보이게 된다. 또한 조직 전체의 이익과 목표달성보다는 구성원 개인의 욕구 충족에 치중하다보면 메시지(또는 정보)의 왜곡 현상이 생기게 된다.

6) 일반적으로 사람들은 자신의 '가치관에 맞지 않은 메시지'는 합리적 논리를 갖추지 못한 메시지보다 더 큰 저항을 보이는 경향이 있다. 또한 자신의 욕구를 충족시켜 주는 메시지를 그렇지 않은 메시지보다 쉽게 받아들이는 경향을 보인다. 조금 오래된 실험이기는 하나, 레윈과 머피(Lewin & Murphy)에 따르면, 친(親)공산주의자들과 반(反)공산주의자들을 분리해 선발한 뒤, 공산주의를 신랄하게 비판하는 문장을 나누어준 뒤, 이에 대한 암기 속도와 정확도를 비교했더니, 반(反)공산주의자들이 친(親)공산주의자들보다 빠르고, 정확하게 암기했을 뿐 아니라 더 오래 기억하고 있었다고 하였다. 이처럼 사람들은 자신의 신념이나 태도에 부합되는 내용에 대해서는 빠르고 정확하게 수용하지만, 그들에 배치되는 내용에 대해서는 좀처럼 수용하려들지 않는다는 것이다.

셋째, 전달자와 피전달자 간에 지위, 역할 또는 권력의 차이가 크면 클수록 커뮤니케이션상에서 장애가 발생될 가능성이 커진다. 대개의 상관들은 지위가 낮은 부하의 보고나 제안을, 그 진위 여부와 상관없이, 무시하려는 경향을 보이며 또는 지위가 낮은 부하들에게는 정보제공을 의식적으로 제한하려는 경향도 보인다. 또한 부하들은 상급자에게 상급자의 잘못 지적은 물론 자신의 의견이나 합당한 요구마저 제대로 하지 못하는 경우가 종종 있다(Wilensky, 1972: 42－48).

넷째, 전달자와 피전달자 간에 능력[7]을 비롯해 교육, 지식, 경험, 보유하고 있는 정보의 양과 질 등의 차이에 따라 메시지 내용에 관련된 현상을 이해하고 해석함에 있어 커다란 차이를 보이기도 한다.

다섯째, 선택적 지각(selective perception), 상동적 태도(stereotyping), 후광 효과(halo effect), 투사(projection) 등과 같은 지각오류에 의해서도 전달되는 메시지의 내용이 왜곡될 수 있다. 이 가운데 선택적 지각이란 개인의 관심이나 이해가 이미 특정 방향을 지향하고 있을 때, 그것과 일치하는 메시지에 대한 수용 정도는 높지만, 그렇지 않은 메시지 내용에 대해서는 쉽사리 주의력이 기우려지지 않는 현상을 말한다. 또한 투사란 전달된 메시지의 내용을 수용·해석하는 과정에서 자신도 모르는 사이에 자신의 감정을 투영시킴으로써 전달자의 의도를 왜곡시키게 되는 경우를 말한다. 예를 들어, 자신의 행위 결과에 대해 크게 낙담하고 있는 사람은 평소 경쟁 상대였던 전달자의 진심어린 위로를 순수하게 받아들이지 않고, 오히려 조롱하는 말로 수용할 수도 있다는 것이다.

여섯째, 전달자가 비밀 유지 또는 자기 방어(예: 실수나 능력 부족의 사실 은폐) 등의 의도를 가지고 전달하고자 하는 메시지의 내용을 의식적으로 은폐 또는 가공하는 경우도 종종 나타나곤 한다. 자신에게 불리하거나 남에게 유리한 정보는 일부러 못 들은 척하거나, 감추기도 하고, 때론 과장 또는 허위 정보를 만들어 전달하기도 한다. 심지어 현안 문제의 해결방법을 알고 있으면서도 향후 벌어질지도 모르는 책임문제나 추가적 업무 부담 등을 우려해, 때로는 상관이나 동료를 곤경에 빠뜨리기 위해 커뮤니케이션을 하지 않는 경우도 있다.

일곱째, 피전달자가 전달자에 대해 불신이나 편견 또는 선입견 등을 가지고 있는

7) 능력이란 전달자의 메시지 명확화 능력 및 전달 능력과 피전달자의 이해력이나 환류 능력 등을 말한다.

경우에도, 커뮤니케이션에는 장애가 발생되곤 한다. 특히, 전달자에 대한 신뢰성은 전달하고자 하는 메시지의 신뢰성과 직결되는 경우가 많다.[8)]

이 밖에 전달자가 커뮤니케이션의 목적을 분명하게 파악하지 못하고 있거나 커뮤니케이션의 기술을 충분하게 보유하고 있지 못한 경우에도 커뮤니케이션 장애를 일으킬 수 있다.

2) 전달 통로 및 수단(매체)에 의한 요인

커뮤니케이션의 전달 통로 및 수단에 의한 장애들도 빈번히 발생되곤 하는데, 대표적인 관련 요인들을 살펴보면 다음과 같다.

첫째, 의사결정의 권한이나 정보가 특정 계층이나 특정 부서에 집중되어 있는 집권화 현상이 보이는 경우, 커뮤니케이션의 장애가 발생되기 쉽다. 예를 들어, 소수의 구성원, 특히 상관들이 보유하고 있는 한정된 양의 정보만을 가지고 판단하기 때문에 현실을 제대로 파악하지 못할 가능성이 크다. 다른 한편으로는 각종의 정보들이 상부에 집중됨으로써 업무에 과부하가 생겨 정보처리 및 의사결정이 지연되는 경우도 발생되기도 한다.

둘째, 조직의 규모가 크면 클수록, 조직 내부가 지나치게 전문화되어 있을수록, 또는 조직의 계층구조가 과도하게 세분화되어 있을 경우에는 부서 간 비협조나 비밀주의, 즉 할거주의가 성행하게 되고, 전문주의에 의한 편견이 만연하게 된다. 이럴 경우 정보가 왜곡되거나 커뮤니케이션이 단절 또는 지연되는 등 다양한 장애가 발생되곤 한다.

셋째, 효율적인 조정 및 통제가 불가능할 정도로 많은 하위 부서들에 지나치게 권한이 분산되어 있어, 부서들이 경쟁 관계에 놓여 있게 되면 장애가 발생되기 쉽다. 하위 부서들 간의 경쟁이 역기능적으로 작용하여 필요한 협조가 제대로 이루어지지 않아 적시성을 상실하거나 정보가 왜곡되는 등의 문제가 발생될 수 있다.

넷째, 커뮤니케이션의 채널(통로) 자체가 부족할 경우에도 장애가 발생될 가능성

8) 이러한 이유로 정부는 종종 쟁점이 되고 있는 정책의 발표나 사회적 이슈가 되고 있는 문제에 대한 조사에 전문성을 갖추고 있으면서 신망이 높은 외부 인사들을 참여시키고 있다. 또 다른 예로 평소 근로자들의 신망을 받지 못하는 임원이 노사협상단의 일원으로 포함되어 있을 경우, 그 협상은 쉽게 타결되질 못하는 이유도 바로 이 때문이다.

이 높다. 또한 전달하고자 하는 메시지의 내용이나 피전달자의 수나 능력, 성향 등을 감안하지 않은 매체가 선택되었을 때도 장애가 발생하기 쉽다.

다섯째, 부정확한 언어나 고도의 전문용어들이 자주 등장한다던지, 외래어나 심한 사투리를 자주 사용할 경우, 커뮤니케이션에 장애가 생기는 것은 쉽게 예상할 수 있다. 또한 전달자와 피전달자 간의 언어 사용 습관 차이는 전달자가 의도했던 의미와는 다르게 수용될 것이다.

3) 상황에 의한 요인

첫째, 시간이나 시기 또는 장소 등 커뮤니케이션이 이루어지는 당시의 물리적 환경이나 전달자의 행동, 어조, 표정 등에 따라서도 수용되는 메시지의 내용은 다르게 감지될 수가 있다. 또한 피전달자의 부주의나 산만한 태도, 피곤 정도 등도 메시지의 수용 수준에 크게 영향을 미친다.

둘째, 전달자와 수신자 간의 지리적 거리 주요한 장애요인이 될 수 있다. 최근 들어 정보통신 기술의 발달로 물리적 거리라는 개념이 퇴색하고 있지만, 대화와 동작(body language)을 적절히 결합시킬 수 있는 대면적(face to face) 커뮤니케이션보다는 수용의 정확성이 떨어지는 것은 사실이다. 물론 피전달자의 입장과 경험 등에 따라 그 의미를 다르게 해석하여 수용할 가능성도 없지 않다.

셋째, 커뮤니케이션이 이루어지는 당시의 전달자 또는 피전달자의 업무 부담이 과중하거나, 피로 또는 시간적 압박을 느끼고 있는 경우에는 적시성을 상실할 가능성이 크며, 당연히 포함시켜야 할 사람을 커뮤니케이션 채널에서 제외시키는 등의 실수를 범하기 쉽다.

넷째, 환경의 변화가 크고 급할수록 커뮤니케이션에 장애를 일으킬 가능성이 높아진다. 그러한 상황에서는 사람들은 새로운 메시지에 개방적이고 수용적인 태도를 취하는 경향을 보이기 때문이다.

3. 장애 극복방안

1) 왜곡 또는 누락 방지방안

커뮤니케이션의 대표적 장애현상인 왜곡과 누락의 방지를 위해 사용되는 대표적인 방법들을 소개하면 다음과 같다.

첫째, 반복(repetition) 또는 중복(redundancy)의 방법이 있다. 여기에서 반복이란 동일한 메시지를 그대로 또는 형식만을 약간 달리해 같은 채널 또는 다른 채널을 이용해 반복적으로 전달하는 것을 말한다. 이 방법은 처음에는 제대로 이해되지 않았던 정보라도 반복해서 접하다 보면 어느 정도의 학습효과가 생길 것이라는 기대를 갖고 행해진다. 특히, 부하들로부터의 공식적 또는 비공식적 보고 채널을 중복적으로 개발하는 것은 커뮤니케이션 내용의 정확성을 기하기 위한 효과적인 방법이다. 물론 과다한 반복 자체가 또 다른 장애요인이 되기도 하므로 적정 수준의 반복이 시행되어야 한다.

둘째, 전달 경로의 단순화 방법도 있다. 커뮤니케이션 경로나 단계는 가급적 직접적이고 짧을수록 효과적인데, 그 이유는 다음과 같다. ① 공식적 커뮤니케이션은 대개 언어(글 또는 말)를 수단으로 행해지나,[9] 하나의 수단만을 의존해 커뮤니케이션을 할 경우에는 한정된 의미만을 표현할 수밖에 없고, 자주 오해를 불러일으킨다. 다시 말해, 말과 글을 섞어가면서 커뮤니케이션하는 것이 글 또는 말 하나만을 사용하는 경우보다 더 효과적이다. ② 여러 전달 경로를 거치는 동안, 메시지의 일부 내용이 누락되거나 새로운 내용이 부가되기도 한다. ③ 대개 전달 경로가 길면 길수록 전달의 속도는 늦어진다. 따라서 계층의 수를 줄여 평면(flat) 조직화하거나, 이메일

9) 참고적으로 커뮤니케이션의 유형은 언어적 커뮤니케이션과 비언어적 커뮤니케이션으로 구분할 수도 있다. 전자는 말과 글, 즉 언어를 수단으로 커뮤니케이션이 이루어지는 것을 말하며, 후자는 언어가 아닌 목소리의 크기와 강약, 음색, 표정과 눈동자의 움직임, 신체적 언어 또는 신체의 움직임과 다른 사람과의 거리 및 접촉, 의복 선택, 습관적이고 문화적인 제스처 등을 이용하여 의미를 전달하고 파악하는 것을 말한다. 이러한 의의를 가진 비언어적 커뮤니케이션의 특성을 살펴보면 다음과 같다. ① 일상적으로 존재하는 현상으로, 사람들은 상대방의 기분이나 상태를 표정이나 행동, 몸짓을 통해서 알 수 있다. ② 사용하지 않으려고 해도, 않을 수가 없다. ③ 문화나 환경에 따라 달리 해석된다. ④ 상황에 따라서는 언어적 메시지가 모호하여 잘못 이해할 수도 있으며, 이로 인하여 갈등이나 다툼이 유발될 가능성이 존재한다. ⑤ 비언어적 메시지는 무의식적으로 진실을 표시하나, 그 영향력은 무시할 수 없을 정도로 크다.

(e－mail)이나 팩스 등의 기기를 사용하거나, 건의함 등의 설치를 통해 중간 단계는 가급적 최소화하여야 한다. 그렇다고 해서 제도적으로 규정되어 있는 경로들을 정당한 이유 없이 건너뛰어 책임의 소재를 모호하게 만들거나, 해당 직위 담당자의 권한이나 위신을 훼손시켜서는 곤란하다. 이 같은 전달 경로의 단순화 방법 이외에 커뮤니케이션 장애를 극복하려면 반드시 지켜져야 할 전달 경로에 관련된 원칙이 있다. 그것은 바로 커뮤니케이션의 경로는 명확하게 확립되어 제도화되어 있어야 하며, 이에 대해 모든 구성원들이 숙지하고 있어야 한다는 사실이다.

셋째, 사후평가를 통해 전달된 메시지를 정확히 이해하고 제대로 이행되고 있는지의 여부를 주기적으로 평가하고 점검해야 할 것이다. 이때 주의해야 할 사항은 사후평가 자체로 그쳐서는 별다른 효과를 기대할 수 없다는 사실이다. 즉, 평가 결과를 피전달자에게 환류가, 그것도 지원적 또는 교정적인 성격의 환류(feedback)가 이루어져야 함은 지극히 당연한 사실이다.[10)]

2) 정보 과부하에 대한 대처방안

정보 과다 또는 정보 과부하(overload)란 수신자가 자신의 처리 능력을 넘어선 정보의 투입을 받았을 경우를 말하는데, 이럴 경우 투입된 정보의 일부 또는 전부를 누락(omission)시키거나, 투입된 정보들을 선별적으로 처리하거나 지연 처리하기도 하고, 처리 과정에서 실수를 범하는 등의 문제들이 발생된다. 이에 대한 대처방안 몇 가지를 나열하면 다음과 같다. ① 회의의 설치 및 정기적 운영을 통해 전달되는 메시지 양의 표준화, ② 투입된 정보에 대한 우선순위를 매겨, 낮은 순위의 정보는 타인에게 위임 처리, ③ 의사결정 권한의 위임 또는 권한의 분권화를 통해 중간 이하 계층에서 정보를 분산 처리, ④ 비서나 참모와 같은 문지기(gatekeeper)의 임명 또는 보강 등이다.[11)]

---

10) 커뮤니케이션에 있어서의 피드백이란 현재의 행동을 강화시키거나 새로운 변화를 지향하게 만드는 기능을 수행하는데, 이런 피드백을 통해 피전달자는 자신에 대한 전달자를 비롯한 주변 인물들의 감정이나 생각을 알게 됨으로써 자신의 행동을 돌아볼 수 있게 된다.

11) 문지기란 커뮤니케이션 채널을 통해 전달되는 메시지를 통제하기 위해 의사전달 구조 내에 위치하는 사람을 말하는데, 이들은 중요도가 낮은 메시지를 걸러내면서 정보의 과잉 또는 왜곡 가능성을 저하시키는 기능을 수행한다.

3) 수용 거부에 대한 대처방안

커뮤니케이션의 효율화를 위해서는 무엇보다 인간관계의 개선 등을 통해 조직구성원들 간에 협력적이고 상호 신뢰적인 분위기의 조성이 중요하다.[12] 플립포(E. B. Flippo)의 주장을 빌어 결론적으로 표현한다면, 효율적 커뮤니케이션을 위해서는 비판적 청취(evaluative listening) 태도나 주변적 청취(marginal listening) 태도를 지양하는 대신 감정이입적 청취(listening with empathy) 태도가 요구된다(Flippo, 1961: 467).

이 같은 플립포의 주장을 보다 구체적으로 살펴보기로 하자. 플립포는 커뮤니케이션에 임하는 태도를 위와 같이 세 가지로 구분한 뒤, 각각의 개념과 문제점, 그리고 해결방안 등을 제시했었다.

첫째, 주변적 청취(marginal listening)란 전달자에게 최소한의 주의를 기울여 최소한의 변두리 내용만을 듣는 방법을 말하는데, 부하 직원이 말하고 있는 동안 다른 생각을 하면서 듣는 척하는 태도가 그 예이다. 이러한 청취 방법은 쉽게 오해를 불러일으키고, 상대방에게 모욕감을 줄 수 있다. 그러므로 업무량이 과도하여 시간적·심리적으로 촉박한 경우에는 여유가 있는 다른 시간을 택하여 커뮤니케이션을 하는 것이 좋다.

둘째, 비판적 청취(evaluative listening)란 전달자의 메시지에 상당한 주의를 기울이기는 하지만, 그 내용이나 의도를 이해하려 하기보다는 자신의 관점에 비추어 일일이 평가하고 비판하려는 태도를 말한다. 이러한 방법을 취한 피전달자는 전달자의 말이 끝나기도 전에 반박할 기회를 얻으려 하기 때문에 진정한 의미의 소통은커녕 대립적 입장만이 남게 된다.

셋째, 감정이입적 청취(listening with empathy)란 수용자는 사전적 비판이나 단정과 같은 심리적 경향을 의식적으로 자제한 채, 전달자의 메시지를 신중히 들으며, 그의 의도와 입장 및 특성들을 이해하려고 노력한 후 평가하려는 이성적 태도를 말한다. 이러한 청취 태도를 역지사지(易地思之)적 청취(projective listening) 또는 적극적 청취라고도 할 수 있으며, 최근 우리 사회에서 유행하고 있는 경청(傾聽)[13]이

12) 물론 이 같은 분위기는 단기간 내에 형성되지 않으며, 이러한 분위기 형성에는 상관 또는 리더의 역할이 특히 중요하다. 따라서 리더는 평소 정직성과 공정성은 물론 솔선수범, 언행 일치, 동료나 부하 직원들에 대한 배려와 같은 태도를 지녀야 하며 일정 수준 이상의 성과도 보여야 할 것이다.

란 개념과도 일맥상통한다고 여겨진다.

이 같은 감정이입적 청취 태도, 역지사지적 청취, 적극적 청취 태도 내지는 경청 태도는 커뮤니케이션을 성공적으로 실행하기 위해선 절대적으로 필요하며, 특히 관리자는 이 방법을 체득하고 있어야 한다.

그러나 이러한 청취 태도를 취한다 하더라도 수신자가 전달자의 감정에 매몰되는 상황까지로 이어져서는 곤란하다. 자연스럽고 적절한 감정의 표현은 커뮤니케이션의 효과성을 높일 수도 있지만, 절제되지 않은 부적절한 감정의 표현은 공적인 관계를 사적인 영역으로 끌어내리고, 인간관계마저 악화시킬 가능성이 높다는 점은 염두에 두어야 한다. 원칙적으로 수신자는 발신자의 전달 내용을 합리적 이성을 바탕으로 이해하여야 하며, 공감적 태도 등을 표현함으로써 발신자로 하여금 자신의 내면적 욕구나 감정을 솔직히 토로할 수 있는 분위기를 조성해 주어야 한다.

---

13) 한마디로 경청이란 수신자가 전달자와의 공감을 형성하여 전달자의 메시지를 전달자의 의도대로 이해하려는 태도를 말한다. 이러한 태도를 갖추고 능력을 발휘하려면 육체적·정서적·지적 투입물 모두를 집중시켜야 하는데, 이를 위해서는 최소 아래 조건들을 충족시켜야 한다. ① 메시지 내용을 경청하는 이유와 목적이 명확해야 한다. ② 커뮤니케이션이 이루어지는 초기에 그 내용에 대해 사전 판단을 하지 말아야 한다. 즉, 편견을 버리고 중립적인 관점에서 수용해야 한다. ③ 소음, 조명, 타인의 방해와 같은 집중 분산요인을 제거하여 전달자에게 집중해야 한다. ④ 전달자가 전달하고자 하는 메시지의 핵심 내용과 의도 및 감정 등을 파악하려고 노력해야 한다. ⑤ 메시지 내용이 감정적이거나 불명확할 때에는 자신의 말로 되풀이 하면서 수용 상태를 확인해야 한다. ⑥ 부분적 내용에 집중하는 대신 전체의 의미 맥락에서 받아들여야 한다 등이다. 이러한 경청 태도는 하급자에게만 요구되는 것이 아니다. 커뮤니케이션은 일방 통행적이 아닌 쌍방 통행적이며, 관리자는 전달자인 동시에 부하 직원들이 행하는 보고, 품의 및 기타 대면적 정보를 들어야 하는 수용자이기도 하기 때문이다.

자료 10-1 조직 커뮤니케이션 만족도 측정도구

구 분	내 용	전혀 그렇지 않다	그렇지 않다	보통 이다	그렇다	매우 그렇다
업무성과 피드백	나의 직무가 다른 직무와 어떻게 비교가 되고 있는지에 대한 정보를 알고 있다.					
	내가 어떻게 평가받고 있는지에 대한 정보를 알고 있다.					
	나의 노력에 대해 인지하고 있다.					
	나의 직무에 대한 문제들이 어떻게 처리되는지에 대해 보고한다.					
	부하들이 직면한 문제들을 상사들이 알고 이해하고 있다.					
상사와의 커뮤니케이션	나의 상사는 내 기분을 맞춰주고 나에게 주의를 기울여 준다.					
	나의 상사는 직무 관련 문제들의 해결을 위해 조언을 제공해 준다.					
	나의 상사는 나를 잘 믿어준다.					
	나의 상사는 개방적인 아이디어를 가지고 있다.					
	나에게 주어진 권한의 정도는 적당하다.					
동료 간 커뮤니케이션	우리 조직 내에 유언비어가 매우 활발하게 전달된다.					
	다른 동료들과의 수평적 커뮤니케이션이 정확하고 거침없이 이루어진다.					
	평소 커뮤니케이션 방식들은 위급상황에서도 잘 적용될 수 있다.					
	내가 일하는 팀은 관계가 좋다.					
	비공식적 커뮤니케이션이 활발하고 정확하게 이루어진다.					
업무환경에 대한 정보	나의 직무에 대한 숙달 정도에 대한 정보를 알고 있다.					
	개인적인 뉴스들을 알고 있다.					
	부서의 방침과 목표들에 관한 정보를 알고 있다.					
	나의 직무에서 요구되는 것들을 알고 있다.					
	조직의 복지와 임금에 대한 정보를 알고 있다.					
조직에 대한 지식 정도	조직의 방침과 목표들에 관한 정보를 알고 있다.					
	조직에 영향을 미치는 환경변화에 대한 정보를 알고 있다.					
	조직의 변화에 대한 정보와 상황을 알고 있다.					
	조직의 재정 상황에 대한 정보를 알고 있다.					
	조직의 성공과 실패에 대한 정보를 알고 있다.					
커뮤니케이션 분위기	조직의 목표를 위한 열정이 조직의 커뮤니케이션에 동기를 부여하고 자극을 준다.					
	우리 조직에 있는 사람들은 커뮤니케이션에 대한 훌륭한 능력을 가지고 있다.					
	조직의 커뮤니케이션은 내가 조직에서 중요하다는 느낌을 가지게 하거나, 조직에서 정체성을 느끼게 만든다.					
	나는 내 직무를 하는데 필요한 정보를 적시에 받는다.					
	갈등들은 적당한 커뮤니케이션 채널을 통해서 적절하게 관리된다.					
매체의 질	조직의 방침들은 흥미롭고 도움이 된다.					
	조직에서 회의는 잘 준비된 상태에서 이루어진다.					
	작성된 지시와 보고서들이 분명하고 간결하다.					
	조직에서 커뮤니케이션에 대한 태도는 적절하다.					
	조직에서 커뮤니케이션의 양이 적당하다.					

출처: Downs & Hazen(1977) 인용·수정.

토론 과제

1. 조직 내 커뮤니케이션의 중요성을 자신의 경험을 토대로 설명해 보자.
2. 본인이 알고 있는 조직 하나를 선택한 후, 그 조직 내 커뮤니케이션의 기능을 구체적으로 설명해 보자.
3. 본인이 알고 있는 리더를 선택한 후, 그 리더와 본인 간 의사전달의 주요 유형을 구체적으로 설명해 보자.
4. 공식적 커뮤니케이션과 비공식적 커뮤니케이션의 장단점을 비교 · 분석하고, 조직관리자의 입장에서 비공식적 커뮤니케이션의 관리방안을 제시해 보자.
5. 본인이 속한 조직 내 커뮤니케이션의 장애요인을 분석하고, 그러한 장애요인에 대한 대처방안을 구체적으로 제시해 보자.

Organizational Behavior

제11장

의사결정

우리는 매사에 주어진 여건에서 가장 최적의 대안을 선택하고 행동한다. 조직도 마찬가지이다. 조직은 주어진 목표를 달성하기 위하여 다양한 대안 중에서 최적의 대안을 선택하고 결정하게 된다. 조직으로서의 정부도 다양한 사회적 이슈에 대응하기 위한 정책을 형성하고 집행하는 과정에서 주어진 자원과 환경 속에서 가장 최적의 대안을 선택하려고 할 것이다. 조직의 최종 대안은 의사결정의 과정의 산물이다. 이 장에서는 의사결정 모형들을 소개하고, 각 모델의 장단점을 비교해 본다. 또한 의사결정을 왜곡하게 만드는 요인을 개인 · 집단 · 조직의 차원에서 살펴보고, 비합리적이거나 잘못된 의사결정을 피할 수 있는 방법도 알아본다. 마지막으로, 적합한 의사결정 모형을 활용하기 위한 기준 및 분석의 체계를 확인한다.

제 1 절 의사결정의 의의

의사결정이란 일반적으로 몇 가지 대안 중에서 하나를 선택하는 것을 의미한다. 그러므로 의사결정은 모든 조직의 관리 기능과 밀접히 관련되어 있으며(윤우곤, 1996), 문제를 확인하고 해결하는 과정으로 이해할 수 있다(Daft, 2010). 조직 내의 의사결정은 조직의 최고관리자와 중간관리자뿐만 아니라 조직의 모든 구성원들이 업무를 계획하고 수행할 때 이루어진다. 하지만 조직의 최종 의사결정은 조직의 최고관리자에 있다고 해도 과언이 아니다. 그러므로 조직의 최고관리자는 최선의 대안을 찾기 위하여 각종 정보와 자원을 활용한다.

한편, 조직의 의사결정은 조직의 성공과 실패, 또는 조직이 결정한 정책의 성공과 실패 등과 밀접한 관련이 있다. 또한 조직의 의사결정은 불확실한 조직환경 하에서 결정될 수 있기 때문에 항상 최선의 의사결정이 아닐 수 있다. 이는 중앙정부나 지방정부가 결정하고 집행하고 있는 사례를 찾아보면 쉽게 이해할 수 있다. 사회적인 문제를 해결하기 위하여 여러 단계의 의사결정 과정을 거쳐 결정한 정책이라 하더라도 예상하지 못한 부차적인 문제에 의해 실패한 정책들을 쉽게 찾아 볼 수 있다.

제 2 절 의사결정의 기본 모형

1. 합리성 모형

1) 합리성 모형의 의의

합리성 모형은 가장 이상적인 의사결정 모형이다. 조직 내의 의사결정자는 합리적 의사결정을 하려고 노력한다. 하지만 조직의 과업환경이나 의사결정에 미치는 복잡한 요인으로 인해 최선의 합리적인 의사결정이 이루어지지 못하는 경우가 많이 발생한다. 그러므로 다양한 정보기술과 인간의 두뇌를 확장한 인공지능(AI) 등을 활용한 의사결정 시스템을 구축하여 할 수 있는 한 가장 합리적 의사결정을 하고자 하는 것이 최고 의사결정권자의 궁극적인 열망이다.

2) 합리성 모형의 기본 가정

합리성 모형의 기본 가정은 다음과 같다. 첫째, 의사결정과 관련된 모든 상황에 적합한 정보를 획득할 수 있다. 둘째, 의사결정과 관련된 모든 대안과 그 결과를 인식할 수 있고, 분석·평가할 수 있다. 셋째, 의사결정 시에 조직 내의 개인 상호간 갈등, 개인적 편견 등을 제거할 수 있다. 넷째, 의사결정에 필요한 비용이나 시간에 제약받지 않는다.

이상의 기본 가정은 현실에서는 거의 불가능 가정들이라 할 수 있다. 하지만 인공지능(AI), 빅데이터와 데이터 마이닝 등 인간의 두뇌를 확장하는 다양한 기술을 활용하여 거의 모든 상황에 적합한 정보를 획득하고, 거의 모든 상황을 분석하고 평가하여 대안을 제시하고, 조직 내의 개인 상호간 갈등이나 개인적 편견을 제거하고, 의사결정에 필요한 비용이나 시간에 제약받지 않는다면, 관리자의 의사결정은 보다 더 명확하고 합리적으로 이루어질 수 있을 것이다.

3) 합리성 모형의 의사결정 단계

[그림 11-1]에서 보는 바와 같이, 합리성 모형의 의사결정 단계는 크게는 2단계로, 세부적으로는 8단계로 나눌 수 있다. 상황과 문제를 이해하고 정의하여, 해결해야 할 목표를 정하고 관련된 문제의 원인을 진단하는 문제확인 단계와 문제에 대한 대안 개발과 평가, 최선의 대안 선택 및 실행하는 문제해결 단계로 나눌 수 있다 (Daft, 2010).

문제확인 단계와 문제해결 단계의 세부적인 단계는 ① 상황 이해 → ② 문제 정의 → ③ 목표 정의 → ④ 문제 진단 → ⑤ 대안 개발 → ⑥ 대안 평가 → ⑦ 최선의 대안 선택 → ⑧ 대안 실행으로 구성되어 있다. 여기에서 염두에 두어야 할 것은 ⑧ 대안 실행이 이루어진 이후에 다시 ① 상황 이해로 피드백된다는 점이다.

그림 11-1 **합리성 모형의 의사결정 단계**

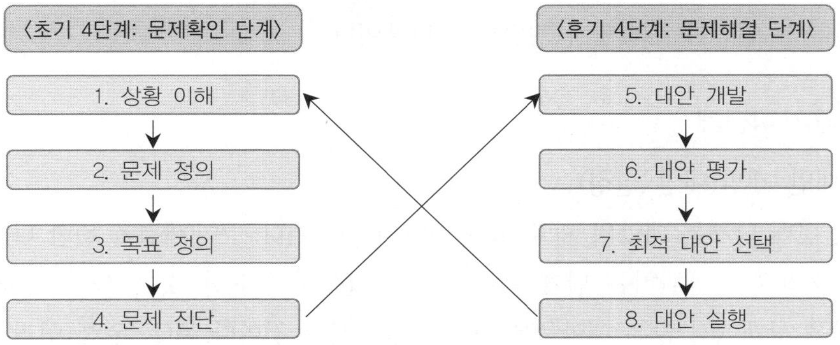

출처: Nahavandi & Malekzadeh(1988).

(1) 초기 4단계

① 상황 이해(환경에 대한 탐지)

조직의 내·외부의 상황을 이해하거나 환경에 대한 정보를 탐지하는 단계로서 합리적인 의사결정 모형의 첫 번째 단계이다. 관리자는 '조직의 이슈가 무엇인지?', '그 이슈가 무엇과 관련되어 있는지?', '누가 영향을 미치는지?', 그리고 '그 이슈가 조직에 어떤 영향을 미치는지?' 등을 이해하여야 한다. 이와 관련된 정보는 이해관계자들과의 대화, 조직의 다른 관리자들과의 대화, 평가 관련 자료, 다른 경쟁 조직의 활동의 이해, 여론, 현재 보유한 자원에 대한 검토 등을 통해서 얻을 수 있다. 반면, 상황을 이해하기 위한 정보를 탐지하고 수집하는 데 있어 선택적 지각과 작위적인 자료에 의한 상황의 이해가 발생하지 않도록 하여야 한다.

② 문제 정의

두 번째 단계는 객관적 정보를 활용한 문제의 정의이다. 이 단계는 정보를 탐지하고 난 뒤 문제를 세부적으로 확인하고, 무엇이 문제인지를 찾고 정의하는 단계이다.

③ 목표 정의(목표의 구체화)

세 번째 단계는 목표의 정의 또는 목표의 구체화이다. 이 단계는 의사결정을 통해 무엇을 달성하려고 하는지, 그리고 기대되는 성과와 산출물은 무엇인지를 정하는 단계이다.

④ 문제 진단

네 번째 단계는 문제의 진단이다. 이 단계에서는 문제가 무엇인지, 그리고 그 문제의 근본적 원인이 무엇인지 진단하는 단계이다.

(2) 후기 4단계

⑤ 대안 개발(대안 설정)

다섯 번째 단계는 대안의 개발 또는 대안의 설정이다. 문제해결을 위한 다양한 대안들을 이해하고 개발하는 단계이다. 대안 개발에서 중요한 것은 사전 의사결정을 하지 않은 상태에서 많은 대안들을 충분히 검토하는 것이다. 이를 위해 여러 사람들로부터 다양한 아이디어를 청취하고 의견을 수렴하는 것이 필요하다.

⑥ 대안 평가

여섯 번째 단계는 대안들에 대한 평가이다. 각 대안들에 대한 강점과 약점을 비교·분석하고 평가를 통하여 최적의 대안을 도출하는 단계이다. 이 단계는 합리적 의사결정 모형의 핵심 단계인 최적의 대안 선택을 위한 전 단계라 할 수 있다.

⑦ 최적 대안 선택

일곱 번째 단계는 최적 대안 선택 단계이다. 이 단계는 다음 단계인 선택된 대안의 실행 단계와 함께 합리적 의사결정모형의 핵심적인 단계이다. 상황을 이해한 단계에서부터 모은 객관적 정보를 가지고 성공할 가능성이 가장 높은 대안을 선택하는 것이다.

⑧ (선택된) 대안 실행

여덟 번째 단계는 대안 실행 단계이다. 충분한 자원을 동원하여 선택된 대안을 실행하는 합리적 의사결정 모형의 마지막 단계로서, 최적 대안의 상호 공유를 기초로 선택된 대안을 행동에 옮기는 단계이다. 이 단계는 일곱 번째 단계인 최적 대안 선택 단계와 함께 합리적인 의사결정 모형의 핵심적인 단계라 할 수 있다. 선택된 대안이 실행된 이후에는 대안의 효과성을 모니터링하고 평가하여 합리적 의사결정 모형의 첫 번째 단계로 피드백되어야 한다.

2. 제한된 합리성 모형

1) 제한된 합리성 모형의 의의

현실에서의 의사결정은 불확실성이 높은 상태에서 이루어진다. 그러므로 현실에서는 위에서 언급한 합리성 모형의 기본 가정이 충족되지 않는다. 현실에서는 시간적인 제약으로 인해 모든 목표와 문제, 그리고 대안을 평가하기가 어렵고, 조직 내·외부적으로 고려해야 할 요인이 너무 많아 대안 중에서 먼저 발견하게 되는 대안을 선택하는 경우가 일어나게 된다. 또한 직관적인 판단을 내리는 경우와 경험을 통해 문제의 해결방안을 찾고자 하는 경우에는 합리성 모형의 의사결정 8단계 과정을 거치지 않는다.

제한된 합리성 모형은 합리적 의사결정 능력을 제한하는 '근본적인 합리성의 제약 조건', '조직 차원에서의 제약 조건', '개인적인 제약 조건'들이 존재하는 것을 인정한다. '근본적인 합리성의 제약 조건'은 제한된 시간, 제한된 정보, 제한된 자원 등이며, '조직 차원에서의 제약 조건'은 합의성, 공유된 시각, 협력 및 지원, 조직문화와 조직구조, 그리고 윤리적 가치 등의 결여이며, '개인적인 제약 조건'은 명성과 성공에 대한 욕망, 개인적인 의사결정 스타일, 감성 충족 욕구, 외부 압력에 대처하려는 욕구, 자신의 이미지와 스타일을 지키기 위한 욕구 등이다.

2) 제한된 합리성 모형의 기본 가정

제한된 합리성 모형은 첫째, 초기의 대안과 해결책이 수용되는 가능성이 높다. 둘째, 필요한 모든 자료에 접근하지 못한다. 셋째, 가능한 모든 대안을 인식하지 못하고, 각 대안의 결과를 완전히 예측할 수 없다. 넷째, 조직 내부 또는 조직 간 다양한 이해관계자들의 갈등은 타협적 해결을 강요받는다. 다섯째, 현실에서는 '근본적인 합리성의 제약 조건', '조직 차원에서의 제약 조건', '개인적인 제약 조건'을 극복하기 어렵다는 가정을 가지고 있다.

이러한 제한된 합리성 모형의 가정 때문에 조직 내의 의사결정자들은 이상적인 합리적 의사결정보다는 수용 가능한 만족스러운 의사결정을 하게 되는 경향이 많다.

3. 직관 모형

직관 모형은 이미 교육이나 학습에 의해 내재화 되어 있는 직관에 기초하고 있는 모형으로서 제한된 합리성 모형과 연계될 수 있는 모형이다(Daft, 2007). 직관 모형은 문제 · 결정 기준 · 상황의 불확실성이 심할 때, 경험하지 못하거나 과거의 사례가 없을 때, 과학적 예측이 어려울 때, 현실적 자료와 정보가 부족할 때, 방향 제시가 분명하지 않을 때, 수많은 대안들을 객관적으로 분석하기 어렵거나 비슷한 대안이 많을 때, 그리고 시간 제약이 클 때, 의사결정자 자신의 본능적인 느낌, 예감 및 혜안을 통해 대안을 선정하여 의사결정을 빠르게 하는 경우를 설명하는 데 적합한 모형이다. 예를 들면, 창의적인 정책형성이나 조직관리, 창의적인 문제해결, 창의적인 아이디어를 가지고 새로운 환경에 대처해 나가는 전략을 설계하는 것 등은 모두 직관에 의한 것이라 할 수 있다.

한편 직관에 의존한 의사결정이 실패하는 경우가 많다. 그러므로 가능한 한 오류를 줄이고 보다 정확한 의사결정을 하기 위해서는 합리성 모형에 근접하도록 노력해야 한다. 그리고 현실에서는 직관에 의한 임의적 결정 방법과 합리적인 분석에 의해 결정 방법의 두 가지 극단 사이를 적절하게 활용해야 한다.

제 3 절 의사결정을 위한 실제 모형

1. 경영과학 모형

경영과학 모형은 합리성 모형의 기본 가정을 전제로 하고 있다. 이 모형은 제2차 세계대전 기간 중에 등장했다(Miser, 1993; 임창희, 2010).

경영과학 모형은 가능한 모든 문제를 분석하여 정확한 의사결정을 위한 시스템 구축이 가능할 때 효과적이다. 선형계획법(LP Method), PERT 차트, 컴퓨터 시뮬레이션, ERP(전사적 자원관리) 등과 같은 기법이 경영과학 모형에 기초한 것들이다.

하지만 경영과학 모형은 계량적 데이터가 충분하지 않은 경우나 암묵적인 지식

(implicit knowledge)을 다루어야 하는 경우에는 적용하기 어렵다. 즉, 직관에 의해 의사결정을 해야 하는 상황이 발생하거나 계량화될 수 없는 질적인 요소들이 중요한 의사결정 요인이 될 경우에는 경영과학 모형의 적용은 용이하지 않다.

2. 카네기 모형

카네기 모형은 카네기멜론 대학의 사이어트(R. Cyert), 마치(J. March), 사이먼(H. A. Simon)에 의해 제안된 모형이다. 세 명의 연구자는 조직의 의사결정은 조직의 최고관리자나 관리층에서 이루어지는 것이 아니라, 조직의 하부 연합세력집단에 의해 이루어진다는 것을 발견하였다. 연합세력집단(coalition)이란 조직의 이해관계자 집단으로서 문제해결과 대안 선택에 다각도로 영향을 미치는 집단(임창희, 2010)을 말한다.

조직 내 연합세력집단이 형성되는 것(Daft, 2007)은 첫째, 조직의 목표가 애매하고 일관성이 없어 문제의 우선순위를 합의할 수밖에 없을 경우, 둘째, 제한된 합리성에서 논의하였듯이, 여러 가지 제약 요건들로 인하여 의사결정과 관련된 모든 변수와 정보를 분석하거나 해석할 수 없을 경우이다. 카네기 모형에 의한 의사결정 과정은 [그림 11-2]와 같다.

카네기 모형의 핵심은 연합세력집단이 수용할 수 있는 대안, 즉 최적의 해결방안을 찾기보다는 다양한 엽합세력집단(이해관계자 집단)들이 만족할 만한 대안을 선택한다는 점이다. 카네기 모형은 '만족한 결정'에 주목한다. '만족한 결정' 단계에서는 장기적인 해결 대안보다는 당장의 책임을 면하고 의사결정자의 역할을 증빙하는 단기적인 대안이 선택될 가능성이 더 크다(임창희, 2010).

연합세력집단에 의한 의사결정의 특징은 다음과 같이 요약할 수 있다. 첫째, 문제해결의 최적화를 추구하기보다는 만족화를 추구한다. 즉, 집단구성원들이 만족스럽다고 생각되는 해결책을 결정한다. 둘째, 당면한 문제의 해결과 단기적 해결책에 치중 한다. 즉, 사이어트와 마치(Cyert & March)가 언급한 당면과제 검토(problemistic search)라고 부르는 방식을 추구한다. 당면과제 검토 방식은 문제를 빨리 해결하기 위해 당면한 환경만을 검토하는 것을 의미한다. 이는 모든 합당한 대안을 찾을 수 있다고 가정하는 경영과학 모형과 대조적이다.

그림 11-2 카네기 모형의 의사결정 과정

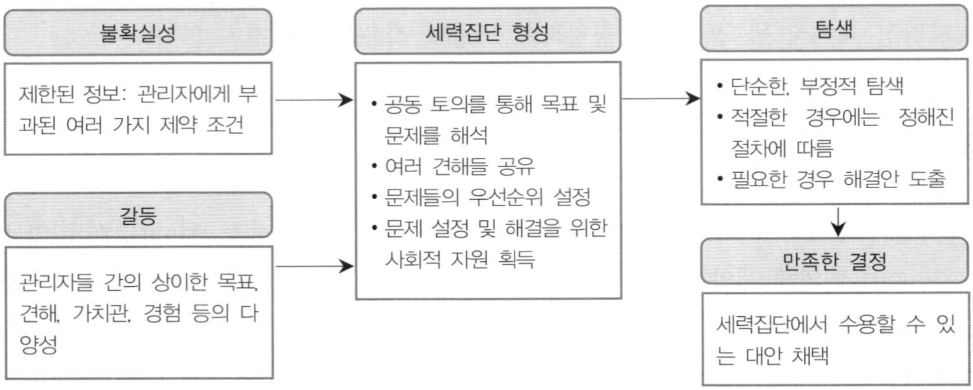

출처: Daft(2007).

3. 점증 모형

점증 모형은 의사결정이 단 한 번의 선택으로 결정되기보다는 조그마한 판단과 선택들의 연속에 의해 이루어진다고 보는 모형이다. 민츠버그(H. Minzberg)와 몬트리올 맥길(McGill) 대학의 그의 동료들은 의사결정 사례를 추적하여 조사한 결과, 의사결정은 문제발견에서부터 해결안까지 구조화된 행동 순서에 의한다는 것을 발견하였다(Daft, 2007).

조직의 의사결정은 다양한 장애물에 의해 방해를 받게 되는데, 민츠버그는 이를 의사결정 방해(decision interrupts)라고 불렀다. 의사결정이 장애물에 의해 방해를 받는다는 의미는 이전의 의사결정안으로 다시 되돌아가거나, 새로운 실행 가능한 대안을 찾아야 한다는 의미이다.

조직의 의사결정은 확인 단계, 개발 단계, 선택 단계 과정을 거치면서 수많은 작은 결정들에 의해 점진적으로 해결안에 접근한다. 이러한 단계를 거친 최종 의사결정은 초기에 예상했던 것과는 매우 다를 수도 있다.

1) 확인 단계

확인 단계는 문제를 파악하고 새로운 의사결정을 해야 한다는 필요성을 인식하는 단계이다. 동시에 문제를 정확하게 파악하기 위하여 정보를 수집하고 분석을 필요로 하는 진단의 단계이기도 하다. 이러한 인식과 진단은 공식적이고 체계적으로 이루어지기도 하지만, 문제가 심각하거나 문제를 인식하는 시간이 부족할 때에는 비공식적이고 비체계적으로 이루어질 수도 있다.

2) 개발 단계

이 단계는 확인 단계에서 정의된 문제를 해결하기 위한 방안을 찾는 단계이다. 해결안을 탐색하는 방법에는 두 가지 방법이 있다. 첫째는 조직 내의 기존의 방법들을 검토하는 것이다. 기존의 사례나 선례, 기억, 경험들을 탐색하면서 여러 대안들을 개발한다. 둘째는 새로운 해결책을 검토하는 것이다. 기존의 사례나 선례, 기억, 경험 등이 전혀 없을 경우, 시행착오를 거치면서 문제에 적합한 해결안을 도출해 내는 과정을 통해 새로운 여러 대안을 개발한다.

3) 선택 단계

여러 개의 대안 중에서 최종적으로 해결안을 선택하는 단계이다. 선택 단계에는 세 가지 방법이 있다. 첫 번째 방법은 판단에 의한 방법이다. 한 사람의 의사결정자가 최종 결정을 하는 방법으로 최종 의사결정자의 경험에 의한 판단에 따르는 경우이다. 두 번째 방법은 분석에 의한 방법이다. 이는 경영과학 모형에서 언급한 바와 같이, 프로그램화되어 있고 체계적인 기법이나 근거에 기초해 선택하는 경우이다. 세 번째 방법은 교섭에 의한 방법이다. 이는 카네기 모형에서 설명하였듯이 여러 연합세력집단의 교섭에 의해 선택이 이루어지는 경우이다.

4. 쓰레기통 모형

쓰레기통 모형(garbage can model)은 코헨(M. Cohen), 마치(J. March), 올슨(J.

Olsen) 등이 제기한 것으로 조직의 의사결정 과정을 설명하는 모형들 중에서 가장 늦게 등장한 모형이다. 쓰레기통 모형은 문제에 대한 잠재적 해결책이 마련될 때, 사건, 사람, 대안 및 기회와 관련된 정보들이 비합리적이고 비계획적으로 활용된다는 것을 가정한다.

1) 조직화된 무질서

조직 목표의 우선순위가 불명확하고, 목표달성을 위해 어떻게 접근해야 하는지와 대안을 결정하기 위한 정보를 어디서 수집하는지를 모르고, 문제해결에 대한 지식과 경험이 부족하고, 의사결정자들의 잦은 교체와 이동으로 인하여 문제를 차분하게 해결할 수 없는데도 불구하고 실제로 조직 내에서 어떤 의사결정이 이루어지는 경우가 있다. 또한 조직의 의사결정은 문제의 확인, 개발, 선택의 단계로 이어지는 일련의 연속적인 과정 속에서가 아니라 불연속적인 과정 속에서 이루어지고, 해결할 방법이 없는데도 우연한 사건이나 아이디어로 인해 해결방안이 제시될 수도 있고, 문제는 확인하였으나 최종적인 해결책을 제시하지 않는다는 의사결정을 하는 경우도 있다.

코헨, 마치와 올슨(Cohen, March, & Olson)은 조직의 환경이나 상황이 애매하거나 조직의 목표가 모호할 때, 이와 같은 무질서한 의사결정 행태가 조직화되어 있는 상태가 발생하는 것을 발견하였는데, 이를 조직화된 무질서(organized anarchy)라고 하였다. 조직화된 무정부 상태라고도 한다. 조직화된 무질서의 상태 하에서는 다음과 같은 세 가지 특성에 의해 의사결정이 이루어진다(Daft, 2007: 320).

(1) 선택 기준의 문제

목표, 문제, 대안 및 해결방안 등이 분명하지 않다. 따라서 의사결정 과정의 각 단계는 애매함의 정도에 의해 결정된다.

(2) 기술의 모호성과 난해성

문제의 인과관계를 밝히기 어렵다. 그러므로 의사결정에 활용할 수 있는 명시적인 데이터를 얻을 수 없다.

(3) 직무 변경

조직구성원의 직무가 지속적으로 바뀌게 된다. 따라서 주어진 문제를 해결하기 위한 의사결정자가 정해져 있지 않다.

2) 쓰레기통 모형의 요소

조직의 의사결정은 일련의 의사결정 과정에 의해서가 아니라, 네 가지 요소가 별개로 흘러 다녀 서로 조우하지 못하고 있다가, 우연한 사건이나 사태에 의해 어느 한 순간에 우연히 얽혀 극히 비합리적이고 불필요한 결정행동들에 의해 일어난다. 네 가지 요소는 다음과 같다.

(1) 조직의 문제

조직의 문제(problem)는 지금 당장 해결할 수 있는 문제, 대안을 찾아야 해결할 수 있는 문제, 대안과 해결책이 없는 문제가 있을 수 있다.

(2) 잠재적 해결책

조직은 조직의 특정 문제를 해결할 수 있는 잠재된 많은 아이디어와 해결책(solutions)을 가지고 있다.

(3) 참여자

참여자(participants)란 조직 내 존재하거나 존재하였던 사람들을 말하는데, 이들은 자신들의 존재를 각인시키기 위해 아이디어나 해결책을 가지고 항상 무엇인가를 결정하려고 한다.

(4) 선택 기회

조직의 문제를 해결하기 위한 의사결정은 잠재적 해결책이나 참여자들에 의해서가 아니라 우연하게 얻은 기회에 의해 이루어진다.

제 4 절 개인 의사결정과 집단 의사결정

개인 의사결정과 집단 의사결정은 합리성 모형, 제한된 합리성 모형, 직관 모형의 기본 가정을 그대로 적용할 수 있다.

그러나 집단 의사결정은 다음과 같은 점에서 개인 의사결정과 차이점이 있다. 첫째, 집단은 개인 의사결정에는 존재하지 않는 프로세스를 가지고 있다. 둘째, 집단과 팀은 구성원들의 의사결정에 영향을 줄 수 있는 내부의 역동적인 구조를 가지고 있다. 셋째, 집단은 의사결정을 돕거나 방해할 수 있는 규범을 가지고 있다.

한편, 오늘날은 집단과 팀에 의한 집단 의사결정이 점점 더 강조되는 경향이 있다. 조직에서 해결해야 할 문제의 복잡성이 증대되어 가고 있고, 조직환경의 불확실성이 점점 더 커지기 때문에 유연하고 개방적인 조직문화를 바탕으로 집단 지성에 기초한 집단 의사결정이 더 많이 요구되고 있다. 실제로 복잡성이 높은 업무일 경우, 정보와 경험을 교환해야 하는 상황일 경우, 참여를 통해 여러 구성원들 간 다양한 이해의 조정이 필요할 경우, 문제가 미치는 영향이 비교적 크고 중요할 경우, 소수의 주관적 판단에 의해 의사결정이 이루어지는 집단사고 현상이 나타날 경우에는 시간과 비용이 비교적 많이 들어가더라도 조직 내의 집단과 팀에 기초한 집단 의사결정이 개인 의사결정보다는 효과적일 수 있다.

그러나 집단 의사결정이 항상 개인 의사결정보다 우수하다고 할 수 없다. 왜냐하면 개인 의사결정은 '선택'이고, 집단 의사결정은 '합의'이기 때문에 합의에 도달하는 과정에서 나타날 수 있는 부작용이 발생할 수 있다. 또한 집단 의사결정 과정에서 발생할 수 있는 집단사고(groupthink)가 발생할 수 있다. 집단사고는 집단 의사결정에서 발생하는 집단의 착각 현상으로 대안에 대한 현실적인 평가를 방해한다.

개인 의사결정과 집단 의사결정의 장단점을 비교하면 <표 11-1>과 같다.

표 11-1 개인 의사결정과 집단 의사결정의 장단점 비교

구 분	개인 의사결정	집단 의사결정
장점	• 의사결정 신속 • 책임 한계가 명확 • 의견의 간섭을 적게 받음	• 정보와 경험을 교환 • 창의성을 높일 수 있음 • 참여를 통해 여러 사람 간 이해 증진

		• 개인적 주관성을 감소시킬 수 있음
단점	• 여러 사람의 의견을 폭넓게 참고할 수 없음 • 구성원간의 상호작용 기회 없음 • 개인적 주관성이 강하게 작용	• 시간과 에너지 낭비가 클 수 있음 • 위험을 회피하려는 경향이 강하게 나타남(집단 변화 현상) • 소수의 의견에 지배되기 쉬움(집단사고 현상) • 책임 한계 불명확 • 중요한 문제보다는 사소한 문제의 해결에 집착하는 경향
적용 상황	• 단순하고 일상적인 문제해결 • 문제해결이 시간적인 제한을 받을 때 • 문제의 해결 과정이나 방식이 미리 결정되어 있을 때 • 문제의 특성이 개인적인 것에 속하는 것일 때	• 복잡한 문제의 해결 • 문제의 해결이 오랜 시간을 요하는 것일 때 • 문제가 미치는 영향이 크고 중요할 때 • 문제에 관련된 부서가 많을 때 • 문제가 비교적 독특한 것일 때

제 5 절 의사결정에 영향을 미치는 요인

1. 자기중심적 편향

자기중심적 편향은 '보고 싶은 것만 본다' 또는 '원래 가지고 있는 생각이나 신념을 확인하려는 경향'과 같은 확증편향(confirmation bias)과 유사하다. 자기중심적 편향(myside bias)은 부정적인 정보에 직면했음에도 불구하고 계속해서 행동양식을 유지하는 것이다. 많은 관리자들은 그들이 잘못된 의사결정을 했다는 것을 인정하는데 어려움을 겪는다. 특히, 상당한 재원을 투자했을 경우에 더욱 그렇다. 자기중심적 편향은 관리자가 객관적 요소를 고려하지 못했을 때 일어나며, 이는 질 낮은 의사결정을 초래하기 마련이다.

자기중심적 편향에 영향을 미치는 요인으로는 조직적 요인, 개인적 요인, 외부적 요인, 업무 특성 요인 등으로 구분할 수 있다. 조직적 요인은 조직의 수준 낮은 의사소통, 불명확한 목표, 보상체계 미비, 부정적 정치적 분위기와 문화 등을 들 수 있다. 예를 들면, 관리자가 목표를 명확하게 인식하지 못했을 경우나 성공과 실패에 대한 명확한 정의를 갖고 있지 못했을 경우에, 그들은 행동 양식의 변화에 대한 필요성을 인식하지 못한다. 특히, 프로젝트에 실패한 관리자를 해고한 경험이 있는 조직의 경우, 관리자와 구성원들은 실패를 쉽게 인정하지 않는다. 대신 이들은 프로젝트 실패에 대한 인정보다는 실패하고 있는 프로젝트에 보다 더 몰입하게 되고, 결국 조직의 부정적인 정치적 분위기와 불신 문화는 자기중심적 편향을 더욱 부추기게 된다.

개인적 요인은 자아 상실과 실패에 대한 두려움, 동료의 압력 등이다. 자아 상실과 실패에 대한 두려움으로 인해 관리자들이 실패를 인정하지 않게 만들며, 동료들의 압력은 실수를 수용하지 않고 행동양식을 고집하게 만드는 원인이 된다.

외부적 요인은 정치적 분위기와 정책과 관련된 다수의 이해관계자와 여론의 압력 등이다. 이는 의사결정자들에게 상당한 위협이 될 수 있다.

업무 특성 요인들은 투입에 대한 산출의 지연, 결과에 대한 명확한 피드백의 결여 등이다. 예를 들면, 의사결정자나 관리자가 업무에 대해 명확한 피드백을 빨리 받지 못하는 경우나 재정적 결과에 대해 즉각적인 보고를 받지 못하는 경우에 기존의 행동양식을 유지하고 지속적으로 재원을 투입하며 기대되는 성과를 희망하는 경향을 보인다.

자기중심적 편향을 방지하기 위해서는 명확한 결과를 제시하고, 조직의 목표나 조직구성원들의 행동을 변경해야 할 때를 알기 위해 실패에 대한 명확한 정의를 정립하며, 의사결정의 재검토를 위한 외부평가자의 영입, 또는 실패와 실수를 수용할 수 있는 조직의 분위기를 마련하여야 한다.

2. 인지부조화

인지부조화는 사람의 마음속에 두 개의 인지 또는 생각이 서로 반대되는 관계에 있을 시 부조화라는 불쾌한 상태가 생기는 것을 말한다.

인지부조화의 원인은 의사결정자가 어떤 사안을 지나치게 중요한 사안이나 결정으로 인식하는 경우, 상호배타적인 대안들이 많은 경우, 매력적인 대안이지만 선택하지 못하고 포기해야 하는 대안의 이익과 장점이 많은 경우 등이 있다.

그림 11-3 인지부조화의 원인과 결과

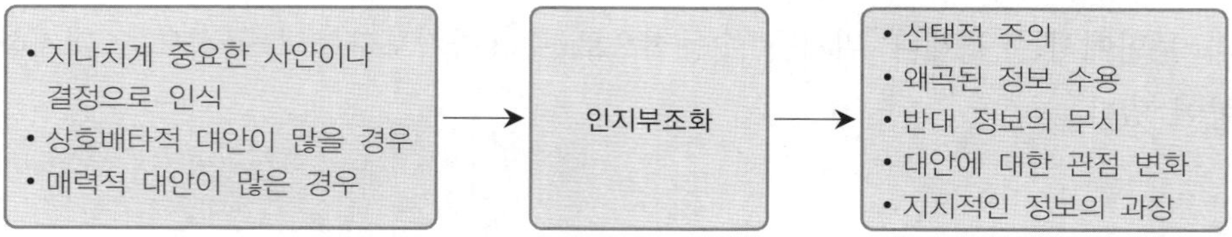

출처: Nahavandi & Malekzadeh(1998).

3. 위기에 대한 성향

위기 수용형 의사결정자는 잠재적 문제를 중요하게 여기지 않으면서 도전의 기회를 찾고자 하는 반면, 위기 회피형 관리자는 잠재적 문제와 장애물 탐색에 더 많은 주위를 기울이기 때문에 도전의 기회를 찾지 못하는 경우가 발생한다.

4. 과거 경험

관리자는 의사결정 시에 과거의 성공적인 경험에 의존하려는 경향이 있다. 성공적인 경험에 의존하다 보면 현재 직면한 상황을 구체적으로 분석하기보다 과거의 성공적 패턴을 반복하려는 경향이 있다. 과거 경험에 대한 의존 경향은 질 낮은 의사결정의 원인이 된다.

5. 조직문화

집단주의 문화에서는 집단을 가장 중요하게 여기는 의사결정을 하는 반면, 개인주의 문화에서는 개인에 초점을 둔 의사결정을 내린다. 권위주의 문화에서는 충성심이나 복종에 의한 의사결정이 이루어지고, 구성원들과의 의견 교환이나 공유 없이 단독으로 결정한 것을 수용하며, 의사결정에 필요한 정보와 권한이 소수에게 주어지는 경향이 있다. 반면 평등주의 문화에서는 구성원 간 보다 많은 의견 교환이 있고, 의사결정과 관련된 충분한 지식을 공유하는 경향이 있다.

운명주의 문화에서는 문제를 적극적으로 해결하려 하지 않는 경향이 있으며, 어떤 경우에는 문제의 존재를 인정하거나 인식 자체를 못하는 경우도 있다. 반면, 성취주의 문화에서는 문제나 위기를 수동적으로 수용하기보다는 능동적으로 대처하는 경향이 있다.

제 6 절 의사결정의 왜곡 방지

1. 개인 창의성 개발

개인의 창의성은 새로운 방식으로 아이디어를 연결하거나 조합할 수 있는 능력에서 비롯된다. 창의성은 합리성 모형에서 강조되었던 선형적 접근에서 벗어나는 데 도움을 준다. 조직구성원의 창의성은 조직성공의 핵심이다. 예를 들어, 오래된 문제를 새로운 방식으로 재정의할 수 있는 능력은 조직이 직면한 불확실한 환경에 대처하고 조직효과성을 담보하는 핵심적 요소이다. 개인 창의성을 개발해야 하는 이유는 조직의 개별 구성원이 선택한 방법에 대한 자신감을 갖고 하고, 다른 사람들이 포기할 때 위험을 감수하는 의지와 학습을 통해 조직의 불확실성을 수용하는 능력을 키워주기 때문이다.

2. 위기와 실패 및 모호성의 수용

창의적인 조직구성원은 위기를 수용하고 경험에 대해 개방적이며, 새로운 방법을 시도하려는 의지가 강하다. 그리고 조직의 구조적 결함에 대응할 수 있는 역량을 갖고 있고, 문제에 대한 명확한 해답이 부재를 극복할 수 있는 능력도 있다. 또한 위기를 수용하는 구성원들은 실패에 대한 두려움이 적기 때문에, 새로운 아이디어 제안에도 적극적이다.

한편 조직관리자는 실수와 실패를 처벌하기보다는 구성원들은 새로운 아이디어를 내는 것을 권장하고 수용하여야 한다. 대부분의 조직들이 오래된 문제에 대한 새로운 해결책을 필요로 하지만 위기와 실패를 수용하는 구성원들을 가혹하게 대하는 경우가 많다. 이럴 경우 조직은 문제의 원인을 탐구하고 해결책을 제하고자 하는 노력이 줄어들게 된다.

3. 브레인스토밍

조직구성원의 창의성을 장려하기 위한 도구 중의 하나가 브레인스토밍(brainstorming)이다. 브레인스토밍은 개인의 아이디어를 창출해내는 창의적인 프로세스이며, 집단 속에서도 개인의 아이디어를 이끌어 낼 수 있는 좋은 도구이다.

한편 브레인스토밍은 조직구성원 간 협력적 탐구를 이끌어 낼 수 있다. 협력적 탐구는 개인이 서로 다른 위치나 관점, 즉 중립적, 감정적, 부정적, 긍정적, 전체적인 관점에서 문제를 고려해 보도록 요구하고, 다양한 관점으로 이슈를 검토하도록 유도하기 때문에 창의적인 사고를 장려한다.

4. 명목진단 기법

명목진단 기법(normal group technique)은 문제해결을 위한 아이디어를 창출하고, 그 우선순위를 부여하기 위한 구조화된 집단 프로세스라 할 수 있다. 명목진단 기법의 프로세스는 [그림 11－4]와 같다. 1단계와 2단계에서는 집단적 일치에 대한 압력을 예방하기 위해 구성원 간 상호작용 없이 개인이 스스로 기록한다. 이는 개인의 아이디어가 타인의 공격과 타인과의 갈등을 줄이기 위한 것이다. 이 단계에서는 모든 참여자들이 동일한 권한과 동일한 기여를 하는 것을 전제로 하기 때문에 조직 내 지위와 직급에 의한 부정적인 영향을 줄 수 있는 잠재적인 요소들을 제거할 수 있다. 3~4단계에서는 각각의 의견과 대안에 대한 집단토의를 통하여 대안의 우선순위를 부여하고, 그에 대해 투표를 통하여 결정한다. 4단계 이후 필요시에는 1단계부터 다시 반복할 수 있다.

명목진단 기법은 대규모 집단이 문제에 대한 해결책을 모색할 때 매우 훌륭한 집단 의사결정 방법이다. 이 기법의 성공은 회의 진행자가 논의 프로세스를 얼마나 잘 관리하는가에 달려 있다.

그림 11-4 명목집단 기법의 실행 단계

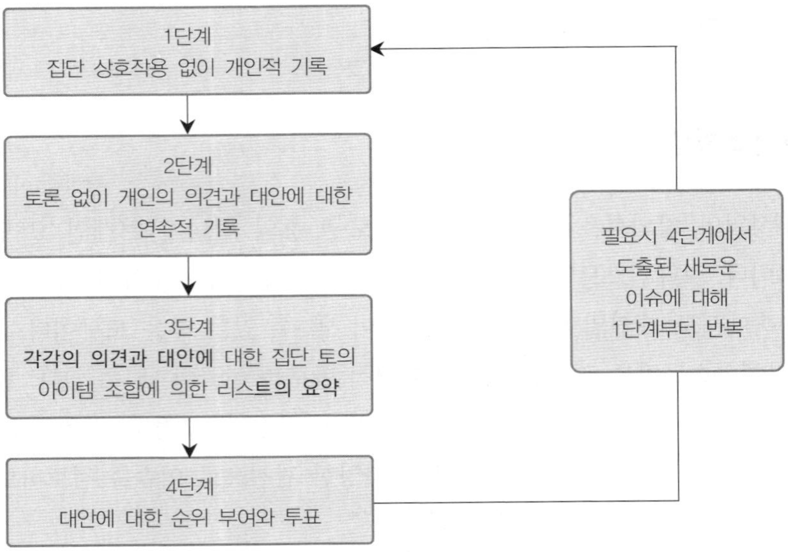

출처: Nahavandi & Malekzadeh(1988).

5. 델파이 기법

델파이 기법(Delphi method)은 연속적인 공식적 조사와 분석을 통하여 이슈에 대한 의견을 획득하는 구조화된 집단 의사결정 기법이다. 델파이 기법의 장점은 첫째, 대규모 집단에서 활용 가능하고, 둘째, 익명성의 확보와 의견 일치에 대한 압력이 감소하고, 셋째, 상호간 갈등 감소하며, 넷째, 효율적이며 긴 회의를 필요로 하지 않으며, 다섯째, 다양한 정보화 기술의 활용이 가능하다.

6. 집단지원 시스템

집단지원 시스템으로는 그룹웨어와 컴퓨터를 이용한 의사결정 시스템 등이 있다. 그룹웨어는 구성원의 대화와 의견을 공유하고, 문서를 교환하면서 동시에 작업할 수 있다. 컴퓨터에 기반 한 의사결정 시스템은 컴퓨터를 통해 표준화된 많은 데이터를 수집하고 분석하여 문제를 진단하고 대안의 순위를 결정하는 시스템이다. 내부 전산

망을 활용하여 문제와 정보를 공유하거나, 클라우드 시스템을 활용하여 정보의 생산 관리와 활용하는 것이 그 예이다.

제 7 절 적정 의사결정 모형의 선택

앞에서 의사결정의 기본 모형인 합리성 모형, 제한된 합리성 모형, 직관 모형에 대해 논의하였고, 의사결정의 실제 모형에서는 경영과학 모형, 카네기 모형, 점증 모형 및 쓰레기통 모형 등을 논의하였다. 이러한 여러 가지 기본 및 실제 의사결정 모형이 있어야 하는 이유는 의사결정을 내려야 하는 조직의 상황이 서로 다르기 때문이다. 이는 조직은 어떠한 모형에 기초하여 조직의 중요한 의사결정을 하는 것이 가장 바람직한 것인가에 대한 질문과 관련된다.

의사결정 방법을 선택하는 두 가지 차원은 다음과 같다(Daft, 2007). 첫째는 문제에 대한 합의이다. 둘째는 문제해결 수단에 대한 기술적 지식의 정도이다. 이 두 가지 차원을 기준으로 의사결정 시에 어떤 모형을 선택하면 바람직한지를 판단할 수 있다.

1) 적정모형 선택을 위한 두 가지 차원

(1) 문제에 대한 합의

문제에 대한 합의(problem consensus)는 문제 상황, 문제의 본질, 추구해야 할 조직 목표, 결과에 대해 조직구성원 간의 의견 일치성을 말한다. 합의의 정도는 완전한 일치에서 완전한 불일치까지로 구분할 수 있다. 조직의 구조가 매우 복잡하고 부서간의 이질성이 높으면 높을수록, 그리고 조직의 통합 기제가 잘 작동되지 않을수록 문제에 대한 합의의 정도는 불일치에 가까워진다. 반면, 반대의 경우는 합의의 정도는 일치에 가까워질 수 있다.

(2) 해결방안에 관한 기술적 지식의 정도

문제해결과 조직 목표달성 방법에 대한 정도를 말한다. 문제해결을 위한 대안들을 잘 이해하고 해결방안에 대한 기술적인 지식이 있으면 문제해결 가능성이 높아질 수 있고, 그 반대의 경우는 해결 가능성이 낮아질 수 있다.

2) 적정 의사결정 모형을 선택하기 위한 상황적 분석체계

문제합의와 해결방안에 대한 기술적 지식의 두 차원을 이용하여 <표 11－2>와 같이 주어진 상황 하에서 어떤 의사결정 모형이 적합한지 선택하기 위한 상황적 분석틀을 제시할 수 있다.

표 11-2 적정 의사결정 모형을 선택하기 위한 상황적 분석틀

구 분	일치 ──→ 문제에 대한 합의	──→ 불일치
높음 해결 방안에 대한 기술적 지식	• 개인: 합리적 접근, 계산 • 조직: 경영과학 모형	• 개인: 교섭, 의견 공유 • 조직: 카네기 모형
해결 방안에 대한 기술적 지식 낮음	• 개인: 판단, 시행착오 • 조직: 점증 모형	• 개인: 교섭과 판단, 영감과 모방 • 조직: 카네기 모형, 점증 모형, 쓰레기통 모형

출처: Daft(2007).

사례 11-1 빅데이터 분석에 기반 한 의사결정은 어디까지?

"미래에는 스마트 기기가 실질적 의사결정 기능을 가지게 될 것으로 봅니다. 운전을 하려고 차에 오르면 자율주행차가 최적 경로를 알아서 찾아주고, 보험 창구에 있는 단말기가 신규 고객의 보험 가입 가능 여부를 즉각적으로 판단해 직원에게 알려줄 수 있습니다."

…(중략)… "아직까지 빅데이터 분석은 초기 단계(early stage)에 있지만, 앞으론 이를 바탕으로 의사결정 자동화가 이뤄질 것"이라며 이같이 말했다. 빅데이터 분석을 통해 가까운 미래를 예측할 수 있고, 기업은 이를 의사결정에 활용할 수 있다는 것이다.

…(중략)… 현재의 데이터 플랫폼은 데이터를 수집해 중앙에서 관리하는 수준에 머물러 있지만, 점차 의사결정 자동화 도구로 발전할 것으로 봤다. 또 미래에는 이 과정이 말단(edge, 에지) 기기 차원에서도 이뤄질 수 있으며 스마트 기기에 빅데이터 분석이 결합되면 자동 의사결정 기기로 활용할 수 있다고 예상했다. 보험 가입 창구에서 '부정 방지(Anti-Fraud)' 기능이 작동해 의심스러운 가입자를 사전에 차단하는 식이다.

…(중략)… "3~4년 전만 해도 기업들이 데이터가 아닌 직관, 일부 경험을 기반으로 의사결정을 했다"며 "데이터가 있어도 어디에서 찾을지, 어떻게 사용할지 몰라 제대로 활용하지 못했다"고 했다.

…(중략)… "최근 선보인 '클라우데라 데이터 플랫폼(CDP)'의 목적은 기업이 더 좋은 의사결정을 할 수 있도록 돕는 것"이라며 "기업뿐 아니라 정부 등 공공 분야에서도 조세 포탈, 안보, 통계 분석 등에 활용할 수 있다"고 했다.

…(중략)… 실제로 해외 주요 기업들은 빅데이터 분석과 미래 예측의 중요성을 일찌감치 깨닫고 관련 솔루션을 적극 도입하는 추세다. …(중략)… 한국에서는 LG유플러스(13,950원 ▲00.00%), KB국민은행, 삼성화재 등이 클라우데라의 고객이다. 자동차 제조업체, IT 기업 등 거의 모든 분야에서 클라우데라의 솔루션을 활용하고 있다. (이하 생략)

출처: 조선비즈(2019.11.14)

사례 문제

1. 위의 사례는 의사결정 모형 중 어느 모형과 연계되는 사례인지 논의해 보자.
2. 정보기술의 발전과 의사결정의 관계에 대해 논의해 보자.
3. 정보기술에 기초한 의사결정과 인간의 직관과 경험에 기초한 의사결정 중 어느 것이 더 효과적인지 논의해 보자.

토론 과제

1. 점증 모형에서의 의사결정의 3단계는 무엇인가? 그 모형에서 의사결정이 반복 순환되는 과정이 발생하는 이유에 대해 토론해 보자.
2. 카네기 모형에서는 의사결정 과정에서 연합세력집단을 형성할 필요가 있다고 강조한다. 연합세력집단 형성이 필요한 이유는 무엇이고, 그 형성 시기에 대해 토론해 보자.
3. 급속한 환경변화에 직면하는 관리자는 왜 미래보다는 현재에 더 많은 신경을 쓰고 있을까? 이럴 경우 관리자는 합리적인 접근법과 직관적인 접근법 중 어느 것을 활용해야 더 성공적일까? 이에 대해 토론해 보자.
4. 어떤 경제학 교수가 학생들에게 "개인 의사결정자는 의사결정에 관련된 모든 정보를 검토하고 경제적으로 합리적인 대안을 선택하도록 해야만 한다"라고 강의를 했다. 당신은 여기에 동의하는가? 각자의 의견을 제시하고 토론해 보자.
5. "조직에서는 과제를 한 번에 결정하지는 않는다. 문제를 해결해 나가는 과정 속에서 결정을 하게 되는 것이다"라고 한다면, 이는 어떤 의사결정 모형에 근거한 것인지 토론해 보자.

제 4 편

조직의 구조와 절차

Organizational Behavior

제12장

조직구조와 행태

조직의 행태를 전체적으로 이해하기 위해서는 조직에 속해 있는 개인, 집단, 그리고 조직 그 자체를 이해하여야 한다. 이 장에서는 조직구조의 개념과 조직구조적 특성 및 조직구조의 상황요인이 무엇인지 살펴보고, 조직구조의 상황요인과 조직구조적 특성에 의해 나타나는 조직의 행태를 논의한다.

일반적으로 조직의 행태는 네 가지 차원에서 분석할 수 있다. 첫째, 조직의 집합체인 조직개체군 차원, 즉 조직들이 모여 하나의 개체군을 형성하는 원인을 생태학적 관점에서 분석하는 차원, 둘째, 조직 그 자체의 차원, 셋째, 조직에 속해 있는 하위 집단이나 팀 차원, 넷째, 조직 내의 개인 차원으로 분석할 수 있다.

이 장에서는 네 가지 차원 중 조직 그 자체 차원에 초점을 두고, 조직구조의 개념, 조직의 행태에 영향을 미치는 조직구조의 상황요인, 조직구조적 특성을 알아보고, 조직구조의 상황요인과 관련된 조직행태를 이해한다.

제 1 절 조직구조

1. 조직구조의 개념

조직구조(structure)는 주어진 조직의 목표를 달성하기 위해 필요한 역할을 배열해 놓은 정형화된 양식이다. 그러므로 조직구조는 조직의 기능 및 특성, 기능 간 상호작용과 역학관계, 조직의 형태와 유형을 결정한다. 대프트(Daft, 2007)는 조직구조를 정의할 때 ① 조직의 의사결정 단계, 조직의 명령・보고・지시와 관련된 계층의 수, 통솔의 범위와 관련된 공식적 보고체계, ② 개인을 부서로, 부서를 전체 조직으로 조직화하는 것, ③ 분화와 통합의 원리를 적용한 효과적인 의사소통・조정・통합 등 세 가지 측면을 고려해야 한다고 하였다. 위의 세 가지 중 앞의 두 가지는 조직의 수직적 계층 간 상호작용의 틀, 세 번째는 조직구성원 간의 수평적인 상호작용의 틀과 관련된다.

일반적으로 조직구조는 조직도(표)로 구체화된다. 조직도(표)는 조직 전체의 활동과 과정, 조직의 다양한 부문 간의 상호 연계, 각 직위와 부서 간의 구성체계를 보여준다. 하지만 조직도(표)는 조직의 비공식적인 활동, 조직 내부에서 작동되는 권력구조, 갈등구조, 조직정치적인 구조는 보여주지 못한다.[1)]

조직구조적 특성은 공식화, 분화, 통솔의 범위, 집권화와 분권화, 인력구성 비율 등으로 구분할 수 있다.

2. 조직구조적 특성

1) 공식화

공식화(formalization)란 조직의 절차, 직무 내용, 제도, 정책 등이 문서로 표현되어 있는 정도를 말한다. 달리 표현하면, 공식화는 조직의 필요한 행동과 활동(Daft,

1) 조직의 권력구조, 갈등구조, 조직정치적인 구조는 조직의 정치, 권력, 갈등을 논의하는 제8장에서 자세히 설명된다.

2007) 또는 조직의 운영을 표준화하기 위한 성문화된 규칙과 절차(박경원 · 김희선, 1998)를 말한다.

그러므로 어떤 조직이 그 조직의 운영 및 관리와 관련된 절차, 직무 내용, 조직의 제도와 정책에 대한 규정집 및 매뉴얼 등에 의해 작동되고 있다면 그 조직은 공식화의 정도가 높다고 할 수 있고, 역으로 비공식적인 지시나 통제에 의해 움직이고 있다면 공식화의 정도가 낮다고 할 수 있다. 공식화는 조직이 생산한 문서의 양으로 측정할 수 있다.

2) 분 화

분화(differentiation)란 조직의 각종 자원(인적 · 물적 자원)을 할당하기 위하여 과업－권한관계를 확립하는 것을 말한다. 일반적으로 분화는 수평적 분화, 수직적 분화, 공간적 분화로 구분된다. 수평적 분화는 분업화(또는 전문화(specialization)와 부문화(departmentation)를 말하며, 수직적 분화는 보고체계에 의해 나타나는 권한계층(hierarchy of authority)을 말하며, 공간적 분화는 조직의 업무를 수행하는 하위조직 또는 부서들이 지리적으로 분산되어 있는 것을 말한다. 수평적 분화와 수직적 분화를 구체적으로 설명하면 다음과 같다.

(1) 수평적 분화: 분업화(또는 전문화)와 부문화

분업화(또는 전문화)란 조직의 업무가 개별 업무로 세분화되어 있는 정도, 즉 조직이 수행해야 할 전체 과업 중에서 조직구성원 각자에게 맡겨진 업무의 범위를 말한다. 분업화의 정도에 따라 한 개인이 수행해야 할 업무의 수, 업무와 관련된 절차의 표준화, 업무 숙련의 정도 등이 결정된다. 분업화의 정도가 높으면 조직 구성원은 매우 제한된 업무를 수행하는 반면, 분업화의 정도가 낮으면 조직구성원은 여러 가지 다양한 업무를 수행하게 된다. 부문화는 개별 업무들을 유사한 직무 단위로 묶는 것을 말한다. 일반적으로 수평적 분화의 정도는 동일 직급의 부문화의 수로 측정된다.

(2) 수직적 분화: 권한계층

권한계층(hierarchy of authority)이란 의사결정의 단계 또는 보고 단계라 할 수 있다. 조직도(표)를 보면 최고 상위계층에서 최하위 계층까지 계층화의 정도를 알 수 있다. 일반적으로 수직적 분화는 권한계층의 수로 측정된다.

3) 통솔의 범위

통솔의 범위(span of control)란 관리 범위 및 통제의 범위를 말한다. 즉, 한 관리자에게 보고하는 부하 직원의 수라고 할 수 있다. 그러므로 통솔의 범위는 부하 직원의 수로 측정할 수 있다.

통솔의 범위가 좁으면 저변이 좁은 피라미드형 조직구조가 되고, 반대로 통솔의 범위가 넓어지면 저변이 넓은 피라미드형 조직구조가 된다. 한 상급자로부터 지휘를 받는 부하 직원의 수는 의사소통, 조정, 통제의 문제와 관련되어 있다.

4) 집권화와 분권화

집권화(centralization)와 분권화(decentralization)란 조직의 의사결정이 어느 계층에 집중 또는 위임되어 있는 정도를 말한다. 그러므로 집권화와 분권화는 의사결정 권한의 배분을 의미한다. 의사결정을 할 수 있는 권한이 최고관리자층 또는 하나의 계층에 집중되어 있다면, 집권적이고 집권화의 정도가 높은 조직구조를 가진 조직이라 할 수 있다. 반대로 의사결정이 여러 계층에 위임되어 있다면, 분권적이고 분권화의 정도가 높은 조직구조를 가진 조직이라 할 수 있다.

조직의 집권화와 분권화의 정도는 조직의 위임전결사항이나 조직구성원이 인식하는 재량권의 정도로 측정할 수 있다.

5) 인력구성 비율

인력구성 비율(personnel ratio)이란 조직 내의 다양한 업무와 부서에 배치되어 있는 인력의 비율을 말한다(Daft, 2007). 이는 관리자 비율, 참모 비율, 전문직 비율, 정규직 비율, 생산부서와 지원부서의 비율 등을 포함한다.

일반적으로 지원부서와 생산부서의 비율, 관리자와 비관리자 비율, 정규직과 비정규직 비율 등을 통해 조직의 인력구성 비율을 측정한다.

3. 조직구조의 상황요인

조직구조의 상황요인은 조직행태에 다양한 영향을 미친다. 조직구조의 상황요인으로는 조직의 규모, 기술, 환경, 전략 및 권력 등을 들 수 있다. 이 중에서 조직의 규모·기술·환경은 조직의 외재(생)적 상황요인이고, 전략·권력은 내재(생)적 상황요인이라고 할 수 있다.

1) 조직규모

일반적으로 조직규모는 조직구성원의 수 또는 조직의 가용 인원(personnel available to an organization)으로 정의되고 있다. 이외에도 조직의 물리적 수용 능력, 조직의 매출액, 조직의 자원 등으로 정의되기도 한다.

조직규모를 조직구성원 수로 보는 이유는 조직활동을 위해 가장 핵심적으로 동원 가능한 것이 조직구성원이기 때문이며, 조직의 분업화와 부문화, 권한 계층, 통솔의 범위, 집권화와 분권화, 인력구성 비율 등은 조직구성원을 중심으로 이루어지기 때문이다.

규모 결정론은 조직의 규모가 조직의 구조를 결정하는 데 가장 중요한 요소라고 보는 관점이며, 조직규모의 증감이 조직의 구조와 밀접한 관계를 가지고 있고, 이들의 관계에 따라 조직구조적 특성과 조직행태가 결정된다고 보는 이론이다.

2) 조직기술

조직기술은 조직의 여러 가지 투입물을 조직이 목표하는 산출물로 변환시키는 데 이용되는 지식, 도구, 기법, 활동 등으로 정의되고 있다. 즉, 조직의 투입물을 산출물로 전환시키는 방법과 일련의 과정들이 조직기술이다.

조직기술은 조직이 수행하고 있는 작업(또는 업무)의 기술적 복잡성(Woodward, 1965), 수행 업무(또는 과업)의 다양성과 문제의 분석 가능성(Perrow, 1967)에 따라 분류된다. 또한 톰슨(Thompson, 1967)과 같이, 조직이 수행하는 업무(또는 과업)에 따라 중개기술, 길게 연결된 기술, 집약기술로 분류되기도 한다. 또한 소프트웨어와 하드웨어 기술로 분류된다. 소프트웨어 기술은 경험, 노하우 등과 같은 암묵적 지식이나, 업무 매뉴얼, 공정표, 체계화된 자료와 문서 등을 포함한 명시적 지식, 협력과 협업을 통해 발현되는 집단지성 등을 포괄하는 것이라 할 수 있고, 하드웨어 기술은 제품을 생산하기 위한 사무 장비 및 설비 등이라 할 수 있다.

기술결정론은 조직기술에 의해 조직구조가 상당한 영향을 받을 수밖에 없으며, 그에 따라 조직구조적 특성과 조직행태가 결정된다고 보는 이론이다.

3) 조직환경

조직환경은 조직의 경계 밖에 존재하면서 조직에 영향을 미치거나 영향을 미칠 가능성이 있는 모든 요소 등으로 정의할 수 있다. 조직환경을 최광의로 분류하면 내부환경과 외부환경으로 분류할 수 있다. 내부환경[2]이란 조직의 독특한 특성이나 조직분위기를 지칭하며, 외부환경이란 조직 밖에 존재하면서 조직의 전략수립, 조직설계 및 조직관리에 영향을 주는 환경(김인수, 2008: 120)을 말한다. 흔히 조직환경이라 함은 외부환경을 의미한다.

조직의 외부환경은 일반환경과 과업환경으로 세분할 수 있다(김인수, 2008; 김도희, 2002). 일반환경은 사회 내의 모든 조직에 공통적으로 영향을 미치는 것으로서 그 범위가 넓고 조직에 미치는 영향이 간접적인 특성을 갖고 있는 환경이면서, 근원적인 영향을 미치고 있는 환경을 의미한다. 일반환경은 정치적 환경,[3] 사회문화적 환경,[4] 경제적 환경,[5] 기술적 환경,[6] 자원 환경[7] 등으로 구분된다.

---

2) 조직의 내부환경은 조직의 독특한 특성이나 조직분위기를 말한다.

3) 사회의 일반적인 정치풍토나 권력집중의 정도, 정치조직의 성격, 정치·정당체계 등은 조직에 적지 않은 영향을 미친다.

4) 조직이 처해 있는 인구학적 조건, 문화적·생태적·종교적 조건, 조직사회의 조건, 사회적 계층을 포함한 사회문화구조의 특성 등을 말한다. 인구집단의 규모, 성장률, 구성 및 분포에 변동이 일어나면 조직은 그에 대응하지 않을 수 없게 된다. 또한 사회계층의 엄격성, 분화의 정도 등 사회적 구조의 일반적 특성들도 조직에 영향을 미치게 된다(오석홍, 2008).

5) 조직을 둘러싸고 있는 경제적 조건은 조직의 목표와 규모, 사업 등에 중요한 영향을 미치고, 조직의 생성 또는 존속 자체를 좌우하는 결정적 요소로 작용한다(Katz & Kahn, 1978). 당면하는 경제적 환경에 따라 조직의 프로그램이 달라지며, 조직의 모습은 경제적 상황에 어떻게 대응하느냐 따라 다르게 나타난다.

6) 기술수준(예:, 정보기술 수준)은 조직의 구조와 과정에 결정적인 영향을 미친다. 예컨대, 불확실하고 급변하는 기술적 환경에 노출된 조직과 확실하고 안정된 기술적 환경에 노출된 조직은 구조와 과정에 있어서 서로 현저한 차이를 보이는 것이 보통이다(오석홍, 2008).

7) 조직이 필요로 하는 인적·물적 자원과 관련된 환경요인을 말한다. 조직은 외부로부터 적절한 능

반면, 과업환경은 한 조직이 전략수립 및 목표달성에 관한 의사결정을 내릴 때 직접적으로 영향을 미치는 환경으로서 조직에 따라 고유하게 나타나는 환경을 가리킨다(김한배, 2001). 그러므로 과업환경은 조직의 활동 영역에 따라 다를 수 있다. 즉, 정부조직, 민간조직, 준정부조직, 비영리조직 등에 따라 각각의 과업환경은 다를 수 있다. 따라서 과업환경의 유형을 일반화할 수 없다.

위에서 설명한 조직의 일반환경과 과업환경의 구분에도 불구하고 실제로는 이들의 환경은 엄격히 구별되지는 않는다. 그러나 그 차이는 조직의 성격이나 활동 영역에 따라 변하며, 조직구조적 특성과 조직행태에 중요한 영향을 미치는 것이 사실이다.

환경결정론은 조직환경에 의해 조직구조가 상당한 영향을 받을 수 밖에 없으며, 그에 따라 조직구조적 특성과 조직행태도 결정된다고 보는 이론이다.

4) 조직전략

조직전략은 조직의 목적을 달성하기 위한 의사결정 규칙 또는 지침인 동시에, 조직의 장기목표 및 조직의 목표를 설정하고 행동 방침 및 방향으로 정의된다. 즉, 조직의 목적, 의도, 목표를 달성하기 위한 기본적인 방침과 계획이라 할 수 있다.

전략은 계획(plan)과 구분되어야 한다. 계획은 어떠한 일을 향후 어떻게 하겠다는 것을 미리 정해 두는 활동을 의미하는 반면, 전략은 어떻게 해야 하는지에 대한 행동 대안을 선택하는 것을 의미한다(김병섭 외, 2008).[8]

조직전략에 대한 접근방법은 크게 두 가지로 나뉜다. "조직구조는 전략에 따른다"(Chandler, 1966)는 명제와 같이 조직의 전략에 의해 조직의 구조가 결정된다는

력과 자질을 갖춘 인력을 지속적으로 확보해야 될 뿐만 아니라 물적 자원을 지속적으로 확보해야 하므로, 자원 환경은 조직활동에 중요한 영향을 미치게 된다.

8) 김병섭 외(2008: 170)는 전략과 계획은 본질적으로 서로 다른 개념이라고 설명한다. 첫째, 계획이 "내가 어떻게 할 것인가"에 초점이 맞추어진 것에 반해, 전략이란 "상대가 어떻게 나올 것인가"에 초점이 맞추어진다. 둘째, 계획이 실행 가능한 계획과 실행 불가능한 계획으로 구분된다면, 전략은 이기는 전략과 지는 전략으로 구분된다. 셋째, 계획이 미래 상황을 예측하고 현재 필요한 다양한 방안(활동)에 초점을 맞추는 반면, 전략은 행동 대안에 선택의 여지가 없는 유일한 방법 밖에 없는 것 같이 보이는 상황에서도, 그 행동을 취할 것인지 말 것인지의 두 가지 대안이 존재한다. 넷째, 계획은 다수의 활동 방안을 제시하는 데 그치고, 전략은 가능한 다수 안을 파악하고 그 중에서 최선안을 선택하는 과정을 의미한다. 따라서 전략은 상황 대응적이고 선택적 접근을 중시한다.

전략결정론과 조직의 구조는 조직의 전략에 의해 자동적으로 결정되는 것이 아니라 조직의 정치적 역학과정을 통하여 조직의 전략은 선택에 의해 결정(Child, 1972)된다는 전략선택론으로 나누어진다.

전략결정론과 전략선택론은 조직전략과 조직이 선택하는 전략에 의해 조직구조가 상당한 영향을 받을 수밖에 없으며, 그에 따라 조직구조적 특성과 조직행태도 달라진다고 보는 이론들이다.

5) 조직권력

조직권력은 개인, 집단 또는 조직이 다른 개인, 집단 또는 조직에 영향을 미치거나 주장을 관철시키고자 하는 능력으로 정의될 수 있다. 권력과 유사한 개념으로 권한(authority)과 영향력(influence)이 있다. 권한이란 합법화된 권력을 의미하며 직위로 인해 주어지는 공식적인 권력을 의미한다. 영향력은 개인이나 집단이 의도된 방향으로 움직이도록 하는 비공식적인 권력을 의미한다.

권력의 유형은 준거적 권력, 전문적 권력, 합법적 권력, 보상적 권력, 강제적 권력, 직위권력, 개인권력 등으로 분류할 수 있다. 준거적 권력(reference power)은 어떤 사람이 자신보다 뛰어나다고 생각하는 사람을 닮고자 할 때 발생하는 권력이며, 전문적 권력(expert power)은 권력 행사자가 특정 분야나 상황에 대해 고도의 지식과 전문성을 갖고 있다고 권력 수용자가 인지할 때 발생하는 권력이다. 합법적 권력(legitimate power)은 권한과 유사한 개념으로 상사가 보유하고 있는 직위에 기반을 둔 권력이며, 보상적 권력(reward power)은 다른 사람들이 가치를 두고 있는 보상을 갖고 있는 정도로서 다른 사람들에게 보상을 제공할 수 있는 능력에 기반을 둔다. 강제적 권력(coercive power)은 인간의 공포에 기반을 둔 권력이다. 직위권력은 직무를 가지고 있는 사람과는 관계없이 그 직위 자체로 인해 부여받는 권력이며, 개인권력은 조직 내의 직위와 관계없이 그 개인 자체로 인해 발생하는 권력을 의미한다.

이러한 조직 내의 다양한 조직권력은 조직 내의 수평적·수직적·협력적 권력구조를 생성하고 집권화과 분권화 등과 같은 권력 배분과 관련된 조직구조적 특성이 형성되며, 그것에 의해 다양한 조직행태가 나타나게 된다.

제 2 절 조직구조의 상황요인과 조직행태

조직행태는 조직구조적 특성 — 공식화, 분업화(전문화)와 부문화, 권한계층, 통솔의 범위, 집권화와 분권화, 인력구성 비율 등 — 에 의해 영향을 받고, 조직구조적 특성은 조직구조의 상황요인— 조직의 규모, 기술, 환경, 전략, 권력 — 에 의해 영향을 받는다. 이러한 관계를 그림으로 표현하면 다음의 [그림 12-1]과 같이 나타낼 수 있다.

그림 12-1 조직의 상황요인 및 조직구조적 특성과 조직행태 간의 관계

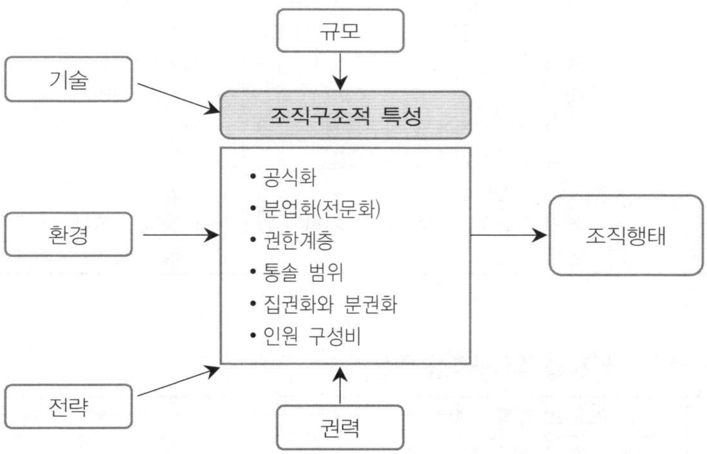

1. 조직규모와 조직행태

일반적으로 조직의 규모(size)는 조직의 구조적 특성과 행태에 직·간접적으로 영향을 미친다(<표 12-1> 참조). 또한 조직규모는 조직구조적 특성에 영향을 미치는 조직의 연령(수명주기)과도 밀접한 관계가 있다. 조직이 성장 또는 쇠퇴할 때 그에 상응하는 조직규모와 조직구조적 특성 등이 정합성을 가지지 않을 경우 조직행태와 관련된 문제가 발생하게 된다.

<표 12-2>에서 보는 바와 같이, 조직연령이 적은 소규모의 조직은 흔히 단순하고 비공식적인 구조를 갖추지만, 조직이 성장해 감에 따라 조직의 규모가 커지고, 조직 규모가 커짐에 따라 공식화의 단계가 되면 조직의 공식적인 절차와 명확한 과업의 분화 등과 같은 조직구조적 특성과 그에 따른 다양한 조직행태가 나타나게 된다.

표 12-1 조직규모와 조직구조적 특성 및 조직행태

구 분		대규모	소규모
조직 구조적 특성	공식화	• 높은 수준의 공식화	• 낮은 수준의 공식화
	집권화	• 낮은 수준의 집권화	• 높은 수준의 집권화
	인력구성 비율	• 고위관리직 비율이 상대적으로 낮음 • 지원부서 비율 높음	• 고위관리직 비율이 상대적으로 높음 • 지원부서 비율 낮음
조직 행태		• 경쟁에 필요한 거대자원 획득과 규모의 경제 달성 • 경제적·사회적으로 어려운 시기나 위험한 상황에서 위기 극복이 용이함 • 불확실한 시기에 조직구성원에게 안전감과 소속감을 줄 수 있음 • 기능적 전문성을 제공 • 장기근속, 임금인상, 승진 기회의 안정적 제공	• 급변하는 조직환경에 대한 대응성과 유연성 제고 • 정보기술의 발달로 소규모 조직의 적응력 제고 • 특화된 서비스 제공 • 기업가정신과 혁신을 촉발시키는 유연한 구조와 유기적인 관리방식에 적합 • 조직의 사명에 대한 인식 용이성은 조직구성원에 동기부여와 몰입 제공

표 12-2 수명주기 단계별 조직구조적 특성

구 분	소규모 조직 ←――――――――――――――――――――――――――――――→ 대규모 조직			
	창업 단계	집단공동체 단계	공식화 단계	정교화 단계
	비관료적	준관료적	관료적	초관료적
조직구조적 특성	비공식적, 1인 체제	전반적으로 비공식적, 부분적 절차	공식적 절차, 명확한 과업분화, 전문가 영입	관료제 내의 팀 운영 문화의 중요성

2. 조직환경과 조직행태

1) 조직환경의 유형에 따른 조직행태

일반적으로 안정적이고 확실성이 높은 환경 하에서는 기계적 구조에 적합한 조직구조적 특성과 조직행태가 나타나며, 동태적이며 불확실성이 높은 환경 하에서는 유기적 구조에 적합한 조직구조적 특성과 조직행태가 나타난다.

전자의 경우에는 의사소통이 주로 문서에 의해 이루어지고, 의사결정도 소수의 경영자에 의해서 이루어진다. 또한 정보의 흐름도 제한되어 있고, 구성원 간의 갈등은 주로 상급자의 의사결정에 의해서 해결된다. 그리고 규칙이나 절차에 의해 미리 정해진 방법에 의존하여 업무를 처리하며, 공식화의 정도가 높은 조직구조적 특성을 가진다.

표 12-3 조직환경의 유형에 따른 조직구조적 특성

구 분	안정적 환경	불확실한 환경
작업의 분업화	높음	낮음
커뮤니케이션	명령, 지시	충고, 자문
권한의 위치	조직의 최고층에 집중	능력과 기술을 가진 곳
갈등해결 방식	상급자의 의사결정	토론, 기타 상호작용
정보의 흐름	제한되고 하향적	상하로 자유로움
공식화	높음	낮음

후자의 경우에는 문서화된 규칙이나 절차가 적고, 의사결정 권한이 분권화되어 있으며, 토론이나 상호작용 등 조직구성원 간의 갈등을 해결하기 위한 의사소통이 빈번히 이루어진다. 또한 공식화의 정도도 낮고 예상치 못한 뜻밖의 상황에 유연하게 대응하는 조직구조적 특성을 가진다(<표 12-3> 참조).

한편, 환경의 변화/복잡성의 정도와 조직행태를 분석하기 위해 [그림 12-2]와 같은 분석틀을 활용할 수 있다. 던컨(Duncan, 1972)은 환경의 변화와 복잡성에 따라 2×2 매트릭스로 조직의 환경 속성을 분석하기 위한 틀을 제시하고 있다.

데프트(Daft, 2007)는 던컨(Duncan, 1972)이 제시한 [그림 12-2]의 조직의 환경 속성을 기초로 하여 환경불확실성이 조직 특성에 미치는 영향을 [그림 12-3]과 같이 보여주고 있다.

그림 12-2 조직의 환경 속성

환경의 변화	단순	복잡
안정	단순 + 안정 = 낮은 불확실성 1. 환경 요소들이 적으며, 요소들이 유사함 2. 요소들은 동일하게 존재하거나 변화가 느림	복잡 + 안정 = 낮은 중간 불확실성 1. 환경 요소들이 많으며, 요소들이 상이함 2. 요소들은 동일하게 존재하거나 느리게 변화함
불안	단순 + 불안정 = 높은 중간 불확실성 1. 환경 요소들이 적으며, 요소들이 유사함 2. 요소들이 종종, 예측하기 어렵게 변화	복잡 + 불안정 = 높은 불확실성 1. 환경 요소들이 많으며, 요소들이 상이함 2. 요소들이 종종, 예측하기 어렵게 변화함

환경의 복잡성

출처: Duncan(1972).

첫째, 조직환경의 변화와 복잡성이 안정적이고 단순할 경우, 조직은 낮은 불확실성에 적합한 조직의 구조적 특성과 행태를 가진다. '낮은 불확실성'을 지닌 환경에서는 기계적 구조가 적합하다.

둘째, 조직환경의 변화와 복잡성이 안정적이고 복잡할 경우에는 조직은 다소 낮은 불확실성에 적합한 조직의 구조적 특성과 행태를, 조직환경의 변화와 복잡성이 불안정하고 단순할 경우는 다소 높은 불확실성에 적합한 조직의 구조적 특성과 행태를 가진다. '다소 낮은 수준의 불확실성'을 지닌 환경에서는 기계적 구조가 적합하고, '다소 높은 수준의 불확실성'을 지닌 환경에서는 유기적 구조가 적합하다.

셋째, 조직환경의 변화와 복잡성이 불안정하고 복잡할 경우에는 조직은 높은 불확실성에 적합한 조직의 구조적 특성과 행태를 가진다. '높은 불확실성'을 지닌 환경에서는 조정과 통합 활동을 수행하고, 조직 경계의 관리·계획·예측 활동을 통하여 환경의 변화에 빠르게 반응할 수 있는 유기적 구조가 적합하다.

그림 12-3 환경의 불확실성이 조직 특성에 미치는 영향

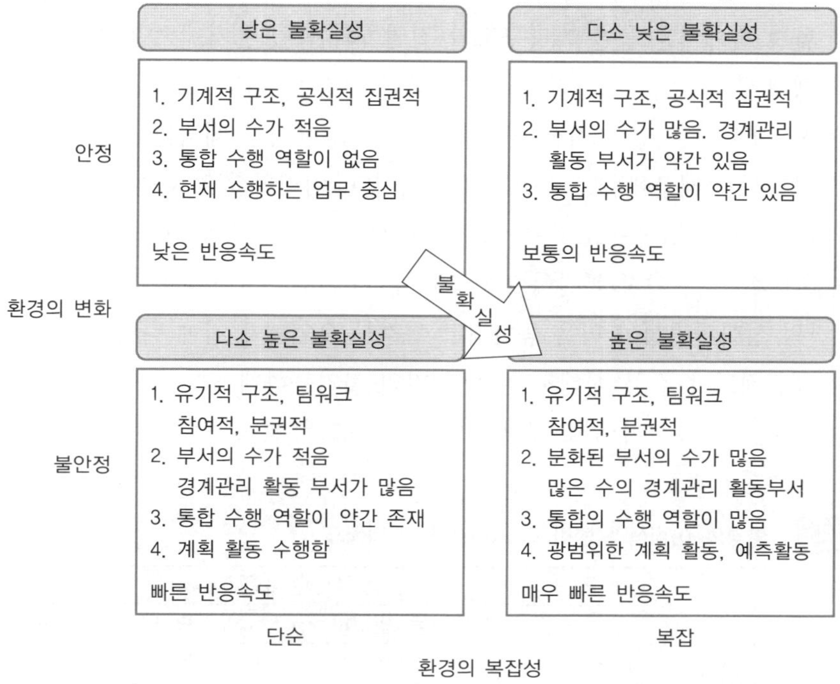

출처: Daft(2007).

2) 환경의 이질성과 변화에 따른 조직행태

환경의 이질성이 적은 경우와 큰 경우로 나누고, 환경의 변화 정도가 예측 가능하거나 안정적일 경우와 불확실하거나 역동적일 경우의 조직형태를 <표 12-4>와 같이 제시할 수 있다.

에머리와 트라이스트(Emery & Trist, 1965)는 조직이 직면할 수 있는 환경을 ① 평온하고 무작위적 환경, ② 평온하고 군집된 환경, ③ 교란적이고 반응적인 환경, ④ 격동적인 환경 네 가지로 분류하였다. 이러한 조직환경 유형과 조직구조적 특성과 조직행태는 다음과 같이 설명할 수 있다.

'평온하고 무작위적인 환경'은 조직에 위협이 될 만한 변화가 거의 없으며, 변화는 지속적이지만 천천히 일어난다. 이러한 환경 하에서는 소규모이고 단순한 조직구조적 특성과 조직행태를 갖는 경향이 있다. '평온하고 군집된 환경'은 변화는 천천히 일어나며 조직을 위협할 수 있는 변화가 잠재적으로 군집되어 있는 경우를 말한다. 이러한 환경 하에서는 높은 계층구조와 집권화되어 있는 기계적인 조직구조적 특성과 조직행태를 갖는다. '교란적이고 반응적인 환경'은 위의 두 환경보다는 복잡하지만 '격동의 장'보다는 덜 복잡한 환경을 의미한다. 유사한 체제들이 등장하여 상호작용하고 경쟁하기 때문에 교란적이고 반응적이다. 이러한 환경 하에서는 더욱더 복잡해지고 분권화되는 조직구조적 특성과 그에 따른 조직행태를 가지게 되는 경향이 있다. '격동적 환경'은 가장 복잡하고 급속하게 변동하는 환경이다. 환경 내의 각 요인인 들 간의 상화관련성이 더욱 높아지고 특정한 요인체계 간에 나타나는 복잡성이나 불활설성의 정도가 점차 심해져 예측이 거의 불가능하게 되는 특징이 있다. 이러한 환경 하에서는 융통성이 있고 유기적인 조직구조적 특성과 조직행태가 요구된다.

표 12-4 환경의 이질성과 변화 정도에 따른 조직행태

구 분		환경변화의 정도	
		작다(예측 가능, 안정)	크다(불확실, 역동적)
환경의 이질성 정도	작다 (단순, 동질적 요소)	• 안정적이고 예측 가능함 • 환경 구성요소가 많지 않고 동질적임 • 정교한 지식이 크게 요구되지 않음	• 역동적이고 불확실함 • 환경 구성요소가 많지 않고 동질적임 • 정교한 지식이 크게 요구되지 않음
	크다 (복잡, 이질적 요소)	• 안정적이고 예측 가능함 • 환경 구성요소가 많고 이질적임 • 정교한 지식이 많이 요구됨	• 역동적이고 불확실함 • 환경 구성요소가 많고 이질적이고 복잡함 • 정교한 지식이 많이 요구됨

3. 조직기술과 조직행태

일반적으로 조직의 기술(technology)이 잘 정의되어 있고 일상적이며 분석하기 용이한 경우에는 문서에 의한 의사소통, 집권적 의사결정, 공식적 절차 등에 의해 조직이 운영된다. 반면, 기술의 변화가 심하고 비일상적이며 복잡한 경우에는 대화에 의한 의사소통, 분권적 의사결정, 비공식적 절차 등에 의해 조직이 운영된다.

예를 들면, 우드워드(Woodward, 1965)의 기술 분류 기준을 볼 때,[9] 대량 생산기술을 사용하고 있는 조직에서는 기계적 조직구조적 특성과 조직행태가 적합하고, 단위 소량 생산기술과 연속공정 생산기술을 사용하고 있는 조직에서는 유기적 조직구조적 특성과 조직행태가 적합하다. 달리 표현하면, 조직에서 사용되고 있는 기술에 의하여 조직구조적 특성과 조직행태가 결정된다. 그리고 조직기술과 조직구조적 특성 및 조직행태의 적합성 여부에 따라 조직의 성과와 효과성이 달라 달라진다.

페로(Perrow, 1967)가 구분한 기술유형[10]에 따라 조직구조적 특성을 정리하면 <표 12－5>와 같다. 조직의 기술에 따라 조직의 유형이 범주화되고, 조직의 구조와 관리과정 및 행태가 달라진다. 과제다양성이 낮고 분석가능성이 높은 일상적 기술의 경우 넓은 통솔의 범위와 기계적 조직구조적 특성과 조직행태가 적합하지만, 과제다양성이 높고 분석가능성이 낮은 비일상적 기술의 경우 좁은 통솔 범위와 유기적 조직구조적 특성과 조직행태가 적합하다.

톰슨(Thompson, 1967)의 상호의존성과 기술유형에 따른 조직행태를 제시하면 <표 12－6>과 같다. 상호의존성은 부서가 자신의 과업들을 수행하기 위해 필요한 지원의 상호의존하는 정도를 말한다. 낮은 상호의존성은 조직이 독립적으로 업무를 수행할 수 있어 상호작용·상담·자원의 교환 등이 거의 필요하지 않다는 것을 의미

---

9) 우드워드(J. Woodward)의 기술 분류와 특징을 보면 다음과 같다.

구 분	특 징
단위 소량 생산기술	특정 고객의 필요성을 충족시켜 주기 위한 것으로서, 거의 사람의 수공에 의존하는 기술유형
대량 생산기술	표준화된 제품을 생산하기 위하여 여러 가지 공정으로 이루어진 긴 제조과정을 지니며, 생산방식은 조립공정에 의한 일상적이고 반복적인 것이 특징임
연속공정 생산기술	생산의 전 과정이 기계화되어 있으므로 산출물에 대한 예측가능성이 매우 높으며, 생산방식은 연속적이고 기계적인 변환과정을 거침

10) 페로(C. Perrow)의 기술유형은 다음과 같다. 부서의 활동을 조직의 구조와 과정에 관련된 두 가지 차원, 즉 직무다양성과 직무활동의 분석가능성으로 나누었다.

분석 가능하지 않은 문제

적은 예외	장인기술 (craft technology)	비일상적 기술 (nonroutine technology)	많은 예외
	일상적 기술 (routine technology)	공학기술 (engineering technology)	

분석 가능한 문제

표 12-5 페로의 기술유형에 따른 조직구조적 특성

구 분		일상적 기술	비일상적 기술	장인기술	공학기술
조직 구조적 특성	공식화	고	저	중	중
	집권화	고	저	중	중
	감독 범위	넓음	좁음	보통	보통
	조정과 통제	규칙, 예산, 보고서	회의, 가치관	훈련, 모임	보고서, 모임
조직행태		기계적 행태	유기적 행태	다소 유기적 행태	다소 유기적 행태

표 12-6 상호의존성과 기술유형에 따른 조직행태

상호의존성	기술유형	조직행태
집합적	중개형 기술	표준화, 규정, 절차
순차적	연속형 기술	계획, 예정표, 피드백
교호적	집약형 기술	상호 조정, 부서 간 회의, 팀워크

한다. 반면 높은 상호의존성은 조직의 자원을 지속적으로 교환해야 한다는 것을 의미한다. 그러므로 부서 간 상호의존성과 기술유형에 따라 조직화의 순서가 달라지며, 그에 따른 조직행태도 달라진다.

구체적으로 보면, 집합적 상호의존성의 경우에는 중개형 기술이 필요하며, 이와 관련된 표준화와 규정, 절차가 강조되는 조직행태가 나타난다. 순차적 상호의존성이 있는 경우에는 연속형 기술이 적합하고 계획과 예정표, 그리고 피드백이 강조되는 조직행태가 나타난다. 교호적 상호의존성이 있는 경우에는 집약형 기술이 필요하며 상호 조정, 부서 간 회의, 팀워크와 같은 조직행태가 나타나며, 태스크포스(task force)와 같은 임시 조직이 용이하다.

4. 조직전략과 조직행태

조직의 관리자는 조직목표를 달성하고 이를 지원하기 위해 특정한 전략을 선택하고 적합한 조직구조를 설계할 필요가 있다. 그 이유는 조직전략의 핵심은 경쟁자들과 비교되는 차별적인 활동 또는 경쟁자들보다 동일한 활동을 능률적으로 수행하는 방식을 채택하는 것이기 때문이다. 그러므로 조직의 전략은 조직 내부 특성에 영향을 미치며, 조직구조는 조직의 전략을 지원할 수 있도록 설계되어야 한다.

포터(L. W. Poter), 마일즈와 스노(Miles & Snow)가 제시한 조직전략을 기준으로 그와 관련된 조직행태를 제시하면 <표 12-7>과 같다.

예를 들면, 저원가 전략을 선택한 조직에서는 강력한 중앙집권화, 표준화된 작업절차, 엄격한 감독과 통제 하에서 일상적인 과업과 의사결정이 이루어지는 조직행태가 나타난다. 한편, 차별화 전략을 추구하는 조직에서는 지속적인 학습과 실험, 유연하고 수평적이며 조정이 잘 이루어지고, 자율권을 가지고 업무를 수행하며, 창의성이 높고, 위험을 수용하고, 혁신성과 효율성을 중시하는 조직행태가 나타난다.

표 12-7 조직전략에 따른 조직행태

포터의 경쟁전략	마일즈와 스노의 전략유형
■ 차별화 전략 • 학습지향, 유연하고 느슨하게 짜인 방식, 강력한 수평적 조정활동 • 창의성, 위험감수, 혁신과 그에 대한 보상 ■ 저원가 전략 • 효율지향, 강력한 집권화 • 표준화된 작업 • 세세한 감독, 일상적인 과업, 제한된 자율권	■ 공격형 전략 • 학습지향, 유연성이 높고 분권화 ■ 방어형 전략 • 효율지향, 집권화 • 밀착된 감독, 낮은 자율권 ■ 분석형 전략 • 안정적인 제품에 대한 효율적 생산, 혁신을 위한 창의성, 연구개발, 위험 감수 강조 ■ 반응형 전략 • 명확한 방향 없고, 상황에 따라 조직구조 특성이 갑작스럽게 변화

5. 조직권력과 조직행태

단순하고 기계적 구조에서는 최고관리자가 조직을 통제하는 권력을 가지고, 복잡하고 유기적 구조에서는 조직 내 다양한 관리자가 조직을 통제하는 권력을 가진다. 조직의 권력유형에 따라 조직행태는 다양하게 나타난다. 조직권력과 조직행태는 조직의 정치, 권력, 갈등을 다루는 제8장에서 자세히 다루고 있다.

사례 12-1 어떤 요인이 정부 조직구조의 변화를 이끄는가?

○○○○ 조직개편 논의는 지난 해 시작되었다. 인공지능(AI) 업무를 담당하던 ○○○ ○○○○ 운영 기한이 당초 지난해 6월 30일까지에서 올해 6월 30일까지 1년 연장되던 시점이었다. ○○○○부 관계자는 "AI가 제4차 산업혁명을 이끌 핵심 수단으로 떠오르면서 관련 기능을 별도 한시 조직이 아닌 정규 조직화해야 한다는 목소리가 높아졌다"며 "올해 6월 이전 조직개편 논의가 이뤄져야 했다"고 설명했다.

…(중략)… 5세대(5G) 이동통신과 사물인터넷(IoT) 서비스가 확산될수록 통신 장애에 따른 피해는 더 커진다. 물리적 사고나 사이버 공격을 예방하고 피해를 최소화할 수 있도록 지원할 전담조직이 필요했다.

…(중략)… AI, 디지털 콘텐츠, 방송 · 통신 관련 부처별 기능과 역할에 대한 논의가 핵심이었다. (이하 생략)

출처: 전자신문(2019.11.5)

사례 문제

1. 위의 사례에서 언급된 사례에서 조직구조의 상황요인은 무엇인지 논의해 보자.
2. 위의 사례에서 언급한 정부조직 개편 시에 고려되어야 할 조직구조적 특성과 조직행태는 무엇인지 논의해 보자.

토론 과제

1. 조직구조의 개념과 조직구조는 조직도에 어떻게 나타나는지에 대해 토론해 보자.
2. 수평적 분화의 증대에 따라 수직적 분화의 정도도 증가되어야 한다. 그 이유는 무엇인지 토론해 보자.
3. 높은 수준의 공식화가 조직에게 가져다주는 이점은 무엇인지 토론해 보자.
4. 의사결정 권한의 집중이 요구되는 상황은 무엇인지 토론해 보자.
5. 조직의 분화에 대해 토론해 보자.
6. 조직의 공식화와 전문화의 차이는 무엇인지 토론해 보자.

Organizational Behavior

제13장

조직문화

조직들은 저마다 고유한 조직문화(organizational culture)를 가지고 있으며, 이러한 문화는 구성원들의 행태와 조직의 각종 활동은 물론 외부에도 크고 작은 유・무형의 영향을 끼치고 있다. 특히, 오늘날같이 조직환경이 복잡하고 변동이 극심한 상황하에서는, 어떠한 내용의 조직문화를 개발・유지하고 있느냐에 따라 조직의 효과성이 좌우된다는 인식을 가지게 되었기에 최근에 들어 이에 대한 관심이 꾸준히 증대되어 가고 있다. 이에 따라 조직문화에 대한 연구의 역사적 배경을 현실적 측면과 이론적 측면으로 나누어 설명한 뒤, 조직문화에 대한 연구 경향의 변천과 최근의 노력들을 살펴본다. 이어서 조직문화의 개념・기능・특성은 물론 조직문화의 구성 요소 및 유형, 그리고 형성・변경 요인 등을 비롯한 조직문화에 관한 기초 이론을 검토한다. 이때 조직문화도 전체 사회문화의 한 단면이기에 일반 문화의 개념과 특징 및 기능도 고찰한다. 그 다음으로는 주요 조직문화 접근방법의 요약·소개와 함께 조직의 주요 가치를 어떻게 찾아내어 파급시키고 내재화할 것이며, 확립된 조직문화를 어떻게 관리하고, 조직의 내적・외적 환경 요구의 변화에 어떻게 적응・발전시켜 나갈 것인가에 대한 논의를 단계별로 다룬다. 마지막으로 우리나라에서의 바람직한 조직문화의 개발 방향을 모색한다.

제 1 절 조직문화 연구의 중요성과 역사적 배경

1. 조직문화 연구의 중요성

우리 주변에는 많은 종류의 조직들이 셀 수 없을 만큼 존재하고 있지만, 각각의 조직들은 여러 차원에서 서로 다른 특성들을 지니고 있다. 즉, 유니폼의 색깔이나 디자인, 사무실 배치에서부터 조직의 관리방식, 계획의 수립 및 집행 방식들은 물론 고객에 대한 응대 태도까지를 포함한 구성원들의 직무활동 전반에 의미 있는 차이들을 보인다. 또한 조직에 따라 동일한 의도를 다른 행위로 나타내기도 하며, 동일한 현상이나 사건을 다른 내용으로 이해하기도 한다. 그러는 데에는 많은 이유가 있겠지만, 각각의 조직들이 오랜 세월을 거치면서 내적 · 외적 환경요인들로부터 영향을 받아 형성 · 유지하여 온 조직문화의 차이가 주된 원인 중의 하나라고 할 수 있다. 이 같은 조직문화의 대부분은 비가시적인 특성을 지니고 있지만, 이들은 비교적 지속적으로 존재하면서[1] 구성원들의 행태와 조직의 각종 결정에 영향을 미침으로써 해당 조직의 고유성을 나타내 주기 때문에 약간의 주의를 기울인다면 파악 또는 구별이 가능할 것이다.[2]

이제부터 현대에 올수록 조직문화에 대한 연구가 더욱 중요시되고 강조되는 이유들을 살펴보기로 하자. 첫째, 현대 조직은 사회에 대한 경제적 책임 이외에도 문화적 책임을 간과해서는 아니 된다. 왜냐하면 특정 조직의 문화는 해당 조직의 구성원들뿐만 아니라 외부의 조직이나 사람들에게도 크고 작은 유 · 무형의 영향을 미치기 때문이다. 조직들은 때론 필요나 압력에 의하여, 때론 부지불식간에 외부로부터 영향력 있는 다양한 문화적 요소들을 수용하는 동시에, 자신의 조직문화를 구성원이나 각종 산물(재화, 서비스, 광고 등) 또는 다양한 행사를 통하여 의도적 또는 비의도적

1) 문화적 특징들은 반복적 사용을 거치면서 의문의 여지가 없는 진리처럼 여기게 되어, 그 영향력은 쉽게 사라지지 않는다. 심지어는 환경의 변화로 기존의 문화적 특징들이 더 이상 적절하지 않다고 판정되었음에도 불구하고 계속 존재하면서, 새로운 환경에의 적응을 방해하기도 한다.

2) 하나의 조직에 하나의 지배적인 조직문화만이 존재하는 것은 아니다. 조직 전체에 공통적으로 확산되어 있는 조직문화가 있는가 하면, 동일 조직 내에서도 부서별로 수행하고 있는 기능과 지리적 위치 등에 따라 별도의 하위문화(subcultures)를 가지고 있는 경우도 많다.

으로 외부에 지속적이면서도 은밀하게 표출시키고 있다.

둘째, 오늘날같이 조직환경이 복잡하고 변동이 극심한 상황 하에서는, 이에 대한 전략적 대응과 효율적 관리를 통하여 목표를 달성하여야 한다. 이때 물론 조직문화를 변화시키는 작업이 결코 쉽지는 않지만, 어떠한 내용의 조직문화를 개발·유지하고 있느냐에 따라 그 효과성이 좌우된다. 다시 말해, 조직의 성과를 높이기 위해서는 조직문화를 시대적 요청에 부응하는 바람직한 내용을 갖추도록 개발해 나가려는 노력은 반드시 필요한 과제이다.

셋째, 최근 들어 조직문화에 대한 행정·경영실무자나 조직연구가들의 인식이 다음과 같이 달라지고 있다. ① 구성원들의 행태를 제대로 이해·예측하려면 그를 둘러싸고 있는 조직문화에 대한 이해가 전제되어야 한다. ② 조직문화는 조직구성원의 공식적·비공식적 행위나 직무활동 전반에 걸쳐 지대한 영향을 미친다. ③ 조직 현실을 정확히 진단하고, 올바른 처방을 내리려면 그 조직문화에 대한 적절한 이해가 필수적이다. ④ 보편성과 일반 법칙성을 추구하는 조직이론을 특정 조직에 적용하여 실효를 거두려면 사전에 해당 조직의 문화적 특성을 충분히 이해·감안하여야 한다.

넷째, 보다 실질적이고 구체적인 최근의 사례에서 조직문화 연구의 중요성을 찾아보기로 하자. 1990년대 이후, 세계화·정보화·(조직) 민주화의 추세에 따라 관리자 한 사람의 통솔의 범위(span of control)가 넓어지고 있으며, 조직구조는 수평화가 되어가고 있는 동시에 팀제는 활성화되고 있다. 또한 하부 구성원들의 자율권은 계속 확대되어 가는 경향을 보이고 있다. 이는 지시·감독하는 상층부가 축소되는 동시에 공식적인 규제와 지침도 줄어든다는 의미이다. 이런 상황에서 관리자는 물론 구성원들은 조직문화의 영향력에 의존하거나 지배 하에 놓일 수밖에 없기 때문이다.

지금까지 언급한 조직문화 연구의 필요성에 이어 이제부터는 조직문화 연구의 역사적 배경과 경향 변천을 시작으로, 조직문화의 개념·기능·특징은 물론 조직문화의 구성 요소 및 유형, 그리고 조직문화의 형성요인 등을 비롯한 조직문화에 대한 일반 이론을 정리해 본 뒤, 조직문화에 관한 주요 접근방법과 함께 단계별 관리방법을 간략히 제시하고자 한다. 마지막으로는 우리나라에서의 바람직한 조직문화를 모색하기 위하여 현재의 조직문화의 특징을 살펴보고, 이때 고려하여야 할 몇 가지 사항들을 제시해 보고자 한다.

2. 조직문화 연구의 역사적 배경

조직문화 연구에 대한 학문적 뿌리는 문화인류학에서 찾아야 하겠지만, 사회과학 분야에서는 비교문화 연구의 중요성을 인식하여 국가 간의 조직 비교를 주요한 연구 대상으로 삼았던 비교정치론, 비교행정론 또는 비교관리론 등에서 시작되었다고 할 수 있다. 특히, 조직이론 분야에서 조직문화에 대한 연구[3]는 1970년대 후반부터 본격화되었다고 여길 수 있다(박내회, 1990: 461; 유훈, 1993: 116－117; Schwarta & Davis, 1981: 33－34). 나아가 조직문화는 다른 연구주제들과는 달리, 조직이론 연구자들뿐만 아니라 실무자들로부터 동시에 많은 관심을 받아온 연구주제이었기에, 이에 대한 연구의 배경을 현실적 측면과 이론적 측면으로 나누어 설명하고자 한다.

1) 현실적 측면

제2차 세계대전을 전후로 하여 미국의 정치·경제적 영향력이 전 세계적으로 미치기 시작하고 동시에 다국적 기업들의 등장에 따라 다른 나라들의 문화에 관심을 갖게 되었다고 할 수 있으나, 결정적인 계기는 다음과 같다. 1970년대 후반부터 시작된 세계경제의 불황으로 미국을 비롯한 거의 모든 국가들이 마이너스 성장을 이룩하였으나, 부존자원이 거의 없는 일본만이 유일하게 현저히 낮은 물가상승률을 유지하는 가운데 지속적인 경제 성장을 이룩하였으며, 그들의 사업 영역을 세계 각국으로 확장해 가고 있었다. 이에 자극을 받은 미국의 학자나 기업가들은 다각적인 분석을

3) 일상적으로 조직문화는 조직 분위기, 조직풍토(organizational climate) 등의 용어와 혼용하여 사용되고 있지만, 그 중 조직 분위기와의 학문적 구분 시도는 가치가 있다고 여겨지므로 연구의 역사를 비롯해 개념과 관점, 그리고 연구 접근상의 차이를 살펴보고자 한다. ① 조직 분위기에 대한 연구는 1960년대에 시작되어 '조직행동' 연구는 물론 '조직문화' 연구에 이론적 기반을 제공하여 주고 있으며, 조직문화에 대한 체계적인 연구는 1970년대 말에 시작되어 1980년대에 들어와서부터 활발히 전개되고 있다. ② 조직 분위기는 조직구성원이 인지하는 조직에 대한 전반적인 인상을 의미하는 반면, 조직문화는 조직구성원 개인 및 전체의 행태에 영향을 미치는 기본 가치와 전제를 의미한다. ③ 조직 분위기는 비교적 단기간에 걸쳐 관리될 수 있는 전술적인 특성이 있는 반면, 조직문화는 조직의 효과성 증진을 위한 장기적이고 전략적인 요소를 포함한다. ④ 조직 분위기는 조직구성원이 조직의 특성을 인지하려는 심리학적 측면을 강조하는 개념인 반면, 조직문화는 사회학적 관심이 큰 비중을 차지한다. ⑤ 조직 분위기는 조직의 지배적 문화와 구성원 개개인이 지닌 기대와 신념과의 합치 정도를 가리키는 반면, 조직문화는 구성원들에 의해 공유되고 있는 신념 및 기대와 밀접한 관계를 가리킨다. 한마디로 조직문화는 조직 분위기에 비해 더욱 포괄적이며, 창조적이고 동태적인 의미를 포함한다고 할 수 있다.

통해 다음과 같은 사실들을, 비록 다 옳은 것은 아니지만, 주장을 하기 시작하였다.

첫째, 일본의 경제 성장은 기술이나 투자 등 물질적인 측면에도 원인이 있겠지만, 더욱 중요한 것은 기업의 운영방식이나 문화적 특성과 같은 비물질적인 요인들 때문이다. 대표적인 예를 들면, 'Z이론(Theory Z)'으로 유명한 오우치(Ouchi, 1982)는 "향후 10년 간 미국 기업이 해결하여야 할 핵심 과제는 기술의 발전이나 투자의 확대 또는 인플레이션의 진정이 아니다. 그것은 일본 기업이 미국 기업보다 더 나은 경영관리방법을 알고 있다는 사실에 미국 기업들이 어떻게 대응할 것인가에 달려 있다"라고 지적한 바가 있다.[4)]

둘째, 미국 경제의 침체에 대한 해결책은 "일본 경영관리방식의 원용이나 그동안 미국이 심취해 왔던 계량적 기법에 의한 과학적인 관리방법의 철저한 적용에 있는 것이 아니다"라는 점도 자각하였다. 그동안 미국은 막대한 예산을 투입하여 과학의 발전과 새로운 기술의 개발에 역점을 두는 실용주의에 젖어 있었기에 조직 및 인사관리방식의 개선 등 인간적인 요소에는 관심을 두지 않았었다.

셋째, 현재의 어려움을 해결하고 성장을 회복하려면 지금까지 우수한 기업을 탄생시켰던 원래의 근본적인 정신과 이념, 그리고 아이디어가 무엇이었는지 돌이켜보고, 과거와 같은 강한 조직문화를 생성시켜야 한다는 것이다.[5)] 즉, 미국 기업을 회생시킬 수 있는 방법은 철저히 미국적(American way)이어야 한다는 주장이 거세지기 시작하였다.

요약하면, 1980년을 전후로 미국 경영계에서는 급변하는 환경 속에서 기업조직의 체질개선과 구성원의 의식구조 변화를 통한 기업의 경쟁력 강화를 위한 새로운 대안을 모색하는 과정에서 발견한 개념이 바로 조직문화라는 것이다.

---

4) 당시 오우치(W. G. Ouchi)는 미국 기업과 일본 기업의 차이점과 함께 고도의 생산성을 유지하고 있는 일본 기업들은 미국식 관리(A이론)와 일본식 관리(J이론)를 성공적으로 조합한 Z이론에 입각하고 있다는 사실을 발견하였으며, Z이론의 접근방법을 '사람에 대한 관심', '참여적인 의사결정', '종신고용제' 등으로 특징지었다.

5) 그 무렵 일본에서도 종전에 비해 근로 의욕의 저하, 충성심의 결여 등의 문제가 생겨나자 조직의 활성화 또는 유대 강화를 위해 조직문화에 대한 관심을 갖기 시작하였으며, 우리나라에서도 1980년대 후반부터 기업들이 급변하는 환경에 대처하기 위해서는 체질 개선 · 의식 혁신 · 조직 활성화 등의 필요성을 절실히 느끼면서 조직문화를 중요한 경영 개념으로 인식하기 시작하였다.

2) 이론적 측면

앞서 언급했듯이, 조직현상의 연구에 문화 개념이 도입된 역사는 그리 오래되지 않았다. 1950년대까지는 단지 몇몇 문화나 이에 관련된 상징에 대한 연구들이 있었으며, 1960년대에 들어와서야 비로소 조직사회화에 관련된 문헌들이 출간되기 시작했을 뿐, 1980년대 이전까지는 큰 관심을 끌지 못하였다.

1970년대까지의 행정학에서 주요 이론으로는 구조기능적 접근방법에 의존하였던 구조이론과 체제이론, 그리고 이 이론들 사이에 논리실증주의에 입각한 행태론이 대표적이었다. 구조기능적 접근방법의 주된 내용은 다음과 같다. ① 조직현상 자체를 합리적인 것으로 여겼다. ② 조직의 공식적 구조나 기술적 측면을 강조하였다. ③ 모든 조직에 공통적으로 적용할 수 있는 보편성과 법칙성을 가진 이론의 추구를 목표로 하는 환원주의(reductionism)에 입각해 있었다. 다시 말해, 조직이란 공식적 권위에 의해 설정된 목표의 달성을 최우선 과제로 삼아야 하며, 이의 능률적 달성을 위해서는 조직의 구조적 설계가 중요하다는 것이다. 이러한 가정은 모든 구성원들 간에는 조직의 목표와 이의 수행 방법에 관한 합의는 당연히 이루어지며, 조직 내적·외적의 환경이 안정적이라는 전제를 바탕으로 이루어진 것이다.

현대 조직환경에서는 이러한 전제들은 실현 가능성이 없다는 결론과 함께 구조기능적 접근방법은 여러 측면에서 비판을 받게 되었다. 그 중 가장 핵심적인 것은 "조직마다 서로 다른 특성과 환경을 가지고 있기 때문에 모든 조직에 무차별적으로 적용 가능한 이론 추구는 사실상 불가능하며, 제아무리 정교한 이론일지라도 각각의 조직현상에 대해 제한된 설명력만을 가질 뿐이다"라는 내용이었다. 이러한 비판을 거치면서 해석적 패러다임이 등장하게 되었다. 다시 말해, 조직 관련 현상들에 대한 올바른 이해를 바탕으로 조직의 당면문제를 해결하고, 나아가 조직의 미래를 설계하려면 구조나 기술 등과 같은 합리적인 요소뿐만 아니라, 개별 구성원들의 선호(preferences)를 제약하고 있는 조직의 문화적 규범·신념·가치 등에 대한 분석이 필요하다는 인식이 갖게 되었다. 또한 주로 경험적·계량적인 연구방법을 사용하였던 행태이론으로부터는 "조직에 대한 실질적 이해와 판단을 위해서는 경험적·객관적 자료보다는 면접, 관찰 등을 통해 획득한 '간주관적(間主觀的, inter-subjective)' 자료가 더욱 중요하다"는 지적을 받았다.

이러한 비판에 힘입어, 상이한 환경을 가진 조직의 현실과 구성원들의 행태(직무몰입, 충성도 등)를 있는 그대로 이해하고 예측하기 위해선 상대적 관점(relativism)을 중요시 여기는 문화론적 접근방법이 대두되기 시작하였다.[6] 이러한 맥락에서 조직론 분야에서는 비교조직론이나 상황이론이 등장하였으며, 이로부터 조직행동 자체를 하나의 상징적 활동으로 이해하려는 경향과 함께 조직의 전설이나 일화, 의례 및 예식과 같은 문화적 구성요소들이 각종 조직현상에 미치는 영향력에 관해 연구하려는 경향도 생겨나게 되었다.

이렇게 시작된 조직문화에 대한 연구 경향에도 시간 흐름에 따라 많은 변화를 보였다. 초기에는 "조직문화는 조직의 성과에 가장 핵심적인 요소이므로 조직문화를 효과적으로 관리하여야 한다"는 내용이 주종을 이루었다. 예를 들면, 우수 기업의 조직 특성을 제시한 피터스와 워터맨(Peters & Waterman, 1982: 318－322)[7]은 조직구성원들의 근무 의욕이나 직무에 대한 사명감이 높은 '강한 문화(strong culture)'를 가진 조직일수록 높은 성과를 올린다고 하였다.[8] 한편 킬만(R. Kilmann)은 조직이 높은 성과를 올리기 위해서는 신뢰적 분위기를 가지고 모험적·도전적 행동방식을 특징으로 하는 적응적 문화(adaptive culture)를 가져야 한다고 주장하였으며, 아킨과 호플레인(Arkin & Hopelin, 1986)은 조직의 성과를 높이려면 개방성과 투명성이 있어야 하며 응집력이 있는 조직문화를 지녀야 한다고 하였다. 이 같은 학자들의 주장은 조직문화는 조직 자체와 구성원들이 공유하고 있는 가치체계에 근거하며, 이 가치체계는 조직의 목적, 전략 및 제반 행동에 관한 방향과 지표를 제공하고 있다는 믿음에 기반을 두었을 것이다.

---

6) 한 예로, 폰디와 미트로프(Pondy & Mitroff, 1979: 3－39)는 조직이론이 종래의 개방시스템 모형(open system model)에서 탈피하여 언어나 의미 창조와 같은 인간 행위의 정신적 기능이 갖는 문화적 모형(cultural model)으로 이행하여야 한다고 주장하였다.

7) 그들은 미국의 우수 기업 62개를 대상으로 연구한 결과, 다음의 여덟 가지 공통적 특징을 발견하였다. 행위 지향성, 고객 최우선 서비스, 자율성과 기업가 정신, 인간 위주의 경영을 통한 생산성 향상, 전통가치의 중시, 장점 경영, 간소한 조직구조, 그리고 자율과 통제의 동시적 강조 등이다. 또한 대부분의 성공적인 조직들은 임시적이고 유기적인 형태의 구조를 취하고 있다는 점도 찾아냈다. 이 책 역시 여덟 가지 특성에 환경적 요인의 배제나, 특성 간의 상대적 중요성을 밝히지 않았다는 한계는 있지만, 조직문화가 조직성과에 미치는 영향을 강조함으로써 관리의 이론적·실제적 측면에서 큰 주목을 받았었다.

8) 그러나 피터스와 워터맨의 주장이 항상 옳은 것은 아니다. 예를 들면, 오랫동안 성공적으로 정착되어 온 '강한 문화'가 새로운 환경변화에 적합한 조직문화의 개발에는 오히려 장애가 되어, 결국 조직의 성과에 부정적인 영향을 미치는 경우도 적지 않다는 것이다.

최근에 오면서 조직문화에 대한 관심은 초기보다는 다소 줄어드는 듯하지만, 여전히 많은 학자들에 의해 조직문화의 여러 측면을 조직론의 전통적인 주제들과 결합시키려는 노력은 계속되고 있다. 초기의 조직문화에 관한 연구들의 대부분은 조직문화가 구성원에 미치는 영향이나 조직구성원들의 사회화에 관한 것이 고작이었다. 그러나 최근에 오면서, 조직문화와 상징(symbol)과의 관계를 밝히려는 시도가 있었으며, 조직문화를 리더십에 활용하면 조직의 효율성을 크게 제고할 수 있다는 시각이 비중 있게 대두되기 시작하였고(Schein, 1985),[9] 나아가 조직문화와 학습 또는 조직문화와 조직윤리를 결합시키려는 노력도 행해지고 있다. 더욱이 요즈음 전 세계적으로 전략적 변동(planned change), 즉 개혁이 유행하고 있지만, 그러한 개혁이 성공한 예가 많지 않은 이유는 개혁과정에서 문화적 측면에 대한 고려가 부족했기 때문이라는 연구결과가 많이 있다. 즉, 조직문화의 변화가 뒷받침되지 않은 조직변동의 시도는 효과는커녕 혼란과 시행착오만을 가중시킨다는 것이다. 즉, 위기에 처해 있는 조직일수록 바람직한 문화의 도입·정립이 더욱 절실하다고 하겠다. 바꾸어 말하면, 환경에의 대응은 물론 조직의 성장을 이루어내려면 조직관리자들은 조직문화를 조직 혁신을 위한 하나의 관리도구로 여기고, 이를 조직운영에 실제로 활용하여야 한다는 것이다.

사례 13-1 한국 중앙정부 공무원의 권위주의에 관한 연구

조직들은 저마다 고유한 조직문화(organizational culture)를 가지고 있으며, 이러한 문화는 구성원들의 행태와 조직의 각종 활동은 물론 외부에도 크고 작은 유·무형의 영향을 끼치고 있다. 특히, 오늘날같이 조직환경이 복잡하고 변동이 극심한 상황 하에서는, 어떠한 내용의 조직문화를 개발·유지하고 있느냐에 따라 조직의 효과성이 좌우된다는 인식을 가지게 되었기에 최근에 들어 이에 대한 관심이 꾸준히 증대되어 가고 있다. 이러한 조직문화에 대해 다음의 사례를 통해 살펴보자.

---

9) 샤인(E. H. Schein)은 조직문화와 리더십의 관계를 강조하고 있다. 당시의 대부분 학자들은 문화는 주어지는 것이며, 이들은 여러 요소들 간의 끊임없는 상호작용을 통해 창출된다고 믿고 있었으나, 샤인은 조직의 창설 시기나 변혁기에 문화를 창조·관리하는 주체는 리더십이며, 조직의 안정·성장기에는 문화가 리더십을 결정하는 경향이 있다고 주장하였다. 또한 그에 따르면, 리더는 조직문화의 한계를 제3자의 입장에서 파악하여 극복하여야 하며, 환경의 요청에 따라 문화를 적응·발전시켜 나아가는 능력을 지녀야 한다는 것이다.

행정학에서 공무원 조직의 권위주의 문화에 대한 연구는 1970년대 이후 오랫동안 논의되어 왔다. 특히, 국가가 경제 · 사회 발전을 주도했던 발전국가의 경험으로 강력한 중앙집권적 관료제가 제도화되고, 이는 공무원 조직에서 형식주의, 연고주의 등과 함께 권위주의 문화가 자리잡는 중요한 원인이 되었다. 특히, 1970년대 이후부터 1980년대 초반까지 권위주의 행정문화의 역기능으로서 나타난 공무원의 지나친 권력추구 및 남용, 엘리트 의식, 그리고 국민의 지배자로 군림하려는 행태가 학계와 언론에서 담론의 중심을 이루었다.

권위주의 조직문화에서 나타나는 조직구성원들의 행태

① 권력추구(compulsive drive for power): 권력에 대한 각별한 갈망
② 피상적인 업무참여(superficial job involvement): 업무의 참여가 권력추구의 수단이 되는 것
③ 의존성(dependence)과 충성(loyalty): 권력을 주는 자에게 무조건적으로 의지하는 것과 따르는 것
④ 전문성의 비존중(lack of professionalism): 독립적 또는 독단적 태도를 유지하려는 경향
⑤ 사인화(personalization): 자신의 이익을 위해 모든 문제를 개인의 문제로 만들려는 개인의 '자기 지향적(self-oriented)' 태도

과거 대표적인 행정조직 문화로 인식되던 권위주의가 정치제도의 민주화, 사회환경 변화, 세대 변화, 행정개혁 등 많은 환경변화 속에서 여전히 남아 있는지에 대해 연구한 결과를 살펴보자. 고현경 외(2007)는 중앙행정기관 공무원의 권위주의 성격과 행태에 대해 1971년과 2006년을 비교하는 연구를 수행하였다. 연구결과 권위주의 문화는 강한 권위주의에서 중간 권위주의로 이동하는 경향을 나타났으며, 권위주의에 따른 공무원들의 행태 역시 대체로 감소하였다. 외부 사회문화적 환경변화와 내부의 정부관료제 개혁으로 공무원들의 권위주의 행태의 약화와 권위주의에 따른 행태의 변화가 나타났다는 연구결과를 제시하였다. 이러한 분석 결과를 통해 관료들의 권위주의 행태가 더 이상 사회구조 속에서 형성된 특질인 개인의 성격에 의해 좌우되기 어려우며, 공무원들의 권위주의적 행태가 다양한 원인들에 의해서 형성된다는 것을 설명하였다. 나아가 공무원 조직에서 권위주의 행태를 개선하기 위해서는 조직문화에 대한 주기적인 조직행태 진단과 지속적인 공무원의 의식 및 제도 개혁, 그리고 참여적 조직관리를 제안하였다.

출처: 고현경 외(2007)

제 2 절 조직문화에 관한 기초 이론

1. 문화의 개념 · 특성 · 기능

조직문화는 인류가 형성 · 유지하여 오고 있는 일반 문화의 한 단면이기 때문에 일반 문화의 개념과 특징 및 기능 등을 간략하게나마 살펴보는 것은 조직문화의 이해에 도움이 될 것이다.

1) 문화의 개념

문화에 대한 수많은 정의들이 있으나(정정기 외, 1966: 59),[10] 사회과학적 입장에서는 한 사회의 구성원들이 어떻게 생각하고, 행동하며 살아가는지를 의미한다고 하겠다. 그렇다고 문화란 소프트웨어적 측면만을 지칭하는 것이 아니라, 특정 사고와 행동양식을 갖게 만든 도구와 기술과 같은 하드웨어 부분을 포함하는 개념이다(이문웅, 1995: 45－46).

문화인류학의 시조라고 일컬어지는 테일러(E. B. Taylor)는 문화를 "사회구성원으로서의 인간에 의해 축적된 지식 · 신앙 · 예술 · 도덕 · 관습 등을 비롯한 모든 능력이나 습관들을 포함한 복합적 총체"라고 정의하였다(Balridge, 1975: 76). 이를 토대로 하여 여러 학자들의 견해를 종합하면, 문화란 특정한 사회구성원들이 환경의 자극에 반응하는 데 공통적으로 사용하는 가치와 신념, 이념과 관습, 그리고 지식과 기술을 포함한 거시적 · 종합적인 개념인 동시에 물질 및 정신생활을 포함한 생활양식 그 자체라고 할 수 있다.

이러한 문화 개념에 대한 이해 증진을 위해 문화와 인간행태, 그리고 문화와 사회와의 관계를 살펴보고자 한다. 문화는 사회구성원들에게 해야 할 것과 하지 말아야 할 것을 지속적으로 학습시켜 그들로 하여금 공통적인 사고방식이나 행동양식을 지니게 함으로써 그 사회의 질서를 유지하는 데 중추적 역할을 담당하고 있다고 하겠

10) 오늘날 사회과학에서는 인류학자들이 내린 정의를 주로 사용하고 있는데, 그 수만 해도 175개에 이른다고 할 정도로 문화의 개념은 포괄적이고 다양하다.

다. 한편 사회는 문화를 공유하는 지속적(durable)이고, 자기 유지적(self-sustaining)인 동시에 그들 스스로 '하나의 의미 있는 단위'라고 여기는 사람들의 공동체라고 할 수 있다(Hodges, 1971: 35-41). 따라서 사회는 그릇이며, 문화는 그 그릇에 담긴 내용물이라고 비유할 수 있듯이 문화와 사회는 매우 밀접한 관계를 맺고 있다.

2) 문화의 특성

아래 내용들은 루탄스(Luthans, 1985: 34)의 주장을 요약한 것이다.

① 문화는 특정 사회 구성원에 의해 공유된 것으로 다른 사회구성원과 구분시킨다.

② 문화는 시간 흐름에 따라 변할 수 있지만, 대부분의 본질적 내용은 유지·전달·축적된다.

③ 하나의 문화 구성 요소의 변화는 다른 요소들의 변화를 초래하여 결국 하나의 단위로서 조직화·통합화되면서 일정한 형태와 내용을 이루어 간다.

④ 문화란 후천적 학습에 의한 사회적 유산이다. 학습능력을 가진 인간은 다른 사회구성원들과의 상호작용을 통해 자신의 신념·가치관·행동양식 등을 구축해 나간다.

⑤ 문화는 인간의 상징화 능력에 의해 일정한 형태로 표출된다.

⑥ 문화는 특정 문화에 적응할 수 있는 인간의 능력에 기초하고 있다.

3) 문화의 기능

문화의 기능은 여러 차원에서 논의될 수 있지만, 여기서는 개인적 차원만을 중심으로 다루고자 한다(Horton & Hunt, 1968; Thompson & Houten, 1970: 23-27).

① 문화는 적응·도전을 통하여 환경을 인간에게 유리하게 전환시키는 데 필요한 기술과 수단을 선택할 수 있는 기준이며 생존 수단이다(김경동, 1978: 191-192).

② 문화는 인간으로 하여금 시·공간 등에 대한 특정 견해를 갖게 하여 새로운 환경의 자극이나 변화에 대한 나름대로의 이해와 대응을 하게 한다.

③ 문화는 신화와 전설, 그리고 삶의 본질적 문제에 나름대로의 해답을 주는 초자

연적 존재를 인정하게 함으로써 인간의 삶에 적응력을 높여 준다.

④ 문화는 현실 판단기준, 가치와 수단의 선택 기준 및 행동규범을 제공해 주기 때문에 개인은 특정한 가치, 목표, 그리고 행동 유형을 갖게 된다. 이를 통해 자신은 물론 타인에 대한 역할 기대가 생겨나며, 사회에는 질서가 존재하게 된다.

4) 문화의 분류

문화는 분석의 목적과 의도에 따라 여러 형태로 분류될 수 있다. ① 계층적 구조에 따른 문화 요소 · 문화 복합 · 제도로의 분류, ② 공유 범위에 따른 보편문화 · 특수문화 · 선택문화로의 분류, ③ 수준에 따른 상위문화와 하위문화로의 분류 등이 있으나, 물질(유형)문화와 비물질(무형) 문화의 구분이 가장 단순하고 일반적이지만 그 중요성은 가장 높다. 물질문화란 사람들이 환경에 적응하는 데 필요한 직접적인 수단을 제공하는 문화로서 볼 수 있고 만질 수 있는 구체적 · 물리적 업적과 이의 사용 방법에 관한 기술을 총칭하는 개념인 반면, 비물질 문화는 전통 · 예절 · 법률 · 규범 · 가치 · 관습 등 물질적이 아닌 모든 사회적 유산이 포함된다.[11]

2. 조직문화의 개념과 기능

1) 조직문화의 개념

조직문화에 대한 정의는 문화를 어떻게 이해하고 있으며, 조직과 문화의 관계를 어떤 입장에서 보느냐에 따라 무수한 정의가 있을 수 있다.[12] 그러나 지면의 효율적

11) 규범이 구체적 상황에 관한 세세한 규칙이라면, 가치는 그 규범을 판단할 수 있는 상위 차원의 기준이라 할 수 있다. 가치는 사람들이 가지고 있는 신념, 그리고 행동의 방향이나 목표를 결정해 주는 동시에 이를 평가하고 결정짓고, 결정된 행동에 대하여 사명감을 고취시킨다.

12) 주요 학자들과 그들의 정의만을 간략히 살펴보면 다음과 같다.
- Siverzweig & Allen(1976: 198): 집단 내에서 일반적으로 지지되고 기대되는 일련의 행동
- Schwartz & Davis(1981: 33－34): 구성원에게 공유된 신념과 기대의 패턴
- Handy(1978: 177): 단순하면서도 보편화된 생활양식 또는 규범 체계
- Siehl & Martin(1987: 433): 내부 통합에 필요한 구성원 간에 공유되어 있는 가치, 신념, 기대 등
- Jelineck et al.(1983: 331－338): 조직의 신화, 패러다임, 의미 및 언어체계를 공유함으로써 조직상황에서의 구성원의 가치판단 및 행위의 틀

사용을 위하여 가장 보편적으로 사용되는 샤인(E. H. Schein)의 정의를 기초로 하여 주요 학자들의 견해를 감안한 포괄적인 정의를 내려 보고자 한다. 샤인(Schein, 1985: 9)에 의하면, 조직문화란 "특정 조직이 외부환경에 적응하고 내부 통합을 이루고자 할 때 적용되는 기본 전제로서, 이는 그동안 구성원들이 직면한 문제들의 대부분을 성공적으로 해결하여 주었기에 기존의 구성원들이 자연스럽게 받아들이고 있으며, 새로운 구성원들에게도 유사한 문제들에 부딪칠 때 동일한 방식으로 인지하고, 해결하도록 학습시켜 오는 것"이라고 하였다. 이러한 정의에 주요 학자들의 주장을 가미시켜 종합적으로 정의해 보면, 조직문화란 특정 조직의 구성원들에 의해 지배적으로 공유하고 있는 가치관, 신념, 이념과 관습, 규범과 전통, 그리고 지식과 기술 등을 포함한 복합적인 개념으로서 조직 전체와 구성원의 각종 행위에 직접적 · 지속적으로 영향을 주는 기본 전제이다.

2) 조직문화의 기능

여러 국내 · 외 저서들의 내용을 종합해 정리하면 아래와 같다.[13]

① 조직문화는 조직환경에 대한 기본적 이해와 당면문제에 대한 효율적 해결 방안 마련에 지침을 제공한다. 다시 말하면, 조직문제의 효과적 해결을 위해서는 각종 정책 · 전략들은 조직문화에 부합되어야 한다.

② 조직문화는 거의 모든 조직활동 과정(정책결정 및 의사소통 과정, 갈등 해소 과정 등)에 영향을 미친다. 만약 동일 조직 내의 집단들이 상이한 문화적 특성을 지녔다면 상황을 해석 · 대처하는 방법과 내용에 차이가 생겨 조직활동 과정에 갈등이 초래될 수 있다.

③ 조직문화는 구성원들의 지각, 태도 형성, 그리고 행동을 연결시켜 주는 매개 역할을 한다. 즉, 조직문화는 구성원들에게 외부 자극들 가운데 어떤 자극에 대해 어떠한 반응을 보여야 하는지를 반복적으로 학습시켜 줌으로써 구성원들의 가치체계 형성 및 변화에 영향을 준다.

• Berger & Tuckmann(1966: 3－18): 구성원 간의 상호작용에 의하여 끊임없이 창조 · 재구성되는 인간 상호작용의 형성 메커니즘인 동시에 결과적 산물로서의 사회적 실체.

13) 김인수(1991: 582－597); 박내회(1991: 461－462); 백기복(1994: 580－583); Smircich(1983: 339－358); Moorhead & Griffin(1992: 633－634) 등의 내용을 종합하여 정리한 것이다.

④ 조직문화는 구성원들에게 행동 및 판단 기준을 제공하여 준다. 조직문화는 구성원들에게 조직 차원에서 요구되는 행동 패턴 및 조직이 지향하는 바를 명시적 또는 묵시적으로 제시하고, 교육과 보상을 통하여 구성원들의 행동을 조직이 원하는 방향으로 통제한다.

⑤ 조직문화는 조직에 안정성과 계속성을 제공해 준다.[14] 공유하고 있는 가치와 규범들을 다음 세대로 전달함으로써 조직을 균형적 안정 상태로 유지하며, 외부 사람들에게 해당 조직에 대한 이미지 및 신뢰를 유지·제고시키기도 한다.

⑥ 조직문화는 구성원들로 하여금 정체성·일체감을 갖게 하고, 조직생활 자체에서 의미를 찾게 만들어 구성원들의 업무 전념도, 충성도, 이직률, 사기 등을 결정하게 된다.

이러한 기능을 통하여 조직문화는 조직의 위기 극복 및 발전 능력을 제고시키며, 또한 갈등 해소에 공헌하여 내적 통합을 촉진하는 등 조직의 효과성에 긍정적인 영향을 미친다. 반면에, 조직문화는 구성원들의 생각이나 행동을 유사하게 만들어 새롭고 참신한 창의적인 발상을 억누르거나, 정책담당자들의 관점을 제한하거나 조직 구성원의 행동을 제약시켜 변화에 대한 저항력을 형성시킴으로써 조직 성장에 부정적 영향을 미치기도 한다.

이상의 조직문화 기능들과 관련해 기억해야 할 사실이 있다. 첫째, 조직문화란 '특정 단일조직'의 문화를 의미하며, 일시적·부분적으로 나타나는 것은 조직문화라고 할 수 없으며, 하나의 조직에는 지배적 (공유)가치와 함께 다른 다양한 가치들도 존재하고 있다.[15] 둘째, 조직의 성장 단계에 따라 조직문화의 서로 다른 기능들이 요구·강조되며, 단계에 따라 서로 다른 관리전략이 필요하다(김인수, 1991: 597–602; Schein, 1985: 244–296).[16]

---

14) 특별한 명문화된 규칙이 없더라도, 조직의 문화는 구성원들의 행동을 규정하고 유지시킨다. 이런 의미에서 조직문화는 공식적인 규정을 대체해 주는 기능을 한다고 하겠다. 다시 말해, 강력한 조직문화는 엄격한 규정이나 규칙과 똑같은 효과를 낸다는 것이다.

15) 달리 표현하자면, 대개의 조직에는 지배적인 문화(dominant culture)와 함께 다수의 하위문화(subculture)가 존재하고 있다. 지배적인 문화란 그 조직구성원 대부분에 의해 공유되는 핵심 가치(core value)를 표방하고 있는 문화를 가리키는 반면, 하위문화란 그런 핵심 가치 이외에 하부단위 특유의 경험이나 방식들을 의미한다. 예를 들어, 삼성전자라 하더라도 관리조직과 연구조직, 영업조직 등은 서로 다른 문화를 가지고 있다는 말이다.

16) 예를 들어, 초기 단계에서는 다른 조직과의 차별성을 강조하면서 빠른 시일 내에 각 요소들을 통합하고, 체계적 의사소통 통로를 마련하여 조직을 안정시키고 구성원에게 일체감을 제고시키는

3. 조직문화의 구성 요소

조직문화의 이해와 효과적인 관리를 위해서는 조직문화의 구성 요소, 즉 조직문화가 어떤 요소를 통해서 표출되는가를 밝혀보는 것이 필요하다. 그러나 조직문화의 구성 요소에 대해 학자들마다 견해가 다르기 때문에 여기서는 파스케일(R. T. Pascale)과 아토스(A. G. Athos),[17] 그리고 샤인(E. H. Schein)의 견해를 중심으로 살펴보고자 한다.

1) 파스케일과 아토스의 7S 요소

파스케일과 아토스(Pascale & Athos, 1981: 78-84)는 조직문화의 구성요소로는 공유 가치(shared values), 전략(strategy), 구조(structure), 제도(system), 구성원(staff), 관리 기술(skill), 그리고 행동 · 관리 스타일(style) 등이 있는데, 이 중에서 공유가치가 가장 중요하다고 하였다. 또한 이들은 이러한 요소들이 밀접하고 일관성이 있는 상호 적합적(positive) 관계를 유지하여야만 조직 목적의 달성을 극대화시킬 수 있으나, 이를 위한 특정한 방식이 별도로 존재하는 것이 아니기 때문에 조직마다 고유한 방식을 찾아야 한다고 하였다.

기능이 강조되어야 할 것이다. 이어서 중간 단계에 이르면 문화의 주요 요소들을 제도화시켜 조직의 구조와 과정 속에 정착시켜야 하는데, 이 무렵 지역별 · 부문별 · 부서별로 여러 하위문화가 생성되기도 하여 문화적 통합 정도가 약화되고 일체감의 위기가 발생할 가능성도 있으므로 조직 전체 문화와 하위문화의 관계를 효과적으로 관리하여야 한다. 마지막으로, 성숙 및 쇠퇴 단계에 이르면, 형성 · 유지되어 온 조직문화는 조직으로 하여금 과거 지향적이고 안정 추구적인 경향을 띠게 하여 조직혁신의 제약요인으로 작용하기도 하므로, 이때 바람직한 조직문화의 핵심 요소들의 파악 · 보존과 함께 기타 요소들의 변화 유도, 또는 새로운 요소들의 개발 · 도입하려는 노력이 있어야 한다.

17) 저자들은 1970년대 세계적인 경기 침체에도 불구하고 일본의 비약적인 성공은 일본 기업의 문화적 특성에 기인한다는 가정 하에 7S 개념틀을 가지고 일본과 미국의 기업관리방식을 비교해 본 결과, 미국 기업들은 조직문화의 구성 요소 중에서 전략, 구조, 제도를, 일본 기업들은 공유 가치, 구성원, 관리기술, 그리고 행동 · 관리 스타일을 중히 여긴다는 차이점을 발견하였다. 그러나 문화보다는 조직의 관리방식이 조직성공에 더욱 결정적이라는 결론을 내렸다.

그림 13-1 파스케일과 아토스의 7S 요소

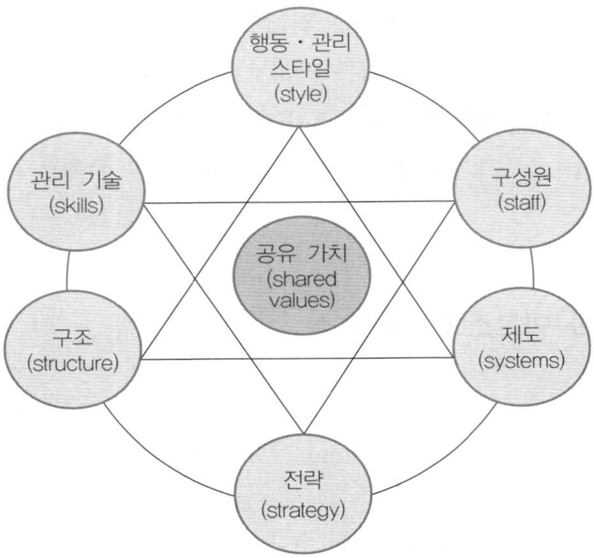

① 공유 가치: 조직이 구성원들에게 주입시켜 온 가치관, 이념, 기본 목적 등을 포함한다.

② 전략: 조직의 목표달성을 위한 한정된 자원의 배분계획 등은 조직의 공유 가치를 유지 · 달성하기 위한 장기적인 틀을 제공함으로써 다른 요소들에 많은 영향을 미친다.

③ 구조: 전략 수행에 필요한 조직구조와 직무설계, 권한 관계와 각종 규정 등을 포함해 구성원 행동에 영향을 미치는 공식적 요소들을 가리킨다.

④ 제도: 의사소통 및 의사결정제도, 경영정보 시스템, 보상제도, 인센티브제도 등 조직의 목표달성을 위해 실제 적용되는 모든 제도들을 포함한다.

⑤ 구성원: 인력자원의 구성과 능력, 전문성, 가치관과 신념, 욕구와 동기, 그리고 태도 등이 포함된다.

⑥ 관리 기술: 구성원들이 지니고 있거나 동기부여, 통합 조정, 갈등 및 변화 관리 등 조직 운영에 실제 적용되는 구체적인 기술과 방법을 포함한다.

⑦ 행동 · 관리 스타일: 구성원들, 특히 리더의 행동 경향이나 패턴을 말한다. 조

직구성원간의 상호관계, 집단 간의 관계, 그리고 리더와 부하 간의 관계를 결정짓는다.

2) 샤인의 견해

샤인(Schein, 1984: 4; 1992: 16－27)은 조직문화에 대한 조직구성원의 일반적 인식 수준을 가시적(visible) 수준, 인식적(awareness) 수준, 그리고 비가시적 · 인식 이전(invisible, preconscious) 수준으로 계층화한 뒤, 각 수준별 구성 요소들을 다음과 같이 설명한다.

① 가시적 수준: 조직에 대한 전체적 인상과 외형적인 조직문화 특성을 형성하는 데 결정적으로 작용하며, 여기에는 인공 창조물(artifact and creation)이 있다. 이는 기술과 제품, 구조와 도구, 방침과 규범, 전통과 일화, 구성원 및 집단의 의식과 행동 패턴 등을 의미하며, 물질적 · 상징적, 그리고 행동적 인공 창조물로 나눌 수 있다.

② 인식적 수준: 구성원들이 공유하고 있는 행동에 대한 판단기준인 동시에 가시적 수준의 인공 창조물을 지배하는 요소로서, 창의성 존중, 개인 책임 중시, 조직문제에 대한 합의의 중요성, 개방적 커뮤니케이션 등이 포함된다. 그러나 상징성이 강한 조직의 이념적 가치(espoused values)와 현실적 가치(values－in－use) 간에는 차이가 있기에 인식적 수준의 구성 요소들이 조직의 실제 문화에 그대로 나타나지는 않는다(Argyris & Schon, 1978).

③ 비가시적 · 인식 이전 수준: 비가시적 수준은 구성원들에게 당연한 것으로 간주되어 있는 기본적인 전제나 가정들을 말한다. 이에는 환경이나 현실 · 시간 · 공간에 대한 가정, 인간의 본성이나 인간관계 또는 인간활동에 대한 가정 등이 포함된다. 이들은 외부에서 관찰이 불가능할 뿐만 아니라 의식하지 못하는 상태에서 구성원들의 태도와 행동에 영향을 미치게 된다.

이외에도 딜과 케네디(Deal & Kennedy, 1982),[18] 피터스와 워터만(Peters & Waterman, 1982: 8－13)의 연구는 조직문화의 중요 요소와 이들 간의 상호관계를

---

18) 그들은 조직성공에 결정적 역할을 하는 조직문화의 구성 요소로 환경, 기본 가치, 중심인물, 의례와 예식, 그리고 문화 네트워크(cultural network)를 들고 있다. 그 중 조직의 가치와 창업자의 이념을 전달하는 역할을 수행하는 문화 네트워크는 창업자와 친밀한 관계에 있는 사람이나 구성원들로 구성되어 있어 비공식적 성격이 강하지만 조직문화 형성에 효과적으로 작용한다.

개념화하여 조직문화 연구에 많은 기여를 하고 있다. 이상과 같이 조직문화의 구성 요소에 대해 학자마다 차이를 보이고 있으나, 거의 모든 학자들은 공통적으로 조직 구성원과 전체 조직체의 행동에 영향을 미치는 기본 전제 또는 기본 가치를 핵심 요소로 꼽고 있다.

4. 조직문화의 형성 · 변경 요인들

조직문화의 형성 · 변경에 영향을 미치는 요인은 이루 헤아릴 수가 없을 정도로 무수히 많다. 이러한 요인의 다양함이 조직마다 다른 문화를 갖게 하는 직접적인 원인이며, 조직 과정상 무엇이 어떤 이유로 발생하였는지, 앞으로 어떠한 변화가 일어날 것인지 등에 대한 파악과 예측을 곤란하게 만들고 있다. 그러나 이러한 요인들은 결코 상호배타적이 아니라 하나의 요인은 여러 다른 요인들과 영향을 주고받는다. 이러한 다양한 요인들을 크게 조직의 외적 요인과 내적 요인으로 나누어 살펴보자.

1) 외적 요인

첫째, 조직문화는 해당 조직이 속해 있는 특정 사회(국가)의 고유한 전통과 역사, 주요 종교, 그리고 각종 제도, 관습, 규범 등의 영향을 크게 받는다(Hofstede, 1980).[19] 예를 들어, 동일한 다국적 기업이라 하더라도 설치 지역에 따라 형성된 조직문화는 차이가 나므로 통일된 조직관리 및 업무수행 방법으로는 모든 조직으로부터 효과성을 거둘 수 없다.[20]

---

19) 호프스테드(G. Hofstede)는 조직구성원들의 태도와 행동이 각국의 문화적 차이에 따라 다르게 나타남에 착안하여, 네 가지 차원으로 국가별 문화적 차이 배경을 밝히고, 각 차원들이 조직 및 인사관리 등에 미치는 영향을 밝히려 하였다. ① 개인주의 대 집단주의(individualism vs. collectivism), ② 권력 격차(power distance)의 인정 정도, ③ 불확실성에 대한 회피(uncertainty avoidance), ④ 남성적 성향 대 여성적 성향(masculinity vs. femininity).

20) 오우치(W. G. Ouchi)는 일본과 미국의 조직문화를 비교해 Z이론을 제시한 반면, 이면우 교수는 한국의 독자적 경영철학의 상징인 W이론을 제시한 바 있다. 오우치에 따르면, 일본에서는 종신고용, 완만한 능력평가와 승진, 비전문적 경력, 내재적 통제 메커니즘, 집단적 의사결정과 책임, 그리고 전체적인 관심이 강조되는 데 반해, 미국에서는 단기고용, 급속한 능력평가 및 승진, 전문적 경력, 외재적 통제 메커니즘, 개인적 의사결정과 책임, 부분적인 관심이 강조된다고 하였다. 또한 이면우 교수는 우리 산업의 현실, 문화적 · 역사적 토양, 기술 패권(또는 기술민족)주의의 시대적 상황에 대응하여 우리 민족의 창조력을 자극하는 새로운 틀을 제시하였다.

둘째, 조직의 성공 여부를 좌우하는 시장환경이나 고객들의 요구와 기대 변화에 대한 예측과 이에 대한 대응 노력은 조직문화에 영향을 미친다.

셋째, 기술의 발전은 제품과 서비스의 수명주기를 짧게 하고, 구성원들에게는 새로운 기술과 지식을 습득해야 하는 부담을 주며, 나아가 조직구조는 물론 구성원들의 의식구조와 가치관에도 변화를 가져온다.

넷째, 정부 규제의 종류와 정도는 조직문화에 많은 영향을 준다. 예를 들면, 정부가 강력한 산업규제 정책을 사용하면 환경이나 고객에 대해 둔감하게 되며, 현상 유지적 분위기가 유지될 가능성이 커진다.

다섯째, 주요 자원의 수급의 원활 정도는 조직문화에 영향을 준다. 특정 자원의 조달이 곤란할 경우에는 조직의 목표, 전략, 경영방침 내지는 조직행동이 수정되어야 한다.

이러한 요인들 이외에 국내·외의 각종 정치적·경제적 요인(인플레이션, 세제, 금리, 경제성장률 등)들도 조직문화 형성에 많은 영향을 주고 있다. 따라서 이 요인들의 변화 정도와 방향을 분석 파악하고 이에 대응할 수 있는 방안을 마련하여야 한다.

2) 내적 요인

첫째, 조직의 창립자나 최고관리층의 이념이나 행위는 조직의 기본 가치를 확립하는 데 장기간에 걸쳐 결정적인 역할을 한다. 적어도 창설 초기 단계에서는, 자신의 신념과 가치에 일치하거나 가장 잘 수용할 수 있는 사람들을 조직에 참여시키기 때문에 창설자의 이념 그 자체가 조직의 가치로 나타나고, 그들의 행위는 구성원들의 모델이 되는 경우가 많다.

둘째, 조직의 전략과 관리체계는 기존의 문화에 의해 선택의 폭이 결정되며, 또한 그 전략의 성공 여부는 조직문화와의 적합성 여부에 따라 좌우되기도 하지만, 새로운 조직의 성장전략과 관리체계는 새로운 조직문화의 형성에 영향을 미친다.

셋째, 조직 전체 또는 단위 부서별 종업원들의 사회적 배경(학력, 연령, 성, 종교 등)의 분포에 따라 해당 조직문화가 달라질 것이다.

넷째, 조직구성원들의 안정성이 높을수록 복잡한 사회적 현상에 대한 이해가 통일된다.

다섯째, 전체 조직 내에 영향력 있는 집단의 존재 여부, 그 집단의 종류와 성격, 구성 비율에 따라 특징적 문화가 형성된다.

여섯째, 조직의 유형이나 사업 성격에 의해서도 영향을 받는다. 나라 또는 지역은 달라도, 학교, 군대, 행정기관, 기업, 종교단체 등과 같은 유형의 조직들은 나름대로 유사한 조직문화를 갖고 있으며, 한 종류의 조직 내에서도 담당하고 있는 주된 업무의 성격에 따라 하부조직의 문화는 달라질 수 있다.

이 밖에 조직의 역사와 규모, 관리방식(집권적 또는 분산적), 계층의 수 등 조직의 구조 역시 조직문화 형성에 많은 영향을 미치고 있지만, 가장 대표적 내적 영향 요인들은 구성원의 특성과 조직구조 및 관리에 대한 전통적인 가치관 등이므로, 결국 조직문화의 형성에 가장 중요한 내재적인 요인은 인간이라고 할 수 있다.

지금까지 살펴보았듯이, 일반적으로 조직문화 형성에 영향을 미치는 요인들, 특히 외적 요인들은, 완벽한 관리 내지는 통제 가능성이 전혀 없거나 매우 약하다. 그러므로 조직문화 자체를 의도적으로 바꾸기는 쉽지 않지만, 바람직한 조직문화를 형성 또는 변화시키려면 조직의 환경적 요인을 면밀히 분석하고 조직의 현실을 파악함과 함께 조직문화에 대한 비전을 바탕으로 인간적 요인들을 개선시키도록 노력하여야 할 것이다.

5. 대표적 조직문화의 유형

조직문화는 강조하는 관점이나 변수 또는 속성 또는 학자의 견해에 따라 다양하게 분류될 수 있다. 이러한 분류에는 조직문화와 관련된 두 개의 속성이나 변수를 기준으로 삼은 2차원적 분류가 주종을 이룬다. 대표적인 조직문화에 대한 유형 연구로서 ① 해리슨(R. Harrison), ② 캐머런(K. Cameron)과 퀸(R. Quinn), ③ 데니슨(D. R. Denison), ④ 톰슨(M. Thompson), 엘리스(R. Ellis)와 윌다브스키(A. Wildavsky), ⑤ 딜(T. E. Deal)과 케네디(A. A. Kennedy) 등의 분류를 살펴보자.

1) 해리슨의 조직문화 유형

해리슨(Harrison, 1972: 25－43)은 조직문화의 특성은 조직의 이념에 따라 결정된다고 보아 조직과 구성원 간의 이해관계의 일치성 및 환경 적응능력에 따라 권력 지향형, 역할 지향형, 과업 지향형, 인간 지향형으로 구분하였으며, 각각의 유형은 개개 구성원의 가치 인정 및 평가 방법, 요구되는 정보의 종류와 활용 방법, 보상 및 유인 방법, 조직목표에 대한 합의 정도 등에서 차이가 난다고 하였다.

표 13-1 해리슨의 분류와 개념적 특성

구 분	권력 지향 문화	역할 지향 문화	과업 지향 문화	인간 지향 문화
리더 유형과 행동 목적	카리스마적 리더십 리더의 성공 추구	창조 · 혁신적 리더십 역할 수행의 독려	과업 수행 독려	뚜렷한 리더 없음
규칙과 절차	리더에 의해 결정	규칙 및 절차 중시	전문지식 · 기술 중시	구성원의 욕구 충족을 위해 존재
활동 통제	리더가 통제	각종 규정이 명확	통제 곤란	합의 의존

또한 해리슨은 조직구조의 중요한 두 변수인 '공식화'와 '집권화'를 양축으로 놓고 <표 13－2>와 같이 네 가지 유형으로 구분한 바 있다.

표 13-2 해리슨의 분류

공식화 \ 집권화	높 음	낮 음
높음	관료조직 문화 (bureaucratic culture)	행렬조직 문화 (matrix culture)
낮음	권력조직 문화 (power-oriented culture)	원자조직 문화 (atomized culture)

해리슨은 각 유형에 대한 특징을 아래와 같이 기술한다. ① 관료조직 문화 유형은 구성원들의 역할과 업무처리 절차가 구체적이고 명백하게 규정되어 있기에 목표의식이 결여된 이기적 행동경향이 나타나기 쉽고, 업무에 관련되어 소외감을 느끼기 쉬운 특징을 보인다. ② 권력조직 문화 유형은 구성원의 역할과 업무수행 절차가 구체적으로 제시되어 있지 않은 채, 소수의 핵심 인물에 의해 권한이 행사되고, 구성원

들이 통제되는 특징을 보인다. ③ 행렬조직 문화 유형은 구성원의 역할은 과업(tasks)을 중심으로 배정되며, 그 과업은 전문 기능 인력들이 팀을 이루어 수행된다. ④ 원자조직 문화 유형에서는 구성원의 역할과 그들 간의 상호작용은 공동 목표의 달성을 위한 자발적인 관심과 협조에 의거하여 이루어진다.

2) 캐머런과 퀸의 조직문화 유형

캐머런과 퀸(Cameron & Quinn, 1999)은 경쟁가치모형(competing values model: CVM)을 통해 조직이 추구하는 두 개의 차원에서 네 가지 서로 경쟁적인 가치(효과성) 모형에 기반하여 조직문화 유형을 설명한다. 이들은 조직문화 유형을 분류하기 각각 ① 유연성, 재량성, 역동성을 강조하는 축과 안정성, 통제, 질서를 강조하는 축, 그리고 ② 내부 지향, 화합, 단결을 강조하는 축과 외부 지향, 분화, 경쟁을 강조하는 축을 기준으로 하여, 조직문화 유형을 집단문화, 발전문화, 위계문화, 그리고 합리문화의 네 가지 조직문화 유형으로 분류하고 있다(<표 13-3> 참조).

이러한 경쟁가치모형에 따른 유형별 조직문화의 개념과 특성을 살펴보면 다음과 같다(김근세 · 이경호, 2005). 첫째, 집단문화(group culture)는 가족적이고 인간미가 넘치는 분위기의 문화로서 응집성이 강조되는 유형으로 구성원들의 신뢰, 팀워크를 통한 참여, 충성, 사기 등의 가치를 중요하게 여긴다. 집단문화는 조직 내 가족적인 인간관계의 유지에 최대의 역점을 둔다. 조직효과성의 기준도 인적 자원의 훈련 및 개발, 조직몰입과 응집력의 증진, 협력에 가장 큰 비중이 있다(Parker & Bradley, 2000: 129).

둘째, 발전문화(development culture)는 조직구성원들이 계획과 목표달성을 중심으로 결속되며 효율성을 강조하는 유형으로 조직이 당면하고 있는 외부환경에의 적응능력과 유연성에 초점을 둔다(Zammuto & Krakower, 1991: 87). 발전문화는 조직의 환경변화에 대한 적응과 성장을 지원할 수 있는 적절한 자원의 획득을 중시하고, 조직구성원들의 창의성과 기업가정신(entrepreneurship)을 핵심 가치로 한다. 발전문화에서는 구성원들이 하고 싶은 일을 도전과 창조정신을 바탕으로 조직의 충분한 지원을 받으면서 자율적으로 수행할 수 있으므로 조직과의 일체감을 촉진시킨다(한주희 외, 1997: 107). 이러한 발전문화는 혁신문화(adhocracy culture)라고도 불린다.

셋째, 위계문화(hierarchy culture)는 조직구성원들이 공식화된 규정을 중심으로 결속되며 안정성을 강조하는 유형으로 공식적 명령과 규칙, 집권적 통제와 안정 지향성을 강조하는 관료제의 가치와 규범에 초점을 두고 있다(Zammuto & Krakower, 1991: 87). 위계문화는 전통적인 관료제적 조직문화를 대표하며, 계층제적인 강력한 감독체계와 보편적인 서비스, 예측된 규범과 절차를 문화적 속성으로 한다.

넷째, 합리문화(rational culture)는 매우 생동감 있고 활기가 넘치는 문화로서 혁신을 강조하는 유형으로, 조직의 성과 목표달성과 과업수행에서 생산성에 초점을 둔다. 합리문화가 강한 조직은 목표달성, 계획, 능률성, 성과보상의 가치를 강조한다(Zammuto & Krakower, 1991: 87). 이러한 합리문화는 시장문화(market culture)라고도 불린다.

표 13-3 캐머런과 퀸의 경쟁가치모형

가치체계 \ 문화 유형		집단문화	합리문화	위계문화	발전문화
개념		가족적이고 인간미가 넘치는 분위기의 문화로서 응집성이 강조됨	조직구성원들이 계획과 목표달성을 중심으로 결속되며 효율성을 강조함	조직구성원들이 공식화된 규정을 중심으로 결속되며 안정성을 강조함	매우 생동감 있고 활기가 넘치는 문화로서 혁신을 강조함
가치 차원	목적	응집성	효율성	안정성	혁신
	수단	협력	계획	정보관리	적응성
조직 특성	동기부여	배려	전문성 배양	권위체계 중시	잠재력 개발
	리더십	지원적	지시적	보존적	창의적
	업무특성	정형화된 업무	정형화된 업무	정형화된 업무	비정형화된 업무

자료 13-1 캐머런과 퀸의 경쟁가치모형 측정도구

① 질문: 다음 문항들은 전반적인 조직문화에 관한 것입니다. 조직풍토와 분위기를 a, b, c, d의 네 가지 유형으로 구분할 수 있습니다. 각 문항의 a, b, c, d의 네 가지 유형 설명이 조직의 현재의 분위기를 잘 설명하고 있다고 생각할수록 많은 점수를 부여하기

바랍니다. 또한 우리 조직의 향후 이상적인 분위기(A, B, C, D)에 관해서도 귀하의 의견을 표시해 주십시오. 점수는 0점에서 100점까지 자유롭게 부여할 수 있으나, a, b, c, d의 점수 합은 반드시 100점이 되도록 하십시오.

② 조직문화 유형: A(a): 집단문화, B(b): 발전(혁신)문화, C(c): 위계문화, D(d): 합리(시장)문화

현재 상태는?	1. 우리 조직은? (a+b+c+d=100)	이상적인 상태는?
a. ________	a. 아주 인간적인 장소이다. 마치 대가족과 같고 모두 운명공동체인 것처럼 보인다.	A. ________
b. ________	b. 아주 진취적이고 모험정신이 충만한 곳이다. 사람들은 쉽게 안주하지 않고 과감히 위험을 무릅쓰려고 한다.	B. ________
c. ________	c. 아주 구조화되어 있고 빈틈이 없다. 사람들은 일반적으로 공식적인 절차, 규정에 따라 움직여야 한다.	C. ________
d. ________	d. 매우 결과 지향적이다. 주요 관심사는 반드시 일이 완수되도록 하는 것이며, 사람들은 경쟁적이고 성취 지향적이다.	D. ________

현재 상태는?	2. 우리 조직의 분위기는? (a+b+c+d=100)	이상적인 상태는?
a. ________	a. 참여적이고 편안하다. 서로 간에 신뢰하며 개방적이다.	A. ________
b. ________	b. 매우 활기차고 항상 새로운 도전을 찾아 나선다.	B. ________
c. ________	c. 계속성과 안정성을 강조한다. 효율성과 명확한 업무처리를 강조한다.	C. ________
d. ________	d. 목표달성과 경쟁에서 이기는 것을 강조한다.	D. ________

현재 상태는?	3. 우리 조직의 리더? (a+b+c+d=100)	이상적인 상태는?
a. ________	a. 대체로 후원자, 조력자, 혹은 부모와 같은 모습이라고 볼 수 있다.	A. ________
b. ________	b. 대체로 창업가, 혁신가, 혹은 모험가라고 볼 수 있다.	B. ________
c. ________	c. 대체로 조직을 설계하고, 업무를 조정하며, 효율을 추구하는 데 전문가라고 볼 수 있다.	C. ________
d. ________	d. 대체로 목표달성에 있어 빈틈없는 강한 추진력을 지니고, 경쟁에 강하다고 볼 수 있다.	D. ________

출처: 행정자치부(2006).

3) 데니슨의 조직문화 유형

외부 지향성과 내부 지향성이라는 차원을 수평으로 놓고 신축성과 통제 및 질서라는 다른 차원을 수직으로 놓으면 [그림 13-2]와 같이 관계 지향 문화, 혁신 지향 문화, 과업 지향 문화, 위계 지향 문화라는 이념형을 만들 수도 있다. 이 같은 조직문화 유형 분류에 가장 가까운 학자는 데니슨(Denison, 1990)이다. 관계 지향 문화는 구성원들의 소속감과 상호 신뢰, 참여 증대를, 위계 지향 문화는 안정과 질서 속에서의 조직 효율성 추구를, 혁신 지향 문화는 기업가 정신과 창조적 정신을, 그리고 과업 지향 문화는 조직의 생산성을 중시한다.

그림 13-2 조직문화의 2차원적 분류

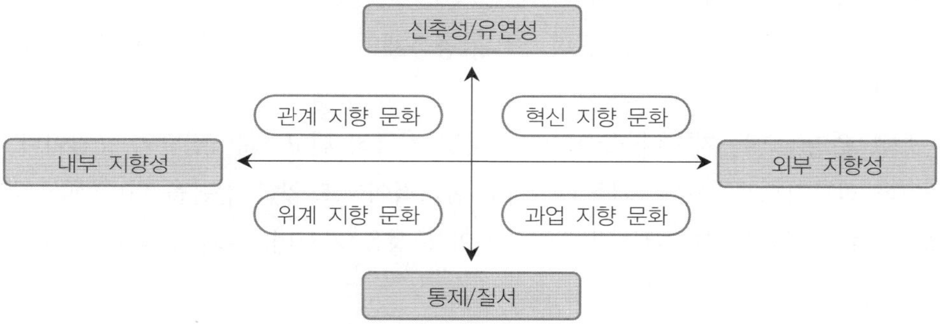

4) 톰슨과 동료들의 조직문화 유형

톰슨과 동료들(Thompson et al., 1990)은 조직문화 유형을 크게 계층주의, 개인주의, 평등주의, 운명주의로 구분하고 있다(Douglas, 1999). 이들은 다음 [그림 13-3]과 같이 조직문화를 결정짓는 대표적인 사회적 관계 변수로서 집단구성원들 간의 유대 또는 연대관계 정도를 의미하는 집단(group)과 제도, 규범, 약속 등과 같이 집단 내 조직원의 행위를 규제 내지는 통제할 수 있는 정도를 의미하는 망(grid)을 제시하고 있다.

각 문화유형별 조직문화의 개념과 특성을 살펴보면 다음과 같다(김동철 · 김대건,

2009). 첫째, 계층주의는 집단 내 개인들이 서로 강한 유대관계를 가지면서 동시에 집단에서 요구하는 규범이나 규제에 순응하는 유형이다. 서열화된 권위관계가 지배하며, 개인은 집단에서 자기정체성과 정당성을 찾고자 노력한다. 계층주의는 제도와 규제에 대한 신뢰, 계층제 내의 불평등 구조와 중앙집권적 의사결정 체제의 인정, 질서 유지를 위해 권위·권력·통제의 인정, 사회적 목표와 질서의 강조 등의 특성을 지닌다.

둘째, 개인주의에서는 개인들의 삶에 대해 외부에서 주어지는 규제가 작으며, 집단에 대한 구속력도 없기 때문에 모든 관계가 개인의 자율적인 협상에 의해 결정된다. 개인주의는 개인의 자유와 책임, 자유시장, 경제 성장, 규제의 최소화 등의 특성을 지닌다.

셋째, 평등주의는 집단에 대한 강한 몰입감이 존재하는 집단으로 구성원 간 권위관계가 없는 평등관계를 중시한다. 평등주의는 불평등과 연대 파괴를 조장하는 제도·기술·권위의 부인, 평등, 공정, 연대, 공동체의 책임, 참여적 의사결정 체제 등의 특성을 지닌다.

넷째, 운명주의는 자신이 소속되어 있다고 지극히 믿고 있는 집단의 규범이나 제도 등을 의무적으로 따르는 과학적이지도 합리적이지도 않은 집단을 의미한다. 운명주의는 예측 불가능성과 무력감, 불신 등의 특성을 가지며, 누가 규제자가 되는가,

그림 13-3 톰슨과 동료들의 조직문화 유형

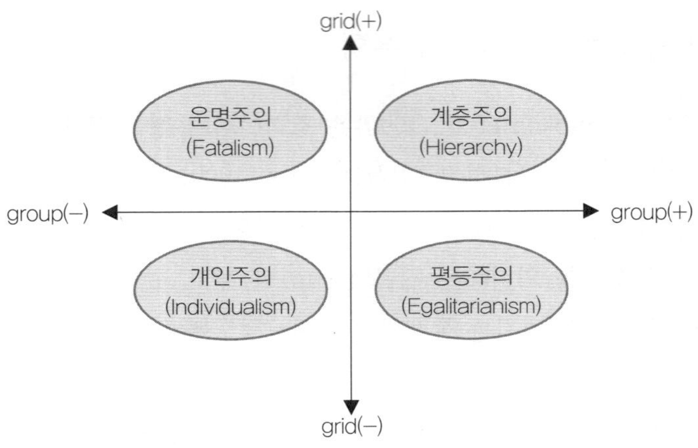

어떤 이익이 주어지는가에 따라 구성원들의 행태가 변하기 때문에 일관성이 없는 경우가 많다.

5) 딜과 케네디의 조직문화 유형

조직문화에 영향을 미치는 가장 중요한 요소를 조직환경이라고 여기는 딜과 케네디(Deal & Kennedy, 1982: 108－123)는 조직환경에 내포되고 있는 위험의 정도와 사업의 성공 판명 속도를 기준으로 조직문화를 네 가지 유형으로 나누고 있다.

① 위험 · 속전속결형 문화(tough-guy, macho culture)

지속적으로 위험이 내포된 판단과 결정을 신속히 내려야 하며, 그 판단에 대한 결과가 빨리 판명되는 문화를 말하며, 여기에는 경찰조직, 외과병원, 벤처 관련 조직, 영화 · 스포츠 등 흥행 관련 조직이 포함된다. 이러한 문화에서는 안정이나 확신 못지않게 우연(chance)도 많은 영향을 미치며, 성공한 개인에게는 많은 보상이 주어지므로, 단기적 · 개인적 · 경쟁적인 성향을 띤다.

② 성실 · 안정 추구형 문화(work hard, play hard culture)

성실하고 꾸준한 노력이 요구되나, 결과가 비교적 빨리 나타나는 유형으로서 각종 판매(부동산, 컴퓨터, 자동차 등) 회사 및 소매점 같은 조직에서 지배하는 문화이다. 이 문화에서는 세련된 화술과 매너를 가진 구성원들이 대우를 받으며, 개인보다는 팀이, 질보다는 양이 우선되나, 근시안적 태도로 인해 미래에 대한 대비가 미흡한 단점을 가진다.

③ 투기형 문화(bet-your company culture)

투기형 문화는 고도의 위험이 있으며, 어떤 결정에 대한 성공 여부의 판단에 상당 시간이 요구되는 유형으로서, 이에 속하는 자본재 산업, 국방 관련 조직 등에서는 미래를 중시하며, 한번의 결정이 조직의 운명을 좌우하므로, 그 결정은 많은 경험과 지식을 가진 최고관리층의 주도로 신중히 결정된다. 이런 유형의 조직은 지식과 경험의 공유를 위해 구성원 간에 긴밀한 의존관계를 유지하고 있으나, 권위적인 동시에 구성원에 대한 평가를 비롯하여 모든 것이 느리며, 단기적 변동에 적절히 대응할 수 없다는 단점을 가진다.

④ 과정형 문화(process culture)

과정형 문화에서는 업무의 내용이나 결과에 대한 실질적 평가보다는 시간 엄수, 규정 준수 등 비교적 사소한 문제들이 비중 있게 다루어진다. 여기에는 정부 및 금융기관 등이 속해 있으며, 이러한 조직들은 많은 관료제적 역기능을 가진다.

이처럼 다양한 조직문화 유형의 분류 기준은 특정 조직의 문화를 보다 구체적으로 밝히는 데에는 유익하나, 하나의 조직에서도 여러 유형의 문화가 발견될 수 있으며, 모든 조직의 문화유형을 배타적으로 구분할 수 있는 기준은 존재하지 않는다. 또한 하나의 조직문화 유형이 다른 유형의 조직문화보다 항상 효과적인 것은 아니며, 한번 형성된 조직문화 유형이 그 조직의 존속 기간 내내 효과적으로 작용하지도 않는다. 왜냐하면 특정 조직에 가장 적합한 문화 유형은 조직의 역사, 수행하고 있는 주요 업무, 주로 사용되는 기술, 종업원의 가치체계 등 수많은 환경변수들을 감안해서 결정하고 변화시켜 나가야 하기 때문이다. 일반적으로 효과성이 높은 조직들은 여러 유형의 문화적 장점을 정교하게 결합시키려는 동시에 자신의 고유 특성을 유지·발전시키기 위하여 많은 노력을 하며, 또한 고객이나 기술 개발에 많은 관심을 가지고 있고, 창의성과 개방성에 높은 가치를 부여한다.

제 3 절 조직문화에의 접근방법

조직문화 연구에 주로 이용되고 있는 몇 가지 접근방법을 간략히 소개하면 다음과 같다(Smircich, 1983: 343−353). 그러나 각각의 접근방법은 조직과 문화, 그리고 조직문화에 대한 서로 다른 개념을 가지고 있음을 기억해야 할 것이다.

1. 비교관리학적 접근방법

비교관리학적 접근방법(comparative management approach)은 "조직문화는 사회문화의 하위체제이므로, 결국 사회문화가 구성원들의 태도나 행동을 지배한다"라는 전제 하에, 외부 요인인 사회문화와 내부 요인인 관리 이념, 구성원의 가치관과 신념, 제도 등의 특성을 찾아내어, 조직 전체와 구성원의 행태를 연구한다. 이를 통해 국가 간의 문화를 비롯하여 조직 간의 구성원 행동 및 관리 패턴의 유사성과 차이점을 발견하고, 이들을 조직의 효과성·능률성과 연계시켜 바람직한 조직구조, 관리체제 등의 도출을 목적으로 한다.

2. 기업문화적 접근방법

기업문화적 접근방법(corporate culture approach)은 기업조직 자체가 재화와 서비스의 창출 및 목표달성 과정을 통해 각종 전설, 의식과 같은 독특한 문화적 산물을 창출해 낸다는 전제를 가지고 있다(Deal & Kennedy, 1982; Tichy, 1982: 59-80). 또한 조직문화와 조직의 효과성 간에는 밀접한 관계가 있다고 보는 이 접근방법은 조직문화를 구성원들을 통합시킬 수 있는 일종의 사회적·규범적 요소인 동시에 조직발전의 전략적 변수로 여기고 있어, 구성원들 간의 공통적인 가치와 신념, 상징 등에 대한 연구와 개발에 주력하고 있다.

3. 인지적 접근방법

인지적 접근방법(cognitive approach)에서는 조직문화를 구성원들이 특정한 사물, 사건, 행위, 정서 등을 인식·해석하는 데 사용되는 공통적 의미나 공유된 준거체계라고 여기며, 개인의 인지에 영향을 주는 비가시적 또는 잠재의식화되어 버린 규칙과 논리 연구에 초점을 맞추고 있다(Agar, 1982: 82-86). 다시 말해, 이 접근방법은 조직발전을 위한 문제의 진단과 처방을 위해 구성원들의 행위조정 기준의 발견이나 구성원들의 자아형성 과정 및 갈등분석 등에 사용된다.

4. 상징적 접근방법

상징적 접근방법(symbolic approach)은 문화를 공유된 상징이나 의미체계라고 여기고 있으며, 특정 상황 하에서 조직구성원들이 자신들의 경험을 어떻게 해석·이해하느냐와 이러한 해석과 이해가 구성원의 행동과는 어떤 관계를 맺고 있는가를 밝히려 한다(Bolman & Deal, 1990: 187-189).[21] 따라서 상징적 행동을 통한 조직의 형성·유지에 초점을 두어 어떻게 조직 의식(ritual)을 형성·유지시킬 것인가? 어떻게 상황에 대한 공통된 해석을 이끌어 낼 것인가? 또한 이를 통해 어떻게 협동적 행동을 유도할 것인가? 라는 문제들을 연구주제로 삼는다.

5. 구조·심리역학적 접근방법

구조·심리역학적 접근방법(structural-psychodynamic approach)에서는 문화는 무의식적인 심리 과정의 표현이며, 조직의 행태와 관행은 무의식 과정의 투사(projection)라고 여기고 있다. 이처럼 문화는 무의식적인 하부구조로 구성되어 있다기에 조직문화를 연구하려면 표면에 드러나 있지 않은 잠재적 사고의 구조를 발견하는 것이 중요하다고 여기고 있다.

이 같은 접근방법들은 크게 두 가지로 분류될 수 있다. 우선 비교관리학적·기업문화적 접근방법은 조직이 문화를 보유하고 있다는 전제 하에 조직목표달성을 위한 일반성, 인과성, 예측 가능성, 통제의 원리들에 우선적 가치를 두고 있다. 반면에, 인지적·상징적·심리역학적 접근방법은 조직현상을 문화 그 자체로 파악하는 동시에 구성원의 의식 표현 및 표출 양식으로 간주한다. 즉, 조직문화는 단순히 하나의 변수가 아니라, 조직이라는 '있는 그대로의 현상'에 대한 근본적인 은유(root metaphor)라고 이해하고 있다. 후자의 접근방법들은 조직현상을 주관적인 경험으로 탐색하며, 조직화된 행동을 포함한 조직현상 자체의 형성 과정과 그 의미 파악에 연구의 초점을 맞추고 있다.

---

21) 조직론의 전통적인 연구방법은 조직의 구조와 활동, 활동과 결과 간에는 일방적·합리적인 관계가 있다고 여겨왔다. 다시 말해, 조직의 구조가 모든 활동들을 바라는 방향으로 조정해 준다고 믿어 왔다. 이에 반해, 상징적 접근방법은 두 가지 면에서 차이가 난다. 첫째, 일반적으로 사람들은 결과에 대한 기대를 바탕으로 행위를 선택하므로 활동과 결과 사이의 연결관계를 인지하여야 한다고 여긴다. 둘째, 조직구성원들은 구조·활동·사건들을 신화·의식·행사 등으로 간주하고 이를 통해 신념을 형성하고, 이에 대한 의미를 부여하며, 나아가 새로운 상징이나 신화를 만들기도 한다.

제 4 절 조직문화의 효과적 관리방법

조직문화를 어떻게 정립 · 유지 · 관리하느냐는 조직의 성과는 물론 존폐 여부까지 영향을 미친다고 할 수 있다. 따라서 조직의 주요 가치를 어떻게 찾아내어 파급시키고 내재화할 것이며, 확립된 조직문화를 어떻게 관리하고, 조직의 내적 · 외적 환경 요구 변화에 따라 어떻게 적응 · 발전시켜 나가야 하느냐가 매우 중요하므로, 이들을 단계별로 논의해 보겠다.

1. 조직문화의 형성

조직문화는 새로운 신념과 아이디어를 가진 창업자가 자신과 동일 내지는 유사한 생각을 가진 사람들과 함께 조직을 형성하는 순간부터 생성되기 시작한다. 조직문화 역시 일반 문화처럼 지속성을 지니고 있으며, 내 · 외부의 여러 압력에 대해 저항하는 특징을 가지고 있다. 이러한 특성을 감안할 때, 초기 단계부터 조직의 목표를 효과적으로 달성할 수 있는 방향으로 조직문화를 형성시켜야 할 것이다.

2. 조직문화의 전달과 계승

조직문화의 전달과 계승의 주체와 대상은 조직구성원이다. 즉, 조직문화는 조직구성원의 선발 · 채용, 훈련 및 사회화, 그리고 동기부여 과정 등을 거쳐 전달 · 계승된다. 이러한 과정을 거치면서 초기에 형성된 조직문화는 때론 강화되기도 때로는 약화되기도 한다.

1) 조직구성원 선발 과정

조직문화는 구성원들의 사회적 배경(연령, 성, 학력, 종교 등)과 가치체계에 따라 다르게 형성되므로 조직문화를 유지 · 변동 · 발전시키려면 조직구성원의 선발 과정을 통해 조직의 규범, 가치관, 비전에 부합되거나, 이를 적극 수용하려는 사람을 선발하여야 한다. 한마디로, 업무수행에 필요한 지식, 기술, 능력을 가지고 있느냐의 여부만 볼 것이 아니라, 우리 조직의 분위기에 잘 적응할 수 있겠는가를 보아야 한다는 것이다. 그래야만 사후의 마찰이나 저항을 예방할 수 있다.

2) 교육훈련

일반적으로 교육훈련은 다음에 언급할 사회화 과정에 포함된다고 볼 수 있으나, 필자는 다음과 같은 근거로 구분하고자 한다. 첫째, 교육훈련은 공식적 · 체계적인 과정인 반면, 사회화 과정은 비공식 성격이 강하다. 둘째, 교육훈련은 재교육 · 보수교육 등도 있지만, 채용 직후 실시하는 것이 일반적이나, 사회화 과정은 채용 후 장기간에 걸쳐 서서히 이루어진다.

교육훈련은 조직문화에의 적응 내지는 발전적 변화를 유도할 수 있는 가장 효과적인 방법이다. 일단 선발된 조직구성원들을 대상으로 각종의 교육훈련을 통해 이전의 태도나 가치관을 불식시키고, 조직이 원하는 가치관을 주입시킨다. 교육훈련의 효과를 높이려면 다음의 점에 유의하여야 한다. 첫째, 피교육자들에게 사전에 교육의 목적과 방향을 충분히 이해시켜야 능동적이고 적극적인 수강 태도를 갖게 할 수 있다. 둘째, 조직 전체의 변화를 효과적으로 유도하려면 목표집단 전체를 대상으로 교육훈련을 실시하여 구성원 전체에게 공통된 가치관을 형성시켜야 한다. 셋째, 지속적 · 체계적인 교육훈련을 시행하여야만 교육 내용의 완벽한 이해는 물론 긍정적 행동의 강화(reinforcement)를 기대할 수 있다. 넷째, 교육받은 내용이 행동으로 전이될 수 있도록 각종 제도와 지원방안이 마련되어야 한다. 이 밖에 교육 기간과 시기, 강의 방법, 교육환경, 피교육자의 수나 구성 비율(계층별, 연령별, 성별) 등을 신중하게 고려하여야 한다.

3) 조직사회화

조직사회화(organizational socialization)란 구성원들이 역할 수행 과정에서 자연스럽게 구체적인 지식과 기술의 체득은 물론 조직의 문화를 학습 · 적응해 나가는 과정을 의미하며, 이러한 과정을 통해 조직문화가 일관성을 지니게 된다. 이러한 사회화 과정은 신입 구성원뿐만 아니라 기존의 구성원들이 조직환경의 변화에 적응하려고 할 때나, 인사이동 등으로 인한 역할 변경이 생길 때도 이루어진다.[22] 특히, 새로운 조직구성원의 사회화 과정에서는 최고관리자이나 고참들의 행위(하부에의 재량권 부여 정도 등을 비롯해 언어 습관, 복장 스타일 등도 포함)와 태도가 모델이 되는 경우가 많다. 이런 사회화 과정을 거치면서 새로운 구성원들은 조직 내에서 허용 또는 불허되는 행동은 무엇인지, 어떤 행동이 승진에 영향을 미치는지 등을 체득하게 되며, 나아가 미래에 대한 예상도 할 수 있게 된다. 더욱 중요한 것은 사회화 과정을 통해 조직 내에서 자신의 위치와 역할을, 그리고 다른 구성원과의 상호작용에 대해 분명한 인식을 갖게 되기 때문에, 구성원들 간에 동일한 또는 유사한 행동지향성을 갖게 될 뿐만 아니라, 의사소통상의 장애 극복은 물론 구성원 상호간의 역할갈등을 최소화할 수 있을 것이다. 사회화 과정이 원만히 이루어지지 못할 경우, 강력한 통제장치를 작동시킬 수밖에 없게 되어 많은 비용이 초래됨은 물론 궁극적으로는 조직의 목표달성을 곤란하게 한다.[23]

4) 보상 시스템

직무의 종류나 계층에 따라 적절한 평가 시기와 방법을 정하여 탁월한 업무 성과에 대해서는 반드시 인정(recognition)과 보상이 제공하는 동시에 조직규범 일탈자에게는 부정적인 보상(징계나 해고 등)이 주어지는 장치가 효율적으로 마련·운영되어

---

22) 사회화 과정은 크게 3단계로 나누어진다.

① 진입 이전 단계(pre−arrival stage): 특정 조직에 진입하기 전에 교육, 훈련 등을 통해 그 조직에서 요구하는 지식과 기술, 태도 등을 배우면서 향후 진입하게 될 조직에 대한 사전 지식이나 기대감을 갖게 된다.

② 진입 단계(encounter stage): 조직에 진입한 직후 이전의 기대와 현실 간의 차이점을 경험하면서, 그 차이의 정도에 따라 기존 기대를 강화시키거나, 기대를 버리고 새롭게 적응해 보겠다는 마음을 먹거나, 아니면 진입을 포기하기도 한다.

③ 변신 단계(metamorphosis stage): 조직의 구성원으로 활동하면서 그 조직의 행동 양식이나 규범, 핵심 가치 등에 자신을 맞추어 나가는 변화 단계를 말한다.

23) (신입) 구성원들을 어떠한 방식으로 사회화시키느냐에 따라 그 효과성은 크게 달라지는데, 일반적인 경우를 제시하면 다음과 같다. ① 특별한 프로그램을 마련해 진행하는 경우, ② 교육 기간을 정해 놓고 하는 경우, ③ 계획 하에 순차적으로 이루어지는 경우가 그렇지 않은 경우보다 더 효과적이다. ④ 허용되는 사항을 나열하기보다는, 허용되지 않는 사항들을 정확히 지적하는 것이 기존의 태도나 습관, 사고방식에서 벗어나 조직의 요구에 빠르게 적응하게 된다고 한다.

야 비로소 조직 내에서 가장 가치 있는 역할과 행동이 보급·활성화되는 등 바람직한 조직문화를 유지하고 관리할 수 있게 된다.

이때 반드시 기억해야 할 사실은 전달·계승하고자 하는 문화의 수준과 내용에 따라 보상 시스템(reward system)을 달리하여야 한다는 것이다. 이에는 재정적 형편을 감안한 물질적인 보상 이외에도 표창이나 상사의 관심·칭찬 등과 같은 비물질적·상징적인 수단도 이용될 수 있다. 때로는 제공되는 정보의 양과 종류의 제한 또는 재량 범위의 재조정 등도 유용한 수단으로 이용될 수 있다.

지금까지는 조직구성원이 조직에 진입하고 적응하며 잔류하는 과정을 중심으로 조직문화가 계승·전달시키는 기제들을 살펴보았다. 이제부터는 구성원들에게 조직문화를 전파하는 데에 흔히 사용되는 도구들 몇 가지를 간략하게 살펴보기로 하자.

첫째, 어느 조직이나 과감한 발탁 인사, 엄청난 규모의 구조조정, 상상을 초월한 보상 등과 같이 세월이 흘렀지만, 자주 회자되는 전설이나 일화들을 가지고 있다. 그 가운데 설립자나 조직의 영웅에 관련된 전설들은 다소 과장이 섞여 있지만, 가장 빈번하게 거론되며, 가장 강력하게 영향을 미치고 있다. 대표적인 예를 들면, 소프트뱅크의 창립자 손정의 씨가 사업 초기 허름한 창고에서 몇 명의 아르바이트생들을 모아놓고 과일 상자를 연단 삼아 황당하게 들릴 정도의 비전과 포부를 밝히곤 했다는 이야기나 현대그룹 창업자인 정주영 씨가 조선소도 짓기도 전에, 오백 원짜리 지폐를 보여주면서 엄청난 규모의 선박 수주를 따왔다는 일화가 그에 해당한다. 이처럼 보통 사람으로는 믿기조차 어려운 전설들을 자주 접한 구성원들은 자신도 모르게 과감하고 도전적인 정신과 위험 수용(risk-taking) 태도 등을 갖게 되면서 그 조직 특유의 문화를 형성·유지시켜 나갈 것이다.

둘째, 조직마다 주기적으로 개최하는 의식(rituals)이 있는데, 이를 통해 조직의 문화를 형성·계승시켜 나간다. '올해의 판매 왕', '이달의 친절 왕', '자랑스런 ○○인' 등이 그 예가 된다. 이러한 의식이나 행사는 그 조직에서 가장 중요시 여기는 핵심가치(core value)나 가장 높게 평가하는 요소들을 널리 전파하는 기능을 갖고 있다.

셋째, 조직이나 그 조직의 창업자에 관련된 물질적 상징(material symbols)들도 그 조직의 문화를 형성 또는 전파, 때론 변경시키는 데에 중요한 역할을 한다. 낡은 책상이나 의상을 고집하거나 소형 자동차를 타고 다니는 CEO, 거창하고 화려하게 장식되어 있는 임원 실이나 회의실과 같은 물질적 상징들은 구성원들에게 그 조직의 특유한 분위기를 효과적으로 인식시켜 주며, 앞으로의 행동 방향을 직감적으로 알게 해준다.

넷째, 조직마다 고유하게 통용되는 언어들이 있는데, 이들 역시 조직문화 형성에 적지 않은 기여를 하고 있다. 이러한 언어에는 약어와 은어도 포함되는데, 이들을 알아듣는 사람들끼리는 동료 의식을 느끼게 되며, 이들을 자연스럽게 사용할 정도가 되면 조직에 대한 정체성 내지 소속감도 커지는 동시에 그 조직의 문화가 구성원에게 상당 수준 내면화되었다는 증거도 된다.

3. 새로운 조직문화의 개발 · 변경

1) 필요성

지금까지 각종의 조직문제 해결에 있어 나름대로 기여하여 왔던 기존의 조직문화가 조직환경의 변화, 목표의 변경, 다른 조직과의 합병, 고객의 욕구 변화 등과 같은 이유들로 조직의 성장과 발전에 제약 요소로 전락할 때가 있다. 따라서 새로운 상황하에서도 지속적으로 높은 효율을 유지하려면 조직의 구조나 기능과 같은 공식적 요소들의 변경보다는 조직문화를 변경 또는 개발하는 것이 바람직하다. 왜냐하면 공식적 요소들의 변경 시도는 많은 저항과 부작용들을 초래하는 반면, 비구체적 · 비가시적인 조직문화에 대해서는 조직적이고 거센 외부적 저항을 보일 수 없기 때문이다.

그러나 조직문화는 상당 기간 동안 해당 조직의 기본적 가치로서 구성원들에게 지극히 당연한 것으로 여겨져 왔기 때문에, 조직문화의 변화에는 적지 않은 저항이 있게 마련이며, 상당한 시간이 요구되며, 또한 성공 여부를 판정하는 데도 많은 어려움이 따른다.

2) 절 차

조직문화를 개발 · 변경시키기 위해서는 외부 전문가를 참여시켜 구성원과 함께 환경 및 조직의 목표, 구성원의 능력 등과 같은 요소들을 철저히 평가 · 고려하여 계획을 작성 · 시행하는 것이 바람직하다.[24] 일반적으로 조직문화의 개발 · 변경에는 다음의 단계를 거친다.

첫째, 조직의 내적 · 외적 환경의 변화를 감안하여 현 조직문화의 특성과 가치, 그리고 문제점을 진단하고, 새로운 환경 요구에 부응할 수 있는 바람직한 조직문화를 설정한다. 기존의 조직문화는 조직 전체적 측면과 구성원적 측면으로 나누어 파악 · 분석하여야 할 것이다. 전체적 측면에서는 조직목표의 사회적 기여도, 의사결정 과정의 (질적 · 양적) 수준, 보상제도[25] 및 각종 후생복지제도의 내용, 그리고 구성원 및 고객 관리방식 등을 파악하여야 하며, 구성원적 측면에서는 환경변화 · 조직목표 · 직무에 대한 태도, 자기 개발의 노력 정도, (전체 또는 개인) 지향성의 정도 등을 파악하여야 한다. 또한 바람직한 미래의 문화 내용은 제안제도 등을 이용하거나 벤치마킹의 대상이 되는 다른 조직들의 문화적 특성을 참고하여 설정하여야 한다.

둘째, 조직문화의 개발 · 변경을 효과적으로 수행하려면 우호적인 분위기부터 조성하여야 한다. 그렇기 위해서는 구성원들로 하여금 직접 체험이나 개방적 · 민주적인 의사소통 등을 통하여 새로운 조직문화로의 변화 필요성을 공감시키고, 자신들의 가치와 행위 변화를 위한 내적 동기를 유발시켜야 한다. 이때 구성원들의 자발적 · 합의적 참여를 얻지 못하면, 구성원들 간의 갈등 원인만을 제공하게 된다.

셋째, 이러한 과정을 거쳐 결정된 미래 문화의 방향과 특성을 어떤 방식으로 유도할 것인지, 어떤 수단을 이용하여 변경시킬 것인지,[26] 그리고 어떤 집단을 주도 세력으로 내세울 것인지에 대한 결정과 함께 새로운 문화에 부적합한 자는 누구인지 등에 대한 파악도 이루어져야 한다. 이 같은 조직문화 개발전략은 되도록 구체적으로 작성하여, 그 전략에 대한 구성원들의 의견 제시는 쉽고, 신뢰할 수 있게 만들어야 한다.

넷째, 일단 조직문화의 개발전략이 세워졌다면, 이 전략을 실천할 수 있는 세부

---

24) 이때 외부 전문가의 주된 역할은 조직구성원의 창의적인 아이디어를 체계적으로 정리하여 주고 객관적 평가를 할 수 있도록 지원하여 주는 것이다.

25) 조직문화를 변경시키려 할 때에는 조직 내에서 어떤 행동이나 가치체계가 인정 내지는 보상을 받는지에 관해 구성원들에 의해 공통적으로 용인될 수 있는 판단 기준부터 마련되어야 할 것이다.

26) 조직문화의 형성 · 변경에 사용되는 수단들은 크게 세 가지로 구분될 수 있는데, 각각의 의미와 내용은 다음과 같다. ① 이념적 요소: 조직의 미션, 비전, 전략 및 관리방침, 헌장 등을 일관성 있게 제정 · 공표함으로써 대외적으로는 이미지 제고를, 대내적으로는 구성원들의 일체감 제고에 활용한다. ② 감각적 요소: 로고나 브랜드를 바꾸거나 사가(社歌)나 로고송(logo song) 등을 만들어 전파시킨다. ③ 행동적 요소: 이는 조직의 행동과 구성원의 행동에 관련된 것으로 나눌 수 있다. 전자에는 조직의 사업 영역의 변경이나 사회적 공헌활동의 전개 등이, 후자에는 구성원의 행동규범 재정립 등이 포함된다.

실행계획을 작성하여야 한다. 이때 의사소통, 교육훈련, 보상 및 통제계획 등이 마련되어야 한다.

다섯째, 이러한 절차에 따라 마련된 새로운 가치관이나 행동양식을 구성원들에게 내면화시켜 장기적으로 유지시킬 수 있는 전략도 마련되어야 한다. 이 전략은 구성원의 선발, 교육훈련 등 조직의 전 관리과정에 걸쳐 일관성 있게 적용되어야 한다(박내회, 1991: 481－483).

여섯째, 새로운 조직문화를 효과적으로 정착시키려면 선정된 목표의 구체화 작업과 실행계획에 대한 평가제도가 확립되어 있어야 한다. 새로이 선정·제시된 공유가치에 대한 조직구성원들의 내재화 정도를 측정하고 결과에 대한 원인을 분석·평가할 수 있는 환류 시스템(feedback system)을 마련하여야 한다.

3) 전략들

새로운 조직문화 개발전략에 고려해 볼 수 있는 대표적인 전략은 다음과 같다.

(1) 최고관리층 변경

조직 차원에서 환경변화에 효과적으로 대응하려면, 구성원들이 바람직한 가치관이나 행동양식을 가져야 하는데, 이를 위해선 최고관리자의 적극적 관심과 지원, 그리고 솔선수범이 전제되어야 한다. 또한 최고지도자는 개방적이고 솔직한 태도를 가지고 자신의 장기적인 경영이념과 비전을 제시하면서 변화의 창도자로서의 역할을 수행하여야 한다. 경우에 따라서 최고관리층을 구성하고 있는 상당수의 인원을 시대적 요구에 부응하는 가치관과 능력을 지닌 조직 내·외부 인사들로 교체·충원도 고려하여야 한다.

(2) 새로운 기술 도입

새로운 생산·관리 기술의 도입은 새로운 업무 습득의 필요성은 초래시키지만, 조직성과의 제고와 더불어 전통적 가치체계 및 문화적 상황의 변화를 유도해낼 수 있다.[27] 따라서 새로운 기술을 도입하려는 경우에는 그 기술이 내포하고 있는 전제

27) 사회적 기술은 물론 물리적 기술의 이면에는 제각기 다른 전제들을 지니고 있기 때문에, 특정한

들과 함께 바람직하다고 여겨지는 조직문화와의 조화 정도를 고려하여야 한다. 예를 들면, 정보 시스템의 구축과 공장자동화의 도입 결정은 부서 간의 세력 판도에 변화를 가져오며, 이 때문에 조직구성원 또는 조직 내의 집단 상호간에 갈등이 야기될 것이고, 이를 조정 · 해결하는 과정을 거치면서 조직에 변화를 가져온다.

(3) 일화와 상징의 개발

이미 앞에서 보았듯이, 조직문화는 조직 내의 일화나 다른 상징적 수단들에 의하여 전달되고 이해된다. 따라서 새로운 환경변화에 부합되는 조직문화를 개발 · 변경시키려면 기존의 문화적 가치를 유지시켜 왔던 일화나 상징들을 새로이 요청되는 문화적 가치를 내포하고 있는 것들로 대체시켜야 한다(Peters, 1987: 402－420).[28]

지금까지 논의한 조직문화의 개발 · 변경 노력들이 성공하려면 무엇보다도 조직 내 집단 및 구성원 상호간에 존재하는 불신부터 제거하여 일체감을 제고시키고, 개인적 이익보다는 조직 전체의 이익을 중시하는 신뢰적인 풍토가 구축되어야 한다. 이 같은 신뢰 풍토가 형성되려면 장기적 차원에서 조직 및 구성원의 발전을 동시에 기할 수 있는 비전의 제시와 함께 구성원 상호간에 공동체 의식을 함양시킬 수 있는 각종 조치들이 취해져야 하며, 조직이 창출한 과실의 배분 · 관리가 공정하게 이루어져야 한다. 이 밖에, 제시된 조직문화가 도덕성을 결여하였거나 구성원들의 개별적 가치체계와 일치 내지는 조화되지 않는 경우에는 조직문화의 정착이 곤란하다는 점도 기억해야 할 것이다.

기술을 (직 · 간접적으로) 채택하고 있는 조직구성원들은 나름대로 독특한 업무방식과 가치체계, 그리고 신념 등을 지니게 된다는 사실은 이론적으로나 경험적으로 오래전부터 잘 알려져 있다.

28) 피터스(T. J. Peters)는 지도자 행위의 상당 부분은 상징적인 효과를 지니고 있기 때문에 지도자는 상징을 잘 이용하여야 한다면서 조직의 비전 · 이데올로기 제시, 새로운 용어나 의식 · 신화의 창출 등 여러 방법들을 소개하고 있다. 일반적으로, 구성원들은 리더가 시간의 대부분을 주로 무엇을 하며 보내며, 무슨 말을 반복적으로 강조하며, 어떠한 행동을 하는지 등을 보고 상관이 원하는 바를 파악하며, 자신들의 신념과 기대를 만들어 내고 있다.

토론 과제

1. 문화의 일반적인 특성을 서술해 보자.
2. 현대사회에서 조직문화가 강조되는 이유는 무엇인가?
3. 조직마다 조직문화가 다른 이유를 찾아보자.
4. 조직문화의 차이는 조직의 어떤 면에 영향을 미치는가?
5. 피터스 등의 7S 모델을 중심으로 조직문화의 구성 요소를 설명해 보자.
6. 조직문화 연구에 대한 접근방법을 분류하고 설명해 보자.
7. 전략적 관점에서 조직문화의 개발과 유지방안을 논해 보자.
8. 문화의 형성 과정에서 조직의 창업자가 수행하는 역할은 무엇인가?
9. 우리나라의 조직문화의 특징을 설명해 보자.

Organizational Behavior

제14장

조직변화와 발전

조직의 변화는 조직의 생존과 성장을 위해 필수적이다. 변화의 계기를 적절히 포착하고 활용하는 조직은 생존과 함께 성장할 수 있지만, 그렇지 못한 조직은 쇠퇴와 붕괴의 과정을 밟게 된다.

이 장은 '계획적 변화'를 중심으로 조직변화에 관한 다양한 주제들을 학습한다. 조직의 변화는 크게 변화의 '과정'과 변화를 유도하는 '개입기법'에 따라 그 성공 여부가 달라진다. 조직이 변화를 성공적으로 이루려면 적절한 개입기법을 선정하고 이의 적용을 포함한 동태적 변화과정을 적절히 관리할 수 있어야 한다. 이 장은 이 가운데 먼저 두 번째 요소인 변화과정을 검토하고, 뒤이어 조직변화를 위한 개입기법들을 검토한다. 조직변화를 위한 개입기법은 구조, 절차, 행태 등 조직의 모든 차원에서 개발이 가능하나, 이 장은 이 가운데 행태 및 가치변화에 초점을 두고 고찰한다.

이 장은 조직의 변화과정을 이해하기 위해 세 개의 시간 축에 따라 형성된 변화모형을 설정하고, 이를 토대로 다양한 변화 관련 활동들을 살펴본다. 이 장에서 거론되는 변화 관련 활동은 변화 동인의 분석, 문제의 인지와 진단, 변화 담당자 및 접근방법의 선정, 변화의 실행과 저항 극복, 그리고 평가와 환류 등이다. 조직구성원의 행태변화를 위한 개입기법으로는 감수성훈련, 설문조사 피드백, 절차상담, 그리드기법 등 전통적 OD기법과 긍정탐구법(AI)을 고찰한다. 다양한 개입기법들을 기술함에 있어서 각 기법이 지닌 기본원리와 실행단계에 초점을 두고, 이들의 실천적 효과성과 정부조직에 적용 시에 주의해야 할 점들을 검토한다. 이 장은 마지막으로, 공공부문의 조직변화를 위한 관리과정에서 특별히 관심을 가져야 할 절차 및 윤리상 문제점을 거론하고, 성공적 변화를 위한 행동지침을 논한다.

제 1 절 조직변화의 이해

1. 조직변화의 의의

조직은 하나의 살아 있는 유기체와 같다. 그래서 조직은 늘 생존을 위해 부단한 노력을 경주한다. 생존을 위한 조직의 노력은 한마디로 '변화'로 요약된다. 조직의 효율성이나 환경과의 적절한 상호작용 등 생존을 위한 필수 요건들은 모두가 조직의 지속적인 자기 변신을 통해서만 충족이 가능하다.

지난날 조직은 비교적 안정된 환경 속에서 조직 내부의 효율만 추구하면 생존할 수 있었다. "망가지지 않으면 고치지 말라(If it ain't broke, don't fix it)"는 말이 있듯이 조직 내부의 질서와 안정이 무엇보다 중시되었다. 그리고 변화가 없었던 것은 아니나, 대부분의 변화는 천천히, 그리고 점진적으로 진행되었다.

불행히도 오늘날의 조직은 이와는 전혀 다른 상황에 처하게 되었다. 질서와 안정이 아니라 변화와 개혁, 쇄신 등의 용어가 유행할 정도로 환경이 급변했고, 그 내용 또한 과거와는 크게 다른 양상을 띠게 되었다. 정보화, 세계화로 인한 기술변화와 함께 다양한 국내·외적 환경변화가 조직들에게 보다 많은 위험과 기회를 제공하게 되었고, 조직들은 이런 혼돈의 상황 속에서 생존과 번영을 위해 치열한 경쟁을 하지 않으면 안 되게 되었다.

이런 시대적 흐름을 반영하듯, 조직변화와 개혁에 관한 학문적·실천적 관심 또한 고조되어 왔다. 기업은 물론 공공부문에서도 조직을 바꾸려는 움직임이 활발하게 전개되었다. 이른바 정부개혁(또는 정부혁신)이란 새로운 유행(fads)이 전 세계적으로 확산되었고, 조직이론이 이런 시대적 변화를 지적으로 뒷받침해 왔다. 그러나 이런 변화 노력은 조직에 관한 전혀 새로운 이론이나 기법을 요구하는 것은 아니다. 이미 우리가 앞장에서 배웠던 다양한 이론적 지식들을 조직 현실에 적용하는 것이 대부분이다. 이런 의미에서 조직의 변화와 발전은 곧 조직행태론의 종합이라 할 수 있다. 그리고 이런 종합적 노력은 조직행태론을 배우는 궁극적 목적이 단순한 과학적 지식의 축적이 아니라, 인간의 삶을 풍요롭게 하는 수단적·실천적 지식을 얻는 데 있다는 점에서 그 의의를 갖는다.

2. 조직변화의 개념과 유형

1) 개 념

조직변화는 크게 두 개의 개념적 차원에서 규정될 수 있다. 하나는 변화의 '과정(process)'이고, 다른 하나는 변화의 '내용(content)'이다. 전자는 변화가 '어떻게' 일어나는가를 의미하는 것이고, 후자는 실제로 조직에서 '어떤' 변화가 일어나는가를 묘사하는 것이다. 앞으로 우리는 이런 조직변화의 두 가지 개념적 속성을 다양한 이론과 변화기법을 통해 구체적으로 살펴볼 것이다. 일단 여기서는 조직변화를 바람직한 상태를 위해 조직의 기본적 속성을 바꾸는 것이라 하자.

조직의 변화란 본래 중립적 개념이다. 기존의 모습과 다른 형태를 갖추기만 하면 모두 변화라 할 수 있다. 이에 비해 개혁이나 발전은 다분히 가치 함축적이다. 현재의 모습을 보다 나은 상태로 바꾸는 것을 의미한다. 이 장에서 우리는 이런 개념상 차이를 구분하지 않는다. 개념의 엄격한 조작화나 측정을 요하는 이론적 연구와 달리 개념상 구분이 주제를 논하는 데 별다른 실익이 없다. 조직변화의 주류를 이루는 '계획적 변화'가 모두 암묵적으로는 바람직한 변화를 추구한다는 것도 변화, 개혁, 발전, 쇄신 같은 유사 개념들을 구분하지 않는 하나의 이유가 된다. 조직이 변화를 시도할 때 의도적으로 현재보다 못한 상태를 추구하는 경우란 없는 것이다.

2) 계획적 변화와 비계획적 변화

조직의 변화는 계획적일 수 있고 우발적일 수 있다. 계획적 변화는 변화의 필요성이 인지되어 의도적으로 추진되는 변화이고, 우발적 (혹은 계획되지 않은) 변화는 조직의 통제를 벗어난 상황에서 우연히 또는 불가피하게 일어나는 변화이다. 이 가운데 조직행태론이 관심을 두는 것은 주로 계획적 변화이다. 하지만 우발적 변화의 중요성도 간과해서는 안 된다. 비계획적 변화는 조직 내부의 요인은 물론 환경적 요인과 밀접한 관계를 지니고, 이로 인해 조직의 상위층의 시간과 에너지를 많이 빼앗기 때문이다(Gortner et al., 1997). 그리고 우발적 변화는 정치적 환경이 중요한 역할을 하는 정부조직에서 특히 중시되어야 한다. 정부조직의 변화는 경제적 추세, 사회적 변화, 정치적 변혁, 기술발전 같이 조직이 직접 통제하기 어려운 환경적 요소들에 의해 불가피하게 일어나는 경우가 많기 때문이다. 이는 정부조직이 평상시에는 계획적 변화를 위한 지속적 노력을 경주하면서, 동시에 기대치 못한 환경변화에 대비해 우발적 변화를 적절히 이룰 수 있는 체제적 능력을 갖추어야 함을 시사한다.

3. 조직변화에 관한 연구

조직변화의 효과적 추진은 매우 어렵고도 도전적인 과제이다. 그럼에도 불구하고 조직변화는 그 자체의 실천적 중요성 때문에 항상 조직행태론의 중요한 연구 분야로 존재해 왔다. 1950년대와 1960년대에는 주로 행태주의 접근방법에 근거한 과학적 변화이론이 제시되었다. 그러다가 1960년대부터 1980년대까지 약 30년 동안 이른바 조직발전(Organizational Development: OD)이라 불리는 접근방법이 이 분야의 지배적 패러다임으로 유행했다. 당시 조직발전은 좀 더 나은 성과를 얻기 위한 진단적·처방적 도구로서 거의 모든 조직변화의 노력을 상징하는 것으로 인식되기도 했다. 그리고 비록 민간부문의 조직들을 대상으로 개발되었지만, 사기업은 물론 정부조직에서도 광범위하게 적용되었다.

1980년대 후반에 이르러 이런 OD의 기세가 다소 수그러들었다. 일본 기업의 생산성이 미국 기업의 생산성을 추월하자 OD를 비롯한 다양한 변화 기법을 복합적으로 활용하는 TQM이 새로운 변화도구로서 인기를 끌게 되었다. 그리고 1990년대 초반에는 좀 더 혁신적 조직변화를 유도하는 리엔지니어링과 이른바 '정부개혁(government reinvention)'이 거의 모든 나라의 조직개혁을 주도하는 강력한 변화기법으로 나타나게 되었다(cf. 오스본·플래스트리크, 1998).

이 장은 이런 기법 가운데 정부개혁은 논의하지 않는다. 정부개혁은 단순한 조직개편이 아니라, 공공조직의 목적, 유인체계, 권력구조, 조직문화 등 체제 전반에 걸쳐 근본적 개혁을 시도하는 것이다. 그리고 조직발전(OD)이라 불리는 접근방법도 이를 둘러 싼 개념상의 혼란을 피하기 위해 주로 '전통적' 의미에서 사용하고자 한다. 이 책에서 쓰이는 OD는 주로 구성원들의 행태나 가치관 변화에 초점을 두는 조직개혁 기법을 의미하는 것이다.[1)]

1) 조직발전(OD)은 종종 고유명사처럼 인식되어 혼란을 주기도 한다. 혹자는 감수성훈련, 그리드훈련 등 주로 조직구성원의 행태나 가치관의 변화에 초점을 두는 개입기법에 한정하는 데 비해, 혹

제 2 절 조직변화의 과정

1. 변화모형: 개관

조직의 변화는 일종의 변증법적 과정과 같다. 하나의 문제를 해결하기 위한 계획적 변화가 다시 새로운 변화를 유도하는 문제를 야기시킨다. 예컨대, 정보화로 인한 기술혁신이 컴퓨터에 대한 의존도를 향상시키면 조직구성원들의 사기가 떨어지고, 이런 부정적 현상은 다시 구성원들의 사기를 향상시키려는 새로운 변화를 유도한다.

[그림 14-1]은 이처럼 동적인 변화의 과정을 주요 변수를 중심으로 모형화한 것이다. 이 그림은 우선 조직이 변화과정에서 밟게 되는 일련의 단계가 단절적이 아니라 지속적이고, 최종적이 아니라 순환적임을 묘사한다. 이는 곧 조직변화가 단순한 단계적 사건들의 모임이 아니라 복잡한 사회적 과정임을 시사한다. 더 나아가 조직의 변화과정은 크게 세 개의 시간 축에 따라 전개된다. 변화에 대한 필요성이 인지되는 단계, 변화가 실행되는 단계, 그리고 새로운 업무나 절차가 운영되는 단계이다. 이론과는 달리 현실 세계에서 이런 단계들이 명확히 구분되는 것은 아니다.[2] 그러나 적어도 분석적으로는 초기의 ① 변화의 필요성이 인지되는 단계, ② 기존의 관행, 제도, 기술 또는 절차들이 새로운 것들로 대체되는 단계, 그리고 ③ 새로운 기술 및 절차들이 변화된 조직의 한 부분으로 제도화되는 단계로 구분하는 것이 가능하다.

1) 조직변화의 단계

(1) 제1단계: 변화의 필요성 인지

계획적 변화는 변화의 필요성이 인지될 때 추진된다. 변화의 필요성은 현실적으로 존재하는 조직 내·외의 압력 때문에 인지되거나(reactive), 장차 조직이 직면할 경쟁적 상황을 예측할 때 인지되기도 한다(proactive). 그리고 변화의 동인이라 불리

자는 구성원의 행태는 물론 조직의 구조와 절차 등 조직의 모든 요소를 대상으로 한 총체적 변화기법으로 사용하기도 한다. 이 책은 이 가운데 전자의 입장에서 OD를 논의하게 될 것이다.

2) 이런 현상이 나타나는 주된 이유 중의 하나는 조직 내에서 일어나는 변화가 여러 개의 변화를 동시에 수반하고, 때로는 시간이 흐름에 따라 재구성되는 사례가 적지 않기 때문이다.

는 압력요인들은 외부적인 것과 내부적인 것으로 나뉘는데, 외부적 요인은 조직을 둘러 싼 환경적 요인들로서 정치, 경제, 사회적 요인들을 망라하고, 내부적 요인은 조직 내부의 구조, 절차, 혹은 행태적 요소들을 지칭한다.

그림 14-1 조직변화의 모형

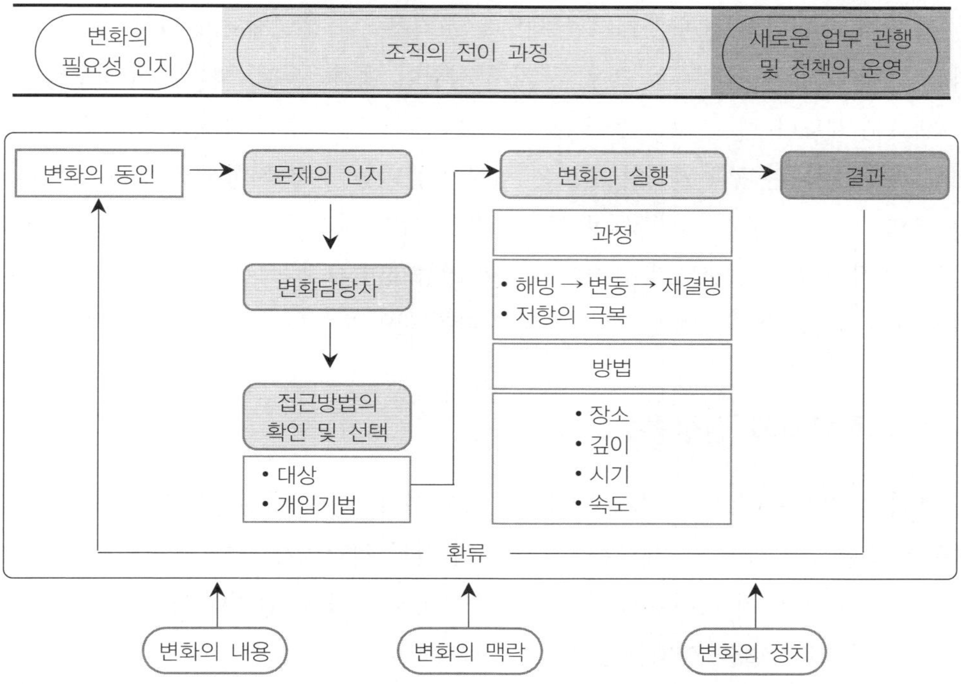

(2) 제2단계: 조직의 전이 과정

변화의 필요성이 인지되면, 변화를 위한 비선형적인 전이 과정(transition process)이 시작된다. 이런 과정은 조직의 실태를 진단하고 문제점을 발견하는 과정, 변화의 목표를 설정하는 과정, 조직의 변화과정을 이끌어 갈 변화담당자를 선정하는 과정, 그리고 개입기법을 선택하고 집행에 옮기는 과정 등을 포함한다. 변화담당자들은 변화의 동인과 자신들의 역할에 대한 인지에 따라 개입기법을 선택하고, 이를 집행에 옮긴다. 개입기법은 조직이 도입코자 하는 변화의 '유형'으로서 전형적으로 사람, 구조, 기술, 또는 사업 등을 적용 대상으로 한다. 개입기법의 집행은 크게 '어떤 행동'

을 '어떤 방법으로' 집행에 옮기느냐는 두 가지 과제를 수반한다. 전통적으로 '어떤' 행동이란 현상을 해빙시키고, 변동을 추진하며, 재동결을 하여 변화를 제도화하는 세 개의 활동으로 나뉜다. 그리고 이런 활동들은 변화의 장소, 깊이, 시기, 속도 등에 따라 다양한 양상을 띠게 된다.

(3) 제3단계: 새로운 업무 관행 및 절차의 운영

이 단계는 변화의 결과로 나타난 새로운 조직구조나 운영체제가 실질적으로 작동하는 단계이다. 이 시기에는 크게 두 가지 상황이 예견되는데, 하나는 조직구성원들이 새로운 제도나 절차, 구조 등에 잘 적응하여 비교적 안정된 체제를 유지하는 경우이고, 다른 하나는 구성원들이 새로운 체제에 불만을 갖고 저항하거나 새로운 체제를 운영하는 과정에서 예기치 못한 기술적 문제가 나타나는 경우이다. 경험적으로 볼 때 조직의 변화는 전자의 결과를 초래할 가능성이 크다. 그러나 어느 경우에건 하나의 조직변화를 통해 나타난 결과는 대개 다른 분야의 변화를 촉진하는 촉매가 된다.

2) 조직변화의 결정변수

조직의 변화는 수많은 과제나 활동을 수반한다. 이런 활동들은 단계적이기보다 중복적(혹은 동시적)이고, 때로는 멈추었다가 다시 시작하기도 한다. 그리고 이런 활동상 변이는 여러 가지 상황적 변수에 따라 달라지는데, 이런 변수들에 대한 이해는 변화의 과정과 산출을 이해하는 데 매우 유용하다.

[그림 14-1]은 이처럼 복잡한 조직변화의 양태를 결정하는 독립변수로서 크게 세 가지를 보여준다. 하나는 조직이 선택하는 변화의 내용이고, 다른 하나는 변화과정에서 나타나는 정치적 역학관계이며, 마지막으로는 변화가 일어나는 조직 내·외의 상황적 특성이다(Whipp et al., 1987). 이 가운데 '변화의 내용'은 변화의 유형, 규모, 그리고 전략적 특성 등을 의미하는 것으로서, 변화과정에서 나타나는 모든 활동의 선정방법 및 성격에 영향을 준다. 이에 비해 '변화의 정치'란 변화과정에서 나타나는 상담, 협상, 갈등, 저항 등 조직 내·외의 모든 정치적 활동을 지칭한다. 조직 내부에서 발생하는 정치적 활동은 노사 간 협상이나 상담가와 조직 내 집단 간의 갈등, 혹은 계층 간 갈등일 수 있고, 조직 외부에서 발생하는 정치적 활동은 정부의 규

제나 압력, 또는 경쟁조직의 영향일 수 있다. 마지막으로, '변화의 맥락'은 현재의 관행에 대한 기대와 과거로부터 지녀 온 조직 내·외의 업무환경을 지칭한다. 이 가운데 외부환경에서 기인하는 맥락적 요인은 경쟁자들의 전략 변경, 사회적 기대의 변화, 국제 경쟁의 변화, 기술혁신, 기업활동의 변화 등을 들 수 있고, 조직 내부에서 기인하는 맥락적 요인은 인적 자원, 행정구조, 기술, 상품 또는 서비스, 역사와 문화 등을 들 수 있다.

2. 조직변화의 동인

기술한 바와 같이 조직의 변화를 유도하는 요인들은 조직 외적 (혹은 환경적) 요인과 조직 내적 요인으로 구분된다. 양자 간의 근본적 차이는 '통제 가능성'에 있다. 조직 외적 요인은 조직의 통제 범위를 벗어나는 데 비해, 조직 내적 요인은 일반적으로 통제가 가능하다. 이런 요인들은 상기한 맥락적 요인과 매우 밀접한 관계를 지닌다. 맥락적 업무환경은 잠재적 변화동인으로서 미래의 변화를 직접 유도하는 요인이 될 수 있는 것이다.

1) 조직 외적 요인들

조직 외적 요인들은 정부의 법이나 규제, 기술, 사회·경제적 변화, 국제교역 관계의 변화처럼 외부환경에서 발생하고, 전형적으로 다음과 같은 내용(특징)을 지닌다.

(1) 경제적 요인

시장에서의 경쟁 여건 변화, 산업 및 인력구조의 변화, 국가경제 활동 수준의 변동, 그리고 국제교역 사정의 변화 등을 들 수 있다. 특히, 오늘날에는 국제화, 개방화, 세계화로 인해 민간조직에 대한 경쟁압력이 크게 증가하고 있다.

(2) 기술적 요인

조직이 지닌 자체 기술의 낙후로 인해 새로운 기술을 도입할 필요성이 있는 경우이다. 특히, 고난도 기술상품에 주력하는 조직은 이런 변화 압력에 민감하지 않으면

안 된다.

(3) 정부의 규제 및 법률의 변화

환경정책, 오염통제, 기회균등 등에 대한 국가의 정책이나 법안이 바뀌고, 정부와 기업 간 관계가 변화되어 조직의 변화를 촉진하게 된다.

(4) 정치 · 사회적 요인

국내 교역환경의 변화를 유발하는 특정 국가와의 외교관계의 변화처럼 주요 정치적 · 사회적 사건의 발생을 들 수 있다.

2) 조직 내적 요인들

조직변화를 유도하는 내부 자극요인으로서 기술, 사람, 과제(업무), 행정구조, 정보체제의 변화, 조직의 목표, 이윤의 감소 등 다양한 요인들이 제시되고 있다(cf. Vecchio et al., 1992). 이런 요인들은 크게 조직의 구조, 절차, 그리고 행태상 문제로 요약될 수 있다.

(1) 구조상의 문제

상하 간의 의사소통을 왜곡시키는 계층 질서상의 병리 현상이나 조직의 규모와 복잡성 증가로 인해 발생하는 조정의 어려움처럼 주로 개인이나 집단 간 상호작용에서 발생한다.

(2) 절차상의 문제

의사결정의 붕괴, 커뮤니케이션의 지연, 리더십의 비효율성 등 주로 업무를 추진하는 과정에서 나타나는 병리현상이다.

(3) 행태상의 문제

구성원의 사기 저하, 위기의식의 확산, 높은 이직률과 결근율 등 구성원 개인의 태도와 행동에 관련된 문제들이다.

이상과 같은 조직 내·외의 변화 동인들은 종종 상호의존성을 띤다. 시장에서 나타난 경쟁압력이 기술변화에 대한 압력을 촉발하고, 사회 전반에 보편화된 태도 변화가 구성원들의 행태상의 변화를 야기할 수 있다. 더 나아가 상기한 요인들은 한 시점에서 거의 동시에 변화를 위한 압력요인으로 작용할 수 있다. 예컨대, 21C 접어들면서 우리 사회에서 급속히 확산된 조직변화 움직임은 단순한 경제적 요인(즉, 외환보유액 부족으로 인한 국제교역 여건의 악화와 IMF 체제 도래 등)만이 아니라 그동안 우리 사회에서 잠재해 있던 많은 조직 내·외의 변화 동인들이 경제적 위기상황과 맞물리면서 동시에 압력요인으로 현재화한 것이라 할 수 있다.

3. 문제의 인지 및 진단

조직 내·외에서 변화에 대한 압력이 주어지면 조직은 이에 관한 정보를 신속히 입수해야 한다. 그래야만 조직은 스스로가 직면한 실질적 혹은 잠재적 문제점을 탐지하고, 이에 상응하는 적절한 변화를 이룰 수 있다. 이때 정보를 신속히 입수하는 것 못지않게 중요한 것이 정보의 정확성 제고이다. 정보의 정확성은 바로 변화의 필요성을 올바르게 인지함을 의미한다.

변화의 필요성이 인지되면, 조직은 스스로 직면한 문제점이 무엇인지를 진단하는 절차를 밟아야 한다. 정확한 진단을 위한 공식은 없지만, 조직이 특별히 관심을 가져야 할 요소로서 ① 치유를 요하는 구체적 문제점들, ② 문제들을 야기하는 요인, ③ 변화가 필요한 대상 및 시기, 그리고 ④ 변화의 목표와 목표달성도를 측정하기 위한 방법 등을 들 수 있다(Gibson et al., 2008; Szilagyi & Wallace, 1990). 이런 요소들에 대한 정보는 과제집단이나 임시조직, 면접, 태도조사, 상담가, 현장관찰, 워크숍, 문헌연구 등 다양한 정보수집 및 진단기법을 통해 수집될 수 있다.

타당한 정보의 산출과 함께 진단과정에서 중시되어야 할 또 하나의 활동은 변화의 목표를 설정하는 일이다. 무엇을 위한 조직변화인지를 분명히 하는 것이다. 목표가 명확치 않으면, 그 후에 따르는 접근방법이나 변화기법의 선정, 개입 깊이의 설정 등 변화를 위한 제반 실천 활동들이 주관적으로 흐를 수 있다. 조직변화의 목적은 매우 다양하다. 규모 축소를 통한 단순한 비용절감에서 TQM이나 리엔지니어링 같이 절차중심 조직의 운영, 그리고 때로는 조직 자체의 전반적 재구축을 목표로 할 수도 있다. 그러나 어느 경우에건 조직변화가 추구하는 목적을 '구체적으로' 표명하는 것이 중요하다.

조직변화에 관한 다양한 이론들은 나름대로 변화의 의미와 목표를 설정하고, 이를 기초로 변화의 과정, 시기, 방법, 그리고 이유 등을 논한다. 그럼에도 불구하고, 대부분의 이론들은 다음과 같은 몇 가지의 공통목표를 시사한다(Gortner et al., 1997).

① (정치적, 사회적, 경제적, 기술적) 외부환경 변화에 대한 적응능력 제고
② 의사결정의 합리성 제고
③ 능률과 효과성 제고
④ 조직의 병리현상 감소
⑤ 갈등의 축소 및 건설적 활용

다양한 변화이론들이 이런 목적들을 언급하고는 있으나, 이런 목적들을 한꺼번에 추구하는 변화사업은 존재치 않는다. 대개는 이런 목적 가운데 하나 또는 일부를 전략적으로 선정해 변화를 추진한다. 그리고 공공조직의 경우는 조직변화의 목적으로서 부가적 요소가 추가되기도 한다. 공공조직은 민간기업과 달리 시민에 대한 반응성과 책임을 확보하는 데 관심을 두어야 하고, 공공조직이 객관적 책임과 주관적 책임 중 어느 것을 목적으로 하느냐에 따라 변화의 방향과 전략이 달라질 수 있다.

4. 변화담당자

1) 의미와 유형

변화담당자들(change agents)은 조직의 변화를 주도하는 사람들이다. 이들은 조직 내의 권력자일 수 있고, 반대로 이런 사람들을 권좌에서 몰아내려는 사람들일 수 있다. 그리고 이들은 조직 내부에서 임명될 수 있고, 조직 외부에서 초빙될 수도 있다.

변화담당자들은 조직의 변화과정에서 다양한 역할을 수행한다. 그 중에서도 특히 중요한 것은 조직 내의 변화를 조장하고 변화전략을 선택하는 일이다. 이런 과정에서 크게 두 가지 요소가 변수로 작용할 수 있다. 하나는 변화담당자들이 지닌 개인적 특성이고, 다른 하나는 변화담당자들의 출신 소재이다. 변화담당자들이 지닌 가치,

인지 등에 따라 개입기법의 선택이 달라질 수 있고, 이들이 어디에서 — 즉, 조직 내부 또는 조직 외부 — 임명되느냐에 따라 이들의 활동 및 역할 범위가 달라질 수 있는 것이다. 이런 맥락에서, 변화담당자는 크게 다음과 같은 세 가지 유형으로 구분된다.

(1) 외부 변화담당자

외부 변화담당자는 변화가 진행되는 동안만 외부에서 채용되어 업무를 담당하는 일종의 임시직이다. 이들은 대학, 컨설팅회사, 훈련기관 등 다양한 분야에서 채용되는데, 조직변화를 시도하는 계선부서와 임시로 계약을 맺어 근무하고, 변화작업이 끝나면 본래의 소속기관으로 복귀한다.

(2) 내부 변화담당자

내부 변화담당자는 조직이 지닌 문제점을 어느 정도 알고 있는 내부구성원들 중에서 임명된다. 이들은 대개 성과가 좋지 않은 조직에 새로 임명되는 관리층 인사들로서, 종종 조직에 획기적 변화가 필요하다는 인식이 나타날 때 임무가 주어진다.

(3) 혼합형 변화담당자

외부로부터 영입된 사람과 내부 구성원이 함께 팀을 이루어 변화를 주도하는 경우이다. 이런 방법은 외부 변화담당자와 내부 변화담당자가 지닌 자원과 지식을 충분히 활용할 필요가 있을 때 사용될 수 있다. 그리고 대개는 변화의 선봉에 서는 외부 변화담당자들을 돕기 위해 조직의 개인이나 소수 집단이 할당되는 형태를 취한다. 이때 내부 변화담당자는 인사부서에서 차출될 수 있고, 때로는 상위직 관리자 중에서 임명될 수도 있다.

이상과 같은 세 가지 방법은 모두 나름대로 장단점을 지닌다. 외부 변화담당자는 조직이 획기적 변화를 필요로 할 때 (내부 변화담당자보다) 상대적으로 유리하다. 조직의 문화나 전통, 혹은 정책에 제약을 받지 않고 조직의 변화를 조장할 수 있는 국외자(outsider)로서의 관점과 아이디어를 지닐 수 있다. 그러나 이런 점이 때로는 단점으로 작용할 수도 있다. 변화담당자가 국외자로서 문외한이라는 인식이 조직에 팽배할 때 이들에 대한 의사결정자들의 불신이 나타나고, 특히 조직 내 문제점을 놓고 양자 간의 이견이 발생하면 변화담당자로서의 임무를 원활히 수행할 수 없다. 만약 이런 부작용이 발생하면, 이의 해소를 위해 외부 변화담당자들과 의사결정자들 간의 친화감을 조성해 주거나, 내부 구성원들의 관심을 조직과 급변하는 환경 간 관계로 돌리는 방안을 고려해 볼 수 있다.

내부 변화담당자는 외부 변화담당자와 상반된 입장에 서게 된다. 외부 변화담당자처럼 문외한이라는 불신은 받지 않으나, 종종 특정 부서나 집단과 밀접한 관계를 지닌 것으로 비추어지고, 이처럼 지각된 정실이 나타날 경우 내부 변화담당자를 중심으로 한 인맥에 속하지 않는 다른 구성원들의 저항을 유발하기 쉽다.

마지막 유형인 혼합형 변화담당자는 다른 어떤 방법보다도 성공할 확률이 높다. 외부인이 지닌 객관성과 전문성이 조직 내부의 사정과 인적 자원을 잘 알고 있는 내부 변화담당자의 지식과 조화를 이루어 변화에 참여하는 사람들에게 신뢰를 주고 저항을 줄이는 계기가 될 수 있다. 그러나 이런 이상적 유형의 변화담당자는 현실적으로 많지 않다.

2) 역 할

변화담당자가 '어디에서 임명되느냐'도 중요하지만 이들이 조직과 어떤 관계를 유지하느냐, 즉 '어떤 역할을 수행하느냐'도 중요 과제가 된다. 대개 변화담당자들은 다음과 같은 세 가지 모형에 따라서 행동을 달리한다(Gibson et al., 2008; Szilagyi & Wallace, 1990).

(1) 의료모형

의료모형은 변화담당자가 자문가로서의 역할을 수행하는 것이다. 조직구성원들이 문제를 진단하고, 원인을 규명하며, 대안을 제시하는 데 도움을 주고, 대안의 최종선택은 조직이 한다. 이런 관계는 마치 의사와 전문상담가간의 관계와 유사하다. 의사는 전문가들로부터 의견을 구할 수 있으나, 치료에 대한 최종 판단은 스스로 한다.

(2) 공학모형

이 모형은 조직이 진단과정과 대안 선정을 끝낸 후, 집행과정에서 변화담당자의 도움을 구하는 것이다. 예컨대, 조직이 구성원의 이직률 증가가 잘못된 보상체제에서 기인한 것으로 진단하면, 새로운 보상체제의 설계를 위해 적절한 상담전문가를 초빙하는 것과 같다.

(3) 과정모형

변화담당자와 조직 간의 실질적 협력체제(collaboration)를 가정하는 모형이다. 양자가 함께 변화를 위한 진단, 집행, 그리고 평가를 한다. 그러나 변화에 대한 최종적 책임은 여전히 조직의 관리층에 있고, 변화담당자는 상담적 위치를 유지한다.

이상과 같은 세 가지 모형 중 어느 것이 우월한지는 쉽게 가늠할 수 없다. 각 모형의 유용성은 변화담당자, 조직, 그리고 상황적 여건 등에 따라 달라질 수 있다. 다만, 한 가지 간과해서는 안 될 점은 어떤 모형을 택하든 변화담당자의 기본적 역할은 문제의 대한 진단 및 대안탐색을 조장하는 데 한정되어야 한다는 것이다.

5. 변화대상(접근방법) 및 개입기법의 선정

1) 변화의 대상 선정

변화의 목적이 설정되고 변화를 주도할 담당자가 선정되면, 구체적인 변화대상을 선정해야 한다. 이런 작업은 '무엇을' 갖고 조직을 변화시킬 것이냐는 전략적 문제로서 종종 '접근방법(approach)'이라 일컬어진다. 이 분야의 선구적 역할을 한 리비트(Leavitt, 1965)는 조직변화의 주된 대상으로서 사람, 구조, 기술, 그리고 과제를 들었다.

구조적 접근법은 조직도표, 예산방법, 규칙과 같이 새로운 공식지침이나 절차, 그리고 규제 등을 통해 변화를 유도하는 것이다. 이에 비해 기술적 접근법은 새로운 설비, 업무 추진방법, 업무 기준 등을 갖고 업무흐름을 재조정하는 데 초점을 둔다. 그리고 과제접근법은 구성원들의 동기나 직무설계상의 변화를 강조하면서 개인이 수행하는 업무에 초점을 두고, 인간적 접근법은 새로운 훈련프로그램, 선발절차, 보상기술 등을 통해 이루어지는 구성원의 태도, 동기, 그리고 행태상의 변화를 강조한다.

2) 개입기법의 선정

변화의 대상이 선정되면, 바람직한 결과를 얻기 위한 기술들을 선정해야 한다. 이런 기술들은 변화담당자가 변화과정을 촉진하기 위해 사용하는 구체적인 변화도구이기에 개입기법(interventions)이라 일컬어진다. 개입기법을 선정할 때 가장 주의해야 할 점은 진단을 통해 밝혀진 문제와 일치하는 개입기법을 선정하는 일이다. 무엇(행태, 기술, 구조 등)을 변화시키고자 하는 가에 따라 가장 적합한 기법을 활용해야 하는 것이다. 그리고 모든 개입기법들은 나름대로 장단점을 지니기에, 각 개입기법이 지닌 문제점이나 제약점, 그리고 잠재적 효과 등도 주의 깊게 고려해야 한다.

6. 변화의 실행

개입기법의 선정으로 준비 단계가 완료되면 변화를 위한 구체적인 실행 단계에 돌입하게 된다. 이 단계는 크게 변화의 실행 '단계'와 '방법'이라는 두 가지 차원에서 다양한 활동을 수반한다.

1) 실행 단계

변화의 실행은 몇 개의 단계를 거쳐 구체화된다. 다양한 학자들의 견해가 있으나, 이 주제에 관한 가장 영향력 있는 교과서적 이론은 레빈(Lewin, 1951)의 3단계 이론이다. 그에 의하면, 변화의 실행은 크게 해빙, 변동, 그리고 재결빙이라는 세 개의 단계를 거치고, 이런 단계에 대한 올바른 이해가 바로 성공적 변화관리를 위해 필수조건이 된다.

해빙(freezing)은 변화의 필요성을 인지하고, 기존의 태도나 행태를 녹이는 단계이다. 일종의 준비 단계인 이 단계는 구성원들의 지지를 확보하고, 저항을 최소화하는 데 필수적이다. 레빈의 '힘과 장의 이론(force－field analysis)'에 의하면, 모든 사회체제에는 두 개의 세력(힘)이 존재한다. 하나는 변화를 추진하려는 추진세력이고(driving force), 다른 하나는 현상을 유지하려는 억제 또는 저항세력(restraining force)이다. 만약 두 세력의 힘이 동일하다면, 이들은 서로 균형상태에 빠지게 된다. 따라서 변화를 시도하려면 양 세력 간의 균형을 깨뜨려야 하는데, 이를 위해서는 추진세력을 보강하거나, 저항력을 약화시키거나, 아니면 양자의 방안을 동시에 추진해야 한다.

해빙이 완성되면 변동(changing) 단계로 넘어갈 수 있다. 대부분의 조직변화는 추진세력의 강화보다 저항세력을 감축시킨 후 변동 단계에 진입한다. 여기에서 변동은 새로운 운영체제를 실질적으로 집행하는 단계로서, 변화담당자가 개입기법을 실질적으로 구사하는 단계이다. 그러나 현실 세계에서는 해빙과 변동이 명확히 구분되지 않는 사례가 많다. 현상을 해빙하기 위한 노력이 변동 자체를 이루는 경우가 많기 때문이다.

변동 단계가 완성되면, 마지막 단계인 재결빙(refreezing)이 시작된다. 이 단계는 변화사업의 효과성을 평가하고, 새로운 태도나 행태의 내면화를 위한 긍정적 강화를 시도하는 단계이다. 바람직한 산출 결과에 대해 보상을 하는 것이다. 변화가 성공적으로 이루어지면, 새로운 상황을 동결시켜 오랜 기간 지속될 수 있도록 해야 한다. 그렇지 않으면, 기존의 균형으로 돌아가기 위한 움직임이 나타날 가능성이 크다. 이런 의미에서, 재결빙은 추진세력과 저항세력 간의 균형을 유지함으로써 새로운 상황을 안정시키는 데 목적을 둔다 할 수 있다.

레빈의 모형은 무엇보다 단순하다는 데 장점이 있다. 이해와 활용이 용이하다. 이에 비해 단점은 지나치게 일방적(unidirectional)이라는 것이다. 조직변화가 지닌 다차원적이고도 다방향적 측면을 간과하고 있다. 더 나아가 그의 모형은 안정을 위한 설계(재결빙)의 필요성을 강조하는 이미지를 초래함으로써 복잡하고도 동적인 변화과정을 고착화시키는 경향이 있다. 이는 자칫 그의 모형이 지속적 변화에 도움이 되지 못하는 문화나 구조를 창조하는 데 기여할 수 있음을 시사한다(Dawson, 1994).

자료 14-1 지방정부의 조직전환(transformation) 5단계 모형

덴하르트와 덴하르트(Denhardt & Denhardt, 1999)는 세 곳의 지방정부 리더들을 대상으로 사례연구를 진행하고, 지방정부가 어떻게 조직변화를 이루었는지를 탐구했다. 그리고 이들은 연구결과를 토대로 5개 단계로 이루어진 변화모형을 개발하고, 공공관리자가 변화를 성공적으로 이루려면, 다음과 같은 활동을 체계적으로 전개해야 한다고 주장한다.

① 조직의 환경과 변화의 필요성을 평가한다.
② 전략적이고도 실용적으로 변화계획을 수립한다.
③ 대화와 변화과정에 대한 모델링을 통해 변화과정에 대한 지지를 확보한다.
④ 변화와 혁신에 대한 보다 광범위한 긍정적 태도를 장려해 나가면서 구체적인 변화를 추진한다.
⑤ (추진된) 변화를 제도화한다.

더 나아가, 이들은 지방정부의 관리자들의 학습역량, 즉 자신과 자신들의 가치, 지역사회, 소속 조직, 그리고 지배구조에 대한 지식과 관련된 학습역량의 중요성을 지적하고, 이런 관리자들의 리더십 행태는 전통적인 리더십, 즉 하향식이고 내부 지향적인 리더십과 크게 다름을 지적한다. 전자는 후자보다 개방적이고, 자유롭게 흐르며, 참여적이고, 협력적인데, 여전히 지역사회에 대한 봉사에 매우 헌신적이라고 한다.

2) 저항의 원인과 특징

조직은 본래 보수적이다. 적극적으로 변화에 저항하는 타성이 있다. 특히, 안정과 신중함을 중시하는 정부조직에서 더욱 그렇다. 종교조직과 교육조직도 정부조직 못지않게 보수적인 조직이다. 종교조직은 상당한 인내와 노력 없이는 변화가 어렵고, 개혁과 개방적 태도, 그리고 도전의식을 강조해야 할 교육기관은 좀처럼 시대에 뒤떨어진 기자재나 교수방법을 바꾸려 하지 않는다(Robbins, 1990). 그래서 캔터와 동료들(Kanter et al., 1993: 4)은 대부분의 "조직이 변해야 할 만큼 … 변하지 않는 슬픈" 현실을 초래한다고 개탄한다.

조직에서 변화에 대한 저항은 전 계층에서 나타난다. 하위직뿐 아니라 고위직에서도 나타난다. 저항은 반드시 부정적인 것이 아니라, 때로는 긍정적일 수 있다. 저항이 조직 내 개방적 토론과 논쟁을 유도한다면, 이는 무관심이나 침묵보다 나을 수 있다.

변화에 대한 저항은 다양한 형태로 나타난다(Robbins & Judge, 2017). 노골적이거나 암묵적일 수 있고, 즉각적으로 나타나거나 잠시 연기되었다 훗날 나타날 수도 있다. 이 가운데 불평, 태만, 파업 같이 노골적이고 즉각적 저항은 비교적 다루기가 쉽다. 통제라는 차원에서 가장 큰 어려움을 주는 것은 암묵적이고 연기된 저항이다. 충성심이나 동기의 상실, 결근율, 작업 오류의 증가 등으로 나타나는 암묵적 저항은 반응자체가 애매할 뿐 아니라 인지하기가 어렵다. 연기된 저항은 그 모습이 표출되기까지 수개월 또는 수년이 걸릴 수 있어 변화와 저항 간의 연계를 더욱 모호하게 한다.

사람들이 변화에 저항하는 이유는 다양하다. 대체로 업무의 내용이나 기술변화에 따른 적응의 어려움, 경제적 상실과 안정성 저하, 심리적 위협, 사회적 인간관계 및 구조의 파괴, 지위 및 권한의 격하, 그리고 불확실성에 대한 두려움 등이 저항을 유발한다. 그리고 이런 요인들의 핵심은 행동 주체인 사람이다. 조직의 구성원들은 자신들의 이해관계를 해치거나 혹은 해칠 만한 위협에 저항으로 대응한다. 위협이 클수록 저항은 더욱 커진다. 위협은 반드시 실질적일 필요가 없다. 구성원들이 위협을 '느끼는 것'만으로도 저항은 나타날 수 있다. 예를 들면, 새로운 정보 시스템을 도입하려는 관리자가 이로 인한 어떤 인력 감축이나 기능 축소가 없다 해도 여전히 구성원들을 인지된 위협으로 인해 저항을 보일 수 있다. 특히, 정보가 부족하거나 부정확할 때, 그리고 관리층을 불신할 때 구성원들의 저항이 커진다.

저항의 가능성이나 정도는 여러 가지 상황적 변수에 의존적이다. 일반적으로 이런 변이를 이해하는 데 도움을 주는 변수로서 변화의 성격과 유형, 의사결정자와 변화를 제안하는 사람 간의 행정적 거리, 그리고 매몰비용 등이 지적된다(cf. Patti, 1974).

변화의 성격과 유형은 변화의 깊이(depth)와 얼마나 많은 사람들이 (혹은 조직 단위가) 영향을 받느냐는 범위의 문제를 수반한다. 변화가 조직의 규칙을 바꾸는 것처럼 단순한 (업무)절차상 문제냐, 조직의 운영을 바꾸는 것처럼 사업적인 것이냐, 아니면 조직의 핵심 목적을 수정하는 것처럼 근본적인 것이냐에 따라 그 깊이가 다를 수 있다. 변화의 범위가 넓을수록 변화에 따른 비용이 크기에 보다 많은 저항이 예상된다.

조직적 거리는 변화를 제안하는 사람과 이를 최종적으로 승인하는 사람 간의 계층적 거리다. 일반적으로 변화에 관한 제안이 보다 많은 절차(계층)를 거칠수록 이에 대한 이견, 오해, 그리고 갈등의 소지가 커진다. 제안이 보다 많은 사람의 손을 거치면서 제안의 강점이 희석되고, 목적이 왜곡될 수 있으며, 추진 시간이 지체된다. 또한 많은 계층을 거칠수록 다른 부서로부터 경쟁적 이해관계를 지닌 대안들이 올라와 갈등을 초래할 수 있다.

마지막으로, 매몰비용은 개인이나 조직이 기존 조직에 투자한 비용으로서 그 규모가 클수록 저항이 커진다. 이런 매몰비용은 금전 같은 재정적 형태 외에 인력, 시간, 심리적 몰입, 에너지처럼 다양한 유형을 띨 수 있다.

공공조직의 경우, 변화는 단순한 합리적 과정의 산물이 아니라 구성원들의 자기중심적 동기와 행태에 따라 내용이 달라지는 전형적 정치과정이다. 조직은 다양한 목적을 위해 경쟁하는 개인들로 구성된 정치적 활동무대와 같고, 변화는 합리모형이 시사하듯 일련의 목표달성을 지향하는 고도의 통합구조가 아니라 보상의 재배분을 유발하는 우선순위의 변동이다. 그리고 항상 권력구조를 변화시키기에 필수적으로 조직 내 상충하는 이익들 간의 정치적 투쟁을 수반한다. 이처럼 조직변화를 정치과정으로 파악할 경우, 변화에 대한 저항은 상기한 세 요소 외에 주로 개인의 사익추구 동기에서 비롯된다고 볼 수 있다. 권력과 통제, 영토(turf), 그리고 밥그릇 싸움에서 기인하는 것이다.

3) 저항의 극복

변화의 실행을 성공적으로 이끌려면 변화에 대한 저항을 최소화해야 한다. 대신 저항의 통제를 위해 지나치게 시간을 낭비해서도 안 된다. 저항을 적절히 통제하기 위해서 다음과 같은 전략적 방안들을 활용해 볼 수 있다(cf. Kotter & Schlesinger, 1979).

(1) 교육과 의사전달

저항에 대한 원인이 정보 부족이나 부적절한 의사소통에서 기인한다면, 구성원들에게 진실을 정확히 알리고 이해를 구함으로써 불필요한 저항을 줄일 수 있다. 다만,

저항의 이유가 이런 것이 아니고, 관리측과 여타 구성원들 간의 상호 신뢰가 구축되어 있지 않으면, 이런 방안은 별다른 소용이 없다.

(2) 참 여

변화에 대한 결정을 하기 전에 이에 반대하는 구성원들을 참여시키는 방법이다. 구성원들 스스로 참여해 결정한 변화는 저항하기가 쉽지 않다. 만약 이들이 전문적 지식을 지닌 경우에는 저항의 감소는 물론 변화에 대한 지지와 의사결정의 질도 제고할 수 있다. 다만, 이 방법은 지나치게 많은 시간을 소비하거나 그릇된 해결을 초래할 가능성이 있다.

(3) 조장과 지지

저항을 줄이기 위한 다양한 지원적 노력을 경주하는 것이다. 직원들이 변화를 두려하거나 안정감을 갖지 못할 때, 상담이나 치료요법, 새로운 기술훈련이나 단기 유급휴가 등의 기회를 제공함으로써 변화에 대한 적응을 용이하게 해주는 것이다. 이런 방법은 시간이 많이 걸리고, 비용이 많이 들며, 성공할 보장이 없다는 단점이 있다.

(4) 협 상

저항을 줄이기 위해 무언가 가치 있는 것을 교환하는 것이다. 예컨대, 권한을 지닌 소수 구성원들이 저항할 경우, 이들이 관심을 가질 만한 특정의 보상 패키지를 마련해 협상하는 것이다. 협상은 권력을 지닌 사람들이 저항할 때 사용이 가능하나, 비용이 많이 들고, 자칫 다른 권력자들에게 유사한 빌미를 제공할 수 있다.

(5) 조작과 흡수

조작은 조직구성원들에게 은밀하게 영향을 주려는 행위이다. 그럴듯하게 보이도록 사실을 왜곡하거나, 좋지 못한 정보를 감추거나, 그릇된 소문을 흘려 저항을 줄이려는 것이다. 이에 비해, 흡수는 조작과 참여를 동시에 활용하는 것이다. 변화에 관한 의사결정을 하는 과정에서 저항집단의 리더들에게 핵심 역할을 하도록 해주는 조건으로 이들을 매수하는 것을 들 수 있다. 양자 모두 비용이 적게 들고 쉽게 반대자들의 동의를 구할 수 있는 장점이 있다. 그러나 자칫 역공을 초래할 가능성이 있고,

특히 조작이나 흡수임이 드러나면 변화담당자들의 신뢰성이 땅에 떨어질 수 있다.

(6) 강 제

저항자들에게 직접 위협을 가하는 것이다. 예컨대, 전보, 승진 탈락, 부정적 업적 평가, 나쁜 추천서 등을 갖고 위협하는 것이다. 이런 전략은 기술한 조작이나 흡수와 비슷한 장단점을 지니고 있다.

4) 실행방법

변화를 실행하는 과정에서 변화관리를 위한 접근방법과 실행의 장소, 시기, 속도 등에 관한 실천적 문제점들을 고려해야 한다. 언제, 어떤 방식으로, 어디로부터, 그리고 얼마나 빨리 변화를 실행할지를 판단해야 하는 것이다.

(1) 변화관리의 접근방법

변화를 실행하는 단계에서 변화에 의해 영향을 받는 사람들이 어떤 권력을 지녀야 할까? 변화는 다양한 권력배분의 형태를 띠기에 변화의 성과 또한 이에 따라 달라질 수 있다. 이런 맥락에서, 권력을 통한 변화관리 접근방법으로 권력, 이성, 그리고 재교육 등이 거론된다. 권력(power)은 조직의 상위자들이 강제로 변화를 이끌어 가는 것으로 독재적 조직에 걸맞고, 이성(reason)은 변화에 앞서 정보를 확산시켜 이에 근거한 합리적 결정을 유도하는 것이며, 재교육(re－education)은 힘과 이성을 모두를 거부하고 구성원에 대한 교육과 학습을 통해 변화를 유도해 가는 것이다. 깁슨 등(Gibson et al., 2008)은 이 가운데 이성에 의한 관리가 가장 바람직하나 비현실적이기에, 재교육을 통한 조직발전(OD)이 가장 실질적 대안이 된다고 한다.

유사하게, 그레이너(Greiner, 1967)도 변화관리를 위한 접근방법을 제시한다. 그는 변화관리의 기본 양태를 일방적 권력관계, 권력의 공유, 권력의 위임 등 세 개 유형으로 구분하고, 그 안에서 일곱 개의 구체적 접근방법을 제시한다.[3] 그리고 이 중 '공유된' 권력에 의한 접근방법이 경험적으로 가장 효과적이라 하는데, 이런 접근방

---

3) 일곱 개의 구체적 접근방법은 명령, 보직 변경, 구조(이상 일방적 권력), 집단 의사결정, 집단 문제해결(이상 권력의 공유), 사례토론, 감수성훈련(이상 권력의 위임) 등이다.

법은 시간 및 자원의 제약, 개인적 기술의 결함 등으로 현실적이지 못할 수 있고, 결국 접근방법의 선택은 조직이 처한 상황에 따라 달라질 수밖에 없다.

(2) 장 소

변화의 실행을 어디에서(location) 주도할 것인가? 전통적인 변화이론은 이 주제에 대해 하향식, 중간 외향식, 그리고 상향식 등 세 가지의 변화계획을 시사한다.

변화가 하향식(top-down)으로 이루어져야 한다는 사람들은 조직 상위층의 지지가 없으면 변화가 불가능하다는 신념을 갖고 있다. 상위층이 변화를 지지하지 않고 이에 몰입하지 않으면 다른 구성원들은 마지못해 시늉만 내고, 반면에 상위층이 프로그램을 지지하고 참여하면 부하들도 이를 본받아 적극 참여할 수 있다는 것이다.

이에 비해 상향적(bottom-up) 혹은 중간 계층에서의(middle-outward) 변화는 대부분 획일적이기보다 선택적이고, 경험과 규범을 모두 강조한다. 예컨대, '직무풍요화' 같은 기술을 통한 업무설계 변화는 대개 하위층에서 촉발되고, 상위층은 이런 변화를 허락하되 반드시 직접 개입하는 것은 아니라는 것이다. 이는 곧 어떤 경우에는 상위층이 능동적으로 개입해 지지를 표명하며 변화를 주도하고, 어떤 경우에는 중간 계층 혹은 하위층 관리자나 일반 구성원들이 실질적으로 변화를 주도해 나감을 의미한다.

상향적 접근법은 규범적 차원에서 정당화되기도 한다. 상향적으로 이루어지는 변화가 하향적으로 이루어지는 것보다 성공할 확률이 높다는 것이다. 이런 주장 속에는 변화를 이루는 과정에서 부하들의 욕구에 주의를 기울이는 것만으로는 부족하고, 이들이 직접 변화과정에 참여하고 주된 역할을 해야 한다는 가정이 깔려 있다. 업무에 관한 지식은 어느 누구보다 부하들이 많이 갖고 있기에 이런 지식을 조직운영 시 최대한 활용하고, 대신 상위직 관리자들은 외부환경과의 교호작용처럼 보다 중요한 활동에 초점을 두어야 한다는 것이다(Lupton, 1991).

(3) 시 기

'언제' 변화를 실행할 것인가? 기업의 경우, 변화 시기를 결정할 때 크게 두 가지 요소를 고려할 수 있다. 하나는 조직의 운영주기이고, 다른 하나는 변화를 위한 준비작업을 마치는 데 필요한 시기(timing)이다. 만약 변화의 실행이 조직의 운영주기가 최고조에 달하는 시점, 그리고 홍보활동과 같은 준비작업이 완성되지 않은 시점에서 추진된다면, 이는 변화의 실행시기를 잘 못 택한 것이다. 물론 조직이 생존을 위해 경쟁함에 있어 기다릴 만한 여유가 없을 때는 생존에 대한 고려가 어떤 시간적 고려보다 우선할 수 있다. 그러나 이처럼 극단적 위기상황이 아니면 적절한 준비 단계를 거쳐 적절한 운영주기에 맞춰 변화를 실행에 옮겨야 한다.

정부조직의 경우는 조직변화의 정치적 성격이 매우 강하기에 변화의 내용이나 타당성 못지않게 추진시기가 중요하다. 일단 정권 말기에는 대부분의 리더가 레임덕(lame duck) 현상을 맞기에 변화를 추진하기 어렵다. 변화를 추진할 만한 동력을 상실하는 것이다. 그래서 정부조직의 경우는 (위기상황 등) 뚜렷한 명분이 없는 한 정권 초기에 조직을 개편하거나 필요한 조직변화를 추진하는 것이 일반적이다. 그렇지 않으면 변화에 부정적인 기득권 세력의 저항이 가시화되어 실행이 어려워지고, 설사 변화를 이룬다 해도 성과가 거의 없으며, 새로운 정권이 들어서자마자 바로 과거로 회귀할 수도 있다.[4)]

(4) 템 포

변화실행의 템포(tempo)는 실행의 속도(speed)와 깊이(depth)를 포괄하는 개념이다. 변화의 속도는 변화를 몇 개의 핵심변화를 갖고 급진적으로 추진해 나가느냐, 아니면 작은 변화들을 중심으로 점진적으로 추진해 나가느냐를 결정하는 문제와 관련이 있다. 급진적 변화는 기존 조직의 틀을 완전히 깨뜨리는 혁신적 변화를 추구하는 것이고, 점진적 변화는 기존 조직의 골격은 그대로 유지한 채 한계적으로 변화를 추진해 나가는 것이다.

실행의 깊이는 변화 프로그램의 대상과 밀접한 관계가 있다. 이는 개입기법의 적용에 관한 문제로서 변화 프로그램을 '어디까지' 적용할 것인지를 결정하는 것이다. 조직 전체, 부서, 집단, 개인 중 어느 것을 대상으로 할 것인가? 이 가운데 무엇을 대

---

4) 이의 전형적 사례로, 노무현 정부의 혁신과 이명박 정부의 회귀를 들 수 있다. 노무현 대통령은 역대 어느 정권보다도 혁신을 강조하고 이를 실천에 옮겼다. 특히, 권위적이고 경직적인 행정체제를 타파하는 데 초점을 두고, 팀제를 비롯한 다양한 민간기업의 관리제도를 도입했다. 그리고 정권 말기에는 변화된 모습이 회귀되지 않도록 이른바 '대못'을 치기도 했다. 하지만 이런 노력은 이명박 정권이 들어서자 바로 물거품이 되었다. 혁신에 대한 대통령의 무관심 속에서, 변화된 모습에 거부감을 느꼈던 관료들, 특히 기득권과 권한 상실에 저항감을 가졌던 고위직 관료들이 앞장 서 팀제 등을 철폐하고 수직적인 기존 체제로 회귀시켰다.

상으로 하느냐에 따라 개입기법이 달라질 수 있다. 이는 변화대상에 따라 변화의 깊이가 달라짐을 의미한다.

경험적으로 볼 때, 대폭적 변화나 개혁이 성공한 사례는 매우 드물다(Caiden, 1991). 대폭적 변화는 불확실성을 증가시키고, 관리능력을 저하시킨다(김영평 · 최병선, 1993). 이런 이유로 개혁에 관한 대부분의 문헌은 점진적, 선택적, 혹은 부분적 개혁을 권장한다. 이런 전통적 주장에 비해, 대규모 변화사업의 추진을 강조하는 사례도 있다(cf. Champy, 1997). 이는 변화사업의 규모가 크면 클수록 성공 확률이 높고, 점진적 변화는 NATO(No Action Talk Only)를 초래할 가능성이 예상되기 때문이다.

이런 두 가지 상반된 견해를 놓고 양자를 절충하려는 이론도 제기된다. 이런 이론은 변화에 대한 심리적 저항을 극복하기 위해 중간 범위의 변화를 추진할 것을 주문한다(Reger et al., 1994). 조직변화가 실패하는 이유를 종합적 · 급진적 변화에 대한 인지적 반대에서 비롯되는 저항 때문이라 보고, 이런 인지적 반대를 극복하는 변화를 추진해야 한다는 것이다. 이를 위해 변화관리자들은 시간의 흐름에 따라 변화를 재구성해 나가는 능력을 지녀야 하고, 성공적 집행을 위해 일련의 '중범위' 변화를 추진해야 한다. 중범위 변화란 구성원들의 인지적 타성을 극복할 만큼 충분히 크되, 구성원들이 변화의 실현 가능성이나 당위성을 놓고 회의를 느끼지 않을 정도로 크지 않은 이른바 '적정' 규모의 변화를 의미한다.

7. 평가 및 환류

변화의 실행 단계가 완료되면 일정한 결과가 나타난다. 변화의 결과가 긍정적인지, 부정적인지, 일시적인지, 항구적인지 등은 변화과정에서 취해진 조직적 활동에 따라 달라진다. 그리고 이런 결과에 관계없이 조직의 변화는 지속적으로 되풀이된다. 변화의 필요성은 계속해서 인지되고, 자연스럽게 환류의 통로도 열린다.

변화 결과에 대한 과학적 연구는 비교적 최근에 나타나기 시작했다. 이 중에는 특정의 변화기법을 주창하는 사람들에 의해 제시된 긍정적 결과들을 그대로 소개하는 경우가 많다. 이럴 경우, 적지 않은 부분이 과장되어 소개되기도 한다. 전반적으로 조직변화에 대한 긍정적 결과나 과학적 연구는 많지가 않다. 그 이유는 다음과 같은 몇 가지로 요약될 수 있다.

첫째, 연구결과를 오염시키는 통제 불가능한 사건에 직면하지 않고 장기간에 걸쳐 현장조사를 하는 것이 매우 어렵다.

둘째, 조사 능력을 갖춘 사람들이 적절한 평가를 위해 조직에 들어가는 일이 쉽지 않다. 실무가들은 조사자들의 개입에 의해 조직의 정상적 운영이 방해받는 것을 별로 좋아하지 않는다. 따라서 평가에 필수적인 (타당한) 자료를 얻는 것이 매우 어렵다.

셋째, 변화의 목적이 명확히 규정되지 않거나 추상적으로 표현되는 사례가 많아 많은 실무가들이 변화사업의 목표를 잘 알지 못한다. 목적이 명확치 않으면 평가가 불가능한 것은 자명한 일이다.

이상과 같은 문제에도 불구하고, 실무가와 이론가들이 함께 변화의 성과를 측정하려는 노력이 점차 확산되고 있다. 적정한 평가를 통해서만 보다 나은 조직관리와 개선을 위한 환류가 가능하다는 점에서 이런 노력들은 고무적이라 하겠다.

제 3 절 조직변화를 위한 개입기법: 조직발전(OD)

1. 조직발전의 의미

기술한 바와 같이, OD는 지난 1960년대부터 1980년대까지 거의 30여 년 간 가장 많은 관심을 끌어 온 조직변화 기법으로서, 다양하게 규정되고 있다. 좁게는 감수성 훈련 같은 전통적 행태변화 기법을 의미하고, 넓게는 사람, 기술, 조직의 절차 및 구조에서의 변화를 조장하는 총체적 접근방법을 지칭하기도 한다(Friedlander & Brown, 1974). OD 전략가들에 의하면, OD는 주로 상담, 실험실훈련, 설문조사 환류, 그리드 훈련 등 행태과학적 개입기법들을 활용하고, 전형적으로 조직 내의 개인 및 집단행태의 변화를 시도한다(White & Mitchell, 1976; Goodman et al., 1982). 궁극적 목적은 환경변화에 대한 대응능력 및 내부 문제해결 능력을 제고하는 것이고, 광범위하게 다음과 같은 특징을 지닌 것으로 묘사되기도 한다(French & Bell, 1995).[5]

① 문화와 절차에 초점을 둔다.
② 문화와 절차를 관리할 때 조직의 리더와 구성원들 간 협조를 강조한다.
③ 모든 종류의 팀이 과제수행에 중요하고 OD 활동의 대상이 된다.
④ 조직의 인간적·사회적 측면에 초점을 두나, 이런 과정에서 기술적·구조적 측면에 개입한다.
⑤ 모든 계층의 구성원들이 문제해결 및 의사결정에 참여하고 몰입하는 것이 OD의 표상이다.
⑥ 조직을 복잡한 사회적 체제로 보고, 총체적 체제변화에 초점을 둔다.
⑦ 근본적 목적은 자기 분석적 방법을 통해 지속적으로 학습에 관한 기술과 지식을 가르침으로써 조직 스스로 문제를 풀 수 있도록 도와주는 데 있다.
⑧ 조직구성원들에 의한 집중적 참여를 바탕으로 하는 액션리서치(action research) 모형에 의존한다.
⑨ 개인과 조직 모두의 욕구를 만족시키는 발전적 견해를 채택하고, 양자 모두를 위한 상생(win-win) 해결을 모색하는 것이 OD의 표준 관행이다.

2. OD 기법

OD의 특성을 반영하는 전형적 개입기법으로서 감수성훈련(실험실훈련), 태도조사 환류, 절차상담, 그리드훈련, 그리고 긍정탐구법 등이 있다.

1) 감수성훈련

실험실훈련(laboratory training)이라 불리기도 하는 감수성훈련(sensitivity training)은 (구조화되지 않은) 자연스런 상황에서 참여자들이 상호작용을 통해 학습의 경험을 쌓도록 유도하는 개입기법이다. 이런 학습은 집단역학에 대한 감수성을 높이고,

5) 프렌치와 벨(French & Bell, 1995)은 이런 특성을 바탕으로 OD를 "조직문화에 대한 지속적인 협동적 관리를 통해 조직의 비전 설정 능력, 권한 이양(empowerment), 학습, 문제해결 과정 등을 개선하는 데 목적을 둔 장기적 노력"이라 하고, "고위 관리자들이 주도하고 지원하며, 액션리서치를 포함하는 응용 행태과학의 이론과 기술, 그리고 상담가·조장자를 활용한다"고 한다. 이런 개념 정의는 OD가 조직 내 모든 구성원들의 참여를 장려하고, 상위직 관리자들의 지원을 받는 계획적 변화임을 강조하는 것이다.

조직 내의 개인적 · 집단적 행동의 근간을 이루는 구성원들의 가치를 보다 잘 이해할 수 있도록 도와준다. 감수성훈련이 추구하는 구체적 목적들은 다음과 같다(Campbell & Dunnett, 1968).

① 자신의 행동, 그리고 자신의 행동이 타인에게 미치는 영향에 대한 이해 및 통찰력을 증진시킨다.
② 타인의 행동에 대한 이해와 감수성을 제고한다.
③ 집단 및 집단 간 과정에 대한 이해를 증진시킨다.
④ 개인 간 혹은 집단 간 상황에서 진단기술을 향상시킨다.
⑤ 배운 것을 실제에 적용할 수 있는 실천 능력을 제고한다.
⑥ 자신의 대인관계 행태를 분석하는 능력을 향상시킨다.

감수성훈련에 참여하는 사람들은 흔히 T-group이라 일컬어지는 소집단에 소속되어 훈련을 받는다. 소집단은 전혀 모르는 사람들로 구성되거나, 같은 부서에서 근무하는 사람들로 구성되거나, 혹은 같은 조직에서 근무하되 부서가 다른 사람들로 구성될 수 있다. 훈련은 직장이 아닌 제3의 장소에서 이루어지고, 내용보다 절차, 그리고 참여자들의 '감정'이 중시된다. 훈련과정에서 참여자들은 자신의 생각이나 아이디어, 신념, 철학 등을 교환하는 심도 있는 토론에 참여한다. 이를 통해 참여자들은 자신들의 사고, 행동, 욕구는 물론 남의 사고, 행동, 욕구도 이해하게 되고, 개인적인 편견, 성향, 감정 등을 학습하게 된다.

감수성훈련은 대개 외부에서 고용된 훈련가(교관)의 도움을 얻어 진행된다. 이들은 훈련 참여자들의 학습 과정을 조장하는 변화담당자로서, 참여자들의 역할을 명확히 하고, 이들의 분석활동을 장려한다. 경험적으로, 이들의 기교나 스타일이 훈련의 진행 및 성과에 적지 않은 영향을 미치는 것으로 나타난다.

감수성훈련은 실험실 상황에서 이루어지기에 훈련에서 학습한 기술을 실제 근무 상황에 옮겨야 하는 과제를 남긴다. 이런 전이 과정은 쉽게 이루어지지 않는다. 감수성훈련이 대면과 감정의 노출을 통해 이루어지므로, 이런 훈련에 익숙지 않은 다른 구성원들 앞에서 개방적으로 행동하기가 쉽지 않기 때문이다. 따라서 훈련 결과를 장기간에 걸쳐 활용코자 한다면, 개인이 아닌 조직에서 (때로는 서로 지면이 있는)

차출된 '팀'을 구성하여 훈련에 참여시키는 것이 바람직하다(Gortner et al., 1997).

더 나아가 감수성훈련은 참여자들을 자칫 상당한 위험에 처하게 할 수 있다. 변화 담당자들이 참여자들로 하여금 심리적 붕괴를 경험 수 있는 행동을 장려할 수 있기 때문이다. 이로 인해 여러 가지 변형된 유형의 감수성훈련이 거론되는데, 이들은 모두 참여자들로 하여금 업무와 무관한 감정이나 느낌에 몰입하기보다 업무와 직접 관련이 있는 행동에 초점을 둘 것을 장려한다. 이처럼 변형된 모습의 감수성훈련이 어느 정도 성과를 거둘지, 혹은 전통적 감수성훈련이 어떻게 변화를 야기할지는 명확히 알려지지 않고 있다. 그럼에도 불구하고, 감수성훈련은 조직변화를 위한 OD 기법으로서 확고한 위치를 차지하고 있다.

2) 태도조사 환류

태도조사 환류(survey research and feedback)는 조직 전반에 관한 실태를 조직 구성원들의 태도를 통해 체계적으로 조사하고, 그 결과를 구성원들에게 환류시켜 조직 변화를 위한 기초자료로 활용하는 OD 기법이다. 주의 깊게 작성된 설문지를 배포하고 조사에 참여한 사람들이 조직, 조직의 목표, 그리고 조직구성원들의 가치관이나 행태에 대해 느끼는 바를 익명으로 표현토록 한다. 주로 응답자가 스스로 기입하는 질문지를 활용하나, 때로는 면접이나 대상부서의 공식기록을 참조할 수도 있다. 이 기법은 태도조사와 소규모의 워크숍(workshop)을 주로 활용하고, 다음과 같은 단계별 활동을 통해 조직변화를 촉진한다(Dunham & Smith, 1979).

① 최고관리층이 조사를 위한 계획을 수립한다.
② 모든 조직구성원들로부터 자료를 수집한다.
③ 조직의 상층부로부터 시작하는 일련의 워크숍을 열고, 워크숍에 참석하는 모든 구성원들에게 수집된 자료를 환류시킨다.
④ 가장 직급이 높은 사람의 주재 아래 환류된 자료를 놓고 상관과 부하들이 함께 토론을 한다.
⑤ 변화의 실행을 위한 계획을 수립하고, 다음 (차하위 직급) 단계의 워크숍에 자료를 환류시키기 위한 계획을 세운다.

태도조사 환류기법은 모든 조직구성원들로부터 자료를 수집하기에 자료의 타당성이 높고, 이를 토대로 변화를 추진할 경우 구성원들의 저항이 적다. 그리고 이 기법은 비교적 적용이 단순해서 가장 대중화된 개입기법 중 하나이다. 그러나 이 기법의 진정한 가치는 변화를 창조하는 데 있는 것이 아니라, 변화가 필요한 곳이 어디인지를 진단하는 데 있음을 주목해야 한다. 변화의 실행이 이루어지기 전 단계인 진단과 개입기법의 선정 단계에 초점을 두는 것이다.

조직발전 기법으로서 태도조사 환류는 전통적 조사기법과 다음과 같은 점에서 차이를 보인다(Szilagyi & Wallace, 1990).

첫째, 전통적 방법은 주로 하급 직원들을 대상으로 자료를 수집하나, 이 기법은 조직의 모든 계층의 구성원들로부터 자료를 수집한다.

둘째, 전통적 방법은 주로 고위층 관리자들에게 자료를 환류시키나, 이 기법은 모든 참여자들에게 자료를 환류시킨다.

셋째, 전통적 방법은 문제를 발견하는 데 초점을 두나, 이 기법은 문제를 발견하고 환류하여 해결방안을 모색하는 데 초점을 둔다.

넷째, 전통적 방법에서는 최고관리층이 자료를 분석하나, 이 기법에서는 워크숍에 참여하는 모든 구성원들이 자료를 분석한다.

다섯째, 전통적 방법에서는 제3자인 전문가가 설문조사를 설계·실시하고, 그 결과를 보고하나, 이 기법에서는 전문가와 조직구성원이 함께 설문조사를 설계·실시하고, 워크숍의 계획과 진행 과정에서도 참여한다.

여섯째, 전통적 방법에서는 최고층 관리자들만이 행동계획을 수립하나, 이 기법에서는 모든 계층의 팀들이 행동계획을 수립한다.

조직이 태도조사 환류기법을 활용하고자 할 때 종종 '자료'와 '환류' 간의 우선순위를 놓고 논란에 직면할 수 있다(Franklin, 1978). 혹자는 양질의 자료가 자연스럽게 건설적인 '환류와 문제해결'을 위한 집회를 유도할 것이라 하나, 혹자는 태도조사 환류의 가치가 조직구성원들로 하여금 한 자리에 모여 중요한 문제를 함께 토론할 수 있는 '여건'을 마련해 주는 데 있다고 한다.

이 두 요소는 태도조사 환류에서 모두 중시되어야 할 요소들이다. 양자 간 우선순위에 집착하기보다는 타당한 자료를 수집할 수 있도록 과학적 척도를 개발하고, 모든 참여자들이 쉽게 이해할 수 있도록 자료를 단순화하며, 워크숍의 리더가 효과적으로 문제를 확인·분류하고 해결방안의 탐색을 촉진할 수 있도록 필요한 기술을 갖추는 것이 필요하다. 이런 제도개선과 더불어 조사 및 환류가 단순한 일회성 사건이 아니라 지속적인 조직과정으로 제도화될 수 있도록 하는 것이 중요하다.

3) 절차상담

절차상담(process consultation)은 상담가의 협조를 받아 조직구성원들 스스로가 조직 내 문제점을 인지하고, 이해하며, 해결할 수 있도록 도와주는 OD 기법이다(Lambrechts et al., 2011). 절차상담이 관심을 갖는 조직 내의 문제는 글자 그대로 커뮤니케이션, 리더십, 집단 간 협조, 경쟁, 그리고 문제해결 같은 조직 내의 절차상의 문제들이고, 절차상담은 이런 문제점들을 조직구성원들 스스로가 발견할 수 있도록 도와주는 데 초점을 둔다.

절차상담은 상황에 따라 다소 다를 수 있으나 대개는 '외부'에서 초빙된 상담가를 활용한다. 상담가는 변화담당자로서 집단 내의 문제점을 발견하거나 해결방안을 모색하는 활동을 적극적으로 조장하는 역할을 한다. 문제를 해결하는 것이 아니라 조직구성원들 스스로 문제를 해결할 수 능력을 갖추도록 도와주는 것이다. 절차상담은 외부로부터 상담가를 초빙하고, 참여와 대인관계 개선을 통해 조직의 효과성을 제고할 수 있음을 가정한다는 점에서 감수성훈련과 유사하다. 다만, 절차상담은 보다 과제 지향적이고, 상담가 역할을 문제해결보다 조력에 치중토록 한다(Robins & Judge, 2017).

상담가를 외부에서 초빙하고, 그의 역할을 조력자나 조장자에 한정하는 것은 크게 두 가지 이유 때문이다. 하나는 조직 내부의 문제는 어느 누구보다 조직 내부의 구성원들이 잘 알고 있다는 것이고, 다른 하나는 바로 이런 이유 때문에 외부인이 개입해 조직의 문제를 지적하고 처방하는 것이 자칫 내부 구성원들의 반발을 불러일으킬 수 있기 때문이다. 이런 점에서 절차상담은 조직의 구성원들이 장래 유사한 문제점에 직면하였을 때 스스로 해결해 나갈 수 있는 수단과 능력을 갖추었다고 판단되면 즉시 그 개입을 중단하는 것이 바람직하다.

4) 그리드 관리기법

그리드 관리(managerial grid)기법은 블레이크와 머튼(Blake & Mouton, 1964, 1985)에 의해 개발된 종합적 개입기법이다. 이는 OD 기법 중 가장 인기 있는 기법으로, 개인으로부터 시작해 팀(부서 내 관계), 부서 간 관계, 그리고 조직 전체에 이르는 6개의 단계로 구성되어 있다([자료 14－2] 참조). 각 단계로 올라 갈수록 보다 효과적인 개인, 집단, 조직의 활동을 기대하게 되는데, 이런 모든 단계를 거치는 데 적어도 3년 내지 5년이 소요된다.

자료 14–2 그리드 기법의 단계

[1단계] 세미나 학습

관리자들을 대상으로 약 1주일에 걸쳐 그리드훈련의 철학과 목적, 그리고 전반적 내용에 관한 세미나를 개최한다. 이 세미나는 준비 단계에서 교관 요원으로 양성된 관리자들이 주도하는데, 참석자들은 사람과 업무에 관한 자신들의 관리 유형을 확인하고, 상호작용, 토론, 진단활동 등을 통해 협동적인 업무관계를 학습한다.

[2단계] 작업팀(부서 내 관계) 발전

1단계에서 상관과 부하가 함께 학습한 것을 팀 운영에 실제로 적용하는 단계이다. 주된 목적은 팀 구성원들 간의 협동적 인간관계를 구축하여 문제해결에 관한 문화를 조직 전체에 확산시키는 것이다. 팀 구성원들은 팀의 목표를 설정하고, 성과를 향상시키기 위한 대안들을 탐색한다.

[3단계] 집단 간 관계의 발전

이 단계는 집단 간 업무관계를 개선하고, 좀 더 나은 문제해결 능력을 배양하는 데 목적을 둔다. 이를 위해 집단 간의 오해나 갈등을 확인하고, 집단 간 관계에서 발생하는 문제점들을 협동적으로 해결해 나갈 수 있도록 유도한다. 이런 절차들은 서로 다른 부서에서 한정된 자원을 놓고 경쟁하는 조직 내 관리자들을 연계시키는 기능을 수행한다.

[4단계] 조직목표(청사진)의 설정

조직 전반에 걸친 목표를 반영하는 효과적 조직운영에 관한 이상적 모형을 설정한다. 최고관리층이 이런 작업을 시행하고, 다른 하위 관리자들이 이를 평가한다.

[5단계] 목표의 달성

4단계에서 설정된 조직목표를 달성하기 위해 조직 내의 다양한 집단적 활동이 전개

된다. 특수 임무를 띤 과제집단이 문제의 영역을 발견하면, 이를 해결하고 목표달성에 필요한 변화를 집행하는 다양한 집단들이 형성된다. 이 단계는 때로는 수년에 걸쳐 진행될 수 있다.

[6단계] 안정화

그리드 개입기법의 적용실태를 평가하고, 야기된 변화를 정착시키는 단계이다. 그리드 사업의 준비 단계에서 목표달성의 단계에 이르기까지 각 단계별 진행 상태를 측정한다. 측정 대상은 구성원들의 개인적 행태, 팀워크, 집단 간 관계, 문제해결, 기업의 전략, 그리고 조직 분위기 등이다.

그리드 접근법은 관리자가 가질 수 있는 두 가지 리더십 행태에 초점을 둔다. 제9장에서 잠시 언급했듯이, 하나는 '일(생산)에 대한 관심'이고, 다른 하나는 '사람에 대한 관심'이다. 전자는 상품의 양, 질, 능률과 같이 생산과제를 달성하는 데 관심을 두는 것이고, 후자는 부하 직원들의 개인적 가치, 형평 있는 보상과 평가체제, 그리고 사회적 관계 등에 관심을 갖는 것이다.

이 두 가지 관심을 혼합함에 따라 관리자는 크게 빈약형, 사교형, 과제형, 팀관리형, 그리고 절충형의 다섯 가지 유형으로 구분된다([그림 14-2] 참조). 빈약형(1·1형)은 일에 대한 관심과 사람에 대한 관심이 모두 낮은 사람이고, 사교형(1·9형)은 사람에 대한 관심은 높으나 일에 대한 관심이 낮은 사람이며, 과제형(9·1형)은 이와 반대로 일에 대한 관심은 높으나 사람에 대한 관심은 낮은 사람이다. 그리고 팀형(9·9형)은 일에 대한 관심과 사람에 대한 관심이 모두 높은 사람이고, 절충형(5·5형)은 일과 사람 모두에게 적절한 관심을 보이는 사람이다. 블레이크와 머튼은 이 가운데 팀형(9·9형)을 가장 효과적인 관리유형으로 꼽았다. 일과 사람 모두에게 높은 관심을 보이는 관리자가 가장 효율적인 관리자가 될 수 있다는 것이다.

그리드 접근법이 거치는 여섯 개의 단계는 상당한 준비 작업을 거친 후 순차적으로 진행된다. 준비 단계에서 가장 핵심적 과제는 유능한 교관을 양성하는 일이다. 대개 관리자들 가운데서 교관요원이 선발되고, 일정 기간의 훈련을 거쳐 변화과정에 개입하게 된다. 블레이크와 머튼은 이런 단계들이 체계적으로 진행된다면, 이상적 관리 행태인 팀형이 조직사회에 보편화될 것이라 한다. 각 단계마다 개인, 집단, 그리고 조직의 변화와 발전이 강조되고, 무엇보다 자기평가, 문제해결, 진단, 목표설정,

그림 14-2 그리드 모형(The Grid Model)

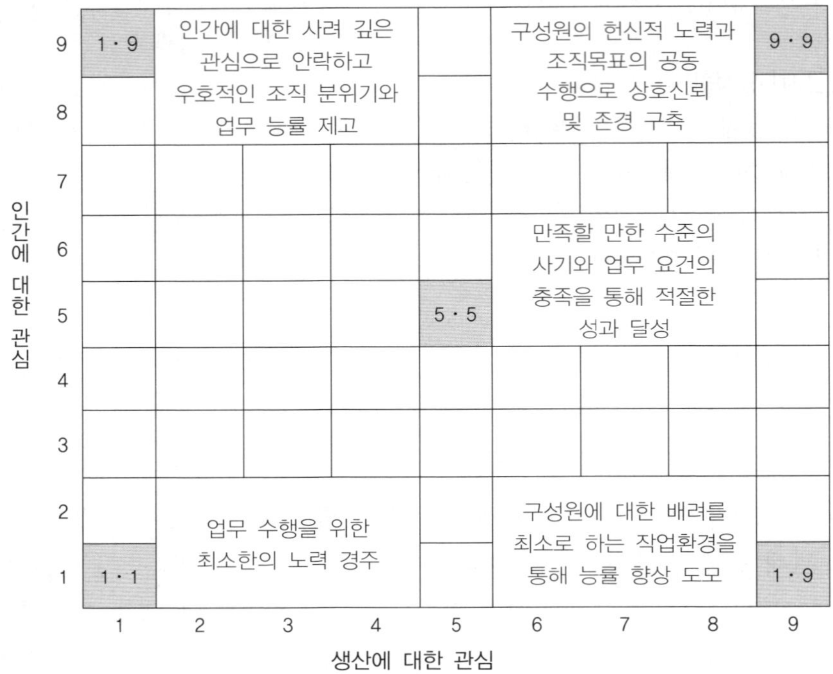

장기계획 등이 강조된다.

5) 긍정적 탐구

긍정적 탐구(Appreciative Inquiry: AI)는 비교적 최근에 개발된 OD 기법으로서 조직이 지닌 '강점'에 기반한 긍정적 변화를 추구하는 개입기법이다.[6] 대부분의 OD 기법이 문제(들)을 확인하고 해결책을 모색하는 데 비해, AI는 긍정조직행태 운동에 발맞춰 조직의 결함(약점)이 아닌 긍정적 요소(장점)에 초점을 두고, 이를 적극적으

6) 'Appreciative'는 '긍정하다', '가치를 발견하다', '감사하다' 등의 뜻을 지니는데, AI에서는 문제가 아닌 장점이나 강점, 가치 등을 발견하는 데 초점을 둔다는 의미이고, 'Inquiry'는 '찾다', '탐색하다', '탐구하다' 등을 뜻하는 데, AI에서는 겉에 드러난 것보다 더 깊은 곳으로 파고 들어감을 의미한다. AI는 이런 탐구를 위해 질문, 대화, 참여를 적극 활용한다.

로 조직발전에 활용코자 한다(Cooperrider & Whitney, 2005; Whitney & Trosten-Bloom, 2003).[7)]

AI의 기본적 사고는 조직이 가장 잘하는 것이 무엇이고, 미래의 성공을 위해 무엇을 해야 하는가를 놓고 조직 내부의 소통을 장려하는 것이다. 이는 조직구성원들이 '긍정의 핵(positive core)'이라 불리는 '최상의 실제'를 공유할 수 있는 계기를 마련해 주고 수월성 향상을 위해 서로 헌신할 것을 요구한다.

AI는 대개 4단계를 거쳐 진행되는 데, 대규모 집단에서 2~3일에 걸쳐 진행되고, 숙련된 변화담당자에 의해 유도된다. 탐구과정에서 탄력(회복)과 적응적 관리가 강조되고, 고객(시민)들이 변화과정에 충분히 참여토록 한다.

(1) 발견(discovery)

구성원들이 생각하는 조직의 강점과 최상의 실제를 확인하는 단계이다. 모든 이해관계자들이 참여하여 최상의 실제가 무엇인지(또는 무엇이었는지), 언제 조직이 가장 성공적이었는지, 혹은 언제 직무에 대해 가장 큰 만족을 느꼈는지 등을 확인한다.

(2) 꿈(dream)

발견과정에서 얻어진 정보를 활용해 가능한 미래를 꿈꾸는 단계이다. 발견된 잠재력과 보다 높은 수준의 목표에 비추어 미래의 조직을 설계한다. 예컨대, 특정 연도에 우리 조직은 어떤 모습을 갖게 될 것인가, 혹은 우리가 어떤 조직이 되기를 원하는가 등을 놓고 명확한 결과 지향적 비전을 창조하는 것이다.

(3) 설계(design)

새롭게 표현된 꿈을 실현하기 위해 긍정적 핵을 확대할 수 있는 조직을 설계하는 단계이다. 참여자들이 미래에서 조직이 어떻게 보일 것인가에 대해 비전을 공유하고, 조직이 지닌 독특한 장점과 이상적 조직의 가능성에 대해 동의한다.

---

7) AI 개념을 처음 만들어 낸 쿠퍼리더(D. Cooperrider)는 자신이 주도하는 AI 관련 학위 프로그램을 긍정적(positive) OD라 했는데, 이는 AI가 긍정적 심리학이나 POB와 유사함을 시사한다.

(4) 실현(destiny)

조직의 운명을 규정하거나 어떻게 그들의 꿈을 실현할 것인지를 탐색하고, 이를 위한 행동계획과 실행전략을 개발하는 단계이다. 체제 전반의 긍정적 역량을 강화하는 단계로서, 지속적인 긍정적 변화와 고성과를 위한 기폭제의 구축 및 유지를 가능케 한다.

6) OD 기법의 평가와 공공부문의 적용

OD 전략가들은 OD가 조직변화를 위한 기법으로서 매우 성공적이었다고 평가한다. 반면에, 이런 성과 보고에 부정적인 사람들은 OD 전략가들이 편향적 시각을 갖고 성공적 사례만을 보고하거나 아니면 가능한 한 결과를 긍정적으로 해석하는 경향이 있다고 한다. 그리고 이들이 제시한 연구결과가 방법론상으로도 적지 않은 결함이 있음을 지적하다. 그럼에도 불구하고, OD가 민간부문은 물론 공공조직에서도 적지 않은 영향을 미친 것은 부인하기 어렵다.

공공부문에서 OD의 성공적 사례를 수용하고 해석하려 할 때 최소한 두 가지 점에 유의해야 한다. 하나는 비록 공공조직이 조직의 변화목표를 달성했다 해도, 이것이 과연 사회가 원하는 목표달성에 기여했는가 하는 것이다(Gortner et al., 1997). 예컨대, OD를 통해 나타난 공공조직의 민주화나 변화된 조직문화가 과연 정부의 능률이나 효과성을 제고할 수 있는지에 대한 검토가 필요하다는 것이다. 다른 하나는 관료들의 가치나 행동변화를 도와줌으로써 이들에게 동기를 부여하는 것과 외부통제나 보상적 책략을 통해 교묘하게 관료들을 조작하는 것에 차이가 있다는 것이다.

사실, OD에 대한 가장 심각한 비판 중 하나는 OD가 본질적으로 비윤리적이라는 것이다. OD에 의해 유도되는 계획적 변화는 불확실성을 조장하고, 비공식적 조직을 해치며, 관리층의 가치나 이익만을 반영함으로써 조직구성원들의 동조성과 획일성을 유도하고, 결과적으로 관리층의 권력만 증가시키는 관리도구로 전락할 수 있다는 것이다(McKendall, 1993). 이런 OD의 잠재적 비윤리성은 불가피하게 권력의 남용이나 오용을 유도하고, 때로는 조직발전이라는 미명 하에 조직구성원들을 강제로 OD 훈련에 참여시키는 조작적 수단이 될 수도 있다.

끝으로 OD는 감수성훈련이나 그리드훈련에서 보았듯이 학습결과를 업무현장에 이전해야 하는 근본적 문제를 안고 있다. 이처럼 학습결과를 이전하는 문제는 특히 공공조직의 경우 더 심각하다. 훈련대상인 관료들의 시관(time orientation)이 비교적 단기적이고, 선출된 지도자들이 자주 바뀌어서 OD를 장기간 지속한다는 것이 매우 어렵기 때문이다. 한때 OD에 지지를 보냈던 사람들이 집행의 결정적 단계에서 자리를 떠나거나, 그 자리에 OD에 무감각한 리더가 새로 임명되기도 한다. 임명직 관료들은 정치인들보다 교체율이 높아 장기목표를 지닌 지속적 사업의 집행이 더욱 어렵다. 그리고 정치적으로 임명되는 사람들은 자신들의 임기가 짧다는 것을 알고 있기에 재임 중에 무언가를 남기려 하고, 결과적으로 (OD와는 거리가 먼) 단기적 성과를 거둘 수 있는 프로그램에 집중하게 된다.

제 4 절 보다 성공적 조직변화를 위하여

1. 조직의 유형과 조직변화

계획적 조직변화에 관한 이론들은 대부분 민간조직을 대상으로 개발되었기에, 과연 이런 이론들이 정부조직에 그대로 적용될 수 있는지, 특히 계획적 조직변화를 위한 노력이 정부조직에서도 실효를 거둘 수 있는지에 대해 의문이 제기될 수 있다. 이런 의문에 대해 기존 문헌들은 크게 상반된 결론을 암시한다.

우선, 공공부문과 민간부문 간의 차이를 강조하는 전통적 이론가들은 공공조직의 근본적 속성들(예: 시장유인체계의 결여, 상충하는 복수의 목표, 경직된 규칙과 관료조직, 정치적 환경 등)이 계획적 변화기법의 효과를 크게 손상시킬 것임을 예측하게 한다. 이에 비해 OD를 강조하는 사람들은 공 · 사부문 간의 차이가 점차 흐려지는 가운데 (즉, 공공조직들이 민간조직처럼 분권화된 구조, 네트워크, 팀조직, 고객 지향적 접근법을 도입한 것) 경험적 자료를 가지고 계획적 변화가 정부조직에서도 성공할 수 있다는 희망을 갖게 한다.

로버트슨과 세네비라트네(Robertson & Seneviratne, 1995)는 이런 양면적 모습에 의문을 제기하고, OD 기법들이 과연 공공조직에서도 성공적일 수 있는지를 경험적으로 측정하고자 했다. 7개의 조직변수를 중심으로 변화기법의 충격효과를 평가한 결과 대체로 조직변화 기법은 공공부문에서도 성공적일 수 있음을 입증했다. 민간부문이나 공공부문이나 조직변화 기법을 도입하면 거의 유사한 정도의 효용성을 얻을 수 있다는 것이다. 비록 민간부문보다 공공부문에서 조직변화를 시도하기 어려울지라도, 조직의 행태, 절차, 그리고 산출에서의 개선은 큰 차이가 없다는 것이다.

이런 고무적 결과에도 불구하고, 여전히 계획적 변화와 관련된 논쟁은 지속된다. 이런 논쟁은 변화의 관한 일반이론이 추구하는 목적에 따라 서로 유용성을 달리할 것이라는 의문에서 비롯된다. 보다 근본적으로는 개개의 이론적 모형이 조직의 목표, 공공조직의 역할, 그리고 사람들이 일하는 방법 등에 대해 서로 다른 가정을 갖고 출발하기 때문이다. 이런 맥락에서, 변화사업 추진 시 두 가지 쟁점에 주의할 필요가 있다(cf. Gortner et al., 1997).

하나는 변화가 추구하는 목적에 따라 개입기법의 활용이 달라질 수 있다는 것이다. 이 장에서 우리는 주로 행태나 가치변화를 위한 개입기법을 논했다. 하지만 변화과정에서 언급되었듯이 조직의 변화대상은 행태뿐 아니라 구조, 절차, 사업 등 다양하다. 이때 변화대상을 달리하는 경우는 물론 동일한 대상을 놓고도 개입기법의 활용은 달라질 수 있다. 변화의 목적이 구성원들의 일체감 조성에 있다면 감수성훈련이나 절차상담 등을 통해 행태변화를 시도할 수 있지만, 좀 더 적극적이고 배려적인 조직행태를 원한다면 그리드훈련이나 긍정적 탐구 같은 기법이 효율적일 수 있는 것이다.

다른 하나는 변화가 반드시 좋은 것만은 아니라는 것이다. 사람들이 볼 때 바람직하다 생각되는 행태모형이나 조직문화는 많다. 그러나 특정의 행태(문화)가 다른 행태보다 항상 우월하다는 보장은 없다. 이런 사실은 우리가 변화의 대상을 선정하거나 변화의 필요성을 결정할 때 먼저 조직이 처한 환경적 여건을 면밀히 분석해야 함을 시사한다. 이런 고려 없이 진행되는 변화는 단순히 '변화를 위한 변화', 혹은 분명한 목적도 없이 지나치게 변화에 대해 흥분하는 것일 수 있다. 이럴 경우, 조직의 변화는 개선이 아니라 개악을 초래할 수도 있다.

한마디로 '남이 하니까 나도 해야 한다'거나 또는 당연히 '변화를 이루지 않으면 안 된다'는 식의 맹목적 사고를 가져서는 안 된다. 제7장에서 언급했듯이, 1990년대 중반 이후 우리는 무분별한 팀제 도입을 통해 조직의 효과성은 고사하고 조직 내에 바람직하지 못한 사회적 관계를 남기기도 했다. 이런 오류를 되풀이하지 않으려면 무엇보다 민주적이고도 참여적 조직변화를 시도해야 한다. 조직변화에 대한 의사결정을 기업형 조직이나 경영을 선호하는 소수 개혁론자들에게 맡길 것이 아니라, 정치인, 관료, 시민, 그리고 이익집단들이 함께 참여하는 공동의 장에서 이루어지도록 하고, 이를 통해 실질적이고도 의미 있는 개선이 지속되도록 해야 할 것이다.

2. 성공적 변화관리를 위한 요건

조직의 변화는 일종의 사회적 과정이다. 그리고 개인의 입장에서 보면 하나의 학습과정과 같다. 변화가 성공적으로 이루어지려면 개인을 비롯한 집단, 조직, 사회적 기술 등 다양한 차원에서 필요조건이 충족되어야 한다. 이런 요건 중에는 이미 변화과정을 논하는 과정에서 부분적으로 지적한 바 있으나, 여기서는 이런 요건들 중 특히 공공조직에서 파급효과가 큰 몇 가지를 골라 그 중요성을 강조하고자 한다.

1) 리더십

무엇보다 조직의 상위층 인사들이 진정한 의미의 지도자(authentic leaders)가 되어야 한다(Rago, 1996). 변화사업의 성공적 집행의 열쇠가 “위로부터 시작하는 데 있다”는 주장이 있듯이(Deming, 1986), 조직의 ‘고위관리자’들이 조직의 ‘리더’로서 변신하지 않으면 조직의 문화가 변하기 어렵고, 결과적으로 성공적 변화사업은 기대하기 어렵다. 특히, 조직의 상위자들은 조직의 목적, 조정, 의사 전달, 권한 부여라는 모든 차원에서 변화를 이끌어 갈 추진세력이 되어야지 이에 반대하는 저항세력이 되어서는 안 된다. 더 나아가 변화를 주도하는 사람들은 단순히 직위만 높아서도 안 된다. 이들은 구성원들로부터 진정한 의미의 권위를 인정받아야 한다. 변화가 성공적으로 이루어지려면 구성원들이 변화의 타당성을 인정해야 하는데, 이러한 심리적 수용은 이들이 변화사업을 주도할 만한 지식과 권력을 지니고 있을 때 이루어질 수 있다. 개혁 담당부서의 장이나 이런 사람이 지원하는 사람이 개혁을 주도할 때 성공을 거두는 사례가 많은 것도 바로 이런 점을 입증하는 것이다.

2) 구체적 목표

기술한 바와 같이 성공적인 변화를 이루려면 무엇보다 추구하는 목표가 명확해야 한다. 일반적이거나 추상적인 목표는 조직구성원들의 변화를 위한 행동지침으로 기능하기 어렵다. 변화의 목적은 변화사업이 전개됨에 따라 점차 구체화되고, 이러한 과정에서 환경이나 조직 내부의 사정으로 인해 수정 또는 재설정될 수도 있다. 그러나 누가 목표를 설정하든 간에(상관 또는 상관과 부하가 함께), 목표의 구체성을 확보하는 일을 소홀히 해서는 안 된다.

3) 내면화를 위한 대화

변화가 성공적으로 이루어지려면 변화에 참여하는 사람들이 "왜 우리가 이런 변화를 추진하고 있는지, 우리가 지금 어디쯤 와 있는지, 그리고 이런 모습이 우리 모두에게 무엇을 의미하는지" 등을 알 필요가 있다(Champy, 1997: 14-15). 특히, 변화의 이유 및 당위성에 대한 구성원들의 내면화가 필요하다. 외부로부터 강요된 변화는 성공하기가 어렵다. 이런 점에서 변화과정에서 단순한 홍보를 위한 의사소통(communication)이 아니라 구성원들 간의 진정한 대화(conversation)나 담론(discourse)을 촉진할 필요가 있다. 이런 대화는 변화가 이루어지는 동안 구성원들이 갖게 되는 심리적 욕구를 충족시켜 줌으로써 변화에 적극적으로 동참할 수 있도록 유도한다.

4) 학습조직

조직변화를 위한 많은 기법은 조직의 학습능력이 곧 변화능력임을 시사한다. 감수성훈련 등 실험실적 상황에서 얻은 훈련 성과를 현장으로 이식하는 데 초점을 두는 OD는 물론, TQM 같은 종합적 개입기법도 조직의 학습(learning organizations)을 중시한다. 오랫동안 조직의 학습능력에 관심을 가져온 아지리스(Argyris, 1993)는 이러한 조직의 학습능력을 조직변화를 위한 필수 요건으로 꼽는다. 조직의 학습능력을 배양하는 것이 곧 조직의 변화를 저해하는 장벽을 뛰어넘는 것을 의미하기 때문이다. 여기에서 그가 생각하는 조직의 학습이란 '의미 있는(significant)' 학습을 지칭하고, 의미 있는 학습은 곧 조직변화의 필수적 요건인 조직의 결함을 탐지하고 교정하는 능력을 의미한다.[8] 학습능력이 큰 조직은 단순한 변화뿐 아니라 급변하는 환경 속에서 조직의 경쟁력을 제고하는 데도 유리하다. 다른 조직보다 빨리, 그리고 더 나은 방법으로 학습하고, 과거의 경험과 실수를 통해 무언가를 배울 수 있는 조직은 그렇지 못한 조직에 비해 항상 경쟁적 우위를 점할 수 있다. 셍기(Senge, 1990)는 이와 같은 학습조직이 되기 위한 요건으로서 팀 학습, 체계적인 사고(systematic thinking), 그리고 조직 내의 공유된 비전 등을 들었다.

자료 14-3 성공적 조직변화 관리를 위한 실천적 팁(tip)

덴하르트와 덴하르트(Denhardt & Denhardt, 2016)는 경험적 사례를 바탕으로, 정부조직에서 변화를 이루려면 다음과 같은 일련의 활동이 필수적임을 주장한다.

① 변화에 대한 (타인은 물론 자신의) 저항의 감정적 · 심리적 요소를 주의 깊게 살펴보라.

② 조직 전반에 걸쳐 현 상태에서의 문제점과 변화 시 어떤 혜택이 나타날 것인지를 명확히 하고 소통하라.

③ 변화과정에 조직 내 · 외의 사람들을 참여시켜라.

④ 변화를 지지하는 힘과 변화에 저항하는 힘이 무엇인지를 살펴보라.

⑤ 조직의 문화를 고려하라.

⑥ 듣고 또 들어라.

⑦ 조직의 학습역량을 구축하라.

⑧ 단순회로학습과 복수회로학습의 차이를 기억하라.

⑨ 만약 조직의 (행태가 아닌) 구조 변화가 요구된다면, 두 번 생각하라.

---

8) 이런 학습능력은 아지리스와 쇤(Argyris & Schön, 1978)이 함께 명명한 단일고리학습(single-loop learning)과 이중고리학습(double-loop learning) 중 후자를 장려할 때 가능하다. 단일고리학습은 특정 상황에 적응하기는 하나 의미 있는 가치변화는 창조하지 못하는 행태변화이고, 이중고리학습은 행태변화로부터 가치변화를 창조하는 학습이다. 아지리스에 의하면, 단일고리 학습은 이른바 '숙달된 무능(skilled incompetence)'을 초래하는 방어적 관례를 창조한다. 이는 곧 조직변화에 저해가 되는 관례임은 재론의 여지가 없다. 이에 비해 후자는 전자보다 강력하고, 개인에게 학습될 수 있으며, 좀 더 제한적이고 방어적인 단일순환학습을 대체할 수 있다. 아지리스에 의하면, 이런 이중순환학습이 가능하려면 적어도 ① 고객의 입장에서 변화를 하고자 하는 강한 동기, ② 상당한 정도의 시간(2~5년), 그리고 ③ 뛰어나고 구체적인 개입전략 등의 요건이 충족되어야 한다.

⑩ 현대 공공조직은 다양한 정책네트워크로 이루어진 복잡한 세계에서 존재함을 기억하라.

⑪ 조직 전반에 걸쳐 변화와 혁신을 장려하기 위해 보다 유기적, 민주적, 참여적 운영방식을 검토하라.

사례 14-1 조직변화: 계획적 변화인가 합리화인가?

이 장에서 우리는 계획적 변화가 특정의 목적을 위해 의도적으로 이루어지고, 조직의 생존과 성장을 위해 매우 중요한 과제가 된다고 했다. 그러나 다른 한편으로는 계획적 변화가 실천적 중요성이나 이론적 열망과는 달리 현실 세계에서는 그다지 많이 일어나지 않는다고 했다. 그렇다면, 왜 이와 같은 이론과 실제 간의 괴리가 발생하는가?

로빈스(Robbins, 1983)는 이에 대한 이유로서 크게 두 가지를 들었다. 첫째는 권력자들의 동기 부족이다. 즉, 권력을 쥐고 있는 사람들이 변화를 시도할 만한 동기가 없다는 것이다. 현재의 조직구조가 권력을 유지하는 데 유리하고 자신들의 이익에 기여하는 데 굳이 기존 체제를 변화시킬 아무런 이유가 없다는 것이다.

둘째는 조직변화가 추구하는 목표가 의문스럽다는 것이다. 계획적 변화는 조직의 효과성 제고를 위해 이루어진다고 하나, 현실에서의 효과성은 객관적 기준이 아닌 평가자의 주관에 따라 규정되는 것이 일반적이고, 결과적으로 조직변화를 통해 효과성을 제고한다는 고전적 이론의 가정은 지나치게 소박하다는 것이다.

한마디로, 조직의 변화는 뚜렷한 목적의식이나 (예컨대, 기술적 합리성을 조장하거나 환경적 수요에 부응하는 것) 치밀한 계획 아래 이루어지는 것이 아니라는 것이다. 그렇다면 현실 세계에서 나타나는 조직변화는 어떻게 설명되어야 하나? 가장 설득력 있는 답변의 하나로 이른바 '합리화' 가설을 제시해 볼 수 있다. 합리화 가설은 조직의 변화가 조직에 관심을 지닌 조직 내·외의 이해당사자들의 압력에 의해 이루어진다고 본다. 즉, 조직의 변화는 예견되는 것이 아니라 '반응적'이라는 것이다.

그리고 현실 세계에서의 변화는 전형적으로 먼저 변화가 일어나고, 그 후에 이를 합리화하거나 정당화하는 작업이 따른다고 한다. 이는 마치 인간이 행위를 하고 난 후에 그 행위에 의미를 부여하는 것과 같다. 이런 맥락에서 보면, 조직변화는 주로 기득권자나 영향력 있는 이익집단의 요구에 의해서 이루어지되, 외형상으로는 이들의 이익이 아닌 조직의 효과성이나 특정 목적의 달성을 위해 이루어진 것처럼 정당화(합리화)되기가 쉽다.

사례 문제

1. 위의 사례에서 나타난 로빈스의 주장과 합리화 가설을 평가해 보자.
2. 이 가운데 어느 견해가 공공조직의 현실을 보다 잘 반영하는가?

사례 14-2 페어팩스 카운티(Fairfax County, Virginia) 개혁

오닐(R. O'Neill)은 1990년대 말 인구 100만 명에 가까운 Fairfax 카운티의 카운티 행정관(county executive)로 부임했다. 당시 Fairfax 카운티는 재정적 위기를 겪은지 얼마 되지 않았고, 주로 감리위원회(the board of supervisors) 요구(주문)에 부응해서 일상적으로 운영되고 있었다. 카운티 정부는 전통적인 수직적 구조로 구조화되어 있었고, 부서 간 소통도 거의 없었다.

카운티 직원들은 오닐의 부임에 대해 다분히 부정적이었다. 이런 부정적 인식은 오닐이 인구 14만 명이라는 작은 도시(Hampton)의 관리자로 일했다는 것, 오닐이 낭비를 줄이려 한다는 언론보도로 인해 고용감축이 있을 것이라는 것, 그리고 그가 부임하자마자 해결해야 할 난제가 산적해 있었다는 것 등에서 비롯되었다. 하지만 실제 상황은 이런 인식과 다르게 전개되었다.

오닐은 부임 즉시 카운티 전 분야에 걸쳐 대화, 미팅, 브런치백 런치 등 다양한 방식의 모임을 통해 카운티 직원집단들과 소통하기 시작했다. 그는 모임에서 말과 행동으로 메시지를 전했다. 메시지는 그가 직원들과 개방적 소통을 원하고, 직원들이 말하는 것을 경청하려 하며, 카운티가 직면한 주요 의사결정에 직원들이 참여하기를 원한다는 것 등이었다. 유사하게, 오닐은 비즈니스 그룹(상공회의소 등), 시민단체, 지역생활조직(neighborhood association) 등 지역주민들과도 끊임없이 모임을 가졌다. 심지어 어떤 때는 일주일 내내 아침부터 저녁 늦게까지 모임을 갖기도 했다. 더 나아가 오닐은 10명의 감리위원회 위원들과도 긴밀한 업무 및 (심지어) 사적 관계를 맺기 위해 노력했다. 각 위원들과 정기모임을 가졌고, 매주 일요일 저녁에는 다음날 개최될 정기위원회를 알리는 전화를 걸었다(직원 증언에 의하면, 이를 위해 각 위원들이 저녁 시간에 당시 유명 TV 프로를 시청하고 있는지, 얼마나 일찍 잠자리에 드는지 등을 파악하기도 했음). 이런 과정에서, 감리위원들은 오닐이 현안 이슈를 놓고 논의할 만한 사람이고, 자신들과 똑같이 지역사회를 위해 무언가를 하려는 사람임을 알게 되었다.

변화를 창조하는 과정에서 오닐은 매우 가시적 성과를 이루었다. 우선, 인사 및 조직 분야에서의 가시적 변화다. 부임 후, 오닐은 직원 인사에서 주요 변화를 이룰 수 있는 계기를 맞았다. 다수(거의 1/2)의 국장들(department heads)이 그가 부임해 온 다음 해에 재임기간 도래로 퇴직했다. 오닐은 핵심보직에 새로운 사람들을 앉힐 기회가 생겼으나, 빈자리를 충원하기보다 조직을 재구조화하는 수단으로 활용했다. 재구조화 시, 업무처리의 효과성보다 개인의 강점이나 약점을 반영했던 조직들을 주된 변화대상으로 삼았다. 충원을 한 경우에는, 자신이 직접 고른 사람들이 아니라 여러 부서의 직원, 감리위원회 위원, 때로는 지역사회 대표들이 광범위하게 추천한 사람들로 충원했다. 동시에 카운티 부관(deputy county executives) 수를 줄여 국장들이 직접 자신에게 보고하도록 했다.

둘째, 지역사회 참여모형을 설정했다. 자신이 지역사회에 참여하는 것을 모델로 해서 카운티 조직들의 지역사회 참여(community involvement)를 강조했다. 일부 페어팩스 카운티 조직들(예: planning and human services)은 일상적으로 지역사회에서 봉사에 참여하고 있었지만, 오닐은 보다 광범위하고 심도 있는 지역사회 참여를 원했다. 그래서 그의 임기 동안 개발공동체, 전문단체 및 시민조직을 포함해 개인적으로 지역사회에 다가가는 것을 최우선시 했다. 오닐은 이들 집단과의 모임에서 의사소통 라인을 열고자 했고, 청중에게 말하기보다 의미 있는 대화를 장려했다. 그는 모임에서 사람들이 말하는 것을 주의 깊게 경청한 후, 후속 조치를 위한 긴 목록을 만들어 갖고 돌아오곤 했다.

셋째, 조직 내부의 변화를 위한 과제집단(TF)의 활용이다. 오닐이 조직변화로 추진한 것 중 중요한 것은 조직의 주요 문제를 조사하기 위한 일련의 과제집단을 만든 것이었다. 비전 프로파일 부서, 보상 및 이득 공유, 경쟁 모델의 시범화, 부서장 평가시스템, 직원 참여, 인사분류의 유연성, 직원 커뮤니케이션, 리더십 개발 등 다양한 과제를 다룰 TF를 만들었다. 오닐이 설계하고 위원회가 승인한 예산으로 운영된 각종 TF들은 20명 내지 40명의 팀원으로 구성되었고, 조직 내 모든 부서에서 차출된 인원들로 채워졌다. 즉, 모든 TF가 다양한 부서는 물론 조직 내 상위직에서 하위직까지 모든 계층을 아우르는 인력들로 구성되었고, 카운티 집행부 요원이 각 TF의 팀장으로 활동하게 했다. 그리고 필요한 경우, '모든' TF에 숙련된 촉진자(변화담당자, 상담가)를 배치해 TF 업무를 도와주게 했다. 오닐은 TF로 하여금 수행 중인 과제를 놓고 카운티 직원들과 충분히 소통할 것을 장려했다(사실상, 주문했다). 예컨대, 보상문제를 다루는 TF가 문제를 확인하고 나면, 이런 문제를 반드시 대상집단(focus group)에 가져가 "이런 것들이 정말 우리가 해결해야 할 문제들인지"를 물어보도록 했다.

TF의 실질적 성과를 떠나, 여기서 주목해야 할 것은 오닐이 설계한 변화과정에 함축적으로 담겨 있는 메시지이다. 오닐은 중요한 조직문제를 해결하려 했을 뿐 아니라, 구성원들에게 무언가 다른 방식으로 일하기를 원한다는 메시지를 보냈다. 이 메시지는 바로 모든 사람들이 '부서의 경계'와 '계층'을 넘어 상호 소통해야 한다는 것이었다. 오닐은 TF

를 통해 자신이 바람직하다고 생각하는 조직행태를 '비위협적' 방식으로 모형화한 것이다.

출처: Denhardt & Denhardt(1999) 재구성

사례 문제

1. 위 사례는 조직변화를 이루는 데 어떤 요소가 중요함을 보여주는가?
2. 우리가 학습한 개입기법 중 어떤 것이 위 사례의 조직변화를 이루는 데 활용되었고, 활용될 수 있다고 보는가?
3. 오닐이 성공적으로 조직변화를 이룰 수 있었던 가장 중요한 요인은 무엇인가?

토론 과제

1. 왜 사람들은 조직의 변화를 두려워하는가? 조직의 변화는 반드시 바람직한 것인가?
2. 현재 다니고 있는 대학의 변화를 유도하는 동인들이 무엇이라 생각하는가?
3. 바람직한 변화담당자의 역할은 무엇인가?
4. 변화에 대한 저항을 극복하는 데 유용한 관리적 수단을 모색해 보자.
5. 계획적 변화와 비계획적 변화의 차이는 무엇인가? 어떤 변화가 정부 조직변화에 보다 유용한가?
6. 현실 세계에서 계획적 변화가 많지 않은 이유는 무엇인가?
7. 조직변화를 위한 문제를 진단하는 과정에서 객관적 정보를 얻는 것이 왜 중요한가?
8. 조직변화에 대한 사후 평가가 왜 필요한가? 이런 평가가 자주 이루어지지 않는 이유는 무엇인가?
9. 변화를 위한 개입기법을 적용함에 있어서 조직에 대한 정확한 진단을 하지 않거나 개입기법이 대상 조직에 적합한 것인지를 검토하지 않는 사례가 많다. 이런 행태를 어떻게 생각하는가? 이런 행태가 어떻게 개선될 수 있는가?
10. 이 장에서 다루어진 개입기법들 가운데 어떤 기법이 자신이 소속된 동아리 조직의 변화(개혁)를 위해 적용될 수 있다고 보는가?
11. OD 기법에 깔려 있는 문화적 가치는 무엇인가? 이런 가치들은 보편적 가치들인가?

참고문헌

[국내 문헌]

경기개발연구원(2013). 『자연재해로부터의 지역사회 회복탄력성도입방안』. 경기개발연구원 기본 연구.

고현경 · 박현신 · 김근세(2007). 한국 중앙행정기관 공무원의 권위주의 행태에 관한 연구: 1971년과 2006년 비교를 중심으로. 『한국행정학보』, 41(3): 191－219.

권석만(2008). 『긍정 심리학』. 서울: 학지사.

김경동(1978). 『현대의 사회학』. 서울: 박영사.

김경재 · 정범구(2007). 사회자본과 심리자본이 혁신성과에 미치는 효과. 『생산성논집』, 21(1): 191－217.

______(2008). 지적자본이 혁신행동에 미치는 영향에 관한 연구: 심리자본의 조절효과를 중심으로. 『생산성논집』, 22(1): 25－47.

김광점 외(2007). 『조직이론과 실제』. 김광점 외(역). 서울: 한경사.

김근세 · 이경호(2005). 책임운영기관의 조직문화와 효과성에 관한 연구: 운전면허시험관리단을 중심으로. 『한국행정학보』, 39(3): 179－203.

김난도 (1997). 가상조직의 등장과 조직연구에의 이론적 · 실천적 함의. 『한국행정학보』, 31(1): 197－212.

김대건(2011). 긍정조직행태(POB) 모형탐색과 연구경향 분석. 『한국조직학회 2011추계 학술대회』.

김대건 · 김동철(2012). 긍정조직행태 주요 요인간 관계에 관한 연구: 진성리더십, 심리적 자본, 심리적 주인의식을 중심으로. 『한국행정학보』, 46(4): 27－51.

______(2014). 전통적 조직행태의 비판과 긍정조직행태 모형. 『공공관리학회보』, 28(2): 158－179.

김동철 · 김대건(2009). 갈등집단의 문화적 편향과 갈등관리전략 변화 분석: D시 사례를 중심으로. 『한국행정연구』, 17(4): 3－39.

김병섭(1994). 공무원의 복지부동과 직무몰입도: 동기이론 및 스트레스이론을 중심으로. 『한국행정학보』, 28(4): 1279－1299.

김병섭 외(2008). 『휴먼조직론』. 서울: 대영문화사.

김상묵(2017). 국가공무원의 공직가치: 공직가치모형의 개발과 검증. 『한국행정연구』, 26(2): 1−41.
김서용・박천희(2017). 일선관료의 직무탈진과 열의 분석: 직무요구−자원모형과 고객관련 사회적 스트레스 유발요인을 중심으로. 『한국행정학보』, 51(2): 61−95.
김영평・최병선 (1993). 「행정개혁의 신화와 논리」. 서울: 나남출판.
김인수(1991, 2008). 『거시조직이론』. 서울: 무역경영사.
김주환(2011). 『회복탄력성: 시련을 행운으로 바꾸는 유쾌한 비밀』. 경기: 위즈덤하우스.
김태호・노종호(2010). 공공봉사동기가 조직구성원의 혁신행동에 미치는 영향에 관한 연구. 『행정논총』, 48(3): 143−168.
김호섭(1994). 세계화와 정부 관료제의 재정립: 과제와 방안. 『한국행정연구』, 3(2): 125−154.
______(2001). 정부조직의 분권화와 상관 변수. 『한국행정학보』, 35(1): 35−51.
______(2004). 국정과제위원회: 실태, 미지의 성과, 그리고 과제. 『한국조직학회보』, 1(2): 57−80.
______(2006). 한국 행정조직 구조 연구의 실태와 과제. 『한국조직학회보』, 3(1): 1−26.
______(2019). 『현대행정의 가치와 윤리』. 서울: 대영문화사.
김호정(2013). 공공조직의 윤리적 리더십. 『한국조직학회보』, 10(2): 29−58.
김홍기(1993). 『여성 메가트렌드』. 서울: 한국경제신문사.
김홍규(1994). 『인간행동의 이해』. 서울: 양서원.
류종용・이창원(2016). 우리나라 공무원의 변혁적 리더십, 거래적 리더십과 공공봉사동기가 하급 공무원의 조직시민행동에 미치는 영향. 『정책분석평가학회보』, 26(3): 137−161.
문태훈(2001). 보전과 개발을 둘러싼 중앙정부간의 환경갈등 원인과 저감 방안에 관한 연구. 『한국행정학보』, 35(1): 1−18.
민 진(1988). 『조직관리론』. 서울: 대영문화사.
박경원・김희선(2002). 『조직이론 강의: 구조, 설계 및 과정』(제5판). 서울: 대영문화사.
박권홍(2010). 긍정심리자본과 리더십 성과. 숭실대학교 대학원 박사학위논문.
박내회(1991). 『조직행동론』. 서울: 박영사.
박호숙(2000). 집단갈등이 정책에 미치는 영향. 『지방행정연구』, 14(1): 182−212.
박희서・오세윤・노시평(2001). 일선 공무원의 역할스트레스가 이직충동에 미친 영향에 대한 경로분석모형 검증: 남녀간 차이를 중심으로. 『한국행정학보』, 35(3): 197−219.
백기복(1994). 『조직행동연구』. 서울: 법문사.
백완기(1995). 『행정학』. 서울: 박영사.
손승연・박희태・윤석화(2013). 상호작용 공정성과 과업성과: 리더인정 및 심리적 계약의 매개효과. 『인사조직연구』, 21(3): 229−260.
송계충・정범구(2004). 『조직행위론』. 서울: 경문사.
송석희(2005). 『서울버스개혁과 서울시 갈등관리전략』. 서울시정개발연구원 정책토론회.

심동철 (2017). 지방공무원의 공직가치에 대한 이해: 공직가치 내재화를 중심으로. 『한국행정연구』, 26(2): 43－73.

오석홍(1990). 『조직이론』. 서울: 박영사

______(2008). 『행정개혁론』. 서울: 박영사.

오스본, 데이빗 · 플래스트리크(1998). 『정부개혁의 5가지 전략』. 최창현 옮김. 서울: 삼성경제연구소.

오시영 · 김병섭(2009). 정부조직 내 팀제운영의 실질성과 팀제의 효과성에 관한 연구. 『행정논총』, 47(1): 133－157.

오화선 · 박성민(2014). 공직봉사동기가 직무만족에 미치는 영향력 분석. 『현대사회와 행정』, 24(1): 51－82.

옥원호 · 김석용(2001). 지방공무원의 직무스트레스와 직무만족 및 조직몰입에 관한 연구. 『한국행정학보』, 35(4): 355－373.

유홍림 · 조경호(2001). 서울시 자치구청 민원행정공무원의 갈등관리유형과 민원행정서비스에 대한 시민만족도. 『한국행정연구』, 10(3): 239－257.

유　훈(1993). 조직문화에 대한 연구. 『행정논총』, 31(2): 112－124.

윤우곤(1996). 『조직관리론』. 서울: 다산출판사.

이동섭 외(2009). 긍정심리학의 응용을 통한 인사조직연구의 새로운 접근. 『인사 · 조직연구』, 17(2): 307－339.

이동섭 · 최용득(2010). 긍정심리자본의 선행요인과 결과에 관한 연구. 『경영학 연구』, 39(1): 1－28.

이문웅(1995). 정보통신기술의 발달과 문화 · 생활양식의 변화. 『정보문화』, 9/10월: 44－49.

이민희 · 정태연(2007). 청소년용 학습동기척도의 개발 및 타당화. 『한국청소년연구』, 18(3): 295－321.

이병철 · 이채익(2009). 지방공무원의 심리적자본이 직무만족과 조직시민행동에 미치는 영향에 관한 연구. 『지방정부연구』, 13(3): 67－85.

이봉세(2005). 종업원의 심리적 소유감이 직무성과, 책임감 및 조직변화 수용성에 미치는 영향. 서강대학교 대학원 박사학위논문.

이종만(2013). 업무 중 비공식적 커뮤니케이션의 워터쿨러 효과: 스마트폰 사용자의 카카오톡을 중심으로. 『한국콘텐츠학회논문지』, 13(3): 362－369.

이종목(1985). 조직에 있어서의 스트레스 요인 및 그 조정변인에 관한 소고. 『행동과학연구』, 7: 231－247.

이지영 · 김명언(2008). 조직에서의 긍정심리학의 적용: 긍정 조직학의 현주소와 지향점. 『한국심리학회지: 산업 및 조직』, 21(4): 677－703.

이창원 · 전주상(2003). 갈등당사자의 상대적 지위와 개인간 갈등의 관리방식: 우리나라 중앙부처 공무원에 대한 실증분석. 『한국행정학보』, 37(2): 1－19.

이창원 · 최창현(2006). 『새 조직론』. 서울: 대영문화사.
이채익(2009). 변혁적 리더십이 조직효과성에 미치는 영향: 심리적 자본과 태도의 매개역할을 중심으로. 울산대학교 대학원 박사학위논문.
이학종(1997). 『조직행동론』. 서울: 세경사.
임성옥(2005). 사회복지사의 갈등지각수준 및 갈등관리방법과 조직효과성의 관계에 관한 연구. 『정부학연구』, 11(1): 242－266.
임창희(2010). 『조직론』. 서울: 학현사
장세진 · 고상백(2005). 한국인 직무 스트레스 측정도구(KOSS). 『스트레스연구』, 13(3): 183－197.
전기호 · 박성훈 · 박헌준 · 김지연(2010). Authentic Leadership이 조직 행동에 미치는 영향: 동일시의 매개효과를 중심으로. 『한국인사조직학회 2010년 춘계 학술연구발표회 발표논문집』.
정소윤 · 심동철(2017). 『공직생활에 대한 인식조사 발전방안 연구: 공직가치를 중심으로』. 한국행정연구원. 사회조사센터.
정정기 외(1966). 『인간과 사회』. 서울: 교육출판사.
조석준(1990). 『조직론』. 서울: 법문사.
조은숙(1994). 『현대인과 정신건강』. 서울: 도서출판 성원.
총무처 직무분석기획단(1997). 『신정부혁신론』. 서울: 동명사.
최낙범 · 전대성(2016). 경찰관의 공공봉사동기(PSM)와 직무만족에 관한 연구: 직무특성의 조절효과를 중심으로. 『한국정책학회보』, 25(1): 129－159.
프레이저, 매튜 · 두타, 수마트라(2010). 『개인의 조직, 시장과 사회를 뒤바꾸는 소셜 네트워크 혁명』. 최경은 옮김. 서울: 행간.
하미승(2015). 『조직학: 철학과 새 이론 탐색』. 서울: 탑북스.
행정자치부(2006). 『조직진단 매뉴얼』.
행정자치부 지방행정연수원(2014). 『지방공무원 직무스트레스, 트라우마 가이드북』.
현대경제연구원(2006). 『문화지능: 글로벌 시대의 경쟁력』. 서울: 청림출판.
홍소식(2009). 리더십스타일 · 조직후원인식이 학습동기에 미치는 영향에 관한 연구: 변혁적 리더십과 POB를 중심으로. 경기대학교 대학원 박사학위논문.

[국외 문헌]

Adams, J. S.(1963) Toward an Understanding of Inequity. *Journal of Abnormal and Social Psychology*, 67(5): 422－436.
______(1965) Inequity in Social Exchange. In L. Berkowitz(ed.). *Advances in Experimental Social Psychology*, 2: 267－299. New York, US: Academic Press.
Agar, M. H.(1982). Whatever happened to cognitive anthropology: A partial review. *Human Organization*, 41(1): 82－86.

Alderfer, C. P.(1969). An Empirical Test of a New Theory of Human Needs. *Organizational Behavior and Human Performance*, 4(2): 142−175.

Ambrose, M. L. & Kulik, C. T.(1999). Old Friends, New Faces: Motivation Research in the 1990's. *Journal of Management*, 25: 231−292.

Ambrose, M. L., Seabright, M. A., & Schminke, M.(2002). Sabotage in the Workplace: The Role of Injustice. *Organizational Behavior and Human Decision Processes*, 89(1): 947−965.

Argyris, C.(1993). *Knowledge for Action: A Guide to Overcoming Barriers to Organizational Change*. San Francisco: Jossey−Bass Publishers.

Argyris, C. & Schön, D. A.(1978). *Organizational Learning: A Theory of Action Perspective*. Reading, Mass.: Addison−Wesley.

Armstrong−Stassen, M. & Schlosser, F.(2008). Taking a Positive Approach to Organizational Downsizing. *Canadian Journal od Administrative Science*, 25: 93−106.

Avey, J. B., Avolio, B. J., Crossley, C. D., & Luthans, F.(2009). Psychological Ownership: Theoretical Extension, Measurement and Relation to Work Outcomes. *Journal of Organizational Behavior*. 30: 173−191.

Avey, J. B., Luthans, F., & Mhatre, K. H.(2008). A Call for Longitudinal Research in Positive Organizational Behavior. *Journal of Organizational Behavior*, 29: 705−711.

Avey, J. B., Luthans, F., & Youssef, C. M.(2009). The Additive Value of Positive Psychological Capital in Predicting Work Attitudes and Behavior. *Journal of Management*, March: 1−22.

Avey, J. B., Patera, J. L., & West, B. J.(2006). The Implications of Positive Psychological Capital on Employee Absenteeism, *Journal of Leadership & Organizational Studies*, 13: 42−60.

Avey, J. B., Wernsing, T. S., & Luthans, F.(2008). Can Positive Employees Help Positive Organizational Change: Impact of Psychological Capital and Emotions on Relevant Attitudes and Behaviors. *Journal of Applied Behavioral Science*, 44: 48−70.

Avolio, J. B. & Gardner, W. L.(2005). Authentic Leadership Development: Getting to the Root of Positive Forms of Leadership. *The Leadership Quarterly*, 16: 315−338.

Avolio, J. B., Gardner, W. L., & Walumbwa, F. O.(2007). *Authentic Leadership Questionnaire: Rater Form, Scoring Scale*. Mind Garden, Inc.

Avolio, J. B., Gardner, W. L., Walumbwa, F. O., Luthans, F., & May, D. R.(2004). Unlocking the Mask: A Look at the Process by Which Authentic Leaders Impact Follower Attitudes and Behaviors. *The Leadership Quarterly*, 15: 801−823.

Bakker, A. B. & Schaufeli, W. B.(2008). Positive Organizational Behavior: Engaged Employees in Flourishing Organizations. *Journal of Organizational Behavior*, 29: 147－164.

Balridge, J. V.(1975). *Sociology*. New York: Wiley & Sons, Inc.

Bandura, A.(1997). *Self－efficacy: The Exercise of Control*. New York: Freeman.

Barnard, C. I.(1938). *Barnard, The Functions of The Executive*. Cambridge, Mass: Harvard Univ Press.

Barnett, W. P. & Carroll, G. R.(1995). Modeling Internal Organizational Change. *Annual Review of Sociology*, 21: 217－236.

Bass, B. M.(1990). From transactional to transformational leadership: Learning to share the vision. *Organizational Dynamics*, 18(3): 19－31.

Bassi, L. & McMurrer, D.(2005). Developing Measurement Systems for Managing in the Knowledge Era. *Organizational Dynamics*, 34(2): 158－196.

Beehr, T. A. & Newman, J. E.(1978). Job stress, employee health, and organizational effectiveness: A facet analysis, model, and literature review 1. *Personnel Psychology*, 31(4): 665－699.

Behling, O. & Darrow, A. L.(1984). *Managing Work－Related Stress*. Science Research Associates.

Bennis, W. & Biederman, P. W.(1997). *Organizing Genius: The Secrets of Creative Collaboration*. Chicago: Addison－Wesley.

Berger, P. L. & Tuckmann T.(1966). *The Social Construction of Reality*. New York: Doubleday.

Berkman, H. W. & Neider, L. L.(1987). *The human relations of organizations*. Kent Publishing Company.

Bhagat, R. S., McQuaid, S. J., Lindholm, H., & Segovis, J.(1985). Total life stress: A multimethod validation of the construct and its effects on organizationally valued outcomes and withdrawal behaviors. *Journal of Applied Psychology*, 70(1): 202－214.

Blake, R. R. & Mouton, J. S.(1964). *The Managerial Grid*. Houston, TX: Gulf Publishing Company.

______(1971). *Corporate excellence through GRID organization development*. Houston, TX: Gulf Publishing Company.

______(1981). Management by grid principles or situationalism: Which? *Group and Organizational Studies*, 6: 439－455.

______(1985). *The Managerial Grid III: The Key to Leadership Excellence*. Houston, TX: Gulf Publishing Company.

Blau, G.(1981). An empirical investigation of job stress, social support, service length, and job strain. *Organizational behavior and human performance*, 27(2): 279－302.

Blau, P. M. & Scott, W. R.(1962). *Formal Organizations*. San Francisco: Chandler Publishing.

Bolman, L. G. & Deal, T. E.(1984). *Modern Approaches to Understanding and Managing*

Organizations. San Francisco: Jossey-Bass.

______(2003). *Reframing Organization: Artistry, Choice, and Leadership*. John Wiley & Sons, Inc. Jossey-Bass.

Boyle, G. J.(1995). Myers-Briggs Type Indicator(MBTI): Some Psychometric Limitations. *Australian Psychologist*, 30(1): 71-74.

Brief, A. P., Schuler, R. S., & Mary, V.(1980). *Managing Stress*. Boston: Little, Brown.

Brooks, D.(2011). *Social Animal: The Hidden Sources of Love, Character, and Achievement*. New York: Random House.

Brown, L. D.(1986). Power Outside Organizational Paradigm: Lessons from Community Partnership. In S. Srivastva and Associate(eds.). *The Functioning of Executive Power: How Executives Influence People and Organizations*. San Francisco: Jessey-Bass.

Brown, M. E., Treviño, L. K., & Harrison, D. A.(2005). Ethical leadership: A social learning perspective for construct development and testing. *Organizational Behavior and Human Decision Processes*, 97(2): 117-134.

Buchold, S. & Roth, T.(1987). *Creating the High-Performance Team*. New York: John Wiley & Sons.

Burns, J. M.(1978). *Leadership*. New York: Harper & Row.

Caiden, G. E.(1991). *Administrative Reform Comes of Age*. Berlin: Walter de Gruyter.

Callanan, G. A., Benzing, C. D., & Perri, D. F.(2006). Choice of Conflict-Handling Strategy: A Matter of Context. *The Journal of Psychology*, 140(3): 269-288.

Cameron, K. S.(2003). Organizational Virtuousness and Performance. In K. S. Cameron, J. E. Dutton & R. E. Quinn(eds.). *Positive Organizational Scholarship*, San Francisco: Barrett-Kochler.

Cameron, K. S., Dutton, J. E., & Quinn, R. E.(2003). An Introduction to Positive Organizational Scholarship. In K. S. Cameron, J. E. Dutton & R. E. Quinn(eds.). *Positive Organizational Scholarship: Foundation of a New Discipline*: 3-13. San Francisco, CA: Berrett-Koehler.

______(2003). *Positive Organizational Scholarship: Foundations of a New Discipline*. San Francisco: Berrertt-Koehler.

Campbell, J. P. & Dunnett, M. D.(1968). Effectiveness of T-Group Experiences Managerial Training and Development. *Psychological Bulletin*, August: 73-104.

Campbell, J., Dunnette, M., Lawler, E., & Weick, K.(1970). *Managerial Behavior, Performance, and Effectiveness*. New York: McGraw-Hill.

Cannon, W. B.(1929). Organization for physiological homeostasis. *Physiological Reviews*, 9(3): 399-431.

Carter, S.(1997). *Integrity*. New York: Harper and Collins.

Cartwright, D. & Zander, A.(1968). *Group Dynamics Research and Theory*. New York: Harper and Row.

Carver, C. & Scheier, M.(2002). Optimism. In C. R. Snyder & S. Lopez(ed.). *Handbook of Positive Psychology*. Oxford, UK: Oxford University Press.

Cattell, R. B.(1973). *Personality and Mood by Questionnaire*. San Francisco, CA: Jossey－Bass.

Caza, B. B. & Caza, A.(2008). Positive Organizational Scholarship: A Critical Theory Perspective. *Journal of Management Inquiry*, 17: 21－33.

Champy, J. A.(1997). Preparing for Organizational Change. In F. Hesselbein, M. Goldsmith, & R. Beckhard(eds.). *The Organization of the Future*. San Francisco: Jossey－Bass Publishers.

Chang, E. C., D'Zurilla, T. J., & Maydeu－Olivers, A.(1994). Assessing the Dimensionality of Optimism and Pessimism Using a Multi－measure Approach. *Cognitive Therapy and Research*, 18: 143－160.

Chang, R. Y. & Curtin, M. J.(1997). *Succeeding As A Self－Managed Team*. 이상욱・장윤헌・이성호・류한호 옮김. 경기: 이십일세기북스 새날.

Child, J.(1972). Organizational Structure, Environment and Performance: The Role of Strategic Choice. *Sociology*, 6(1): 1－22

Clapp－Smith, R. Vogelgesang, G. R., & Avey, J. B.(2009). Authentic Leadership and Positive Psychological Capital: The Mediating Role of Trust at the Group Level of Analysis. *Journal of Leadership anf Organizational Studies*, 15: 227－240.

Colquitt, J. A.(2001). On the Dimensionality of Organizational Justice: A Construct Validation of a Measure. *Journal of Applied Psychology*, 86(3): 386－400.

Colquitt, J., Lepine, J. A., Wesson, M. J., & Gellatly, I. R.(2011). *Organizational Behavior: Improving Performance and Commitment in the Workplace*. Irwin: McGraw－Hill.

Cooper, C. L. & Payne, R.(1978). *Stress at Work*. John Wiley & Sons.

Cooperrider, D. L. & Whitney, D. K.(2005). *Appreciative Inaquiry: A Positive Revolution in Change*. San Francisco, CA: Berrrett－Koehler.

Covey, S. R.(1992). *Principle centered leadership*. New York: Simon and Schuster.

Crutchfield, R. S.(1955). Conformity and Character. *American Psychologist*, 10(5): 191－198.

Cyert, R. M. & March, J. G.(1963). *A Behavioral Theory of the Firm*. Upper Saddle River, N. J.: Prentice Hall.

Daft, R. L.(2004). *Organization Theory and Design*. Cincinnati: South－Western.

______(2010). *Understanding the Theory and Design of Organizations*(10th ed.). Cengage Learning. 김광점 외(2010). 『조직이론과 설계』(제10판). 서울: 한경사.

Dawson, P.(1994). *Organizational Change: A Process Approach*. London: Paul Chapman Publishing Ltd.

Day, D. V. & Lord, R. G.(1988). Executive leadership and organizational performance: Suggestions for a new theory and methodology. *Journal of management*, 14(3): 453-464.

Deal, T. E. & Kennedy, A. A.(1982). *Corporate cultures: The Rites and Rituals of Corporate Life*. Readings, MA: Addison Wesley.

Denhardt, R. B. & Denhardt, J. V.(1999). *Leadership for Change: Case Studies in American Local Government*. Arlington, VA: The PridewaterhouseCoopers Endowment for the Business of Government.

Denhardt, R. B., Denhardt, J. V., & Aristigueta, M. P.(2016). *Managing Human Behavior in Public & Nonprofit Organizations*(4th ed). Sage Publications.

Denison, D. R.(1990). *Corporate Culture and Organizational Effectiveness*. New York: John Wiley & Sons.

Diner, E.(2000). Subject Well-being: the Science fo Happiness and a Proposal for a National Index. *American Psychologist*, 55: 34-43.

Donnellan, M. B. & Lucas, R. E.(2008). Age Differences in the Big Five Across the Life Span: Evidence from Two National Samples. *Psychology and Aging*, 23(3): 558-566.

Douglas, M.(1999). Four cultures: the Evolution of a parsimonious model. *GeoJournal*, 47(3): 411-415.

Downs, A.(1967). *Inside Bureaucracy*. Boston: Little Brown.

Downs, C. W. & Hazen, M. D.(1977). A factor analytic study of communication satisfaction. *The Journal of Business Communication*, 14(3): 63-73.

Drucker, P.(1995). *Managing for the Future*, New Jersey: Penguin.

Duncan, R. B.(1972). Characteristics of Perceived Environments and Perceived Environmental Uncertainty. *Administrative Science Quarterly*, 17: 313-327.

Durham, R. B. & Smith, F. J.(1979). *Organizational Survey*. Glenview. Ill.: Scott, Foresman.

Earley, P. C.(1989). Social Loafing and Collectivism: A Comparison of the United States and the People's Republic of China. *Administrative Science Quarterly*, December: 565-581.

______(1993). East Meats West Meets Mideast: Futher Explorations of Collectivistic and Individualistic Work Groups. *Academy of Management Journal*, April: 319-348.

Ellis, A.(1962). *Reason and emotion in psychotherapy*. New York: Lyle Sturat.

Emery, F. E. & Trist, E. L.(1965). The Causal Texture of Organizational Environments. *Human Relations*, 18: 21-32.

Ferster, C. B. & Skinner, B. F.(1957). *Schedules of Reinforcement*. East Norwalk, CT: Appleton－Century－Crofts.

Fiedler, F. E.(1967). *A Theory of Leadership Effectiveness*. New York: McGraw Hill.

______(1989). *New Approaches to Effective Leadership*. New York: John Wiely & Sons.

Fisher, A. B.(1974). *Small Group Decision Making*. New York: Mcgraw－Hill.

Fleishman, E., Harris, E., & Burt, H.(1955). *Leadership and Supervision in Industry*. Columbus: Bureau of Educational Research. Ohio State University.

Flippo, E. B.(1961). *Principle of Personnel Management*. New York: McGraw－Hill.

Follett, M. P.(1940). Constructive Conflict. In H. C. Metcalf & L. Urwick(eds.). *Dynamic Administration: The Collected Papers of Mary Parker Follett*: 30－49. New York: Harper & Row.

Franklin, J. L.(1978). Improving the Effectiveness of Survey Feedback. *Personnel*, May－June: 11－17.

French, J. & Raven, B.(1959). *The Base of Social Power*. In Darwin Cartwright(ed.). Studies in Social Power. Ann Arbor, Mich. University of Michigan Press: 150－167.

French, J. R. P., Cobb. S., & Rogers, W.(1980). *Adjustment as a Person－Environment Fit*.

French, W. L. & Bell Jr., C. H.(1995). *Organization Development: Behavioral Science Interventions for Organization Improvement*. Englewood Cliffs. New Jersey: Prentice－Hall.

Friedman, M. & Rosenman, R. H.(1974). *Type A Behavior and Your Heart*. New York: Alfred A. Knopt.

Gardenswartz, L. & Rowe, A.(2008). *Diverse Team at Work: Capitalizing on the Power of Diversity*. Alexandria, VA: Society for Human Resource Management.

Gardner, W. L., Avolio, B. J., Luthans, F., May, D. R., & Walumbwa, F.(2005). Can you see the real me? A self－based model of authentic leader and follower development. *The Leadership Quarterly*, 16(3): 343－372.

Gemmill, G. R. & Heisler, W. J.(1972). Fatalism as a factor in managerial job satisfaction, job strain, and mobility. *Personnel Psychology*, 26: 241－250.

George, J. M. & Jones, G. R.(2011). *Understanding and Managing Organizational Behavior* (6th ed.). Upper Saddle River, NJ: Pearson.

Gibb, C. A.(1974). Leadership－Psychological Aspect. In David L. Sills(ed.). *International Encyclopedia of the Social Science*. New York: The Macmillan Company & The Free Press.

Gibson, J. L., Ivancevich, J. M., & Donnelley Jr., J. H.(2011). *Organizations: Behavior, Structure, Processes*(14th ed.). Burr Ridge, Ill.: Irwin.

Goldberg, L. R.(1990). An Alternative Description of Personality: The Big-Five Factor Structure. *Journal of Personality and Social Psychology*, 59(6): 1216-1229.

Goleman, D.(2006). *Social Intelligence: The New Science of Human Relationships*. New York: Bantam Books.

Gooty, J., Garvin, M., Johnson, P. D., Frazier, M. L., & Snow, D. B.(2009). In the Eyes of the Beholder: Transformational Leadership, Positive Psychological Capital, and Performance. *Journal of Leadership and Organizational Studies*, 15: 353-367.

Gortner, H. F., Mahler, J., & Nicholson, J. B.(1997). *Organization Theory: A Public Perspective*(2nd ed.). Fort Worth. TX: Harcourt Brace & Company.

Greenberg, J.(1990). Organizational justice: Yesterday, Today, and Tomorrow. *Journal of Management*, 16(2): 399-432.

Greene, C. N.(1972). The Satisfaction-Performance Controversy. *Business Horizons*, October: 31-41.

Greiner, L. E.(1967). Patterns of Organization Change. *Harvard Business Review*, 45(3): 119-128.

Guetzkow, H.(1965). Communication in Organization. In J. G. March(ed.). *Handbook of Organization*. Chicago: Rand McNally.

Hackman, J. R. & Oldham, G. R.(1976). Motivation through the Design of Work: Test of a Theory. *Organizational Behavior and Human Performance*, 16(2): 250-279.

Handy, C. B.(1978). *Understanding Organization*. New York: Perrgion Books.

Harrison, R.(1975). Understanding Your Organization's Character. *Harvard Business Review on Management*, 50: 199-209.

Hellriegel, D., Slocum, J. W., & Woodman, R. W.(1986). *Organizational Behavior*, St. Paul: West Publishing Co.

Higgins, M., Dobrow, S. R., & Roloff, K. S.(2010). Optimism and the Boundaryless Career: The Role of Developmental Relationship. *Journal of Organizational Behavior*, 31: 749-769.

Hodges, H. M.(1974). *Conflict and Consensus: An Introduction to Sociology*. New York: HarperCollins Publishers.

Hofstede, G.(1984). *Culture's Consequences: International Differences in Work-Related Values*, Ca: Sage.

Holling, C. S.(1973). Resilience and stability of ecological systems. *Annual Review of Ecology and Systematics*, 4: 1-23.

Holmes, T. H. & Rahe, R. H.(1967). The Social Readjustment Rating Scale. *Journal of Psychosomatic Research*, 11: 213-218.

Holms, D.(2001). *E−Gov. E−Business Strategies for Government*. London: Nicholas Brealey Publishers.

Horton, P. B. & Hunt, C. L.(1968). *Sociology*(2nd ed.). New York: McGraw−Hill.

House, J. S.(1983). *Work Stress and Social Support*. Reading, MA: Addison−Wesley.

House, R. J.(1971). A path goal theory of leader effectiveness. *Administrative Science Quarterly*: 321−339.

House, R. J. & Mitchell, T. R.(1974). Path−Goal Theory of Leadership. *Journal of Contemporary Business*, 3(5): 81−97.

Howell, J. M. & Frost, P. J.(1989). A Laboratory Study of Charismatic Leadership. *Organizational Behavior and Human Decision Processes*, 43(2): 243−269.

Hurtz, G. M. & Donovan, J. J.(2000). Personality and Job Performance: The Big Five Revisited. *Journal of Applied Psychology*, 85(6): 869−879.

Ilies, R., Moregeson, F. P., & Nahrgang, J. D.(2005). Authentic Leadership and Eudaemonic Well−being: Understanding Leader−follower Outcomes. *The Leadership Quarterly*, 16: 373−394.

Ivancevich, J. M. & Matteson, M. T.(1978). Managing for a healthier heart. *Management Review*, 67(10): 14−19.

______(1987). *Organizational Behavior and Management*. TX: Plano.

Ivancevich, J. M., Matteson, M. T., & Richards, E. P.(1985). Whos liable for stress on the job. *Harvard Business Review*, 63(2): 60−72.

Jehn, K. A.(1995). A multimethod examination of the benefits and detriments of intragroup conflict, *Administrative Science Quarterly*, 40(2): 256−282.

Jelinek, M., Smircich, L., & Hirsch, P.(1983). Introduction: A code of many colors. *Administrative Science Quarterly*, 28(3): 331−338.

Kagan, J. & Havemann, E.(1980). *Psychology: An introduction*(4th ed.). New York: Harcourt Brace Jovanovich.

Kanter, R. M., Stein, B. A., & Jick, T. D.(1993). *The Challenge of Organizational Change*. New York: The Free Press.

Katz, K. & Kahn, R. L.(1966). *The Social Psychology of Organization*. New York: Wiley.

______(1978). *The Social Psychology of Organization*(2nd ed.). New York: John Wiley & Sons, Inc.

Katzenbach, J. R. & Smith, D. K.(1992). Why teams matter: An excerpt from The Wisdom of Teams: Creating the High−Performance Organization. *The McKinsey Quarterly*, 3: 3−27.

______(1993a). The Discipline of Teams. *Harvard Business Review*, 71, March−April: 111−

120.

______(1993b). *The Wisdom of Teams: Creating the High-Performance Organization*. Boston: Harvard Business School Press.

Keeley, M.(1988). *A Social-Contract Theory of Organizations*. Notre Dame, IN.: University Notre Dame Press.

Kelley, H. H.(1967). Attribution theory in social psychology. *Nebraska Symposium on Motivation*, 15: 192-238.

Kernaghan, K.(2003). Integrating Values into Public Service: The Values Statement as Centerpiece. *Public Administration Review*, 63(6): 711-719.

Kernis, N. H.(2003). Toward a Conceptualization of Optimal Self-esteem. *Psychological Inquiry*, 14: 1-26.

Kim, S., Vandenabeele, W., Wright, B. E., Andersen, L. B., Cerase, F. P., Christensen, R. K., … & Palidauskaite, J.(2012). Investigating the Structure and Meaning of Public Service Motivation Across Populations: Developing an International Instrument and Addressing Issues of Measurement Invariance. *Journal of Public Administration Research and Theory*, 23(1): 79-102.

Kimberly, R. J. & Quinn, R. E.(1984). *Managing Organizational Transition*, Homewood ILL.: Irwin.

Kinicki, A. & Kreitner, R.(2009). *Organizational Behavior*(4th ed.). New York: McGraw-Hill.

Kinicki, A. & Fugate, M.(2016). *Organizational Behavior: A Practical, Problem-Solving Approach*. New York: MCGraw-Hill.

Kinlaw, D. C.(1991). *Developing Superior Work Teams: Building Quality and the Competitive Edge*. San Diego, CA: Lexington.

Kluemper D. H., Little, L. M., & DeGroot, T.(2009). State or Trait: Effects of State Optimism on Job-related Outcomes. *Journal of Organizational Behavior*, 30: 209-231.

Koehler, J. W. & Pankowski, J. M.(1996). *Teams in Government: A Handbook for Team-Based Organizations*. Delray Beach. FL.: St. Lucie Press.

Kotter, J. P.(1996). *Leading Change*. Boston, Mass.: Harvard Business School Press.

______(1982). *The General Managers*. New York: Free Press.

Kotter, J. P. & Schlesinger, L. A.(1979). Choosing Strategies for Change. *Harvard Business Review*, Mar./Apr.: 106-114.

Kouzes, J. M. & Posner, B. Z.(2007). *The Leadership Challenge San Francisco*. CA, Jossey.

Kuhn, T. & Poole, M. S.(2000). Do conflict management styles affect group decision making?: Evidence from a longitudinal field study. *Human Communication Research*, 26(4): 558-590.

Kuhnert, K. W. & Lewis, P.(1987). Transactional and transformational leadership: A constructive/developmental analysis. *Academy of Management Review*, 12(4): 648-657.

Kyriacou, C. & Sutcliffe, J.(1978). A model of teacher stress. *Educational Studies*, 4(1): 1-6.

Laird, D., Donald A., & Laird, E. C.(1956). *The New Psychology for Leadership*. New York: McGraw-Hill.

Larson, K. S. & Luthans, F.(2006). Potential Added of Psychological Capital in Predicitiong Work Attitudes. *Journal of Leadership and Organizational Studies*, 13: 45-62.

Leavitt, H.(1965). Applied Organizational Changes in Industry: Structural, Technological, and Humanistic Approaches. In J. March(ed.). *Handbook of Organizations*. Chicago: Rand McNally.

Lerner, J. S. & Tetlock, P. E.(1999). Accounting for the Effects of Accountability. *Psychological Bulletin*, 125: 255-275.

Lewin, K.(1938). *The Conceptual Representation and Measurement of Psychological Forces*. Durham, NC: Duke University Press.

______(1951). *Field Theory in Social Science*. New York: Harper & Row.

Likert, R.(1961). *New Patterns of Management*. New York: McGraw-Hill.

Lippitt, R. & White, R. K.(1958). An Experimental Study of Lidership and Group Life. In Maccoby, E. E., Newcomb, T. M., & Hartley, E. L.(eds.). *Readings in Social Psichology*. New York: Holt.

Locke, E. A., & Latham, G. P.(2002). Building a Practically Useful Theory of Goal Setting and Task Motivation: A 35-year Odyssey. *American Psychologist*, 57(9): 705-717.

Locke, E. A., Latham, G. P., Smith, K. J., & Bandura, A.(1990). *A Theory of Goal Setting & Task Performance*. Englewood Cliffs, NJ: Prentice-Hall, Inc.

Luftman, J. N., Bullen, C. V., Liao, D., Nash, E., & Neumann, C.(2004). *Managing the Information Technology Resource: Leadership in the Information Age*. Upper Saddle River, NJ: Pearson Education.

Lukes, S.(1974). *Power: A Radical View*. New York: Macmillan.

Lupton, T.(1991). Organizational Change: Top-Down or Bottom-Up Management. *Personnel Review*, 20(3): 4-10.

Luthans, F.(1981; 1985; 1989; 1995). *Organizational Behavior*. New York: McGraw-Hill.

______(2002a). Positive Organizational Behavior: Developing and Managing Psychological Strengths. *Academy of Management Executive*, 16(1): 57-75.

______(2002b). The Need for and Meaning of Positive Organizational Behavior. *Journal of Organizational Behavior*, 23: 695-706.

Luthans, F. & Avolio, B. J.(2003). Authentic Leadership: A Positive Developmental Approach. In K. S. Cameron, J. E. Dutton, & R. E. Quinn(eds). *Positive Organizational Scholarship*. San Francisco: Barrett-Kochler.

______(2009). The "Point" of Positive Organizational Behavior. *Journal of Organizational Behavior*, 30: 291-307.

Luthans, F., Avey, J. B., Avolio, B. J., Norman, S. M., & Combs, G. M.(2006). Psychological Capital Development: Toward a Micro-intervention. *Journal of Organizational Behavior*, 27: 387-393.

Luthans, F., Avolio, B. J., Avey, J. B., & Norman, S. M.(2007). Positive Psychological Capital: Measurement and Relationship with Performance and Satisfaction. *Personnel Psychology*, 60: 541-572.

Luthans, F., Luthans, K. W., & Luthans, B. C.(2004). Positive Psychological Capital: Beyond human and social capital. *Business Horizons*, 47(1): 45-50.

Luthans, F., Norman, S. M., Avolio, B. J. & Avey, J. B.(2008). The Mediating Role of Psychological Capital in the Supportive Organizational Climate-employee Performance Relationship. *Journal of Organizational Behavior*, 29: 219-238.

Luthans, F. & Youssef, C. M.(2007). Emerging Positive Organizational Behavior. *Journal of Management*, 33: 321-349.

Luthans, F., Youssef, C. M., & Avolio, B. J.(2007a). *Psychological Capital*, New York: Oxford University Press.

______(2007b). Psychological Capital: Investing and Developing Positive Organizational Behavior. In Nelson, D. L. & Cooper, C. L.(ed.). *Positive Organization Behavior*, California: SAGE Publications Inc.

Macik-Frey, M., Quick, J. C., & Nelson, D. L.(2007). Advances in Occupational Health: From a Stressful Beginning to a Positive Future. *Journal of Management*, 33: 809-840.

Magolis, B. K. & Kross, W. H.(1974). Occupational Stress Strain. In A. McClean(ed.). *Occupational Stress*. Springfield, Illinois: Thomas.

Maslow, A. H.(1943). A theory of Human Motivation. *Psychological Review*, 50(4): 370-391.

Masten, A. S. & Reed, M. G. J.(2002). Resilience in Development. In C. R. Snyder, & S. Lopez(eds.). *Handbook of Positive Psychology*. Oxford. UK: Oxford University Press.

May, D. R., Chan, A. Y. L., Hodges, T. D., & Avolio, B. J.(2003). Developing the Moral Component of Authentic Leadership. *Organizational Dynamics*, 32: 247-260.

Mayer, R. C., Davis, J. H., & Schoorman, F. D.(1995). An integrative Model of Organizational Trust. *Academy of Management Review*, 20(3): 709-734.

McCrae, R. R., & Costa Jr., P. T.(1997). Personality Trait Structure as a Human Universal.

American Psychologist, 52(5): 509－516.
McGrath, J. E.(1976). *Stress and behavior in organizations: A handbook of industrial and organizational psychology*. Chicago: Rand McNally.
Mckendall, M.(1993). The Tyranny of Change: Organizational Development Revisited. *Journal of Ethics*, 12(2): 93－104.
Meichenbaum, D. H.(1972). Cognitive modification of test anxious college students. *Journal of consulting and Clinical Psychology*, 39(3): 370－378.
Menaghan, E.(1982). Measuring coping effectiveness: A panel analysis of marital problems and coping efforts. *Journal of Health and Social Behavior*, 23: 220－234.
Meyer, J. P. & Allen, N. J.(1997). *Commitment in the Workplace: Theory, Research, and Application*. Thousand Oaks, CA: Sage Publications.
Michie, S. & Gooty, J.(2005). Values, Emotions, and Authenticity: Will the Real Leader Please Stand Up? *The Leadership Quarterly*, 16: 441－457.
Miles, R. H.(1980). *Macro Orgamizational Behavior*. Santa Monica, CA.: Goodyear Publishing Co.
Milliken, F. J. & Martins, L. L.(1996). Searching for Common Threads: Understanding the Multiple Effects of Diversity in Organizational Groups. *Academy of Management Review*, April: 402－433.
Mohrman, S. A., Cohen, S. G., & Mohrman Jr., A. M.(1995). *Designing Team－Based Organizations: New Forms for Knowledge Work*. San Francisco: Jossey－Bass Publisher.
Moorhead, G. & Griffin, R.(1992). *Organizational Behavior*(3rd ed.). Boston. MA: Houghton Mifflin Co.
Moorman, R. H.(1991). Relationship between organizational justice and organizational citizenship behaviors: Do fairness perceptions influence employee citizenship? *Journal of Applied Psychology*, 76(6): 845－855.
Murphy, E. C.(1995). *Leadership IQ*. New York: John Wiley.
Nahavandi, A. & Malekzadh, A. R.(1998). *Organizational Behavior: The Person－Organization Fit*. Upper Saddle River, New Jersey: Prentice Hall.
Naisbitt, J.(1984). *Megatrends*. New York: Warner Books, Inc.
Nanus, B.(1992). *Visionary Leadership*. San Francisco: Jossey－Bass Inc. Publisher.
Nelson, D. L. & Cooper, C. L.(2007). Positive Organizational Behavior: An Inclusive View. In Nelson, Debra L. & Cooper, C. L.(ed.). *Positive Organization Behavior*: 3－8. California: SAGE Publications Inc.
O'Reilly, C. E.(2002). The Wrong Kind of Ownership. *Across the Board*, 39(5): 19－20.
Organ, D. W. & Bateman, T. S.(1991). Organization Behavior(4th ed.). Hamewood, IL.:

Irwin.

Organ, D. W. & Konovsky, M.(1989). Cognitive versus Affective Determinants of Organizational Citizenship Behavior. *Journal of Applied Psychology*, February: 157–164.

Ouchi, W. G.(1981). *Theory Z: How American Business Can Meet the Japanese Challenge*. Reading, MA.: Addison–Wesley Publishing Co.

Park, N. & Peterson, C. M.(2003). Virtues and Organizations. In K. S. Cameron, J. E. Dutton & R. E. Quinn(eds.). *Positive Organizational Scholarship*. San Francisco: Barrett–Kochler.

Parker, D. F. & DeCotiis, T. A.(1983). Organizational Determinants of Job Stress. *Organizational Behavior and Human Performance*, 32: 160–177.

Parker, R., & Bradley, L.(2000). Organizational culture in the public sector: evidence from six organizations. *International Journal of Public Sector Management*, 13(2): 125–141.

Pascale, R. T. & Thos, A. G.(1981). *The Art of Japanese Management*. New York: Penguin Books.

Patti, R. J.(1974). Organizational Resistance and Change: The View from Below. *Social Service Review*, 48: 367–382.

Perrow, C.(1967). A Framework for the Comparative Analysis of Organization. *American Sociological Review*, 32(2): 194–208.

Perry, J. L.(2000). Bringing Society in: Toward a Theory of Public Service Motivation. *Journal of Public Administration Research and Theory*, 10(2): 471–488.

Perry, J. L. & Hondeghem, A.(2008). Building Theory and Empirical Evidence about Public Service Motivation. *International Public Management Journal*, 11(1): 3–12.

Perry, J. L. & Wise, L. R.(1990). The Motivational Bases of Public Service. *Public Administration Review*, 50(3): 367–373.

Peters, T. J.(1987). Symbols, Patterns, and Settings: An Optimistic for Getting Things Done. In J. M. Shafritz & J. S. Ott. *Classics of Organization Theory*(2nd ed.). Chicago, ILL.: The Dorsey Press.

Peters, T. J. & Waterman Jr., R. H.(1982). *In Search of Excellence*. New York: Harper & Row.

Peterson, C.(2000). The Future of Optimism. *American Psychologist*, 55: 44–55.

Peterson, S. J. & Byron, K.(2008). Exploring the Role of Hope in Job Performance: Results from Four Studies. *Journal of Organizational Behavior*, 29: 785–803.

Pfeffer, J.(1981). *Power in Organizations*. Marshfield, Mass.: Pitman Publishing.

Pierce, J. & Jussila, I.(2010). Collective Psychological Ownership within the Work and Organizational Context: Construct Introduction and Elaboration. *Journal of Organizational*

Behavior, 31: 810−834.

Pierce, J. L., Kostova, T., & Dirks, K. T.(2003). The State of Psychological Ownership: Integrating and Extending a Century of Research. *Review of General Psychology*, 7: 84−107.

Pittenger, D. J.(1993). Measuring the MBTI and coming up short. *Journal of Career Planning and Employment*, 54(1): 48−52.

Pondy, L. R. & Mitroff, I. I.(1979). Beyond open system models of organization. *Research in Organizational Behavior*, 1(1): 3−39.

Porter, L. & Steers, R.(1973). Organizational, work, and personal factors in employee turnover and absenteeism. *Psychological Bulletin*, 80(2): 151−176.

Pratt, M. G. & Ashforth, B. E.(2003). Fostering Positive Meaningfulness at Work. In Cameron, K. S., Dutton, J. E., & Quinn, R. E.(eds). *Positive Organizational Scholarship: Foundations of a new discipline*. San Francisco: Berrertt−Koehler.

Price, J. L., & Mueller, C. W.(1986). *Handbook of organizational measurement*. Marshfield, MA: Pitman.

Pruitt, D. G., & Rubin, J. Z.(1986). *Social Conflict: Escalation, stalemate, and settlement*. New York, McGraw−Hall, Inc.

Quick, J. C. & Quick, J. D.(2004). Healthy, Happy, Productive Work: A Leadership Challenge. *Organizational Dynamics*, 33: 329−337.

Quinn, R., & Cameron, K.(1999). *Diagnosing and changing organizational culture*, MA: Addison−Wesley.

Rago, W. V.(1996). Struggles in Transformation: A Study in TQM, Leadership, and Organizational Culture in a Government Agency. *Public Administration Review*, 56(3): 227−234.

Rahim, M. A.(1983). A Measure of Styles of Handling Interpersonal Conflict. *Academy of Management Journal*, 26: 368−376.

______(1986). *Rahim Organizational Conflict Inventory−Ⅱ: Forms A, B, and C*. Palo Alto, CA. Consulting Psychologists Press.

______(2002). Toward a theory of managing organizational conflict, *International Journal of Conflict Management*, 13: 206−235.

Ramlall, S.(2008). Enhancing Employee Performance through Positive Organizational Behavior. *Journal of Applied Social Psychology*, 36: 1580−1600.

Reddin, W. J.(1970). *Managerial Effectiveness*, New York: McGraw−Hill.

Redfield, C. E.(1958). *Communication in Management: The Theory and Practice of Administrative Communication*. Chicago: University of Chicago Press.

Rizzo, J. R., House, R. J., & Lirtzman, S. I.(1970). Role conflict and ambiguity in complex organizations. *Administrative Science Quarterly*: 150－163.

Robbins, S. P.(1983). *Organizational Theory: The Structure and Design of Organizations*. Englewood Cliffs. New Jersey: Prentice－Hall.

______(1984). *Essentials of Organizational Behavior*. Englewood Cliffs. New Jersey: Prentice－Hall.

______(1986). *Managing Organizational Conflict*. Englewood Cliff, NJ: Prentice Hall.

______(1990). *Organization Theory*(3rd ed.). Englewood Cliffs, New Jersey: Prentice－Hall.

______(2001). *Organizational Behavior*(9th ed.). Upper Saddle River, New Jersey: Prentice－Hall.

Robbins, S. P. & Judge, T. A.(2013). *Organizational Behavior*(15th ed.). Canada: Pearson.

______(2017). *Organizational Behavior*(17th ed.). Logo, Italy: Pearson Education.

Roberts, B. W., Walton, K. E., & Viechtbauer, W.(2006). Patterns of Mean－Level Change in Personality Traits across the life Course: A Meta－analysis of Longitudinal Studies. *Psychological Bulletin*, 132(1): 1－25.

Roberts, D.(1972). The nature of communication effects. *The Process and Effects of Mass－Communications*. Chicago: University of Illinois Press.

Rosener, J. B.(1990). Excerpt from 'Ways Women Lead'. *Harvard Business Review*, 68(6): 119－125.

Rousseau, D. M.(1998). Why Workers Still Identify with Organizations. *Journal of Organizational Behavior*, 19: 217－233.

Ryan, R. M. & Deci, E. L.(2000). Intrinsic and Extrinsic Motivations: Classic Definitions and New Directions. *Contemporary Educational Psychology*, 25(1): 54－67.

______(2000). Self－Determination Theory and the Facilitation of Intrinsic Motivation, Social Development, and Well－being. *American Psychologist*, 55(1): 68－78.

Ryff, C. D. & Singer, B.(1998). The Contours of Positive Human Health. *Psychological Methods*, 2: 345－356.

Schein, E. H.(1966). *Organizational Culture and Leadership: A Dynamic View*. San Francisco: Jossey－Bass Publishers.

______(1984). Coming to a new awareness of organizational culture. *Sloan Management Review*, 25(2): 3－16.

______(2011). Learning to Help through Humble Inquiry and Implications for Management Research, Practice, and Education: An Interview with Edgar H. Schein. *Academy of management Learning & Education*, March: 131－148.

Schermerhorn Jr., J. R., Hunt, J. G., & Osborn, R.(1985). *Managing Organizational Behavior*

(2nd ed.). New York: John Wiley & Sons.

Schramm, W.(1971). The Nature of Communication between Humans. In W. Schramm & D. Roberts(eds.). *The Process of Effects of Mass Communication*. Chicago: Univ. of Illinois Press.

Schuler, R. S.(1980). Definition and conceptualization of stress in organizations. *Organizational Behavior and Human Performance*, 25(2): 184–215.

Schwartz, S. H.(1992). Universals in the Content and Structure of Values: Theoretical Advances and Empirical Tests in 20 Countries. *Advances in Experimental Social Psychology*, 25(1): 1–65.

______(1994). Are there Universal Aspects in the Structure and Contents of Human Values? *Journal of Social Issues*, 50(4): 19–45.

______(2012). An Overview of Shcwartz Theory of Basic Values. *Online Readings in Psychology and Culture*, 2(1). http://dx.doi.org/10.9707/2037–0919.1116

Schwartz, S. H. & Davis, S. M.(1981). Matching corporate culture and business strategy. *Organizational Dynamics*, 10(1): 30–48.

Scott, W. G. & Mitchell, T. R.(1976). *Organization Theory: A structural and behavioral analysis*. Homewood, Ill: McGraw–Hill/Irwin.

Seligman, M. E. P.(2002). *Authentic Happiness: Using the New Positive Psychology to Realize Your Potential for Lasting Fulfillment*. New York: Free Press.

Seligman, M. E. P. & Csikszentmihalyi, M.(2000). Positive Psychology: An Introduction. *American Psychology*, 55: 5–14.

Selye, H.(1976). *The Stress of Life*. New York: McGraw Hill.

______(1979). The stress concept and some of its implications. In V. Hamilton & D. M. Warburton(eds.). *Human stress and cognition: An information processing approach*, New York: John Wiley & Sons Ltd.

Selznick, P.(1957). *Leadership in administration*. New Orleans, LA: Quid Pro Books.

Senge, P.(1990). *The Fifth Discipline: The Art and Practice of the Learning Organization*. New York: Doubleday Currency.

Shaw, M. E.(1981). *Group Dynamics: The Psychology of Small Group Behavior*(3rd ed.). New York: McGraw–Hill.

Shilflett, S. C.(1972). Group Performance as a Function of Task Difficulty and Organizational Interdependence. *Organizational Behavior and Human Performance*: 442–456.

Siehl, C. & Joanne, M.(1987). The Role of Symbolic Management: How Can Managers Effectively Transmit Organizational Culture? In J. M. Shafritz & J. Steven Ott. *Classics of Organization Theory*(2nd ed.). Chicago: The Dorsey Press.

Silverzweig, S. & Allen, R. F.(1976). Changing the corporate culture. *Sloan Management Review*, 17(3): 33–49.

Silvia, P. J. & Duval, T. S.(2001). Objective Self–awareness Theory: Recent Progress and Enduring Problems. *Personality and Social Psychology Review*, 5: 230–241.

Simmons, B. L., Gooty, J., Nelson, D. L., & Little, L. M.(2009). Secure Attachment: Implications for Hope, Trust, Burnout, and Performance. *Journal of Organizational Behavior*, 30: 233–247.

Simon, H. A.(1976). *Administrative Behavior: A Study of Decision–Making Processes in Administrative Organization*(3rd ed.). New York: The Free Press.

Smircich, L.(1983). Concepts of culture and organizational analysis. *Administrative Science Quarterly*, 28(3): 339–358.

Smith, P. C.(1969). *The Measurement of Satisfaction in Work and Retirement: A Strategy for the Study of Attitudes*. Oxford, England: Rand Mcnally.

Snyder, C. R. & Lopez, S. J.(2000). *Handbook of Positive Psychology*. Oxford, UK: Oxford University Press.

Snyder, C. R.(2000). *Handbook of Hope*, San Diego: Academic Press.

Stajkovic, A. D.(2006). Development of a Core Confidence–Higher Order Construct. *Journal of Applied Psychology*, 91: 1208–1224.

Stajkovic, A. D. & Luthans, F.(1998). Social Cognitive Theory and Self–efficacy: Going beyond Traditional Motivational and Behavioral Approaches. *Organizational Dynamics*, 26: 62–74.

Steers, R. M.(2002). Introduction of the Special Research Forum on the Future of Work Motivation Theory. *Academy of Management Review*, 27: 146–147.

Stevens, M. J. & Campion, M. A.(1994). The knowledge, Skill, and Ability Requirements for Teamwork: Implications for Human Resource Management. *Journal of Management*, Summer: 503–530.

Stogdill, R. M.(1974). *Handbook of Leadership: A Survey of Theory and Research*, New York: Free Press.

Stooner, J. A. F.(1978). *Management*. Englewood Cliffs, NJ: Prentice–Hall.

Szilagyi, A. D. & Wallace Jr., M. J.(1990). *Organizational Behavior and Performance*. Grenview. Ill: Scott, Foresman and Company.

Tannenbaum, Robert & Schumidit, W. H.(1957). How to Choose a Leadership Pattern. *Harvard Business Review*, 36: 95–101.

Tapscott, D.(1996). *The Digital Economy: Promise and peril in the age of networked intelligence*, Vol.1. New York: McGraw–Hill.

The National Institute for Occupational Safety and Health(NIOSH) http://www.cdc.gov/niosh

Thomas, K.(1976). *Conflict and conflict management.* In M. Dunnette(ed.). *Handbook of Industrial and Organizational Psychology.* Chicago: Rand－McNally.

Thompson, J. D.(1967). *Organizations in Action.* New York: McGraw－Hill.

Thompson, J. D. & Van Houten, D. R.(1970). *The Behavioral Sciences: An Interpretation, Reading*, Mass.: Addison－Wesley Publishing Co.

Thompson M., Ellis, R., & Wildavsky, A.(1990). *Cultural Theory.* Boulder, Col.: Westview Press.

Tichy, N. M.(1982). Managing change strategically: The technical, political, and cultural keys. *Organizational Dynamics*, 11(2): 59－80.

Tuckman, B.(1965). Developmental Sequence in Small Group. *Psychological Bulletin*, 63: 384－399.

Van de Vliert, E. & Kabanoff, B.(1990). Toward Theory－Based Measures of Conflict Management. *Academy of Management Journal*, 33(1): 199－209.

Van Wart, M.(1998). *Changing Public Sector Values.* New York: Taylor & Francis.

Vardaman, G. T. & Halterman, C. C.(1968). *Managerial Control through Communication: Systems for Organizational Diagnosis and Design.* New York: Wiley.

Vroom, V. H. & Jago, A. G.(1988). *The New Leadership: Managing Participation in organizations*, Prentice－Hall, Inc.

Wagner III, J. A. & Hollenbeck, J. R.(1992). *Management of Organizational Behavior.* Englewood Cliffs. NJ: Prentice－Hall.

Walumbwa, F. O., Avolio, B. J., Gardner, W. L., Wernsing, T. S., & Peterson, S. J.(2008). Authentic Leadership: Development and Validation of a Theory－based Measure? *Journal of Management*, 34: 89－126.

Walumbwa, F. O., Luthans, F., Avey, J. B., & Oke, A.(2011). Authentically Leading Groups: The Mediating Role of Collective Psychological Capital and Trust. *Journal of Organizational Behavior*, 32: 4－24.

Walumbwa, F. O., Wang, P., Wang, H., Schaubroeck, J. & Avolio, B. J.(2010). Psychological Processes Linking Authentic Leadership to Follower Behaviors. *The Leadership Quarterly*, 21: 901－914.

Watson, D., Clark, L. A., & Carey, G.(1988). Positive and Negative Affectivity and Their Relation to Anxiety and Depressive Disorders. *Journal of Abnormal Psychology*, 97: 346－353.

Weider－Hatfield, D. & Hatfield, J. D.(1995). Relationships among conflict management styles, levels of conflict, and reaction to work, *The Journal of Social Psychology*, 135(6): 687–698.

Wellins, R. S., Byham, W. C., & Wilson, J. M.(1991). *Empowered Teams*. San Francisco: Jossey–Bass Publishers.

Wernimont, P. F.(1966). Intrinsic and Extrinsic Factors in Job Satisfaction. *Journal of Applied Psychology*, 50(1): 41–50.

West, B. J., Patera, J. L. & Carsten, M. K.(2009). Team Level Positivity: Investigating Positive Psychological Capacities and Team Level Outcomes. *Journal of Organizational Behavior*, 30: 249–267.

Whipp, R., Rosenfeld, R., & Pettigrew, A.(1987). Understanding Strategic Change Processes: Some Preliminary British Findings. In A. Pettigrew(ed.). *The Management of Strategic Change*. Oxford: Basil Blackwell.

Whitney, D. K. & Tronsten–Bloom, A.(2003). *The Power of Appreciative Inquiry: A Practical Guide to Positive Change*. San Francisco, CA: Berrett–Koehler.

Wills, G.(1995). *Certain Trumpets: The Nature of Leadership*. Simon & Schuster.

Woodward, J.(1965). *Industrial Organization: Theory and Practice*. London: Oxford University Press.

Wright, T. A.(2003). Positive Organizational Behavior: An Idea Whose Time has Truly Come. *Journal of Organizational Behavior*, 24: 437–442.

Wright, T. A. & Bonett, D. G.(1997). The Role of Pleasantness and Activation–based Well–being in Performance Prediction. *Journal of Occupational Health Psychology*, 2: 212–219.

Wright, T. A. & Cropanzano, R.(1998). Emotional Exhaustion as a Predictor of Job Performance and Voluntary Turnover. *Journal of Applied Psychology*, 83: 486–493.

Wright, T. A., Cropanzano, R., Bonett, D. G., & Diamond, W. J.(2009). The Role of Employee Psychological Well–being in Cardiovascular Health: When the Twain Shall Meet. *Journal of Organizational Behavior*, 30: 193–208.

Wright, T. A. & Quick, J. C.(2009a). The Emerging Positive Agenda in Organizations: Greater than a Trickle, But Not Yet a Deluge. *Journal of Organizational Behavior*, 30: 147–159.

______(2009b). The Role of Positive–based Research in Building the Science of Organizational Behavior. *Journal of Organizational Behavior*, 30: 329–336.

Yammarino, F. J., Dionne, S. D., Schrieim, C. A. & Dansereau, F.(2008). Authentic Leadership and Positive Organizational Behavior: A Meso, Multi–level Perspective. *The Leadership Quarterly*, 19: 693–707.

Yerkes, R. M. & Dodson, J. D.(1908). The relation of strength of stimulus to rapidity of habit formation. *Journal of Comparative Neurology and Psychology*, 18(5): 459–482.

Yukl, G.(1989). *Leadership in Organizations*(2nd ed.). Englewood Cliffs, New Jersey: Prentice–Hall.

Zammuto, R. F. & Jack, Y. K.(1991). Quantitative and qualitative studies of organizational culture. *Research in Organizational Change and Development*, 5: 83–114.

찾아보기

ㄱ

ㄴ

ㄷ

ㅈ

ㅊ

저자 소개

김호섭

University of Texas at Austin(행정학 박사)
현, 아주대학교 행정학과 명예교수
『현대 행정의 가치와 윤리』(대영문화사, 2019), 『한국정부론』(법문사, 2018, 공저), 예술과 조직개발(2018), 한국 행정조직 구조 연구의 실태와 과제(2006), Organizational Structure and Ethics Attitudes of Public Officials(2001) 외 다수 논문

유홍림

University of Texas at Austin(행정학 박사)
현, 단국대학교 공공인재대학 공공관리학과 교수
『같은 방향, 다른 행로?』(대영문화사, 2014), 『정책과정과 통계』(통계교육원, 2008), 총액배분 자율편성 예산제도와 국가재정운용계획의 효과성 분석 및 개선방안에 관한 연구: 국민체육진흥기금(2010~2014년) 사례를 중심으로 외 다수 논문

김대건

Arizona State University(행정학 박사)
현, 강원대학교 사회과학대학 행정심리학부 교수
공공성 유형화와 유형 간 이해관계자와의 협력 및 조직효과성의 차이 분석(2019), 옴부즈만의 필요성과 새로운 역할 강화 방안(2018), 전통적 조직행태의 비판과 긍정조직행태모형(2014) 등 다수 논문과 『세월호가 남긴 절망과 희망: 그날, 그리고 그 이후』(한울아카데미, 2016, 공저), 『지역사회의 지속가능성』(2015, 공저) 등 다수 공동 저서

심동철

University at Albany, SUNY(행정학 박사)
현, 고려대학교 정경대학 행정학과 부교수
Public service motivation in a work group: Role of ethical climate and servant leadership(2018), 윤리적 리더십이 공공조직 구성원의 업무열의에 미치는 영향(2018), 섬김의 리더십, 레드테이프, 공공봉사동기가 업무열의에 미치는 영향(2018) 외 다수 논문

개정판
행정과 조직행태

펴낸날 제1판 제1쇄 2011년 7월 25일
개정판 제1쇄 2020년 2월 10일
지은이 김호섭 · 유홍림 · 김대건 · 심동철
펴낸이 임춘환
펴낸곳 도서출판 대영문화사
주소 (본사) 사무실: 경기도 고양시 일산서구 주화로 70
우신프라자 307호 (우) 10387)
(본사) 물류센터: 경기도 고양시 일산서구 덕산로
107번길 68-50 (우) 10205)
등록 1975년 12월 26일 제3-16호
전화 (031) 913-3062, (031) 914-3884~5
팩스 (031) 913-3839
홈페이지 http://www.dymbook.co.kr

ISBN 978-89-7644-757-9

값 33,000원